소 방
공무원

행정법총론

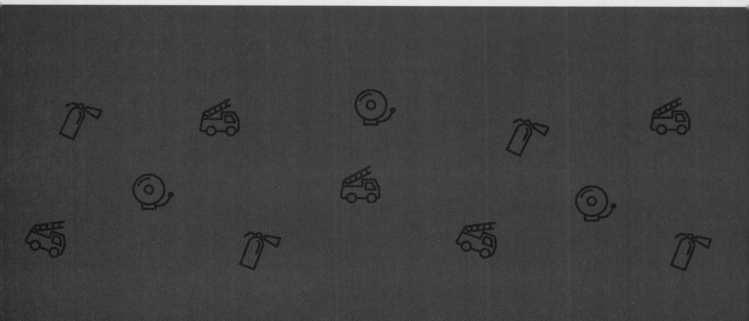

PREFACE

소방공무원은 화재를 예방·진압하고 재난·재해 등의 위급한 상황에서의 구급·구조 활동 등을 통해 국민의 생명과 신체 및 재산을 보호함으로써 공공의 안녕과 질서 유지, 복리증진에 이바지함을 목적으로 한다. 또한 화재예방 및 구조와 구급 업무 이외에 지령실 업무 및 각 시설물들에 대한 소방점검을 비롯해 각종 긴급재난 예방활동도 하며, 해마다 각종 화재사고가 증가하고 있어 소방공무원의 선발인원은 매년 증가하고 있는 추세이다.

소방공무원(공채) 필기시험과목

시험의 출제수준은 소방업무수행에 필요한 기본적인 능력·지식을 검정할 수 있는 정도로 각 과목별로 변경된 출제분야에 대해 유의하여 학습전략을 세워야 한다.

본서는 행정법총론의 내용을 체계적으로 구분하고, 기출문제 분석과 함께 출제가 예상되는 핵심문제 풀이를 실어 단기간에 최대의 학습효과를 거둘 수 있도록 만전을 기하였다. 또한 최신 기출로 학습의 마무리를 책임진다. 본서가 수험생 여러분을 합격의 길로 안내하기를 희망한다.

STUDY 학습Guide

step 1
핵심이론 정리

행정법총론은 학습 범위가 방대하기 때문에 자주 출제되었던 내용을 우선적으로 학습하여야 합니다. 행정법상의 최신 법률 내용을 반영하고 다수의 판례를 수록하여 탄탄한 기본기를 다질 수 있도록 구성하였습니다.

step 2
기출문제 파악

공무원 시험에서 가장 중요한 것은 기출 동향을 파악하는 것입니다. 이론정리와 기출문제를 함께 수록하여 개념이해와 출제경향 파악이 즉각적으로 이루어지도록 구성했습니다. 이를 통해 문제에 대한 이해도와 해결능력을 동시에 향상시켜 학습의 효율성을 높였습니다.

step3
예상문제 연계

문제가 다루고 있는 개념과 문제 유형, 문제 난도에 따라 엄선한 예상문제를 수록하여 문제풀이를 통해 기본개념과 빈출이론을 다시 한 번 학습할 수 있도록 구성하였습니다. 예상문제를 통해 응용력과 문제해결능력을 향상시켜 보다 탄탄하게 실전을 준비할 수 있습니다.

step 4
최신 기출분석

부록으로 최근 시행된 2021년 기출문제를 수록하였습니다. 최신 기출 동향을 파악하고 학습한 이론을 기출과 연계하여 정리할 수 있습니다. 각 문제마다 꼼꼼하고 명쾌한 해설을 제공하여 혼자서도 충분히 출제경향을 파악하고 스스로의 학습상태를 점검할 수 있습니다.

step 5
반복학습

반복학습은 자신의 약점을 보완하고 학습한 내용을 온전히 자기 것으로 만드는 과정입니다. 반복학습을 통해 이전 학습에서 확실하게 깨닫지 못했던 세세한 부분까지 철저히 파악하여 보다 완벽하게 실전에 대비할 수 있습니다.

01

행정

기출PLUS

section 1 행정의 개념

행정이란 "공익을 증진시키고 공공문제를 해결하기 위해 공공정책을 형성하는 공공부문의 활동"으로 정의될 수 있다.
※ 행정의 개념은 권력분립의 원칙과 법치주의를 전제로 성립

(1) 행정의 성립

행정이라는 관념은 권력분립이론의 완성을 통해 성립되었다. 즉, 절대군주으로부터 입법·행정·사법권이 분리되어 나오면서 행정의 관념이 형성되었고 대와 장소에 따라 다양한 모습으로 발전되었다.

TIP
행정관념의 성립
③ 행정관념의 성립은 권력분립의 원칙에 따라 행정이 입법과 사법으로부터 분리된 근대국가의 탄생과 그 시기를 같이 한다.

01 핵심이론정리

방대한 양의 행정법총론 이론 중 시험에 빈출되는 핵심 내용만을 체계적으로 정리하여 학습의 효율을 높였습니다. 또한 학습한 내용을 바로 기출문제와 연계하여 확인할 수 있도록 이론과 기출문제를 연계하여 구성하였습니다.

02 기출 및 예상문제

해당 단원에서 최근 출제된 기출문제를 수록하여 시험 출제의 포인트를 확인할 수 있습니다. 다양한 난이도와 유형으로 엄선한 예상문제 풀이를 통해 문제해결능력을 높이고 자신의 학습도를 다시 한 번 점검할 수 있습니다.

Let's check it out

02 기출&예상문제

2021년 소방공무원

1 **행정행위에 대한 설명으로 옳지 않은 것은? (다툼이 있는 경우 판례에 의함)**

① 개발제한구역 내의 건축물의 용도변경에 대한 예외적 허가는 그 상대방에게 제한적이므로 기속행위에 속하는 것이다.
② 농지처분의무통지는 단순한 관념의 통지에 불과하다고 볼 수 없고, 상대방인 농지소유자의 의무에 직접 관계되는 독립한 행정처분으로서 항고소송의 대상이 된다.
③ 행정청이 (구)「식품위생법」 규정에 의하여 영업자지위승계신고를 수리하는 처분은 종전의 영업자의 권익을 제한하는 처분에 해당하므로, 행정청은 이를 처리함에 있어 종전의 영업자에 대하여 처분의 사전통지, 의견청취 등 「행정절차법」상의 처분절차를 거쳐야 한다.
④ 부담은 행정청이 행정행위를 하면서 일방적으로 부가할 수도 있지만 부담을 부가하기 이전에 상대방과 협의하여 부담의 내용을 협약의 형식으로 미리 정한 다음 행정행위를 하면서 부가할 수도 있다.

TIPS!
① 구 도시계획법(2000. 1. 18. 법률 제6243호로 전문 개정되기 전의 것) 제21조와 같은 법 시행령(1998. 5. 19. 대통령령 제15799호로 개정되기 전의 것) 제20조 제1, 2항 및 같은 법 시행규칙(1998. 5. 19. 건설교통부령 제133호로 개정되기 전의 것) 제7조 제1항 제6호 다목 등의 규정을 살펴보면, 도시의 무질서한 확산을 방지하고 도시주변의 자연환경을 보전하여 도

03 최신기출문제

2021. 4. 3. 소방공무원 채용

1 **행정벌에 대한 설명으로 옳지 않은 것은? (다툼이 있는 경우 판례에 의함)**

① 과태료는 행정상의 질서유지를 위한 행정질서벌에 해당할 뿐 형벌이라 할 수 없어 죄형법정주의의 규율대상에 해당하지 않는다.
② 행정형벌은 행정법상 의무위반에 대한 제재로 과하는 처벌로 법인이 법인으로서 행정법상 의무자인 경우 그 의무위반에 대하여 형벌의 성질이 허용하는 한도 내에서 그 법인을 처벌하는 것은 당연하며, 행정법에 관한 한 법인의 범죄능력을 인정함이 일반적이나, 지방자치단체와 같은 공법인의 경우는 범죄능력 및 형벌능력 모두 부정된다.
③ 과태료 재판은 이유를 붙인 결정으로써 하며, 결정은 당사자와 검사에게 고지함으로써 효력이 발생하고, 당사자와 검사는 과태료 재판에 대하여 즉시항고 할 수 있으며 이 경우 항고는 집행정지의 효력이 있다.
④ 행정청이 질서위반행위에 대하여 과태료를 부과하고자하는 때에는 미리 당사자에게 과태료 부과의 원인이 되는 사실, 과태료 금액 및 적용법령 등을 통지하고 10일 이상의 기간을 정하여 의견을 제출할 기회를 주어야한다.

Point
② 헌법 제117조, 지방자치법 제3조 제1항, 제9조, 제93조, 도로법 제54조, 제83조, 제86조의 각 규정을 종합하여 보면, 국가가 본래 그의 사무의 일부를 지방자치단체의 장에게 위임하여 그 사무를 처리하게 하는 기관위임사무의 경우에는 지방자치단체는 국가기관의 일부로 볼 수 있는 것이지만, 지방자치단체가 그 고유의 자치사무를 처리하는 경우에는 지방자치단체는 국가

2021년에 시행된 실제 기출문제를 풀어보면서 최종적으로 마무리하여 합격에 한 걸음 더 가까이 다가갈 수 있습니다.

CONTENTS 차례

CONTENTS

PART

01

행정법 서론

01 행정

기출PLUS

행정관념의 성립
㉠ 행정관념의 성립은 권력분립의 원칙에 따라 행정이 입법과 사법으로부터 분립된 근대국가의 탄생과 그 시기를 같이 한다.
㉡ 근대 이전에는 국왕의 통치작용을 행정이라고 보았다.
→ 현대 행정국가 입법 = 입법부
사법 = 사법부
행정 = 행정부
㉢ 행정의 개념은 반드시 주권국가에만 있는 개념이다.

section 1 행정의 개념

행정이란 "공익을 증진시키고 공공문제를 해결하기 위해 공공정책을 형성하고 집행하는 공공부문의 활동"으로 정의될 수 있다.
※ 행정의 개념은 권력분립의 원칙과 법치주의를 전제로 성립

(1) 행정의 성립

행정이라는 관념은 권력분립이론의 완성을 통해 성립되었다. 즉, 절대군주의 통치권으로부터 입법·행정·사법권이 분리되어 나오면서 행정의 관념이 형성되었고 이는 시대와 장소에 따라 다양한 모습으로 발전되었다.

(2) 권력분립론

① 의의 … 권력분립론이란 국가권력을 분리하여 각각 독립된 기관에 분산시킴으로써 권력 상호 간의 견제와 균형을 통해 국민의 자유와 권리를 보장하기 위한 이론이다. 이는 국가의 통치작용을 입법·행정·사법으로 나누고 이들 작용을 각각 독립한 기관에 귀속시킴으로써, 기관 상호 간에 견제와 균형(Check and Balance)의 관계를 유지하게 하여 어떤 기관도 국가의 전 기구를 지배할 수 없게 하는 원리를 의미한다.

② 성립배경 … 근대 법치국가에 있어서 자유주의적 정치 조직원리로 등장한 권력분립의 이론은 국가권력이 하나의 기관에 집중되어 남용되는 폐단을 방지하고 개인의 (자유권적) 기본권을 보장하기 위해 성립되었다.

③ 고전적 권력분립론
㉠ 로크(J. Locke)의 2권분립론 : 로크는 그의 저서 「시민정부이론(1690)」에서 입법권과 행정권의 분립을 주장하여 권력분립론을 창시하였다. 그러나 그의 2권분립론은 엄격한 의미의 권력분립이라기보다는 국민주권의 원칙하에 국민의 대표기관인 의회의 입법권에 우위를 둔 이론이다.

㉡ 몽테스키외(C. Montesquieu)의 3권분립론 : 몽테스키외는 그의 저서 「법의 정신(1748)」에서 국가권력을 입법·행정·사법으로 나누고 이를 각각 입법부·행정부·사법부에 분립시킴으로써 상호견제와 균형을 통한 국민의 자유와 권리의 보장을 주장하여 권력분립론을 완성하였다.

④ 현대적 권력분립론

　　㉠ 고전적 권력분립론의 위기 : 국가 간 긴장관계의 지속으로 인한 비상사태의 만성화, 정당정치로 인한 권력통합 현상, 복지국가 이념의 실천을 위한 행정부의 비대화, 행정입법의 증가와 이로 인한 의회의 통법기관으로의 전락 등의 현상으로 인해 고전적 권력분립이론은 위기를 맞게 되었다.

　　㉡ 뢰벤슈타인(K. Löwenstein)의 동태적 권력분립론 : 뢰벤슈타인은 권력을 정적인 분립으로 파악해서는 안 되며 국가기능을 동적으로 파악할 것을 주장하였다. 그는 국가기능을 정책결정·정책집행·정책통제의 기능으로 구분하여 이들 기능이 입법부·행정부·사법부에 의해 유기적으로 연결되어 작용하여야 한다고 주장하였다.

　　　• 정책결정 : 정치적 공동체의 종류와 기본적인 의사를 결정하는 권한으로 정부형태, 경제질서, 외교문제 등을 결정한다.

　　　• 정책집행 : 결정된 정책을 집행하는 기능으로 입법부의 입법작용, 행정부의 행정입법과 법적 작용, 사법부의 사법작용 등이 있다.

　　　• 정책통제 : 권력기관이 정책결정과 집행을 상호통제하는 것이다(가장 핵심적인 기능).

section 2 행정의 의의

(1) 형식적 의미의 행정

① 국가작용의 성질에서가 아니고 제도적인 입장에서 현실적인 국가기관의 권한을 기준으로 하여 정립한 개념이다.

② 담당부서에 따른 분류로서 현행 실정법상 행정부에서 행하는 모든 작용을 말한다.

③ 행정부에 의하여 행하여지는 국가작용은 그것이 성질상 입법에 속하든 사법에 속하든 모두 행정이라 한다.

　　※ 실정법에 의해 행정부의 권한으로 되어 있는 작용

(2) 실질적 의미의 행정

국가작용에 성질상 차이가 있음을 전제로 하여 그 성질에 따라 입법·사법과 구별되는 의미에서의 행정개념을 정립하려고 하는 것

※ 입법→법 정립작용, 사법→법 선언작용, 행정→법 집행작용

① 긍정설

　　㉠ 소극설(공제설, W. Jellinek, 일본 통설)

　　　• 행정의 복잡·다양성으로 인해 행정의 개념을 적극적으로 정의할 수 없으므로 국가작용 중 입법과 사법을 제외한 나머지 작용을 행정이라 정의하는 견해이다.

　　　• 행정의 내용을 적극적으로 밝히지 못한다는 점에서 정의 관념으로는 적절하지 않다. 그러나 행정의 개념을 부정하는 것은 아니므로 긍정설에 포함된다.

행정의 개념징표

㉠ 공익실현을 목적으로 하는 점
㉡ 공동체에 있어서 사회형성을 담당하는 점
㉢ 행정주체의 작용인 점
㉣ 적극적·미래지향적 형성활동이라는 점
㉤ 포괄적인 지도·통제를 받는 한편 광범위한 활동자유를 가지는 점
㉥ 다양한 법형식에 의하여 행해지는 점
㉦ 구체적 사안에 대한 규율을 행하는 점

기출 2018. 6. 23. 제2회 서울특별시

행정법의 대상인 행정에 대한 설명으로 가장 옳지 않은 것은?

① 행정은 적극적 미래지향적 형성작용이다.
② 국가행정과 자치행정은 행정주체를 기준으로 행정을 구분한 것이다.
③ 행정법의 대상이 되는 행정은 실질적 행정에 한한다.
④ 행정은 그 법 형식을 기준으로 하여 공법형식의 행정과 사법형식의 행정으로 구분할 수 있다.

◀ 정답 ③

　　㉡ 적극설
　　　• 목적실현설(O. Mayer)
　　　– 행정이란 국가가 법질서 아래에서 공익이라는 국가목적을 실현하기 위하여 행하는 작용 또는 국가가 국민의 이익을 도모하는 작용이라 정의하는 견해이다.
　　　– 입법·사법 역시 공익·국가목적을 실현하기 위한 작용이라는 점에서 국가작용의 정의와 행정의 정의를 혼동하고 있다는 비판을 받고 있다.
　　　• 결과실현설(양태설·성질설, 田中二郎, 우리나라 통설)
　　　– 행정이란 법 아래에서 법의 규제를 받으면서 국가목적 실현을 위하여 현실적·구체적으로 행해지는 전체로서의 통일성을 지닌 계속적·형성적 국가활동이라 정의하는 견해이다.
　　　– 비교적 행정의 관념을 구체적으로 정의하고 있으나 이 역시 행정의 관념과 범위를 완벽하게 적시하지는 못하고 있다.
　　㉢ 개념징표설(E. Forsthoff, 독일 통설) : 포르스트호프는 "행정은 정의할 수 없고 묘사할 수 있을 뿐이다."라고 하여, 행정의 개념을 적극적으로 정의하는 대신 행정의 본질적 성격을 특징지을 수 있는 개념징표의 발견을 통한 접근방법이 보다 유용하다는 견해이다.
　② 부정설[기관양태설(A. Merkle), 법단계설(H. Kelsen)]
　　㉠ 입법·사법과 본질적으로 구별되는 행정의 개념을 부정하고, 다만 실정법 질서에서의 단계적 구조와 그 작용을 담당하는 기관의 양태에 따른 차이밖에 없다는 견해이다.
　　㉡ 입법·행정·사법이 절대적으로 구분되는 것은 아니라는 사실을 밝힌 점은 옳지만, 오히려 담당기관의 차이는 그 작용의 성질상의 차이에서 기인하는 것이라는 점에서 비판받고 있다.

(3) 행정의 의의와 국가의 다른 작용과의 구별

① 입법과의 구별 … 입법은 국가기관의 일반적·추상적 법규를 정립하는 작용으로 성문의 법규를 정립하는 작용을 말하는 데 비하여, 행정은 구체적으로 집행함으로써 국가목적을 실현하는 작용을 말한다.

② 사법과의 구별 … 사법은 법률상의 분쟁에 관해 당사자의 쟁송제기를 전제로 독립한 지위에 있는 심판기관이 법령을 적용하여 분쟁을 해결하는 작용으로 법 선언적 작용을 말한다. 행정은 법의 집행 작용이다.

구분	사법	행정
본질	수동적 법 인식 혹은 판단작용	능동적 사회형성작용
신청	반드시 요함	반드시 필요하지 않음
목적	법질서 유지	구체적인 국가의 목적 및 공익실현
기관	독립적 기관	계층적 기관
절차	엄격한 법의 규제와 기속	재량의 여지가 많음

③ **통치행위와의 구별** … 통치행위는 행정권에 의한 행위이기는 하나 정치성 있는 국가의 작용으로서 사법심사에서 제외되는 행위를 말함에 비하여 행정은 사법심사의 대상이 되는 처분성이 있는 작용이다.

(4) 형식적 · 실질적 의미의 입법 · 행정 · 사법

① 형식적 의미의 입법(입법부에서 담당하는 일체의 작용)
  ㉠ 실질적 의미의 입법 : 일반 · 추상적인 성문법규 정립작용
  ㉡ 실질적 의미의 행정 : 국회사무총장의 직원임명 등
  ㉢ 실질적 의미의 사법 : 의원의 징계 등

② 형식적 의미의 행정(행정부에서 담당하는 일체의 작용)
  ㉠ 실질적 의미의 입법 : 대통령령 및 각 부령의 제정 등
  ㉡ 실질적 의미의 행정 : 법 집행작용
  ㉢ 실질적 의미의 사법 : 행정심판재결, 통고처분 등

③ 형식적 의미의 사법(사법부에서 담당하는 일체의 작용)
  ㉠ 실질적 의미의 입법 : 대법원규칙 제정 등
  ㉡ 실질적 의미의 행정 : 일반 법관의 임명, 등기업무 등
  ㉢ 실질적 의미의 사법 : 재판작용

※ 형식적 의미에서 행정은 아니나 실질적 의미에서 행정인 예	
㉠ 국회의장의 국회직원의 파면	(형식적-입법, 실질적-행정)
㉡ 대법원장의 예산집행	(형식적-사법, 실질적-행정)

※ 형식적 의미에서는 행정이나 실질적 의미에서 행정이 아닌 예	
㉠ 대통령령 · 총리령 · 부령 제정	(형식적-행정, 실질적-입법)
㉡ 대통령의 긴급명령, 긴급재정 · 경제명령	(형식적-행정, 실질적-입법)
㉢ 행정규칙의 제정	(형식적-행정, 실질적-입법)
㉣ 조약의 체결	(형식적-행정, 실질적-입법)
㉤ 조례의 제정	(형식적-행정, 실질적-입법)
㉥ 행정심판의 재결	(형식적-행정, 실질적-사법)
㉦ 통고처분	(형식적-행정, 실질적-사법)
㉧ 대통령의 사면	(형식적-행정, 실질적-사법)
㉨ 이의신청에 대한 결정	(형식적-행정, 실질적-사법)
㉩ 소청심사위원회의 결정	(형식적-행정, 실질적-사법)
㉪ 토지수용위원회의 수용재결	(형식적-행정, 실질적-사법)

》POINT 행정의 표현 형태
  ㉠ 행정은 공익실현을 내용으로 하는 사회형성적 작용이다.
  ㉡ 행정은 장래에 대한 능동적인 형성작용이다.
  ㉢ 행정은 통일적이고 계속적인 사회형성작용이다.
  ㉣ 행정은 구체적 처분에 의하여 그 목적을 실현하는 작용이다.

기출PLUS

기출 2015. 4. 18. 인사혁신처

통치행위에 대한 설명으로 옳지 않은 것은? (다툼이 있는 경우 판례에 의함)

① 헌법재판소는 대통령의 해외파병 결정은 국방 및 외교와 관련된 고도의 정치적 결단을 요하는 문제로서 헌법과 법률이 정한 절차를 지켜 이루어진 것이 명백한 이상 사법적 기준만으로 이를 심판하는 것은 자제되어야 한다고 판시하였다.
② 비상계엄의 선포와 그 확대행위가 국헌문란의 목적을 달성하기 위하여 행하여진 경우에는 법원은 그 자체가 범죄행위에 해당하는지의 여부에 관하여 심사할 수 있다.
③ 남북정상회담 개최는 고도의 정치적 성격을 지니고 있는 행위로서 사법심사의 대상으로 하는 것은 적절치 못하므로 그 개최과정에서 당국에 신고하지 아니하거나 승인을 얻지 아니한 채 북한 측에 송금한 행위는 사법심사의 대상이 되지 않는다.
④ 대통령의 긴급재정경제명령은 고도의 정치적 결단에 의하여 발동되는 이른바 통치행위에 속하지만 그것이 국민의 기본권 침해와 직접 관련되는 경우에는 헌법재판소의 심판대상이 된다.

< 정답 ③

통치행위에 관한 설명으로 옳지 않은 것은? (다툼이 있는 경우 판례에 의함)

① 통치행위는 정부에 의해 이루어지는 것이 일반적이며, 국회에 의해 이루어질 수도 있다.
② 일반사병의 이라크 파견 결정은 성격상 국방 및 외교에 관련된 고도의 정치적 결단을 요하는 문제이다.
③ 판례는 대통령의 금융실명거래 및 비밀보장에 관한 긴급재정경제명령의 발령을 통치행위로 보았다.
④ 통치행위를 포함하여 모든 국가작용은 국민의 기본권적 가치를 실현하기 위한 수단이라는 한계를 반드시 지켜야 하는 것은 아니다.

◀ 정답 ④

section 3 통치행위

(1) 통치행위의 의의

① 개념 … 법률적 판단이 가능함에도 불구하고 고도의 정치성을 가짐으로 인하여 사법적 심사의 대상에서 제외되는 국가작용을 말한다. 이는 국가 최고기관의 정치적 · 국가정책적 행위로서 사법심사의 대상에서 제외되는 제4의 국가작용이라고도 한다.

② 제도적 전제 … 법치주의가 확립되고 행정소송의 대상에 관하여 개괄주의가 채택되어 있을 것을 요한다(행정소송에 있어 개괄주의는 통치행위의 부정설의 근거가 된다). 논리적으로는 통치행위를 부정하는 것이 타당하나 대부분의 국가들이 판례를 통해 통치행위 개념을 인정하는 것이 현실이다. 그러나 이는 법치주의의 훼손을 초래하므로 그 범위를 엄격하게 제한하고 있다.

(2) 이론적 근거

법치주의가 확립된 선진국에서도 일정한 범위에서 정치성이 강한 국가행위(예컨대 국회해산 · 조약체결)를 그 심사대상에서 제외하고 있는데, 영국의 act of state, 프랑스의 acte de gouvernement, 미국의 political questions, 독일의 Regierungsakt 등이 이에 해당하는 개념이다. 그러나 각국에서의 통치행위나 정치문제의 개념은 동일한 것이 아니며, 그것을 사법심사의 대상에서 제외하는 이유 또한 일치하지 않는다.

① 긍정설
  ㉠ 재량행위설 : 통치행위를 재량행위의 일종으로 이해하는 견해이다. 그러나 재량행위는 재량의 일탈 · 남용의 경우 사법심사의 대상이 된다는 점에서 처음부터 사법심사의 대상에서 제외되는 통치행위와 구별된다.
    ※ 재량행위는 법원의 심사가 불가능하다는 전통적인 행정법이론에 터 잡은 이론으로서, 오늘날 행정소송법 제27조에 의해 재량행위도 일탈 · 남용 등의 경우에 법원의 심사대상이 되기 때문에 재량행위설은 타당성이 없어졌다.
  ㉡ 권력분립설(내재적 한계설, 우리나라 통설) : 권력분립의 원칙상 정치적 문제는 일반 법원이 관여할 수 없으며, 국민의 대표기관인 의회에서 해결하거나 국민의 의사에 의해 민주적으로 통제되어야 한다는 견해이다.
  ㉢ 대권행위설 : 영국의 대권행위불심사의 사상에 의거한 것으로 통치행위는 국가대권행위이므로 사법심사의 대상에서 제외된다는 견해이다. 그러나 현대 법치국가 하에서 대권의 개념을 인정하기는 어렵다.
  ㉣ 사법부자제설 : 통치행위도 사법심사의 대상임이 원칙이나 통치행위는 고도의 정치적인 행위이기 때문에 법원의 정치화를 방지하기 위하여 사법부가 스스로 통치행위에 대한 심사를 자제한다는 견해이다. 그러나 정치적 중립을 위한 심사포기 자체가 어느 일방의 정치적 입장을 지지하는 결과를 초래할 수도 있다는 점에서 논란이 있다.

② **부정설** … 법치주의원칙과 개괄주의(헌법 제107조 제2항) 채택으로 모든 행정작용은 사법심사의 대상이 되므로 통치행위의 개념은 성립될 수 없다는 견해이다. 이론적으로는 타당하나 현실을 적시하지 못하고 있다는 비판이 있다.

(3) 외국의 사례

① **프랑스** … 최고행정재판소인 꽁세유데따(Conseil d'Etat, 국참사원)의 판례에 의해 인정되어 왔다. 현재는 그 범위가 축소되어 외교 분야에서의 행위, 의회의 행위 등에 대하여 인정되고 있다.

② **독일** … 주로 이론적으로 통치행위가 발달하게 되었다. 즉, 제2차 세계대전 후 행정소송에서 열기주의 대신 개괄주의를 채택하면서 논의가 시작되었다. 수상의 선거, 국회의 해산, 조약의 체결 등에 대해 인정된다.

③ **영국** … 판례를 중심으로 의회의 특권과 국왕의 대권에 대해 사법심사를 자제하면서 성립되었다. 의원의 징계, 국가의 승인, 선전포고, 강화, 사면 등에 대해 인정된다.

④ **미국** … 법원이 정치적 문제에 대한 관할권을 부인함으로써 성립되었고 외교·군사 분야 등의 행위에 대해 인정되고 있다. 통치행위를 인정한 미국 최초의 판례는 루터 대 보던 사건(Luther vs Borden Case, 1848)이다.

⑤ **일본** … 독일과 같이 전후에 개괄주의를 취함으로써 비로소 통치행위가 논의되기 시작하였다. 판례는 미·일안보조약의 해석과 중의원 해산 등을 통치행위로 인정한 바 있다.

(4) 우리나라에서의 통치행위

① **헌법규정** … 제4공화국 헌법은 대통령의 긴급조치를 사법적 심사의 대상에서 제외하였으며, 현행 헌법은 국회의원의 자격심사와 징계에 대하여 명문으로 사법심사를 배제하고 있다〈헌법 제64조 제4항〉.

　※ 지방의회가 지방의원을 징계하는 경우 지방의원은 국회의원과 달리 법원에 제소할 수 있다. 이때 피고는 지방의회가 된다.

② **학설** … 권력분립설이 통설적 견해이고 판례는 권력분립설과 사법부자제설을 모두 취하는 것으로 이해되고 있다.

③ **헌법재판소 판례**
　　㉠ **이라크에의 국군의 파견결정** (헌재 2004. 4. 29. 2003헌마814) : 그 성격상 국방 및 외교에 관련된 고도의 정치적 결단을 요하는 문제로서, 대통령과 국회의 판단은 존중되어야 하고 우리 재판소가 사법적 기준만으로 이를 심판하는 것은 자제되어야 한다.
　　㉡ **대통령의 금융실명거래 등에 관한 긴급재정경제명령** (헌재 1996. 2. 29. 93헌마186) : 대통령의 긴급재정경제명령은 국가긴급권의 일종으로서 고도의 정치적 결단에 의하여 발동되는 행위이고 이른바 통치행위에 속한다.

기출 2017. 6. 17. 제1회 지방직

통치행위에 대한 판례의 입장으로 옳지 않은 것은?

① 고도의 정치적 성격을 지니는 남북정상회담 개최과정에서 정부에 신고하지 아니하거나 협력사업 승인을 얻지 아니한 채 북한측에 사업권의 대가 명목으로 송금한 행위 자체는 사법심사의 대상이 된다.

② 기본권 보장의 최후 보루인 법원으로서는 사법심사권을 행사함으로써, 대통령의 긴급조치권 행사로 인하여 우리나라 헌법의 근본이념인 자유민주적 기본질서가 부정되는 사태가 발생하지 않도록 그 책무를 다하여야 한다.

③ 신행정수도건설이나 수도이전문제는 그 자체로 고도의 정치적 결단을 요하므로 사법심사의 대상에서 제외되고, 그것이 국민의 기본권 침해와 관련되는 경우에도 헌법재판소의 심판대상이 될 수 없다.

④ 외국에의 국군 파견결정은 그 성격상 국방 및 외교에 관련된 고도의 정치적 결단을 요하는 문제로서, 헌법과 법률이 정한 절차가 지켜진 것이라면 대통령과 국회의 판단은 존중되어야 하고 사법적 기준만으로 이를 심판하는 것은 자제되어야 한다.

< 정답 ③

ⓒ 통치행위와 그 한계에 대한 판시 (헌재 1996. 2. 29. 93헌마186) : 통치행위를 포함하여 모든 국가작용은 국민의 기본권적 가치를 실현하기 위한 수단이라는 한계를 반드시 지켜야하는 것이고, 만일 통치행위가 국민의 기본권침해와 직접 관련되는 경우에는 당연히 헌법재판소의 심판대상이 된다.

POINT 5·18불기소처분취소(헌재 1995. 12. 15, 95헌마221·233·297 병합)

ⓐ 통치행위의 개념은 현재는 국민의 기본권 침해와 직접 관련이 없고, 정치적 통제수단이 마련되어 있는 고도의 정치결단적 국정행위에 대해서만 사법부 스스로 사법심사를 자제할 수 있다는 이론에 불과하다.

ⓑ 검찰은 행정기관이므로 사법심사 자체를 판단할 주체가 아니다.

ⓒ 헌법소원심판 청구가 취하되어 절차가 종료되었다.

④ 대법원 판례

ⓐ 한·일국교정상화를 반대하는 6·3사태 수습을 위한 대통령의 비상계엄선포(대판 1964. 7. 21, 64초4) : 대통령의 계엄선포행위는 고도의 정치적·군사적 성격의 행위로서 그것이 누구나 일견 헌법이나 법률에 위반되는 것이 명백하게 인정될 수 있는 것이라면 몰라도 그렇지 아니한 이상 당연무효라고는 단정할 수 없다. 계엄선포의 당·부당을 판단할 권한은 오로지 정치기관인 국회에만 있다.

ⓑ 10·26사태 수습을 위한 대통령의 비상계엄선포(대판 1979. 12. 7, 79초70) : 사법기관인 법원이 계엄선포의 요건구비나 선포의 당·부당을 심사하는 것은 사법권의 내재적 본질적 한계를 넘어서는 것이 되어 적절한 바가 못 된다.

ⓒ 군사시설보호구역의 설정변경(대판 1983. 6. 14, 83누43) : 군사시설보호법에 의한 군사시설보호구역의 설정변경 또는 해제와 같은 행위는 통치행위로서 협의의 행정행위와 구별된다.

ⓓ 계엄선포행위(대판 1997.4.17.96도3376) : 대통령의 비상계엄선포 및 그 확대는 고도의 정치적·군사적 판단에서 나오는 것으로 통치행위에는 속하나, 계엄선포 자체가 범죄에 해당하는지 여부에 관하여는 판단할 수 있다고 하였다.

ⓔ 대통령의 사면권(서울행정법원 2000. 2. 2, 99구24405) : 대통령의 사면권은 통치행위로서 사법심사의 대상이 되지 않는다.

⑤ 통치행위의 범위

ⓐ 국정 전반에 관한 사항 : 비상조치, 계엄선포, 국회해산, 국민투표회부

ⓑ 국회에 대한 사항 : 임시국회소집요구, 법률안거부

ⓒ 사법부에 대한 사항 : 사면, 복권

ⓓ 외교에 대한 사항 : 국가승인, 조약체결, 선전포고, 남북정상회담

ⓔ 행정부 자체에 대한 사항 : 영전수여, 국무위원의 임면

ⓕ 국회의 자율권에 대한 사항 : 국회의원의 자격심사, 징계의결은 통치행위에 해당하지 않는 경우

⑥ 통치행위에 해당하지 않는 사례

  ㉠ 대통령 및 국회의원 선거(대법원 관할)

  ㉡ 비정치적 공무원의 파면(법원의 심사대상)

  ㉢ 도시계획의 결정·공고 : 행정행위(일반처분의 성질)

  ㉣ 지방자치단체에 대한 지휘감독

  ㉤ 지방의회 의원 제명 : 사법적 쟁송대상

  ㉥ 대통령의 법규명령의 제정

  ㉦ 국회공무원 징계행위 : 행정처분

  ㉧ 영업허가

(5) 통치행위의 법적 문제

① **통제** … 통치행위는 법률로부터의 자유이지 법으로부터의 자유는 아니므로 헌법재판
  등에 의한 통제는 가능하고 국회나 국민여론에 의한 정치적 통제도 가능하다.

  ㉠ 정치적 통제

   • 국회에 의한 통제 : 정치기관인 국회는 정치문제의 하나인 통치행위를 통제할 수
     있다.

   • 여론에 의한 통제 : 명문으로 규제하고 있지는 않지만 위법한 통치행위에 대하여
     헌법 전문의 '불의에 항거한 4·19 민주이념을 계승하고'라고 한 것을 근거로 국
     민은 저항권을 행사할 수 있다.

  ㉡ 사법적 통제 : 통치행위가 국민의 권리이익을 침해하는 경우 구제수단이 없기 때
     문에 우선 목적에 의한 구속을 받아 통치권이 일탈·남용된 경우에 사법심사가
     가능하다고 해석하는 것이 국민의 권익구제에 유리하다고 할 것이다.

   • 법원에 의한 통제 : 통치행위가 사법심사의 대상이 아니라고 하였다.

   • 헌법재판소에 의한 통제 : 통치행위 중 국민의 기본권을 침해하는 것에 대하여
     제한적인 범위 내에서 심판의 대상으로 인정하고 있다.

  판례 **통치행위 주장에 대한 판단** : 통치행위를 포함하여 모든 국가작용은 국민의 기본권적 가치
  를 실현하기 위한 수단이라는 한계를 반드시 지켜야 하는 것이고, 헌법재판소는 헌법의 수호
  와 국민의 기본권 보장을 사명으로 하는 국가기관이므로 비록 고도의 정치적 결단에 의하여
  행해지는 국가작용이라고 할지라도 그것이 국민의 기본권 침해와 직접 관련되는 경우에는 당
  연히 헌법재판소의 심판대상이 된다(헌재 1996. 2. 29, 93헌마186).

② **한계**

  ㉠ 통치행위의 개념을 인정한다 하더라도 무제한의 자유행위를 의미하는 것은 아니
     므로 헌법상의 국민주권원리, 비례의 원칙 등을 위배하여 행사할 수 없다.

  ㉡ 통치행위는 행정에 대한 개괄적인 사법심사와 국민의 재판청구권을 규정한 헌법
     의 취지에 비추어 그 범위는 매우 제한적으로 인정되어야 할 것이다.

  ㉢ 정치적 책임은 면할 수 없다.

POINT 통치행위의 분류

구분	내용	비고
상대적 통치행위	비록 고도의 정치적 성격을 띤 집행부의 행위일지라도 헌법 또는 법률에 행사절차와 요건이 구체적으로 규정되어 있거나, 국민의 기본권 보장에 중대한 영향을 미치는 행위	사법심사의 대상
절대적 통치행위	고도의 정치성을 띤 행위이며, 헌법도 법률도 그 내용이나 절차를 규제하는 규정을 두고 있지 않을 뿐더러 국민의 기본권 보장과도 직접 관련이 없는 것(외교작용 등)	사법심사 제외 대상

③ 판단의 주체

    ㉠ 통치행위인지의 여부에 대한 판단권은 일단 사법권이 행사하여야 할 것이다.

    ㉡ 이렇게 하는 것이 통치행위로 인한 기본권의 침해가능성을 축소시키게 된다.

④ 국가배상

    ㉠ 원칙적으로 국가배상이 배제될 이유는 없을 것이다.

    ㉡ 통치행위는 사법심사의 대상에서 제외되므로 위법성의 주장이 불가능하여 실제 배상을 받지 못하는 경우가 일반적일 것이다.

판례 5·18사건 불기소처분에 대한 국가배상판결 : 검사의 불기소처분이 잘못되었다는 사정만으로 막바로 위법행위에 해당한다고 볼 수 없고 적어도 그 합리성을 도저히 긍정할 수 없을 정도로 그 불기소처분이 잘못되었다고 볼 수 있어야 위법행위에 해당한다(서울지방법원 1998. 6. 2, 95가합109826).

section 4 행정의 분류

(1) 주체에 의한 분류

① **국가행정** … 국가가 직접 그 기관을 통하여 행하는 행정을 말한다. 행정권은 원래 국가의 통치권의 일부이므로 국가행정이 행정의 원칙이다.

② **자치행정** … 지방자치단체 기타 공공단체가 행정권의 주체로서 행하는 행정을 말한다. 헌법 제117조 제1항은 '주민의 복리에 관한 사무'를 지방자치단체의 사무로 규정하고 있다.

③ **위임행정** … 국가 또는 공공단체가 자기 사무를 다른 공공단체 또는 사인에게 위임하여 처리하게 하는 행정을 말한다. 사인은 행정객체의 지위에 서는 것이 보통이지만 국가나 공공단체로부터 수임한 행정사무를 집행하는 경우에는 공무수탁사인으로서 그 한도 내에서는 행정주체가 된다.

> **🔖 POINT** 사인에게 위임된 행정(수권사인)
> ㉠ 사립대학 총장·학장의 학위수여
> ㉡ 회사의 종업원에 대한 원천징수행위(판례는 인정하지 않음)
> ㉢ 별정우체국장의 체신업무 수행
> ㉣ 토지수용상의 기업자
> ㉤ 선장의 경찰·호적사무 수행

(2) 목적(내용)에 의한 분류

① **질서행정** … 사회공공의 안녕과 질서를 유지하기 위한 행정을 말한다. 종래에는 경찰기관에 의한 작용을 의미하였으나, 현재는 경찰 이외의 기관에서 담당하는 영업규제, 교통정리, 위생감시, 산불단속, 감염병 예방활동 등도 이에 속한다.

② **계획행정** … 일정한 행정 목적의 실현을 위해 관련된 모든 권리와 이익을 비교·형량하고 검토하여 행하는 계획적이고 형성적인 행정작용을 말한다.

③ **급부행정** … 오늘날의 국가는 모든 국민에 대하여 인간다운 생활을 영위하게 할 의무를 부담하는 복지국가를 지향하는 바, 국민의 복지를 적극적으로 증진하기 위하여 행하는 수익적 행정작용이다. 공급행정, 사회보장행정, 조성행정(행정주체가 공공복리를 증진시키기 위하여 개인의 활동을 조성하는 자금, 정보 등 수단을 공여하는 비권력적 행정작용) 등이 이에 속한다.

④ **유도행정** … 행정주체가 규제·지원 등의 조치(행정계획이나 보조금 지급)를 통해 국민의 경제·사회생활 등을 일정한 방향으로 이끌어 가기 위한 활동을 말한다. 행정지도, 보조금 지급 등이 이에 속한다.

⑤ **공과행정** … 국가·지방자치단체 등이 그 소요재원을 마련하기 위해 조세 기타 공과금을 징수하고 관리하는 행정을 말한다.

⑥ **조달행정** … 행정을 위해 필요한 인적·물적 자원을 확보·관리하는 활동을 말한다. 법적 근거로는 공무원법, 예산회계법 등이 있다.

> **🔖 POINT** 전통적 분류에 의한 행정(목적에 의한 행정의 분류)
> ㉠ 국가목적적 행정
> • 재무행정 : 국가의 존립과 활동에 필요한 재원을 취득·관리하는 행정을 말한다.
> • 외무행정 : 대외관계의 유지에 필요한 인적·물적 자원을 취득·관리하는 행정을 말한다.
> • 군사행정 : 국방을 위하여 개인에게 명령·통제하며 군대를 관리하는 작용이다.
> • 사법행정 : 법 판단·선언에 필요한 인적·물적 자원을 취득·관리하는 행정이다.
> ㉡ 사회목적적 행정
> • 경찰행정(질서행정) : 사회의 공공질서유지를 위한 소극적 행정이다(19세기 법치국가).
> • 복리행정 : 사회의 공공복리증진을 위한 적극적 행정으로, 급부행정, 규제행정, 공용부담행정 등이 이에 속한다. 20세기 국가기능을 수행하는 행정분야로 발전되고 있다.

기출 2004. 10. 31. 서울특별시

다음은 목적에 의한 행정의 분류이다. 가장 이질적인 것은?

① 재무행정
② 군사행정
③ 사법행정
④ 외무행정
⑤ 급부행정

〈 정답 ⑤

(3) 수단에 의한 분류

① **권력행정(본래적 행정)** … 행정주체가 우월적인 지위에서 공권력을 발동하여 국민에 대하여 일방적으로 명령·강제하는 행정을 말한다(경찰, 조세, 병사 등).

② **관리행정** … 행정주체가 공권력의 주체가 아닌 공기업, 공물 등의 관리주체로서 국민과 대등한 지위에서 행하는 작용을 말한다. 원칙상 사법규정이 적용되나 행정목적을 위해 필요한 한도 내에서는 공법이 적용된다.

③ **국고행정** … 행정주체와 국민의 대등한 관계를 전제로 사법형식에 의해 행해지는 행정을 말한다.

(4) 법적 효과에 의한 분류

① **침익행정(규제행정)** … 사인의 자유와 권리를 침해·제한하거나 새로운 의무·부담을 과하는 행정을 말한다.

② **수익행정(급부행정)** … 사인에 대해 제한되었던 자유를 회복시켜 주거나 새로운 권리·이익을 부여하는 행정을 말한다.

③ **복효적 행정(이중효과적 행정, 제3자효 행정)** … 하나의 행정행위로 인해 한 사람에게는 수익적이나, 이로 인해 다른 사람에게는 침익적인 행정작용, 또는 한 사람에게 수익과 침익이 동시에 발생하는 행정작용을 말한다.

기출 2007. 7. 8. 서울특별시

복효적 행정행위에 관한 설명으로 옳지 않은 것은?

① 불이익을 받는 제3자의 수익자의 보조참가는 인정되나 독립당사자참가는 인정되지 않는다.
② 「건축법」분야, 「환경법」분야 등에서 많은 문제가 되고 있다.
③ 법률상 이익을 침해당한 자만이 원고적격이 인정된다.
④ 가처분제도가 인정된다.
⑤ 집행정지신청은 당사자만이 신청할 수 있다.

< 정답 ④

1 행정주체가 될 수 없는 것은? (다툼이 있는 경우 판례에 의함)

① 대한민국
② 「도시 및 주거환경정비법」에 따른 주택재건축정비사업조합
③ 서울특별시
④ 행정안전부장관

 **TIPS!**

행정주체는 국가와 공공단체 등 공권력의 담당자로, 국가나 공공단체가 행정활동을 하기 위해 그 의사를 결정하고 집행하는 행정기관과 구분된다.
④ 행정안전부장관은 행정기관으로 행정주체가 아니다.

2 다음의 연결이 옳은 것은?

① 행정심판의 재결 – 실질적 의미의 행정
② 토지수용위원회의 수용재결 – 실질적 의미의 행정
③ 긴급명령의 제정 – 실질적 의미의 행정
④ 일반 법관의 임명 – 실질적 의미의 행정

TIPS!

① 실질적 의미의 사법, 형식적 의미의 행정
② 실질적 의미의 사법, 형식적 의미의 행정
③ 실질적 의미의 입법, 형식적 의미의 행정

Answer 1.④ 2.④

3 다음은 주체를 기준으로 한 행정의 분류에 관한 설명이다. 타당한 것을 모두 고르시오.

> ㉠ 주체에 따라 국가행정·자치행정·위임행정으로 나눌 수 있다.
> ㉡ 자치행정이란 지방자치단체 기타 공공단체가 주체로 되어 있는 행정을 의미하는 것이 일반적인 견해이다.
> ㉢ 위임행정이란 국가가 지방자치단체나 지방자치단체의 기관에 위임하여 행하는 행정을 의미한다.
> ㉣ 공공단체란 넓은 의미에서 지방자치단체를 포함하지만, 협의에서는 공공조합·영조물법인·공재단을 의미한다.

① ㉠
② ㉠㉡
③ ㉠㉡㉣
④ ㉠㉡㉢㉣

TIPS!
㉢ '위임행정'이란 국가가 지방자치단체 또는 지방자치단체의 기관에 위임하여 행하는 경우뿐만 아니라, 국가·지방자치단체가 단체 또는 사인에게 위임하여 행하는 경우도 포함된다.

4 통치행위에 대한 판례의 태도로 옳지 않은 것은?

① 대통령의 긴급재정경제명령은 국가긴급권의 일종으로서 고도의 정치적 결단에 의하여 발동되는 행위이고 그 결단을 존중하여야 할 필요성이 있는 행위라는 의미에서 이른바 통치행위에 속한다.

② 남북정상회담의 개최과정에서 재정경제부장관에게 신고하지 아니하거나 통일부장관의 협력사업 승인을 얻지 아니한 채 북한 측에 사업권의 대가 명목으로 송금한 행위는 고도의 정치적 성격을 지니고 있는 행위라 할 것이므로 특별한 사정이 없는 한 그 당부를 심판하는 것은 사법권의 내재적·본질적 한계를 넘어서는 것이 되어 적절하지 못하다.

③ 통치행위의 개념을 인정한다고 하더라도 과도한 사법심사의 자제가 기본권을 보장하고 법치주의 이념을 구현하여야 할 법원의 책무를 태만히 하거나 포기하는 것이 되지 않도록 그 인정을 지극히 신중하게 하여야 하며, 그 판단은 오로지 사법부만에 의하여 이루어져야 한다.

④ 외국에의 국군의 파견결정은 파견군인의 생명과 신체의 안전뿐만 아니라 국제사회에서의 우리나라의 지위와 역할, 동맹국과의 관계, 국가안보문제 등 궁극적으로 국민 내지 국익에 영향을 미치는 복잡하고도 중요한 문제로서 국내 및 국제정치관계 등 제반상황을 고려하여 미래를 예측하고 목표를 설정하는 등 고도의 정치적 결단이 요구되는 사안이다.

TIPS!
② 남북정상회담의 개최는 고도의 정치적 성격을 지니고 있는 행위라 할 것이므로 특별한 사정이 없는 한 그 당부를 심판하는 것은 사법권의 내재적·본질적 한계를 넘어서는 것이 되어 적절하지 못하지만, 남북정상회담의 개최과정에서 재정경제부장관에게 신고하지 아니하거나 통일부장관의 협력사업 승인을 얻지 아니한 채 북한 측에 사업권의 대가 명목으로 송금한 행위 자체는 헌법상 법치국가의 원리와 법 앞에 평등원칙 등에 비추어 볼 때 사법심사의 대상이 된다고 판단한 원심판결을 수긍(대판 2004.3.26, 2003도7878).

Answer 3.③ 4.②

5 다음 중 권력분립론에 대한 설명으로 옳지 않은 것은?

① 권력분립론이란 국가권력을 분리하여 각각 독립된 기관에 분산시킴으로써 권력 상호간의 견제와 균형을 통해 국민의 자유와 권리를 보장시키기 위한 이론이다.

② 권력분립론은 근대법치국가에 있어서 자유주의적 정치조직원리로 등장하였다.

③ 로크는 그의 저서 「법의 정신」에서 국가권력을 입법·행정·사법으로 나누고 이를 각각 입법부·행정부·사법부에 분립시킴으로써 상호견제와 균형을 통한 권력분립론을 완성하였다.

④ 로크의 분립론은 엄격한 의미의 권력분립이라기보다는 국민주권의 원칙하에 의회의 입법권에 우위를 둔 이론이다.

TIPS!

③ 지문의 내용은 몽테스키외의 3권분립론이며, 로크는 입법권의 우위에 둔 2권분립론을 주장하였다.

6 다음 중 뢰벤슈타인의 권력분립론에 대한 설명으로 옳지 않은 것은?

① 뢰벤슈타인은 권력을 정적인 분립으로 파악해서는 안되며 국가기능을 동적으로 파악할 것을 주장하였다.

② 국가기능을 정책결정·정책집행·정책통제의 기능으로 구분하여 이들 기능이 입법부·행정부·사법부에 의해 독립적으로 작용하여야 한다고 주장하였다.

③ 정치적 공동체의 종류와 기본적인 의사를 결정하는 권한으로 정부형태, 경제질서, 외교문제 등을 결정하는 것을 정책결정이라 한다.

④ 권력기관이 정책결정과 집행을 상호통제하는 것을 정책통제라 한다.

TIPS!

② 국가기능을 정책결정·정책집행·정책통제의 기능으로 구분하여 이들 기능이 입법부·행정부·사법부에 의해 유기적으로 연결되어 작용하여야 한다고 주장하였다.

Answer 5.③ 6.②

7 다음 중 현대사회에서 권력분립이론의 위기요인으로 볼 수 없는 것은?

① 의회의 통법기관으로의 전락
② 정당정치의 확립으로 인한 권력통합화 경향
③ 복지국가의 요청으로 인한 행정부의 비대화
④ 국제평화의 지속으로 인한 방위기구 축소

> **TIPS!**
>
> ①②③ 상호견제와 균형을 이루는 데 장애가 된다.
> ※ 고전적 권력분립론의 위기요인
> ㉠ 국가간 긴장관계의 지속으로 인한 비상사태의 만성화
> ㉡ 정당정치로 인한 권력통합현상
> ㉢ 복지국가이념의 실천을 위한 행정부의 비대화
> ㉣ 행정입법의 증가와 이로 인한 의회의 통법기관으로의 전락

8 개념징표설을 취할 경우 다음 중 행정의 개념징표로 보기 어려운 것은?

① 공익실현을 목적으로 한다.
② 적극적인 형성작용이다.
③ 엄격한 법의 기속을 받는다.
④ 다양한 법형식에 의한다.

> **TIPS!**
>
> ③ 행정은 복잡·다양한 사회활동을 대상으로 이루어지므로 광범위한 활동의 자유를 가진다.

Answer 7.④ 8.③

9 다음 중 현대행정의 특징으로 볼 수 없는 것은?

① 새로운 행정분야로 급부행정이 등장
② 새로운 행정형식으로 권력적 행정수단의 등장
③ 행정내용의 종합화·계획화
④ 행정국가화 경향

> **TIPS!**
>
> ② 과거에는 권력적 수단에 의한 행정작용이 강조되었으나 현대사회에서는 비권력적 수단에 의한 행정의 역할이 강조된다. 따라서 현대행정에서는 권력적 행정은 물론 비권력적 행정도 증가하게 되어 국민생활에 미치는 행정의 영향이 매우 커지게 되었다. 이러한 현상을 행정국가화 현상이라 한다.

10 다음 중 행정의 의의에 관한 설명으로 옳지 않은 것은?

① 행정부에 의하여 행하여지는 국가작용이 성질상 입법에 속하든 사법에 속하든 모두 행정으로 보는 것은 형식적 의미의 행정이다.
② 소극설은 행정의 복잡·다양성으로 인해 행정의 개념을 적극적으로 정의할 수 없으므로 국가작용 중 입법과 사법을 제외한 나머지 작용을 행정이라 정의한다.
③ 개념징표설은 행정의 개념을 적극적으로 정의할 수 없고, 다만 묘사할 수 있을 뿐이라고 주장한다.
④ 국가작용의 성질상 차이가 있음을 전제로 하여 그 성질에 따라 행정을 입법·사법과 구별하여 그 의의를 정립하는 경우를 형식적 의미의 행정이라 한다.

> **TIPS!**
>
> ④ 국가작용의 성질상 차이가 있음을 전제로 하여 그 성질에 따라 행정을 입법·사법과 구별하여 그 의의를 정립하는 경우를 실질적 의미의 행정이라 한다.

11 다음 중 개념징표설에 대한 설명으로 잘못된 것은?

① 행정은 구체적 사안에 대한 규율을 행한다.

② 행정의 개념을 적극적으로 정의하고 있다.

③ 행정은 다양한 법형식에 의한다.

④ 행정은 공익실현을 목적으로 한다.

> **TIPS!**
> ② 개념징표설은 행정은 복잡·다양하기 때문에 적극적으로 정의할 수 없고, 다만 묘사할 수 있을 뿐이라는 주장이다.
> ※ 행정의 개념징표
> ㉠ 공익실현을 목적으로 하는 점
> ㉡ 공동체에 있어서 사회형성을 담당하는 점
> ㉢ 행정주체의 작용인 점
> ㉣ 적극적·미래지향적 형성활동이라는 점
> ㉤ 포괄적인 지도·통제를 받는 한편 광범위한 활동자유를 가지는 점
> ㉥ 다양한 법형식에 의하여 행해지는 점
> ㉦ 구체적 사안에 대한 규율을 행하는 점

12 다음 중 통치행위라고 볼 수 있는 것은?

① 대통령 및 국회의원 선거

② 도시계획의 결정·공고

③ 대통령의 사면권

④ 대통령의 법규명령의 제정

> **TIPS!**
> ③ 대통령의 사면권은 통치행위로서 사법심사의 대상이 되지 않는다(서울행정법원 2000. 2. 2, 99구24405).

13 다음 중 통치행위의 예에 해당하지 않는 것은?

① 대통령 선거소송

② 국회의원 제명

③ 일반사면

④ 조약의 체결

> **TIPS!**
> ① 대통령 선거소송은 대법원의 관할로서 사법적 심사의 대상이 된다.

Answer 11.② 12.③ 13.①

14 다음 중 통치행위에 관한 설명 중 옳지 않은 것은?

① 통치행위의 개념을 인정한다 하더라도 무제한의 자유행위를 의미하는 것은 아니므로 헌법상의 국민주권원리, 비례의 원칙 등을 위배하여 행사할 수 없다.

② 비록 고도의 정치적 성격을 띤 집행부의 행위일지라도 헌법 또는 법률에 행사절차와 요건이 구체적으로 규정되어 있거나, 국민의 기본권 보장에 중대한 영향을 미치는 행위는 사법심사의 대상이다.

③ 헌법재판소는 헌법의 수호와 국민의 기본권 보장을 사명으로 하는 국가기관이므로 비록 고도의 정치적 결단에 의하여 행해지는 국가작용이라고 할지라도 그것이 국민의 기본권 침해와 직접 관련되는 경우에는 당연히 헌법재판소의 심판대상이 된다.

④ 통치행위는 법으로부터의 자유이므로 헌법재판 등에 의한 통제 및 국회나 국민여론에 의한 정치적 통제도 가능하다.

 TIPS!

④ 통치행위는 법률로부터의 자유이지 법으로부터의 자유는 아니므로 헌법재판 등에 의한 통제는 가능하고 국회나 국민여론에 의한 정치적 통제도 가능하다.

15 다음 중 실질적 의미의 행정에는 속하나 형식적 의미의 행정으로는 볼 수 없는 것은?

① 행정심판의 재결
② 이발소영업허가
③ 법규명령 제정
④ 국회사무총장의 소속공무원 임명

 TIPS!

'국회사무총장의 소속 공무원 임명'은 구체적인 법 집행이므로 실질적으로 '행정'에 속하나, 국회사무총장이 의회 기관이므로 형식적으로는 '입법'에 속한다.

Answer 14.④ 15.④

02 행정법

section 1 행정법의 의의

행정법 ⇒ 행정의 조직·작용 및 구제에 관한 국내 공법을 말한다.

(1) 행정법은 '행정'에 관한 법이다.

행정법은 행정을 대상으로 하는 점에서 국가의 기본조직과 작용에 관한 법인 헌법과 구별된다. 또한 입법권의 조직과 작용에 관한 법인 입법법(국회법 등)과, 사법권의 조직과 작용에 관한 법인 사법법(법원조직법, 민사소송법 등)과 구별된다.

① **헌법** … 국가의 통치작용에 관한 법

② **입법법** … 입법권의 조직과 작용에 관한 법(국회법 등)

③ **사법법** … 사법권의 조직과 작용에 관한 법(법원조직법, 민사소송법 등)

(2) 행정법은 행정에 관한 '공법'이다.

행정법은 행정에 관한 모든 법 가운데 행정에 고유한 공법만을 의미한다. 따라서 행정법은 권력행정·관리행정·국고행정 중 공법상의 법률관계라고 할 수 있는 권력행정을 규율대상으로 한다. 관리행정과 국고행정은 원칙상 사법(私法)이 적용되나 공적 목적을 추구하는 범위 내에서는 공법이 적용되며 이러한 한도 내에서 행정법의 연구대상이 된다.

※ 행정주체의 사법적 작용인 국고작용은 행정법의 대상영역이 아닌 사법의 영역이다.

(3) 행정법은 행정에 관한 '국내 공법'이다.

행정법은 행정에 관한 공법 중 국제법(행정에 관한 국제 공법)을 제외한 국내법을 말한다. 다만, 헌법에 의하여 체결·공포된 조약과 일반적으로 승인된 국제법규는 국내법과 동일한 효력을 가지므로 그 한도 내에서는 국내 행정법의 일부가 된다〈헌법 제6조 제1항〉.

section 2 법치행정의 원리

(1) 의의

행정권은 법의 기속을 받으며 법을 준수하여야 하며, 위법한 행정작용에 대한 구제제도가 마련되어 있어야 한다는 원칙이다. 즉, 법치행정의 원리란 인권 보장을 위해 권력분립의 원칙하에서 모든 국가작용은 국민의 대표기관인 의회가 제정한 법률에 기하여 행해져야 하고 종국적으로는 재판제도를 통한 사법적 구제절차가 보장되어야 한다는 원리를 말하며, 이러한 법치주의의 원리는 행정에도 적용되어야 하는 바, 이를 법치행정의 원리라 한다.

(2) 법치행정의 내용

독일법 특유의 개념이론을 기초로 성립·전개되어 오다 오토마이어의 3분류로 정립되었다.

① **법률의 법규창조력** … 의회가 정립한 법률만이 법규로서 구속력을 가지며 법률 이외의 각종 행정입법도 법률이 그 효력을 위임한 범위 안에서 타당하다는 원칙으로 이는 법률만이 법규를 창조하는 힘이 있다는 원칙을 말한다.

② **법률우위의 원칙** … 행정은 법률에 위반해서는 안 된다는 원칙으로 법률우위 원칙에 위반한 행정작용은 그 효력이 부인되며 그로 인해 피해를 입은 국민은 행정구제를 받을 수 있다. 이 법률우위의 원칙은 행정의 모든 영역에서 예외 없이 적용되는 대원칙이다.

③ **법률유보의 원칙** … 본래 의미의 법률유보는 기본권의 제한을 법률에 위임하는 조항을 의미하며 법률유보의 원리는 개인의 기본권을 행정의 자의적 침해로부터 보장하기 위하여 행정권 발동을 제한하는 데 그 목적이 있었으나 반대로 법률에 의하기만 하면 얼마든지 기본권을 제한·침해할 수 있다고 이해되는 경우도 있었다.

판례 법률유보원칙 위반 여부 : 헌법 제37조 제2항은 "국민의 모든 자유와 권리는 … 법률로써 제한할 수 있으며"라고 하여 법률유보원칙을 규정하고 있다. 여기서 '법률'이란 국회가 제정한 형식적 의미의 법률을 말한다. 입법자는 행정부로 하여금 규율하도록 입법권을 위임할 수 있으므로, 법률에 근거한 행정입법에 의해서도 기본권 제한이 가능하다. 즉 기본권 제한에 관한 법률유보원칙은 '법률에 의한 규율'을 요청하는 것이 아니라 '법률에 근거한 규율'을 요청하는 것이므로, 기본권 제한에는 법률의 근거가 필요할 뿐이고 기본권 제한의 형식이 반드시 법률의 형식일 필요는 없으므로(헌재 2005. 5. 26. 99헌마513, 판례집 17-1, 668, 685 참조), 법규명령, 규칙, 조례 등 실질적 의미의 법률을 통해서도 기본권 제한이 가능하다(헌재 2013. 7. 25, 2012헌마167).

기출PLUS

기출 2011. 4. 9. 행정안전부

법치행정의 원칙에서 볼 때 옳지 않은 것은? (다툼이 있는 경우 다수설에 의함)

① 법치행정의 목적은 행정의 효율성과 행정작용의 예견가능성을 보장하는 데 있다.
② 동종사건에 관하여 대법원의 판례가 있더라도 하급법원은 그 판례와 다른 판단을 하는 것이 가능하다.
③ 조례는 법령의 범위 내에서 상위법령의 구체적 위임이 없는 사항도 규율하는 것이 가능하다.
④ 상대방의 신청내용을 모두 인정하는 경우에는 그 처분의 근거와 이유를 제시하지 아니하더라도 무방하다.

기출 2018. 6. 23. 제2회 서울특별시

법률유보원칙에 대한 판례의 입장으로 가장 옳지 않은 것은?

① 법령의 규정보다 더 침익적인 조례는 법률유보원칙에 위반되어 위법하며 무효이다.
② 법률유보원칙에서 요구되는 법적 근거는 작용법적 근거를 의미하며, 조직법적 근거는 모든 행정권 행사에 있어서 당연히 요구된다.
③ 지방의회의원에 대하여 유급보좌인력을 두는 것은 개별지방의회의 조례로써 규정할 사항이 아니라 국회의 법률로써 규정하여야 할 입법사항이다.
④ 토지등소유자가 도시환경정비사업을 시행하는 경우 사업시행인가 신청에 필요한 토지등소유자의 동의정족수를 토지등소유자가 자치적으로 정하여 운영하는 규약에 정하도록 한 것은 법률유보원칙에 위반된다.

＜정답 ①, ①

기출PLUS

기출 2013. 9. 7. 국회사무처

행정의 법률적합성 내지 법치행정의 원리에 관한 설명 중 옳지 않은 것은?

① 법률의 법규창조력이란 국민의 권리의무관계에 구속력을 가지는 법규(법규범)를 창조하는 것은 국민의 대표기관인 의회에서 제정한 법률만이라고 한다.

② 법률의 우위원칙은 행정의 법률에의 구속성을 의미하는 것으로 제한없이 행정의 모든 영역에 적용된다.

③ 법률유보의 원칙에 있어서 법률은 형식적 의미의 법률을 의미하므로 관습법은 포함되지 않는다.

④ 법률의 우위원칙에 위반된 행정작용의 법적 효과는 행위형식에 따라 상이하여 일률적으로 말할 수 없다.

⑤ 법률의 우위원칙은 행정의 법률에의 구속성을 의미하는 적극적인 성격의 것인 반면에 법률유보의 원칙은 행정은 단순히 법률의 수권에 의하여 행해져야 한다는 소극적 성격의 것이다.

< 정답 ⑤

④ **법치주의의 형식화** … 오토 마이어의 법치주의 3대 원칙은 독일·일본의 군국주의에 의해 악용되면서 형식화되었다.

  ⑦ **법률의 법규창조력의 변질** : 군주의 독립명령·긴급명령 등 행정권에 대한 입법권의 포괄적인 수권이 행해졌다.

  ⑥ **법률의 우위원칙의 변질** : 법률의 형식과 절차만 갖추면 실질적 내용은 문제삼지 않는 것으로 이해하여 인권을 유린하는 내용의 법률이 적법하게 시행되었다.

  ⑥ **법률의 유보원칙의 변질** : 법률의 유보를 침해적 행정작용에만 제한하여 그 외의 행정작용은 법률의 근거 없이 자의적으로 행해졌다.

(3) 현대적 법치주의

① **법치행정원칙의 일반적 적용** … 특별권력관계 내부의 행위나 통치행위 등에도 법치주의가 적용되는 것으로 봄으로써 행정의 모든 영역에서 법치주의가 일반적으로 적용되게 되었다.

② **행정입법에 대한 법률의 전권적 법규창조력** … 입법부의 수권 없이 행해지던 행정부의 행정입법권이 거부되어 독립명령의 부인, 긴급명령의 발동요건 강화, 행정입법권에 대한 개별적·구체적 위임이 이루어졌다.

③ **합헌적 법률의 우위** … 헌법률심사제도의 채택으로 과거 형식적 법치주의하에서와 달리 형식뿐만 아니라 내용적으로도 합법적인(합헌적인) 법률만이 인정된다.

④ **법치행정보장을 위한 제도 강화** … 헌법재판제도 채택, 행정소송에 있어서의 개괄주의, 국가배상책임의 인정과 범위 확대, 행정절차에 대한 통제 강화 등 법치행정을 보장하기 위한 제도를 강화하였다.

⑤ **법률유보의 원칙의 적용범위 확대** … 종래에는 법률의 유보범위를 침해적 행정에 국한시켜 왔으나 오늘날에는 그 범위를 확대해 나가고 있다.

  ⑦ **침해유보설**(오토 마이어, 과거 독일·일본의 통설) : 국민의 자유와 권리를 제한·침해하거나 새로운 의무를 부과하는 행정작용은 반드시 법률의 근거를 요한다는 견해이다. 이는 자유주의적 이념에 기초한 주장이다. 특별권력관계 내부에서는 법률유보의 원칙이 적용되지 않고 침해적 행정이외의 분야에는 법률의 근거가 없어도 되는 단점이 있다.

  ⑥ **신침해유보설** : 침해유보설을 전제로 하되 특별권력관계에도 법률유보의 원칙이 적용된다는 학설이다.

  ⑥ **전부유보설** : 모든 행정작용은 법률의 근거가 필요하다는 견해이다. 그러나 현대행정의 다양성과 급변하는 사회현실을 무시한 이상론에 불과하다는 비판을 받고 있다.

  ⑥ **권력행정유보설** : 행정작용의 침익성·수익성 여부를 가리지 않고 행정권의 일방적 의사에 의해 국민의 권리·의무를 결정하게 되는 모든 권력적 행정작용은 법률의 근거를 요한다는 견해이다.

ⓤ 사회유보설
- 급부행정유보설 : 현대복지국가에 있어 급부활동의 중요성을 강조하여 침해행정 뿐 아니라 모든 급부행정에도 법률유보의 원칙이 적용되어야 한다는 견해이다. 그러나 이 학설은 법률의 유보가 없이 이루어진 급부작용을 위법한 것으로 보게 되어 오히려 국민에게 불리해진다는 단점을 가지고 있다. 사회국가이념에 기초한 주장이다.
- 사회적 유보설 : 급부행정 중에서 권리 · 의무성이 강한 사회보장에 관한 내용에만 법률의 유보가 이루어져야 한다는 학설로서 오늘날의 다수설이다. 이는 종래의 침해유보설이 비판받는 이유는 비록 국민에게 침해를 주지 않는 급부행정에 있어서도, 자의적인 수익행위가 행정부에 용납될 경우 국민의 평등권이 침해되고 또한 국가의 자원배분이라는 점에서 국회가 행정부에 대해 통제할 필요성을 느끼고 있기 때문이다.
ⓥ 의회유보설 : 헌법의 법치국가 원칙, 민주주의 원칙, 기본권 보장 원리와 관련하여 본질적으로 중요한 사항은 의회가 제정한 법률에 규정하여야 한다는 학설이다.
ⓦ 중요사항유보설(본질사항유보설) : 의회유보설과 같은 맥락의 학설로 본질적으로 중요한 사항과 관련된 행정작용은 법률에 근거가 있어야 한다는 이론이다. 이는 독일 연방헌법재판소의 판례(1978. 8. 8. 칼카르 결정)를 통해 정립된 이론으로, 이 판례에서 '본질적으로 중요한 사항'이란 '국민의 기본권과 관련된 사항'이라 규정했다.

[본질적 사항에 해당하는 판례]

(1) 판례 헌재 결정 전원재판부 98헌바70, 1999. 5. 27.

[한국방송공사법 제35조 등 위헌소원]

오늘날 법률유보원칙은 단순히 행정작용이 법률에 근거를 두기만 하면 충분한 것이 아니라, 국가공동체와 그 구성원에게 기본적이고도 중요한 의미를 갖는 영역, 특히 국민의 기본권실현과 관련된 영역에 있어서는 국민의 대표자인 입법자가 그 본질적 사항에 대해서 스스로 결정하여야 한다는 요구까지 내포하고 있다(의회유보원칙). 그런데 텔레비전방송수신료는 대다수 국민의 재산권 보장의 측면이나 한국방송공사에게 보장된 방송자유의 측면에서 국민의 기본권실현에 관련된 영역에 속하고, 수신료금액의 결정은 납부의무자의 범위 등과 함께 수신료에 관한 본질적인 중요한 사항이므로 국회가 스스로 행하여야 하는 사항에 속하는 것임에도 불구하고 한국방송공사법 제36조 제1항에서 국회의 결정이나 관여를 배제한 채 한국방송공사로 하여금 수신료금액을 결정해서 문화관광부장관의 승인을 얻도록 한 것은 법률유보원칙에 위반된다.

기출PLUS

기출 2014. 6. 28. 서울특별시

"오늘날 법률유보원칙은 단순히 행정작용이 법률에 근거를 두기만 하면 충분한 것이 아니라, 국가공동체와 그 구성원에게 기본적이고도 중요한 의미를 갖는 영역, 특히 국민의 기본권실현과 관련된 영역에 있어서는 국민의 대표자인 입법자가 그 본질적 사항에 대해서 스스로 결정하여야 한다는 요구까지 내포하고 있다"는 헌법재판소 결정과 가장 관계가 깊은 것은?

① 법률우위원칙
② 의회유보원칙
③ 침해유보원칙
④ 과잉금지원칙
⑤ 신뢰보호원칙

< 정답 ②

기출PLUS

기출 2017. 4. 8. 인사혁신처

법률유보의 원칙에 대한 설명으로 옳지 않은 것은?

① 다수설에 따르면 행정지도에 관해서 개별법에 근거규정이 없는 경우 행정지도의 상대방인 국민에게 미치는 효력을 고려하여 행정지도를 할 수 없다고 본다.

② 대법원은 지방의회의원에 대하여 유급보좌인력을 두는 것은 지방의회의원의 신분·지위 및 그 처우에 관한 현행 법령상의 제도에 중대한 변경을 초래하는 것으로서, 이는 개별 지방의회의 조례로써 규정할 사항이 아니라 국회의 법률로써 규정하여야 할 입법사항이라고 한다.

③ 헌법재판소는 토지등소유자가 도시환경정비사업을 시행하는 경우, 사업시행인가 신청시 필요한 토지등소유자의 동의정족수를 정하는 것은 국민의 권리와 의무의 형성에 관한 기본적이고 본질적인 사항으로 법률유보 내지 의회유보의 원칙이 지켜져야 할 영역이라고 한다.

④ 헌법재판소는 법률에 근거를 두면서 헌법 제75조가 요구하는 위임의 구체성과 명확성을 구비하는 경우에는 위임입법에 의하여도 기본권을 제한할 수 있다고 한다.

(2) 판례 헌재 결정 전원재판부 96헌바52, 1998. 7. 16.

[구 지방세법 제112조 제2항 위헌소원]

고급주택, 고급오락장의 기준과 <u>범위를 대통령령에 위임함에 있어서는 위임의 요건과 범위를 보다 구체적이고 명확히 하지 않으면 헌법상의 조세법률주의와 포괄위임입법금지원칙의 요청에 부응할 수 없다 할 것이다.</u>

(3) 판례 대법원 1985. 2. 28., 선고, 85초13, 판결

[재판권쟁의에 대한 재정신청]

<u>병의 복무기간은 국방의무의 본질적 내용에 관한 것이어서 이는 반드시 법률로 정하여야 할 입법사항에 속한다</u>고 풀이할 것인바 육군본부 방위병소집 복무해제규정(육군규정 104-1) 제23조가 질병휴가, 청원휴가, 각종사고(군무이탈, 구속, 영창, 징역, 유계결근), 1일 24시간 이상 지각, 조퇴한 날, 전속 및 보직변경에 따른 출발일자부터 일보변경 전일까지의 기간 등을 복무에서 제외한다고 규정하여 병역법 제25조 제3항이 규정하지 아니한 구속 등의 사유를 복무기간에 산입하지 않도록 규정한 것은 병역법에 위반하여 무효라고 할 것이다.

(4) 판례 헌재 결정 전원재판부 2009헌바128, 2011. 8. 30.

[도시 및 주거환경정비법 제8조 제3항 등 위헌소원]

헌법 제37조 제2항은 "국민의 모든 자유와 권리는 국가안전보장·질서유지 또는 공공복리를 위하여 필요한 경우에 한하여 법률로써 제한할 수 있다."고 규정하고 있는바, 여기서 <u>"법률로써"라고 한 것은 국민의 자유나 권리를 제한하는 행정작용의 경우 적어도 그 제한의 본질적인 사항에 관한 한 국회가 제정하는 법률에 근거를 두는 것만으로 충분한 것이 아니라 국회가 직접 결정함으로써 실질에 있어서도 법률에 의한 규율이 되도록 요구하고 있는 것으로 이해하여야 한다.</u>

(5) 판례 전원재판부 2013헌바204, 2015. 7. 30.

[구 소득세법 제98조 위헌소원]

자산의 취득 및 양도 시기는 양도소득세 납세의무의 존부 및 성립시기 등을 결정하는 데 있어 중요한 사항 내지 본질적 내용이므로, 조세법률주의를 규정한 헌법 제38조 및 제59조의 요청에 따라 그 내용이 법률로써 가능한 한 구체적이고 명확하게 규정되어야 한다.

〈 정답 ①

(6) 판례 대법원 2013. 1. 16., 선고, 2012추84, 판결

[예산안 재의결 무효확인 의소]

甲 광역시의회가 '상임(특별)위원회 행정업무보조 기간제근로자 42명에 대한 보수 예산안'을 포함한 2012년도 광역시 예산안을 재의결하여 확정한 사안에서, 위 근로자의 담당 업무, 채용규모 등을 종합해 보면, 지방의회에서 위 근로자를 두어 의정활동을 지원하는 것은 실질적으로 유급보좌인력을 두는 것과 마찬가지여서 개별 지방의회에서 정할 사항이 아니라 국회의 법률로 규정하여야 할 입법사항에 해당하는데, 지방자치법이나 다른 법령에 위 근로자를 지방의회에 둘 수 있는 법적 근거가 없으므로, 위 예산안 중 '상임(특별)위원회 운영 기간제근로자 등 보수' 부분은 법령 및 조례로 정하는 범위에서 지방자치단체의 경비를 산정하여 예산에 계상하도록 한 지방재정법 제36조 제1항의 규정에 반하고, 이에 관하여 한 재의결은 효력이 없다고 한 사례.

(7) 판례 대법원 2015. 8. 20., 선고, 2012두23808, 전원합의체 판결

[조정반지정거부처분]

법인세, 종합소득세와 같이 납세의무자에게 조세의 납부의무뿐만 아니라 스스로 과세표준과 세액을 계산하여 신고하여야 하는 의무까지 부과하는 경우에는 신고의무 이행에 필요한 기본적인 사항과 신고의무불이행 시 납세의무자가 입게될 불이익 등은 납세의무를 구성하는 기본적, 본질적 내용으로서 법률로 정하여야 한다.

(8) 판례 전원재판부 92헌바49, 1994. 7. 29.

[토지초과이득세법 제10조 등 위헌소원]

토초세법상의 기준시가는 국민의 납세의무의 성부 및 범위와 직접적인 관계를 가지고 있는 중요한 사항이므로 이를 하위법규에 백지위임하지 아니하고 그 대강이라도 토초세법 자체에서 직접 규정해 두어야만 함에도 불구하고, 토초세법 제11조 제2항이 그 기준시가를 전적으로 대통령령에 맡겨두고 있는 것은 헌법상의 조세법률주의 혹은 위임입법의 범위를 구체적으로 정하도록 한 헌법 제75조의 취지에 위반되나, 아직까지는 대부분의 세법규정이 그 기준시가를 토초세법과 같이 단순히 시행령에 위임해 두는 방식을 취하고 있으며, 이는 우리의 오래된 입법관례로까지 굳어져 왔는바, 이러한 상황에서 성급하게 위 조문을 무효화(無效化)할 경우 세정전반에 관한 일대 혼란이 일어날 것이므로 위 조항(條項)에 대해서는 위헌선언결정을 하는 대신 이를 조속히 개정하도록 촉구하기로만 한다.

기출 2017. 12. 16. 지방직 추가선발

법률유보원칙에 대한 판례의 입장으로 옳지 않은 것은?

① 대법원은 구「도시 및 주거환경정비법」 제28조 제4항 본문이 사업시행인가 신청시의 동의요건을 조합의 정관에 포괄적으로 위임한 것은 헌법 제75조가 정하는 포괄위임 입법금지의 원칙이 적용되어 이에 위배된다고 하였다.

② 헌법재판소는 법률유보의 형식에 대하여 반드시 법률에 의한 규율만이 아니라 법률에 근거한 규율이면 되기 때문에 기본권제한의 형식이 반드시 법률의 형식일 필요는 없다고 하였다.

③ 헌법재판소는 중학교 의무교육 실시여부 자체는 법률로 정하여야 하는 기본사항으로서 법률유보사항이나 그 실시의 시기, 범위 등 구체적 실시에 필요한 세부사항은 법률유보사항이 아니라고 하였다.

④ 대법원은 지방의회의원에 대하여 유급보좌인력을 두는 것은 지방의회의원의 신분·지위 및 그 처우에 관한 현행 법령상의 제도에 중대한 변경을 초래하는 것으로서, 이는 개별 지방의회의 조례로써 규정할 사항이 아니라 국회의 법률로써 규정할 입법사항이라고 하였다.

〈 정답 ①

[본질적 사항에 해당하지 않는 판례]

(1) 판례 헌재 결정 전원재판부 2006헌바70, 2008. 2. 28.

[방송법 제64조 등 위헌소원 (제67조 제2항)]

수신료 징수업무를 한국방송공사가 직접 수행할 것인지 제3자에게 위탁할 것인지, 위탁한다면 누구에게 위탁하도록 할 것인지, 위탁받은 자가 자신의 고유업무와 결합하여 징수업무를 할 수 있는지는 징수업무 처리의 효율성 등을 감안하여 결정할 수 있는 사항으로서 <u>국민의 기본권제한에 관한 본질적인 사항이 아니라 할 것이다. 따라서 방송법 제64조 및 제67조 제2항은 법률유보의 원칙에 위반되지 아니한다.</u>

(2) 판례 헌재 결정 전원재판부 2005헌바31, 2006. 3. 30.

[국가유공자 등 단체설립에 관한 법률 제11조 위헌소원]

법률이 자치적인 사항을 정관에 위임할 경우 원칙적으로 헌법상의 포괄위임입법금지원칙이 적용되지 않는다 하더라도, 그 사항이 국민의 권리·의무에 관련되는 것일 경우에는, 적어도 국민의 권리와 의무의 형성에 관한 사항을 비롯하여 국가의 통치조직과 작용에 관한 기본적이고 본질적인 사항은 반드시 국회가 정하여야 할 것인바, 각 국가유공자 단체의 대의원의 선출에 관한 사항은 각 단체의 구성과 운영에 관한 것으로서, <u>국민의 권리와 의무의 형성에 관한 사항이나 국가의 통치조직과 작용에 관한 기본적이고 본질적인 사항이라고볼 수 없으므로, 법률유보 내지 의회유보의 원칙이 지켜져야 할 영역이라고 할 수 없다.</u> 따라서 각 단체의 대의원의 정수 및 선임방법 등은 정관으로 정하도록 규정하고 있는 국가유공자 등 단체설립에 관한 법률 제11조가 법률유보 혹은 의회유보의 원칙에 위배되어 청구인의 기본권을 침해한다고 할 수 없다.

(3) 판례 대법원 2007. 10. 12., 선고, 2006두14476, 판결

[주택재개발사업시행인가처분취소]

법리 및 관계 법령의 내용에 비추어 살펴보면, 도시정비법상 사업시행자에게 사업시행계획의 작성권이 있고 행정청은 단지 이에 대한 인가권만을 가지고 있으므로 사업시행자인 조합의 사업시행계획 작성은 자치법적 요소를 가지고 있는 사항이라 할 것이고, 이와 같이 사업시행계획의 작성이 자치법적 요소를 가지고 있는 이상, 조합의 사업시행인가 신청시의 토지 등 소유자의 동의요건 역시 자치법적 사항이라 할 것이며, 따라서 개정 <u>도시정비법 제28조 제4항 본문이 사업시행인가 신청시의 동의요건을 조합의 정관에 포괄적으로 위임하고 있다고 하더라도 헌법 제75조가 정하는 포괄위임입법금지의 원칙이 적용되지 아니하므로 이에 위배된다고 할 수 없다.</u>

※ 행정유보 : 행정권이 입법권에 의한 제한을 받지 않고 스스로 규율할 수 있는 행정의 고유한 영역을 말한다. 침해유보설을 취하면 행정유보영역은 넓어지지만 전부유보설을 취하면 행정유보의 여지는 없어지게 된다.

POINT 형식적 법치주의와 실질적 법치주의 비교

형식적 법치주의	실질적 법치주의
• 절차와 형식 중시	• 절차 · 형식 및 내용 중시
• 행정에 대한 법률 우위	• 법률에 대한 헌법 우위
• 포괄적 위임입법 인정	• 개별 · 구체적 범위에서 위임입법 인정
• 법률의 편면적 구속력	• 법률의 양면적 구속력
• 광범위한 자유재량의 존재	• 재량의 일탈 · 남용 시 사법통제
• 국가의 손해배상책임 부정	• 국가의 손해배상책임 인정
• 행정소송의 열기주의	• 행정소송의 개괄주의
• 특별권력관계 내의 법치주의 적용 부정	• 특별권력관계 내의 법치주의 적용 인정
• 침해유보설	• 법률유보의 원칙 확대(본질성설)
• 자유권적 기본권 중시	• 사회권적 기본권 중시

(4) 법치행정원리의 보장

① 행정구제제도가 확립되어야 한다.

② 법률의 위헌심사 · 헌법소원제도가 마련되어야 한다.

③ 국회의 국정 감시권이 보장되어야 한다.

④ 위임입법의 통제제도가 있어야 한다.

⑤ 행정에 대한 절차적 규제의 강화 … 행정절차법의 제정

⑥ **특별권력관계의 변용** … 사법적 심사와 법치주의의 제한적 적용

(5) 법치 행정의 한계

① 행정입법의 증대로 인한 한계

② 행정계획의 증가로 인한 한계

③ 행정재량의 증대로 인한 한계

※ 단, 신뢰보호의 원칙이 법치주의와 모순되는 원칙으로 볼 수는 없다.

기출PLUS

📢TIP

행정법의 기술성을 강조한 명제

㉠ O. Mayer의 "헌법은 변화하나 행정법은 변화하지 않는다." : 헌법은 정치의 산물인 점에서 어떤 정치적 변동에 민감하지만 헌법에 규정한 행정에 관한 이념을 실천하고자 하는 행정법은 현실문제에 합목적적이고 공정하게 대처하고자 기술성·수단성을 지니므로 헌법의 변화성에 대한 무감수성 내지는 정치적 면역성을 지닌다는 의미이다.

㉡ F. Werner의 "행정법은 자주 변화한다.", "행정법은 헌법의 구체화법이다." : 행정법의 규율대상인 행정은 복잡·다양하고 유동적이어서 법적 안정성이 강조되는 사법법에 비해, 현실 문제를 보다 합리적으로 공정하게 처리하기 위해서는 변모해가는 행정의 대상에 따라 발전지향적으로 나아갈 수밖에 없으며, 행정법이 민주국가적·사회국가적 헌법의 이념을 구현하는 현실적 수단이 되는 법이라는 관점에서 F. Werner의 명제인 '헌법 구체화법인 행정법'으로서 행정법은 민법, 형법 등 사법법에 비해 자주 변모하는 성질을 지닌다고 할 수 있다.

📢TIP

명령규정과 능력규정

㉠ 명령규정(단속법규) : 규정의 위반이 처벌 또는 제재의 원인이 될 수는 있으나 그 행위효력 자체는 유효한 규정을 말한다(무허가 음식점에서 상거래행위 자체는 유효한 경우 등).

㉡ 능력규정(효력규정) : 규정위반이 처벌의 대상이 되는 것은 아니나 당해 위반행위는 효력을 가지지 못하는 규정이다(요건을 갖추지 못한 법인설립이 무효로 되는 경우 등).

section 3 행정법의 특수성

행정법이라는 단일 법전은 존재하지 않는다. 다만, 법의 일반원칙으로서의 공통의 기초원리이다.

(1) 형식상의 특수성

① 성문성 … 행정법은 국민의 권리의무에 대한 일방적 규율을 하므로, 국민으로 하여금 장래의 행정작용의 예측과 법적생활의 안정을 도모하기 위해 행정법은 성문법의 형식으로 제정될 것이 요구된다. 다만, 불문법도 보충적인 법원이 될 수 있다.

※ 사법체계는 법계에 따라 다르다. 성문법주의인 우리나라 등의 대륙법계는 성문법 형식이나 영미법계는 불문법 체계이다.

② 다양성 … 행정은 그 규율대상이 복잡·다양하고 수시로 변화하므로 행정법을 구성하는 법의 형식도 단일의 행정법전이 존재함이 없이 헌법, 법률, 명령, 자치법규(조례·규칙), 국제법규 등 다양하다.

※ 사법체계는 원칙적으로 법률이 가장 중요한 법원이며, 법규명령이 보충적 역할을 한다. 행정규칙과 조례 등은 법원(法源)성을 원칙적으로 띠지 않는다.

(2) 성질상의 특수성

① 재량성 … 행정법은 구체적인 상황에 적절히 대처하도록 행정청에 재량을 부여하는 경우가 많다. 그러나 이러한 재량도 일탈·남용의 경우 위법하여 사법심사의 대상이 된다.

② 수단·기술성 … 헌법 등에 비해 목적달성을 위한 수단적·기술적 성격을 가진다.

③ 획일성 … 행정법은 전체 국민에 적용되는 경우가 많으므로 획일적이고 강행적인 성질을 지닌다.

④ 외관성 … 행정법은 일반 국민의 신뢰보호를 위해 외형상 나타나는 모습을 기준으로 판단하는 것이 원칙이다.

⑤ 명령성 … 행정법은 국민에게 의무를 명하는 명령규정(단속법규)으로 이루어져 있는 것이 일반적이다.

(3) 내용상의 특수성

① 행정주체의 우월성 … 행정주체와 국민간의 관계를 규율하는 행정법은 행정주체에게 우월한 법적 힘을 인정하는 것이 일반적이다. 이러한 우월성으로 인해 행정주체의 명령권과 형성권, 행정행위의 공정력, 행정상 자력집행력 등이 인정된다.

② **공익추구성** … 행정법은 공익달성을 위해 일반사법과는 다른 특별한 규율을 하는 경우가 있다. 이것은 사익을 무시하는 것이 아니고, 공익과 사익의 조화를 도모하여 전체로서 공익목적의 실현을 기하고 있는 것인데, 이 점에서도 행정법의 특수성을 발견할 수 있다.

③ **집단 · 평등성** … 행정법은 불특정 다수인을 대상으로 획일적으로 규율함이 보통이므로 집단적 성격을 띠며 평등성을 내용으로 한다.

section 4 우리나라 행정법의 기본원리

(1) 민주행정의 원리

행정권의 수반인 대통령을 국민의 선거에 의해 선출하도록 하고(헌법 제67조 ① 대통령은 국민의 보통 · 평등 · 직접 · 비밀선거에 의하여 선출한다.), 행정담당자인 공무원에게 국민전체의 봉사자의 지위를 갖도록 한 (헌법 제7조 ① 공무원은 국민전체에 대한 봉사자이며, 국민에 대하여 책임을 진다.) 헌법규정들은 행정의 민주성을 잘 표현하고 있다. 국민주권주의와 자유민주적 기본질서는 헌법상 최고원리의 하나인 바, 이에 따라 행정의 조직과 작용도 민주주의 원칙에 입각하여야 한다. 이를 위해 우리나라는 행정조직 법정주의, 직업공무원제, 행정과정에의 국민참여 등을 채택하고 있다.

(2) 실질적 법치주의의 원리

실질적 법치주의란 '정당한 법'에 의한 지배를 뜻하는 것으로 과거 법치주의를 형식적으로만 이해하여 법이라는 형식만 가지면 당연히 정당한 것으로 취급되던 시대가 있었지만, 이제는 법이라도 정당한 법이어야 한다는 것이 실질적 법치주의 개념징표로 이해되고 있다. 즉 국민의 기본권 보호를 위해 행정권의 발동은 법률에 근거하여야 한다. 우리나라는 위헌법률심사제도, 행정구제제도 등을 통해 실질적인 법치주의를 보장하고 있다.

기출 2014. 3. 22. 사회복지직

실질적 법치주의를 구현하기 위한 방법으로 옳지 않은 것은?

① 법률의 위임에 의한 법규명령의 제정에 있어서 포괄적 위임금지
② 행정의 내부조직이나 특별행정법관계 내부에까지 법률유보 적용확대
③ 헌법재판소에 의한 위헌법률심사제
④ 행정의 탄력성과 합목적성을 달성하기 위한 행정입법권의 강화

기출 2013. 9. 7. 국회사무처

행정법의 법원(法源)에 관한 설명 중 옳지 않은 것은?

① 법원의 문제는 성문법계 국가에서는 물론이고 불문법계 국가에서도 문제가 된다.
② 헌법에 의하여 체결·공포된 조약과 일반적으로 승인된 국제법규는 국내법과 같은 효력을 가진다.
③ 행정규칙의 법규성 인정여부에 대하여는 다툼이 있으나, 법원성 인정에 대하여는 이견이 없다.
④ 관습법의 성립요건으로는 법적확신설이 통설 및 판례이다.
⑤ 법률의 위헌 결정은 법원과 그 밖의 국가기관 및 지방자치단체를 기속한다.

〈정답 ④, ③

(3) 사회국가의 원리(복지국가주의)

19C의 지배적 헌법이념인 자유방임주의를 철폐하고 20C 중반 이후의 지배적 헌법사상인 사회국가주의를 채택하여 공공목적 실현을 위하여 정부가 적극 개입하여 국민의 사회적 기본권을 보장하는 원리이다.
※ 경찰행정중심(근대 야경국가) → 급부행정중심으로(현대 복지국가)

(4) 자치행정의 원리

헌법 제117조(① 지방자치단체는 주민의 복리에 관한 사무를 처리하고 재산을 관리하며, 법령의 범위 안에서 자치에 관한 규정을 제정할 수 있다.)에서 지방자치제도를 규정하고 있으며 그 기본법으로서 지방자치법 등이 있다.

(5) 사법국가의 원리

우리나라는 영미식의 사법국가주의를 채택하여 행정사건도 원칙적으로 일반법원이 담당하도록 하였으나 법원조직법 개정 법률안의 국회통과 후 서울행정법원을 설치하게 되었다. 또한 행정심판 전치주의 폐지로 사법국가의 원리를 강화하였다.
※ 공·사법 이원적 체제를 취하고 있으므로 행정소송에 있어 민사소송에 대한 특례가 다수 인정되고 있다.

section 5 행정법의 법원

(1) 의의

① 개념 … 행정법의 법원이란 행정법의 존재형식을 말하며 성문법원과 불문법으로 나뉜다. 우리나라는 원칙적으로 성문법주의를 채택하고 보충적으로 불문법을 적용하고 있다.
② 행정법 법원의 범위
  ㉠ 협의설(법규설, 독일·일본의 다수설): 법규만을 행정법의 법원으로 본다. 따라서 행정규칙에 대해서는 법원성을 인정하지 않는다.
  ㉡ 광의설(행정기준설, 우리나라 다수설): 법규는 물론 행정사무의 기준이 되는 행정규칙까지 행정법의 법원으로 본다.
③ 이론적 근거
  ㉠ 조직면: 행정권의 소재를 명시하여 국민에게 널리 행정조직을 알린다.
  ㉡ 작용면: 행정작용의 획일적이고 공정한 수행을 도모한다.
  ㉢ 구제면: 행정구제절차를 명확히 하여 국민의 권익을 보장한다.
  ㉣ 법적 안정성: 장래의 행정작용을 예측 가능케 하여 법적생활의 안정성을 확보한다.

④ **행정법의 법전화** … 행정법은 민법 등의 사법질서와 달리 통일적 법전이 존재하지 않고 수많은 개별법령으로 존재할 뿐이다. 그 이유는 행정법의 규율대상의 광범위성 및 유동성, 행정작용의 특수한 전문성·기술성, 행정법의 짧은 역사 등이 원인이 되고 있다. 또한 행정법의 법전화 노력이 각국에서 행하여지고 있다. 독일연방행정절차법은 행정절차뿐만 아니라 통칙적 규정(일반법적 역할)을 많이 두어 통일적 법전의 역할을 기대하며 제정되었다. 우리나라의 행정절차법에서도 통칙적 규정을 몇 개 두고 있다.

(2) 성문법원

① **헌법** … 국가의 기본조직과 작용에 관한 기본법인 헌법이 행정법의 최고법원이 된다.

② **법률** … 국회가 입법절차에 따라 제정하는 형식적 의미의 법률을 말한다. 행정법의 가장 중요한 법원이다.

③ **명령**
  ㉠ 법규명령 : 국민의 권리와 의무를 규정하는, 즉 법규의 성질을 가지는 명령을 말한다.
   • 명령은 원칙적으로 법률 하위의 효력을 가지나 긴급명령과 긴급재정·경제명령은 법률과 동위의 효력을 가진다.
   • 법률의 위임 여부에 따라 위임명령과 집행명령으로 나누고 주체에 따라 대통령령·총리령·부령 등으로 나누어진다. 그 외에 중앙선거관리위원회규칙, 대법원규칙, 헌법재판소규칙 등이 법규명령에 속한다.
   • 헌법이 아닌 감사원법에 규정된 감사원규칙에 대해서는 논란이 있지만 법규명령으로 보는 것이 다수설이다.
  ㉡ 행정규칙 : 법규성이 없는 명령으로서 행정기관 내부에서만 효력을 가질 뿐 국민에 대해 구속력을 가지지 않는다. 우리나라 다수설은 행정규칙도 법원성을 인정한다.

④ **자치법규** … 지방자치단체가 자치입법권에 의하여 법령범위 내에서 제정하는 것으로, 지방의회가 제정하는 조례와 지방자치단체의 장이 제정하는 규칙이 있다. 당해 지방자치단체의 구역 내에서만 효력을 가진다.

⑤ **조약·국제법규** … 헌법에 의하여 체결·공포된 조약과 일반적으로 승인된 국제법규는 국내법과 같은 효력을 갖는다〈헌법 제6조 제1항〉. 이러한 조약과 국제법규는 법률과 동위의 효력을 가지는 것도 있고 명령과 같은 효력을 가지는 것도 있다.

(3) 불문법원

① **관습법**
  ㉠ 의의 : 국민 사이에 장기적·계속적 관행이 반복되고 그 관행이 국민 일반의 법적 확신을 얻어 법적 규범으로 승인된 것을 말한다. 이는 반복된 관행이 국민의 법적 확신을 얻어 법규범으로 인정받는 것으로서, 관습법은 거듭된 관행은 있되 국민의 법적 확신까지는 얻지 못한 사회규범인 '사실인 관습'과는 구별된다.

기출PLUS

기출 2014. 6. 21. 제1회 지방직

행정법의 법원(法源)에 대한 설명으로 옳지 않은 것은? (다툼이 있는 경우 판례에 의함)

① '1994년 관세 및 무역에 관한 일반협정(GATT)'이나 '정부조달에 관한 협정(AGP)'에 위반되는 조례는 그 효력이 없다.

② 영미법계 국가에서는 '선례구속의 원칙'이 엄격하게 적용되어 유사사건에서 상급심의 판결은 하급심을 구속한다.

③ 「수산업법」은 민중적 관습법인 입어권의 존재를 명문으로 인정하고 있다.

④ 판례는 국세행정상 비과세의 관행을 일종의 행정선례법으로 인정하지 아니한다.

〈정답 ④

기출PLUS

기출 2017. 6. 24. 제2회 서울특별시

행정법의 일반원칙에 관한 설명으로 가장 옳은 것은? (다툼이 있는 경우 판례에 의함)

① 「행정규제기본법」과 「행정절차법」은 각각 규제의 원칙과 행정지도의 원칙으로 비례원칙을 정하고 있다.

② 위법한 행정규칙에 의하여 위법한 행정관행이 형성되었다 하더라도 행정청은 정당한 사유 없이 이 관행과 달리 조치를 할 수 없는 자기구속을 받는다.

③ 신뢰보호의 원칙과 관련하여, 행정청의 선행조치가 신청자인 사인의 사위나 사실은폐에 의해 이뤄진 경우라도 행정청의 선행조치에 대한 사인의 신뢰는 보호되어야 한다.

④ 지방의회의 감사 또는 조사를 위하여 출석요구를 받은 증인이 출석하지 않을 경우 증인의 사회적 지위에 따라 과태료의 액수에 차등을 두는 것을 내용으로 하는 조례안은 헌법에 규정된 평등의 원칙에 위배된다고 볼 수 없다.

‹ 정답 ①

※ 관습법 = 장기적·계속적 관행 + 법적 확신 + 국가의 승인(독일의 학설)
  cf) 사실인 관습 → 법적 확신의 부재

POINT 관습법의 3요소

관행	국가의 관행, 국민의 관행
법적 확신	일반국민의 법적 확신
승인	국가의 승인(독일의 학설)

관습법에 있어 국가의 승인여부에 관하여 우리나라의 경우는 필요 없다는 것이 통설·판례의 입장이다.

ⓛ 요건 : 객관적 요소인 관행과 주관적 요소인 법적 확신만 갖추면 성립한다(법적 확신설·법력내재설, 우리나라 통설, 판례).

※ 국가승인설 : 법적 확신설에 대립하는 견해로서, 관습법이 성립하기 위해서는 객관적 요소인 관행과 주관적 요소인 법적 확신 외에 국가의 명시적 또는 묵시적 승인이라는 요건이 더 필요하다는 학설이다.

ⓒ 효력 : 성문법의 흠결 시 이를 보충하는 보충적 효력만이 인정된다. 보충적 효력설이 우리나라 다수설이다. 판례도 가정의례준칙에 해당 규정이 있으면 이는 관습법에 우선한다고 한 바 있다. 이와 대비되는 개폐적 효력설도 존재한다. 개폐적 효력설은 행정관습법은 성문법이 존재하는 경우에도 성립될 수 있고, 기존 성문법의 개폐효력도 인정된다고 하는 학설이다.

ⓔ 종류

• 행정선례법 : 행정청의 선례가 계속 반복되어 형성되는 관습법이다. 국세기본법 제18조 제3항은 비과세관행이 성립한 후에는 새로이 소급하여 과세할 수 없다고 규정하고 있으며, 신뢰보호의 원칙을 명문화한 실정법상 규정이기도 하다.

※ 국세기본법 제18조 제3항 : 세법의 해석 또는 국세행정의 관행이 일반적으로 납세자에게 받아들여진 후에는 그 해석이나 관행에 의한 행위 또는 계산은 정당한 것으로 보며, 새로운 해석이나 관행에 의하여 소급하여 과세되지 아니한다.

• 민중관습법 : 민중 사이에서 공법관계에 대한 일정한 사항이 오랜 시간에 걸쳐 관행으로서 성립되는 것을 말한다. 입어권〈수산업법 제46조〉, 관습법상의 유수사용권(관개용수이용권, 유수권, 음용용수권), 온천사용권, 유지사용권 등이 있다.

판례 공유하천으로부터 용수를 함에 있어서 하천법 제25조에 의하여 하천관리청으로부터 허가를 얻어야 한다고 하더라도 그 허가를 필요로 하는 법규의 공포 시행 전에 원고가 위 화덕상 언(둑)에 의하여 용수할 수 있는 권리를 관습에 의하여 취득하였음이 뚜렷하므로 위 하천법에 관한 법규에도 불구하고 그 기득권이 있다(대판 1972. 3. 31. 선고 72다78).

POINT 입어권과 어업권의 차이
입어권은 관습법상 권리이나, 어업권은 형성적 행정행위인 특허에 의해 취득하는 권리이다.

② 판례법

　㉠ 의의 : 행정사건에 대한 법원의 판결이 행정법의 해석·적용과 관련하여 추상적인 행정법규를 구체화하고 명백히 하여, 일정한 법원리 내지 기준을 설정하는 경우를 말한다.

　㉡ 법원성

　　• 부정적 견해 : 영·미법계 국가와 달리 대륙법계 국가인 우리나라는 선례구속의 원칙이 인정되지 않는다. 법원조직법 제8조에서도 상급법원의 판단은 당해 사건에 관해서만 하급심을 기속한다고 규정하고 있다. 따라서 우리나라에서는 판례법의 법원성을 인정하지 않는 것이 원칙이다.

　　• 긍정적 견해 : 판결에 의해 표시되는 합리성이 동종의 다른 사건에도 적용된다는 것으로서 법원성의 긍정이 다수설이다. 이는 대법원 판결의 사실상 구속력, 판례변경 시 대법관 전원합의체에서 과반수로 결정, 판례위반도 상고이유인 점 등이 있다. 또한 현 법원의 판례가 가지는 사실상의 구속력, 판례변경의 곤란성〈법원조직법 제7조 제1항, 제66조 제1항〉 그리고 판례와 다른 판결을 하면 상고이유가 된다는 점〈소액사건심판법 제3조 제2호, 상고심절차에 관한 특례법 제4조 제1항〉 등을 미루어 볼 때 판례의 법원성은 어느 정도 인정된다고 볼 수 있으며, 특히 대법원의 판례는 행정법의 법원으로서의 성격을 가지고 있다고 볼 수 있다. 대륙법계 국가에서는 판례의 구속성이 없으나 영·미법계 국가에서는 판례의 구속성이 인정된다. 미국은 최고법원에서 판례변경이 가능하나 영국에서는 최고법원도 판례를 변경할 수 없으므로 기판력의 효력은 영국이 미국에 비해 상대적으로 더 강하다.

　㉢ 법계에 따른 차이

　　• 영미법계 : 선례구속성원칙 → 법원성 인정

　　• 대륙법계 : 선례구속원칙 불채택 → 법원성 인정여부에 따라 문제됨

③ 조리(행정법의 일반원리)

　㉠ 의의 : 조리란 사물의 본질적 법칙 또는 일반 사회의 정의 관념에 비추어 반드시 그러하여야 할 것이라고 인정되는 것을 말한다.

　㉡ 내용 : 조리의 내용은 시대와 사회에 따라 가변적이며 내용적으로는 관습법과 판례법에 속하지 않는 행정법의 모든 불문법원리를 포함한다. 이러한 관념의 포괄성·다양성으로 인해 근래에는 '조리'라는 표현 대신 '행정법의 일반원리'라는 표현을 사용하고 있다. 학설과 판례는 평등의 원칙, 행정의 자기구속의 원칙, 비례의 원칙, 신뢰보호의 원칙, 부당결부금지의 원칙, 신의성실·권리남용금지의 원칙, 불가능지의 원칙, 과잉급부금지의 원칙 등을 조리법으로 인정하고 있다.

　㉢ 최후의 보충적 법원 : 법원성 여부가 문제되나 대체로 긍정하고 있다. 이는 어떤 사례에 관해 성문법규도 없고 불문법규도 없는 경우 법관은 재판을 거부하지는 못하므로 결국 법관의 직업적 양심, 즉 조리에 의해 재판할 수밖에 없다.

　㉣ 행정법 해석의 기본원리 : 법관이 법을 해석함에 있어서도 그 사회의 일반적인 정의감에 따라 공정한 법해석을 함이 요구된다. 특히 이른바 '조리해석'은 성문법규가 형식적으로 해석되면 국민에게 너무 불이익한 경우 판사가 이를 너그럽게 해석할 수 있는 이론적 근거가 되고 있다.

기출 2016. 6. 25. 서울특별시

행정법의 법원(法源)에 대한 설명 중 가장 옳은 것은?

① 헌법재판소 판례에 의하면 감사원 규칙은 헌법에 근거가 없으므로 법규명령으로 인정되지 않는다.

② 법원(法源)을 법의 인식근거로 보면 헌법은 행정법의 법원이 될 수 없다.

③ 관습법은 성문법령의 흠결을 보충하기 때문에 법률유보 원칙에서 말하는 법률에 해당한다.

④ 행정법의 일반원칙은 다른 법원(法源)과의 관계에서 보충적 역할에 그치지 않으며 헌법적 효력을 갖기도 한다.

기출 2021. 4. 17. 인사혁신처

행정법의 법원(法源)에 대한 설명으로 옳지 않은 것은? (다툼이 있는 경우 판례에 의함)

① 지방자치단체가 제정한 조례가 헌법에 의하여 체결·공포된 조약에 위반되는 경우 그 조례는 효력이 없다.

② 행정소송에 관하여 「행정소송법」에 특별한 규정이 없는 사항에 대하여는 「법원조직법」과 「민사소송법」 및 「민사집행법」의 규정을 준용한다.

③ 평등원칙은 일체의 차별적 대우를 부정하는 절대적 평등을 의미하는 것이 아니라 입법과 법의 적용에 있어서 합리적인 근거가 없는 차별을 배제하는 상대적 평등을 뜻한다.

④ 개정 법령이 기존의 사실 또는 법률관계를 적용대상으로 하면서 국민의 재산권과 관련하여 종전보다 불리한 법률효과를 규정하고 있는 경우, 그러한 사실 또는 법률관계가 개정 법률이 시행되기 이전에 이미 완성 또는 종결된 것이 아니라면 소급입법금지원칙에 위반된다.

〈정답 ④, ④

기출PLUS

기출 2014. 3. 15. 제1차 경찰공무원(순경)

다음은 행정법의 일반원칙을 설명한 것이다. 가장 적절한 것은? (다툼이 있으면 판례에 의함)

① 신뢰보호의 원칙과 행정의 법률적합성의 원칙이 충돌하는 경우 법률적합성의 원칙이 우선한다.

② 신뢰보호의 원칙에서 선행조치의 상대방에 대한 신뢰보호의 이익과 제3자의 이익이 충돌하는 경우에는 신뢰보호의 이익이 우선한다.

③ 같은 정도의 비위를 저지른 자들에 대해 그 직무의 특성 및 개전의 정이 있는지 여부에 따라 징계의 종류 및 양정에 있어서 차별적으로 취급하는 것은 합리적 차별로서 평등의 원칙에 반하지 않는다.

④ 신뢰보호의 원칙에서 행정청이 상대방에 대하여 장차 어떤 처분을 하겠다는 공적인 견해를 표명하였다면 공적인 견해 표명 후에 그 전제가 된 사실적, 법률적 상태가 변경되었다고 하더라도 그러한 견해 표명은 효력을 유지한다.

〈정답 ③

section 6 행정법의 일반원리

(1) 의의

행정법의 일반원리란 관습법과 판례법에 속하지 않는 모든 행정법의 불문법원리를 말한다. 이는 그 종류와 연원, 효력 등이 모두 다른 각각의 원리들을 포괄적으로 규정한 관념이다.

(2) 법원성

법원성이 인정되고 있으며 행정의 복잡·다양성으로 인해 그 중요성이 점차 강조되고 있다. 행정법의 일반원리는 그 유래하는 연원에 따라 헌법적 효력, 법률적 효력 등을 가진다.

(3) 종류

① 평등의 원칙

  ㉠ 의의 : 특별히 합리적인 사유가 존재하지 않는 이상, 행정작용을 함에 있어서 행정기관은 상대방인 국민을 공평하게 대우해야 한다는 원칙

  ㉡ 근거 : 헌법 제11조 제1항 모든 국민은 법 앞에 평등하다. 누구든지 성별·종교 또는 사회적 신분에 의하여 정치적·경제적·사회적·문화적 생활의 모든 영역에 있어서 차별을 받지 아니한다.

  ㉢ 효력 : 헌법 제11조에서 도출되는 원칙으로서 헌법적 효력을 가지므로 이 원칙에 위반하면 위헌이 된다. 따라서 손해배상청구와 행정쟁송이 가능하다.

판례 당직근무대기 중 심심풀이로 돈을 걸지 않고 점수따기 화투놀이를 한 사실이 징계사유에 해당한다 할지라도 징계처분으로 파면을 택한 것은 함께 화투놀이를 한 3명을 견책에 처하기로 한 사실을 고려하면 공평의 원칙상 그 재량의 범위를 벗어난 위법한 것이다(대판 1972. 12. 26. 72누217).

판례 헌법 제11조 제1항에 근거를 둔 평등원칙은 본질적으로 같은 것을 자의적으로 다르게 취급함을 금지하는 것으로서, 법령을 적용할 때뿐만 아니라 입법을 할 때에도 불합리한 차별취급을 하여서는 안된다는 것을 뜻하는바, 앞서 본 사정을 종합하여 보면, 위 시행령 제35조 제1항 제3호에서 집단에너지공급시설에 대한 훼손부담금의 부과율을 전기공급시설 등에 대한 훼손부담금의 부과율인 20%의 다섯 배에 이르는 100%로 정한 것은 그 부과율에 과도한 차등을 둔 것으로서 합리적 근거 없는 차별에 해당한다(대판[전] 2007. 10. 29. 2005두14417).

판례 주유소와 LPG충전소는 '위험물저장시설'이라는 점에서 공통점이 있으나, LPG는 석유보다 위험성이 훨씬 크다. LPG는 상온·상압에서 쉽게 기화되고, 인화점이 낮으며 공기보다 무거워 누출되어도 쉽게 확인되지 않아 화재 및 폭발의 위험성이 매우 크다. 이에 반하여 석유는 액체상태로 저장되고 공급되기 때문에 적은 양이 누출되는 경우에도 쉽게 확인이 가능하고 LPG에 비하여 인화점이 높으며 무엇보다도 점화원이 없이는 자체적으로 폭발의 위험성이 상존하지는 않는다. 위와 같은 점을 종합해 보면, LPG는 석유에 비하여 화재 및 폭발의 위험성이 훨씬 커서 주택 및 근린생활시설이 들어설 지역에 LPG충전소의 설치금지는 불가피하다할 것이고 석유와 LPG의 위와 같은 차이를 고려하여 연구단지내 녹지구역에 LPG충전소의 설치를 금지한 것은 위와 같은 합리적 이유에 근거한 것이므로 이 사건 시행령 규정이 평등원칙에 위배된다고 볼 수 없다(헌재 2004. 7. 15. 2001헌마646).

② 행정의 자기구속의 원칙

  ㉠ 의의 : 평등의 원칙에서 도출되는 원리로서 동종의 사안에 대하여 제3자에게 한 것과 동일한 기준의 결정을 상대방에게도 하여야 한다는 원칙이다.

  ㉡ 도출 : 행정규칙(재량준칙)은 원래 외부적 효력이 없지만 이것이 평등의 원칙을 매개로 하면 행정청은 모든 국민에게 동일한 준칙을 적용하도록 구속되므로 결과적으로 재량권을 축소하게 되는 외부적 효력을 갖게 된다(전환규범).

  ㉢ 근거 : 독일에서는 신뢰보호의 원칙에서 찾고 있으나, 우리나라에서는 평등의 원칙에서 찾고 있다. 참고로, 헌법재판소의 판례에서는 평등의 원칙, 신뢰보호의 원칙 모두를 근거로 보기도 한다.

  ㉣ 요건 : 재량행위에서만 인정되고 행정규칙 중 재량준칙에만 적용이 가능하다. 규범해석규칙은 기속행위이므로 이 원칙이 적용되지 않는다. 행정청이 구속되기 위해 선례가 필요한가에 대해 필요설과 불요설이 대립하고 있다. 필요설은 선례가 반드시 필요하다고 하나 불요설은 '예기관행'의 관념을 이용하여 선례가 불필요하다고 한다.

  ※ 예기관행 : 행정규칙이 최초로 적용되는 경우에도 그 기준이 예상되면 이것을 '예기관행'이라 하여 행정청은 이에 따라 처분하여야 한다.

  ㉤ 효력 : 이 원리에 반하면 위법이 되나 바로 무효가 되는 것은 아니고 다만 취소사유가 됨이 원칙이다. 또한 위법행위는 아무리 선례가 쌓여도 자기구속되지 않는다.

판례 상습행정기관이 하급행정기관에 대하여 업무처리지침이나 법령의 해석적용에 관한 기준을 정하여 발하는 이른바 '행정규칙'이나 '내부지침'은 일반적으로 행정조직 내부에서만 효력을 가질 뿐 대외적인 구속력을 갖는 것은 아니므로 행정처분이 그에 위반하였다고하여 그러한 사정만으로 곧바로 위법하게 되는 것은 아니다. 다만, 재량권 행사의 준칙인 행정규칙이 그 정한 바에 따라 되풀이 시행되어 행정관행이 이루어지게 되면 평등의 원칙이나 신뢰보호의 원칙에 따라 행정기관은 그 상대방에 대한 관계에서 그 규칙에 따라야 할 자기구속을 받게 되므로, 이러한 경우에는 특별한 사정이 없는 한 그를 위반하는 처분은 평등의 원칙이나 신뢰보호의 원칙에 위배되어 재량권을 일탈·남용한 위법한 처분이 된다(대판 2009. 12. 24. 2009두7967).

기출PLUS

기출 2018. 4. 7. 인사혁신처

행정의 자기구속의 원칙에 대한 설명으로 옳지 않은 것은? (다툼이 있는 경우 판례에 의함)

① 헌법재판소는 평등의 원칙이나 신뢰보호의 원칙을 근거로 행정의 자기구속의 원칙을 인정하고 있다.

② 반복적으로 행해진 행정처분이 위법하더라도 행정의 자기구속의 원칙에 따라 행정청은 선행처분에 구속된다.

③ 행정의 자기구속의 원칙은 법적으로 동일한 사실관계, 즉 동종의 사안에서 적용이 문제되는 것으로 주로 재량의 통제 법리와 관련된다.

④ 재량준칙이 공표된 것만으로는 행정의 자기구속의 원칙이 적용될 수 없고, 재량준칙이 되풀이 시행되어 행정관행이 성립한 경우에 행정의 자기구속의 원칙이 적용될 수 있다.

< 정답 ②

기출PLUS

기출 2021. 4. 17. 인사혁신처

행정법의 일반원칙에 관련된 다음의 설명 중 옳은 것은? (다툼이 있는 경우 판례에 의함)

① 국가가 국민의 생명·신체의 안전에 대한 보호의무를 다하지 않았는지 여부를 헌법재판소가 심사할 때에는 국가가 이를 보호하기 위하여 적어도 적절하고 효율적인 최소한의 보호조치를 취하였는가 하는 '과소보호 금지원칙'의 위반여부를 기준으로 삼는다.

② 행정청이 조합설립추진위원회의 설립승인 심사에서 위법한 행정처분을 한 선례가 있는 경우에는, 행정청에 대해 자기구속력을 갖게 되어 이후에도 그러한 기준에 따라야 한다.

③ 공무원 임용신청 당시 잘못 기재된 호적상 출생연월일을 생년월일로 기재하고, 임용 후 36년 동안 이의를 제기하지 않다가, 정년을 1년 3개월 앞두고 정정된 출생연월일을 기준으로 정년연장을 요구하는 것은 신의성실의 원칙에 반한다.

④ 일반적으로 행정청이 폐기물처리업 사업계획에 대한 적정통보를 한 경우 이는 토지에 대한 형질변경신청을 허가하는 취지의 공적 견해표명까지도 포함한다.

〈정답 ①

③ 비례의 원칙(과잉금지의 원칙)

ⓐ **의의** : 행정주체가 구체적인 행정목적을 실현함에 있어서 그 목적과 수단 간에는 합리적 비례 관계가 유지되어야 한다는 것을 의미한다.

ⓑ **근거** : 자연법적 내지 형평의 원리에 기초하였으며 헌법에는 명문의 규정은 없으나 "국민의 모든 자유와 권리는 필요한 경우에 한하여 법률로서 제한할 수 있으며 제한하는 경우에도 자유와 권리의 본질적인 내용은 침해할 수 없다〈헌법 제37조 제2항〉."라고 규정함으로써 비례의 원칙을 인정하고 있다. 개별 법률상의 근거는 경찰법 분야이다〈경찰관 직무집행법 제1조 제2항, 행정대집행법 제2조〉.

ⓒ **내용** : 다음의 3요소를 그 내용으로 한다. 이는 단계적으로 적용되는데 어느 한 가지 요소만 흠결이 있어도 당해 원칙에 위배된다.

• 적합성의 원칙 : 행정기관의 조치·수단은 그 목적달성에 적합한 것이어야 한다.

• 필요성의 원칙(최소침해의 원칙) : 목적달성을 위한 여러 수단이 존재하는 경우 침해가 가장 적은 방법을 선택해야 한다.

• 상당성의 원칙(협의의 비례원칙) : 위의 두 요건이 충족되는 경우에도 그것에 의해 달성되는 이익이 침해되는 불이익보다 더 커야 한다.

ⓓ **적용영역** : 모든 행정작용에 적용된다. 이 원칙이 수익적 행정영역(급부행정)에 적용되면 과잉급부금지의 원칙이 된다.

ⓔ **효력** : 헌법 제37조 제2항에 근거하는 원리로서 헌법적 효력을 지닌다. 이에 위반하면 위헌·위법이나 취소사유가 됨이 원칙이다. 판례는 구 「변호사법」 제10조 제2항의 개업지 제한규정은 직업선택의 자유를 제한하는 것으로 비례의 원칙에 위반하여 위헌이라 하였다.

◆POINT 비례의 원칙 관련 판례 정리

ⓐ 헌재결정 1997.7.16, 95헌가6 : 동성동본 금혼 관련 혼인에 관한 국민의 자유와 권리를 제한하는 것은 위헌이다.

ⓑ 헌재결정 2007.6.28, 2004헌마44 : 재외국민의 선거권 행사에 대한 전면 부정은 정당한 목적을 찾기 어렵다 결정하여, 재외 국민의 선거권 행사 부정에 대한 위헌결정

ⓒ 헌재결정 1989.11.20, 89헌가102 : 변호사 개업신고 관련 개업신고 전 2년 이내의 근무자가 속하는 지방법원의 관할구역 안에서 3년간 개업을 금지하는 것은 선택된 수단이 목적에 적합하지 아니하다 하여 비례원칙 위반으로 본 사례

ⓓ 대판 1985.11.12, 85누303 : 행정청이 면허취소와 관련된 재량권을 보유하고 있는 경우라도 그 재량권이 비례의 원칙과 평등의 원칙의 한계를 벗어났다면 위법하다고 한 사례

◆POINT 과소보호 금지원칙 판례

국가가 국민의 생명·신체의 안전에 대한 보호의무를 다하지 않았는지 여부를 헌법재판소가 심사할 때에는 국가가 이를 보호하기 위하여 적어도 적절하고 효율적인 최소한의 보호조치를 취하였는가 하는 이른바 '과소보호 금지원칙'의 위반 여부를 기준으로 삼아, 국민의 생명·신체의 안전을 보호하기 위한 조치가 필요한 상황인데도 국가가 아무런 보호조치를 취하지 않았든지 아니면 취한 조치가 법익을 보호하기에 전적으로 부적합하거나 매우 불충분한 것임이 명백한 경우에 한하여 국가의 보호의무의 위반을 확인하여야 한다(헌재 2008. 12. 26., 2008헌마 419).

판례 [1] 제재적 행정처분인 청소년보호법상의 과징금부과처분이 사회통념상 재량권의 범위를 일탈하거나 남용한 경우에는 위법하고, 재량권의 일탈·남용 여부는 처분사유로 된 위반행위의 내용과 당해 처분행위에 의하여 달성하려는 공익목적 및 이에 따르는 모든 사정을 객관적으로 심리하여 공익침해의 정도와 그 처분으로 인하여 개인이 입게 될 불이익을 비교 교량하여 판단하여야 한다. [3] 청소년유해매체물로 결정·고시된 만화인 사실을 모르고 있던 도서대여업자가 그 고시일로부터 8일 후에 청소년에게 그 만화를 대여한 것을 사유로 그 도서대여업자에게 금 700만 원의 과징금이 부과된 경우, 그 도서대여업자에게 청소년유해매체물인 만화를 청소년에게 대여하여서는 아니된다는 금지의무의 해태를 탓하기는 가혹하다는 이유로 그 과징금부과처분은 재량권을 일탈·남용한 것으로서 위법하다(대판 2001. 7. 27. 99두9490)

판례 원심은 설령 원고의 이 사건 음주측정거부행위가 도로교통법 제78조 제1항 제8호에 해당한다고 하여도, 원고는 자신의 차량 뒤에 주차한 다른 차량의 진로를 열어주기 위하여 부득이 이 사건 음주운전을 하게 되었고 그 운전 거리도 약 25m에 불과한 점, 원고는 당초 음주운전이 아닌 다른 혐의로 파출소로 갔다가 원고와 시비를 벌인 참고인의 진술이 계기가 되어 갑자기 경찰관으로부터 음주측정요구를 받게 되었던 점, 원고는 운전원으로 근무하는 지방공무원으로서 아무런 교통사고 없이 근무하여 오다가 이 사건 처분으로 신분상의 불이익을 받게 된 점 등을 감안하면, 원고의 운전면허를 취소함으로써 달성하려는 공익에 비하여 그로 인하여 원고가 입게 될 불이익이 막대하여 원고에게 지나치게 가혹하다 할 것이므로 이 사건 처분은 운전면허취소에 관한 재량권을 남용한 위법이 있다는 취지로 판단하였는바, 기록에 의하면 원심의 이러한 판단은 수긍이 가고, 거기에 소론과 같은 행정처분의 재량권에 관한 법리를 오해한 위법이 있다고 할 수 없다. (대판 1998. 3. 27. 97누20755).

판례 운전면허의 취소 여부가 행정청의 재량행위라 하여도 오늘날 자동차가 대중적인 교통수단이고 그에 따라 대량으로 자동차운전면허가 발급되고 있는 상황이나 음주운전으로 인한 교통사고의 증가 및 그 결과의 참혹성 등에 비추어 볼 때, 음주운전으로 인한 교통사고를 방지할 공익상의 필요는 매우 크다 아니할 수 없으므로, 음주운전 내지 그 제재를 위한 음주측정 요구의 거부 등을 이유로 한 자동차운전면허의 취소에 있어서는 일반의 수익적 행정행위의 취소와는 달리 그 취소로 인하여 입게 될 당사자의 개인적인 불이익보다는 이를 방지하여야 하는 일반예방적인 측면이 더욱 강조되어야 할 것이고, 특히 당해 운전자가 영업용 택시를 운전하는 등 자동차 운전을 업으로 삼고 있는 자인 경우에는 더욱 그러하다(대판 1995. 9. 26. 95누6069).

④ **신뢰보호의 원칙**

　　㉠ 의의 : 행정기관의 일정한 명시적·묵시적 언동으로 인한 개인의 보호가치 있는 신뢰를 보호해야 한다는 원칙을 말한다. 영미법상의 '금반언의 법리(Estoppel)'와 같은 의미이다.

　　　※ 금반언의 법리(Estoppel) : 일방 당사자가 전에 주장한 바 있고 타방에서 이를 신뢰한 경우에는 일방 당사자는 종전의 자신의 주장과 모순되는 주장 내지 언동을 하는 것이 금지된다는 불문율이다.

　　㉡ 근거 : 종전에는 신뢰보호의 근거를 사법원리인 신의성실의 원칙에서 구하는 견해인 신의칙설에서 도출된다고 보았으나(독일의 '미망인사건') 오늘날에는 법치국가원리의 2대 요소인 '법률적합성의 원칙'과 '법적 안정성의 원칙' 가운데 '법적 안정성의 원칙'에서 도출된다고 보는 것이 다수의 견해이다〈국세기본법 제18조 제3항, 행정절차법 제4조 제2항〉.

기출PLUS

기출 2016. 6. 18. 제1회 지방직

행정법의 일반원칙에 대한 설명으로 옳은 것은? (다툼이 있는 경우 판례에 의함)

① 법령 개정에 대한 신뢰와 관련하여, 법령에 따른 개인의 행위가 국가에 의하여 일정한 방향으로 유인된 경우에 특별히 보호가치가 있는 신뢰이익이 인정될 수 있다.

② 행정청 내부의 사무처리준칙에 해당하는 지침의 공표만으로도 신청인은 보호가치 있는 신뢰를 갖게 된다.

③ 신뢰보호원칙이 적용되기 위한 행정청의 공적 견해표명이 있었는지 여부는 전적으로 행정조직상의 권한분장에 의해 결정된다.

④ 위법한 행정처분이라도 수차례에 걸쳐 반복적으로 행하여졌다면 그러한 처분은 행정청에 대하여 자기구속력을 갖게 된다.

❮정답 ①

기출PLUS

ⓒ **신뢰보호의 요건**

• 선행조치 : 행정기관의 선행조치가 존재하여야 한다. 선행조치에는 법령, 규칙, 처분, 합의, 행정지도 등 국가의 모든 작용이 포함되며 명시적 · 묵시적 또는 적극적 · 소극적 언동을 모두 포함한다. 선행조치는 명시적 · 묵시적 의사표시를 모두 포함하나 행정청의 처분행위가 아직 존재하지 않는 경우에는 선행조치가 있다고 할 수 없으므로 신뢰보호를 주장할 수 없다. 판례는 '공적 견해표명'이라는 표현을 쓰고 있다. 대법원은 풍산금속법인세부과사건에서 공적인 견해표명, 즉 선행조치가 신뢰보호원칙의 요건임을 분명히 하였다.

> **판례** 구청장의 지시에 따라 그 소속직원이 적극적으로 나서서 대체 부동산 취득에 대한 취득세 면제를 제의함에 따라 그 약속을 그대로 믿고 구에 대하여 그 소유 부동산에 대한 매각의사를 결정하게 되었다면, 구청장은 과세관청의 지위에 있으므로 부동산 매매계약을 체결함에 있어 표명된 취득세 면제약속은 과세관청의 지위에서 이루어진 것이라고 볼 여지가 충분하고, 또한 위 직원이 비록 총무과에 소속되어 있다고 하더라도 그가 한 언동은 구청장의 지시에 의한 것으로 이 역시 과세관청의 견해표명으로 못볼 바도 아니다(대판 1995. 6. 16. 94누12159).

• 선행조치에 반하는 처분 : 행정기관이 선행조치에 반하는 처분을 행해야 한다.
• 보호가치 : 선행조치에 대한 관계인의 신뢰가 보호가치가 있어야 한다. 즉, 상대방의 귀책사유가 없어야 한다. 따라서 사기, 강박, 증수뢰, 부정신고 등 관계자의 부정행위가 있었거나 그 작용의 위법성을 인식하고 있었던 경우에는 보호가치가 부정된다.
• 상대방의 조치(처리보호) : 행정기관의 조치를 신뢰하여 상대방이 건축개시 등 일정한 조치를 행한 경우에만 인정된다.
• 인과관계 : 행정청의 선행조치와 상대방의 조치 사이에는 인과관계가 있어야 한다. 즉, 상대방이 행정청의 선행행위에 대하여 정당성과 계속성을 믿음으로써 일정한 행위를 하였어야 한다.

ⓓ **보호의 내용** : 존속보호를 원칙으로 하되 그것이 불가능할 경우 보상보호에 의한다.

ⓔ **효력** : 이 원칙에 반하면 위법이나 다만 취소할 수 있음에 그치는 것이 원칙이고 중대 · 명백한 위반일 경우에만 무효로 된다.

ⓕ **신뢰보호의 한계** : 법치국가원리의 2대 요소인 법률적합성과 법적 안정성은 서로 상충관계에 있다. 따라서 이들 중 어느 쪽에 우위를 두는가에 따라 신뢰보호의 한계가 정해진다. 법률적합성 우위설, 동위설, 이익교량설 등이 대립하고 있으나 양자는 동등한 가치를 가진다는 전제하에 추구하고자 하는 공익과 보호해야 할 사익을 비교 · 형량하여야 한다는 이익교량설이 우리나라 통설 · 판례이다.

판례 일반적으로 행정상의 법률관계에 있어서 행정청의 행위에 대하여 신뢰보호의 원칙이 적용되기 위하여는, 첫째 행정청이 개인에 대하여 신뢰의 대상이 되는 공적인 견해표명을 하여야 하고, 둘째 행정청의 견해표명이 정당하다고 신뢰한 데에 대하여 그 개인에게 귀책사유가 없어야 하며, 셋째 그 개인이 그 견해표명을 신뢰하고 이에 어떠한 행위를 하였어야 하고, 넷째 행정청이 위 견해표명에 반하는 처분을 함으로써 그 견해표명을 신뢰한 개인의 이익이 침해되는 결과가 초래되어야 하며, 이러한 요건을 충족할 때에는 행정청의 처분은 신뢰보호의 원칙에 반하는 행위로서 위법하게 된다고 할 것이고, 또한 위 요건의 하나인 행정청의 공적 견해표명이 있었는지의 여부를 판단하는 데 있어 반드시 행정조직상의 형식적인 권한분장에 구애될 것은 아니고 담당자의 조직상의 지위와 임무, 당해 언동을 하게 된 구체적인 경위 및 그에 대한 상대방의 신뢰가능성에 비추어 실질에 의하여 판단하여야 한다(대판 1997. 9. 12. 96누18380).

판례 국세청장이 훈련교육용역의 제공이 사업경영상담업에 해당하는 것으로 본다는 회신을 동종의 인근사업자에게 하였고, 원고는 사업양수시에 이를 상담업으로 본다고 하는 위의 견해를 신뢰하여서 면세사업자로 등록을 마치고 부가가치세를 거래징수하거나 신고 납부하지 아니하였다면 국세청장의 위와 같은 회신은 위 용역의 제공이 상담업에 해당한다고 보는 공적인 견해를 명시적으로 표명한 것이고, 이후 이와 같은 사업장의 사업자들이 과세관청의 견해에 따라 이후의 거래시에 거래상대방으로부터 부가가치세를 징수하거나 신고 납부하지 아니하였다면 거기에 귀책사유가 있다고 하기도 어려울 것이므로, 위와 같은 경위로 사업을 하다가 폐업한 후에야 비로소 종전의 견해와는 반대로 위 용역의 제공이 상담업에 해당하지 않는다고 하면서 과세처분에 이른 것은 신의성실의 원칙에 위배된다(대판 1994. 3. 22. 93누22517).

판례 납세의무자가 인터넷 국세종합상담센터의 답변에 따라 세액을 과소신고·납부한 경우, 그 답변은 과세관청의 공식적인 견해표명이 아니라 상담직원의 단순한 상담에 불과하므로, 납세의무자에게 신고·납세의무의 위반을 탓할 수 없는 정당한 사유가 있다고 보기 어렵다(대판 2009. 4. 23. 2007두3107).

⑤ **부당결부금지의 원칙**

　㉠ **의의** : 행정작용을 함에 있어서 그와 실체적 관련이 없는 상대방의 반대급부를 조건으로 해서는 안된다는 원칙이다(백화점 건축허가에 있어 인근 공원의 미화사업을 조건으로 하는 경우 등).

　㉡ **근거·효과** : 헌법 제37조 제2항을 근거로 하므로 이의 위반은 위헌이나 취소사유가 됨에 그친다.

　㉢ **적용영역** : 공법상 계약, 보조금지급, 부관 등에 적용된다. 판례는 주택사업계획 승인을 하면서 이 사업과 아무 관련이 없는 토지를 기부채납하도록 하는 부관을 붙인 경우 이 부관은 위법하다고 했다(대판 1997. 3. 11,96다49650). 또한 오토바이 음주운전을 이유로 제1종 대형면허를 취소한 처분은 부당결부금지의 원칙에 위배되어 위법하다고 하였다(대판 1992. 9. 22. 91누8289).

　※ **기부채납** : 증여계약의 일종으로 기부자 소유의 재산을 지방자치단체에 기부하고자 하는 의사표시에 대하여 지방자치단체 또는 관리청이 승낙함으로써 그 재산이 국가에 귀속되게 하는 계약이다.

기출PLUS

기출 2013. 9. 7. 서울특별시

상속세 체납자에 대한 영업허가취소는 다음의 어느 법원칙에 위반될 가능성이 가장 높은가?

① 과잉금지의 원칙
② 신뢰보호의 원칙
③ 보충성의 원칙
④ 신의성실의 원칙
⑤ 부당결부금지의 원칙

◀ 정답 ⑤

기출PLUS

기출 2015. 3. 14. 사회복지직

행정법의 시간적 효력에 대한 판례의 입장으로 옳지 않은 것은?

① 법령을 소급적용하더라도 일반 국민의 이해에 직접 관계가 없는 경우나 오히려 그 이익을 증진하는 경우, 불이익이나 고통을 제거하는 경우에는 예외적으로 법령의 소급적용이 허용된다.

② 일반적으로 국민이 소급입법을 예상할 수 있었거나 법적 상태가 불확실하고 혼란스러워 보호할 만한 신뢰이익이 적은 경우에도 진정소급입법이 허용되지 않는다.

③ 법률조항에 대하여 헌법재판소가 헌법불합치결정을 하여 그 법률조항을 합헌적으로 개정 또는 폐지하는 임무를 입법자의 형성 재량에 맡긴 이상, 그 개선입법의 소급적용 여부와 소급적용의 범위는 원칙적으로 입법자의 재량에 달려 있다.

④ 법령의 효력이 시행일 이전에 소급하지 않는다는 것은 시행일 이전에 이미 종결된 사실에 대하여 법령이 적용되지 않는다는 것을 의미하는 것이지, 시행일 이전부터 계속되는 사실에 대하여도 법령이 적용되지 않는다는 의미가 아니다.

‹정답 ②

---

section 7 행정법의 효력

(1) 시간적 효력

① **효력발생시기**

  ㉠ 법령과 조례·규칙은 그 시행일에 관하여 특별한 규정이 없으면 공포한 날로부터 20일을 경과함으로써 효력을 발생한다. 다만, 국민의 권리제한과 의무부과에 관한 경우에는 30일을 경과함으로써 효력을 발생한다〈헌법 제53조 제7항, 법령 등 공포에 관한 법률 제13조의2〉.

  ㉡ 공포일은 '그 법령 등을 게재한 관보 또는 신문이 발행된 날이다〈법령 등 공포에 관한 법률 제12조〉.

  ㉢ 발행된 날을 언제로 보느냐에 대하여는 도달주의에 입각해서 관보가 서울의 중앙보급소에 도달하여 국민이 구독 가능한 상태에 놓인 최초의 시점으로 보는 설(최초구독가능시설)이 통설·판례이다.

  ㉣ 효력발생일이 시행일이 된다.

② **소급금지의 원칙** … 기득권 존중과 법적 안정성, 예측가능성을 위해 법령이 공포·시행되기 전에 종결된 사실에 대하여는 적용되지 않는다. 그러나 소급적용이 국민에게 유리한 경우(진정소급)와 계속 진행중인 사실(부진정소급)에 대해서는 예외적으로 소급적용이 가능하다(대판 1995. 4. 25, 93누13728).

③ **효력의 소멸**

  ㉠ 일정한 유효기간이 규정되어 있는 한시법의 경우 그 기한이 도래하면 효력이 당연히 상실된다.

  ㉡ 비한시법인 경우에는 당해 법령 또는 그와 동위·상위의 법령에 의한 명시적 개폐가 있거나 그와 저촉되는 법령이 사후 제정에 의하여 효력을 상실한다. 판례는 집행명령의 경우 근거법령인 상위법령이 폐지되면 실효되는 것이나 상위법령이 개정됨에 그친 경우에는 개정법령에 저촉되지 아니한 범위 내에서 효력을 유지한다고 하였다.

(2) 지역적 효력

행정법은 원칙적으로 대한민국 내에서 효력을 가짐이 원칙이다.

① **원칙** … 일반적으로 행정법규는 그것을 제정한 기관의 권한이 미치는 모든 지역에 대하여 효력을 가진다. 따라서 국회나 중앙행정관청이 제정한 법령은 전국에 효력을 미치고, 지방자치단체가 제정하는 조례·규칙은 당해 자치단체의 구역에 대해서만 효력을 가진다.

② 지역적 효력의 예외

　　㉠ 국제법상 치외법권을 가지는 외교사절이 사용하는 토지 등이나 외국 군대가 사용하는 시설 등

　　㉡ 국가가 제정한 법이라도 그 내용에 따라 일부지역에 대해서만 효력을 가지는 경우 : 수출자유지역설치법 등 영토 내의 일부지역에서만 적용됨을 예상하여 제정된 법률(수도권정비계획법, 지역균형개발 및 지방중소기업육성에 관한 법률, 자유무역지역의 지정 및 운영에 관한 법률 등)

　　㉢ 지자체가 다른 지자체의 구역 안에 공공시설을 설치한 경우처럼 제정기관의 본래의 관할구역을 벗어나 적용되는 경우

(3) 대인적 효력

① 원칙 … 행정법규는 속지주의의 원칙에 따라 내국인·외국인, 자연인·법인 여하를 불문하고 그 영토 또는 구역 내에 있는 모든 자에게 적용된다. 동시에 속인주의에 의해 보충적으로 국외의 내국인에게도 적용된다.

② 대인적 효력의 예외

　　㉠ 국제법상 치외법권을 가진 외국 원수 또는 외교사절에는 우리나라 행정법규가 적용되지 않는다(외교관계에 관한 Wien조약).

　　㉡ 국내에 주둔하는 미합중국군대 구성원에 대하여는 한·미행정협정에 의하여 우리나라 법의 적용이 매우 제한되고 있다.

　　㉢ 일반 외국인에 대하여는 행정법규의 일반적 적용이 원칙이나, 상호주의의 원칙에 따라 적용되거나(국가배상법) 법령상 외국인에 대한 특칙을 두는 경우도 있다〈출입국관리법 제11조〉.

　　㉣ 판례는 북한 주민도 속지주의에 따라 우리 행정법이 적용된다고 하였고(대판 1996. 11. 12, 96누1221), 일본 영주권을 취득한 우리나라 국민도 국내법을 적용해야 한다고 한 바 있다(대판 1981. 10. 13, 80다2435).

2021년 인사혁신처

1 행정법의 법원(法源)에 대한 설명으로 옳지 않은 것은? (다툼이 있는 경우 판례에 의함)

① 지방자치단체가 제정한 조례가 헌법에 의하여 체결·공포된 조약에 위반되는 경우 그 조례는 효력이 없다.

② 행정소송에 관하여 「행정소송법」에 특별한 규정이 없는 사항에 대하여는 「법원조직법」과 「민사소송법」 및 「민사집행법」의 규정을 준용한다.

③ 평등원칙은 일체의 차별적 대우를 부정하는 절대적 평등을 의미하는 것이 아니라 입법과 법의 적용에 있어서 합리적인 근거가 없는 차별을 배제하는 상대적 평등을 뜻한다.

④ 개정 법령이 기존의 사실 또는 법률관계를 적용대상으로 하면서 국민의 재산권과 관련하여 종전보다 불리한 법률효과를 규정하고 있는 경우, 그러한 사실 또는 법률관계가 개정 법률이 시행되기 이전에 이미 완성 또는 종결된 것이 아니라면 소급입법금지원칙에 위반된다.

> 🟡 **TIPS!**
>
> ④ 행정처분은 그 근거 법령이 개정된 경우에도 경과 규정에서 달리 정함이 없는 한 처분 당시 시행되는 개정 법령과 그에서 정한 기준에 의하는 것이 원칙이고, 개정 법령이 기존의 사실 또는 법률관계를 적용대상으로 하면서 국민의 재산권과 관련하여 종전보다 불리한 법률효과를 규정하고 있는 경우에도 그러한 사실 또는 법률관계가 개정 법률이 시행되기 이전에 이미 완성 또는 종결된 것이 아니라면 이를 헌법상 금지되는 소급입법에 의한 재산권 침해라고 할 수는 없으며, 그러한 개정 법률의 적용과 관련하여서는 개정 전 법령의 존속에 대한 국민의 신뢰가 개정 법령의 적용에 관한 공익상의 요구보다 더 보호가치가 있다고 인정되는 경우에 그러한 국민의 신뢰보호를 보호하기 위하여 그 적용이 제한될 수 있는 여지가 있을 따름이다(대법원 2020. 7. 23. 선고 2019두31839 판결).

Answer. 1.④

2021년 인사혁신처

2 행정법의 일반원칙에 관련된 다음의 설명 중 옳은 것은? (다툼이 있는 경우 판례에 의함)

① 국가가 국민의 생명 · 신체의 안전에 대한 보호의무를 다하지 않았는지 여부를 헌법재판소가 심사할 때에는 국가가 이를 보호하기 위하여 적어도 적절하고 효율적인 최소한의 보호조치를 취하였는가 하는 '과소보호 금지원칙'의 위반 여부를 기준으로 삼는다.

② 행정청이 조합설립추진위원회의 설립승인 심사에서 위법한 행정처분을 한 선례가 있는 경우에는, 행정청에 대해 자기구속력을 갖게 되어 이후에도 그러한 기준에 따라야 한다.

③ 공무원 임용신청 당시 잘못 기재된 호적상 출생연월일을 생년월일로 기재하고, 임용 후 36년 동안 이의를 제기하지 않다가, 정년을 1년 3개월 앞두고 정정된 출생연월일을 기준으로 정년연장을 요구하는 것은 신의성실의 원칙에 반한다.

④ 일반적으로 행정청이 폐기물처리업 사업계획에 대한 적정통보를 한 경우 이는 토지에 대한 형질변경신청을 허가하는 취지의 공적 견해표명까지도 포함한다.

> **TIPS!**
>
> ② [×] 행정청이 조합설립추진위원회의 설립승인 심사에서 위법한 행정처분을 한 선례가 있다고 하여 그러한 기준을 따라야 할 의무가 없는 점 등에 비추어, 평등의 원칙이나 신뢰보호의 원칙 또는 자기구속의 원칙 등에 위배되고 재량권을 일탈 · 남용하여 자의적으로 조합설립추진위원회 승인처분을 한 것으로 볼 수 없다(대법원 2009. 6. 25. 선고 2008두13132 판결).
>
> ③ [×] 지방공무원 임용신청 당시 잘못 기재된 호적상 출생연월일을 생년월일로 기재하고, 이에 근거한 공무원인사기록카드의 생년월일 기재에 대하여 처음 임용된 때부터 약 36년 동안 전혀 이의를 제기하지 않다가, 정년을 1년 3개월 앞두고 호적상 출생연월일을 정정한 후 그 출생연월일을 기준으로 정년의 연장을 요구하는 것이 신의성실의 원칙에 반하지 않는다(대법원 2009. 3. 26. 선고 2008두21300 판결).
>
> ④ [×] 도시계획구역 안에서의 폐기물처리시설의 결정기준 및 설치기준 등을 규정하고 있는 도시계획법 제2조 제1항 제1호 나목, 제16조, 도시계획시설기준에관한규칙 제126조 내지 제128조 및 폐기물관리법령은 도시계획구역 안에서의 토지형질변경의 허가기준을 규정하고 있는 도시계획법 제4조 제1항, 도시계획법시행령 제5조의2 및 토지의형질변경등행위허가기준등에관한규칙 제4조 제1항과 각기 규정대상 및 입법취지를 달리하고 있으므로, 일반적으로 폐기물처리업 사업계획에 대한 적정통보에 당해 토지에 대한 형질변경허가신청을 허가하는 취지의 공적 견해표명이 있는 것으로는 볼 수 없다고 할 것이고, 더구나 토지의 지목변경 등을 조건으로 그 토지상의 폐기물처리업 사업계획에 대한 적정통보를 한 경우에는 위 조건부적정통보에 토지에 대한 형질변경허가의 공적 견해표명이 포함되어 있었다고 볼 수 없다(대법원 1998. 9. 25. 선고 98두6494 판결).

Answer 2.①

3 행정법의 일반원칙과 관련한 판례의 태도로 옳은 것은?

① 연구단지 내 녹지구역에 위험물저장시설인 주유소와 LPG충전소 중에서 주유소는 허용하면서 LPG충전소를 금지하는 시행령 규정은 LPG충전소 영업을 하려는 국민을 합리적 이유 없이 자의적으로 차별하여 결과적으로 평등원칙에 위배된다는 것이 헌법재판소의 태도이다.

② 하자 있는 처분이 국민에게 권리나 이익을 부여하는 이른바 수익적 행정행위인 때에는 취소하여야 할 공익상 필요와 취소로 인하여 당사자가 입게 될 기득권과 신뢰보호 및 법률생활안정의 침해 등 불이익을 비교 교량한 후 공익상 필요가 당사자가 입을 불이익을 정당화할 만큼 강하지 않아도 이를 취소할 수 있다는 것이 판례의 태도이다.

③ 숙박시설 건축허가 신청을 반려한 처분에 관해 학생들의 교육환경과 인근 주민들의 주거환경 보호라는 공익이 그 신청인이 잃게 되는 이익의 침해를 정당화 할 수 있을 정도로 크므로, 위 반려처분은 신뢰보호의 원칙에 위배되지 않는다는 것이 판례의 태도이다.

④ 옥외집회의 사전신고의무를 규정한 구 「집회 및 시위에 관한 법률」 제6조 제1항 중 '옥외집회'에 관한 부분은 과잉금지원칙에 위배하여 집회의 자유를 침해하는 것으로 볼 수 있다는 것이 헌법재판소의 태도이다.

TIPS!

① [X] 주유소와 LPG충전소는 "위험물저장시설"이라는 점에서 공통점이 있으나, LPG는 석유보다 위험성이 훨씬 크다. LPG는 상온·상압에서 쉽게 기화되고, 인화점이 낮으며 공기보다 무거워 누출되어도 쉽게 확인되지 않아 화재 및 폭발의 위험성이 매우 크다. 이에 반하여 석유는 액체상태로 저장되고 공급되기 때문에 적은 양이 누출되는 경우에도 쉽게 확인이 가능하고 LPG에 비하여 인화점이 높으며 무엇보다도 점화원이 없이는 자체적으로 폭발의 위험성이 상존하지는 않는다. 위와 같은 점을 종합해 보면, LPG는 석유에 비하여 화재 및 폭발의 위험성이 훨씬 커서 주택 및 근린생활시설이 들어설 지역에 LPG충전소의 설치금지는 불가피하다할 것이고 석유와 LPG의 위와 같은 차이를 고려하여 연구단지내 녹지구역에 LPG충전소의 설치를 금지한 것은 위와 같은 합리적 이유에 근거한 것이므로 이 사건 시행령 규정이 평등원칙에 위배된다고 볼 수 없다(헌재 2004. 7. 15. 2001헌마646).

② [X] 행정처분에 의하여 국민이 일정한 이익과 권리를 취득하였을 경우에 종전의 행정처분을 취소하는 행정처분은 이미 취득한 국민의 기존이익과 권리를 박탈하는 별개의 행정처분으로서 그 취소될 행정처분에 하자 또는 취소하여야 할 공공의 필요가 있어야 하고, 나아가 행정처분에 하자 등이 있더라도 취소하여야 할 공익상 필요와 취소로 인하여 당사자가 입게 될 기득권과 신뢰보호 및 법률생활안정의 침해 등 불이익을 비교·교량한 후 공익상 필요가 당사자가 입을 불이익을 정당화할 만큼 강한 경우에 한하여 취소할 수 있으며, 그 하자나 취소하여야 할 필요성에 대한 증명책임은 기존의 이익과 권리를 침해하는 처분을 한 그 행정청에 있다(대판 2015. 1. 29. 2012두6889).

③ [O] 학생들의 교육환경과 인근 주민들의 주거환경 보호라는 공익이 숙박시설 건축허가신청을 반려한 처분으로 그 신청인이 잃게 되는 이익의 침해를 정당화 할 수 있을 정도로 크므로, 위 반려처분이 신뢰보호의 원칙에 위배되지 않는다고 한 원심의 판단을 수긍한 사례(대판 2005. 11. 25. 2004두6822).

④ [X] 심판대상조항의 신고사항은 여러 옥외집회·시위가 경합되지 않도록 하기 위해 필요한 사항이고, 질서유지 등 필요한 조치를 할 수 있도록 하는 중요한 정보이다. 옥외집회·시위에 대한 사전신고 이후 기재사항의 보완, 금지통고 및 이의절차 등이 원활하게 진행되기 위하여 늦어도 집회가 개최되기 48시간 전까지 사전신고를 하도록 규정한 것이 지나치다고 볼 수 없다.(헌재 2018. 6. 28. 2017헌바373).

Answer 3.③

4 신뢰보호원칙에 관한 설명으로 옳지 않은 것은? (다툼이 있는 경우 판례에 의함)

① 신뢰보호원칙은 판례뿐만 아니라 실정법상의 근거를 가지고 있다.

② 수익적 행정행위가 수익자의 귀책사유가 있는 신청에 의해 행하여졌다면 그 신뢰의 보호가치성은 인정되지 않는다.

③ 행정기관의 선행조치로서의 공적인 견해 표명은 반드시 명시적인 언동이어야 한다.

④ 처분청 자신의 공적 견해 표명이 있어야만 하는 것은 아니며, 경우에 따라서는 보조기관인 담당 공무원의 공적인 견해 표명도 신뢰의 대상이 될 수 있다.

> **TIPS!**
>
> ① [O] 행정절차법 제4조(신의성실 및 신뢰보호) ②행정청은 법령등의 해석 또는 행정청의 관행이 일반적으로 국민들에게 받아들여졌을 때에는 공익 또는 제3자의 정당한 이익을 현저히 해칠 우려가 있는 경우를 제외하고는 새로운 해석 또는 관행에 따라 소급하여 불리하게 처리하여서는 아니 된다.
>
> ② [O] 일반적으로 행정상의 법률관계에 있어서 행정청의 행위에 대하여 신뢰보호의 원칙이 적용되기 위하여는, 첫째 행정청이 개인에 대하여 신뢰의 대상이 되는 공적인 견해표명을 하여야 하고, 둘째 행정청의 견해표명이 정당하다고 신뢰한 데에 대하여 그 개인에게 귀책사유가 없어야 하며, 셋째 그 개인이 그 견해표명을 신뢰하고 이에 상응하는 어떠한 행위를 하였어야 하고, 넷째 행정청이 그 견해표명에 반하는 처분을 함으로써 그 견해표명을 신뢰한 개인의 이익이 침해되는 결과가 초래되어야 하며, 마지막으로 위 견해표명에 따른 행정처분을 할 경우 이로 인하여 공익 또는 제3자의 정당한 이익을 현저히 해할 우려가 있는 경우가 아니어야 한다(대판 2002. 11. 8. 2001두1512).
>
> ③ [X] 과세관청의 공적인 견해표명은 원칙적으로 일정한 책임 있는 지위에 있는 세무공무원에 의하여 명시적 또는 묵시적으로 이루어짐을 요하나, 신의성실의 원칙 내지 금반언의 원칙은 합법성을 희생하여서라도 납세자의 신뢰를 보호함이 정의, 형평에 부합하는 것으로 인정되는 특별한 사정이 있는 경우에 적용되는 것으로서 납세자의 신뢰보호라는 점에 그 법리의 핵심적 요소가 있는 것이므로, 위 요건의 하나인 과세관청의 공적 견해표명이 있었는지 여부를 판단하는 데 있어 반드시 행정조직상의 형식적인 권한분장에 구애될 것은 아니고 담당자의 조직상 지위와 임무, 당해 언동을 하게 된 구체적인 경위 및 그에 대한 납세자의 신뢰가능성에 비추어 실질에 의하여 판단하여야 한다(대판 2019. 1. 17. 2018두42559).
>
> ④ [O] 구청장의 지시에 따라 그 소속직원이 적극적으로 나서서 대체 부동산 취득에 대한 취득세 면제를 제의함에 따라 그 약속을 그대로 믿고 구에 대하여 그 소유 부동산에 대한 매각의사를 결정하게 되었다면, 구청장은 지방세법 제4조 및 서울특별시세조례 제6조 제1항의 규정에 의하여 서울특별시세인 취득세에 대한 부과징수권을 위임받아 처리하는 과세관청의 지위에 있으므로 부동산 매매계약을 체결함에 있어 표명된 취득세 면제약속은 과세관청의 지위에서 이루어진 것이라고 볼 여지가 충분하고, 또한 위 직원이 비록 총무과에 소속되어 있다고 하더라도 그가 한 언동은 구청장의 지시에 의한 것으로 이 역시 과세관청의 견해표명으로 못 볼 바도 아니다(대판 1995. 6. 16. 94누12159).

Answer 4.③

5 행정법의 법원(法源)으로서 헌법이 직접 규정하고 있지 않은 것은?

① 감사원규칙
② 중앙선거관리위원회규칙
③ 지방자치단체의 자치에 관한 규정
④ 대통령령, 총리령, 부령

> **TIPS!**
>
> [감사원법]
> ① [X] 제52조(감사원규칙) 감사원은 감사에 관한 절차, 감사원의 내부 규율과 감사사무 처리에 관한 규칙을 제정할 수 있다.
>   ※ 감사원의 설치와 권한은 헌법에 명시되어 있지만 감사원 규칙은 감사원법에 명시되어 있다.
> [헌법]
> ② [O] 제114조 ①선거와 국민투표의 공정한 관리 및 정당에 관한 사무를 처리하기 위하여 선거관리위원회를 둔다.
>   ② 중앙선거관리위원회는 대통령이 임명하는 3인, 국회에서 선출하는 3인과 대법원장이 지명하는 3인의 위원으로 구성한다.
>   위원장은 위원중에서 호선한다.
> ③ [O] 제117조 ①지방자치단체는 주민의 복리에 관한 사무를 처리하고 재산을 관리하며, 법령의 범위안에서 자치에 관한 규정
>   을 제정할 수 있다.
> ④ [O] 제95조 국무총리 또는 행정각부의 장은 소관사무에 관하여 법률이나 대통령령의 위임 또는 직권으로 총리령 또는 부령
>   을 발할 수 있다.

6 행정법의 일반원칙에 관한 설명으로 옳지 않은 것은? (다툼이 있는 경우 판례에 의함)

① 비례의 원칙에 의할 때 공무원이 단지 1회 훈령에 위반하여 요정 출입을 하였다는 사유만으로 한 파면처분은 위법
   하다.
② 행정의 자기구속의 원칙은 평등원칙 및 신뢰보호의 원칙과 밀접한 관련을 지니고 있다.
③ 부당결부금지의 원칙은 행정작용을 함에 있어서 그와 실체적 관련이 없는 상대방의 반대급부를 조건으로 하여서는
   안 된다는 원칙을 말한다.
④ 신뢰보호의 원칙에서 행정기관의 공적인 견해표명은 명시적이어야 하고 묵시적인 경우에는 인정되지 아니한다.

> **TIPS!**
>
> ① [O] 단 1회의 요정출입 행위만으로서는 공무원의 신분을 보유할 수 없을 정도로 공무원의 품위를 손상한 것이라고 볼 수 없으
>   므로 당해 공무원의 신분을 박탈하는 파면에 처한 처분은 재량권의 범위를 넘어선 위법한 처분이다(대판 1967. 5. 2. 67누2).
> ② [O] 행정규칙은 일반적으로 행정조직 내부에서 효력을 가질 뿐 대외적인 구속력을 갖지는 아니하고, 다만 법령의 규정이 행
>   정관청에게 법령의 구체적 내용을 보충할 권한을 부여한 경우 또는 재량권 행사의 준칙인 행정규칙이 되풀이 시행되어 행정
>   관행이 이룩되게 된 결과 평등의 원칙이나 신뢰보호의 원칙에 따라 행정기관이 그 상대방에 대한 관계에서 그 규칙에 따라
>   야 할 자기구속을 당하게 되는 경우에는 대외적인 구속력을 가지게 된다(헌재 1990. 9. 3. 90헌마13).
> ③ [O] 부당결부금지의 원칙이란 행정주체가 행정작용을 함에 있어서 상대방에게 이와 실질적인 관련이 없는 의무를 부과하거
>   나 그 이행을 강제하여서는 아니 된다는 원칙을 말한다(대판 2009. 2. 12. 2005다65500).

Answer 5.① 6.④

④ [X] 일반적으로 조세 법률관계에서 과세관청의 행위에 대하여 신의성실의 원칙이 적용되기 위하여는 과세관청이 납세자에게 신뢰의 대상이 되는 공적인 견해표명을 하여야 하고, 또한 국세기본법 제18조 제3항에서 말하는 비과세관행이 성립하려면 상당한 기간에 걸쳐 과세를 하지 아니한 객관적 사실이 존재할 뿐만 아니라 과세관청 자신이 그 사항에 관하여 과세할 수 있음을 알면서도 어떤 특별한 사정 때문에 과세하지 않는다는 의사가 있어야 하며 위와 같은 공적 견해나 의사는 명시적 또는 묵시적으로 표시되어야 하지만, 묵시적 표시가 있다고 하기 위하여는 단순한 과세 누락과는 달리 과세관청이 상당기간 불과세 상태에 대하여 과세하지 않겠다는 의사표시를 한 것으로 볼 수 있는 사정이 있어야 하고, 이 경우 특히 과세관청의 의사표시가 일반론적인 견해표명에 불과한 경우에는 위 원칙의 적용을 부정하여야 한다(대판 2001. 4. 24. 2000두5203).

7 **행정법의 일반원칙에 관한 판례의 태도로 옳지 않은 것은?**

① 대법원과 헌법재판소는 평등의 원칙과 신뢰보호의 원칙을 행정의 자기구속의 원칙의 근거로 삼고 있다.
② 지방자치단체장이 사업자에게 주택사업계획승인을 하면서 그 주택사업과는 아무런 관련이 없는 토지를 기부채납하도록 하는 부관을 주택사업계획승인에 붙인 경우, 그 부관은 부당결부금지의 원칙에 위반되어 위법이다.
③ 위법한 행정처분이 수차례에 걸쳐 반복적으로 행하여진 경우 행정의 자기구속의 원칙이 적용된다.
④ 건축물에 인접한 도로의 개설을 위한 도시계획사업시행허가처분은 건축물에 대한 건축허가처분과는 별개의 행정처분이므로 사업시행허가를 함에 있어 조건으로 내세운 기부채납의무를 이행하지 않았음을 이유로 한 건축물에 대한 준공거부처분은 「건축법」에 근거 없이 이루어진 것으로서 위법하다.

 TIPS!
③ 위법한 행정처분이 수차례에 걸쳐 반복적으로 행하여진 경우 위법한 선례로 행정의 자기구속 원칙이 배제된다.

8 **대륙법계 국가의 행정법과 영·미법계 국가의 행정법에 관한 설명 중 잘못된 것은?**

① 대륙법계 국가에서는 모두 공역무 중심으로 행정법이 발달하였다.
② 영·미법계 국가의 행정법은 절차법을 중심으로 발달하였다.
③ 우리나라는 대륙법계 국가에 속한다.
④ 우리나라는 사법제도국가이다.

 TIPS!
① 대륙법계 국가 중 프랑스는 공역무 개념을 중심으로 판례를 통해 행정법이 발달하였지만, 독일은 공권력 개념을 중심으로 이론을 통해 행정법이 발달하였다.
② 영·미법계 국가에서는 행정위원회를 규율하기 위한 절차법으로서 행정법이 발달하였다.
③④ 우리나라는 대륙법계 국가에 속하나 일원적인 사법제도를 가지고 있는 사법제도국가에 해당한다.

Answer 7.③ 8.①

9 비례원칙에 대한 설명으로 옳지 않은 것은? (다툼이 있는 경우 판례에 의함)

① 「도로교통법」제148조의2 제1항 제1호의 '「도로교통법」제44조 제1항을 2회 이상 위반한' 것에 구 「도로교통법」제44조 제1항을 위반한 음주운전 전과도 포함된다고 해석하는 것은 비례원칙에 위반된다.
② 협의의 비례원칙인 상당성의 원칙은 재량권 행사의 적법성의 기준에 해당한다.
③ 침해행정인가 급부행정인가를 가리지 아니하고 행정의 전영역에 적용된다.
④ 「행정절차법」은 행정지도의 원칙으로 비례원칙을 규정하고 있다.

> **TIPS!**
> ① 「도로교통법」제148조의2 제1항 제1호는 「도로교통법」제44조 제1항을 2회 이상 위반한 사람으로서 다시 같은 조 제1항을 위반하여 술에 취한 상태에서 자동차 등을 운전한 사람에 대해 1년 이상 3년 이하의 징역이나 500만 원 이상 1,000만 원 이하의 벌금에 처하도록 규정하고 있는데, 「도로교통법」제148조의2 제1항 제1호에서 정하고 있는 '「도로교통법」제44조 제1항을 2회 이상 위반한' 것에 개정된 「도로교통법」이 시행된 2011.12.9. 이전에 구 「도로교통법」(2011.6.8. 법률 제10790호로 개정되기 전의 것) 제44조 제1항을 위반한 음주운전 전과까지 포함되는 것으로 해석하는 것이 형벌불소급의 원칙이나 일사부재리의 원칙 또는 비례의 원칙에 위배된다고 할 수 없다(대판 2012. 11. 29, 2012도10269).

10 법률유보원칙에 대한 설명으로 옳지 않은 것은?

① 전부유보설은 모든 행정작용이 법률에 근거해야 한다는 입장으로, 행정의 자유영역을 부정하는 견해이다.
② 헌법재판소는 예산도 일종의 법규범이고, 법률과 마찬가지로 국회의 의결을 거쳐 제정되며, 국가기관뿐만 아니라 일반국민도 구속한다고 본다. 따라서 법률유보원칙에서 말하는 법률에는 예산도 포함된다.
③ 중요사항유보설은 행정작용에 법률의 근거가 필요한지 여부에 그치지 않고 법률의 규율정도에 대해서도 설명하는 이론이다.
④ 헌법재판소는 텔레비전방송수신료의 금액결정은 납부의무자의 범위 등과 함께 수신료에 관한 본질적인 중요한 사항이므로 국회가 스스로 행하여야 하는 사항에 속한다는 입장이다.

> **TIPS!**
> ② 예산은 일종의 법규범이고 법률과 마찬가지로 국회의 의결을 거쳐 제정되지만 법률과 달리 국가기관만을 구속할 뿐 일반국민을 구속하지 않는다. 국회가 의결한 예산 또는 국회의 예산안 의결은 헌법재판소법 제68조 제1항 소정의 '공권력의 행사'에 해당하지 않고 따라서 헌법소원의 대상이 되지 아니한다(헌재 2006. 4. 25, 2006헌마409).

Answer 9.① 10.②

11 다음 중 행정법의 법원에 대한 설명으로 옳지 않은 것은?

① 행정법의 법원이란 행정법의 인식근거 또는 존재형식을 말한다.
② 법원은 크게 성문법과 불문법이 있는데 우리나라는 원칙적으로 불문법주의를 채택하고 있다.
③ 다수설은 행정법의 법원의 범위에 대하여 법규는 물론 행정사무의 기준이 되는 행정규칙까지 행정법의 법원으로 본다.
④ 조리는 입법사항의 불비와 법의 흠결시 행정법의 법원이 될 수 있다.

 TIPS!

② 법원은 크게 성문법과 불문법이 있는데 우리나라는 원칙적으로 성문법주의를 채택하고 있다.

12 다음 중 실질적 법치주의의 내용으로 볼 수 없는 것은?

① 행정구제제도의 강화
② 법치주의의 일반적 적용
③ 자기목적 실현으로서의 합법성
④ 합헌적 법률 우위의 원칙

TIPS!

①②④ 형식적 법치주의의 폐해에 대한 반성으로 실질적 법치주의가 강조되었다. 그 내용으로는 법치주의의 일반적 적용, 합헌적 법률우위의 원칙, 행정구제제도의 강화 등이 있다.
③ 자기목적 실현으로서의 합법성은 형식적 법치주의와 관련이 있다.

13 실질적 법치주의의 확립을 위한 과제에 해당하지 않는 것은?

① 법률유보개념의 확대
② 위헌법률심사제도의 확립
③ 위임입법의 통제 강화
④ 특별권력관계 내의 법치주의 배제

TIPS!

① 근대 법치주의 사상에서는 침해유보설이 지배적이었으나 오늘날에는 침익적 영역뿐 아니라 수익적 영역에서도 국민의 권리와 의무에 본질적으로 중요한 사항은 법률에 근거가 있어야 한다는 견해가 지배적이다.
④ 법치주의의 일반적 적용을 위해 특별권력관계 내부에서의 관계에도 원칙적으로 법치주의가 적용되어야 한다.

Answer 11.② 12.③ 13.④

14 신뢰보호의 원칙에 대한 대법원 판례의 내용으로 옳지 않은 것은?

① 「개발이익환수에 관한 법률」에 정한 개발사업을 시행하기 전에, 행정청이 민원예비심사로서 관련부서 의견으로 '저촉사항 없음'이라고 기재한 것은 공적인 견해표명에 해당한다.

② 도시계획구역 내 생산녹지로 답(畓)인 토지에 대하여 종교회관 건립을 이용목적으로 하는 토지거래계약의 허가를 받으면서 담당공무원이 관련법규상 허용된다고 하여 이를 신뢰하고 건축준비를 하였으나 그 후 토지형질변경허가가 신청을 불허가한 것은 신뢰보호의 원칙에 위반된다.

③ 병무청 담당부서의 담당공무원에게 공적 견해의 표명을 구하는 정식의 서면질의 등을 하지 아니한 채 총무과 민원팀장에 불과한 공무원이 민원봉사차원에서 상담에 응하여 안내한 것을 신뢰한 경우, 신뢰보호의 원칙이 적용되지 않는다.

④ 교통사고가 일어난 지 1년 10개월이 지난 뒤 그 교통사고를 일으킨 택시에 대하여 운송사업면허를 취소한 경우, 택시운송사업자로서는 「자동차운수사업법」의 내용을 잘 알고 있어 교통사고를 낸 택시에 대하여 운송사업면허가 취소될 가능성을 예상할 수 있었으므로 별다른 행정조치가 없을 것으로 자신이 믿고 있었다 하여도 신뢰의 이익을 주장할 수는 없다.

> 🔅 **TIPS!**
>
> ① 「개발이익환수에 관한 법률」에 정한 개발사업을 시행하기 전에, 행정청이 토지 지상에 예식장 등을 건축하는 것이 관계 법령상 가능한지 여부를 질의하는 민원예비심사에 대하여 관련부서 의견으로 개발이익환수에 관한 법률에 '저촉사항 없음'이라고 기재하였다고 하더라도, 이후의 개발부담금부과처분에 관하여 신뢰보호의 원칙을 적용하기 위한 요건인, 개인에 대하여 신뢰의 대상이 되는 공적인 견해표명을 한 것이라고는 보기 어렵다(대판 2006. 6. 9, 2004두46).

15 다음 중 관습법에 관한 설명으로 옳지 않은 것은?

① 오랫동안 동일한 사실이 관행으로 반복되고 이러한 관행이 국민의 법적 확신을 얻어 법규범으로 인정받는 것을 말한다.

② 객관적 요소인 관행과 주관적 요소인 법적 확신만 갖추면 성립한다는 점에서 거듭된 관행은 있으나 국민의 법적 확신까지는 얻지 못한 '사실인 관습'과는 구별된다.

③ 성문법의 흠결시 이를 보충하는 보충적 효력만을 인정하는 것이 다수설이다.

④ 입어권은 형성적 행정행위인 특허에 의해 취득하는 권리이며, 어업권은 관습법상 권리이다.

> 🔅 **TIPS!**
>
> ④ 입어권은 관습법상 권리이나, 어업권은 행정행위인 특허에 의해 취득하는 권리이다.

Answer 14.① 15.④

16 다음 중 평등의 원칙에 관한 설명 중 옳지 않은 것은?

① 정당한 사유가 없는 한 다른 자에게 행한 처분보다 불리한 처분을 하여서는 안된다.

② 평등의 원칙은 헌법 제11조에서 도출되는 원칙이며 이를 위반하면 위헌이 된다.

③ 따라서 이 원칙에 위반하면 손해배상청구와 행정쟁송이 가능하다.

④ 대법원은 당직근무대기중 심심풀이로 화투놀이를 한 경우 3명은 견책에 처하고 한 명은 파면을 택한 경우 이를 합법한 것이라 한 바 있다.

 **TIPS!**

④ 대법원은 당직근무대기중 심심풀이로 화투놀이를 한 경우 3명은 견책에 처하고 한 명은 파면을 택한 경우 이를 위법한 것이라 한 바 있다(대판 1972. 12. 26, 72누194).

17 행정의 자기구속의 원칙에 관한 설명 중 옳지 않은 것은?

① 동종의 사안에 대하여 제3자에게 한 것과 동일한 기준의 결정을 상대방에게도 하여야 한다는 원칙이다.

② 이 원칙에 대해서 독일에서는 평등의 원칙에서 찾고 있으며, 우리나라에서는 신뢰보호의 원칙에서 찾고 있다.

③ 행정규칙이 평등의 원칙을 매개로 하면 행정청은 모든 국민에게 동일한 준칙을 적용하도록 구속되므로 결과적으로 재량권을 축소하게 되는 외부적 효력을 갖게 된다.

④ 재량행위에서만 인정되고 행정규칙 중 재량준칙에만 적용이 가능하다.

TIPS!

② 이 원칙에 대해서 독일에서는 신뢰보호의 원칙에서 찾고 있으며, 우리나라에서는 평등의 원칙에서 찾고 있다.

Answer 16.④ 17.②

18 다음 중 법률유보의 원칙에 대한 설명으로 옳지 않은 것은?

① 침해유보설은 국민의 자유와 권리를 침해하는 행정작용은 법률의 근거를 요한다는 주장이다.

② 신침해유보설은 특별권력관계에도 법률유보의 원칙이 적용된다는 주장이다.

③ 본질사항유보설은 의회유보설과 같은 맥락의 이론이다.

④ 우리나라 통설은 본질사항유보설이다.

> **TIPS!**
>
> ④ 우리나라 통설은 개별적 · 구체적 결정설이다.
>
> ※ 법률유보의 원칙
>   ⊙ **침해유보설** : 국민의 자유와 권리를 제한 · 침해하거나 새로운 의무를 부과하는 행정작용은 반드시 법률의 근거를 요한다는 견해이다. 이 견해에 따르면 특별권력관계에는 법률유보의 원칙이 적용되지 않는다.
>   ⓒ **신침해유보설** : 침해유보설을 전제로 하되 특별권력관계에도 법률유보의 원칙이 적용된다는 학설이다.
>   ⓒ **전부유보설** : 모든 행정작용은 법률의 근거가 필요하다는 견해이다.
>   ⓔ **권력행정유보설** : 행정작용의 침익성 · 수익성 여부를 가리지 않고 모든 권력적 행정작용은 법률의 근거를 요한다는 견해이다.
>   ⓜ **사회유보설**
>   • 급부행정유보설 : 침해행정뿐 아니라 모든 급부행정에도 법률유보의 원칙이 적용되어야 한다는 견해이다.
>   • 사회적 유보설 : 급부행정 중에서 권리 · 의무성이 강한 사회보장에 관한 내용에만 법률의 유보가 이루어져야 한다는 학설이다.
>   ⓗ **의회유보설** : 헌법의 법치국가 원칙, 민주주의 원칙, 기본권 보장 원리와 관련하여 본질적으로 중요한 사항은 의회가 제정한 법률에 규정하여야 한다는 학설이다.
>   ⓢ **중요사항유보설**(본질사항유보설) : 의회유보설과 같은 맥락의 학설로 본질적으로 중요한 사항과 관련된 행정작용은 법률에 근거가 있어야 한다는 이론이다. 여기서 '본질적으로 중요한 사항'이란 '국민의 기본권에 관련된 사항'을 말한다.
>   ⓞ **개별적 · 구체적 결정설**(우리나라 통설) : 법률유보의 원칙이 적용되는 범위를 당해 행정작용의 구체적 성질이나 관련 제반 상황 등을 종합적으로 검토하여 본질적으로 중요한 사항은 법률에 근거를 두어야 한다는 견해이다.

19 다음 중 중요사항유보설에 관한 설명으로 옳지 않은 것은?

① 중요사항유보설은 일반권력관계와 특별권력관계, 그리고 비권력관계 등을 모두 대상으로 한다는 점에서 전부유보설의 내용과 동일하다.

② 중요사항유보설은 독일 연방헌법재판소의 판례인 칼카르 결정을 통해 정립되었다.

③ 의회가 제정하는 법률에 유보해야 할 대상을 본질적으로 중요한 사항에 한정한다.

④ 중요사항유보설에서 본질적으로 중요한 사항이란 헌법에 보장된 국민의 기본권과 관련된 사항을 말한다.

> **TIPS!**
>
> ① 중요사항유보설은 의회유보설과 맥락을 같이하는 학설이다.

Answer 18.④ 19.①

20 우리나라 행정법이 성문법주의를 취하는 이유로 적당하지 않은 것은?

① 행정법이 강행적 성격을 가지고 있으므로
② 국민에게 예측가능성과 법적 안정성을 주기 위해
③ 행정법의 규율대상은 거의 변하지 않으므로
④ 모든 국민에게 획일적으로 적용되어야 하므로

> **TIPS!**
>
> ③ 행정법의 규율대상은 복잡·다양하고 변화속도가 빠르므로 행정법이 단일 법전으로 존재하기 어려울 뿐 아니라 불문법 및 행정법의 일반 원리가 보충적으로 적용되어야 한다.

21 다음 중 비례의 원칙에 관한 설명 중 옳지 않은 것은?

① 행정작용에 있어 목적과 수단 사이에는 합리적인 비례관계가 있어야 한다는 원리이다.
② 적합성의 원칙, 필요성의 원칙, 상당성의 원칙을 그 내용으로 한다.
③ 판례는 구 「변호사법」 제10조 제2항의 개업지 제한규정에 대하여 직업선택의 자유를 제한하고 있으나 상당성의 원칙에 부합하여 합헌이라고 하였다.
④ 비례의 원칙은 헌법에 근거하는 원리로서 이에 위반하면 위헌·위법이나 취소사유가 됨이 원칙이다.

> **TIPS!**
>
> ③ 판례는 구 변호사법 제10조 제2항의 개업지 제한규정에 대하여 직업선택의 자유를 제한하는 것으로 비례의 원칙에 위반하여 위헌이라고 하였다(헌재 1989. 11. 20, 89헌가102).

22 다음 중 행정법의 법원이 될 수 없는 것은?

① 경찰하명　　　　　　　　　　② 총리령
③ 관습법　　　　　　　　　　　④ 감사원규칙

> **TIPS!**
>
> ① 경찰하명은 개별적·구체적인 처분이므로 당사자에게만 구속력이 있기 때문에 법원이 될 수 없다.
> ④ 감사원규칙은 헌법에 규정되어 있지 않기 때문에 논란이 있으나, 행정법의 법원성은 물론 법규성도 인정하는 것이 통설이다.

Answer　20.③　21.③　22.①

23 다음 중 행정법의 법원에 관한 설명으로 옳은 것은?

① 국가 상호간의 관계를 규율하는 공법으로서의 국제법은 행정법의 법원이 되지 못한다.

② 우리나라 다수설은 행정규칙의 법원성을 인정하지 않는다.

③ 행정선례법의 존재를 명문으로 인정한 경우도 있다.

④ 선례구속의 원칙은 영·미법계 국가보다는 대륙법계 국가에서 인정된다.

> **TIPS!**
> ③ 국세기본법 제18조 제3항에서는 행정선례법의 존재를 명문으로 인정하고 있다. 즉, "세법의 해석 또는 국세행정의 관행이 일반적으로 납세자에게 받아들여진 후에는 그 해석 또는 관행에 의한 행위 또는 계산은 정당한 것으로 보며, 새로운 해석 또는 관행에 의하여 소급하여 과세되지 아니한다."고 규정하고 있다.
> ① 국제법도 행정법의 법원이 될 수 있다. 즉, 국제조약과 국제법규는 국내법에 해당하므로 행정법의 법원이 될 수 있다.
> ② 우리나라 다수설은 행정규칙의 법원성을 인정하고 있다.
> ④ 선례구속의 원칙은 불문법국가인 영·미법계 국가에서 인정된다.

24 다음 중 국제조약의 법원성에 관한 설명으로 옳지 않은 것은?

① 헌법에 의해 체결·공포된 국제조약은 별도의 시행법률이 없어도 국내법으로서 효력을 가진다.

② 헌법에 위반되는 조약은 대외적으로도 효력을 가질 수 없다.

③ 국제조약은 헌법보다는 하위의 효력을 가진다는 것이 통설이다.

④ 국제조약과 국내법이 충돌할 경우에는 신법우선의 원칙, 특별법우선의 원칙이 적용된다.

> **TIPS!**
> ② 헌법에 위반되는 조약은 국내적으로는 효력을 가질 수 없으나 대외적으로는 효력을 가진다.

25 다음 중 행정법의 법원이 될 수 있는 것은?

① 공포되지 않은 법률

② 판례법

③ 사실인 관습

④ 일반처분

> **TIPS!**
> ② 선례구속의 원칙을 취하지 않는 우리나라에서는 법원성을 인정할 수 없음이 원칙이나, 현실적으로 판례의 법원성이 인정될 수 있다.
> ① 법률은 국회가 입법절차에 따라 제정하는 형식적 의미의 법률이 행정법의 법원이 될 수 있다.
> ③ 국민의 법적 확신을 얻지 못한 사실상의 관행인 사실인 관습은 관습법과 달리 법원이 될 수 없다.
> ④ 일반처분은 일반적·구체적 규율로서 행정행위에 해당하므로 법원이 될 수 없다.

Answer 23.③ 24.② 25.②

26 행정의 자기구속의 법리에 관한 설명으로 잘못된 것은?

① 재량행위에만 이 법리가 적용된다.

② 이 법리로 인해 재량준칙이 대외적 효력을 가진다.

③ 이 법리의 근거는 평등의 원칙이다.

④ 이 법리로 인해 재량행위에 대한 사법통제가 곤란해진다.

 TIPS!

④ 자기구속의 법리를 인정하는 경우 재량행위에 대한 사법통제의 범위가 확대된다.

27 다음은 행정법상의 일반원칙이 나타나고 있는 실정법의 규정을 나열한 것이다. 이 중에서 그 법리적 관련성이 적은 것은?

① …… 경찰관의 직권은 그 직무수행에 필요한 최소한도 내에서 행사되어야 하며 이를 남용하여서는 아니된다〈경찰관직무집행법 제1조 제2항〉.

② …… 세법을 해석·적용할 때에 과세의 형평과 해당 조항의 합목적성에 비추어 납세자의 재산권이 부당하게 침해되지 아니하도록 하여야 한다〈국세기본법 제18조 제1항〉.

③ 수급자에 대한 급여는 정당한 사유 없이 이를 불리하게 변경할 수 없다〈국민기초생활 보장법 제34조〉.

④ 규제의 대상과 수단은 규제의 목적을 실현하는데 필요한 최소한의 범위안에서 가장 효과적인 방법으로 객관성·투명성 및 공정성이 확보되도록 설정되어야 한다〈행정규제기본법 제5조 제3항〉.

TIPS!

①②④ 비례의 원칙과 관련된다.

③ 신뢰보호의 원칙과 관련된다.

28 "원고의 위반행위가 있은 후 장기간에 걸쳐 아무런 행정조치를 취하지 않고 있다가 수년이 지난 후에 그 위반행위를 이유로 면허를 취소하는 것은 위법하다."는 판례와 관련있는 법리는?

① 평등의 원칙　　　　　　　　　　② 자기구속의 원칙

③ 비례의 원칙　　　　　　　　　　④ 신뢰보호의 원칙

TIPS!

제시된 내용은 운전면허정지기간 중의 운전행위로 운전면허가 취소된 원고가 이의 취소를 청구한 사건으로 판례는 신뢰보호의 원칙을 적용하고 있다(대판 1987. 9. 8, 87누373).

Answer　26.④　27.③　28.④

29 행정법의 효력에 대한 설명으로 옳지 않은 것은? (다툼이 있는 경우 판례에 의함)

① 신뢰보호의 요청에 우선하는 심히 중대한 공익상의 사유가 소급입법을 정당화하는 경우 등에는 예외적으로 진정소급 입법이 허용된다.

② 부진정소급입법은 원칙적으로 허용되지만 소급효를 요구하는 공익상의 사유와 신뢰보호의 요청 사이의 교량과정에서 신뢰보호의 관점이 입법자의 형성권에 제한을 가하게 된다.

③ 경과규정 등의 특별규정 없이 법령이 변경된 경우, 그 변경 전에 발생한 사항에 대하여 적용할 법령은 개정 후의 신법령이다.

④ 대통령령, 총리령 및 부령은 특별한 규정이 없으면 공포한 날부터 20일이 경과함으로써 효력을 발생한다.

> **⊙ TIPS!** --
>
> ③ 법령이 변경된 경우 신 법령이 피 적용자에게 유리하여 이를 적용하도록 하는 경과규정을 두는 등의 특별한 규정이 없는 한 헌법 제13조 등의 규정에 비추어 볼 때 그 변경 전에 발생한 사항에 대하여는 변경 후의 신 법령이 아니라 변경 전의 구 법령이 적용되어야 한다(대판 2002. 12. 10, 2001두3280).
>
> ① 헌재 1999. 7. 22, 97헌바76
> ② 헌재 1999. 7 .22, 97헌바76
> ④ 법령 등 공포에 관한 법률 제13조

30 다음 중 신뢰보호의 원칙에 대한 설명으로 옳지 않은 것은?

① 영미법상의 '금반언의 법리'와 같은 의미이다.

② 건축설계를 위임받은 건축사가 건축한계선의 제한이 있다는 사실을 간과한 채 건축설계를 하고 이를 토대로 건축물의 신축허가를 받은 경우, 신축허가에 대한 건축주의 신뢰는 보호되어야 한다.

③ 실제 공원구역과 다르게 경계측량표지를 설치한 십수 년 후에 착오를 발견하여 지형도를 수정한 조치는 신뢰보호의 원칙 및 자기구속의 법리에 반하지 않는다.

④ 청원경찰의 인원감축을 위하여 초등학교 졸업 이하 학력소지자 집단과 중학교 중퇴 이상 학력소지자 집단으로 나누어 각 집단별로 같은 감원비율의 인원을 선정한 것은 위법한 재량권 행사이다.

> **⊙ TIPS!** --
>
> ④ 행정안전부의 지방조직 개편지침의 일환으로 청원경찰의 인원감축을 위한 면직처분대상자를 선정함에 있어서 초등학교 졸업 이하 학력소지자 집단과 중학교 중퇴 이상 학력소지자 집단으로 나누어 각 집단별로 같은 감원비율 상당의 인원을 선정한 것은 합리성과 공정성을 결여하고, 평등의 원칙에 위배하여 그 하자가 중대하다 할 것이나, 그렇게 한 이유가 시험문제 출제 수준이 중학교 학력 수준이어서 초등학교 졸업 이하 학력소지자에게 상대적으로 불리할 것이라는 판단 아래 이를 보완하기 위한 것이었으므로 그 하자가 객관적으로 명백하다고 보기는 어렵다(대판 2002. 2. 8, 선고 2000두4057).

Answer 29.③ 30.④

31 다음 중 재량준칙에 대한 설명으로 옳지 않은 것은?

① 재량준칙은 행정청의 재량권 행사의 기준을 정하는 행정규칙에 속한다.

② 준법규성을 가지는 행정규칙이라 할 수 있다.

③ 재량준칙은 평등의 원칙을 매개로 하여 대외적 구속력을 갖는다.

④ 위법한 재량준칙에 대하여도 평등의 원칙과 개인의 신뢰보호 원칙상 행정의 자기구속의 원리는 적용된다.

> **TIPS!**
> ④ 재량준칙은 평등의 원칙 또는 행정의 자기구속의 법리에 의하여 외부적 효력이 인정될 수 있으나 재량준칙이 위법한 경우에는 행정의 자기구속의 법리는 적용되지 않는다.

32 다음 중 부당결부금지원칙의 관계에 관한 설명 중 옳지 않은 것은?

① 이륜자동차로서 제2종 소형면허를 가진 사람만이 운전할 수 있는 오토바이는 제1종 대형면허나 보통면허를 가지고 서도 이를 운전할 수 없는 것이어서 이와 같은 이륜자동차의 운전은 제1종 대형면허나 보통면허와는 아무런 관련이 없는 것이므로 이륜자동차를 음주운전한 사유만 가지고서는 제1종 대형면허나 보통면허의 취소나 정지를 할 수 없다.

② 택시의 운전은 제1종 보통면허 및 특수면허 모두로 운전할 수 있으므로 택시의 음주운전을 이유로 위 두 가지 운전면허 모두를 취소할 수 있다.

③ 제1종 보통·대형·특수면허를 가진 자가 제1종 보통·대형면허만으로 운전할 수 있는 12인승 승합자동차를 운전하다 운전면허취소 사유가 발생한 경우, 제1종 특수면허도 취소할 수 있다.

④ 건축물에 인접한 도로의 개설을 위한 도시계획사업시행허가처분은 건축물에 대한 건축허가처분과는 별개의 행정처분이므로 사업시행허가를 함에 있어 조건으로 내세운 기부채납의무를 이행하지 않았음을 이유로 한 건축물에 대한 준공거부처분은 건축법에 근거 없이 이루어진 것으로서 위법하다

> **TIPS!**
> ③ 제1종 보통·대형·특수면허를 가진 자가 제1종 보통·대형면허만으로 운전할 수 있는 12인승 승합자동차를 운전하다 운전면허취소 사유가 발생한 경우, 제1종 특수면허는 취소할 수 없다(대판 1998. 3. 24, 98두1031).

Answer 31.④ 32.③

33 선례불요설에 따를 때 행정의 자기구속의 법리에 있어서 행정선례가 존재하지 않는 1차적 적용에 있어서 평등원칙에 대한 예기관행으로 작용할 수 있는 것은?

① 행정청의 재량
② 행정상의 확약
③ 법원의 판결
④ 재량준칙

> **TIPS!** --
>
> ④ 행정선례가 존재하지 않는 제1차적 적용에서는 행정의 자기구속의 법리가 적용되지 않는다는 것이 일반적 견해이다. 그러나 행정선례가 존재하지 않는 경우라 할지라도 예기관행의 관념을 인정하여 행정규칙의 최초 적용에도 행정의 자기구속의 법리를 적용하려는 견해도 있다. 이러한 견해에 따르면 행정규칙이 정해지면 관행이 존재한 것으로 판단된다. 따라서 재량준칙이 예기 관행으로 작용할 수 있게 된다.
>
> ※ 예기관행…행정규칙이 최초로 적용되는 경우에도 그 기준이 예상되면 이것을 '예기관행'이라 하여 행정청은 이에 따라 처분 하여야 한다.

34 다음 중 부당결부금지의 원칙에 관한 설명 중 옳지 않은 것은?

① 행정작용을 함에 있어서 그와 실체적 관련이 없는 상대방의 반대급부를 조건으로 해서는 안된다는 원칙이다.
② 사업자가 기부채납한 토지 가액은 그 100분의 1 상당의 금액에 불과한 데다가, 사업자가 그 동안 그 부관에 대하여 아무런 이의를 제기하지 아니하다가 지방자치단체장이 업무착오로 기부채납한 토지에 대하여 보상협조요청서를 보내자 그 때서야 비로소 부관의 하자를 들고 나온 사정에 비추어 볼 때 부관의 하자는 중대하고 명백하여 당연무효 이다.
③ 이륜자동차로서 제2종 소형면허를 가진 사람만이 운전할 수 있는 오토바이는 제1종 대형면허나 보통면허를 가지고서 도 이를 운전할 수 없는 것이어서 이와 같은 이륜자동차의 운전은 제1종 대형면허나 보통면허와는 아무런 관련이 없 는 것이므로 이륜자동차를 음주운전한 사유만 가지고서는 제1종 대형면허나 보통면허의 취소나 정지를 할 수 없다.
④ 부당결부금지의 원칙은 공법상 계약, 보조금지급, 부관 등에 적용된다.

> **TIPS!** --
>
> ② 사업자가 기부채납한 토지 가액은 그 100분의 1 상당의 금액에 불과한 데다가, 사업자가 그 동안 그 부관에 대하여 아무런 이의를 제기하지 아니하다가 지방자치단체장이 업무착오로 기부채납한 토지에 대하여 보상협조요청서를 보내자 그 때서야 비로 소 부관의 하자를 들고 나온 사정에 비추어 볼 때 부관의 하자가 중대하고 명백하여 당연무효라고는 볼 수 없다(대판 1997. 3. 11, 96다49650).

Answer 33.④ 34.②

35 다음 중 비례원칙과 관련된 설명으로 옳지 않은 것은?

① 행정작용에 있어 목적과 수단 사이에는 합리적인 비례관계가 있어야 한다는 원리이다.

② 필요성의 원칙은 행정기관의 조치가 그 목적달성에 적합한 것이어야 한다는 것이다.

③ 비례의 원칙은 적합성의 원칙, 필요성의 원칙, 상당성의 원칙이 순서대로 적용된다. 즉, 먼저 적합성의 원칙이 충족되는지 본 후 충족되면 다음 단계인 필요성의 원칙으로 넘어간다.

④ 모든 행정작용에 적용되고, 이 원칙이 수익적 행정영역(급부행정)에 적용되면 과잉급부금지의 원칙이 된다.

> **TIPS!**
>
> ②는 적합성의 원칙에 해당한다.
>
> ※ 비례의 원칙은 다음의 3요소를 그 내용으로 한다. 이는 단계적으로 적용되는데 어느 한 가지 요소만 흠결이 있어도 당해 원칙에 위배된다.
> - **적합성의 원칙** : 행정기관의 조치·수단은 그 목적달성에 적합한 것이어야 한다.
> - **필요성의 원칙(최소 침해의 원칙)** : 목적달성을 위한 여러 수단이 존재하는 경우 침해가 가장 적은 방법을 선택해야 한다.
> - **상당성의 원칙(협의의 비례원칙)** : 위의 두 요건이 충족되는 경우에도 그것에 의해 달성되는 이익이 침해되는 불이익보다 더 커야 한다.

36 비례의 원칙(과잉금지의 원칙)에 대한 설명으로 옳지 않은 것은?

① 헌법재판소는 변호사의 개업지 제한규정은 그 선택된 수단이 목적에 적합하고 그 정도 또한 비례의 원칙이 정한 한계를 벗어나지 않는다고 하였다.

② 비례의 원칙은 재량권 행사의 한계, 부관의 한계, 취소 및 철회의 제한 등의 영역에서 인정된다.

③ 과잉금지 원칙의 내용 중 적합성의 원칙, 필요성의 원칙, 상당성의 원칙은 각각 단계적으로 적용된다.

④ 음식점영업허가의 신청이 있는 경우에 부관으로서 부담을 붙이면 공익목적을 달성할 수 있음에도 불구하고 그 허가를 거부하는 것은 필요성의 원칙의 위반이다.

> **TIPS!**
>
> ① 구 변호사법 제10조 제2항(재직기간이 통산 15년에 달하지 아니한 자는 변호사의 개업신고 전 2년 이내의 근무지에서 3년간 개업제한)은 직업선택의 자유를 제한함에 있어서 비례의 원칙에 벗어난 것이고, 합리적인 이유없이 변호사로 개업하고자 하는 공무원을 차별하고 있으며, 병역의무의 이행을 위하여 군법무관으로 복무한 후 개업하는 경우에는 병역의무의 이행으로 불이익한 처우를 받게 되어 헌법 제11조 제1항, 제15조, 제37조 제2항, 제39조 제2항에 각각 위배된다(헌재 1989. 11. 20, 89헌가102).

37 견책처분으로도 징계목적을 달성할 수 있음에도 불구하고 파면처분을 하였다면, 이러한 파면처분은 어떠한 법원칙에 반하는 것인가?

① 행정의 자기구속의 법리
② 비례의 원칙
③ 신뢰보호의 원칙
④ 평등의 원칙

TIPS!

제시된 경우는 비례의 원칙을 위반하였다. 특히 필요성의 원칙, 즉 침해의 경우에도 정도가 가장 약한 수단을 사용하여야 하는 원칙을 위반하였다고 볼 수 있다. 대법원 판례 중 심심풀이 화투놀이에 대해 3명은 견책에 처하고 1명은 파면을 택한 것을 위법하다 한 것은 평등의 원칙과 관련된 것이다.

38 다음 중 행정법의 대인적 효력에 대한 설명으로 옳지 않은 것은?

① 속지주의를 원칙으로 한다.
② 판례는 북한 주민에는 우리 행정법이 적용되지 않는다고 하였다.
③ 국가배상법은 외국인에 대해 상호주의 원칙을 규정하고 있다.
④ 일본 영주권을 취득한 우리나라 국민도 국내법이 적용된다.

TIPS!

행정법의 대인적 효력
㉠ 원칙 : 행정법규는 속지주의의 원칙에 따라 내국인, 외국인, 자연인, 법인 여하를 불문하고 그 영토 또는 구역 내에 있는 모든 자에게 적용된다. 동시에 속인주의에 의해 보충적으로 국외의 내국인에게도 적용된다.
㉡ 예외
• 국제법상 치외법권을 가진 외국 원수 또는 외교사절에는 우리나라 행정법규가 적용되지 않는다.
• 국내에 주둔하는 미합중국군대 구성원에 대하여는 한 · 미행정협정에 의하여 우리나라 법의 적용이 매우 제한되고 있다.
• 일반 외국인에 대하여는 행정법규의 일반적 적용이 원칙이나 상호주의의 원칙에 따라 적용되거나(국가배상법), 법령상 외국인에 대한 특칙을 두는 경우도 있다〈출입국관리법 제8조 내지 제11조〉.
• 판례는 북한 주민도 속지주의에 따라 우리 행정법이 적용된다고 하였고 일본영주권을 취득한 우리나라 국민도 국내법을 적용해야 한다고 한 바 있다.

Answer 37.② 38.②

39 다음 중 신뢰보호의 원칙이 적용되기 위한 요건으로 옳지 않은 것은?

① 선행조치가 있어야 한다.
② 선행조치에 반하는 행정작용이 있어야 한다.
③ 선행조치는 반드시 행정청의 명시적 의사표시에 의해야 한다.
④ 선행조치와 사인의 신뢰사이에 인과관계가 있어야 한다.

 TIPS!

③ 선행조치는 명시적·묵시적 의사표시를 모두 포함한다.

40 신뢰보호원칙의 구체적인 표현형태가 아닌 것은?

① 행정청의 확약
② 법규명령·행정규칙의 소급적 변경 금지
③ 행정절차법에 있어 이유부기제도의 도입
④ 수익적 행정행위에 있어서 직권취소의 제한

TIPS!

③ 이유부기제도는 행정의 사전구제절차로서 신뢰보호원칙과 관련이 없다.

※ 신뢰보호의 원칙
　⊙ 의의 : 행정기관의 일정한 명시적·묵시적 언동으로 인한 개인의 보호가치 있는 신뢰를 보호해야 한다는 원칙을 말한다. 영·미법상의 '금반언의 법리(Estoppel)'와 같은 의미이다.
　ⓒ 근거 : 법적 안정성의 원칙에서 도출된다고 보는 것이 다수의 견해이다. 실정법상으로는 국세기본법 제18조 제3항과 행정절차법 제4조 제2항에서 이를 명문으로 규정하고 있다.
　ⓒ 신뢰보호의 요건 : 선행조치, 보호가치, 상대방의 조치, 인과관계, 선행조치에 반하는 처분
　ⓔ 보호의 내용 : 존속보호를 원칙으로 하되 그것이 불가능할 경우 보상보호에 의한다.
　ⓜ 효과 : 이 원칙에 반하면 위법이나 다만 취소할 수 있음에 그치는 것이 원칙이고 중대·명백한 위반일 경우에만 무효로 된다.
　ⓗ 신뢰보호의 한계 : 법률적합성과 법적 안정성 중 어느 쪽에 우위를 두는가에 따라 신뢰보호의 한계가 정해진다. 법률적합성 우위설, 동위설, 이익교량설 등이 대립하고 있으나 이익교량설이 우리나라 통설·판례이다.
　ⓢ 신뢰보호의 적용례 : 위법한 수익적 행정행위의 취소 제한, 적법한 행정행위의 철회 제한, 행정계획의 변경, 행정의 확약, 실권의 법리

Answer 39.③ 40.③

41 다음 설명 중 옳지 않은 것은?

① 「행정절차법」은 신뢰보호의 원칙을 규정하고 있다.

② 실권의 법리를 신의성실의 원칙에 바탕을 둔 파생원칙으로 인정한 판례가 있다.

③ 신뢰보호의 원칙과 법률적합성 원칙이 충돌하는 경우에는 이익형량을 하여야 한다는 이익교량설이 우리나라의 통설·판례이다.

④ 대법원 판례에 의하면 신뢰보호 원칙의 요건이 되는 공적 견해표명은 처분청 자신이 하여야 하고 소속공무원이 하여서는 안 된다.

> **TIPS!**
> ① 행정절차법 제4조 제2항은 "행정청은 법령 등의 해석 또는 행정청의 관행이 일반적으로 국민들에게 받아들여진 때에는 공익 또는 제3자의 정당한 이익을 현저히 해할 우려가 있는 경우를 제외하고는 새로운 해석 또는 관행에 의하여 소급하여 불리하게 처리하여서는 아니된다."고 하여 신뢰보호 원칙을 규정하고 있다.
> ② 대법원은 실권의 법리를 신의성실의 원칙에 바탕을 둔 파생원칙으로 인정하였다(대판 1988. 4. 27, 87누915).
> ③ 대판 1997. 9. 12, 96누18380
> ④ 신뢰보호 원칙의 요건이 되는 '공적 견해표명'은 처분청 자신이 아닌 소속공무원이 한 경우도 포함된다. 즉, 대법원은 "신의성실의 원칙 내지 금반언의 원칙은 합법성을 희생하여서라도 납세자의 신뢰를 보호함이 정의·형평에 부합하는 것으로 인정되는 특별한 사정이 있는 경우에 적용되는 것으로서 납세자의 신뢰보호라는 점에 그 법리의 핵심적 요소가 있는 것이므로 위 요건의 하나인 과세관청의 공적 견해표명이 있었는지의 여부를 판단하는 데 있어 반드시 행정조직상의 형식적인 권한분장에 구애될 것은 아니고 담당자의 조직상의 지위와 임무, 당해 언동을 하게 된 구체적인 경위 및 그에 대한 납세자의 신뢰가능성에 비추어 실질에 의하여 판단하여야 한다."고 판시하였다(대판 1996. 1. 23, 95누13746).

42 부당결부금지의 원칙에 대한 다음의 설명 중 옳지 않은 것은?

① 행정목적을 달성하기 위한 수단이 다양해짐에 따라 그 수단의 선택이나 급부에 일정한 한계를 설정하려는 의도에서 구성된 이론이라 할 수 있다.

② 법치국가의 원리인 자의의 금지에서 나온 것이며 따라서 헌법적 지위를 가진다 할 것이다.

③ 행정행위의 부관인 부담의 한계, 행정상의 실효성 확보수단으로서의 공급거부와 관련하여 논의되고 있다.

④ 오토바이를 음주운전하였음을 이유로 제1종 대형면허를 취소한 처분은 부당결부금지의 원칙에 반하지 않는다.

> **TIPS!**
> ④ 판례는 이를 부당결부금지의 원칙에 위배되어 위법하다고 하였다(대판 1992. 9. 22, 91누8289).

Answer 41.④ 42.④

43 행정법의 법원(法源)에 대한 설명으로 옳지 않은 것은? (다툼이 있는 경우 판례에 의함)

① '1994년 관세 및 무역에 관한 일반협정(GATT)'이나 '정부조달에 관한 협정(AGP)'에 위반되는 조례는 그 효력이 없다.

② 영미법계 국가에서는 '선례구속의 원칙'이 엄격하게 적용되어 유사사건에서 상급심의 판결은 하급심을 구속한다.

③ 「수산업법」은 민중적 관습법인 입어권의 존재를 명문으로 인정하고 있다.

④ 판례는 국세행정상 비과세의 관행을 일종의 행정선례법으로 인정하지 아니한다.

> 🔦 **TIPS!**
> ④ 「국세기본법」 제18조 제2항의 규정은 납세자의 권리보호와 과세관청에 대한 납세자의 신뢰보호에 그 목적이 있는 것이므로, 이 사건 보세운송면허세의 부과근거였던 「지방세법 시행령」이 1973.10.1 제정되어 1977.9.20에 폐지될 때까지 4년 동안 그 면허세를 부과할 수 있는 점을 알면서도 피고가 수출확대라는 공익상 필요에서 한 건도 이를 부과한 일이 없었다면, 납세자인 원고는 그것을 믿을 수밖에 없고 그로써 비과세의 관행이 이루어졌다고 보아도 무방하다(대판 1980. 6. 10, 80누6). 비과세관행을 일종의 행정선례법으로 볼 수 있으나 착오로 인한 장기간의 과세누락은 비과세관행으로 인정하지 아니한다(대판 1985. 3. 12, 84누398).

44 다음 법리 중 신뢰보호의 원칙과 관계 없는 것은?

① 최소 침해의 원칙

② 위법한 수익적 행정행위의 취소권 제한

③ 사실상의 공무원이론

④ 적법한 수익적 행정행위의 철회권 제한

> 🔦 **TIPS!**
> ① 비례의 원칙과 관련된 내용이다.
> ③④ 신뢰보호의 원칙이 적용되면 수익적 행정행위에 대해서는 취소와 철회가 제한된다. 그러나 침익적 행정행위의 취소와 철회는 자유롭게 할 수 있다.

Answer 43.④ 44.①

45 건축행정청이 건축허가신청자에게 건축허가를 함에 있어서 건축허가신청자의 특정 부동산을 건축행정청에게 매각할 것을 건축허가의 조건으로 할 수 없는 바, 이것은 어떠한 원칙의 적용 때문인가?

① 수인성의 원칙
② 신의성실의 원칙
③ 신뢰보호의 원칙
④ 부당결부금지의 원칙

> **TIPS!**
>
> 제시된 내용은 부당결부금지의 원칙, 즉 행정작용을 행함에 있어 이와 실질적인 관련이 없는 상대방의 반대급부와 결부시켜서는 안된다는 원칙에 위반한 것이다.
>
> ※ 부당결부금지의 원칙
> ㉠ 의의 : 행정작용을 함에 있어서 그와 실체적 관련이 없는 상대방의 반대급부를 조건으로 해서는 안된다는 원칙이다(백화점 건축허가에 있어 인근 공원의 미화사업을 조건으로 하는 경우 등).
> ㉡ 근거·효과 : 헌법 제37조 제2항을 근거로 하므로 이의 위반은 위헌이나 취소사유가 됨에 그친다.
> ㉢ 적용영역 : 공법상 계약, 보조금지급, 부관 등에 적용된다. 판례는 주택사업계획승인을 하면서 이 사업과 아무 관련이 없는 토지를 기부채납하도록 하는 부관을 붙인 경우 이 부관은 위법하다고 했다. 또한 오토바이를 음주운전하였음을 이유로 제1종 대형면허를 취소한 처분은 부당결부금지의 원칙에 위배되어 위법하다고 하였다(대판 1992. 9. 22, 91누8289).

46 다음 중 신뢰보호의 원칙에 관한 설명 중 옳지 않은 것은?

① 택시운전사가 운전면허정지기간 중의 운전행위를 하다가 적발되어 형사처벌을 받았으나 행정청으로부터 아무런 행정조치가 없어 안심하고 계속 운전업무에 종사하고 있던 중 행정청이 위 위반행위가 있은 이후에 아무런 행정조치를 취하지 않은 채 방치하고 있다가 3년 여가 지난 후 이를 이유로 운전면허를 취소하는 행정처분을 하였다면 이는 행정청이 별다른 행정조치를 하지 않을 것이라고 믿은 신뢰의 이익과 그 법적 안정성을 빼앗는 것이다.

② 운전면허 취소사유에 해당하는 음주운전을 적발한 경찰관의 소속 경찰서장이 사무착오로 위반자에게 운전면허정지처분을 한 상태에서 위반자의 주소지 관할 지방경찰청장이 위반자에게 운전면허취소처분을 한 것은 선행처분에 대한 당사자의 신뢰 및 법적 안정성을 저해하는 것으로서 허용될 수 없다.

③ 자동차운수사업법 제31조 제1항 제5호 소정의 '중대한 교통사고'를 이유로 사고로부터 1년 10개월 후 사고택시에 대하여 한 운송사업면허의 취소가 재량권유탈에 해당한다.

④ 충전소 설치예정지로부터 100m 내에 있는 건물주의 동의를 모두 얻지 아니하였음에도 불구하고 이를 갖춘 양 허가 신청을 하여 그 허가를 받아낸 것으로서, 처분의 하자가 당사자의 사실은폐 내지 사위의 방법에 의한 신청행위에 기인한 것이라 할 것이어서 그 처분에 의한 이익이 위법하게 취득되었음을 알아 그 취소가능성도 능히 예상하고 있었다고 보아야 할 것이므로 수익적 행정행위인 액화석유가스 충전사업허가처분의 취소에 위법이 없다고 할 것이다.

> **TIPS!**
>
> ③ 자동차운수사업법 제31조 제1항 제5호 소정의 '중대한 교통사고'를 이유로 사고로부터 1년 10개월 후 사고택시에 대하여 한 운송사업면허의 취소가 재량권유탈에 해당하지 않는다(대판 1989. 6. 27, 88누6283).

Answer 45.④ 46.③

03 행정법상의 법률관계

section 1 공법관계와 사법(私法)관계

(1) 의의

법률관계란 법에 의하여 규율되는 관계로서 그 권리와 의무에 대하여 어떠한 법적 특성을 부여할 것인지가 문제된다. 일반적으로 행정상의 법률관계는 사법이 적용되는 사법관계와 공법이 적용되는 공법관계로 나뉘어지고 법률관계에 대한 이러한 인식의 구분이 법률관계 해결의 기초가 된다.

(2) 구별실익

공법과 사법의 구별은 그 행위의 법적성질과 원리, 구체적으로는 분쟁의 해결수단의 결정을 위해 구별실익을 갖는다. 예컨대 민사관계를 형사법원리로 해결할 수 없듯이 공법관계와 사법관계도 구별되어야 할 필요가 있다.

(3) 구별기준

공법관계와 사법관계를 구분하는 기준에 대하여 주체설, 이익설, 성질설 등이 제기되고 있으나 판례는 일반적인 기준을 설정하여 공·사법관계를 구별할 수는 없고 종합적인 관점에서 그때 그때 상황에 맞는 기준을 택하는 복수기준설의 입장이다.

판례 공유재산의 관리청이 행정재산의 사용·수익에 대한 허가는 순전히 사경제주체로서 행하는 사법상의 행위가 아니라 관리청이 공권력을 가진 우월적 지위에서 행하는 행정처분으로서 특정인에게 행정재산을 사용할 수 있는 권리를 설정하여주는 강학상 특허에 해당하므로, 공유재산의 관리청이 행정재산의 사용·수익에 대한 허가신청을 거부한 행위 역시 행정처분이다 (대판 1998. 2. 27. 97누1105)

판례 국유재산법 제31조 등 규정에 의하여 국유의 일반재산에 관한 관리처분의 권한을 위임받은 기관이 일반재산을 대부하는 행위는 국가가 사경제 주체로서 상대방과 대등한 위치에서 행하는 사법상의 계약이고, 행정청이 공권력의 주체로서 상대방의 의사 여하에 불구하고 일방적으로 행하는 행정처분이라고 볼 수 없으며, 국유의 일반재산에 관한 대부료의 납부고지 역시 사법상의 이행청구에 해당하고, 이를 행정처분이라고 할 수 없다(대판 2000. 2. 11. 99다61675).

기출 2013. 9. 7. 국회사무처

민사상의 법률관계와는 다르게 행정상의 법률관계에서만 적용될 수 있는 제도로 옳은 것을 모두 고르시오.

보기
⊙ 소멸시효
ⓛ 집행정지
ⓒ 사정재결·사정판결
ⓔ 부당이득의 법리
ⓜ 공정력·자력집행력

① ⊙ⓒⓜ   ② ⓛⓒⓜ
③ ⊙ⓔⓜ   ④ ⓛⓒⓔ
⑤ ⓒⓔⓜ

❮정답 ②

section 2 행정법관계와 종류

행정주체가 당사자가 되는 모든 법률관계를 총칭하는 것으로, 광의의 행정법관계는 행정조직법적 관계와 행정작용법적 관계를 모두 포함하나 협의의 행정법관계는 행정작용법적 관계만을 의미한다.

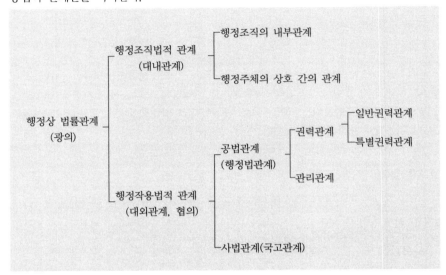

(1) 행정조직법적 관계

① 행정조직의 내부관계 … 권리주체 간의 관계가 아니라 직무권한에 관한 관계로 상하 행정청 간의 관계(권한위임, 감독 등)와 대등 행정청 간의 관계(행정청 간의 협의, 사무위탁 등)가 이에 속한다.

② 행정주체 상호 간의 관계 … 국가와 지방자치단체의 관계, 지방자치단체 상호 간의 관계를 말한다.

(2) 행정작용법적 관계

행정주체와 국민 간의 관계로서 권력관계·관리관계·국고관계로 나뉜다. 전통적으로 권력관계와 관리관계는 공법관계, 국고관계는 사법관계로 명확하게 구분하여 왔다(개괄적 구별설). 그러나 오늘날에는 관리관계와 국고관계를 본질적으로 사법관계로 파악하여 사법을 적용함을 원칙으로 하되 공익목적상 공법규정이 적용될 때에만 공법관계가 되는 것으로 본다(개별적 구별설).

① 공법관계(행정법관계)

  ㉠ 권력관계(본래적 공법관계·지배관계) : 행정주체가 공권력의 주체로서 우월적인 지위에서 국민에 대해 일방적으로 명령·강제하는 관계이다. 행정주체의 행위에 공정력·확정력·강제력 등이 인정되고 특별한 규정이 없는 한 공법규정·공법원리가 적용되며 그에 대한 불복은 항고소송에 의한다.

  ㉡ 관리관계(전래적 공법관계, 비권력관계) : 행정주체가 공물·공기업 등을 관리·경영하는 경우 그 관리주체로서 국민과 대하는 관계이다. 성질상 사인 간의 행위로서 사법이 적용됨이 원칙이나 공적 목적을 달성하기 위한 한도에서 공법의 적용을 받는다. 공정력·불가쟁력·집행력 등이 부인되며 공법상 당사자소송의 대상이 된다. 프랑스는 공법관계로, 독일은 사법관계로 파악한다.

② 사법관계(국고관계) … 행정주체가 국고의 주체(사법상 재산권의 주체)로서 국민과 대등한 지위를 가지는 관계로 사법관계이며 사법의 적용을 받는다. 국유잡종재산의 매각, 물품공급계약(조달행정), 각종공사의 도급계약. 국채·국고수표 발행, 공기업자와 이용자의 관계 등이 있다

③ 행정사법(Wolff)

  ㉠ 의의 : 공법과 사법이 혼재하는 형태로서, 공법과 사법의 형식 중 하나를 선택할 수 있는 행정작용이 사법적 형식에 의해 수행되고 있을 때 이 사법작용이 공익목적상 일정한 공법규정·원리에 의해 제한·수정을 받게 되는 것 또는 그러한 사법상태를 행정사법이라 한다. 관리작용과 동일시하는 견해도 있으나 그 독자적 의의를 인정하는 것이 통설이다.

  ㉡ 사법원리의 제한 및 수정의 내용
  • 행정주체가 사법적 형식에 의해 행정작용을 수행하더라도 그 권한의 부여는 공법규정에 근거가 있어야 한다.
  • 행정주체가 사법적 형식에 의해 공행정작용을 수행하더라도 자유권·평등원칙·비례원칙 등 헌법상 기본규정 내지 기본원리를 위반해서는 안 된다. 이는 사법으로의 도피를 막아준다.
  • 국민에게 수익을 제공하는 급부행정의 경우 공역무 앞의 평등원칙, 공역무 계속성의 원칙 등이 적용된다.
  • 적용영역 : 운수사업(국영철도 등), 공급사업(전기·수도·가스 등), 우편·전신·전화사업, 하수도처리사업 등의 급부행정과 보조금 지급 등을 수단으로 하는 경제지도행정 등에 적용된다. 다만, 경찰·조세 등의 분야에는 적용될 여지가 없다.

  ㉢ 권리구제 : 본질상 사법관계이므로 민사소송에 의하는 것이 원칙이다.

기출PLUS

기출 2015. 6. 13. 서울특별시

판례에 따를 때, 사법관계에 해당하는 것을 모두 고른 것은?

─ 보기 ─
㉠ 국유재산 무단점유자에 대한 변상금 부과처분
㉡ 국유(잡종)재산에 관한 대부료의 납부고지
㉢ 지방자치단체에 근무하는 청원경찰의 근무관계
㉣ 농지개량조합의 직원에 대한 징계처분
㉤ 구 「지방재정법 시행령」 제71조의 규정에 따라 기부채납받은 공유재산을 무상으로 기부자에게 사용을 허용하는 행위
㉥ 환매권의 행사
㉦ 서울특별시지하철공사 임직원의 근무관계

① ㉠, ㉡, ㉢, ㉥
② ㉠, ㉢, ㉤, ㉥
③ ㉡, ㉢, ㉤, ㉦
④ ㉡, ㉤, ㉥, ㉦

❮정답 ④

section 3 행정법관계와 특징

행정법관계에서는 공익목적의 실현을 위하여 행정주체에 대해 특수한 지위가 인정되므로 대등한 관계를 전제로 하는 사법관계에 비해 여러 가지 특징을 가지게 된다. 그러나 이러한 특징은 본질적인 것이 아니라 실정법에 의해 비로소 부여된 것이다.

(1) 법적합성

법치행정의 원칙상 당연한 결과로서 행정은 법에 적합해야 한다. 그러나 비권력 행정에 대하여도 이 원칙이 타당할 것인가에 대하여는 법률유보의 범위에 따라 달라진다.

(2) 공정력(예선적 효력)

행정행위에 있어 그 성립에 흠이 있는 경우에도 그 흠이 중대·명백하여 당연무효로 되는 경우를 제외하고는 일단 유효한 행위로 통용되어 권한 있는 기관 또는 일정한 쟁송수단에 의하여 취소되기 전까지는 그 효력을 부인할 수 없는 힘을 말한다.

(3) 구성요건적 효력

행정청의 행위를 다른 국가기관이 존중하여 스스로의 처분의 기초 내지 구성요건으로 삼아야 한다는 것을 말한다. 이는 효력의 근거, 효력이 미치는 범위 등에서 공정력과 구별된다.

(4) 확정력(존속력)

하자 있는 행정행위라도 일정 기간의 도과로 인해 또는 그 성질상 취소할 수 없는 경우를 말한다.

① 불가쟁력(형식적 확정력) … 하자 있는 행정행위라 할지라도 그에 대한 불복기간이 도과하거나 쟁송절차가 모두 경료된 경우에는 더 이상 그 효력을 다툴 수 없게 된다. 다만, 처분청은 직권으로 당해 행위를 취소할 수 있고 상대방은 효력을 다툴 수는 없으나 행정상 손해배상을 청구할 수는 있다. 불가쟁력은 모든 행정행위에 인정되는 절차법적 구속력이며, 국민에 대한 구속력이다.

② 불가변력(실질적 확정력) … 일정한 행정행위는 그 성질상 행정청도 이를 취소·철회하지 못하는 효력을 갖는다. 그러나 상대방 또는 제3자는 행정쟁송절차에 의해 당해 행위의 효력을 다툴 수 있다. 행정심판의 재결, 소청심사위원회·토지수용위원회의 재결, 국가시험 합격자의 결정, 당선인 결정, 발명특허 등의 확인행위들이 이에 해당한다. 준사법적 행정행위 등에만 인정되는 실체법적 구속력이며, 행정청에 대한 구속력이라 할 수 있다.

(5) 강제력(자력집행력)

상대방이 행정상의 의무를 이행하지 않는 경우 행정청은 스스로 실력을 행사하여 그 이행을 확보하거나 일정한 제재(행정형벌·행정질서벌)를 가하여 간접적으로 그 의무이행을 담보할 수 있다.

(6) 권리·의무의 특수성

개인의 권리가 공익적 사항과 관계될 경우 그 권리가 동시에 의무의 성격을 가지는 경우가 있다. 이 경우 그 이전·포기가 제한되고 특별한 보호와 강제가 과하여지는 경우가 있다.

(7) 권리구제수단의 특수성

① 행정상 손해전보 … 행정작용으로 인한 손해의 전보는 행정상 손해배상과 손실보상이 있다. 손해전보는 성질상 행정소송(당사자소송)에 의해야 할 것이나 소송실무상으로는 민사소송으로 다루어지고 있다. 손해배상을 학설은 공법관계로, 판례는 사법관계로 보고 있다.

② 행정쟁송 … 우리나라는 영·미식의 사법국가에 해당하나 행정사건의 특수성에 비추어 일정한 특칙을 두고 있다. 임의적 행정심판전치주의, 행정법원 제1심 관할주의, 단기제소기간, 집행부정지원칙, 사정판결 등이 그 예이다.

③ 행정법상 각 특징 비교

행정법의 특징	행정법관계의 특징	행정행위의 특징	행정행위의 효력
행정주체의 우월성, 공익추구성, 성문성, 다양성, 재량성, 수단성·기술성, 획일성, 강행성, 외관성, 명령성, 집단성·평등성	법적합성, 구성요건적 효력, 공정력, 확정력, 권리·의무의 특수성, 강제력, 권리구제수단의 특수성	법적합성, 공정성, 확정성, 강제성	구속력, 구성요건적 효력, 공정력, 확정력, 강제력

다음 중 행정주체에 대한 설명으로 옳지 않은 것은? (단, 다툼이 있는 경우 판례에 의함)

① 「도시 및 주거환경정비법」상 주택재건축정비사업조합은 공법인으로서 목적 범위 내에서 법령이 정하는 바에 따라 일정한 행정작용을 행하는 행정주체의 지위를 갖는다.

② 공무수탁사인은 수탁받은 공무를 수행하는 범위 내에서 행정주체이고, 「행정절차법」이나 「행정소송법」에서는 행정청이다.

③ 경찰과의 사법상 용역계약에 의해 주차위반차량을 견인하는 민간사업자는 공무수탁사인이 아니다.

④ 지방자치단체는 행정주체이지 행정권 발동의 상대방인 행정객체는 될 수 없다.

< 정답 ④

---

section 4 행정법관계의 당사자

행정법상 권리·의무의 주체를 말한다. 이는 법 효과의 궁극적 귀속자를 정하는 것으로 행정주체와 행정객체로 나누어진다.

※ 행정주체-행정청 / 행정객체-사인

(1) 행정주체

행정법관계에서 행정권을 행사하고, 그의 법적 효과가 궁극적으로 귀속되는 당사자를 말하며, 행정법관계에 있어 행정권의 담당자인 당사자를 행정주체라 한다.

※ 구별해야 할 대상 : 행정기관 → 법적효과가 귀속되지 않는 점에서 행정주체가 아니다.

예 건설교통부장관이 도로를 관리에 관한 업무를 하면 건교부장관은 행정기관으로서 실제로 행정권을 행사하게 된다. 그러나 그 법적 효과는 국가에게 귀속하게 되어 있다. 따라서 만일 건교부장관의 도로관리에 하자가 있어서 일반국민이 피해를 입은 경우 그 국민은 건교부장관이 아니라 대한민국을 상대로 국가배상을 청구해야 한다.

① **국가** … 시원적으로 행정권을 가지고 있는 행정주체이다.

② **공공단체** … 국가로부터 존립 목적을 부여 받아 행정목적을 수행하는 공법인으로서 지방자치단체와 협의의 공공단체로 구분된다.

ㄱ **지방자치단체** : 국가 영토의 일부 지역을 그 구성단위로 하여 그 지역 안의 주민을 통치하는 포괄적 자치권을 가진 공공단체이다. 지방자치단체에는 보통지방자치단체와 특별지방자치단체가 있는 바, 보통지방자치단체에는 광역자치단체(특별시·광역시·도·특별자치시·특별자치도)와 기초자치단체(시·군·자치구)가 있고 특별지방자치단체에는 지방자치단체조합이 있다.

ㄴ **공공조합**(공법상의 사단법인) : 특정한 행정목적을 위해 일정한 자격을 가진 사람으로 구성된 사단법인을 말한다. 상공회의소, 변호사회, 의사회, 약사회, 국민건강보험공단 등이 이에 해당한다.

ㄷ **영조물법인** : 일정한 행정목적 달성을 위해 설립된 인적·물적 결합체(영조물)에 공법상의 법인격을 부여한 경우를 말한다. 한국은행, 한국방송공사, 한국전력공사, 한국도로공사, 한국토지공사, 서울대학교 병원, 적십자병원, 한국과학기술원 등이 이에 속한다. 단, 국립대학·도서관·극장·박물관·의료원 등은 영조물이지만 법인격을 취득하지 않았기 때문에 행정주체가 될 수 없다.(* 서울대학교는 특별법에 의해 '법인'으로 인정된다.)

ㄹ **공법상 재단** : 국가나 지방자치단체가 출연한 재산을 관리하기 위해 설립된 재단법인을 말한다. 한국학중앙연구원, 한국학술진흥재단 등이 있다.

③ 공무수탁사인(공권이 부여된 사인)

　　㉠ 사인은 일반적으로 행정객체가 되지만, 예외적으로 국가 등 행정주체로부터 공적인 업무를 처리할 권한을 부여 받은 사인을 말하며, 특정 행정의 수행을 위해 법규상 공권력이 부여되어 자신의 명의로 공행정작용을 수행하는 사인 또는 사기업 등이 있다.

　　㉡ 종업원의 조세를 원천징수하는 사기업, 토지보상법에 따라 개인의 토지를 수용하는 사업시행자(기업자), 일정한 경찰사무 또는 호적사무를 수행하는 상선의 선장, 별정우체국장, 학위를 수여하는 사립대학장 등이 이에 해당한다.

　　㉢ 학설은 공권이 부여된 사인에 대해 공무수탁사인으로서의 행정주체성을 인정하나 판례는 일반적으로 이를 부정하는 견해에 가까웠다. 다만 최근에 이르러 판례도 공무수탁사인의 성립을 넓게 인정하는 추세이고 입법적으로도 인정되어가고 있다.

판례 조세원천징수자의 공무수탁사인성 부정 : 원천징수하는 소득세에 있어서는 납세의무자의 신고나 과세관청의 부과결정이 없이 법령이 정하는 바에 따라 그 세액이 자동적으로 확정되고, 원천징수의무자는 소득세법 제142조 및 제143조의 규정에 의하여 이와 같이 자동적으로 확정되는 세액을 수급자로부터 징수하여 과세관청에 납부하여야 할 의무를 부담하고 있으므로, 원천징수의무자가 비록 과세관청과 같은 행정청이라 하더라도 그의 원천징수행위는 법령에서 규정된 징수 및 납부의무를 이행하기 위한 것에 불과한 것이지, 공권력의 행사로서의 행정처분을 한 경우에 해당되지 아니한다(대판 89누4789). ⇒ 결국 판례의 취지는 조세원천징수자는 독립된 조세징수처분을 소속 근로자에게 행하는 것이 아니라 근로자에게서 징수된 조세를 단순히 세무관청에 납부하는 사실상의 역할만 하고 있을 뿐이라는 것으로 볼 수 있다.

(2) 행정객체

행정주체의 상대방으로서 행정권 발동의 대상이 되는 자를 행정객체라 한다. 공공단체(지방자치단체, 공공조합, 영조물법인, 공법상 재단)와 사인(내국인, 외국인, 자연인, 법인 모두 포함)은 모두 행정객체가 될 수 있으나 국가는 시원적 권리주체로서 행정객체가 될 수 없다. 행정청은 국가 등의 기관일 뿐 권리·의무의 주체가 아니므로 역시 행정객체가 될 수 없다.

① 행정주체에 의한 공권력 행사의 상대방

② 원칙적으로 사인

③ 예외적으로 공공단체

　　※ 국가가 공공단체를 감독할 권한을 가지는데, 이때 공공단체는 국가의 감독권 행사라는 행정작용의 객체가 된다.

기출PLUS

기출 2017. 4. 8. 인사혁신처

개인적 공권에 대한 설명으로 옳지 않은 것은? (다툼이 있는 경우 판례에 의함)

① 환경영향평가에 관한 자연공원법령 및 환경영향평가법령들의 취지는 환경공익을 보호하려는 데 있으므로 환경영향평가 대상지역 안의 주민들이 수인한도를 넘는 환경침해를 받지 아니하고 쾌적한 환경에서 생활할 수 있는 개별적 이익까지 보호하는 데 있다고 볼 수는 없다.

② 행정처분에 있어서 불이익처분의 상대방은 직접 개인적 이익의 침해를 받은 자로서 취소소송의 원고적격이 인정되지만 수익처분의 상대방은 그의 권리나 법률상 보호되는 이익이 침해되었다고 볼 수 없으므로 달리 특별한 사정이 없는 한 취소를 구할 이익이 없다.

③ 상수원보호구역 설정의 근거가 되는 규정은 상수원의 확보와 수질보전일 뿐이고, 그 상수원에서 급수를 받고 있는 지역주민들이 가지는 이익은 상수원의 확보와 수질보호라는 공공의 이익이 달성됨에 따라 반사적으로 얻게 되는 이익에 불과하다.

④ 개인적 공권이 성립하려면 공법상 강행법규가 국가 기타 행정주체에게 행위의무를 부과해야 한다. 과거에는 그 의무가 기속행위의 경우에만 인정되었으나, 오늘날에는 재량행위에도 인정된다고 보는 것이 일반적이다.

◁정답 ①

section 5 사인의 공권

(1) 의의

① **개념** ⋯ 사인이 행정주체에 대하여 가지는 공권을 말한다. 즉, 사인이 자기의 이익을 위해 국가 등에 대하여 일정한 행위를 요구할 수 있도록 공법상 사인에게 부여되어 있는 법적인 힘을 말한다(권리법력설).

② **발생원인** ⋯ 공권은 공법상 계약이나 관습법 또는 법률·명령·행정행위에 의하여 발생할 수 있다. 한편, 헌법상의 기본권 규정으로부터 공권이 도출될 수 있는지 여부에 관하여는 긍정설과 부정설이 대립하고 있는 바, 헌법재판소는 헌법상의 언론의 자유조항을 근거로 개인의 공문서열람청구권을 인정한 바 있다.

판례 국민의 '알 권리'의 실현은 법률의 제정이 뒤따라 이를 구체화시키는 것이 충실하고도 바람직하지만 그러한 법률이 제정되어 있지 않다고 하더라도 불가능한 것은 아니고 헌법 제21조에 의해 직접 보장될 수 있다.

(2) 성립요건

① **뷜러(O. Bühler)의 공권 성립의 3요소론**

ㄱ **강행법규의 존재** : 행정법상의 강행법규에 의하여 국가 등 행정주체에게 일정한 행위의무를 부과하는 강행법규가 존재하여야 한다. 즉, 그 법 규정에 근거한 행정청의 행위가 기속행위이어야 한다. 임의법규로서 행정주체에게 재량권이 인정되는 경우, 과거에는 상대방에게는 공권이 성립하지 않는다고 보았으나 재량권도 법령과 행정법의 일반 원리에 구속되므로 이 요건은 일반적으로 충족된다는 것이 오늘날 다수의 견해이다.

ㄴ **강행법규의 사익보호성** : 행정주체에게 일정한 행위의무를 부과하고 있는 강행법규가 사인의 이익을 보호하고자 하는 목적·취지를 가지고 있어야 이 이익을 법적으로 주장할 수 있고 비로소 권리가 된다. 다만, 당해 법규가 공익추구만을 목적으로 하는 경우에는 개인의 이익은 권리가 아닌 반사적 이익에 불과하다.

ㄷ **이익관철의사력(청구권능의 부여성)** : 법적으로 인정된 이러한 이익이 궁극적으로 소송에 의하여 관철될 수 있어야 한다. 우리 헌법은 재판을 받을 권리를 일반적으로 보장하고 있으므로 이 요건은 오늘날 독자적 의의를 상실했다(통설).

② **옐리네크(G. Jellinek)의 지위이론** ⋯ 사인의 공권을 자유권(소극적 공권), 수익권(적극적 공권), 참정권(능동적 공권)으로 분류하였다.

(3) 공권과 반사적 이익

① **반사적 이익의 의의** ⋯ 당해 법규가 개인의 이익보호를 목적으로 하는 것이 아니라, 다만 공익목적만을 위한 것이고 그 결과로 인해 반사적 효과로서 개인이 이익을 얻는 경우 이를 반사적 이익이라 한다.

📌POINT 반사적 이익의 예

　　ⓐ (경찰)허가를 통하여 누리는 사실상의 독점적 이익

　　ⓑ 제3자에 대한 법적 규제로부터 얻는 이익

　　ⓒ 공물이 보통사용(일반사용, 자유사용)을 통해 누리는 이익(근래에는 공권으로 보는 것이 다수설)

② **공권과 반사적 이익의 구별 실익** … 반사적 이익의 관념은 행정쟁송에 있어서 원고적격의 인정문제와 관련하여 중요한 의미가 있다. 우리나라 행정소송법 제12조는 "취소소송은 처분 등의 취소를 구한 법률상의 이익이 있는 자가 제기할 수 있다."라고 규정하고 있다. 여기서 '법률상의 이익'이란 법적으로 보호되는 이익, 즉 공권을 말하는 것으로서 당해 관련법의 취지가 공익뿐만 아니라 개인의 이익도 보호하고자 하는 것이면 법률상의 이익, 즉 공권이 성립하여 원고적격을 가지나 그렇지 아니하면 반사적 이익으로서 행정쟁송수단을 통하여 구제받을 수 없다.

③ **보호이익과의 구별 실익** … 보호이익은 권리는 아니지만 그렇다고 반사적 이익으로도 볼 수 없는 이익으로서 행정쟁송을 통하여 구제되어야 할 이익이라고 정의되는 바, 공권이 행정법규가 보호하는 이익이 직접 개개 국민을 위한 것인 데에 반하여 보호이익은 행정법규가 공익과 사익보호를 아울러 규정한 경우에 당해 제3자 보호규범을 매개로 성립하는 점에서 양자는 구별된다.

④ **공권의 확대경향(반사적 이익의 공권화)** … 개인이 받는 이익이 공권인지 여부의 판단은 뷜러의 이론에 따라 당해 법규의 강행법규성과 사익보호성을 기준으로 결정한다. 오늘날에는 이 중 사익보호성을 넓게 인정하여 공권을 확대하고자 하는 경향이 두드러지게 나타나고 있다. 또한 무하자재량행사청구권, 행정개입청구권, 각종 정보공개권 등 새로운 공권을 인정하여 원고적격을 넓히고 있다.

⑤ **판례**

　ⓐ **인근주민의 원고적격을 인정한 경우**

　　• 연탄공장건축허가취소소송(대판 1975. 5. 13, 73누96)

　　• LPG충전소설치허가취소소송(대판 1983. 7. 12, 83누59)

　　• 도시계획결정처분취소소송(대판 1995. 9. 26, 94누14544)

　　• 전원개발사업실시계획승인처분취소소송(대판 1998. 9. 22, 97누19571)

　ⓑ **경업자의 원고적격을 인정한 경우**

　　• 선박운항사업면허취소소송(대판 1969. 12. 30, 69누106)

　　• 자동차운송사업의 노선연장허가취소소송(대판 1975. 7. 22, 73누173)

　　• 시외버스정류장설치허가취소소송(대판 1975. 7. 22, 75누12)

　　• 광구의 증구허가취소소송(대판 1982. 7. 22, 81누271)

　　• 1약종상영업소이전허가취소소송(대판 1988. 6. 14, 87누873)

　　• 화물자동차증차인가취소소송(대판 1992. 7. 10, 91누9107)

　　• 하천부지점용허가취소소송(대판 1993. 10. 8, 93누5017)

기출PLUS

기출 2015. 4. 18. 인사혁신처

개인적 공권에 대한 설명으로 옳은 것은? (다툼이 있는 경우 판례에 의함)

① 규제권한발동에 관해 행정청의 재량을 인정하는 「건축법」의 규정은 소정의 사유가 있는 경우 행정청에 건축물의 철거 등을 명할 수 있는 권한을 부여한 것일 뿐만 아니라, 행정청에 그러한 의무가 있음을 규정한 것이다.

② 공무원의 직무행위로 인한 국가배상책임이 인정되려면 공무원에게 부과된 직무상 의무의 내용이 단순히 공공 일반의 이익을 위한 것이거나 행정기관 내부의 질서를 규율하기 위한 것이 아니고 전적으로 또는 부수적으로 사회구성원 개인의 안전과 이익을 보호하기 위하여 설정된 것이어야 한다.

③ 다수의 검사 임용신청자 중 일부만을 검사로 임용하는 결정을 함에 있어, 임용신청자들에게 전형의 결과인 임용 여부의 응답을 할 것인지는 임용권자의 편의재량사항이다.

④ 일반적인 개인적 공권의 성립요건인 사익보호성은 무하자재량행사청구권이나 행정개입청구권에는 적용되지 않는다.

◀정답 ②

기출PLUS

기출 2015. 4. 18. 인사혁신처

취소소송의 원고적격 및 협의의 소익에 대한 설명으로 옳지 않은 것은? (다툼이 있는 경우 판례에 의함)

① 허가를 받은 경업자에게는 원고적격이 인정되나, 특허사업의 경업자는 특별한 사정이 없는 한 원고적격이 부인된다.

② 원천납세의무자는 원천징수의무자에 대한 납세고지를 다툴 수 있는 원고적격이 없다.

③ 사법시험 제2차 시험 불합격처분 이후 새로 실시된 제2차 및 제3차 시험에 합격한 자는 불합격처분의 취소를 구할 협의의 소익이 없다.

④ 고등학교졸업학력검정고시에 합격하였다 하더라도, 고등학교에서 퇴학처분을 받은 자는 퇴학처분의 취소를 구할 협의의 소익이 있다.

ⓒ 원고적격을 부정한 경우

- 판례는 공물의 일반 사용(도로의 통행, 공원의 산책, 하천에서의 수영 등)을 반사적 이익으로 보고 있다.
- 공중목욕탕영업허가는 특허가 아닌 허가이고 신규영업허가에 대한 기존업자의 이익은 반사적 이익이다.
- 의사의 진료의무를 규정한 의료법으로 인해 환자가 받는 이익은 반사적 이익이므로 의사가 진료를 거부해도 이는 처벌대상이 될 뿐 환자는 진료를 요구할 수 없다.
- 약사의 한약제조권 인정에 대한 한의사의 이익은 반사적 이익이다.

(4) 사인의 공권의 종류

① **자유권** … 소극적으로 행정작용에 의한 침해를 저지하는 권리이다. 헌법상 자유권적 기본권이 이에 해당한다.

② **참정권** … 선거권, 국민투표권, 공무담임권 등이 이에 속한다.

③ **수익권** … 적극적으로 작위·급부를 청구할 수 있는 권리를 말한다. 현행 헌법상 청원권, 재판을 받을 권리, 형사보상청구권, 국가배상청구권, 손실보상청구권, 교육을 받을 권리, 근로의 권리, 인간다운 생활권, 보건에 관한 권리, 환경권 등이 이에 해당한다.

(5) 사인의 공권의 특수성

① 이전성 금지·제한

ⓐ 사인의 공권은 일신전속적인 권리로 원칙상 양도·상속·압류 등이 금지 또는 제한된다.

- 생명·신체의 침해로 인한 국가배상을 받을 권리는 이를 양도하거나 압류하지 못한다〈국가배상법 제4조〉.
- 수급자는 급여를 받을 권리를 타인에게 양도할 수 없다〈국민기초생활 보장법 제36조〉.
- 급여를 받을 권리는 이를 양도, 압류하거나 담보에 제공할 수 없다. 다만 연금인 급여를 받을 권리는 이를 대통령령이 정하는 금융기관에 담보로 제공할 수 있고, 「국세징수법」·「지방세기본법」·기타 법률에 의한 체납처분의 대상으로 할 수 있다〈공무원연금법 제39조〉.
- 임금·퇴직금 등 급여는 그 총액의 2분의 1을 초과하여 압류할 수 없다〈국세징수법 제42조〉.

ⓑ 선거권은 이전이 허용되지 않는다.
  ※ 권리의 불행사와 구별 : 투표행사의 자유, 제소의 자유

ⓒ 재산상 침해로 인한 국가배상청구권과 손실보상청구권 등 재산적 가치를 지닌 공권은 이전이 가능하다.
  ※ 채권적·경제적 성질의 공권 : 손실보상청구권, 하천의 사석채취권

◀정답 ①

② **포기성 금지·제한** … 사인의 공권은 권리인 동시에 의무의 성질을 가지므로 임의로 포기할 수 없음이 원칙이다. 선거권, 소권, 공무원연금청구권 등이 이에 해당한다. 다만, 경제적 가치를 지닌 공권은 포기할 수 있다. 또한 권리의 포기가 아닌 불행사는 가능하다(선거에 있어 기권 등).

> **판례** 주거이전비 등 : 공익사업을 위한 토지 등의 취득 및 보상에 관한 법률 시행규칙(이하 '공익사업법 시행규칙'이라 한다) 제54조 제2항에 규정된 주거이전비 지급요건에 해당하는 세입자인 경우, 임시수용시설인 임대아파트에 거주하게 하는 것과 별도로 주거이전비를 지급할 의무가 있고, 甲이 임대아파트에 입주하면서 주거이전비를 포기하는 취지의 포기각서를 제출하였다 하더라도, 포기각서의 내용은 강행규정인 공익사업법 시행규칙 제54조 제2항에 위배되어 무효라고 한 사례(대판 2011.7.14, 2011두3685).

> **판례** 행정소송에 있어서 소권 포기의 가부 : 행정소송에 있어 소권은 개인이 국가에 대한 공권이므로 당사자의 합의로써 이를 포기할 수 없다(대판 1995.9.15, 94누4455).

③ **대행성 금지·제한** … 사인의 공권은 일신전속적 성질로 인해 대행 또는 대리가 금지된다. 선거권의 대행금지가 이에 속한다.

④ **보호의 특수성** … 법원에 제소하여 그 구제를 청구할 경우 행정소송법이 정하는 바에 따라 특례가 인정된다.

(6) 무하자재량행사청구권

① **의의** … 개인이 행정청에 대하여 하자 없는, 즉 적법한 재량처분을 구하는 적극적 공권을 말한다. 이는 재량행위에만 인정되는 것으로 행정청이 재량권의 한계를 준수하면서 처분을 할 것을 구할 수 있는 절차적 권리일 뿐 특정 처분을 행할 것을 요구할 수 있는 실체적 권리는 아니다. 독일에서 이론적으로 주장되어 우리나라에서도 널리 인정되고 있는, 새로이 등장한 개인적공권이다. 1914년 뷜러(O. Büler)에 의해 전개되고 바호프(O. Bachof)에 의해 체계화되었다.

② **존재의 실익** … 재량행위로 인해 얻는 이익은 모두 반사적 이익으로서 원고적격이 인정되지 않는다. 그러나 무하자재량행사청구권으로 인해 재량행위에서도 원고적격을 인정할 수 있게 된다.

③ **성립요건** … 행정청에 재량권의 한계를 준수할 법적 의무가 있어야 하고 관계법규의 목적·취지가 공익 외에 개인의 이익도 보호하고 있어야 한다. 오늘날에는 대부분의 행정법규들이 공익뿐만 아니라 개인의 이익도 보호하고 있는 것으로 널리 인정되고 있다.

④ **내용** … 행정청이 재량을 가지고 있는 경우에 당해 재량의 하자를 범하지 말 것을 청구할 수 있는 권리에 그친다. 따라서 하자 없이 재량을 행사하는 한 어떤 결정을 내리더라도 이 권리를 침해하는 것이 아니다. 다만, 예외적으로 재량권이 영(0)으로 수축됨으로써 오직 하나의 처분만이 적법한 재량권 행사로 인정되는 경우에는 이 권리는 행정개입청구권으로 전환될 수 있다.

기출 2009. 4. 11. 행정안전부

개인적 공권에 관한 설명으로 옳지 않은 것은?

① 개인적 공권은 공익적 성질을 가지므로 임의로 포기할 수 없는 것이 원칙이다.

② 개인적 공권은 일반적으로 일신전속적 성질을 가지므로 대행이나 위임이 제한되는 경우가 많다.

③ 무하자재량행사청구권은 기속규범에서는 인정되지 않고 재량규범에서 인정된다.

④ 무하자재량행사청구권은 위법한 처분의 배제를 구하는 실체적 권리이다.

기출 2007. 4. 29. 경상북도

다음 설명 중 옳지 않은 것은?

① 무하자재량청구권은 행정기관이 선택재량을 가지는 경우뿐만 아니라 결정재량만을 가지는 경우에도 인정된다.

② 행정개입청구권은 특정한 내용의 처분을 하여 줄 것을 청구하는 권리가 아니고 재량권을 흠없이 행사하여 처분하여 줄 것을 청구하는 권리인 점에서 형식적 권리라고 할 수 있다.

③ 행정개입청구권의 보장을 위한 가장 적절한 소송수단은 의무이행소송이나 현행법상 인정되지 않는다.

④ 재량행위의 경우에는 무하자재량행사청구권이 인정되고 행정개입청구권은 원칙상 인정되지 않지만 재량권이 영으로 수축하는 경우에는 무하자재량행사청구권이 행정개입청구권으로 전환되어 행정개입청구권이 인정된다.

〈정답 ④, ②

⑤ **쟁송수단** … 무하자재량행사청구가 거부될 경우 이 거부처분에 대해 의무이행심판·취소심판·취소소송 등을 제기할 수 있다.

판례 검사의 임용에 있어서 임용권자가 임용여부에 관하여 어떠한 내용의 응답을 할 것인지는 임용권자의 자유재량에 속하므로 일단 임용거부라는 응답을 한 이상 설사 그 응답내용이 부당하다고 하여도 사법심사의 대상으로 삼을 수 없는 것이 원칙이나, 적어도 재량권의 한계 일탈이나 남용이 없는 위법하지 않은 응답을 할 의무가 임용권자에게 있고 이에 대응하여 임용신청자로서도 재량권의 한계 일탈이나 남용이 없는 적법한 응답을 요구할 권리가 있다고 할 것이며, 이러한 응답신청권에 기하여 재량권 남용의 위법한 거부처분에 대하여는 항고소송으로서 그 취소를 구할 수 있다고 보아야 하므로 임용신청자가 임용거부처분이 재량권을 남용한 위법한 처분이라고 주장하면서 그 취소를 구하는 경우에는 법원은 재량권남용 여부를 심리하여 본안에 관한 판단으로서 청구의 인용 여부를 가려야 한다(대판 1991. 2. 12. 90누5825).

(7) 행정개입청구권(공권력발동청구권)

① **의의** … 기속행위와 재량권이 영(0)으로 수축되는 재량행위의 경우 사인이 행정청에 대해 자기 또는 타인에게 행정권을 발동해 줄 것을 청구할 수 있는 적극적 권리를 말한다. 이는 행정편의주의를 극복한 것으로서 과거에는 행정청의 개입으로 얻는 이익을 반사적 이익으로 보았으나 이 권리를 통해 공권화되었다. 행정개입청구권은 독일에서 처음 인정되었고 우리나라에서도 학설에 의해 인정받고 있다.

POINT 재량권의 영(0)으로의 수축이론: 행정청에 재량권이 있더라도 개인의 생명·신체·재산은 물론 공공의 안녕·질서에 대한 위험이 급박한 경우에는 재량권이 영으로 수축되어 오직 행정권의 발동만이 유일한 적법행위가 된다는 이론이다.

② **성립요건** … 법규에 의해 구체적인 행정권발동의무가 부과되어 있어야 한다. 다만, 발동의무가 부과되어 있더라도 위해성이 수인의 한계를 넘을 경우에만 행정권이 개입해야 하고 또 위해가 발생하였더라도 당사자가 스스로 제거하지 못하는 경우에만 개입해야 한다. 이 외에 당해 법규가 개인의 이익도 보호하고 있어야 한다.

③ **내용** … 기속행위에 대해서는 당연히 이 청구권이 인정된다. 재량행위의 경우에 있어서도 재량권이 영으로 수축되는 예외적인 경우에는 인정된다. 다만, 이 경우에도 결정재량만이 영으로 수축될 뿐 행정청의 선택재량은 여전히 존재한다. 따라서 행정권은 반드시 개입해야 하나 그 수단의 선택에 있어서는 여전히 행정청이 재량권을 가진다.

④ **적용범위** … 행정개입청구권은 초기에는 경찰행정에서 논의되었으나 오늘날에는 급부행정 등 모든 행정영역에서 인정되고 있다.

⑤ **쟁송수단** … 의무이행소송이 가장 실효적이나 우리나라에서 이 소송형태는 인정되지 않으므로 의무이행심판과 부작위위법확인소송에 의해야 한다. 그리고 행정기관의 개입의무가 발생하였음에도 개입하지 않아 손해가 발생한 경우에는 손해배상을 청구할 수 있다(통설·판례).

판례 [1] 경찰관직무집행법 제5조는 경찰관은 인명 또는 신체에 위해를 미치거나 재산에 중대한 손해를 끼칠 우려가 있는 위험한 사태가 있을 때에는 그 각 호의 조치를 취할 수 있다고 규정하여 형식상 경찰관에게 재량에 의한 직무수행권한을 부여한 것처럼 되어 있으나, 경찰관에게 그러한 권한을 부여한 취지와 목적에 비추어 볼 때 구체적인 사정에 따라 경찰관이 그 권한을 행사하여 필요한 조치를 취하지 아니하는 것이 현저하게 불합리하다고 인정되는 경우에는 그러한 권한의 불행사는 직무상의 의무를 위반한 것이 되어 위법하게 된다. [2] 경찰관이 농민들의 시위를 진압하고 시위과정에 도로 상에 방치된 트랙터 1대에 대하여 이를 도로 밖으로 옮기거나 후방에 안전표지판을 설치하는 것과 같은 위험발생방지조치를 취하지 아니한 채 그대로 방치하고 철수하여 버린 결과, 야간에 그 도로를 진행하던 운전자가 위 방치된 트랙터를 피하려다가 다른 트랙터에 부딪혀 상해를 입은 사안에서 국가배상책임을 인정한 사례(대판 1998. 8. 25. 98다16890).

section 6 특별행정법관계(특별권력관계)

(1) 의의

특별행정법관계(특별권력관계, 특별신분관계)란 행정주체와 국민 간의 일반권력관계와 달리 특별한 공법상 원인에 기하여 성립되며 일정한 행정목적에 필요한 한도 내에서 그 특별권력주체에게 포괄적 지배권이 인정되는 법률관계를 말한다.

> **POINT** 행정법관계 = 일반권력관계 + 특별권력관계
> 특별권력관계를 알기 쉽게 풀이하면 국가내부의 영역에 속하는 사람은 국가영역의 외부에 속하는 일반시민과는 달리 특별한 법적 복종을 받는다는 것이다. 즉, 공무원과 수형자, 군인, 국립학교 학생 등은 국가의 영역에 자의에 의하든 강제에 의하든 편입된 사람이며 따라서 일반국민이 누리는 권리는 자제를 받고 국가목적의 달성을 위하여 의무가 강화된 국가의 공복이 된다는 사고이다.

(2) 인정 여부에 관한 학설

① 긍정설
　⊙ **절대적 구별설** : 일반권력관계와 특별권력관계는 본질적으로 다르므로 법치주의가 전면배제된다고 한다.
　ⓛ **상대적 구별설** : 양자는 본질적으로 다르지 않으므로 특별권력관계에도 법치주의가 적용됨이 원칙이다. 그러나 특별권력관계 내의 특수성을 인정하여 법치주의의 적용이 제한될 수 있다.

② 부정설
　⊙ **일반적·형식적 부정설** : 특별권력관계의 관념을 전면적으로 부정한다. 따라서 법치주의가 전면적으로 적용된다고 한다.

기출PLUS

기출 2007. 4. 29. 경상북도

다음 중에서 특별권력관계에 대한 설명으로 옳은 것은?

① 특별권력관계의 행정주체에는 명령권, 징계권, 경찰권, 과세권을 그 내용으로 하는 포괄적 지배권과 징계권의 특별권력이 인정된다.

② 특별권력관계이론은 19세기 후반 독일에서 성립된 독일법에 특유한 이론으로 프랑스법에는 특별권력관계이론이 존재하지 않는다고 하였다.

③ Bachof는 특별권력관계 내에서 취해진 행위 중 기본관계에서의 행위는 사법심사의 대상이 되지만 경영수행관계에서의 행위는 사법심사의 대상이 되지 않는다고 하였다.

④ 학설과 판례는 특별권력관계에 대하여는 법률의 유보 및 사법심사가 완전히 배제된다는 입장을 취한다.

〈정답 ②

기출PLUS

기출 2006. 3. 19. 대구광역시

다음 중 공법상 특별권력관계에 해당하지 않는 것은?

① 교도소와 수형자의 재소관계
② 지방자치단체와 지방세납세의무자의 관계
③ 농지개량조합과 그 조합원의 관계
④ 공사인 지방의료원과 전염병환자의 관계

＜정답 ②

ⓛ **개별적 · 실질적 부정설** : 각각의 관계를 하나하나 분리하여 개별적 · 구체적으로 검토하는 이론이다. 독일의 재소자 판결에서 인정된 이론으로 동판결에서는 교도소의 재소관계를 일반권력관계로 보았다. 이 이론에 따르면 공무원신분관계, 군복무관계, 교도소 수용관계 등은 일반권력관계로, 국 · 공립학교재학관계는 계약관계로 파악된다.

③ **수정이론**

㉠ **울레(C.H. Ule)의 기본관계 · 경영관계 구분론** : 울레는 특별권력관계를 기본관계와 경영수행관계로 구분하여 이 중 기본관계만을 사법심사의 대상으로 해야 한다고 한다. 기본관계란 특별권력관계 자체의 성립 · 변경 · 소멸 또는 관계구성원의 법적 지위에 본질적으로 중요한 법률관계를 말한다(공무원의 임면 · 전직, 군인의 입대 · 제대, 국 · 공립학교 학생의 입학 · 제적 · 정학, 수형자의 형의 집행 등). 경영수행관계란 관계구성원이 특별권력관계 내부에서 가지는 직무관계 또는 영조물 이용에 관련된 경영수행적 관계를 말한다(공무원에 대한 직무명령, 군인의 훈련, 학생의 수업 · 학점, 수형자에 대한 행형 등).

㉡ **에릭슨의 제한적 특별권력관계론** : 에릭슨의 주장으로 제한적 긍정설과 유사하다.

(3) 종류

① **공법상 근무관계** … 국가나 지방자치단체에 대하여 포괄적인 근무의무를 지는 관계로 민사상 고용관계, 공법상의 위임관계와 구별된다. 상대방의 동의에 의하여 성립하는 경우(공무원 근무관계), 법률에 근거하여 국가의 일방적 의사로 성립하는 경우(군복무 관계) 등이 있다.

② **공법상 영조물 이용관계** … 교도소 재소관계, 국 · 공립대학 재학관계, 국 · 공립병원 입원관계 등이 해당된다.

③ **공법상 특별감독관계** … 국가사무를 위임받은 지방자치단체, 행정사무 수임자(별정우체국장 등), 행정목적을 위해 설립된 공공조합, 특허기업자 등이 국가의 특별한 감독을 받는 관계를 말한다.

④ **공법상 사단관계** … 공공조합과 그 조합원(의사회와 의사, 변호사회와 변호사 등)의 관계가 해당한다. 경제적 급부를 내용으로 하는 시영식당, 시영버스, 국영철도이용관계는 사법관계이다.

(4) 특별권력의 내용

① **명령권** … 특별권력주체는 목적달성에 필요한 범위 내에서 그 구성원에게 명령을 내릴 수 있다. 그 발동형식은 일반 · 추상적인 행정규칙(훈령 · 복무규정 · 영조물규칙 등) 또는 개별 · 구체적인 지시(직무명령 · 시정명령 등)의 형식에 의한다.

② **징계권(강제권)** … 특별행정법관계의 내부질서를 유지하기 위해 질서문란자에 대하여 징계벌을 과할 수 있다. 단, 조리상 상당하다고 인정되는 범위 내에서만 발동 가능하며 특별권력관계로부터의 배제와 신분상 이익의 박탈을 최고한도로 하여야 한다.

(5) 특별권력의 한계

① 특별권력의 발동은 그 설립 목적을 달성하기 위해 필요한 범위 내에서 행사되어야 함은 당연하다.

② 특별행정법관계 내에서의 기본권 제한은 법률에 근거 없이는 불가능하다.

(6) 현대 특별권력관계 이론

오늘날에 이르러서는 사법체계와 공법체계를 따르지 않는 기존의 특별권력관계가 유효하지 않다는 것이 통설 및 판례이다. 다만 공무원, 군경, 재소관계에서는 법률관계의 특수성에 따라 제한적으로 인정될 수 있을 뿐이다. 따라서 오늘날 특별권력관계의 논의는 사법심사의 허용가능성을 넘어 사법심사의 정도에 관하여 논의의 실익이 있다.

> **판례** 경찰공무원을 비롯한 공무원의 근무관계인 이른바 특별권력관계에 있어서도 일반행정법관계에 있어서와 마찬가지로 행정청의 위법한 처분 또는 공권력의 행사·불행사 등으로 인하여 권리 또는 법적 이익을 침해당한 자는 행정소송 등에 의하여 그 위법한 처분 등의 취소를 구할 수 있다고 보아야 할 것이다(헌재 1995. 12. 28. 92헌마247).

① **원칙적인 법치주의(법률유보의 원칙)의 전면 적용** … 법치주의가 완성된 현대국가에서 특별권력관계도 법치주의가 전면적으로 적용된다. 다만, 부분사회의 자율성을 존중하기 위해 본질적 내용을 침해하지 않는 한도 내에서 어느 정도 개괄조항에 의한 수권도 가능하다.

② **기본권 제한** … 특별권력관계 내에서도 그 구성원의 기본권 제한에는 법률의 근거가 필요하다. 국가공무원법상 근로 3권의 제한 등이 이에 해당한다. 그러나 법률의 근거에 의해 기본권을 제한하더라도 양심의 자유·종교의 자유·학문과 예술의 자유 등 절대적 자유권은 제한할 수 없다.

③ **사법심사** … 특별권력관계에도 사법심사가 미치는 것이 원칙이다. 판례는 서울교육대학사건에서 퇴학처분을 행정처분이라 했고(대판 1991. 11. 22, 91누2144), 공무원의 전보발령도 처분에 해당한다고 하였다. 그러나 특별권력관계의 특수성·전문성으로 인해 사법심사가 제한되는 경우도 있다.

> **판례** **퇴학처분의 행정처분성 인정** : 서울교육대학의 학장(피고)이 동 대학의 교육목적 실현과 학교의 내부질서 유지를 위해 학칙위반자인 동 대학의 재학생인 원고에 대한 구체적 법 집행으로서 국가공권력의 하나인 징계권을 발동하여 원고의 학생으로서의 신분을 일방적으로 박탈하는 국가의 교육행정에 관한 의사를 외부에 표시하는 것이므로 이는 행정처분임이 명백하다(대판 1991. 11. 22, 91누2144).

> **판례** **유치장 내 화장실 설치 및 관리행위 위헌확인** : 차폐시설이 불충분하여 사용과정에서 신체부위가 다른 유치인들 및 경찰관들에게 관찰될 수 있고 냄새가 유출되는 유치실 내 화장실을 사용하도록 강제한 피청구인의 행위가 인간의 존엄성과 가치를 규정한 헌법 제10조에 반한다(헌재 2001. 7. 19, 2000헌마546).

1 다음 중 공법과 사법을 구별하는 실익으로 옳지 않은 것은?

① 적용할 법규와 법 원칙이 다르므로

② 소송절차가 다르므로

③ 강제력, 자력집행력 등에 차이가 있으므로

④ 공익과 사익을 구별해야 하므로

> **TIPS!**
>
> ④ 공익과 사익을 구별해야 할 이유는 없다.
> ①② 공법과 사법의 구별 필요성은 구체적 법률관계에 적용할 법규와 법원칙 및 재판 관할을 결정하기 위해서 필요하다.
> ③ 공법관계에는 공정력·확정력·자력집행력 등이 인정될 수 있으므로 양자의 구별실익이 있다.

2 행정행위의 성립요건과 효력요건에 대한 설명으로 옳지 않은 것은? (다툼이 있는 경우 판례에 의함)

① 행정청의 권한은 지역적 한계가 있으므로 행정청이 자신의 권한이 미치는 지역적 한계를 벗어나 발하는 행정행위는 위법하게 된다.

② 행정청이 처분을 할 때에는 다른 법령 등에 특별한 규정이 있는 경우를 제외하고는 문서로 하여야 하며, 전자문서로 하는 경우에는 당사자 등의 동의가 있어야 한다. 다만, 신속히 처리할 필요가 있거나 사안이 경미한 경우에는 말 또는 그 밖의 방법으로 할 수 있다.

③ 면허관청이 운전면허정지처분을 하면서 통지서에 의하여 면허정지사실을 통지하지 아니하거나 처분집행예정일 7일 전까지 이를 발송하지 아니한 경우에는 절차와 형식을 갖추지 아니한 조치로서 효력이 없으나, 면허관청이 임의로 출석한 상대방의 편의를 위하여 구두로 면허정지사실을 알렸다면 운전면허정지처분의 효력이 인정된다.

④ 납세고지서의 교부송달 및 우편송달에 있어서 반드시 납세의무자 또는 그와 일정한 관계에 있는 사람의 현실적인 수령행위를 전제로 하고 있다고 보아야 하며, 납세자가 과세처분의 내용을 이미 알고 있는 경우에도 납세고지서의 송달이 불필요하다고 할 수 없다.

> **TIPS!**
>
> ③ 면허관청이 운전면허정지처분을 하면서 별지 52호 서식의 통지서에 의하여 면허정지사실을 통지하지 아니하거나 처분집행예정일 7일 전까지 이를 발송하지 아니한 경우에는 특별한 사정이 없는 한 위 관계 법령이 요구하는 절차·형식을 갖추지 아니한 조치로서 그 효력이 없고, 이와 같은 법리는 면허관청이 임의로 출석한 상대방의 편의를 위하여 구두로 면허정지사실을 알렸다고 하더라도 마찬가지이다(대판 1996. 6. 14, 95누17823).

Answer 1.④ 2.③

3 다음 중 판례에 관한 설명으로 타당하지 않은 것은?

① 자동차운수사업의 노선제한으로 기존업자가 얻는 이익은 권리에 해당하므로 이의 침해는 행정소송으로 권리구제가 가능하다.

② 주유소거리제한을 정하는 고시는 그 법적 성질이 행정규칙이 아니라 법규명령이므로 거리제한 이내의 지역으로 이전하려는 업자에 대한 허가거부는 정당하다.

③ 한의사의 한약조제이익은 법규의 규정에 따른 법률상의 이익이므로 다른 사람에 대한 한약조제권의 허용은 한의사의 권리를 침해하게 된다.

④ 환지예정지의 지정은 공권적 행위로서 행정쟁송의 대상인 행정처분으로서의 성질을 가진다.

> **TIPS!**
> ③ 한의사의 한약조제이익은 반사적 이익이다.
> ① 판례는 자동차운수사업의 노선제한으로 얻는 이익은 권리라 하였다.
> ② 주유소의 거리제한규정은 비록 고시의 형식에 의한다 하더라도 이는 법규적 성질을 가지므로 1km로 제한하는 구역 이내로 이전하려는 기존업자에게 허가를 거부한 것은 정당하다.
> ④ 대판 1962. 5. 17, 62누10

4 다음 중 공법관계와 사법관계에 관련한 설명 중 옳지 않은 것은?

① 일반 공무원 근무관계는 동의를 요하는 행정행위로 공법관계이다.

② 공중보건의, 서울시립무용단 채용은 공법상 계약으로 공법관계이다.

③ 창덕궁, 비원의 안내원 채용은 공법상 계약이다.

④ 수도공급관계는 공법관계이다.

> **TIPS!**
> ③ 창덕궁, 비원의 안내원 채용은 사법상 계약이다.

Answer 3.③ 4.③

5 다음 중 공법과 사법 간의 관계에 관한 설명으로 옳지 않은 것은?

① 공법과 사법의 구별은 상대적인 것으로서 상호 연관되어 법률관계를 형성한다.

② 공법행위에 의해 사법적 효과가 발생하는 경우도 있다.

③ 공법의 영역에서는 사법원리나 사법규정이 적용될 여지가 없다.

④ 공법과 사법이 혼재된 법상태를 행정사법이라 한다.

> 💡**TIPS!**
> ② 예로는 어업면허(특허)에 의한 어업권(사권) 취득, 광업면허(특허)에 의한 광업권(사권) 취득 등이 있다.
> ③ 공법의 규정에 흠결이 있을 때에는 사법규정이나 사법원리가 준용될 수 있다.

6 다음 중 행정법 관계의 특징으로 옳지 않은 것은?

① 비권력 행정에 대하여 법 적합성이 타당할 것인가에 대하여는 법률유보의 범위에 따라 달라진다.

② 행정행위에 있어 그 성립에 흠이 있는 경우 그 흠이 중대·명백하여 당연무효로 되는 경우를 포함하여 일단 유효한 행위로 통용되어 권한 있는 기관 또는 일정한 쟁송수단에 의하여 취소되기 전까지는 그 효력을 부인할 수 없는 힘을 공정력이라고 한다.

③ 하자 있는 행정행위라도 일정 기간의 도과로 인해 또는 그 성질상 취소할 수 없는 경우를 확정력이라고 한다.

④ 행정주체는 권력관계에 있어서 타인의 힘을 빌리지 않고 스스로의 힘에 의해 자기의사를 실현할 수 있다.

> 💡**TIPS!**
> ② 행정행위에 있어 그 성립에 흠이 있는 경우 그 흠이 중대·명백하여 당연무효로 되는 경우를 제외하고는 일단 유효한 행위로 통용되어 권한있는 기관 또는 일정한 쟁송수단에 의하여 취소되기 전까지는 그 효력을 부인할 수 없는 힘을 공정력이라고 한다.

7 다음 중 공법관계에 해당하는 것은?

① 국가에 의한 주식매입

② 국고수표의 발행

③ 공유수면매립면허

④ 정부계약

> 💡**TIPS!**
> ③ 공유수면매립면허는 학문상 특허에 해당한다.

Answer 5.③ 6.② 7.③

8 다음 중 공법관계가 아닌 것은?

① 사립대학의 학위수여행위
② 국유재산매각관계
③ 시립도서관 이용관계
④ 회사의 조세원천징수관계

> **TIPS!**
> ② 국유재산의 매각관계는 행정주체가 사법상 재산권의 주체로서의 지위에서 하는 사법관계이다.
> ① 사립대학의 학위수여는 국가적 공권을 위임받아 사립대학이 행하는 공법작용이다.
> ③ 시립도서관 이용관계는 본인의 임의적 동의를 성립하는 특별권력관계이다.
> ④ 회사의 조세원천징수는 공무수탁사인의 공행정작용이므로 공법관계에 해당한다.

9 다음 중 권력행정에 해당하지 않는 것은?

① 행정행위
② 행정지도
③ 행정강제
④ 행정입법

> **TIPS!**
> ② 행정지도는 행정주체가 조언·권고 등의 방법으로 국민이나 기타 관계자의 행동을 유도하여 그 의도하는 바를 실현하기 위하여 행하는 비권력적 사실행위이다.

10 다음 중 공법상 관리관계에 관한 설명으로 옳지 않은 것은?

① 관리관계는 비권력적 관계라는 점에서 본질상 사법관계와 유사하다.
② 관리관계는 공공복리와 밀접한 관련을 갖는 범위 내에서만 공법의 적용을 받는다.
③ 관리관계는 사법관계와는 달리 공정력·불가쟁력·자력집행력 등을 가진다.
④ 관리관계는 원칙적으로 사법의 적용을 받는다.

> **TIPS!**
> ③ 관리관계는 본질상 사법관계와 동일하며 원칙적으로 사법의 적용을 받는다. 따라서 권력관계와는 달리 공정력, 불가쟁력, 자력집행력 등이 인정되지 않는다.

Answer 8.② 9.② 10.③

11 행정주체에 대한 설명 중 옳은 것은?

① 국가는 권리의무의 주체가 될 수 없다.

② 행정안전부장관은 법인격이 있다.

③ 국가도 행정객체가 될 수 있다.

④ 서울특별시 서초구는 법인격이 있다.

> **TIPS!**
> ① 국가는 권리·의무의 시원적 주체가 된다.
> ② 각부 장관은 행정관청으로서 국가의 기관에 지나지 아니하므로 권리주체가 될 수 없고 법인격을 갖지 않는다.
> ③ 국가는 행정객체가 될 수 없다.
> ④ 서울특별시 서초구는 지방자치단체로서 행정주체가 된다.

12 다음 중 행정의 실효성을 확보하기 위해 민법에 없는 것을 행정법에만 규정한 것은?

① 시효제도

② 사무관리·부당이득에 관한 규정

③ 위임 및 대리에 관한 규정

④ 자력집행에 관한 규정

> **TIPS!**
> ①②③ 시효제도, 사무관리·부당이득, 위임·대리에 관한 사항은 특별한 규정이 없는 한 민법의 규정을 준용한다.
> ④ 행정주체는 스스로의 힘에 의하여 자신의 의사를 실현할 수 있는 자력집행력을 가진다. 이는 행정법관계에서만 인정되는 특유한 성질이다.

13 다음 중 불가변력이 발생하는 행위로 볼 수 없는 것은?

① 합격자 결정   ② 교과서 검정

③ 이의신청에 대한 결정   ④ 부담적 행정행위

> **TIPS!**
> ①②③ 준사법적 행위인 확인적 행정행위로서 불가변력이 발생한다.

Answer 11.④ 12.④ 13.④

14 다음 중 행정주체가 될 수 없는 것은?

① 국세청장

② 서울특별시

③ 서울대학교병원

④ 대한민국

> **TIPS!**
>
> ① 행정주체에는 국가, 공공단체, 공무수탁사인 등이 있다. 권리의무의 귀속주체만이 행정주체가 될 수 있는 바, 국세청장은 권리의무의 귀속주체가 아니라 행정주체를 위해 권한을 행사하는 행정관청에 불과하다.
>
> ※ 행정주체의 종류
>
> ㉠ 국가
>
> ㉡ 공공단체
> - 지방자치단체 : 국가 영토의 일부지역을 그 구성 단위로 하여 그 지역 안의 주민을 통치하는 포괄적 자치권을 가진 공공단체이다.
> - 공공조합(공법상의 사단법인) : 특정한 행정목적을 위해 일정한 자격을 가진 사람으로 구성된 사단법인을 말한다. 상공회의소, 변호사회, 의사회, 약사회, 국민건강보험공단, 농협 등이 이에 해당한다.
> - 영조물법인 : 일정한 행정목적 달성을 위해 설립된 인적·물적 결합체(영조물)에 공법상의 법인격을 부여한 경우를 말한다. 한국은행, 한국방송공사, 한국전력공사, 한국도로공사, 한국토지공사, 서울대학교병원, 적십자병원, 과학기술원, 국제공항관리공단 등이 이에 속한다.
> - 공법상 재단 : 국가나 지방자치단체가 출연한 재산을 관리하기 위해 설립된 재단법인을 말한다. 한국정신문화연구원, 한국학술진흥재단 등이 있다.
>
> ㉢ 공무수탁사인 : 특정 행정의 수행을 위해 법규상 공권력이 부여되는 경우 자신의 명의로 공행정작용을 수행하는 사인 또는 사기업을 말한다. 종업원의 조세를 원천징수하는 사기업, 토지수용법에 따라 개인의 토지를 수용하는 사업시행자, 일정한 경찰사무 또는 호적사무를 수행하는 상선의 선장, 별정우체국장, 학위를 수여하는 사립대학장 등이 이에 해당한다.

15 다음 중 행정법관계의 특징이 아닌 것은?

① 행정주체와 국민간의 법 앞의 평등성

② 법률적합성

③ 공정성

④ 확정성

> **TIPS!**
>
> ① 행정법은 공공목적의 효율적 달성을 위해 행정주체의 우월적 지위를 인정하는 특징을 가진다.

16 다음 중 일반적으로 행정주체가 될 수 있는 것은?

① 대통령
② 서울대학교병원장
③ 한국방송공사사장
④ 별정우체국장

> **TIPS!**
> ①②③ 국가, 서울대학교병원, 한국방송공사는 행정주체가 될 수 있으나 그 장은 기관으로서 행정주체가 될 수 없다.
> ④ 행정주체는 행정법관계에 있어서 행정권을 행사하고, 그의 법적 효과가 궁극적으로 귀속되는 당사자를 말하는 바, 이에는 국가, 공공단체, 공무수탁사인이 있다. 별정우체국장은 공무수탁사인으로서 행정주체가 될 수 있다.

17 다음 중 공공단체라고 할 수 없는 것은?

① 인천광역시
② 상공회의소
③ 대한의사회
④ 국·공립도서관

> **TIPS!**
> ④ 국·공립도서관은 영조물에 불과하고 독립된 법인격이 인정되지 않는다. 따라서 영조물법인이 아니므로 공공단체라 할 수 없다.

18 다음 중 행정주체에 관한 설명으로 옳지 않은 것은?

① 국가 또는 공공단체는 행정주체가 된다.
② 행정청의 행위의 효과는 행정주체에게 귀속된다.
③ 항고소송의 피고는 행정주체가 된다.
④ 공공단체에는 지방자치단체, 공공조합, 영조물법인 등이 있다.

> **TIPS!**
> ③ 소송에서의 피고는 원칙적으로 권리·의무의 귀속주체인 행정주체가 되어야 하나 소송의 효율적인 진행을 위해 예외적으로 처분청을 항고소송의 피고로 한다.

Answer 16.④ 17.④ 18.③

19 다음 중 행정주체가 아닌 것은?

① 한국전력공사 ② 의료보험조합
③ 철도청 ④ 한국은행

> **TIPS!**
> ③ 철도청은 국가의 행정기관으로서 행정주체에 해당하지 않는다.

20 다음 중 행정법 관계에 관한 설명 중 옳지 않은 것은?

① 하자 있는 행정행위라 할지라도 그에 대한 불복기간이 도과하거나 쟁송절차가 모두 경료된 경우에는 더 이상 그 효력을 다툴 수 없는 것을 불가쟁력이라고 한다.
② 불가쟁력이 발생하더라도 처분청은 당해 행위를 직권으로 취소할 수 있고 상대방은 행정행위의 효력을 다툴 수는 없으나 행정상 손해배상을 청구할 수 있다.
③ 불가쟁력은 행정행위에 인정되는 절차법적 구속력이며, 국민에 대한 구속력이다.
④ 일정한 행정행위는 그 성질상 행정청도 이를 취소·철회하지 못하는 것을 불가변력이라고 하며, 불가변력이 발생하면 상대방 또는 제3자는 행정쟁송절차에 의해 당해 행위의 효력을 다툴 수 없다.

> **TIPS!**
> ④ 불가변력이 발생하면 행정청은 직권으로 취소할 수 없으나 상대방 또는 제3자는 쟁송기간이 경과하지 않은 경우 행정쟁송절차에 의해 당해 행위의 효력을 다툴 수 있다.

21 다음 중 국가의 공의무에 해당하는 것은?

① 납세의무 ② 공용부담의무
③ 경찰의무 ④ 자유권불가침의무

> **TIPS!**
> ④ 개인의 공권에 상응하여 국가 또는 공공단체는 국가적 공의무를 부담하는데, 국민의 자유권에 대응하여 국가는 국민의 자유권을 침해하지 않을 의무를 부담한다.

Answer 19.③ 20.④ 21.④

22 다음 중 개인적 공권의 특수성이 아닌 것은?

① 이전성의 제한

② 포기성의 제한

③ 불행사의 제한

④ 대리의 제한

 TIPS!

③ 일정한 공권은 그 행사의 공익성으로 인해 임의로 포기할 수 없는 것이 원칙이다. 다만, 공권의 포기와 불행사는 구별하여야 하는데 공권을 사실상 행사하지 않음으로서 권리가 소멸되는 불행사는 제한되지 않는다. 선거에 있어 기권은 선거권의 포기가 아니라 불행사인 것이다.

23 다음 중 반사적 이익이 아닌 것은?

① 허가를 통해 얻는 이익

② 공물의 일반 사용

③ 의사의 진료를 받는 이익

④ 선박운송사업면허를 받은 자의 이익

TIPS!

④ 학문상 특허이고 이를 통해 얻는 이익은 법적으로 보호받는 권리이다.

① 허가는 일반적·상대적으로 금지되어 있는 자연적 자유를 일정한 경우에 회복시켜 주는 것이므로 이를 통해 얻는 이익은 특별한 권리를 형성하는 것이 아니라 반사적 이익에 불과하다.

② 도로의 통행, 공원의 산책 등 공물의 일반 사용은 반사적 이익에 불과하다.

③ 환자가 의사의 진료를 받는 이익은 의료법상 의사에게 부여된 진료의무로 인해 생긴 반사적 이익에 불과하다.

24 다음 중 공권에 관한 설명으로 옳지 않은 것은?

① 공권은 권리자의 이익을 위해서만 존재하는 것이 아니고 공익성도 갖는다.

② 개인적 공권은 행정청에게 어떠한 행위를 하여야 할 의무를 부과하는 강행법규의 존재를 전제로 한다.

③ 공권 중 재산적 성질을 갖는 것은 그 성질상 이전성이 제한된다.

④ 재량권의 영(0)으로의 수축이론은 개인적 공권을 확대시키는 이론이다.

TIPS!

③ 공권 중 재산적 성질을 갖는 것은 그 성질상 이전성이 제한되지 않는다. 즉, 손실보상청구권과 손해배상청구권 중 재산이 원인이 되는 경우에는 이전성이 인정된다. 그러나 비재산적 성질을 갖는 것은 그 성질상 이전성이 제한된다.

Answer 22.③ 23.④ 24.③

※ 사인의 공권의 특수성

㉠ 이전성 금지 · 제한
- 사인의 공권은 일신전속적인 권리로 원칙상 양도 · 상속 · 압류 등이 금지 또는 제한된다.
- 생명 · 신체의 침해로 인한 국가배상을 받을 권리는 이를 양도하거나 압류하지 못한다〈국가배상법 제4조〉.
- 수급자는 급여를 받을 권리를 타인에게 양도할 수 없다〈국민기초생활보장법 제36조〉.
- 급여를 받을 권리는 양도할 수 없으나 연금을 받을 권리는 일정한 경우 압류 · 담보로 할 수 있다〈공무원연금법 제39조〉.
- 임금 · 퇴직금 등 급여는 그 총액의 2분의 1을 초과하여 압류할 수 없다〈국세징수법 제42조〉.
- 선거권은 이전이 허용되지 않는다.
- 재산상 침해로 인한 국가배상청구권과 손실보상청구권 등 재산적 가치를 지닌 공권은 이전이 가능하다.

㉡ 포기성 금지 · 제한 : 사인의 공권은 권리인 동시에 의무의 성질을 가지므로 임의로 포기할 수 없음이 원칙이다. 선거권, 소권, 공무원연금청구권 등이 이에 해당한다. 다만, 경제적 가치를 지닌 공권은 포기할 수 있다. 또한 권리의 포기가 아닌 불행사는 가능하다(선거에 있어 기권 등).

㉢ 대행성 금지 · 제한 : 사인의 공권은 일신전속적 성질로 인해 대행 또는 대리가 금지된다. 선거권의 대행금지가 이에 속한다.

㉣ 보호의 특수성 : 법원에 제소하여 그 구제를 청구할 경우 행정소송법이 정하는 바에 따라 특례가 인정된다.

25 다음 개인적 공권 중 수익권에 해당하지 않는 것은?

① 재판청구권
② 공무담임권
③ 국 · 공립대학 입학권
④ 공물사용권

TIPS!
② 공무담임권은 선거권과 함께 참정권에 속한다.

26 다음 중 공권과 반사적 이익의 구별기준과 관련이 가장 적은 것은?

① 강행법규의 존재
② 법률유보의 원칙
③ 사익보호성
④ 의사력의 부여

TIPS!
①③④ 개인적 공권의 성립요소이다.
② 공권의 성립과 관련이 없다.

Answer 25.② 26.②

27 다음 특별권력관계에서의 기본권 제한 중 법치주의의 원칙상 용인될 수 없는 것은?

① 국립학교학생에 대한 종교의 자유 제한

② 공무원에 대한 근로 3권 제한

③ 수형자에 대한 통신의 자유 제한

④ 공무원에 대한 정당가입의 자유 제한

> **TIPS!**
>
> ① 특별권력관계의 구성원에 대한 기본권의 제한은 헌법이나 법률에 근거가 있어야 하며, 특별권력 관계의 목적을 실현하기 위해 최소한의 범위 내에서만 제한할 수 있다. 국립학교 학생에 대한 종교의 자유 제한은 특별권력관계의 목적 실현과는 무관하므로 제한할 수 없다.

28 다음 중 무하자재량행사청구권과 관련이 없는 것은?

① 적극적 공권

② 형식적 권리

③ 절차적 권리

④ 실정법적 권리

> **TIPS!**
>
> 무하자재량행사청구권은 행정청에 대하여 적법한 재량처분을 구하는 적극적 공권이며, 구체적 내용이 확정되지 않은 형식적 또는 절차적 권리이며, 실정법이 명시적으로 인정하지 않는다는 점에서 학문상 인정되는 권리이다.

29 다음 중 행정주체가 될 수 없는 것은?

① 서울특별시

② 국민건강보험공단

③ 국립중앙도서관

④ 한국학술진흥재단

> **TIPS!**
>
> ③ 국립대학(서울대학교 제외), 도서관, 극장, 박물관, 의료원 등은 영조물이지만 법인격을 취득하지 않았기 때문에 행정주체가 될 수 없다.

Answer 27.① 28.④ 29.③

30 다음 중 무하자재량행사청구권에 관한 대법원 판례의 내용으로 옳지 않은 것은?

① 검사 지원자 중 한정된 수의 임용대상자에 대한 임용결정은 한편으로는 그 임용대상에서 제외된 자에 대한 임용거부결정이라는 양면성을 지니는 것이다.

② 임용대상에서 제외한 자에 대한 임용거부의 의사표시는 본인에게 직접 고지되지 않았다고 하여도 본인이 이를 알았거나 알 수 있었을 때에 그 효력이 발생한 것으로 보아야 한다.

③ 법령상 검사임용신청 및 그 처리에 관한 명문규정이 없는 경우에는 조리상 임용권자는 임용신청자들에게 전형의 결과인 임용 여부의 응답을 해 줄 의무가 없다.

④ 임용신청자는 재량권의 한계일탈이나 남용이 없는 적법한 응답을 요구할 권리가 있다.

 TIPS!

③ 검사의 임용 여부는 임용권자의 자유재량에 속하는 사항이나 명문의 규정이 없더라도 조리상 임용권자는 임용신청자들에게 전형의 결과인 임용 여부의 응답을 해 줄 의무가 있다고 할 것이며, 응답할 것인지 여부조차도 임용권자의 편의재량사항이라고는 할 수 없다(대판 1991. 2. 12, 90누5825).

31 다음 설명 중 옳은 것을 모두 고르면?

> ㉠ 국유재산의 매각관계는 국고관계이므로 공정력이 인정되지 않는다.
> ㉡ 관리관계는 권력관계, 사법관계는 비권력관계에 해당한다.
> ㉢ 행정법관계는 행정상의 법률관계 중 공법의 규율을 받는 관계를 말한다.
> ㉣ 권력관계에는 공정력. 확정력. 자력집행력 등 법률상 우월한 효력이 인정된다.

① ㉠㉢

② ㉠㉡㉢

③ ㉠㉢㉣

④ ㉠㉡㉢㉣

TIPS!

㉡ 관리관계와 사법관계는 모두 비권력관계에 해당한다.

Answer 30.③ 31.③

32 다음 중 행정개입청구권과 가장 관련이 적은 것은?

① 실체적 권리   ② 절차적 권리

③ 예방적 권리   ④ 특정처분발동청구권

> **TIPS!**
> ①② 행정개입청구권은 특정한 처분을 할 것을 요구할 수 있는 실체적 권리로 보는 것이 일반적인 견해이다.
> ③ 행정개입청구권을 예방적 권리로 보아 행정청의 부작위에 대한 사전예방적 행정구제책으로 인정하는 견해도 있으나 사전예방적 성격과 사후구제적 성격(장해발생 후의 구제수단)을 모두 가질 수 있다고 보는 것이 적절하다.
> ④ 행정개입청구권은 재량권이 영(0)으로 수축되는 경우에 선택재량마저 부인되는 상황에서 무하자재량행사청구권은 특정 처분의 발동할 수 있는 행정개입청구권으로 전환된다.

33 행정개입청구권의 성립요건으로 볼 수 없는 것은?

① 재량권이 영으로 축소

② 공공의 안녕과 질서에 대한 유해성

③ 다른 수단으로 구제 불가

④ 공익과 사익의 동시보호성

> **TIPS!**
> ④ 공익과 사익을 동시에 보호할 필요는 없으며 사익보호성이 존재하면 된다.
> ① 재량권이 영으로 축소되는 경우에 행정개입청구권과 행정권의 발동의무가 발생한다.
> ② 유해성 한계론에 따라 수인될 수 있는 유해성의 한계를 넘는 경우에 행정권이 발동된다.
> ③ 보충성의 원칙에 따라 다른 수단에 의해 구제할 수 없는 경우에 비로소 행정권이 발동된다.

34 행정청의 부작위로 인하여 권익을 침해당한 자가 행정청에 대하여 제3자에 대한 행정권의 발동을 청구할 수 있는 권리에 해당하는 것은?

① 행정행위발급청구권

② 무하자재량행사청구권

③ 공법상 결과제거청구권

④ 행정개입청구권

> **TIPS!**
> 행정개입청구권이란 국민이 행정청에 대하여 행정권의 발동을 요구할 수 있는 권리를 말한다.

Answer 32.② 33.④ 34.④

35 협의의 행정개입청구권에 관한 설명으로 옳지 않은 것은?

① 개인이 자기의 이익을 위하여 자기에 대해 행정권의 발동을 청구할 수 있는 권리이다.

② 행정개입청구권의 법적 성질은 실체적 권리이다.

③ 재량권이 영으로 수축됨으로써 성립할 수 있는 청구권이다.

④ 무장공비사건을 행정개입청구권을 인정한 판례로 보는 견해도 있다.

> **⚡ TIPS!**
>
> ① 협의의 행정개입인청구권은 자기를 위하여 타자에 대해서 행정권의 발동을 청구할 수 있는 공권을 의미한다. 자기에 대해 행정권의 발동을 청구할 수 있는 권리를 행정행위발급청구권 또는 행정권발동청구권이라 하기도 한다.
>
> ※ 행정개입청구권
>   ㉠ 협의 : 자기를 위해 타인에 대해 행정권의 발동을 청구할 수 있는 공권을 의미한다.
>   ㉡ 광의 : 행정권의 발동을 청구할 수 있는 일체의 공권을 의미한다.

36 다음 중 무하자재량행사청구권에 관한 설명으로 옳지 않은 것은?

① 재량권의 한계론을 전제로 한 이론이다.

② 절차적 권리이다.

③ 제2차 세계대전 이후 독일에서 처음 논의되었다.

④ 일반 주민에게 널리 인정된다.

> **⚡ TIPS!**
>
> ④ 종래에는 행정청의 재량권 행사 시 일반적으로 무하자재량행사청구권을 행사할 수 있는 것으로 보았으나, 이를 인정할 경우 소송의 남발이 우려되므로 현재는 공권으로서의 성립요건을 갖춘 경우에만 행사할 수 있다고 본다.

Answer 35.① 36.④

03. 행정법상의 법률관계 **101**

37 다음 중 공무수탁사인에 관한 설명으로 옳지 않는 것은?

① 특정 행정의 수행을 위해 법규상 공권력이 부여되어 자신의 명의로 공행정작용을 수행하는 사인 또는 사기업을 공무수탁사인이라고 한다.

② 판례는 조세원천징수행위를 행정처분으로 인정한다.

③ 대법원은 성업공사가 체납압류된 재산을 공매하는 것은 세무서장의 공매권한 위임에 의한 것으로 보아야 할 것이므로, 성업공사가 한 그 공매처분에 대한 취소 등의 항고소송을 제기함에 있어서는 수임청으로서 실제로 공매를 행한 성업공사를 피고로 하여야 하고, 위임청인 세무서장은 피고적격이 없다.

④ 「토지보상법」에 따라 개인의 토지를 수용하는 사업시행자, 일정한 경찰사무 또는 호적사무를 수행하는 상선의 선장, 별정우체국장, 학위를 수여하는 사립대학장 등이 공무수탁사인에 해당한다.

 TIPS!

② 판례는 조세원천징수행위를 행정처분으로 인정하지 않는다(대판 1990. 3. 23, 89누4789).

38 행정법관계에 있어서 공법규정의 흠결이 있을 때 그 보충은?

① 민법이 우선적으로 적용된다.

② 공법은 사법과 그 기초를 달리하므로 사법을 통한 보충은 불가능하다.

③ 관리관계에 한하여 사법에 의한 보충이 가능하다.

④ 구체적인 법률관계에 따라서 관습법·사법의 적용한계가 정하여진다.

TIPS!

행정법관계에 있어서 공법규정의 흠결이 있는 경우에 보충을 부정하는 견해도 있으나 이를 긍정함이 일반적 견해이다. 이러한 보충은 구체적인 법률관계에 따라 정해져야 한다.

39 다음 사법규정 중 공법관계에 그대로 적용될 수 없는 것은?

① 주소의 개념   ② 기간계산원칙

③ 행위무능력자의 행위   ④ 사무관리제도

TIPS!

③ 사법관계에서는 행위무능력자의 행위는 취소할 수 있음이 원칙이나 공법관계에서는 행위무능력자의 행위도 유효가 되는 경우가 있으므로(미성년자인 공무원의 행위, 우편법상 무능력자의 행위 등) 사법규정이 공법관계에 그대로 적용되지 않는다.

Answer   37.②   38.④   39.③

40 다음 판례의 견해 중 옳지 않은 것은?

① 주거지역 내의 제한면적을 초과한 연탄공장건축허가 처분으로 불이익을 받고 있는 제3거주자는 당해 행정처분의 취소를 소구할 법률상 자격이 있다.

② 환경영향평가대상지역 안의 주민들이 그 대상사업인 전원(電源)개발사업실시계획승인처분과 관련하여 갖는 환경상 이익이 직접적·구체적 이익을 가지므로 위 주민들은 그 침해를 이유로 위 처분의 취소를 구할 원고적격이 있다.

③ 선박운항 사업면허 처분에 대하여 기존업자는 행정처분 취소를 구할 법률상 이익이 있다.

④ 동일한 사업구역 내의 동종의 사업용 화물자동차면허대수를 늘리는 보충인가처분에 대하여 기존업자에게 그 취소를 구할 법률상 이익은 없다.

 TIPS!

④ 동일한 사업구역 내의 동종의 사업용 화물자동차면허대수를 늘리는 보충인가처분에 대하여 기존업자에게 그 취소를 구할 법률상 이익이 있다(대법원 1992. 7. 10. 선고 91누9107).

41 사법규정의 공법 적용에 관한 설명 중 옳지 않은 것은?

① 일반원리적 규정사항은 권력관계, 관리관계에 공통적으로 적용된다.

② 공서양속에 반하는 행위에 대한 효력은 사법규정이 공법관계에도 적용된다.

③ 일반원리적 규정이나 법기술적 규정은 공법관계에 직접 적용될 수 있다.

④ 일반원리적 규정은 관리작용에도 공공성·윤리성 때문에 적용이 제한될 수 있다.

TIPS!

② 공서양속에 반하는 행위는 사법에서 무효, 공법에서 취소할 수 있는 행위가 된다. 따라서 사법규정이 공법관계에 적용되지 않는다.

42 다음 중 특별권력관계로 보기 어려운 것은?

① 국립도서관 이용관계
② 국·공립학교 재학관계
③ 교도소 수용관계
④ 시영식당의 이용관계

TIPS!

④ 시영식당의 이용관계는 사법관계로서 특별권력관계에 해당하지 않는다.

Answer 40.④ 41.② 42.④

43 특별권력관계론에 대한 설명으로 옳지 않은 것은?

① 군주와 시민세력을 대표하는 의회 간의 타협의 산물이라고 보는 것이 일반적 견해이다.

② 오늘날 기본관계와 경영수행관계로 나누어 고찰하는 견해에 의하면 경영수행관계에서의 행위는 사법심사가 가능하다고 본다.

③ 기본관계에 해당하는 공무원의 임명·파면 등은 사법심사가 가능하다.

④ 판례는 교육대학의 학장이 재학생에게 내린 퇴학처분에 대해 처분성을 인정하였다.

> **◉ TIPS!** --
> ② C.H. Ule(울레)는 특별권력관계를 기본관계와 경영수행관계로 나누어 기본관계에서의 행위에 대해서만 사법심사의 대상성을 인정한다.

44 군에 입대하여 군인의 신분으로서 국가에 대하여 지는 복무관계는?

① 공법상의 위임관계

② 공법상의 특별감독관계

③ 공법상의 근무관계

④ 공법상의 사단관계

> **◉ TIPS!** --
> ③ 공법상의 근무관계는 국가나 지방자치단체에 대하여 포괄적인 근무의무를 지는 관계로서 법률에 근거하여 국가의 일방적 의사로 성립하는 관계(국가와 군인의 관계)와 상대방의 동의에 의해 성립하는 관계(국가와 공무원의 관계 등)가 있다.

45 전통적 특별권력관계이론의 내용에 대한 설명으로 옳지 않은 것은?

① 특별권력관계 내에서는 법률유보원칙의 적용이 제한된다.

② 특별권력관계에서 발해지는 행정규칙은 법규성이 인정된다.

③ 특별권력관계의 내부행위에 대해서는 사법심사가 제한된다.

④ 특별권력관계의 설정 목적에 필요한 범위 내에서는 법률의 근거없이 기본권 제한이 가능하다.

> **◉ TIPS!** --
> ② 전통적 특별권력관계이론에서 일반권력관계와 특별권력관계의 가장 큰 차이점은 법치주의의 적용 여부에 있다. 즉, 전자는 법치주의가 적용되며, 후자에 대하여는 법치주의가 적용되지 않는다는 것이었다. 따라서 특별권력관계에서 발해지는 행정규칙은 법규성이 인정될 수 없다.

Answer 43.② 44.③ 45.②

46 전통적 특별권력관계이론이 비판받는 이유에 해당하지 않는 것은?

① 입헌군주제하의 이론
② 법의 불침투설
③ 법률유보원칙의 부인
④ 법률우위원칙의 부인

 TIPS!

④ 전통적 특별권력관계이론은 입헌군주제하에서 국가를 법인으로 의제하여 이론을 구성한 것으로 법인 내부에는 법의 침투가 불가능하므로 법치주의가 적용되지 않는다는 이론이다. 그러나 법치주의가 적용되지 않는다고 하여 이를 위반하여 자유롭게 할 수 있다는 것은 아니다. 따라서 이에는 법률유보의 원칙은 적용되지 않으나 법률우위의 원칙은 적용된다.

47 특별권력관계 내의 행위에 대한 사법심사에 관한 설명 중 옳지 않은 것은?

① 특별행정법관계에서도 소의 이익이 있는 한 사법심사의 대상이 된다.
② 특별권력관계에서의 행위를 외부행위와 내부행위로 나누고 외부행위만이 사법심사의 대상이 될 수 있다는 견해가 다수이다.
③ 우리 대법원의 판례는 국·공립학교 학생의 퇴학처분에 대하여 그 처분성을 인정하였다.
④ 우리 대법원은 내부행위와 외부행위의 구별 없이 특별권력관계 내의 행위를 포괄적으로 행정소송사항으로 인정하였다.

TIPS!

② 특별권력관계에서의 행위를 내부행위·외부행위로 나누지 않고 소의 이익이 있는 한 전면적으로 사법심사의 대상이 된다는 것이 다수 견해이다.

③④ 우리나라 판례도 어떤 행위가 특별행정법관계에서의 행위라는 이유만으로 사법심사에서 제외될 수 없다고 본다(대판 1991. 11. 22, 91누2144).

Answer 46.④ 47.②

48 다음 판례의 견해 중 옳지 않은 것은?

① 일반국민 또는 주민이 문화재를 향유할 이익은 구체적이고 법률적인 이익은 아니다.

② 국내산업의 보호육성도 구「무역거래법」이 기도하고 있는 목적의 하나가 되지만, 이를 근거로 원고가 제조판매하는 것과 같은 품종의 수입을 다른 사람에게 허가한 것에 대해 자신의 법률상의 이익이 침해되었다고 주장 할 수 없다.

③ 대학생들이 전공이 다른 교수를 임용함으로써 학습권을 침해당하였다는 이유를 들어 교수임용처분의 취소를 구할 소의 이익이 있다.

④ 하천부지 점용권자의 폐천부지 매각에 관한 연고권이 법적 권리나 이익이라 할 수 없으므로 사실심 변론종결일 전에 하천부지 점용허가기간이 경과한 이상 하천부지 점용권자로서는 하천부지 점용허가취소처분의 취소를 구할 법률상의 이익이 없다.

 TIPS!

③ 대학생들이 전공이 다른 교수를 임용함으로써 학습권을 침해당하였다는 이유를 들어 교수임용처분의 취소를 구할 소의 이익이 없다(대법원 1993. 7. 27. 선고 93누8139).

49 다음 중 특별행정법관계(특별권력관계)에 대한 설명으로 옳지 않은 것은?

① 특별권력관계에 속하는 자로서 공무원, 군인 등을 들 수 있다.

② 전통적인 특별권력관계이론에 따르면 특별권력관계는 법으로부터 자유로운 영역으로서 사법심사가 미치지 못하는 것으로 본다.

③ Ule는 종래의 특별권력관계를 기본관계와 경영수행관계로 나누고 기본관계에서는 개별적인 법률적 근거 없이도 포괄적 지배권을 행사할 수 있다고 한다.

④ 통설에 따르면 오늘날에는 특별권력관계가 법규에 의하여 강제적으로 성립된 경우에는 헌법에 직접 규정되어 있거나 적어도 「헌법」이 그것을 전제하고 있는 경우에만 기본권의 제한이 가능하다.

TIPS!

③ C.H. Ule의 견해에 의하면 경영수행관계에서는 개별적인 법률적 근거 없이도 포괄적 지배권을 행사할 수 있으나 기본관계에서는 전면적인 법치주의가 적용된다.

Answer 48.③ 49.③

50 다음 중 공법상 특별권력관계로 볼 수 없는 것은?

① 국가와 납세의무자의 관계
② 교도소와 재소자의 관계
③ 국립병원과 전염병 환자의 관계
④ 산림조합과 조합원의 관계

TIPS! ┈┈┈

① 일반권력관계
②③ 영조물이용관계
④ 공법상의 사단관계
※ 특별권력관계의 종류
  ㉠ 공법상 근무관계 : 공무원 근무관계, 군복무 관계 등
  ㉡ 공법상 영조물 이용관계 : 교도소 재소관계, 국 · 공립대학 재학관계, 국 · 공립병원 입원관계 등
  ㉢ 공법상 특별감독관계 : 국가사무를 위임받은 지방자치단체, 행정사무 수임자(별정우체국장 등), 행정목적을 위해 설립된 공공조합, 특허기업자 등이 국가의 특별한 감독을 받는 관계
  ㉣ 공법상 사단관계 : 공공조합과 그 조합원(의사회와 의사, 변호사회와 변호사 등)의 관계

Answer 50.①

행정법상의 법률요건과 법률사실

사인의 공법행위로서의 신고에 대한 기술로 옳은 것은? (단, 다툼이 있는 경우 판례에 의함)

① 행정청은 전입신고자가 거주의 목적 이외에 다른 이해관계를 가지고 있는지 여부를 심사하여 주민등록법상 주민등록 전입신고의 수리를 거부할 수 있다.

② 타법상의 인·허가 의제가 수반되는 건축법상의 건축신고는 특별한 사정이 없는 한 행정청이 그 실체적 요건에 관한 심사를 한 후 수리하여야 한다.

③ 사업양도·양수에 따른 지위승계신고가 수리된 경우 사업의 양도·양수가 무효라도 허가관청을 상대로 신고수리처분의 무효확인을 구할 수는 없다.

④ 「식품위생법」에 의해 영업양도에 따른 지위승계신고를 수리하는 행정청의 행위는 단순히 양수인이 그 영업을 승계하였다는 사실의 신고를 접수한 행위에 그친다.

❰정답 ②

section 1 의의 및 종류

(1) 의의

① 행정법상의 법률요건

 ㉠ 행정법관계의 발생, 변경, 소멸의 법률효과를 발생시키는 원인행위의 총체이다.

 ㉡ 1개의 법률사실로 이루어지는 경우도 있고(시효의 완성 등), 여러 개의 법률사실로 이루어지는 경우도 있다(공법상 계약에서의 청약행위와 승낙행위, 건축허가에서의 신청과 허가 등).

② 행정법상의 법률사실 … 법률요건을 이루는 개개의 사실이다.

section 2 사인의 공법행위

(1) 의의

행정법이 적용되는 법률관계에 대하여 사인이 공법적 효력을 발생시킬 목적으로 하는 행위를 의미한다. 예를 들어 동사무소에 가서 전입신고 하는 것을 생각해 볼 수 있다.

(2) 사인의 공법행위의 하자와 행정행위의 효력

① 문제점 … 사인의 일반적인 의사표시를 규율하는 것은 민법상 의사표시에 관한 규정이다. 따라서 사인이 공법행위를 하는 데에 있어서 의사표시에 착오 등이 존재하는 경우 그러한 공법행위의 효력을 인정할 것인지가 문제된다.

② 판례는 공법행위의 특수성을 고려하여 외부로 표시된 공법행위는 그 표시된대로의 효력이 인정되는 것이 원칙이므로 공법행위의 효력이 일단 발생하였다면 민법상 의사표시에 관한 규정이 적용될 여지가 없다는 입장이다.

판례 이른바 1980년의 공직자숙정계획의 일환으로 일괄사표의 제출과 선별수리의 형식으로 공무원에 대한 의원면직처분이 이루어진 경우, 사직원 제출행위가 강압에 의하여 의사결정의 자유를 박탈당한 상태에서 이루어진 것이라고 할 수 없고 민법상 비진의 의사표시의 무효에 관한 규정은 사인의 공법행위에 적용되지 않는다는 등의 이유로 그 의원면직처분을 당연무효라고 할 수 없다고 한 사례(대판 2001. 8. 24. 99두9971).

판례 공무원이 한 사직 의사표시의 철회나 취소는 그에 터잡은 의원면직처분이 있을 때까지 할 수 있는 것이고, 일단 면직처분이 있고 난 이후에는 철회나 취소할 여지가 없다(대판 2001. 8. 24. 99두9971).

section 3 신고

(1) 의의

법령등에서 행정청에 일정한 사항을 통지함으로써 의무가 끝나는 신고를 규정하고 있는 경우, 사인은 그러한 사항을 관계행정청에게 통지함으로써 공법상 효과를 발생시킬 수 있다. 이 때 신고의 종류와 효력발생요건이 주로 문제된다.

(2) 종류

① 정보제공적 신고와 금지해제적 신고

    ㉠ 정보제공적 신고 : 순전히 효과적인 행정수행을 위하여 행정청에게 정보를 제공하는 기능을 갖는 신고를 말한다. 따라서 신고로 인해 공법상 효과는 발생하지 않는다.

    ㉡ 금지해제적 신고 : 사인의 영업활동이나 건축 등 법률상 금지되어 있는 행위를 해제시키며 공법상 효력을 발생시키는 신고를 말한다. 따라서 이러한 해제적 신고 없이 금지된 행동을 하는 경우 위법한 행위가 된다. 이러한 금지해제적 신고는 다시 자체완성적 신고와 행정요건적 신고로 구분된다.

② 자체완성적 신고와 행정요건적 신고

    ㉠ 자체완성적 신고 : 행정청에 대해 일정한 사항을 통지함으로써 의무가 끝나고 그 자체만으로도 공법상 효력발생의 요건을 모두 갖추게 되므로 법적 효과가 발생한다.

    ㉡ 행정요건적 신고 : 행정청에 대해 일정한 사항을 통지하고 행정청이 이를 실제로 수리함으로써 법적효과가 발생하는 신고를 말한다.

판례 불특정 다수인을 대상으로 학습비를 받고 정보통신매체를 이용하여 원격평생교육을 실시하고자 하는 경우에는 누구든지 구 평생교육법(2007. 10. 17. 법률 제8640호로 개정되기 전의 것) 제22조 제2항에 따라 이를 신고하여야 하나, 신고서의 기재사항에 흠결이 없고 소정의 서류가 구비된 때에는 이를 수리하여야 하고, 이러한 형식적 요건을 모두 갖추었음에도 그 신고대상이 된 교육이나 학습이 공익적 기준에 적합하지 않는다는 등의 실체적 사유를 들어 신고의 수리를 거부할 수는 없다고 할 것이다(대판 2011. 7. 28. 2005두11784).

판례 구 장사 등에 관한 법률(2007. 5. 25. 법률 제8489호로 전부 개정되기 전의 것, 이하 '구 장사법'이라 한다) 제14조 제1항 등을 종합하면, 납골당설치 신고는 이른바 '수리를 요하는 신고'라 할 것이므로, 납골당설치 신고가 구 장사법 관련 규정의 모든 요건에 맞는 신고라 하더라도 신고인은 곧바로 납골당을 설치할 수는 없고, 이에 대한 행정청의 수리처분이 있어야만 신고한 대로 납골당을 설치할 수 있다(대판 2011 9. 8. 2009두6766).

판례 영업양도에 따른 지위승계신고를 수리하는 허가관청의 행위는, 단순히 양도·양수인 사이에 이미 발생한 사법상의 사업양도의 법률효과에 의하여 양수인이 그 영업을 승계하였다는 사실의 신고를 접수하는 행위에 그치는 것이 아니라, 실질에 있어서 양도자의 사업허가를 취소함과 아울러 양수자에게 적법히 사업을 할 수 있는 권리를 설정하여 주는 행위로서 사업허가자의 변경이라는 법률효과를 발생시키는 행위라고 할 것이다(대판 1996. 10. 25. 96도2165).

(3) 신고의 구별기준

신고가 자체완성적인 것인지, 수리를 요하는 것인지는 전적으로 그 신고를 규정하고 있는 관계법령의 문언에 달려있다. 따라서 신고요건으로 단순히 서류의 제출 등 형식적 요건만을 요구하고 있다는 자체완성적 신고이고 형식적 요건 외에 담당 공무원 등의 실질적인 심사까지 예정하고 있다면 수리를 요하는 신고로 보아야 한다.

(4) 심사기준

① 자체완성적 신고의 경우에는 단순히 관계법령에서 요구하고 있는 형식적 요건을 구비하였는지만 심사의 대상으로 할 수 있고, 제출서류 등에 문제가 없는 경우 그 자체로 완성되어 법률효력을 발생시킨다. 따라서 자체완성적 신고에 대해 행정청이 임의로 거부처분을 하더라도 그 처분의 효력은 인정될 수 없고 신청한 행위의 법률효과에는 영향이 없다.

② 수리를 요하는 신고에는 형식적인 요건 외에 신청한 행정행위의 합목적성 등을 고려하여 신고할 수 있는데 이러한 경우라도 담당 공무원은 어디까지나 관계법령의 범위를 내에서만 신고할 수 있을 뿐이다. 판례는 수리를 요하는 신고의 경우 행정기관의 심사범위는 최대한 축소하여 해석하는 경향이 있다.

> **판례** 주민들의 거주지 이동에 따른 주민등록전입신고에 대하여 행정청이 이를 심사하여 그 수리를 거부할 수는 있다고 하더라도, 그러한 행위는 자칫 헌법상 보장된 국민의 거주·이전의 자유를 침해하는 결과를 가져올 수도 있으므로, 시장·군수 또는 구청장의 주민등록전입신고 수리 여부에 대한 심사는 주민등록법의 입법 목적의 범위 내에서 제한적으로 이루어져야 한다. 한편, 주민등록법의 입법 목적에 관한 제1조 및 주민등록 대상자에 관한 제6조의 규정을 고려해 보면, 전입신고를 받은 시장·군수 또는 구청장의 심사 대상은 전입신고자가 30일 이상 생활의 근거로 거주할 목적으로 거주지를 옮기는지 여부만으로 제한된다고 보아야 한다. 따라서 전입신고자가 거주의 목적 이외에 다른 이해관계에 관한 의도를 가지고 있는지 여부, 무허가 건축물의 관리, 전입신고를 수리함으로써 당해 지방자치단체에 미치는 영향 등과 같은 사유는 주민등록법이 아닌 다른 법률에 의하여 규율되어야 하고, 주민등록전입신고의 수리 여부를 심사하는 단계에서는 고려 대상이 될 수 없다. (대판[전] 2009. 6. 18. 2008두10997)

(5) 수리 및 수리거부의 처분성 문제

① 자체완성적 신고의 경우
  ⊙ 수리 : 자체완성적 신고는 그 성질상 요구되는 형식적 요건을 충족하면 곧바로 행정행위의 효력이 발생하는 것으로 이에 대한 행정청의 수리를 요하지 않는다. 따라서 이에 대해 행정청이 수리의 의사표시를 하더라도 처분성은 부정된다.

판례 구 건축법(1996. 12. 30. 법률 제5230호로 개정되기 전의 것) 제9조 제1항에 의하여 신고를 함으로써 건축허가를 받은 것으로 간주되는 경우에는 건축을 하고자 하는 자가 적법한 요건을 갖춘 신고만 하면 행정청의 수리행위 등 별다른 조치를 기다릴 필요 없이 건축을 할 수 있는 것이므로, 행정청이 위 신고를 수리한 행위가 건축주는 물론이고 제3자인 인근 토지 소유자나 주민들의 구체적인 권리 의무에 직접 변동을 초래하는 행정처분이라 할 수 없다(대판 1999. 10. 22. 98두18435).

    ⓛ 수리거부 : 논리적으로 자체완성적 신고에 대해 행정청의 의사표시는 행정행위 효력에 어떠한 영향을 주지 않는다는 점에서 판례는 그동안 자체완성적 신고에 대한 행정청의 수리거부처분에 대해 처분성을 부정해왔다. 그러나 현실적으로는 건축신고 등에서 행정청의 수리거부처분에 의해 시정명령, 이행강제금 등의 대상이 될 수 있고 이러한 당사자의 법적지위의 불안정을 조기에 해소해줘야할 필요성이 인정되어 최근 수리거부의 처분성을 인정하고 있다.

판례 이와 같이 건축주 등은 신고제하에서도 건축신고가 반려될 경우 당해 건축물의 건축을 개시하면 시정명령, 이행강제금, 벌금의 대상이 되거나 당해 건축물을 사용하여 행할 행위의 허가가 거부될 우려가 있어 불안정한 지위에 놓이게 된다. 따라서 건축신고 반려행위가 이루어진 단계에서 당사자로 하여금 반려행위의 적법성을 다투어 그 법적 불안을 해소한 다음 건축행위에 나아가도록 함으로써 장차 있을지도 모르는 위험에서 미리 벗어날 수 있도록 길을 열어 주고, 위법한 건축물의 양산과 그 철거를 둘러싼 분쟁을 조기에 근본적으로 해결할 수 있게 하는 것이 법치행정의 원리에 부합한다. 그러므로 건축신고 반려행위는 항고소송의 대상이 된다고 보는 것이 옳다(대판 2010. 11. 18. 2008두167).

② 행정요건적 신고의 경우

    ㉠ 수리 : 행정요건적 신고는 당사자의 신고와 이를 심사한 행정기관의 '수리'라는 단독적 의사표시에 기해 비로소 그 행정효과가 발생하는 것으로 처분성이 인정된다.

판례 납골당설치 신고는 이른바 '수리를 요하는 신고'라 할 것이므로, 납골당설치 신고가 구 장사법 관련 규정의 모든 요건에 맞는 신고라 하더라도 신고인은 곧바로 납골당을 설치할 수는 없고, 이에 대한 행정청의 수리처분이 있어야만 신고한 대로 납골당을 설치할 수 있다. 한편 수리란 신고를 유효한 것으로 판단하고 법령에 의하여 처리할 의사로 이를 수령하는 수동적 행위이므로 수리행위에 신고필증 교부 등 행위가 꼭 필요한 것은 아니다(대판 2011. 9. 8. 2009두6766).

    ⓛ 수리거부 : 행정요건적 신고에는 행정기관의 수리행위가 요구되고, 만일 적법한 신고임에도 불구하고 행정청이 수리를 거부하는 경우 당사자는 그 처분으로 인하여 권리나 의무에 있어서 불이익을 얻게 되는 것이므로 거부처분의 처분성이 인정된다.

판례 체육시설의설치·이용에관한법률은 입법목적, 규정사항, 적용범위 등을 서로 달리하고 있어서 골프연습장의 설치에 관하여 체육시설의설치·이용에관한법률이 건축법에 우선하여 배타적으로 적용되는 관계에 있다고 해석되지 아니하므로 체육시설의설치·이용에관한법률에 따른 골프연습장의 신고요건을 갖춘 자라 할지라도 골프연습장을 설치하려는 건물이 건축법상 무허가 건물이라면 적법한 신고를 할 수 없다. 따라서 피고의 이 사건 체육시설업신고수리거부처분은 항고소송의 대상이 되는 행정처분이다(대판 1996. 2. 27. 94누6062).

section 4 행정법상의 사건

(1) 기간

행정법상의 법률관계가 시간의 경과에 의하여 발생변경 또는 소멸되는 경우가 있다. 기간이란 한 시점에서 다른 시점까지의 시간적 간격을 말한다. 기간은 사건에 해당하나 기한은 행정행위의 부관으로서 용태에 해당한다. 기간의 계산은 법령에 특별한 규정이 있는 경우를 제외하고는 「민법」의 규정이 그대로 적용된다〈민법 제155조〉.

① 기산점

    ㉠ **초일불산입의 원칙**: 기간을 일·주·월·년으로 정한 때에는 익일부터 기산하는 것이 원칙이다.

    ㉡ 예외(초일산입)

        • 그 기간이 오전 0시로부터 시작한 때에는 초일을 산입한다〈민법 제157조〉.

        • 연령에 있어서는 시간과 관계없이 출생일을 산입한다〈민법 제158조〉.

        • 국회의 회기는 집회 당일로부터 기산한다.

        • 민원사무처리기간의 계산에 있어서는 초일을 산입한다.

        • 공소시효기간, 구속기간은 초일을 산입한다.

        • 인감증명서발행일은 발행일로부터 기산한다.

    ㉢ 기간을 시·분·초로 정한 경우에는 즉시부터 기산한다〈민법 제156조〉.

② **만료점** … 기간을 일·주·월·년으로 정한 때에는 그 기간의 말일이 종료됨으로서 만료되나 그 말일이 공휴일인 때에는 그 익일에 만료된다.

③ **역산** … 기간의 역산에도 초일불산입의 원칙이 적용된다. 선거일 3일 전이라고 규정한 경우, 초일인 선거일을 빼고 선거일 전일부터 계산한다.

▷POINT 기간의 역산(선거일이 7월 15일인 경우)

    ㉠ 선거일 3일 전: 선거일 전일(14일)부터 3일째인 7월 12일의 전날인 7월 11일을 말한다.

    ㉡ 선거일 전 3일: 선거일 전일(14일)부터 3일째인 7월 12일을 말한다.

(2) 시효

시효란 당해 법률관계의 진실에 관계없이 일정한 사실 상태가 일정 기간 계속된 경우 그 사실 상태를 그대로 인정하여 법적으로 보호함으로써 법률생활의 안정을 기하려는 제도이다. 이는 특별한 규정이 없는 한 민법의 규정이 적용된다〈민법 제162조~제184조〉.

※ 소멸시효: 일정한 기간 동안 권리불행사의 상태가 계속된 경우에 권리자의 권리를 소멸시키는 제도이다.

① 공물의 취득시효
　ㄱ 의의 : 취득시효란 「민법」상 타인의 물건을 소유의 의사로써 평온·공연하게 일정 기간(동산은 10년간, 부동산은 20년간) 계속해서 점유하면 점유자는 그 물건의 소유권을 취득하게 되는 제도를 말한다〈민법 제245조〉. 이러한 「민법」상의 취득시효제도가 공물에도 적용되는가가 문제된다.
　ㄴ 판례 : 헌법재판소는 국·공유재산 중 일반재산(잡종재산)을 시효취득의 대상에서 제외한 것을 위헌이라 판결하였다(헌재 1991. 5. 13, 89헌가97, 헌재 1992. 10. 1, 92헌가6·7병합). 따라서 국·공유재산 중 일반재산에 대해서도 시효취득이 가능하다.

② 금전채권의 소멸시효
　ㄱ 의의 : 소멸시효란 「민법」상 자신의 권리를 일정 기간 동안 행사하지 않을 경우 그 권리를 소멸시키는 제도를 말한다. 이러한 민법상의 소멸시효제도가 공법상의 금전채권에도 적용되는가가 문제된다.
　ㄴ 시효기간 : 국가나 지방자치단체가 국민에 대하여 갖는 채권이나 국민이 국가나 지방자치단체에 대하여 갖는 채권은 다른 법률에 특별한 규정이 없는 한 5년간 행사하지 않으면 소멸한다〈국가재정법 제96조, 지방재정법 제82조〉.
　ㄷ 시효의 중단·정지
　　• 시효의 중단·정지 등에 관하여는 법령에 특별한 규정이 없으면 「민법」의 규정이 적용된다.
　　• 국가 또는 지방자치단체에 의한 납입의 고지는 시효중단의 효력이 있다.
　　• 시효의 중단은 직권심리사항이다.

판례 시효 중단의 직권심리 : 시효중단의 사유가 기록상 현출되어 있다면 피고의 시효중단에 관한 명시적인 항변이 없더라도 행정소송법 제26조에 따라 직권으로 심리판단할 상황이다(대판 1987. 1. 20, 86누346).

　ㄹ 소멸시효완성의 효과 : 소멸시효기간이 경과하면 권리는 절대적으로 소멸한다는 절대적 소멸설과 다만, 권리자가 그 권리를 주장하는 경우 이에 대한 항변권을 발생시키는 데 그친다는 상대적 소멸설이 대립하고 있다. 다수설과 판례는 절대적 소멸설을 취하고 있다. 그러나 변론주의원칙상 법정에서 당사자가 주장하여야 하므로 결과적으로 상대적 소멸설과 차이가 없어진다.

(3) 제척기간

① 제척기간이란 법률관계의 신속한 확정을 위해 일정한 권리에 대하여 법률이 정한 존속기간을 말한다(행정심판·행정소송의 제기기간 등).

판례 예산회계법 제98조에서 법령의 규정에 의한 납입고지를 시효중단 사유로 규정하고 있는 바, 이러한 납입고지에 의한 시효중단의 효력은 그 납입고지에 의한 부과처분이 취소되더라도 상실되지 않는다(대판 2000.9.8, 98두19933).

기출 2016. 6. 18. 제1회 지방직

행정법상 시효제도에 대한 설명으로 옳은 것은? (다툼이 있는 경우 판례에 의함)

① 「국유재산법」상 일반재산은 취득시효의 대상이 될 수 없다.

② 「국가재정법」상 5년의 소멸시효가 적용되는 '금전의 급부를 목적으로 하는 국가의 권리'에는 국가의 사법(私法)상 행위에서 발생한 국가에 대한 금전채무도 포함된다.

③ 조세에 관한 소멸시효가 완성된 후에 부과된 조세부과처분은 위법한 처분이지만 당연무효라고 볼 수는 없다.

④ 납입고지에 의한 소멸시효의 중단은 그 납입고지에 의한 부과처분이 추후 취소되면 효력이 상실된다.

＜정답 ②

기출PLUS

② 일정한 기간 동안 권리를 행사하지 않으면 그 권리가 소멸된다는 점에서 소멸시효와 같으나 법률관계의 신속한 확정을 목적으로 하기 때문에 그 기간이 짧고 중단제도가 없다는 점에서 시효와 구별된다.

POINT 소멸시효와 제척기간

구분	소멸시효	제척기간
취지	• 권리 불행사에 대한 제재, 사실상태 보호를 그 주된 목적으로 한다. • 제척기간보다 장기인 경우가 보통이다.	• 법률관계의 신속한 안정을 그 목적으로 한다. • 소멸시효보다 단기인 경우가 보통이다.
중단 · 정지제도	인정	부정
기간	기간 장기(원칙상 5년)	단기(길어야 1년)
일반적 규정	일반적 규정 있음(국가재정법 제96조 등)	없음(각 개별법에서 규정)
주장책임 (원용)	재판상 당사자의 주장이 있어야 법원은 이를 참작할 수 있다(판례).	재판상 당사자의 주장이 없어도 법원은 이를 직권으로 참작하여야 한다.
포기	시효완성 후 시효이익의 포기가 가능하다(시효완성 전에는 포기 할 수 없다).	성질상 포기제도가 없다.
기간의 기산점	권리를 행사할 수 있는 때로부터 기산한다.	권리가 발생한 때로부터 기산한다.
효과	소급하여 권리가 소멸한다.	장래에 향하여 권리가 소멸한다.
예	공법상 채권소멸시효, 징계시효	행정심판 제기기간, 행정소송 제기기간

(4) 주소 · 거소

① **주소** … 「민법」상 주소란 생활의 근거가 되는 곳을 말한다〈민법 제18조〉. 공법관계에서의 주소는 다른 법률에 특별한 규정이 없으면 주민등록법상의 주민등록지를 주소로 한다.

② **거소** … 사람이 다소의 기간 동안 거주하는 장소로서, 밀접도가 주소에 비해 떨어지는 곳을 말한다. 공법관계에서 거소를 기준으로 법률관계를 규율하는 경우가 있다.

③ **주소의 수** … 「민법」은 여러 곳에 주소를 둘 수 있는 주소복수주의를 취하고 있으나, 주민등록법은 이중등록을 금지하고 있으므로 결국 행정법상의 주소는 1개소에 한정된다.

2020년 소방공무원

1 공법상 시효에 대한 설명으로 옳지 않은 것은?

① 「관세법」상 납세자의 과오납금 또는 그 밖의 관세의 환급청구권은 그 권리를 행사할 수 있는 날부터 5년간 행사하지 아니하면 소멸시효가 완성된다.

② 판례는 공법상 부당이득반환청구권은 사권(私權)에 해당되며, 그에 관한 소송은 민사소송절차에 따라야 한다고 보고 있다.

③ 소멸시효에 대해 「국가재정법」은 국가의 국민에 대한 금전채권은 물론이고 국민의 국가에 대한 금전채권에도 적용된다.

④ 공법의 특수성으로 인해 소멸시효의 중단·정지에 관한 「민법」 규정은 적용되지 않는다.

TIPS!

① [O] 관세법 제22조(관세징수권 등의 소멸시효) ②납세자의 과오납금 또는 그 밖의 관세의 환급청구권은 그 권리를 행사할 수 있는 날부터 5년간 행사하지 아니하면 소멸시효가 완성된다.

② [O] 조세부과처분이 당연무효임을 전제로 하여 이미 납부한 세금의 반환을 청구하는 것은 민사상의 부당이득반환청구로서 민사소송절차에 따라야 한다(대판 1995. 4. 28. 94다55109).

③ [O] 국가재정법 제96조(금전채권·채무의 소멸시효) ①금전의 급부를 목적으로 하는 국가의 권리로서 시효에 관하여 다른 법률에 규정이 없는 것은 5년 동안 행사하지 아니하면 시효로 인하여 소멸한다.

④ [X] 국가재정법 제96조(금전채권·채무의 소멸시효) ③금전의 급부를 목적으로 하는 국가의 권리의 경우 소멸시효의 중단·정지 그 밖의 사항에 관하여 다른 법률의 규정이 없는 때에는 「민법」의 규정을 적용한다. 국가에 대한 권리로서 금전의 급부를 목적으로 하는 것도 또한 같다.

2018년 소방공무원

2 사인의 공법행위에 관한 설명으로 옳지 않은 것은? (다툼이 있는 경우 판례에 의함)

① 적법한 사인의 공법행위가 있는 경우에 발생하는 효과는 개별법규가 정한 바에 따르며, 행정청에 가해지는 기본적인 효과는 처리기간 내에 특별한 사유가 없는 한 처리하여야 할 의무가 발생한다.

② 수리를 요하지 아니하는 신고의 경우에 신고에 하자가 있다면 보정되기까지는 신고의 효과가 발생하지 않는다.

③ 사인의 공법행위로서 신고는 사인이 공법적 효과의 발생을 목적으로 행정주체에 대하여 일정한 사실을 알리는 행위로서 행정청에 의한 실질적 심사가 요구되는 행위를 말한다.

④ 판례는 대물적 영업의 양도의 경우 명시적인 규정이 없는 경우에도 양도 전에 존재하는 영업정지사유를 이유로 양수인에 대해서도 영업정지처분을 할 수 있다고 보고 있다.

Answer 1.④ 2.③

3 사인(私人)의 공법행위에 대한 설명 중 옳지 않은 것은?

① 공법적 효과를 가져오는 사인의 행위를 말한다.

② 사인의 행위만으로 공법적 효과를 가져오는 것과 국가나 지방자치단체의 행위의 전제요건이 되는 것으로 구분할 수 있다.

③ 전입신고자가 거주의 목적 외에 다른 이해관계에 관한 의도를 가지고 있는지도 전입신고 수리여부 심사 시 고려하여야 한다.

④ 수리를 요하는 신고에서의 수리와 허가제의 허가는 구별되는 개념이다.

💡 **TIPS!** ⌐---○

③ 주민들의 거주지 이동에 따른 주민등록전입신고에 대하여 행정청이 이를 심사하여 그 수리를 거부할 수는 있다고 하더라도, 그러한 행위는 자칫 헌법상 보장된 국민의 거주 · 이전의 자유를 침해하는 결과를 가져올 수도 있으므로, 시장 · 군수 또는 구청장의 주민등록전입신고 수리여부에 대한 심사는 주민등록법의 입법 목적의 범위 내에서 제한적으로 이루어져야 한다. 한편, 주민등록법의 입법 목적에 관한 제1조 및 주민등록 대상자에 관한 제6조의 규정을 고려해 보면, 전입신고를 받은 시장 · 군수 또는 구청장의 심사 대상은 전입신고자가 30일 이상 생활의 근거로 거주할 목적으로 거주지를 옮기는지 여부만으로 제한된다고 보아야 한다. 따라서 전입신고자가 거주의 목적 이외에 다른 이해관계에 관한 의도를 가지고 있는지 여부, 무허가 건축물의 관리, 전입신고를 수리함으로써 당해 지방자치단체에 미치는 영향 등과 같은 사유는 주민등록법이 아닌 다른 법률에 의하여 규율되어야 하고, 주민등록전입신고의 수리 여부를 심사하는 단계에서는 고려 대상이 될 수 없다(대법원 2009. 6. 18, 2008두10997 전원합의체 판결).

Answer 3.③

4 다음 중 공법상 사건에 해당하지 않는 것은?

① 일정한 연령에 도달함으로써 선거권을 취득하는 경우
② 의사가 사망함으로써 의사면허의 효력이 상실되는 경우
③ 토지에 대한 수용재결을 하는 경우
④ 건물을 소유함으로써 재산세 납부의무가 생긴 경우

 TIPS! ---
③ 공법상 용태에 해당한다.

5 다음 중 사인의 공법행위로 볼 수 없는 것은?

① 주민등록신청
② 사인과 국가의 공사도급계약
③ 혼인신고
④ 재개발조합의 설립행위

 TIPS! ---
② 사법상 계약에 속한다.

6 다음 사인의 공법행위 중 그 자체만으로 법률효과가 완결되는 경우가 아닌 것은?

① 투표   ② 혼인신고
③ 납세신고   ④ 행정심판제기

 TIPS! ---
사인의 공법행위에는 자기완성적 공법행위와 행정행위요건적 공법행위가 있다.
①②③ 투표행위, 국적이탈신고, 혼인신고, 납세신고 등은 자기완성적 공법행위에 해당한다.
④ 행정심판제기는 행정행위 등의 동기 또는 요건적 행위로서 행정행위와 결합함으로써 비로소 법적 효과가 발생한다.

Answer 4.③ 5.② 6.④

7 다음 중 신고에 대한 설명 중 옳지 않은 것은?

① 신고요건을 갖추지 못한 신고서가 제출된 경우 행정청은 즉시 거부할 수 있다.

② 적법한 건축신고를 한 자는 행정청이 이를 수리하지 않은 경우에도 적법하게 건축행위를 할 수 있다.

③ 수리를 요하는 신고의 수리거부는 처분이며 항고소송의 대상이 된다.

④ 행정절차법은 수리를 요하지 않는 본래적 의미의 신고에 대하여 규정하고 있다.

> **TIPS!**
> ① 행정청은 요건을 갖추지 못한 신고서가 제출된 경우 지체없이 상당한 기간을 정하여 신고인에게 보완을 요구하여야 하며, 행정청은 신고인이 그 기간 내에 보완을 하지 아니한 때에는 그 이유를 명시하여 당해 신고서를 되돌려 보내야 한다〈행정절차법 제40조 제3항, 제4항〉.

8 다음 사인의 공법행위 중 대리가 허용되는 것은?

① 시험   ② 귀화신청

③ 사직원 제출   ④ 행정소송의 제기

> **TIPS!**
> ④ 해석상 일신전속적인 행위인 경우에는 대리가 허용될 수 없으나 그렇지 않은 경우에는 대리가 허용된다.

9 다음 중 사인의 공법행위에 해당하지 않는 것은?

① 국회의원 선거행위

② 영업허가신청

③ 공무원임명에 대한 동의

④ 국유토지의 사용허가신청

> **TIPS!**
> ④ 국유토지는 이를 도로부지 등으로 사용하기로 결정하지 아니하는 한 원칙적으로 일반(구 잡종)재산의 성질을 지니며 이러한 일반재산의 사용허가신청은 그 표현에도 불구하고 그것은 사법행위로서의 당해 토지의 사용을 위한 임대차계약의 청약행위에 해당한다고 할 것이다.

 **Answer** 7.①   8.④   9.④

10 다음 중 사인의 공법행위에 대한 설명 중 옳지 않은 것은?

① 특별한 규정이 없는 한 「민법」의 규정이 유추적용 된다.

② 행정행위와 달리 부관을 붙일 수 없음이 원칙이다.

③ 사인의 공법행위는 법적 효과가 완성되기까지는 철회·보정이 가능하나 소장의 수정 등 법률상 제한이 되는 경우가 있다.

④ 행정청은 법령의 규정에 따라 수리, 심사, 통지의 의무를 지며, 특별한 규정이 없는 한 수정인가가 허용된다.

⊙ TIPS!
④ 특별한 규정이 없는 한 수정인가는 허용되지 않는다.

11 의사가 사망하면 의사면허는 실효된다. 이는 다음 중 어느 것에 해당하는가?

① 공법상의 사건   ② 공법상의 용태

③ 공법상의 계약   ④ 공법상의 사실행위

⊙ TIPS!
의사면허는 대인적 행정행위로서 당해 의사가 사망하면 면허가 실효된다. 여기서 의사의 사망은 순수한 자연적 사실로서 공법상의 사건에 해당한다.

12 다음 중 공법상 사무관리에 해당하는 것은?

① 체납처분으로서의 공매

② 국세청의 국유재산관리

③ 토지수용위원회의 재결

④ 재난구호

⊙ TIPS!
①③ 공법상의 대리
② 행정조직 내의 행위

Answer 10.④ 11.① 12.④

13 다음 중 공법상 부당이득이 아닌 것은?

① 조세의 과오납
② 행정청에 의한 행려병자의 유류품 정리
③ 무자격자의 연금수령
④ 행정주체의 타인 토지의 권원없는 점유

> **TIPS!** --
> ② 공법상의 사무관리이다.

14 다음 중 기간 계산에 관한 설명 중 옳지 않은 것은?

① 정기간을 일·주·월·년으로 정한 때에는 기간의 초일은 산입하지 않는다.
② 기간의 말일이 토요일 또는 공휴일에 해당한 때에는 기간은 그 익일로 만료한다.
③ 천재지변 기타 당사자 등의 책임 없는 사유로 기간을 지킬 수 없는 경우에는 그 사유가 끝나는 날까지 기간의 진행이 정지된다.
④ 연령계산에는 출생일을 산입하지 않는다.

> **TIPS!** --
> ④ 연령계산에는 출생일을 산입한다〈민법 제158조〉.

15 다음 중 초일불산입원칙의 예외가 아닌 것은?

① 연령 계산
② 가족관계의 등록 등에 관한 법률의 각종 신고기간
③ 국회의 회기
④ 금전채권의 소멸시효기간

> **TIPS!** --
> ④ 소멸시효기간은 초일을 산입하지 않고 익일로부터 기산한다.

Answer 13.② 14.④ 15.④

16 공법상의 사무관리와 부당이득에 관한 설명 중 옳지 않은 것은?

① 사무관리는 원래 사법상의 관념이나 그에 해당하는 행위는 공법분야에도 존재하므로 이 법리는 공법에서도 인정된다는 것이 일반적인 견해이다.

② 공법상의 부당이득에 관하여 특별한 규정이 없는 경우에는 「민법」이 준용 또는 유추적용된다.

③ 공법상의 사무관리의 예로는 보호기업의 강제관리, 압수물에 대한 국가기관의 환가처분 등이 있다.

④ 공법상의 부당이득반환청구권의 성질에 대해 판례는 공권으로 보고 있다.

 TIPS!

④ 공법상의 부당이득반환청구권에 대해 통설은 공권설을 취하고 있으나 판례는 일관하여 사권설을 취하고 있다.

17 사인의 공법행위에 대한 설명으로 옳지 않은 것은? (다툼이 있는 경우 판례에 의함)

① 신청권은 행정청의 응답을 구하는 권리이며, 신청된 대로의 처분을 구하는 권리는 아니다.

② 신청에 따른 행정청의 처분이 기속행위인 때에는 행정청은 신청에 대한 응답의무를 지지만, 재량행위인 때에는 응답의무가 없다.

③ 법규상 또는 조리상 신청권이 없는 경우에는 거부행위의 처분성이 인정되지 아니한다.

④ 사인의 공법상 행위는 명문으로 금지되거나 성질상 불가능한 경우가 아닌 한, 그에 의거한 행정행위가 행하여질 때까지는 자유로이 철회나 보정이 가능하다.

TIPS!

② 검사임용거부처분취소소송에서 임용여부는 임용권자의 재량사항이지만 적어도 재량권의 한계 일탈이나 남용이 없는 적법한 응답을 할 의무가 있고, 그에 대응하여 임용신청자도 응답신청권이 있다고 판시하고 있다(대판 1991. 2. 12, 90누5825).

18 다음 사인의 공법행위에 관한 내용 중 옳지 않은 것은?

① 사인의 공법행위로 인·허가 등의 신청행위를 들 수 있다.

② 특별한 규정이 없으면 민법규정이 적용된다.

③ 「건축법」상 신고사항에 관하여는 건축하고자 하는 자가 적법한 요건을 갖춘 신고만 하면 별다른 행정처분 없이 건축할 수 있다.

④ 「행정절차법」이 정하는 신고의 요건을 갖추고 있으나 행정청이 수리를 거부하면 신고의 법적 효력은 발생하지 않는다.

TIPS!

④ 행정절차법이 정하는 신고는 요건을 갖추고 있으면 행정청이 수리를 거부하더라도 신고의 법적 효력이 발생한다.

Answer 16.④ 17.② 18.④

19 기간 계산에 있어 익일부터 기산하지 않고 초일부터 기산하여야 하는 경우는?

① 민원사무처리기간
② 행정소송의 제기기간
③ 법률의 효력발생일
④ 국세체납처분의 독촉기간

> **TIPS!**
> 초일이 산입되는 경우는 국회회기계산, 연령계산, 공소시효, 구속기간, 민원사무처리기간, 오전 0시부터 기산한 경우 등이 있다.

20 공법상의 소멸시효 또는 제척기간에 관한 사항으로 옳지 않은 것은?

① 제척기간은 중단·정지가 가능하다.
② 제척기간은 일반적으로 소멸시효기간보다 짧다.
③ 시효기간은 권리를 행사할 수 있을 때부터 진행한다.
④ 행정심판제기기간은 제척기간이다.

> **TIPS!**
> ① 제척기간에는 중단·정지제도가 없다.

Answer 19.① 20.①

21 공법상의 시효에 대한 다음 설명 중 가장 옳지 않은 것은?

① 다른 법률의 규정에도 불구하고 공법상의 채권의 소멸시효는 6년이다.
② 시효의 중단과 정지에 대해서는 다른 법률에서 특별한 규정이 없는 한 「민법」의 규정이 준용된다.
③ 지방자치단체의 납입의 고지는 시효중단의 효력이 있다.
④ 국유의 일반재산은 사인에 의한 시효취득이 인정된다.

 TIPS!

① 국가나 지방자치단체를 당사자로 하는 금전채권은 다른 법률에 특별한 규정이 없는 한 5년간 이를 행사하지 않을 때에는 시효로 인하여 소멸한다〈국가재정법 제96조, 지방재정법 제82조〉.

22 다음 중 공법상 부당이득에 관한 설명으로 옳지 않은 것은?

① 공법분야에서 법률상 원인 없이 타인의 재산 또는 노무로 인하여 이익을 얻고 이로 인하여 다른 타인에게 손해를 끼친 경우 그 이득을 반환하도록 하는 제도이다.
② 조세부과처분이 당연무효임을 전제로 하여 이미 납부한 세금의 반환을 청구하는 것은 민사상의 부당이득반환청구로서 민사소송절차에 따라야 한다.
③ 연금수령자격이 없는 자가 수령한 연금은 공법상 부당이득이라고 할 수는 없다.
④ 행정행위가 무효인 경우에는 행정주체의 부당이득이 바로 성립하나, 행정행위가 단순 위법인 경우에는 공정력으로 인해 권한 있는 기관이 이를 취소해야 비로소 부당이득이 성립한다.

TIPS!

③ 연금수령자격이 없는 자가 수령한 연금은 공법상 부당이득이다.

Answer 21.① 22.③

PART

02

일반행정작용법

01 행정입법

기출PLUS

기출 2017. 6. 17. 제1회 지방직

행정입법에 대한 설명으로 옳지 않은 것은? (다툼이 있는 경우 판례에 의함)

① 법률의 시행령이 형사처벌에 관한 사항을 규정하면서 법률의 명시적인 위임 범위를 벗어나 처벌의 대상을 확장하는 것은 죄형법정주의원칙에 어긋나는 것이므로, 그러한 시행령은 위임입법의 한계를 벗어난 것으로서 무효이다.

② 다양한 사실관계를 규율하거나 사실관계가 수시로 변화될 것이 예상되는 분야에서는 다른 분야에 비하여 상대적으로 입법위임의 명확성·구체성이 완화된다.

③ 행정입법부작위에 대해서는 당사자의 신청이 있는 경우에 한하여 부작위위법확인소송의 대상이 된다.

④ 자치법적 사항을 규정한 조례에 대한 법률의 위임은 법규명령에 대한 법률의 위임과 같이 반드시 구체적으로 범위를 정하여야 할 필요가 없으며 포괄적인 것으로 족하다.

〈 정답 ③

section 1 행정입법

(1) 의의 및 종류

① 개념 … 행정입법이란 행정기관이 법조의 형식에 의하여 일반·추상적인 규범을 정립하는 작용 또는 그에 따라 정립된 규범을 의미한다.

② 종류

　㉠ 국가의 행정권에 의한 입법(법규성 여부) : 법규명령과 행정규칙으로 나뉜다.

　㉡ 지방자치단체에 의한 입법 : 제정주체에 따라 조례와 규칙으로 나뉜다.

구분	법적 효력 있는 것	법적 효력 없는 것
일반적·추상적 규율	법률, 법규(법규명령, 조례 등)	행정규칙, 행정계획
개별적·구체적 규율	행정행위, 공법상 계약, 확약, 공법상 합동행위, 권력적 사실행위, 도시계획	사실행위(행정지도), 직무명령
일반적·구체적 규율	일반처분	

• 일반적 ⇒ 불특정다수인에게 적용
• 추상적 ⇒ 불특정다수사안에 적용

(2) 필요성

① 현대행정의 전문화·기술화로 인해 전문성을 갖춘 행정기관의 입법이 보다 능률적인 것이 되었다.

② 의회의 심의는 시간이 많이 소요되므로 행정 대상의 급속한 변화에 신속히 대응하기 어렵다.

③ 국제적 긴장의 만성화로 인해 행정부에의 광범위한 수권이 불가피하게 되었다.

④ 일정한 사항은 의회보다 행정기관이 정치적으로 중립을 지키기 용이하다.

⑤ 일반적 규범인 법률에 비해 지방의 특수사정에 적절히 대응할 수 있다.

(1) 의의

행정권이 정립하는 일반·추상적인 규범 중에서 법규의 성질을 지닌 성문의 법규범을 말한다. 법규란 법령의 위임 또는 시행을 위해 제정되는 것으로, 국가기관은 물론 국민에 대해서도 직접 구속력을 가지는 법규범을 말한다.

> **POINT** 법규명령이 행정규칙과 다른 점은 법규성을 가지므로, 법규명령에 위반한 행정작용은 그것이 위법으로 평가된다는 것이며, 따라서 그러한 위법한 행정작용의 상대방인 국민은 그 하자에 대하여 행정쟁송 등의 제기를 통하여 법적 구제를 받을 수 있다.

(2) 종류

① 수권(授權)의 범위·근거에 의한 분류

　㉠ 비상명령 : 비상사태 수습을 위해 행정권이 발하는 헌법적 효력의 독자적 명령을 말한다. 우리나라에서는 제4공화국 「헌법」의 긴급조치와 제5공화국 헌법의 비상조치가 헌법적 효력을 가지고 있었으나 현행 「헌법」에서는 헌법적 효력을 가지는 법규명령은 인정되고 있지 않다.

　㉡ 법률대위명령 : 헌법적 근거에 의해 행정권이 발하는 법률적 효력의 명령을 의미한다. 현행 「헌법」상 대통령의 긴급명령, 긴급재정·경제명령이 이에 해당한다. 법률대위명령은 「헌법」에서 직접 수권을 받아 발하는 독립명령이다.

　㉢ 법률종속명령

　　• 위임명령(법률보충명령) : 법률 또는 상위명령에 의하여 위임된 사항을 규율하는 명령으로서 위임받은 범위 안에서 국민의 권리·의무사항을 새로이 정할 수 있다.

　　• 집행명령 : 법률의 집행을 위하여 필요한 구체적·기술적 사항을 규율하는 명령으로서 법률의 명시적 근거가 없어도 발할 수 있으나 새로운 국민의 권리·의무에 관한 사항을 규율할 수는 없다.

② 우리나라의 법형식에 의한 분류

　㉠ 대통령의 긴급명령과 긴급재정·경제명령 : 헌법 제76조를 근거로 하며 법률적 효력을 가진다.

　㉡ 대통령령(시행령) : 내용상 위임명령과 집행명령으로 나뉜다.

　㉢ 총리령·부령 : 부령은 보통 시행규칙 또는 시행세칙이라고 한다. 양자 모두 위임명령과 집행명령을 포함하고 있다. 총리령과 부령의 관계에 대해 총리령 우위설과 효력동위설이 대립하고 있지만, 국무총리는 일면으로는 그 소관사무에 관하여는 다른 행정각부의 장과 같이 그 분장사무를 처리하는 중앙관청으로서의 지위를 가지나 한편으로는 행정각부를 통할하는 우월적 지위를 동시에 가지므로 그러한 한도에서는 총리령이 상위의 효력을 가진다고 할 수 있다.

기출PLUS

기출 2020. 6. 20. 소방공무원

행정입법에 대한 설명으로 옳은 내용만을 모두 고른 것은? (다툼이 있는 경우 판례에 의함)

┌─ 보기 ─
│ ㉠ 위임명령이 위임내용을 구체화하는 단계를 벗어나 새로운 입법을 한 것으로 평가할 수 있다면, 위임의 한계를 벗어난 것으로서 허용되지 않는다.
│ ㉡ 법률이 공법적 단체 등의 정관에 자치법적인 사항을 위임한 경우, 포괄적 위임입법 금지가 원칙적으로 적용된다.
│ ㉢ 상급행정기관이 하급행정기관에 대하여 업무처리지침이나 법령의 해석적용에 관한 기준을 정하여 발하는 이른바 행정규칙은 일반적으로 대외적 구속력을 갖는다.

① ㉠　　　　　② ㉠, ㉡
③ ㉠, ㉢　　　④ ㉡, ㉢

< 정답 ①

기출 2016. 3. 19. 사회복지직

행정입법에 대한 설명으로 옳은 것은? (다툼이 있는 경우 판례에 의함)

① 부진정입법부작위에 대해서는 입법부작위 그 자체를 헌법소원의 대상으로 할 수 있다.

② 법률이 공법적 단체 등의 정관에 자치법적 사항을 위임한 경우에는 헌법 제75조가 정하는 포괄적인 위임입법의 금지는 원칙적으로 적용되지 않는다.

③ 행정규칙인 고시는 법령의 수권에 의하여 법령을 보충하는 사항을 정하는 경우에도 법규명령으로서의 성질과 효력을 갖지 못한다.

④ 위임명령이 구법에 위임의 근거가 없어 무효였다면 사후에 법개정으로 위임의 근거가 부여되더라도 유효로 되지 않는다.

기출 2021. 4. 17. 인사혁신처

위임명령의 한계에 대한 설명으로 옳지 않은 것은? (다툼이 있는 경우 판례에 의함)

① 법률이 공법적 단체 등의 정관에 자치법적 사항을 위임한 경우에는 헌법 제75조가 정하는 포괄적인 위임입법의 금지는 원칙적으로 적용되지 않지만, 그 사항이 국민의 권리·의무에 관련되는 것일 경우에는 적어도 국민의 권리·의무에 관한 기본적이고 본질적인 사항은 국회가 정하여야 한다.

② 헌법에서 채택하고 있는 조세법률주의의 원칙상 과세요건과 징수절차에 관한 사항을 명령·규칙 등 하위법령에 구체적·개별적으로 위임하여 규정할 수 없다.

③ 법률에서 위임받은 사항에 관하여 대강을 정하고 그 중의 특정사항을 범위를 정하여 하위법령에 다시 위임하는 경우에는 재위임이 허용된다. 이러한 법리는 조례가 「지방자치법」에 따라 주민의 권리제한 또는 의무부과에 관한 사항을 법률로부터 위임받은 후, 이를 다시 지방자치단체장이 정하는 '규칙'이나 '고시' 등에 재위임하는 경우에도 마찬가지이다.

④ 법률의 시행령이나 시행규칙의 내용이 모법 조항의 취지에 근거하여 이를 구체화하기 위한 것인 때에는 모법의 규율 범위를 벗어난 것으로 볼 수 없다. 이러한 경우에는 모법에 이에 관하여 직접 위임하는 규정을 두지 않았다고 하여도 이를 무효라고 볼 수 없다.

◀ 정답 ②, ②

ⓔ 중앙선거관리위원회 규칙 : 헌법 제114조 제6항에 기하여 중앙선거관리위원회는 법령의 범위 안에서 선거관리, 국민투표관리, 정당사무 등에 관한 규칙을 제정할 수 있다.

ⓜ 국제조약 : 「헌법」에 의하여 체결·공포되는 국제조약 등이 있다.

ⓗ 감사원 규칙 : 감사원법 제52조에 기하여 제정되는 감사원 규칙은 헌법에는 근거가 없어 법규성 인정 여부에 대해 논란이 있으나 법규명령으로 보는 것이 다수설이다.

ⓢ 대법원 규칙, 헌법재판소 규칙, 국회의사 규칙 : 행정입법은 아니나 국회의 의결을 거치지 아니하고 제정되므로 법규명령의 일종으로 본다.

(3) 한계

① 위임명령의 한계

ⓖ 포괄위임금지 : 법규명령의 시행과 관련하여 헌법 제75조는 구체적으로 범위를 정하여 위임받은 사항만을 위임명령으로 정할 수 있도록 하고 있으므로 법규명령의 내용에는 포괄위임금지원칙이 요구된다. 판례는 법규명령에 대한 위임법률의 내용에 대해 '누구라도 당해 법률이나 상위명령으로부터 위임명령에 규정될 내용의 대강을 예측할 수 있는 정도'를 요구하는 것을 기본으로, 특히 국민의 권리와 의무에 밀접한 영향을 가지는 법규명령에 대해서는 위임의 구체성과 명확성을 엄격하게 요구한다. 한편 지방자치단체의 조례나 공법인, 조합의 정관에는 그 법적성질을 고려하여 포괄위임을 허용하고 있다.

판례 위임입법에 있어 위임의 구체성, 명확성의 요구 정도는 그 규율대상의 종류와 성격에 따라 달라질 것이지만 특히 처벌법규나 조세법규와 같이 국민의 기본권을 직접적으로 제한하거나 침해할 소지가 있는 법규에서는 구체성, 명확성의 요구가 강화되어 그 위임의 요건과 범위가 일반적인 급부행정의 경우보다 더 엄격하게 제한적으로 규정되어야 하는 반면에, 규율대상이 지극히 다양하거나 수시로 변화하는 성질의 것일 때에는 위임의 구체성, 명확성의 요건이 완화될 수도 있을 것이며, 조세감면규정의 경우에는 법률의 구체적인 근거없이 대통령령에서 감면대상, 감면비율 등 국민의 납세의무에 직접 영향을 미치는 감면요건 등을 규정하였는가 여부도 중요한 판단기준이 된다(헌재 1997. 2. 20. 95헌바27).

판례 그런데 조례의 제정권자인 지방의회는 선거를 통해서 그 지역적인 민주적 정당성을 지니고 있는 주민의 대표기관이고, 헌법이 지방자치단체에 대해 포괄적인 자치권을 보장하고 있는 취지로 볼 때 조례제정권에 대한 지나친 제약은 바람직하지 않으므로 조례에 대한 법률의 위임은 법규명령에 대한 법률의 위임과 같이 반드시 구체적으로 범위를 정하여 할 필요가 없으며 포괄적인 것으로 족하다고 할 것이다(헌재 1995. 4. 20. 92헌마264).

ⓛ 국회에 전속된 입법사항 : 헌법에서 법률로 규율할 것을 규정한 사항은 원칙적으로 위임할 수 없다. 국적취득요건〈헌법 제2조 제1항〉, 죄형법정주의〈헌법 제12조〉, 재산권의 수용 및 보상〈헌법 제23조 제3항〉, 조세법률주의〈헌법 제59조〉, 행정각부의 설치〈헌법 제96조〉 및 지방자치단체의 종류〈헌법 제117조 제2항〉 등 「헌법」이 입법사항으로 규정한 사항은 적어도 그 기본적인 내용은 법률로 규정되어야 한다. 다만, 일정한 경우 구체적인 범위를 정하여 행정입법에의 위임도 가능하다.

판례 헌법 제38조, 제59조에서 채택하고 있는 조세법률주의의 원칙은 과세요건과 징수절차 등 조세권행사의 요건과 절차는 국민의 대표기관인 국회가 제정한 법률로써 규정하여야 한다는 것이나, 과세요건과 징수절차에 관한 사항을 명령·규칙 등 하위법령에 위임하여 규정하게 할 수 없는 것은 아니고, 이러한 사항을 하위법령에 위임하여 규정하게 하는 경우 구체적·개별적 위임만이 허용되며 포괄적·백지적 위임은 허용되지 아니하고(과세요건법정주의), 이러한 법률 또는 그 위임에 따른 명령·규칙의 규정은 일의적이고 명확하여야 한다(과세요건명확주의)는 것이다(대결 1994. 9. 30., 94부18).

    ⓒ **처벌규정의 위임**: 죄형법정주의 원칙상 처벌규정은 법률에 의해야 한다. 다만, 구성요건부분에 있어 처벌대상인 행위의 구체적인 기준을 정하여 위임하는 것은 가능하다. 또한 처벌규정, 즉 형벌의 정도 부분에 있어 법률이 형벌의 상한을 정하여 위임하는 것도 허용된다(통설·판례).

    ⓔ **재위임**: 법률이 명시적으로 허용하는 경우에는 가능하다. 명시적 규정이 없는 경우 수임권한 전부를 다시 위임하는 것은 허용되지 않는다. 그러나 일반적인 사항을 규정한 후 그 세부적인 사항을 다시 하위명령에 위임하는 것은 가능하다.

② **집행명령의 한계** … 법률 또는 상위명령을 집행하기 위하여 필요한 사항만을 규정하여야 한다.

(4) 성립요건·효력요건

① 성립요건

    ⓐ **주체**: 정당한 권한을 가진 기관이 그 범위 내에서 제정하여야 한다.

    ⓑ **내용**: 상위법령에 저촉되지 않아야 하고 실현가능한 명백한 내용이어야 한다.

    ⓒ **절차**: 대통령령은 법제처의 심사와 국무회의의 심의를 거쳐야 한다. 총리령·부령은 법제처의 심사를 거쳐 제정한다.

    ⓓ **형식**: 법규명령은 법조형식으로 한다.

    ⓔ **공포**: 공포를 통해 유효하게 성립한다.

② 효력요건

    ⓐ **원칙**: 특별한 규정이 없는 한 공포한 날로부터 20일을 경과함으로써 효력을 발생한다〈법령 등 공포에 관한 법률 제13조〉.

    ⓑ **예외**: 국민의 권리제한 또는 의무부과와 직접 관련되는 법률·대통령령·총리령 및 부령은 긴급히 시행하여야 할 특별한 사유가 있는 경우를 제외하고는 공포일로부터 적어도 30일이 경과한 날부터 시행되도록 하여야 한다〈법령 등 공포에 관한 법률 제13조의 2〉.

③ 법규명령의 하자와 효력

    ⓐ **하자있는 법규명령의 효력**: 법규명령의 성립요건 등에 문제가 있어 그 법규명령의 적법성에 하자가 있는 경우 그 효력에 대한 명문의 규정이 없어 효력의 인정 여부에 대한 문제가 있다. 판례는 이 경우 하자있는 법규명령 그 자체는 무효로써 국민에 대하여 효력을 발생하지 않는다고 한다.

기출PLUS

기출 2017. 3. 18. 제1회 서울특별시

다음 중 행정입법에 대한 설명 중 옳은 것을 모두 고른 것은? (단, 다툼이 있는 경우 판례에 의함)

─ 보기 ─

ⓐ 법령의 직접적인 위임에 따라 위임행정기관이 그 법령을 시행하는 데 필요한 구체적인 사항을 정한 것이라면, 그 제정형식이 고시, 훈령, 예규 등과 같은 행정규칙이 더라도 그것이 상위법령의 위임한계를 벗어나지 아니하는 한, 상위법령과 결합하여 대외적 구속력을 가진다.

ⓑ 상위법령에서 세부사항 등을 시행규칙으로 정하도록 위임하였는데, 이를 고시로 정한 경우에 대외적 구속력을 가지는 법규명령으로서의 효력이 인정될 수 있다.

ⓒ 판례는 종래부터 법령의 위임을 받아 부령으로 정한 제재적 행정처분의 기준을 행정규칙으로 보고, 대통령령으로 정한 제재적 행정처분의 기준은 법규명령으로 보는 경향이 있다.

ⓓ 하위법령은 그 규정이 상위법령의 규정에 명백히 저촉되어 무효인 경우를 제외하고는 관련 법령의 내용과 그 입법취지, 연혁 등을 종합적으로 살펴서 그 의미를 상위법령에 합치되는 것으로 해석하여야 한다.

① ⓐ, ⓑ   ② ⓑ, ⓒ
③ ⓐ, ⓑ, ⓒ   ④ ⓐ, ⓒ, ⓓ

❮ 정답 ④

'행정입법에 대한 통제에 대한 설명으로 옳지 않은 것은?

① 법규명령이 그 자체로서 처분적 효과를 발생하는 때에는 이를 항고소송으로 다투는 것이 가능하다.

② 명령·규칙의 위헌·위법심사는 그 위헌 또는 위법의 여부가 재판의 전제가 된 경우에 가능하다.

③ 판례는 행정입법의 부작위에 대하여 이를 항고소송으로 다툴 수 있다고 본다.

④ 명령·규칙에 대한 헌법소원도 가능하다는 것이 헌법재판소 결정례의 입장이다.

ⓒ 하자있는 법규명령에 따른 행정행위의 효력: 하자있는 법규명령은 무효이고, 무효에 근거하여 내려진 행정행위도 그 효력에 하자가 있는 것으로 볼 수 있다. 다만 법규명령의 하자는 법원이 실제로 이를 심사하여 판결을 내리기 전까지는 명백하다고 볼 수는 없기 때문에 그 행정행위의 하자는 취소사유에 불과한 것이고 따라서 법원의 판결에 따라 그 행정행위가 취소될때까지는 일응 행정행위의 효력이 유지된다.

> **판례** 하자 있는 행정처분이 당연무효로 되려면 그 하자가 법규의 중요한 부분을 위반한 중대한 것이어야 할 뿐 아니라 객관적으로 명백한 것이어야 하고, 행정청이 위헌이거나 위법하여 무효인 시행령을 적용하여 한 행정처분이 당연무효로 되려면 그 규정이 행정처분의 중요한 부분에 관한 것이어서 결과적으로 그에 따른 행정처분의 중요한 부분에 하자가 있는 것으로 귀착되고, 또한 그 규정의 위헌성 또는 위법성이 객관적으로 명백하여 그에 따른 행정처분의 하자가 객관적으로 명백한 것으로 귀착되어야 하는바, 일반적으로 시행령이 헌법이나 법률에 위반된다는 사정은 그 시행령의 규정을 위헌 또는 위법하여 무효라고 선언한 대법원의 판결이 선고되지 아니한 상태에서는 그 시행령 규정의 위헌 내지 위법 여부가 해석상 다툼의 여지가 없을 정도로 명백하였다고 인정되지 아니하는 이상 객관적으로 명백한 것이라 할 수 없으므로, 이러한 시행령에 근거한 행정처분의 하자는 취소사유에 해당할 뿐 무효사유가 되지 아니한다(대판 2007. 6. 14. 2004두619).

(5) 소멸

① 폐지… 동위 또는 상위의 법령에 의해 장래의 효력을 소멸시키는 것이다.

② 근거법령의 효력 상실… 근거법인 법률 또는 상위명령이 소멸하면 법적 근거가 없는 것으로 되어 효력이 소멸된다. 다만, 상위법령이 개정됨에 그친 경우에는 성질상 모순되지 아니하는 범위 내에서 유효하다.

③ 부관의 성취… 한시법은 해제조건의 성취, 종기의 도래에 의해 소멸된다.

④ 간접적 폐지… 내용상 그와 충돌되는 동위 또는 상위법령의 제정에 의해 효력이 소멸된다.

(6) 통제

① 의회의 통제

ⓐ 외국의 예: 독일의 동의권 유보, 영국의 의회제출절차, 미국의 입법적 거부 등이 있다.

ⓑ 국회의 동의·승인권: 대통령의 긴급명령과 긴급재정·경제명령에 대해서는 국회의 사후승인권을 통해 직접 통제가 가능하다.

ⓒ 법규명령의 국회송부제도: 중앙행정기관의 장은 대통령령·총리령·부령 훈령·예규 등을 제정·개정·폐지하는 때에는 10일 이내에 이를 국회 소관상임위원회에 제출하여야 한다. 직접적인 법적 효력은 없으나 사실상 행정을 심사·통제하는 기능을 수행한다.

ⓓ 간접적 통제수단: 국정감사, 국정조사, 국무총리 등에 대한 질문, 국무총리·국무위원해임건의, 탄핵소추 등이 있다.

② 행정적 통제

ⓐ 행정감독권에 의한 통제: 상급행정기관의 감독 또는 국가의 지방자치단체감독 등이 있다.

ⓛ 행정심판에 의한 통제 : 상급행정청은 행정심판·재결을 통해 하급행정청을 통제할 수 있다. 또한 중앙행정심판위원회는 심판청구를 심리·의결함에 있어서 처분의 근거가 되는 명령·규칙이 현저하게 불합리하다고 인정되는 경우 관계행정기관에 당해 명령 등의 개정·폐지 등 적절한 시정조치를 요청할 수 있다. 이 시정조치의 요청을 받은 행정기관은 정당한 사유가 없는 한 이에 따라야 한다.

③ 사법적 통제

ⓖ 일반 법원에 의한 통제 : 일반적으로 법규명령은 추상적 규율로서 사건의 구체성이 결여되어 처분성이 부인된다. 따라서 법규명령을 대상으로 소송을 제기할 수 없고 법규명령에 근거한 처분을 대상으로 하여 항고소송을 제기한 뒤, 그 소송에서 당해 처분의 위법사유의 전제로서 법규명령의 위법성을 주장할 수 있다. 헌법 제107조 제2항은 명령·규칙 또는 처분이 헌법이나 법률에 위반되는 여부가 재판의 전제가 된 경우 대법원이 이를 최종적으로 심사할 권한을 가진다고 규정하고 있다. 한편, 그러나 그것이 다른 집행행위의 매개 없이 수범자의 권리와 의무를 직접적으로 규율하는 효력을 갖는 경우에는 그 법규명령 자체도 항고소송의 대상으로 삼을 수 있다.

판례 조례가 집행행위의 개입 없이도 그 자체로서 직접 국민의 구체적인 권리의무나 법적 이익에 영향을 미치는 등의 법률상 효과를 발생하는 경우 그 조례는 항고소송의 대상이 되는 행정처분에 해당하고, 이러한 조례에 대한 무효확인소송을 제기함에 있어서 행정소송법 제38조 제1항, 제13조에 의하여 피고적격이 있는 처분 등을 행한 행정청은, 행정주체인 지방자치단체 또는 지방자치단체의 내부적 의결기관으로서 지방자치단체의 의사를 외부에 표시한 권한이 없는 지방의회가 아니라, 구 지방자치법(1994. 3. 16. 법률 제4741호로 개정되기 전의 것) 제19조 제2항, 제92조에 의하여 지방자치단체의 집행기관으로서 조례로서의 효력을 발생시키는 공포권이 있는 지방자치단체의 장이다(대판 1996. 9. 20. 95누8003).

판례 유신헌법 제53조에 근거한 긴급조치 제1호는 국민의 기본권에 대한 제한과 관련된 조치로서 형벌법규와 국가형벌권의 행사에 관한 규정을 포함하고 있다. 그러므로 기본권 보장의 최후 보루인 법원으로서는 마땅히 긴급조치 제1호에 규정된 형벌법규에 대하여 사법심사권을 행사하여야 한다(대판(전) 2010. 12. 1. 2010도5986).

ⓛ 헌법재판소에 의한 통제 : 헌법 제107조 제2항은 문언상 대법원만에 명령·규칙에 대해 심사권을 갖는 것처럼 보이나 헌법재판소는 그러한 견해를 부정하고 법규명령이 별도의 집행행위를 거치지 않고 그 자체로서 국민의 기본권을 직접 침해하는 경우에는 모두 헌법소원심판의 대상이 될 수 있다는 입장이다.

판례 헌법 제107조 제2항이 규정한 명령·규칙에 대한 대법원의 최종심사권이란 구체적인 소송사건에서 명령·규칙의 위헌여부가 재판의 전제가 되었을 경우 법률의 경우와는 달리 헌법재판소에 제청할 것 없이 대법원의 최종적으로 심사할 수 있다는 의미이며, 헌법 제111조 제1항 제1호에서 법률의 위헌여부심사권을 헌법재판소에 부여한 이상 통일적인 헌법해석과 규범통제를 위하여 공권력에 의한 기본권침해를 이유로 하는 헌법소원심판청구사건에 있어서 법률의 하위법규인 명령·규칙의 위헌여부심사권이 헌법재판소의 관할에 속함은 당연한 것으로서 헌법 제107조 제2항의 규정이 이를 배제한 것이라고는 볼 수 없다. 헌법소원심판의 대상으로서의 "공권력"이란 입법·사법·행정 등 모든 공권력을 말하는 것이므로 입법부에서 제정한 법률, 행정부에서 제정한 시행령이나 시행규칙 및 사법부에서 제정한 규칙 등은 그것들이 별도의 집행행위를 기다리지 않고 직접 기본권을 침해하는 것일 때에는 모두 헌법소원심판의 대상이 될 수 있는 것이다(헌재 1990. 10. 15. 89헌마178).

기출PLUS

기출 2018. 10. 13. 소방공무원

법규명령의 통제에 관한 기술 중 옳지 않은 것은? (다툼이 있는 경우 판례에 의함)

① 헌법은 대법원이 명령에 대한 심사권한이 있음을 직접 규정하고 있다.

② 대법원은 유신헌법상 긴급조치가 법률이 아니므로 대법원이 심사권을 가진다고 판시하였다.

③ 명령 등이 헌법이나 법률에 위반되어 대법원에서 무효라고 선언하여도 당해 사건에만 적용이 배제될 뿐 형식적으로는 존재하므로 판결확정 후 대법원은 행정안전부장관에게 통보하도록 하고 있다.

④ 행정처분 후, 대법원에서 처분의 근거 명령 등이 무효라고 선언된 경우 당해 행정처분은 무효사유에 해당한다.

< 정답 ④

④ **국민에 의한 통제**

㉠ **행정상 입법예고**

- 「행정절차법」은 법령 등을 제정·개정 또는 폐지하려는 경우에는 해당 입법안을 마련한 행정청은 이를 예고하여야 한다고 규정하고 있다. 다만, 다음의 어느 하나에 해당하는 경우에는 예고를 하지 아니할 수 있다.
  - 신속한 국민의 권리 보호 또는 예측 곤란한 특별한 사정의 발생 등으로 입법이 긴급을 요하는 경우
  - 상위 법령 등의 단순한 집행을 위한 경우
  - 입법내용이 국민의 권리·의무 또는 일상생활과 관련이 없는 경우
  - 단순한 표현·자구를 변경하는 경우 등 입법내용의 성질상 예고의 필요가 없거나 곤란하다고 판단되는 경우
  - 예고함이 공공의 안전 또는 복리를 현저히 해칠 우려가 있는 경우
- 입법예고기간은 예고할 때 정하되, 특별한 사정이 없으면 40일(자치법규는 20일) 이상으로 한다.

㉡ **공청회·청문절차**: 공청회·청문 등을 통해 국민의 의사를 반영시킬 수 있다.

section 3 행정규칙

(1) 의의

행정규칙이란 행정기관이 독자적 권한으로 정립하는 일반·추상적인 규범으로서 법규의 성질을 가지지 않는 것을 말한다. 행정명령이라고도 한다.

※ 행정규칙은 행정부가 제정하는 일반적·추상적 규율인 행정입법이라는 점에서 법규명령과 차이가 없다. 그러나 행정규칙은 일반국민의 권리의무와 직접 관계되는 법규명령과 달리 일차적으로는 행정사무를 담당하는 공무원을 수범자로 하므로 일반국민에 대한 구속효가 부정되어 법규성이 없다는 것이 통설이다.

(2) 종류

① **조직규칙** … 행정기관이 그 보조기관 또는 소속관서의 설치·조직·내부적 권한배분·사무처리절차 등을 정하기 위해 발하는 행정규칙이다. 이는 행정조직 법정주의로 의해 사실상 인정되기 어렵다.

② **근무규칙** … 상급행정기관이 하급행정기관의 근무에 관한 사항을 계속적으로 규율하기 위하여 발하는 행정규칙을 말한다.

㉠ **규범해석규칙**: 법해석·적용의 통일성을 위해 법령, 특히 불확정개념의 해석·적용에 대한 지침을 정해주는 행정규칙이다.

※ 근로기준법 제23조는 "해고에는 정당한 이유가 있어야 한다."고 규정하는 바, '정당한 이유'의 해석에 관하여 노동부는 자체의 행정해석으로 그 기준을 정하고 있다. 이 같은 규범해석규칙은 행정규칙의 비법규성이 전형적으로 적용된다고 한다. 그 이유는 법규의 해석의 문제는 전적인 법원의 고유한 권한이며 행정청의 유권해석이 법원의 해석을 대체할 수는 없기 때문이다.

ⓛ **재량준칙** : 하급행정기관의 재량권 행사에 일반적 방향을 제시해 주는 행정규칙으로서 평등원칙을 매개로 하여 간접적으로 대외적 구속력을 갖는다.

※ 도로교통법이 "음주운전을 한 자에 대하여 면허취소 또는 6개월 이하의 면허정지를 과할 수 있다."라고 규정한 경우, 알코올농도에 비례하여 면허취소 또는 면허정지의 기준을 행정규칙으로 정한 경우이다. 이 경우 처분의 상대방인 국민은 자신의 알코올농도가 일정수준 이상이면 면허취소사유에 해당한다는 것을 선례를 통하여 알 수 있는데, 이 반복된 행정규칙 집행행위의 효과로 국민은 이 행정규칙이 마치 법규인 듯한 인식을 하게 된다. 종래 행정규칙의 법규성 여부가 가장 뜨겁게 논의되는 분류이다.

ⓒ **간소화지침** : 대량적 행정행위에 대한 획일적 지침을 정해주는 행정규칙이다.

※ 형식에 따른 구분의 예규에 해당한다고 볼 수 있다.

ⓔ **법률대위규칙** : 법률의 유보가 적용되지 않는 영역에서 법률이 흠결되었거나 불충분할 때(특히 급부행정분야) 발하는 행정규칙이다. 이는 실질적으로 법률의 기능을 수행한다.

ⓜ **규범구체화행정규칙** : 독일의 뷜(Wyhl) 판결에서 비롯된 것으로서, 원자력 · 환경 등 고도의 전문적 · 기술적 영역에서 입법기관이 그 대상의 전문성 등을 이유로 하여 법률에 그 세부적인 사항을 직접 규율하지 못하고 행정기관에 당해 내용의 구체화 권한을 일임한 경우에 당해 행정기관이 당해 규범을 구체화하는 내용으로 발령하는 행정규칙을 말한다. 이는 형식상 행정규칙이나 직접적으로 외부적인 효력을 갖는다.

③ **영조물 규칙** … 영조물의 조직 · 관리 · 이용관계 등을 규율하기 위하여 발하는 행정규칙으로 특별명령이라고도 한다(국립도서관 규칙 등).

> **POINT** 비상명령 · 독립명령 · 특별명령의 구별
> ㉠ 비상명령 : 헌법적 효력의 법규명령으로 현행 헌법상 인정 안 됨
> ㉡ 독립명령 : 긴급명령, 긴급재정 · 경제명령 등 법률대위규칙
> ㉢ 특별명령 : 영조물 규칙

④ **형식에 따른 행정규칙**

㉠ **훈령** : 상급기관이 하급기관에 대해, 상당한 장기간에 걸쳐 그의 권한행사를 일반적으로 지휘 · 감독하기 위하여 발하는 명령을 말한다.

㉡ **지시** : 상급기관이 직권 또는 하급기관의 문의나 신청에 의하여 개별적 · 구체적으로 발하는 명령을 말한다.

기출PLUS

기출 2016. 6. 25. 서울특별시

다음 중 행정규칙에 대한 설명으로 가장 옳지 않은 것은?

① 대법원 판례에 의하면, 법령보충적 행정규칙은 행정기관에 법령의 구체적 사항을 정할 수 있는 권한을 부여한 상위 법령과 결합하여 대외적 효력을 갖게 된다.

② 대법원 판례에 의하면, 법령보충적 행정규칙은 상위 법령에서 위임한 범위 내에서 대외적 효력을 갖는다.

③ 헌법재판소 판례에 의하면, 헌법상 위임입법의 형식은 열거적이기 때문에, 국민의 권리 · 의무에 관한 사항을 고시 등 행정규칙으로 정하도록 위임한 법률 조항은 위헌이다.

④ 헌법재판소 판례에 의하면, 재량준칙인 행정규칙도 행정의 자기구속의 법리에 의거하여 헌법소원심판의 대상이 될 수 있다.

◀ 정답 ③

기출PLUS

기출 2018. 6. 23. 제2회 서울특별시

행정규칙에 대한 설명으로 가장 옳은 것은?

① 행정각부의 장이 정하는 고시라도 법령 내용을 보충하는 기능을 가지는 경우에는 형식과 상관없이 근거 법령규정과 결합하여 법규명령의 효력을 가진다.
② 구 「지방공무원보수업무 등 처리지침」은 안전행정부 예규로서 행정규칙의 성질을 가진다.
③ 법령에 근거를 둔 고시는 상위 법령의 위임범위를 벗어난 경우에도 법규명령으로서 기능한다.
④ 2014년도 건물 및 기타물건 시가표준액 조정기준은 「건축법」 및 지방세법령의 위임에 따른 것이지만 행정규칙의 성격을 가진다.

※ 노동행정업무에 관해 지방노동청이 근로기준법 해석·적용에 관하여 의문이 생긴 경우 노동부에 질의를 하고 노동부는 이에 대해 행정해석으로서 해석과 적용의 지침을 발하는 경우이다. 다만, 개별적·구체적 명령이므로 직무명령에 불과하다는 소수설도 있다.

ⓒ **예규**: 문서로써 반복적 행정사무처리의 기준을 제시하는 명령을 말한다.

※ 추곡수매업무에 관하여 루틴(routine)화된 업무처리의 효율화를 위하여 추곡수매 일시의 통지에서부터 추곡수매의 완료에 이르기까지의 모든 단계를 표준화시켜 놓은 경우 등이 해당한다.

ⓓ **일일명령**: 당직·출장·퇴근 등 일일업무에 관한 명령을 말한다.

(3) 법적 성질

① **전통적 견해(법규성 부정)** ··· 행정조직 내부 또는 특별권력관계의 조직·작용을 규율하는 것으로 국민에 대한 구속력이 없고 법원의 재판규범성도 부인된다.

② **현재의 견해(일정한 행정규칙에 대한 준법규성 인정)** ··· 재량준칙은 행정규칙이지만 이에 따른 행정처분이 반복되면 평등원칙 및 자기구속의 원리에 따라 이에 구속되고 결과적으로 재량준칙은 평등원칙을 매개로 하여 간접적으로 대외적 구속력을 가지게 된다. 이러한 점에서 재량준칙의 준법규성이 인정될 수 있다(통설).

③ **판례**

ㄱ **원칙**: 행정규칙의 법규성을 부인한 판례

판례 그러나 피고 한국전력공사의 전기공급규정에 신수용가가 구수용가의 체납전기요금을 승계하도록 규정되어 있다 하더라도 이는 위 피고 공사 내부의 업무처리지침을 정한 데 불과할 뿐, 국민에 대하여 일반적 구속력을 갖는 법규로서의 효력은 없고, 수용가가 위 규정에 동의하여 계약의 내용으로 된 경우에만 효력이 생기는 것이다(대판 1992. 12. 24. 92다16669).

ㄴ **예외**: 행정규칙의 법규성을 인정한 판례

판례 상급행정기관이 하급행정기관에 대하여 업무처리지침이나 법령의 해석적용에 관한 기준을 정하여 발하는 이른바 '행정규칙이나 내부지침'은 일반적으로 행정조직 내부에서만 효력을 가질 뿐 대외적인 구속력을 갖는 것은 아니므로 행정처분이 그에 위반하였다고 하여 그러한 사정만으로 곧바로 위법하게 되는 것은 아니다. 다만, 재량권 행사의 준칙인 행정규칙이 그 정한 바에 따라 되풀이 시행되어 행정관행이 이루어지게 되면 평등의 원칙이나 신뢰보호의 원칙에 따라 행정기관은 그 상대방에 대한 관계에서 그 규칙에 따라야 할 자기구속을 받게 되므로, 이러한 경우에는 특별한 사정이 없는 한 그를 위반하는 처분은 평등의 원칙이나 신뢰보호의 원칙에 위배되어 재량권을 일탈·남용한 위법한 처분이 된다(대판 2009. 12. 14. 2009두7967).

〈정답 ①

(4) 행정규칙의 통제

① 일반법원에 의한 통제 … 행정규칙은 대외적 구속력을 갖지 않는 것이고 처분성을 가질 수 없으므로 항고소송의 대상이 될 수 없다.

② 헌법재판소에 의한 통제 … 행정규칙이 국민의 기본권을 직접 침해하며 이를 다툴 수 있는 다른 방법이 없는 경우에 헌법소원을 제기하여 다툴 수 있다.

> **판례** 국립대학인 서울대학교의 "94학년도 대학입학고사주요요강"은 사실상의 준비행위 내지 사전안내로서 행정쟁송의 대상이 될 수 있는 행정처분이나 공권력의 행사는 될 수 없지만 그 내용이 국민의 기본권에 직접 영향을 끼치는 내용이고 앞으로 법령의 뒷받침에 의하여 그대로 실시될 것이 틀림없을 것으로 예상되어 그로 인하여 직접적으로 기본권 침해를 받게 되는 사람에게는 사실상의 규범작용으로 인한 위험성이 이미 현실적으로 발생하였다고 보아야 할 것이므로 이는 헌법소원의 대상이 되는 헌법재판소법 제68조 제1항 소정의 공권력의 행사에 해당된다고 할 것이며, 이 경우 헌법소원외에 달리 구제방법이 없다(헌재 1992. 10. 1. 92헌마68,76).

section 4 | 행정입법 형식과 실질의 불일치

(1) 의의

현대국가의 행정영역이 크게 확대되고 이에 따라 행정입법의 기능도 복잡·다양해지면서 전통적인 행정입법의 형태가 아닌 모습의 법규명령과 행정규칙이 나타나고 있다. 이른바 행정입법에 있어서 형식과 실질이 불일치하는 행정입법에 대해 어떤 효력 부여할 것인지가 문제된다.

(2) 법규명령 형식의 행정규칙

형식은 법규명령이 취하는 시행령·시행규칙이나 그 내용은 행정청의 재량권 행사의 기준이 되는 재량준칙에 해당하여 그 실질이 행정규칙과 같은 경우에 형식에 따라 법규명령으로 볼 것인지, 실질에 따라 행정규칙으로 볼 것인지 견해의 대립이 있다. 판례는 그 실질을 우선으로 구분하여 수익적 처분기준에 해당하는 경우에는 법규명령으로 인정하고, 제재적 처분기준에 해당하는 경우에는 다시 대통령령인지 부령인지를 구분하여 부령형식으로 제정된 경우에는 행정규칙으로, 대통령령인 경우에는 법규명령으로 보고 있다. 다만 대통령령 형식의 제재처분기준은 그 기준을 정액으로 보는 것이 아니라 최고한도액으로 보아 행정청의 재량권 행사영역을 인정하고 있다.

> **판례** 법 시행규칙 제31조 제2항 제1호, 제2호, 제6호(이하 '이 사건 각 규정'이라 한다)는 법 제11조 제4항의 위임에 따라 시외버스운송사업의 사업계획변경에 관한 절차, 인가기준 등을 구체적으로 규정한 것으로서, 대외적인 구속력이 있는 법규명령이라고 할 것이고, 그것을 행정청 내부의 사무처리준칙을 규정한 행정규칙에 불과하다고 할 수는 없는 것이다(대판 2006 6. 27. 2003두4355).

판례 자동차운수사업법 제31조 제2항의 규정에 따라 제정된 자동차운수사업법제31조등의규정에 의한사업면허의취소등의처분에관한규칙이 형식은 부령으로 되어 있으나 그 규정의 성질과 내용이 자동차운수사업면허의 취소처분 등에 관한 사무처리기준과 처분절차 등 행정청 내의사무처리준칙을 규정한 것에 불과하여 행정조직 내부에 있어서의 행정명령의 성질을 가지는 것이므로 위 규칙은 행정조직 내부에서 관계 행정기관이나 직원을 구속함에 그치고 대외적으로 국민이나 법원을 구속할 수 없다(대판 1991. 11. 8. 91누100).

판례 구 청소년보호법 제49조 제1항, 제2항에 따른 같은법시행령 제40조 [별표 6]의 위반행위의종별에따른과징금처분기준은 법규명령이기는 하나 모법의 위임규정의 내용과 취지 및 헌법상의 과잉금지의 원칙과 평등의 원칙 등에 비추어 같은 유형의 위반행위라 하더라도 그 규모나 기간·사회적 비난 정도·위반행위로 인하여 다른 법률에 의하여 처벌받은 다른 사정·행위자의 개인적 사정 및 위반행위로 얻은 불법이익의 규모 등 여러 요소를 종합적으로 고려하여 사안에 따라 적정한 과징금의 액수를 정하여야 할 것이므로 그 수액은 정액이 아니라 최고한도액이다(대판 2001. 3. 9. 99두5207).

(3) 행정규칙 형식의 법규명령

형식은 주로 고시·규칙 등 행정규칙에 해당하지만 그 내용이 상위법령과 결합하여 실질적으로는 국민의 권리와 의무를 규율하는 내용을 담고 있는 경우를 의미하며 이에 법령보충적 규칙이라고도 한다. 판례는 모법 위임의 한계를 벗어나지 않는 한 상위 수권법령과 결합하여 대외적인 구속력을 가지는 법규명령의 효력을 갖는다는 입장이다. 하지만 이러한 이처럼 행정규칙에 법규명령의 효력을 무제한적으로 인정할 수는 없기 때문에 판례는 업무의 성질상 위임이 불가피한 경우에 상위법령의 포괄위임금지의 원칙을 준수하며 보충적으로 허용할 수 있다며 그 한계를 명확히 하고 있다.

판례 구 지방공무원보수업무 등 처리지침 [별표 1] '직종별 경력환산율표 해설'이 정한 민간근무경력의 호봉 산정에 관한 부분은 지방공무원법 제45조 제1항과 구 지방공무원 보수규정 (2014. 11. 19. 대통령령 제25751호로 개정되기 전의 것) 제8조 제2항, 제9조의2 제2항, [별표 3]의 단계적 위임에 따라 행정자치부장관이 행정규칙의 형식으로 법령의 내용이 될 사항을 구체적으로 정한 것이고, 달리 지침이 위 법령의 내용 및 취지에 저촉된다거나 위임 한계를 벗어났다고 보기 어려우므로, 지침은 상위법령과 결합하여 대외적인 구속력이 있는 법규명령으로서의 효력을 갖게 된다(대판 2016. 1. 28. 2015두53121).

판례 행정규칙은 법규명령과 같은 엄격한 제정 및 개정절차를 요하지 아니하므로, 재산권 등과 같은 기본권을 제한하는 작용을 하는 법률이 입법위임을 할 때에는 "대통령령", "총리령", "부령" 등 법규명령에 위임함이 바람직하고, 금융감독위원회의 고시와 같은 형식으로 입법위임을 할 때에는 적어도 행정규제기본법 제4조 제2항 단서에서 정한 바와 같이 법령이 전문적·기술적 사항이나 경미한 사항으로서 업무의 성질상 위임이 불가피한 사항에 한정된다 할 것이고, 그러한 사항이라 하더라도 포괄위임금지의 원칙상 법률의 위임은 반드시 구체적·개별적으로 한정된 사항에 대하여 행하여져야 한다(헌재 2004. 10. 28. 99헌바91).

[법규명령과 행정규칙의 비교]

구분	법규명령	행정규칙
제정기관	행정기관	
형식	추상적 · 일반적 법조형식	
법원성	인정	
의의 · 본질	• 공권력으로 발동되며, 일반 국민에게 권리 · 의무를 지우는 법규성을 가진다. • 형식적으로는 행정이지만 실질적으로는 입법이다.	• 특별권력으로 발동되며, 행정조직 내부의 사항만을 규율하므로 법규성이 없다. • 형식적 · 실질적 모두 행정
구속력	일반국민뿐만 아니라 집권자도 구속되는 일반적 · 양면적 구속력이 인정된다.	특별권력 내부의 하명을 받은 상대방만을 구속하는 일면적 구속력이 인정된다.
위반 시	위법행위가 되며 하자 있는 행위로서 행정소송의 대상이 된다.	위반하더라도 적법 · 유효하므로 행정소송을 제기할 수 없다.
근거	헌법 등 상위명령의 근거가 있어야 하며, 위임명령은 개별적 · 구체적 위임이 있어야 한다.	법률의 근거를 요하지 않으며 행정권의 권능으로 제정된다.
형성 효력	명령의 종류를 밝힌 조문형식이며 관보 게재를 통한 공포로서 효력 발생	문서(훈령 · 지시 · 예규 · 통첩 등)의 형식을 취하나 구두로도 가능하며 해당 행정기관에 도달만 하면 효력이 발생
소멸 · 변경	법령의 폐지 · 취소, 해제조건의 성취, 상위법령의 개폐, 근거법령의 소멸 등으로 소멸 · 변경	법규명령의 소멸사유 이외에도 비교적 자유로이 소멸 · 변경

2021년 인사혁신처

1 위임명령의 한계에 대한 설명으로 옳지 않은 것은? (다툼이 있는 경우 판례에 의함)

① 법률이 공법적 단체 등의 정관에 자치법적 사항을 위임한 경우에는 헌법 제75조가 정하는 포괄적인 위임입법의 금지는 원칙적으로 적용되지 않지만, 그 사항이 국민의 권리·의무에 관련되는 것일 경우에는 적어도 국민의 권리·의무에 관한 기본적이고 본질적인 사항은 국회가 정하여야 한다.

② 헌법에서 채택하고 있는 조세법률주의의 원칙상 과세요건과 징수절차에 관한 사항을 명령·규칙 등 하위법령에 구체적·개별적으로 위임하여 규정할 수 없다.

③ 법률에서 위임받은 사항에 관하여 대강을 정하고 그 중의 특정사항을 범위를 정하여 하위법령에 다시 위임하는 경우에는 재위임이 허용된다. 이러한 법리는 조례가 「지방자치법」에 따라 주민의 권리제한 또는 의무부과에 관한 사항을 법률로부터 위임받은 후, 이를 다시 지방자치단체장이 정하는 '규칙'이나 '고시' 등에 재위임하는 경우에도 마찬가지이다.

④ 법률의 시행령이나 시행규칙의 내용이 모법 조항의 취지에 근거하여 이를 구체화하기 위한 것인 때에는 모법의 규율 범위를 벗어난 것으로 볼 수 없다. 이러한 경우에는 모법에 이에 관하여 직접 위임하는 규정을 두지 않았다고 하여도 이를 무효라고 볼 수 없다.

> **TIPS!**
>
> ② 헌법 제38조, 제59조에서 채택하고 있는 조세법률주의의 원칙은 과세요건과 징수절차 등 조세권행사의 요건과 절차는 국민의 대표기관인 국회가 제정한 법률로써 규정하여야 한다는 것이나, 과세요건과 징수절차에 관한 사항을 명령·규칙 등 하위법령에 위임하여 규정하게 할 수 없는 것은 아니고, 이러한 사항을 하위법령에 위임하여 규정하게 하는 경우 구체적·개별적 위임만이 허용되며 포괄적·백지적 위임은 허용되지 아니하고(과세요건법정주의), 이러한 법률 또는 그 위임에 따른 명령·규칙의 규정은 일의적이고 명확하여야 한다(과세요건명확주의)는 것이다(대법원 1994. 9. 30.자 94부18 결정).

Answer 1.②

2 행정입법에 대한 설명으로 옳지 않은 것은? (다툼이 있는 경우 판례에 의함)

① 구법에 위임의 근거가 없어 법규명령이 무효였다면 사후에 법개정으로 위임의 근거가 부여되었다 할지라도 무효이다.

② 처벌법규나 조세법규는 다른 법규보다 구체성과 명확성의 요구가 강화되어야 한다.

③ 법률에서 위임받은 사항을 하위법규명령에 다시 위임하기 위해서는 위임받은 사항의 대강을 정하고 그중 특정사항을 범위를 정하여 하위의 법규명령에 다시 위임하는 경우에만 재위임이 허용된다.

④ 명령·규칙 그 자체에 의하여 직접 기본권이 침해되었을 경우에는 그것을 대상으로 하여 헌법소원심판을 청구할 수 있다.

> **TIPS!**
>
> ① 일반적으로 법률의 위임에 의하여 효력을 갖는 법규명령의 경우, 구법에 위임의 근거가 없어 무효였더라도 사후에 법 개정으로 위임의 근거가 부여되면 그 때부터는 유효한 법규명령이 되나, 반대로 구법의 위임에 의한 유효한 법규명령이 법 개정으로 위임의 근거가 없어지게 되면 그 때부터 무효인 법규명령이 되므로, 어떤 법령의 위임 근거 유무에 따른 유효 여부를 심사하려면 법 개정의 전·후에 걸쳐 모두 심사하여야만 그 법규명령의 시기에 따른 유효·무효를 판단할 수 있다.(대법원 1995. 6. 30, 93추83)
> ② 헌재 1997. 2. 20, 95헌바27
> ③ 헌재 1996. 2. 29, 94헌마213
> ④ 헌재 1990. 10. 15, 89헌마178

3 행정상 입법에 관한 내용이 아닌 것은?

① 지방자치단체에 의한 입법도 포함된다.

② 행정기관에 의해서 법규를 정립하는 것으로 실질적 의미의 행정작용에 속한다.

③ 수권의 근거와 범위를 기준으로 위임명령과 집행명령, 독립명령 등으로 나눌 수 있다.

④ 총리령과 부령의 효력 우열관계에 대해서는 총리령 우위설·동위설로 견해가 갈라져 있다.

> **TIPS!**
>
> ② 행정입법은 형식적 의미의 행정, 실질적 의미의 입법작용에 속한다.

Answer 2.① 3.②

4 다음 중 법규명령에 관한 설명으로 옳은 것은?

① 집행명령은 상위법령이 개정되면 원칙적으로 효력을 상실한다.

② 실질은 재량준칙이나 형식이 대통령령으로 되어 있으면 법규성이 인정된다는 것이 최근의 판례이다.

③ 중앙선거관리위원회 규칙은 행정규칙에 해당한다.

④ 감사원 규칙은 행정규칙에 해당한다는 것이 통설이다.

> 🔎 **TIPS!**
> ② 과거의 판례는 형식이 법규명령으로 되어 있더라도 실질이 행정규칙인 경우에는 법규성을 부정하였으나 최근 판례는 대통령령의 경우에는 그 실질 여하를 불문하고 법규성을 인정하고 있다.
> ① 집행명령의 경우 상위법령이 폐지되면 원칙적으로 효력을 상실하나 개정됨에 그친 경우에는 모순되지 않는 범위 내에서 효력을 유지한다는 것이 판례이다.
> ③ 중앙선거관리위원회의 규칙은 법규명령에 해당한다.
> ④ 감사원 규칙은 헌법에 근거가 없어 논란이 있으나 법규명령에 해당한다는 것이 다수설이다.

5 법령에 위반되는 법규명령의 효력은?

① 취소의 원인이 된다.

② 무효이다.

③ 부존재에 해당한다.

④ 부당에 그친다.

> 🔎 **TIPS!**
> ② 하자 있는 법규명령의 효력은 취소를 알지 못하고 무효의 경우만 존재한다(다수설 · 판례).

Answer 4.② 5.②

6 행정입법의 법적 성질에 관한 판례의 입장으로 옳지 않은 것은?

① 「주택건설촉진법 시행령」 제10조의3 제1항 [별표 1]은 「주택건설촉진법」 제7조 제2항의 위임규정에 터잡은 규정형식상 대통령령이므로 대외적으로 국민이나 법원을 구속하는 힘이 있다.

② 구 「청소년보호법」 제49조 제1항·제2항에 따른 동법 시행령 제40조 [별표 6]의 위반행위의 종별에 따른 과징금 처분기준은 법규명령에 해당하고 과징금처분기준의 수액은 최고한도액이 아니라 정액이다.

③ 국세청장의 훈령형식으로 되어 있는 「재산제세사무처리규정」은 「소득세법 시행령」의 위임에 따라 「소득세법 시행령」의 내용을 보충하는 기능을 가지므로 「소득세법 시행령」과 결합하여 대외적 효력을 갖는다.

④ 「도로교통법 시행규칙」 제53조 제1항이 정한 [별표 16]의 운전면허행정처분기준은 부령의 형식으로 되어 있으나, 그 규정의 성질과 내용이 행정청 내부의 사무처리준칙을 규정한 것에 지나지 아니하므로 대외적으로 국민이나 법원을 기속하는 효력이 없다.

> **TIPS!**
> ② 구 「청소년보호법」(1999.2.5. 법률 제5817호로 개정되기 전의 것) 제49조 제1항, 제2항에 따른 같은 법 시행령(1999.6.30. 대통령령 제16461호로 개정되기 전의 것) 제40조 [별표 6]의 위반행위의 종별에 따른 과징금 처분기준은 법규명령이기는 하나 모법의 위임규정의 내용과 취지 및 헌법상의 과잉금지의 원칙과 평등의 원칙 등에 비추어 같은 유형의 위반행위라 하더라도 그 규모나 기간·사회적 비난 정도·위반행위로 인하여 다른 법률에 의하여 처벌받은 다른 사정·행위자의 개인적 사정 및 위반행위로 얻은 불법이익의 규모 등 여러 요소를 종합적으로 고려하여 사안에 따라 적정한 과징금의 액수를 정하여야 할 것이므로 그 수액은 정액이 아니라 최고한도액이다(대판 2001. 3. 9, 99두5207).

7 다음 중 위임명령의 한계에 관한 설명 중 옳지 않은 것은?

① 법치행정의 원리에 의해 일반적·포괄적 위임은 인정되지 않는다.

② 국적취득요건, 죄형법정주의, 재산권의 수용 및 보상, 조세법률주의 등 헌법이 입법사항으로 규정한 사항은 적어도 그 기본적인 내용은 법률로 규정되어야 한다.

③ 죄형법정주의의 원칙상 처벌규정은 법률에 의해야 하므로 형벌의 정도 부분에 있어 법률이 「형법」의 상한을 정하여 위임하는 것은 허용된다.

④ 조례의 경우에도 포괄적·일반적 위임은 허용되지 않는다.

> **TIPS!**
> ④ 조례의 경우에는 명령과 달리 법령에 반하지만 않으면 포괄적·일반적 위임도 가능하다.

8 다음 중 법규명령에 관한 설명으로 옳지 않은 것은?

① 법규명령은 대외적으로 일반적 구속력을 가지는 법규로서의 성질을 가지는 행정입법을 말한다.

② 현대국가에서는 입법의 내용이 복잡하고 전문적·기술적 사항이 많아지므로 법률에서는 대강을 정하고 보다 상세한 내용은 법규명령에 위임하는 현상이 늘어나고 있다.

③ 집행명령은 국민의 권리의무에 관한 새로운 사항을 정할 수 없다는 점에서 위임명령과 다르다.

④ 헌법재판소의 결정에 의하면 벌칙의 위임에 있어서는 법률에서 형벌의 종류만 명백히 규정하면 가능하다고 한다.

> **TIPS!**
>
> ④ 처벌법규의 위임을 하기 위하여는 긴급한 필요가 있거나 미리 법률로써 자세히 정할 수 없는 부득이한 사정이 있는 경우에 한정되어야 하고, 이러한 경우에도 범죄의 구성요건은 처벌대상행위가 어떠한 것인지 예측할 수 있을 정도로 법률에서 구체적으로 정해야 하며, 죄형의 종류 및 상한과 폭을 명백히 규정하여야 하되 위임입법의 예측가능성의 유무를 판단함에 있어서는 당해 특정 조항만으로 판단할 것이 아니라 관련법 조항 전체를 유기적·체계적으로 종합하여 판단하여야 한다(헌재 1997. 5. 29, 94헌바22).

9 다음 중 법규명령에 관한 설명으로 타당한 것은?

① 법규명령은 행정권이 정립하는 법규이므로 명령의 형식을 취해야 한다.

② 법규명령은 법이 정한 요건에 적합하고 이를 외부에 표시하여야만 현실적으로 구속력이 발생한다.

③ 법규명령은 예외없이 그 근거법령의 소멸 또는 폐지에 의해 소멸한다.

④ 법규명령은 행정권이 정립하는 법규이므로 국민의 권리·의무와는 아무 관련이 없다.

> **TIPS!**
>
> ① 법규명령은 행정권이 정립하는 법규로서 명령의 형식을 취한다 하더라도 행정규칙 또는 처분의 성질을 가진 것도 있고, 반대로 명령의 형식을 취하지 않고 고시·훈령·지시 등의 형식을 취하더라도 실질상으로는 법규의 성질을 가지는 것도 있다.
> ③ 법규명령은 원칙적으로 그 근거법령의 소멸 또는 폐지에 의해 소멸한다. 그러나 이 경우에도 법령이 정함에 따라 특히 그 효력을 존속시키는 것이 있다.
> ④ 법규명령은 국민의 권리·의무에 관한 법규규범이다.

Answer 8.④ 9.②

10 법규명령에 대한 설명 중 옳지 않은 것은?

① 제정권자를 기준으로 대통령령, 총리령, 부령 등으로 구분할 수 있다.

② 법규명령에 위반하는 행위는 위법행위가 된다.

③ 법규명령 중 위임명령은 원칙적으로 헌법 제75조와 헌법 제95조에 따라 법률이나 상위명령에 개별적인 수권규범이 있는 경우만 가능하다.

④ 행정의 효율성을 도모하기 위해 법률에서 위임받은 사항을 전혀 규정하지 않고 하위의 법규명령에 재위임하는 것도 가능하다.

> **TIPS!**
> ④ 법률에서 위임받은 사항을 전혀 규정하지 않고 재위임하는 것은 이위임금지(履委任禁止)의 법리에 반할 뿐 아니라 수권법의 내용변경을 초래하는 것이 되므로 허용되지 아니한다 할 것이나, 위임받은 사항에 관하여 대강을 정하고 그 중의 특정사항을 범위를 정하여 하위법령에 다시 위임하는 경우에는 재위임이 허용된다 할 것이다(대판 2006. 4. 14, 2004두14793, 헌재 1996. 2. 29, 94헌마213).

11 다음 중 법규명령에 대한 통제방식으로 옳지 않은 것은?

① 국민 생활에 중요한 행정입법에 대하여는 입법예고제가 채택되고 있다.

② 의회에 의한 통제로서는 법규명령의 국회에의 송부제도가 있다.

③ 헌법재판소도 법규명령의 위헌 여부를 심사·결정할 수 있다.

④ 법규명령의 간접통제방식에 의하여 대법원에 의하여 위헌·위법으로 판정된 법규명령은 절대적으로 효력을 상실한다.

> **TIPS!**
> ④ 우리나라에서는 재판에 의한 법규명령의 추상적 통제는 인정되고 있지 아니한 것으로서 법원은 구체적 사건에서 법규명령의 위법 여부가 본안판결의 전제로 된 경우에만 선결문제 심리방식에 의해 간접적으로 통제할 수 있을 뿐이다. 그 결과 특정 법규명령이 위법한 것으로 판정되어도 당해 법규명령은 당해 사건에서만 그 적용이 배제됨에 그치는 것이다.

12 다음 중 법규명령의 위임명령 한계에 관한 설명으로 옳지 않은 것은?

① 법치행정의 원리에 의해 일반적·포괄적 위임은 인정되지 않고 반드시 구체적으로 범위를 정하여 위임하여야 한다.

② 헌법에서 법률로 규율할 것을 규정한 사항은 원칙적으로 위임할 수 없다.

③ 죄형법정주의 원칙상 처벌규정은 헌법에 의해야 한다.

④ 명시적 규정이 없는 경우 수임권한 전부를 다시 위임하는 것은 허용되지 않는다.

> **TIPS!**
> ③ 죄형법정주의 원칙상 처벌규정은 법률에 의해야 한다.

Answer 10.④ 11.④ 12.③

13 다음 중 법규명령과 관련한 판례의 내용 중 옳지 않은 것은?

① 법률의 위임은 구체적이고 개별적으로 한정된 사항에 관하여 행해져야 할 것이고, 여기서 구체적이라는 것은 일반적 · 추상적이어서는 안된다는 것을, 범위를 정한다는 것은 포괄적 · 전면적이어서는 아니된다는 것을 의미하고, 이러한 구체성의 요구 정도는 규제 대상의 종류와 성격에 따라 달라진다고 할 것이다.

② 법률이 주민의 권리의무에 관한 사항에 관하여 구체적으로 아무런 범위를 정하지 아니한 채 조례로 정하도록 포괄적으로 위임하였다고 하더라도, 행정관청의 명령과는 달리, 조례는 주민의 대표기관인 지방의회의 의결로 제정되는 지방자치단체의 자주법인 만큼, 지방자치단체가 법령에 위반되지 않는 범위 내에서 주민의 권리의무에 관한 사항을 조례로 제정할 수 있는 것이다.

③ 건물 등의 시가표준액에 관한 구 지방세법 시행규칙 제40조의5가 가감산율 결정에 있어 참작 대상인 건물의 특수부대설비를 구체적으로 구분하여 규정하고 있지 않고, 또 가감산율의 크기나 참작의 정도에 관하여도 아무런 규정을 두고 있지 않다면 과세요건명확주의에 반한다고 할 수 있다.

④ 무효인 육본 방위병소집복무해제규정 제23조에 기한 소집해제명령의 무효명령이 당연무효라고는 할 수 없고 취소할 수 있을 따름이다.

> 💡 **TIPS!**
> ③ 구 지방세법 시행규칙 제40조의5가 참작의 대상이 되는 건물의 특수부대설비를 구체적으로 구분하여 규정하고 있지 않고, 또 가감산율의 크기나 참작의 정도에 관하여도 아무런 규정을 두고 있지 않다고 하더라도, 법관의 법보충 작용으로서의 해석을 통하여 그 의미가 구체화 · 명확화될 수 있다면 그 규정이 명확성을 결여하여 과세요건명확주의에 반하는 것으로 볼 수는 없다 (대판 2001. 4. 27, 2000두9076).

14 다음 중 행정입법의 필요성으로 볼 수 없는 것은?

① 지방별 · 분야별 특수사정에의 대처
② 기술적 · 전문적 입법사항의 증가
③ 비상시의 신속한 대처
④ 엄격한 권력분립의 고수

> 💡 **TIPS!**
> ④ 현대국가에서는 행정기능의 강화로 인하여 행정부의 입법기능이 증가하고 있으며 이는 전통적인 권력분립원리의 수정을 의미한다.

15 다음 법규명령과 행정규칙에 관한 내용 중 타당한 것은?

① 행정규칙은 상급행정기관이 하급행정기관의 권한 행사를 지휘·감독하기 위하여 발하는 명령으로서 훈령이나 지방자치단체의 조례가 이에 해당한다.

② 법규명령은 법률로부터 독립하여 발해지는 명령이므로 법률의 수권이 없는 경우에도 규제의 대상이나 벌칙을 정할 수 있다.

③ 법규명령은 그 주체·내용·절차·형식이 법에 정한 요건에 적합하다면 공포를 필요로 하지 않고 유효하게 성립하여 효력을 발한다.

④ 행정규칙은 행정권이 정립하는 일반적인 규정으로 법규의 성질을 가지지 않는 것을 말하며 그 예로서 훈령, 예규, 지시, 일일명령 등이 있다.

> **TIPS!**
> ① 지방자치단체의 조례는 기본적으로 주민과 지방자치단체간의 권리·의무를 규정하는 것이므로 법규인 자치법규이다.
> ②③ 법규명령은 법규를 내용으로 하는 행정입법, 즉 국민에 의무를 과하거나 권리를 제한하는 명령을 말한다. 법률의 위임(수권)이 없으면 행정기관은 이를 정립할 수 없고, 제정된 명령은 관보 등에서 공포되어야 효력을 발생한다.

16 다음 중 행정규칙에 관한 설명으로 옳은 것은?

① 행정규칙은 일반 통치권에 기초하여 발하여지는 일반·추상적인 규정이다.

② 행정규칙의 위반은 위법이 되지 아니하며 징계책임의 대상이 될 뿐이다.

③ 행정규칙에는 원칙적으로 법률유보의 원리가 적용된다.

④ 행정규칙도 취소소송의 대상이 된다는 것이 판례의 입장이다.

> **TIPS!**
> ② 행정규칙을 위반한 공무원은 공무원법상의 징계책임을 지게 된다.
> ① 행정규칙은 일반 통치권이 아니라 상급기관의 지시·명령·감독권에 근거한 것이다.
> ③ 행정규칙은 행정권의 당연한 권능으로 제정할 수 있다.
> ④ 대법원은 행정규칙에 국민에 대한 법적 효력을 인정하지 않는다.

Answer 15.④ 16.②

17 행정규칙에 대한 설명으로 옳지 않은 것은?

① 훈령, 지시, 예규, 일일명령 등 행정기관이 그 하급기관이나 소속 공무원에 대하여 일정한 사항을 지시하는 문서는 지시문서이다.

② 대법원은 교육부장관이 내신성적산정지침을 시·도 교육감에게 통보한 것은 행정조직 내부에서 내신성적평가에 관한 심사기준을 시달한 것에 불과하다고 보아 위 지침을 행정처분으로 볼 수 없다고 판단하였다.

③ 대법원은 제재적 처분의 기준이 부령 형식으로 규정되어 있더라도 그것은 행정청 내부의 사무처리준칙을 정한 것에 지나지 아니하여 대외적으로 국민이나 법원을 기속하는 효력이 없고, 당해 처분의 적법여부는 위 처분기준뿐만 아니라 관계 법령의 규정내용과 취지에 따라야 한다고 판단하였다.

④ 대법원은 행정적 편의를 도모하기 위해 법령의 위임을 받아 제정된 절차적 규정을 법령보충적 행정규칙으로 본다.

> **TIPS!**
>
> ④ 법인은 법인세 신고 시 세무조정사항을 기입한 소득금액조정합계표와 유보소득 계산 서류인 적정유보초과 소득조정명세서(을) 등을 신고서에 첨부하여 제출하여야 하는데, 위 소득금액조정합계표 작성요령 제4호 단서는 잉여금 증감에 따른 익금산입 및 손금산입 사항의 처분인 경우 익금산입은 기타 사외유출로, 손금산입은 기타로 구분하여 기입한다고 규정하고 있고, 위 적정유보초과소득조정명세서(을) 작성요령 제6호는 각 사업연도 소득금액계산상 배당·상여·기타소득 및 기타 사외유출은 소득금액조정합계표의 배당·상여·기타소득 및 기타 사외유출 처분액을 기입한다고 규정하고 있는바, 위와 같은 작성요령은 법률의 위임을 받은 것이기는 하나 법인세의 부과징수라는 행정적 편의를 도모하기 위한 절차적 규정으로서 단순히 행정규칙의 성질을 가지는 데 불과하여 관세관청이나 일반국민을 기속하는 것이 아니므로, 비록 납세의무자가 소득금액조정합계표 작성요령 제4호 단서에 의하여 잉여금 증감에 따라 익금산입된 금액을 기타 사외유출로 처분하였다고 하더라도 그 금원이 사회에 유출된 것이 분명하지 아니한 경우에는 이를 기타 사외유출로 보아 유보소득을 계산함에 있어 공제할 수 없다(대법원 2003. 9. 5, 2001두403).
> ① 행정 효율과 협업 촉진에 관한 규정 제4조 제2호
> ② 대판 1994. 9. 10, 94두33
> ③ 대판 2013. 9. 12, 2012두28865

18 다음 중 행정규칙에 관한 설명으로 옳지 않은 것은?

① 재량준칙의 준법규성이 인정되고 있다.

② 판례는 부령의 형식으로 된 행정규칙의 법규성을 인정하지 않는다.

③ 행정규칙도 일반·추상적인 명령이므로 국민을 일반적으로 구속한다.

④ 행정규칙이 행정소송법상의 처분으로 인정되면 직접 행정소송의 대상이 될 수도 있다.

> **TIPS!**
>
> ③ 행정규칙이 일반적·추상적인 규범의 일종이지만 국민에 대한 일반적 구속력은 인정되지 않는다.
> ② 판례는 대통령령의 형식으로 된 행정규칙은 법규성을 인정하지만 부령의 형식으로 된 행정규칙은 법규성을 인정하지 않는다.

Answer 17.④ 18.③

19 다음 중 판례상 법규성이 인정되고 있는 것은?

① 영조물 규칙
② 청문절차를 정하고 있는 국무총리 훈령
③ 재량처분의 기준을 정하고 있는 부령
④ 재량처분의 기준을 정하고 있는 대통령령

> **TIPS!**
> ④ 같은 재량처분의 기준을 정하고 있는 것이라도 그 형식이 대통령령인 시행령에 대해서는 법규성을 인정하는 것이 최근 판례의 입장이다.
> ①② 행정규칙으로서 판례는 법규성을 부인하고 있다.
> ③ 그 형식이 위임명령으로서의 부령으로 되어 있더라도 판례는 그 실질이 행정기관 내부에 있어서의 사무처리기준에 불과하다며 그 법규성을 부인하고 있다.

20 행정규칙에 관한 설명 중 옳지 않은 것은?

① 고시가 법령의 수권에 의해 법령을 보충하는 사항을 정하는 경우 법적 구속력을 갖는다.
② 독일법상 규범구체화행정규칙은 법령의 수권 없이 제정됨에도 불구하고 법적 구속력을 갖는다.
③ 재량준칙의 대외적 구속력을 인정한 판례도 있다.
④ 법규적 성질을 갖는 행정규칙은 공포됨으로써 법규명령의 효력을 갖는다.

> **TIPS!**
> ④ 행정규칙의 효력 발생은 공포를 요하지 않는다. 이 점은 법규적 성질을 갖는 행정규칙의 경우라 해도 마찬가지이다.

02 행정행위

section 1 의의

(1) 개설

① 행정행위의 개념은 실정법상의 개념이 아니라 학문상의 개념이다. 실정법상으로는 인가·허가·면허·특허·결정·재결 등의 여러 명칭으로 불리우나 그 실질에 따라 판단해야 한다.
   ※ 행정처분 : 실정법(행정소송법, 행정절차법 등)상 개념

② 행정행위에 해당하는 작용은 행정청이 국민의 권리·의무에 일방적·구체적 변동을 가져오는 권력적 작용으로서 다른 행정작용과는 달리 공정력·확정력·강제력 등이 인정되고 그에 대한 구제제도도 특수성이 인정되므로 개념의 정립에 실익이 있다.

③ 「행정심판법」·「행정소송법」상의 '처분'은 행정행위와 동의어는 아니라는 것이 일반적인 견해이다.

(2) 행정행위의 의의

① **최광의** … 행정청이 행하는 일체의 행위로 통치행위, 사실행위, 법적 행위(공법행위·사법행위) 등이 포함된다.

② **광의** … 행정청에 의한 공법행위로 사법행위, 입법행위, 협의의 행정행위 등이 포함된다.

③ **협의** … 행정청이 구체적 사실에 관한 법 집행으로서 행하는 공법행위로 행정입법·통치행위는 배제되는 권력적 단독행위, 관리행위(공법상 계약, 공법상 행동행위) 등이 포함된다.

④ **최협의(통설)** … 행정청이 법 아래서 구체적 사실에 관한 법 집행으로서 행하는 권력적·단독적인 공법행위이다.

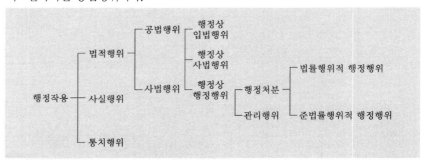

(3) 행정행위의 개념요소

① **행정청의 공법행위** … 행정청이란 행정주체의 의사를 외부적으로 결정·표시할 수 있는 권한을 가진 기관을 말한다. 행정조직법상의 행정기관에 국한되는 것이 아니라 공사 기타 공법인도 포함되며 공무수탁사인도 행정청에 포함된다. 그러나 행정기관 중 보좌기관의 행위는 포함되지 않는다.

② **구체적인 사실에 대한 규율행위** … 일반·추상적인 법률이나 조례, 규칙 등은 특정 범위의 사람을 대상으로 하는 경우라고 할지라도 행정행위가 아니다. 그러나 구체적인 사실을 규율하는 한 불특정 다수인을 대상으로 하는 일반처분도 행정행위에 해당한다(도로통행금지 등).

> **판례** 조례의 처분성 인정 : 경기도 두밀분교 통폐합에 관한 조례가 행정청의 행위 없이도 그 자체로서 직접 국민의 권리의무나 법적 이익에 영향을 미치는 등 법률상 효과를 발생하는 경우 그 조례는 항고소송의 대상이 되는 행정처분에 해당한다(대판 1996. 9. 20, 95누8003).

> **◆POINT 일반처분**
> ㉠ 의의 : 불특정 다수인을 대상으로 하여 구체적인 사실에 대해 발하여지는 행정청의 단독적·권력적 규율행위를 말한다. 규율의 수범자가 불특정 다수인이라는 점에서 일반적이지만 그 규율대상이 시간·공간 등의 관점에서 특정된다는 점에서 구체적이다. 이러한 일반처분은 집행과 입법의 중간에 있다는 주장도 있으나 행정행위의 일종이라고 보는 것이 다수설이다.
> ㉡ 종류
> • 대인적 일반처분: 구체적 사안과 관련하여 일반적 기준에 따라 결정되는 자를 대상으로 하여 발하는 행정행위이다. 특정일, 특정 시간, 특정 장소에서의 집회행위의 금지조치 등이 있다.
> • 물적 행정행위: 직접적으로는 물건에 대한 규율을 내용으로 하나 간접적으로 사람에 대해 적용되는 처분을 말한다. 도로의 공용개시행위, 속도제한, 일방통행표지판 등이 있다.
> ㉢ 독일에서는 물건의 이용관계에 관한 규정도 일반처분에 포함시키고 있으나 우리나라에서는 이를 영조물 규칙으로 본다.

③ **외부에 대하여 직접 법적 효과를 발생하는 행위** … 행정행위는 행정조직 내부의 영역을 넘어서 개인에 대하여 직접적으로 권리·의무의 발생·변경·소멸 등의 법적 효과를 가져오는 행위이다. 따라서 행정기관의 내부적 행위는 행정행위가 아니다. 단, 특별권력관계에 있어서 그 구성원에 대한 처분에 대해서는 원칙적으로 행정행위의 성격을 인정하는 것이 학설·판례의 입장이다.

④ **권력적 단독행위** … 공권력의 행사로서 행정청이 일방적으로 국민에게 권리를 부여하거나 의무를 명하고 또는 권리·의무관계를 규율·확정하는 행위이다.

기출PLUS

기출 2016. 6. 25. 서울특별시

행정행위에 대한 설명으로 옳은 것은?
① 행정행위는 행정주체가 행하는 구체적 사실에 관한 법집행 작용이므로 공법상 계약, 공법상 합동행위도 행정행위에 포함된다.
② 구체적 사실을 규율하는 경우라도 불특정 다수인을 상대방으로 하는 처분이라면 행정행위가 아니다.
③ 사전결정(예비결정)은 단계화된 행정절차에서 최종적인 행정결정을 내리기 전에 이루어지는 행위이지만, 그 자체가 하나의 행정행위이기도 하다.
④ 부분허가(부분승인)는 본허가 권한과 분리되는 독자적인 행정행위이기 때문에 부분허가를 위해서는 본허가 이외에 별도의 법적 근거를 필요로 한다.

〈정답 ③

기출 2017. 4. 8. 인사혁신처

행정행위에 대한 설명으로 옳은 것은?

① 행정행위를 '행정청이 법 아래서 구체적 사실에 대한 법집행으로서 행하는 공법행위'로 정의하면, 공법상 계약과 공법상 합동행위는 행정행위의 개념에서 제외된다.

② 강학상 허가와 특허는 의사표시를 요소로 한다는 점과 반드시 신청을 전제로 한다는 점에서 공통점이 있다.

③ 행정행위의 효력으로서 구성요건적 효력과 공정력은 이론적 근거를 법적 안정성에서 찾고 있다는 공통점이 있다.

④ 「행정소송법」상 처분의 개념과 강학상 행정행위의 개념이 다르다고 보는 견해는 처분의 개념을 강학상 행정행위의 개념보다 넓게 본다.

‹ 정답 ④

(4) 행정쟁송법상의 '처분'의 개념과의 관계

① **의의** … 행정심판법 제2조에서 '처분이라 함은 행정청이 행하는 구체적 사실에 관한 법집행으로서의 공권력의 행사 또는 그 거부와 그 밖에 이에 준하는 행정작용을 말한다'라고 정의하고 있다. 이에 학문상의 '행정행위'의 개념과 쟁송상의 '처분'의 개념을 동일한 개념으로 볼 것인가에 대해 일원설과 이원설이 대립하고 있다.

② **일원설**(실체법상 개념설) … 행정행위와 처분의 개념을 동일한 것으로 파악하고 처분과 타 행정작용과의 구별을 탐구하는 이론이다.

POINT 형식적 행정행위 … 일본에서 인정되고 있는 개념으로서 일원론의 전제하에 국민의 생활에 직접 영향을 주는 비권력적 행정작용(육교 건설 등)을 '형식적 행정행위'라는 관념을 통해 행정행위에 포함시킴으로써 처분의 대상을 넓히고자 하는 이론을 말한다. 그러나 우리나라에서는 형식적 행정행위의 개념을 인정하지 않고 있다.

③ **이원설**(절차법상 개념설) … 행정행위보다 처분의 개념을 넓은 것으로 인식하여 항고소송의 대상을 넓히고자 하는 이론이다. 이원설에 따르면 행정행위에 속하지 않는 행정규칙, 행정지도 등 사실행위도 처분에 속하게 되어 항고소송의 대상이 넓어지게 된다.

④ **결론** … 우리나라에서는 행정행위와 처분에 대하여 학설의 대립이 심하고 판례도 입장이 분명하지는 않지만, 일반적으로 행정행위와 처분의 개념을 동일시하지는 않고 있다. 다만, 판례는 일관되게 권력적 사실행위를 처분으로 보고 있다.

section 2 행정행위의 특수성

(1) 법적합성

행정행위를 발할 때에는 반드시 법적인 근거가 있어야 하고 이에 적합하여야 한다. 이 때의 법은 원칙적으로 의회가 제정한 형식적 의미의 법률을 의미한다.

(2) 공정성

행정행위는 그 성립에 중대·명백한 하자가 있어 무효가 되는 경우를 제외하고는 권한 있는 기관이 이를 취소하기까지는 그 상대방은 물론이고 행정청과 제3자도 이에 구속된다.

(3) 실효성(강제성)

행정청이 법률의 규정에 따라 스스로 그 이행을 강제할 수 있고(자력집행성) 의무위반에 대하여 일정한 제재를 가하여 그 의무이행을 확보할 수 있는 특성(제재성)을 말한다.

(4) 확정성(불가쟁력 · 불가변력)

행정행위는 위법한 것이라도 그 하자가 중대 · 명백하여 무효가 되는 경우를 제외하고는 일정한 기간이 지나면 그 효력을 더 이상 다툴 수 없게 되는 바 이를 불가쟁력이라고 한다. 또한 행정청 스스로도 당해 행위의 성질 또는 법적 안정성 등의 견지에서 행정행위를 취소 · 변경할 수 없는 바 이를 불가변력이라고 한다. 행정행위가 이 두 가지 힘을 갖는 것을 행정행위의 확정성이라고 한다.

(5) 행정행위에 대한 구제수단의 특수성

영 · 미식 사법국가주의를 채택하므로 행정사건도 일반 법원에서 관할하고 있으나 민사소송과 달리 행정상의 손해전보제도 또는 행정쟁송절차상의 여러 가지 특수성이 인정되고 있다.

> **POINT** 행정행위의 기능
> ㉠ 행정실체법상의 기능 : 일반 · 추상적인 법률을 개별 · 구체화하여 특정인의 권리 및 의무를 명백하게 확정시키는 실체법상의 행위
> ㉡ 행정절차법상의 기능 : 행정절차법이 요구하는 일련의 행정절차를 거쳐야만 발할 수 있는 행위
> ㉢ 행정집행법상의 기능 : 명령불이행에 대하여 직접 강제집행이 가능
> ㉣ 행정쟁송법상의 기능 : 행정쟁송의 종류 결정과 관련됨

section 3 행정행위의 종류

(1) 법률행위적 행정행위와 준법률행위적 행정행위

의사표시를 구성요소로 하는가, 의사표시 이외의 정신작용(인식, 판단)의 표현을 요소로 하는가에 따라 법률행위적 행정행위와 준법률행위적 행정행위로 구분된다. 양자의 구별 실익은 행정청에 재량을 인정할 수 있는지 그리고 부관을 붙일 수 있는지의 여부에 있다.

① **법률행위적 행정행위** … 법적 효과가 행정청의 효과의사의 내용에 따라 발생하는 행위이다. 하명 · 허가 · 면제 · 특허 · 인가 · 대리 등이 해당한다.

② **준법률행위적 행정행위** … 의사표시 이외의 행정청의 단순한 정신작용의 표현에 의하여 행해지고 그 효과는 법령의 규정에 따라 직접 부여되는 행위이다. 확인 · 공증 · 통지 · 수리 등이 해당한다.

기출PLUS

기출 2014. 3. 22. 사회복지직
준법률행위적 행정행위가 아닌 것은?
① 발명특허
② 교과서의 검정
③ 도로구역의 결정
④ 행려병자의 유류품처분

〈 정답 ④

(2) 기속행위와 재량행위(법규에 의한 구속성 정도)

① **기속행위** … 법이 어떤 요건하에서 어떤 행위를 할 것인가에 관해 일의적·확정적으로 규정함으로써 법이 정한 일정한 요건이 충족되어 있을 때 법이 정한 효과로서 일정한 행정행위를 반드시 하도록 되어 있는 경우의 행정행위를 말한다.

> **예** "노동조합이 설립신고서를 행정청에게 제출한 경우, 행정청은 법상의 형식적 요건에 결함이 없는 한 신고증을 교부하여야 한다."고 규정한 경우, 행정청은 법상의 요건이 충족되는 한 신고증 교부를 거부할 수 없고, 거부한 경우는 위법한 처분이 된다.

② **재량행위** … 복수행위 간에 선택의 자유가 인정되어 있는 경우의 행정행위를 말한다.

> **예** "외국인으로서 대한민국에 특별한 공로가 있는 자는 법무부장관이 그 귀화를 허가할 수 있다." 라고 규정한 경우, 법무부장관은 허가처분을 발할 수도 있고 불허가처분을 발할 수도 있는 선택의 자유가 있다. 상대방은 행정청이 불허가처분을 발하였다 하여도 원칙적으로는 그에 대하여 불복할 수 없다.

(3) 수익적 행정행위·침익적 행정행위·복효적 행정행위

① **수익적 행정행위** … 상대방에게 권리·이익을 부여하는 행정행위를 말한다. 대개 상대방의 신청을 요하는 쌍방적 행정행위이다. 위법한 거부·부작위에 대해서는 취소심판, 취소소송, 의무이행심판, 부작위위법확인소송이 가능하다. 수익적 행정행위의 무효·취소·철회에 있어서는 신뢰보호의 원칙이 적용된다.

② **침익적 행정행위** … 상대방에게 의무를 부과하거나 권리·이익을 침해·제한하는 등의 불이익처분을 의미한다. 반드시 법률의 근거가 필요하고 기속행위인 것이 보통이다. 침익적 행정행위로 인한 부당한 권리침해를 방지하기 위해 일정한 절차를 거칠 것이 요청되며 일반법으로서 행정절차법이 마련되어 있다.

③ **복효적 행정행위**

　㉠ **의의** : 하나의 행위가 수익과 침익이라는 복수의 효과를 발생하는 행위를 말하는 것으로 이중효과적 행정행위라고도 한다. 이는 다시 제3자효 행정행위와 혼합효 행정행위로 나뉜다.

　　• 제3자효 행정행위(협의의 복효적 행정행위) : 한 사람에게는 수익적이나 다른 한 사람에게는 침익적인 경우를 말한다. 이는 오늘날 제3자의 권리구제와 관련하여 중요성이 부각되고 있다.

　　• 혼합효 행정행위 : 행정행위의 상대방에게 수익적 효과와 침익적 효과가 동시에 발생하는 경우를 말한다.

　㉡ **특성** : 일반적으로 행정행위는 상대방에 통지되어야 효력을 발생한다. 그러나 복효적 행정행위에 있어서 직접 상대방 외에 제3자에 대한 통지의무를 규정한 법령은 없다. 다만, 「행정절차법」이 의견청취의무와 의견제출에 관한 규정만을 두고 있을 뿐이다.

　㉢ **취소·철회** : 제3자에게 수익이 되는 행정행위는 취소·철회가 제한된다. 그러나 복효적 행정행위의 취소·철회에 있어서는 공익 및 상대방의 신뢰보호뿐만 아니라 제3자의 이익도 구체적으로 비교형량하여야 한다.

ⓔ 복효적 행정행위에 대한 행정쟁송

- 제3자의 원고적격문제 : 제3자의 피침해 이익이 법적으로 보호되는 법률상 이익인 경우에는 제3자의 원고적격이 인정된다. 그 동안 판례는 제3자의 이익을 단순한 반사적 이익이라 하여 원고적격을 인정하는 데 소극적이었으나 근래 들어 점차 원고적격을 넓혀가고 있다. 판례는 LPG 충전소인근주민에게 원고적격을 인정한 바 있다.
- 행정개입청구권 : 행정청의 공장설립허가 등으로 인해 인근주민이 생명·신체에 중대한 위협을 받게 된 때에는 인근주민은 행정청에 대해 규제를 청구할 수 있는바 이것이 이른바 행정개입청구권이다.

(4) 단독적 행정행위와 쌍방적 행정행위(상대방의 협력 여부에 따른 분류)

① 단독적 행정행위 … 상대방의 협력을 요건으로 하지 않는 독립적이고 일방적인 행정행위를 말한다. 조세부과, 허가의 취소 등이 여기에 포함된다.

② 쌍방적 행정행위 … 상대방의 협력을 유효요건 또는 적법요건으로 하는 행정행위로서 허가·인가·특허와 같이 상대방의 신청을 요건으로 하는 행정행위와 공무원 임명과 같이 상대방의 동의를 요하는 행정행위가 있다. 신청 등이 없이 행한 행정행위는 무효로 된다.

(5) 대인적 행정행위·대물적 행정행위·혼합적 행정행위(대상에 따른 분류)

① 대인적 행정행위 … 오직 사람의 학식·기술·경험과 같은 주관적인 사정에 착안하여 행하여지는 행정행위를 말한다(의사면허, 자동차운전면허, 인간문화재 지정 등).

② 대물적 행정행위 … 행정행위가 오직 물건의 객관적 사정에 착안하여 행하여지는 경우를 말한다(자동차검사증 교부, 건물준공검사, 자연공원지정 등).

③ 혼합적 행정행위 … 인적·주관적 사정과 물적·객관적 사정을 모두 고려하여 행하여지는 경우이다(석유사업허가, 전당포영업허가 등).

④ 구별 실익 … 당해 허가·특허 등의 법률효과에 대한 이전성의 인정 여부에 있다.
- ㉠ 대인적 행정행위 : 원칙적으로 일신전속적이기 때문에 이전될 수 없다.
- ㉡ 대물적 행정행위 : 이전 또는 상속이 인정된다.
- ㉢ 혼합적 행정행위 : 이를 이전하려면 관련 법규상 다시 양수자의 주관적 및 객관적 사정에 대한 행정청의 승인·허가를 받도록 하고 있는 것이 보통이다.

(6) 적극적 행정행위와 소극적 행정행위

하명·허가·특허 등 현재의 법률상태의 변경을 가져오는 행정행위를 적극적 행정행위라 하고, 거부처분 등 현재의 법률상태를 그대로 존속시키려는 행정행위를 소극적 행정행위라 한다.

TIP

쌍방적 행정행위와 쌍방적 행위(공법상 계약)의 구별 … 쌍방적 행정행위는 상대방의 신청 또는 동의라는 의사표시가 있기는 하나 그 법률관계의 내용은 법규에 기한 행정청의 결정에 의해 일방적으로 결정될 따름이고 당해 행위가 행정청과 상대방의 의사의 합치에 의하여 성립하는 것은 아니라는 면에서 쌍방적 행위(공법상 계약)와 구별된다. 다만, 양자 모두 상대방의 협력 또는 계약 당사자로서의 행위가 결여되면 무효로 된다는 점에서 양자의 구별 실익이 큰 것은 아니다.

(7) 가행정행위와 종행정행위

가행정행위란 종행정행위가 있을 때까지 잠정적·임시적으로만 구속력을 가지는 행위형식을 말한다. 이는 조세법 등의 영역에서 인정되고 있다(납세신고−과세처분의 효과발생−과세행정청의 경정결정). 종행정행위란 법적 효과 또는 구속력이 최종적으로 결정되는 행정행위로서 대부분의 행정행위가 여기에 해당한다.

section 4 기속행위와 재량행위

(1) 의의

① 재량행위의 인정 이유

    ㉠ 행정청의 전문적·기술적 판단의 존중이라는 권력분립적 고려가 필요하다.

    ㉡ 법이 가능한 모든 경우를 예상하여 완전하게 규정한다는 것은 입법기술상 불가능하다는 현실적 이유에서 재량행위가 인정된다.

(2) 기속행위와 재량행위의 구별필요성

① 공권의 내용 … 기속행위인 경우에는 실체적 공권이 성립하나, 재량행위인 경우에는 무하자재량행사청구권 등 형식적·절차적 공권만이 성립한다.

② 행정소송의 대상 여부 … 기속행위의 경우에는 그 위반시 곧바로 위법이 되어 행정심판과 행정소송 모두의 대상이 되나, 재량행위에서는 재량을 그르친 경우 부당에 그치므로 행정심판의 대상이 될 뿐 행정소송의 대상이 되지는 않는다. 다만, 재량의 일탈·남용에 이르면 위법이 되어 행정소송의 대상이 된다.

③ 부관의 허용성 여부 … 견해의 대립은 있으나 원칙적으로 기속행위에는 부관을 붙일 수 없고, 재량행위에는 부관을 붙일 수 있다.

(3) 기속행위와 재량행위의 구별기준

① 요건재량설(법규성, 판단재량설) … 당해 법률이 요건규정에 공백을 두거나 종국목적(공익) 또는 중간목적만을 규정하고 있으면 행정청에 재량을 준 것으로 보고 그렇지 않으면 기속행위인 것으로 보는 견해다. 그러나 종국목적·중간목적의 구별이 애매하고 법률문제인 요건 인정을 사실문제인 재량으로 오인하고 있다는 비판을 받고 있다.

② **효과재량설(성질설)** … 재량의 여부는 요건이 아니라 법률효과의 선택에 판단의 여지가 인정되는가의 여부에 따라 결정된다는 학설이다. 이는 그 성질을 기준으로 하여 행정행위가 국민의 권리·이익을 제한·침해하거나 의무를 부과하는 침익적 행위는 기속행위이고 새로운 권리를 설정하거나 기타 이익을 부여하는 수익적 행위는 재량행위라고 한다. 그러나 침익적 행위에도 재량행위가 되는 경우가 많고 수익적 행정영역에서도 획일적으로 기속되는 경우가 적지 않다는 점에서 비판이 가해지고 있다.

③ **개별판단설(통설·판례)** … 재량의 수권 여부는 해당 근거법규의 규정형식('~할 수 있다.'의 경우에는 재량행위, '~해야 한다.'의 경우에는 기속행위), 작용의 성질, 헌법상 기본권과의 관련성 등을 종합적으로 검토하여 개별·구체적으로 판단하여야 한다.

> **판례** 행정행위가 그 재량성의 유무 및 범위와 관련하여 이른바 기속행위 내지 기속재량행위와 재량행위 내지 자유재량행위로 구분된다고 할 때, 그 구분은 당해 행위의 근거가 된 법규의 체재·형식과 그 문언, 당해 행위가 속하는 행정 분야의 주된 목적과 특성, 당해 행위 자체의 개별적 성질과 유형 등을 모두 고려하여 판단하여야 하고, 이렇게 구분되는 양자에 대한 사법심사는, 전자의 경우 그 법규에 대한 원칙적인 기속성으로 인하여 법원이 사실인정과 관련 법규의 해석·적용을 통하여 일정한 결론을 도출한 후 그 결론에 비추어 행정청이 한 판단의 적법 여부를 독자의 입장에서 판정하는 방식에 의하게 되나, 후자의 경우 행정청의 재량에 기한 공익판단의 여지를 감안하여 법원은 독자의 결론을 도출함이 없이 당해 행위에 재량권의 일탈·남용이 있는지 여부만을 심사하게 되고, 이러한 재량권의 일탈·남용 여부에 대한 심사는 사실오인, 비례·평등의 원칙 위배, 당해 행위의 목적 위반이나 동기의 부정 유무 등을 그 판단 대상으로 한다(대판 2001. 2. 9. 98두17593).

④ **판단여지설과 불확정 개념**

ㄱ 의의 : 행정법규는 일반적으로 요건규정과 효과규정으로 구성되어 있는바 요건규정에 불확정 개념(중대한 사유, 공공의 안녕과 질서, 공익을 해하지 않는 한 등)이 사용되는 경우가 많은데 이 경우 행정청이 이들 불확정 개념을 해석·적용함에 있어 판단의 여지가 있는가가 문제된다. 요건규정에 불확정 개념이 사용된 경우에도 이는 법개념으로서 법원이 그 개념을 해석·판단할 수 있으므로 당해 행위는 기속행위임에 틀림없으나 일정한 경우 행정부의 판단을 존중하여 사법심사를 자제한다는 것이 판단여지설이다. 이는 기속·재량행위의 구별기준과 별 관계는 없으나 요건재량설을 비판하기 위해 등장한 개념이다. 즉, 요건재량설은 요건에 공백규정이 있으면 원칙상 이는 재량행위라고 하나 판단여지설은 원칙상 기속행위이나 사법부가 판단을 자제할 뿐이라는 것이다. 따라서 양자는 이론상 구별되나 결과적으로는 차이가 없다.

ㄴ 인정영역
- 비대체적 결정(근무성적평정, 시험채점 등)
- 구속적 가치평가(문화·예술작품평가 등)
- 장래예측 및 결정
- 형성결정

ㄷ 한계 : 행정부에 판단여지를 주더라도 조직법상 또는 절차상 규정을 지켜야 하고 행정법의 일반원칙도 준수해야 한다.

기출 2017. 4. 8. 인사혁신처

불확정개념과 판단여지 및 기속행위와 재량행위에 대한 설명으로 옳지 않은 것은?

① 판단여지를 긍정하는 학설은 판단여지는 법률효과 선택의 문제이고 재량은 법률요건에 대한 인식의 문제라는 점, 양자는 그 인정근거와 내용 등을 달리하는 점에서 구별하는 것이 타당하다고 한다.

② 대법원은 재량행위에 대한 사법심사를 하는 경우에 법원은 행정청의 재량에 기한 공익판단의 여지를 감안하여 독자적인 판단을 하여 결론을 도출하지 않고, 당해 처분이 재량권의 일탈·남용에 해당하는지의 여부만을 심사하여야 한다고 한다.

③ 대법원은 처분을 할 것인지 여부와 처분의 정도에 관하여 재량이 인정되는 과징금 납부명령에 대하여 그 명령이 재량권을 일탈하였을 경우, 법원으로서는 재량권의 일탈 여부만 판단할 수 있을 뿐이지 재량권의 범위 내에서 어느 정도가 적정한 것인지에 관하여는 판단할 수 없어 그 전부를 취소할 수밖에 없고, 법원이 적정하다고 인정하는 부분을 초과한 부분만 취소할 수는 없다고 한다.

④ 다수설에 따르면 불확정개념의 해석은 법적 문제이기 때문에 일반적으로 전면적인 사법심사의 대상이 되고, 특정한 사실관계와 관련하여서는 원칙적으로 일의적인 해석(하나의 정당한 결론)만이 가능하다고 본다.

〈정답 ①

기출PLUS

기출 2015. 4. 18. 인사혁신처

재량권의 한계에 대한 설명으로 옳은 것은?

① 재량권의 일탈이란 재량권의 내적 한계를 벗어난 것을 말하고, 재량권의 남용이란 재량권의 외적 한계를 벗어난 것을 말한다.
② 판례는 재량권의 일탈과 재량권의 남용을 명확히 구분하고 있다.
③ 재량권의 불행사에는 재량권을 충분히 행사하지 아니한 경우는 포함되지 않는다.
④ 개인의 신체, 생명 등 중요한 법익에 급박하고 현저한 침해의 우려가 있는 경우 재량권이 영으로 수축된다.

＜정답 ④

㉣ 판례 : 교과서 검인정사건과 감정평가사사건에서 재량의 일탈·남용이 없는 한 사법심사는 인정되지 않는다고 한 바 있다.

(4) 재량행위의 위법사유

① **재량권의 일탈·남용** … 일탈이란 관계법상의 재량권의 외적 한계(법에 의하여 허용된 재량권의 범위)를 넘어서는 것을 말하고 남용이란 재량권의 내적 한계(법의 목적 및 헌법 원칙과 조리상의 원칙 등에 의한 제한)를 넘어서는 것을 말한다. 그러나 양자의 구별 실익은 없고 판례도 양자를 구별하지 않고 있다. 6개월 이하의 영업정지처분을 할 수 있다고 규정되어 있는 경우에 1년간의 영업정지처분을 한 경우 등이 이에 해당한다.

> **판례** 구 「도시계획법」(2000. 1. 18. 법률 제6243호로 전문 개정되기 전의 것)상의 개발제한구역 내에서의 건축물 용도변경에 대한 허가가 가지는 예외적인 허가로서의 성격과 그 재량행위로서의 성격에 비추어 보면, 그 용도변경의 허가는 개발제한구역에 속한다는 것 이외에 다른 공익상의 사유가 있어야만 거부할 수가 있고 그렇지 아니하면 반드시 허가를 하여야만 하는 것이 아니라 그 용도변경이 개발제한구역의 지정 목적과 그 관리에 위배되지 아니한다는 등의 사정이 특별히 인정될 경우에 한하여 그 허가가 가능한 것이고, 또 그에 관한 행정청의 판단이 사실오인, 비례·평등의 원칙 위배, 목적위반 등에 해당하지 아니하면 이를 재량권의 일탈·남용이라고 하여 위법하다고 할 수가 없다(대결 2001. 2. 9., 98두17593).

> **판례** 지방식품의약품안전청장이 수입 녹용 중 전지 3대를 절단부위로부터 5cm까지의 부분을 절단하여 측정한 회분함량이 기준치를 0.5% 초과하였다는 이유로 수입 녹용 전부에 대하여 전량 폐기 또는 반송처리를 지시한 경우, 녹용 수입업자가 입게 될 불이익이 의약품의 안전성과 유효성을 확보함으로써 국민보건의 향상을 기하고 고가의 한약재인 녹용에 대하여 부적합한 수입품의 무분별한 유통을 방지하려는 공익상 필요보다 크다고는 할 수 없으므로 위 폐기 등 지시처분이 재량권을 일탈·남용한 경우에 해당하지 않는다(대결 2006. 4. 14., 2004두3854).

② **목적위반** … 공익목적을 위반하여 악의, 정치적 배려, 사익도모 등의 목적으로 하는 경우를 말한다. 또한 일반적 공익목적에는 부합하나 관계법상의 구체적 목적에 배치된다면 그 경우에도 위법한 처분이 된다. 판례는 소방법에 기한 가택출입검사는 화재의 예방·진압을 목적으로 하는 것으로서 소방법에 기하여 범죄예방의 목적으로 가택출입을 하면 위법한 행위가 된다고 한바 있다.

③ **사실오인** … 일정한 사실이 재량처분의 요건으로 규정되어 있는 경우, 이에 반하면 위법하여 재판통제가 미친다. 판례는 임지에서 육지로 항해 중 심한 풍랑으로 인해 부득이 임지로 돌아가지 못한 경우 이를 직무태만이라 하여 면직처분을 하였다면 이는 재량의 범위를 벗어난 것이라고 하였다.

④ **재량권의 불행사** … 법령이 행정청에 재량권을 부여한 취지는 구체적인 사정에 따라 가장 적합한 결정을 하도록 하려는 데에 있으므로 행정청이 구체적 사정을 고려하지 않거나 제이익을 형량하지 않고 결정을 하면 그것은 재량권의 불행사로서 위법한 것이 된다.

⑤ **비례원칙의 위반** … 행정목적과 수단 간에는 적절한 균형이 성립되어야 하는 것인 바, 수단이 목적에 비해 과도하게 국민의 권익을 침해하는 것인 때에는 당해 재량처분은 위법하다. 판례는 유흥장소에 미성년자를 출입시켜 주류를 제공하였다는 단 1회의 식품위생법 위반사실을 이유로 가장 중한 영업취소를 한 처분은 비례원칙에 비춰 볼 때 재량을 넘은 처분이라 하였다.

⑥ **평등원칙(행정의 자기구속의 원리)의 위반** … 재량권 행사에 일정한 관행이 형성된 경우 동일한 사안에 대해서는 특별한 사유가 없는 한 관행에 따른 처분을 하여야 한다. 판례는 당직근무대기 중 심심풀이로 한 화투놀이를 한 사실로 인해 3명은 견책에 처하고 1명은 파면한 것은 평등의 원칙을 위반한 것으로 위법하다 하였다.

⑦ **재량권의 영(0)으로의 수축** … 행정청에 독자적 판단권이 부여되어 있는 재량행위일지라도 예외적 상황에서는 오직 하나의 결정처분만이 의무에 합당한 재량행사로 인정되는 경우가 있는데 이렇게 재량권이 영(0)으로 수축되는 경우에 당해 재량행위는 내용적으로는 기속행위로 전환된다고 볼 수 있다.

(5) 재량행위의 통제

① **입법적 통제**

  ㉠ **법규적 통제** : 의회가 관계 법률을 제정함에 있어 가능한 한 그 내용을 구체적이고 명확하게 규정할 필요가 있다.

  ㉡ **정치적 통제** : 국정감사 · 국정조사, 탄핵소추, 대정부질문, 국무위원해임건의 등을 통한 국정통제도 가능하다.

② **행정적 통제**

  ㉠ **상급행정청에 의한 통제** : 직무감독, 감사원의 감사, 상급행정청에 의한 직무감독, 재량준칙의 제정을 통해 재량권 행사의 자의성을 방지할 수 있다.

  ㉡ **내부적 통제** : 위법 · 부당한 재량행위의 취소 · 철회를 통해 내부적으로 통제할 수 있다.

  ㉢ **행정절차에 의한 통제** : 재량처분 형성과정에 있어서 청문회, 공청회, 이유부기 등의 절차를 거치게 함으로써 적법 · 타당한 재량권 행사를 담보할 수 있다.

  ㉣ **행정심판에 의한 통제** : 행정심판을 통해 위법 · 부당한 경우에 하급행정청을 통제할 수 있다.

③ **사법적 통제(사법심사)** … 재량권의 일탈 · 남용의 경우에는 위법한 처분이 되어 사법심사의 대상이 된다.

기출PLUS

기출 2018. 6. 23. 제2회 서울특별시

행정행위와 이에 대한 분류 또는 설명으로 가장 옳지 않은 것은?

① 한의사 면허 : 진료행위를 할 수 있는 능력을 설정하는 설권행위

② 행정재산에 대한 사용허가 : 특정인에게 행정재산을 사용할 권리를 설정하여 주는 행위

③ 재개발조합설립에 대한 인가 : 공법인의 지위를 부여하는 설권적 처분

④ 재개발조합의 사업시행계획 인가 : 조합의 행위에 대한 보충행위

〈정답 ①

section 5 행정행위의 내용

(1) 법률행위적 행정행위

행정청의 의사표시를 요소로 하며 해당 효과의사의 내용에 따라 법률효과를 발생하는 행정행위를 말한다. 이는 법률효과의 내용에 따라 명령적 행정행위와 형성적 행정행위로 나뉜다.

① **명령적 행정행위** … 상대방에게 일정한 의무를 과하거나 해제함을 내용으로 하는 행정행위를 말한다. 명령적 행정행위는 의무를 명하는 하명과 의무를 해제하는 허가·면제로 나뉜다.

  ㉠ 하명

  • 의의 : 일정한 작위·부작위·수인·급부를 명하는 행정행위를 말한다. 이 중에서 작위·수인·급부의무를 과하는 것을 명령이라 하고 부작위의무를 과하는 것을 금지라 한다.

  • 성질 : 부담적 행정행위이며 원칙적으로 기속행위이다.

  • 하명 위반의 효과 : 수명자가 하명에 따른 의무를 이행하지 않을 때에는 행정상 강제집행으로 그 이행을 강제당하거나 행정벌 기타 제재를 받게 된다. 그러나 하명은 사실로서 어떠한 행위를 하거나 하지 아니할 것을 명하는 데 불과하고 직접 사법행위의 효력을 제한 또는 부인하는 것은 아니기 때문에 하명에 위반한 행위의 사법적 효과는 인정된다. 그러나 필요한 경우에는 법률이 당해 행위 자체를 무효로 규정하는 경우도 있다.

  ㉡ 허가

  • 의의 : 법령에 의한 일반적·상대적 금지, 즉 부작위의무를 특정한 경우에 해제하여 자연적 자유를 회복시켜 주는 명령적 행정행위를 말한다. 실정법상 허가·면허·인가·특허·승인 등의 용어가 사용되었더라도 학문상의 허가와는 다르므로 그 실질에 따라 판단해야 한다. 허가는 상대적 금지(건축허가)의 경우에만 인정되고 절대적 금지(청소년 음주)를 해제하는 것은 인정되지 않는다.

  • 성질 : 법령에서 규정한 허가의 요건 자체는 기속행위로 파악하고 그 요건을 만족하면 허가해야함이 원칙이다. 다만 법령에서 처분청에게 구체적 사안에 따라 행정청에게 재량권을 부여하고 있는 경우에는 그 한도 내에서 행정청의 재량권 행사가 인정될 수 있다. 판례는 이른바 기속행위에도 제한적으로 재량권행사가 가능하다는 '기속재량행위'의 입장이다.

  • 허가의 판단시기 : 사인의 허가 신청에 대해 법령에서 요구하는 요건을 충족하면 행정청은 허가에 기속된다. 이 때 허가 신청 후 법령이 변경되어 기존의 요건이 추가되는 등으로 허가 신청이 요건을 갖추지 못하게 되는 경우가 발생할 수 있다. 판례는 행정청이 고의로 신청허가를 지연했다는 등의 특별한 사정이 없는 한, 허가의 판단시기는 실제 허가 처분시라는 입장이다.

  • 출원 : 허가는 상대방의 출원에 따라 행해지는 것이 보통이나 출원에 의하지 아니하는 경우도 있다(통행금지 해제). 상대방의 출원과 다른 수정허가도 가능하며 이 때에는 상대방의 동의에 의하여 효력이 완성된다.

- 종류 : 허가의 심사대상에 따라 대인적 허가(운전면허, 의사면허 등), 대물적 허가(건축허가, 차량검사합격처분 등), 혼합적 허가(가스사업허가, 총포류제조업허가 등)로 나뉜다. 대인적 허가는 이전이 불가능하고 대물적 허가는 이전이 가능하며 혼합적 허가는 이전이 제한된다. 이 외에도 허가의 목적에 따라 조직허가, 경찰허가, 재정허가, 군정허가 등으로 나눌 수 있다.
- 효과 : 허가는 상대적으로 금지되었던 자연의 자유를 회복하여 주는 것일 뿐 새로운 권리를 설정하는 것은 아니다. 따라서 이를 통해 얻는 이익은 반사적 이익에 불과하다. 다만, 관계법규의 취지가 적어도 개인의 이익도 보호하고자 하는 것인 때에는 당해 이익은 법적으로 보호되는 법률상 이익, 즉 공권이 된다.
- 무허가행위의 효과 : 허가를 받아야 할 행위를 허가없이 행한 경우 행정상 강제집행이나 처벌의 대상은 될 수 있지만 특별한 규정이 없는 한 그 행위 자체의 사법적(私法的) 효력은 그대로 인정된다(적법요건). 다만, 예외적으로 무효로 하는 경우도 있다.
- 허가의 승계 : 대인적 허가는 다른 사람에게 승계될 수 없으나 대물적 허가(예: 영업허가 등)은 그 물적승계에 따라 다른 사람에게 함께 이전한다. 따라서 영업의 양도인이 위반한 제재사유에 대해 영업양도계약이 이루어지고 이를 인수한 영업양수인의 영업에 대해서 제재적 처분을 내릴 수 있다.

판례 석유판매업자의 영업양도, 사망, 합병의 경우뿐만 아니라 경매 등의 절차에 따라 단순히 석유판매시설만의 인수가 이루어진 경우에도 석유판매업자의 지위승계를 인정하고 있는 점을 종합하여 보면, 석유판매업 등록은 원칙적으로 대물적 허가의 성격을 갖고, 또 석유판매업자가 같은 법 제26조의 유사석유제품 판매금지를 위반함으로써 같은 법 제13조 제3항 제6호, 제1항 제11호에 따라 받게 되는 사업정지 등의 제재처분은 사업자 개인의 자격에 대한 제재가 아니라 사업의 전부나 일부에 대한 것으로서 대물적 처분의 성격을 갖고 있으므로, 위와 같은 지위승계에는 종전 석유판매업자가 유사석유제품을 판매함으로써 받게 되는 사업정지 등 제재처분의 승계가 포함되어 그 지위를 승계한 자에 대하여 사업정지 등의 제재처분을 취할 수 있다(대판 2003. 10. 23. 2003두8005).

판례 유기장영업허가는 유기장영업권을 설정하는 설권행위가 아니고 일반적 금지를 해제하는 영업자유의 회복이라 할 것이므로 허가에 해당한다(대판 1985. 2. 8. 84누369).

판례 한의사 면허는 경찰금지를 해제하는 명령적 행위(강학상 허가)에 해당한다(대판 1998. 3. 10. 97누4289).

ⓒ 면제 : 법령에 의하여 일반적으로 부과되어 있는 작위·수인·급부의무를 특정한 경우에 해제하는 행정행위를 말한다(예방접종 면제, 조세면제 등). 의무를 해제한다는 점에서 허가와 동일하나 허가가 부작위의무의 해제인 데 비해 면제는 작위·수인·급부의무의 해제이다.

② **형성적 행정행위** … 국민에게 새로운 권리·능력 기타 법적 지위를 발생·변경·소멸시키는 행정행위를 말한다. 직접 상대방을 위하여 권리·능력 기타 법적 지위를 발생·변경·소멸시키는 특허, 타인을 위하여 그 행위의 효력을 보충하는 인가, 그리고 타인을 대신하여 행하는 대리로 나누어진다.

기출PLUS

기출 2018. 6. 23. 제2회 서울특별시

판례가 그 법적 성질을 다르게 본 것은?

① 학교환경위생정화구역의 금지행위해제
② 토지거래계약허가
③ 사회복지법인의 정관변경허가
④ 자동차관리사업자단체의 조합설립인가

〈정답 ①

기출PLUS

기출 2017. 3. 18. 제1회 서울특별시

다음 〈보기〉 중 강학상 특허인 것을 모두 고른 것은? (단, 다툼이 있는 경우 판례에 의함)

┌─ 보기 ─
〈보기〉
㉠ 공유수면매립면허
㉡ 재건축조합설립인가
㉢ 운전면허
㉣ 여객자동차운수사업법에 따른 개인택시운송사업면허
㉤ 귀화허가
㉥ 재단법인의 정관변경허가
㉦ 사립학교 법인임원취임에 대한 승인

① ㉠, ㉢
② ㉡, ㉣, ㉦
③ ㉠, ㉡, ㉤, ㉥
④ ㉠, ㉡, ㉣, ㉤

◀정답 ④

㉠ **특허**

- **의의**: 특정인을 위하여 특별한 권리를 설정하는 것으로 이는 강학상 구별되는 개념에 해당하여 실제로는 허가, 특허, 면허, 인가 등의 용어로 다양하게 사용되고 있다. 판례는 강학상 특허의 개념표지를 '공익적 요소를 고려하여 특정인에게 부여하는 특별한 권리'로 판시하고 있다.

- **성질**: 사인이 자연상태에서 가지고 있지 않은 권리를 행정행위로 부여한다는 점에서 형성적 성질이 있고, 공익을 고려하여 설정할 수 있으므로 행정청의 재량권 행사가 가능한 재량행위이다.

- **허가와의 구분**: 용어와 개념의 유사성으로 인해 허가와 특허는 쉽게 구분되지 않는다. 다만 허가는 일시적으로 금지된 자유행위를 회복시켜주는 것이고 특허는 공익상의 이유로 특정인에게 특별한 권리를 새롭게 부여하는 것이라는 점에서 가장 큰 구별점을 갖는다. 이러한 성질 때문에 기존 특허권자의 사업이익은 법률상 이익으로 인정될 수 있지만, 허가권자의 사업이익은 단순한 반사적 이익으로 취급된다.

판례 식품위생법의 관계규정의 취지를 종합하여 볼 때, 식품위생법상의 유흥접객업허가는 성질상 일반적 금지에 대한 해제에 불과하므로 허가권자는 허가신청이 법에서 정한 요건을 구비한 때에는 반드시 허가하여야 할 것이고, 허가제한 사유에 관한 같은 법 제24조 제1항 제4호 소정의 공익상 허가를 제한할 필요의 유무를 판단함에 있어서도 허가를 제한하여 달성하려는 공익과 이로 인하여 받게 되는 상대방의 불이익을 교량하여 신중하게 재량권을 행사하여야 한다(대판 1993. 2. 12. 92누4390).

판례 도로법 제40조 제1항에 의한 도로점용은 일반공중의 교통에 사용되는 도로에 대하여 이러한 일반사용과는 별도로 도로의 특정부분을 유형적·고정적으로 특정한 목적을 위하여 사용하는 이른바 특별사용을 뜻하는 것이고, 이러한 도로점용의 허가는 특정인에게 일정한 내용의 공물사용권을 설정하는 설권행위로서, 공물관리자가 신청인의 적격성, 사용목적 및 공익상의 영향 등을 참작하여 허가를 할 것인지의 여부를 결정하는 재량행위이다(대판 2002. 10. 25. 2002두5795).

판례 공유수면의 점·사용허가는 특정인에게 공유수면 이용권이라는 독점적 권리를 설정하여 주는 처분으로서 그 처분의 여부 및 내용의 결정은 원칙적으로 행정청의 재량에 속한다고 할 것이다(대판 2004. 5. 28. 2002두5016).

판례 출입국관리법상 체류자격 변경허가는 신청인에게 당초의 체류자격과 다른 체류자격에 해당하는 활동을 할 수 있는 권한을 부여하는 일종의 설권적 처분의 성격을 가지므로 허가권자는 신청인이 관계법령에서 정한 요건을 충족하였다고 하더라도 허가 여부를 결정할 수 있는 재량을 가진다(대판 2016. 7. 14. 2015두48846).

판례 개인택시운송사업면허는 특정인에게 권리나 이익을 부여하는 행정행위로서 법령에 특별한 규정이 없는 한 재량행위이고, 그 면허를 위하여 정하여진 순위 내에서의 운전경력인정방법의 기준설정 역시 행정청의 재량에 속한다(대판 2010. 1. 28. 2009두19137).

㉡ **인가**

- **의의**: 제3자의 법률행위를 보충하여 그 법률적 효력을 완성시키는 행정행위를 말한다(사업양도의 인가, 비영리법인 설립인가, 공공조합 설립인가, 사립대설립인가, 지방채기채승인, 토지거래계약허가, 하천사용권양도인가, 특허기업요금인가 등).

- 성질 : 효력요건이므로 무인가행위는 무효가 될 뿐 행정강제나 처벌의 대상이 되지는 않는다. 반면, 허가는 적법요건이므로 허가 없이 행한 행위는 위법하여 행정강제나 처벌의 대상이 되지만 원칙적으로 당해 행위가 무효로 되는 것은 아니다.
- 대상 : 당해 행위의 유효요건이므로 그 대상은 법률행위에 한정된다. 다만, 공법적 행위(공공조합의 정관변경 등)와 사법적 행위(비영리법인 설립, 지방채기채 등)가 모두 포함된다.
- 신청 및 수정인가 : 항상 신청에 의하여 행해진다. 또한 수정인가는 인정되지 않는다.
- 기본적 법률행위와의 관계 : 기본적 법률행위가 불성립 또는 무효인 경우에는 인가가 있어도 그 법률행위는 무효이고 따라서 그 인가도 무효가 된다. 또한 기본적 법률행위는 유효하고 인가만 무효인 경우에도 무인가 행위로서 무효이다.
- 하자를 다투는 방법 : 인가는 그 성질상 주된 처분에 종속된 것이기 때문에 하자가 존재하는 경우도 인가 자체에 하자가 있는 경우와 인가는 적법하나 주된 처분에 하자가 있는 경우가 존재한다. 판례는 기본행위에 하자가 있는 경우, 인가를 대상으로 한 항고소송은 법률상 이익이 없다는 입장이고, 기본행위는 적법하나 인가에 위법성이 있는 경우에는 그 인가처분의 무효나 취소를 구할 이익이 있다는 입장이다.

판례 사립학교법에 의한 학교법인의 임원에 대한 감독청의 취임승인은 학교법인의 임원선임행위를 보충하여 그 법률상의 효력을 완성케하는 보충적 행정행위로서 기본행위인 학교법인의 임원선임행위가 불성립 또는 무효인 경우에는 그에 대한 감독청의 취임승인이 있었다 하여도 이로써 무효인 그 선임행위가 유효한 것으로 될 수는 없다(대판 1987. 8. 18. 86누152).

[허가 · 특허 · 인가]

구분	허가	특허	인가
공통점	법률행위적 행정행위		
의의	자연적 자유를 회복	권리 · 능력을 설정	법률행위를 보충
목적	소극적 질서유지	적극적 복리증진	법률행위를 완성
성질	명령적 행정행위	형성적 행정행위	형성적 행정행위
재량성	기속행위	재량행위	재량행위
출원	필요 요건 아님	필요 요건임	필요 요건임
수정	수정 허가 가능	수정 특허 불가	수정 인가 불가
상대방	특정인 · 불특정인	특정인만 가능	특정인만 가능
효력	적법요건	효력요건	효력요건
예시	• 의사면허 • 운전면허 • 건축 · 영업허가 • 수출입허가 • 총포류영업허가	• 귀화 · 광업허가 • 어업면허 • 운수사업면허 • 공기업특허 • 공유수면매립면허 • 공무원 임명	• 법인설립인가 • 사립대학설립인가 • 공공조합정관승인 • 지방채기채승인 • 토지거래허가 • 특허기업요금인가

기출PLUS

기출 2016. 6. 18. 제1회 지방직

다음 중 강학상 인가에 해당하는 것을 모두 고른 것은? (다툼이 있는 경우 판례에 의함)

┌ 보기 ┐
ㄱ 재단법인 정관변경허가
ㄴ 주택재건축정비사업조합 설립인가
ㄷ 건축물 준공검사처분
ㄹ 주택재건축정비사업조합의 사업시행인가
└────────────┘

① ㄱ, ㄴ   ② ㄱ, ㄹ
③ ㄴ, ㄹ   ④ ㄷ, ㄹ

〈정답 ②

기출 2017. 12. 16. 지방직 추가선발

강학상 공증행위에 해당하는 것만을 모두 고른 것은? (다툼이 있는 경우 판례에 의함)

─ 보기 ─
㉠ 행정심판의 재결
㉡ 의료유사업자 자격증 갱신발급행위
㉢ 상표사용권설정등록행위
㉣ 건설업 면허증의 재교부
㉤ 특허출원의 공고

① ㉠, ㉡, ㉢
② ㉠, ㉣, ㉤
③ ㉡, ㉢, ㉣
④ ㉡, ㉣, ㉤

(2) 준법률행위적 행정행위

준법률행위적 행정행위란 의사표시 이외의 정신작용(판단·인식·관념의 표시)을 구성요소로 하며 그 법적 효과는 행위자의 의사 여하를 불문하고 전적으로 법이 정한 바에 따라 발생하는 행정행위를 말한다. 준법률행위적 행정행위는 그 법률효과의 내용에 따라 확인·공증·통지·수리로 나누어진다.

① 확인

㉠ **의의** : 특정 사실 또는 법률관계에 관하여 의문이 있거나 다툼이 있는 경우에 공권적으로 그 존부 또는 정부를 판단·선언하는 행위이다.

㉡ **성질** : 새로운 법률관계를 설정하는 것이 아니고 기존의 사실 또는 법률관계를 유권적으로 확정하는 행위로서 법선언적 행위이며 준사법적 행위이다. 확인은 일정한 사실 또는 법률관계의 존재가 객관적으로 확정되는 경우에 행정청이 확인을 하여야 하는 기속행위이다. 또한 확인에는 부관을 붙일 수 없다.

㉢ **종류** : 당선인결정, 국가시험합격자결정, 소득금액결정, 도로·하천구역설정, 신체검사, 발명특허, 교과서의 검정, 도시계획상의 지역·지구·구역지정, 이의신청결정, 행정심판재결 등이 있다.

※ 학문상 발명특허는 특허가 아니라 확인에 해당한다. 또한 특허출원의 공고는 통지에 해당한다.

㉣ **형식** : 일반적으로 요식행위이다.

㉤ **효과** : 확인에는 불가변력이 발생한다.

② 공증

㉠ **의의** : 특정 사실 또는 법률관계의 존부를 공적으로 증명하여 공적 증거력을 부여하는 행정행위의 하나로 의문 또는 다툼이 없는 사항을 그 대상으로 한다.

㉡ **성질** : 공증은 성질상 요식행위인 것이 원칙이며 특정 사실 또는 법률관계가 객관적으로 존재하는 한 공증을 하여야 하는 기속행위이다.

㉢ **종류** : 등기·등록(부동산등기, 외국인등록, 광업권등록 등), 등재(토지대장에 등재 등), 기재(의사록에 기재 등), 합격증발급, 영수증교부, 여권발급, 검인의 날인 등이 있다.

㉣ **효과** : 공증된 사실 또는 법률관계에 대하여 공적 증거력을 발생시키나 그에 대한 반증이 있는 때에는 행정청의 취소를 기다리지 아니하고 이를 번복할 수 있다. 판례는 토지대장, 건물관리대장 등에의 등재행위의 처분성을 부인하고 있다.

판례 지적공부에 대한 처분성 불인정 : 멸실된 지적공부를 복구하거나 지적공부에 기재된 일정한 사항을 변경하는 행위는 행정사무집행의 편의와 사실증명의 자료로 삼기 위한 것으로 이로 인하여 당해 토지에 대한 실체상의 권리관계에 어떤 변동을 가져오는 것이 아니고, 특단의 사정이 없는 한 토지의 소재, 지번, 지목 및 경계가 지적공부의 기재에 의하여 확정된다 하여 토지소유권의 범위가 지적공부의 기재만에 의하여 증명되는 것이 아니므로, 소관청이 지적공부의 복구신청을 거부하거나 그 등재사항에 대한 변경신청을 거부한 것을 가리켜 항고소송의 대상이 되는 행정처분이라고 할 수 없다(대판 91누 8357).

POINT 확인과 공증의 구별 … 당선인의 결정, 합격자의 결정 그 자체는 확인이나 합격증서 등을 발급하는 것은 공증이다. 교과서 검정 자체는 확인이나 검인의 압날은 공증이다.

< 정답 ③

③ 통지

　㉠ 의의 : 특정인 또는 불특정 다수인에게 특정 사실을 알리는 행정행위를 말한다.

　㉡ 성질 : 그 자체가 독립한 행정행위로서 이미 성립한 행정행위의 효력발생 요건으로서의 공포나 교부 또는 송달과 구별된다. 따라서 법령·조약의 공포, 납세고지서 발부, 당연퇴직의 통보 등은 통지에 해당하지 않는다.

　㉢ 종류 : 사실 그 자체를 알리는 관념의 통지(토지세목의 공고, 특허출원의 공고, 귀화의 고시 등)와 행정청의 내심을 알리는 의사의 통지(납세독촉, 대집행계고 등)가 있다.

　㉣ 효과 : 각 법률에 따라 효과가 발생하므로 구체적인 내용은 법령의 규정에 따라 다르게 된다.

④ 수리

　㉠ 의의 : 타인의 행위를 유효한 행위로 받아들이는 행위를 말한다.

　㉡ 성질 : 단순한 사실인 도달 또는 접수와는 달리 행정청이 타인의 행위를 유효한 행위로 판단하여 수령하는 수동적 의사행위의 하나라고 할 수 있다.

　㉢ 종류 : 각종 신청서·신고서의 수리(혼인신고의 수리 등), 이의신청서의 수리, 행정심판청구서의 수리 등이 있다.

　㉣ 효과 : 공법적 효과를 발생시키는 경우와 사법적 효과를 발생시키는 경우가 있다. 수리거절행위는 소극적 행정행위로서 행정쟁송의 대상이 된다. 그러나 수리를 요하지 않는 단순한 신고에 있어서의 수리거부는 처분에 해당하지 않으므로 행정쟁송의 대상이 되지 않는다.

section 6 단계적 행정행위

(1) 가행정행위

① 의의 … 법률관계의 계속적 심사과정 중에서 당사자의 임시지위를 확정할 필요가 인정될 때에 당해 관계에서만 임시적으로 적용되는 행정처분을 의미한다. 따라서 그 자체로 임시적인 효력만이 인정되고 본행정행위에 대하여 구속력은 인정되지 않는다.

② 항고소송의 대상이 될 수 있는지 여부 … 판례는 임시적으로 적용되는 처분이라도 그것이 국민의 권리와 의무에 실질적으로 영향을 주고 있는 것이라면 항고소송의 대상이 된다는 입장이나, 이후 본행정처분이 나오는 때에는 임시처분은 자동적으로 소멸되는 것으로 이를 대상으로 하는 항고소송은 권리보호이익이 없다는 입장이다.

판례 공정거래위원회가 부당한 공동행위를 행한 사업자로서 구 독점규제 및 공정거래에 관한 법률(2013. 7. 16. 법률 제11937호로 개정되기 전의 것) 제22조의2에서 정한 자진신고자나 조사협조자에 대하여 과징금 부과처분(이하 '선행처분'이라 한다)을 한 뒤, 독점규제 및 공정거래에 관한 법률 시행령 제35조 제3항에 따라 다시 자진신고자 등에 대한 사건을 분리하여 자진신고 등을 이유로 한 과징금 감면처분(이하 '후행처분'이라 한다)을 하였다면, 후행처분은

기출 2021. 4. 17. 인사혁신처

행정행위에 대한 설명으로 옳은 것만을 모두 고르면? (다툼이 있는 경우 판례에 의함)

─ 보기 ─

㉠ 행정의사가 외부에 표시되어 행정청이 자유롭게 취소·철회할 수 없는 구속을 받게 되는 시점에 처분이 성립하고, 그 성립 여부는 행정청이 행정의사를 공식적인 방법으로 외부에 표시하였는지를 기준으로 판단해야 한다.

㉡ 구「공중위생관리법」상 공중위생영업에 대하여 영업을 정지할 위법사유가 있다면, 관할 행정청은 그 영업이 양도·양수되었다 하더라도 양수인에 대하여 영업정지처분을 할 수 있다.

㉢ 「도시 및 주거환경정비법」상 주택재건축조합에 대해 조합설립인가처분이 행하여진 후에는, 조합설립결의의 하자를 이유로 조합설립의 무효를 주장하려면 조합설립 인가처분의 취소 또는 무효확인을 구하는 소송으로 다투어야 하며, 따로 조합설립결의의 하자를 다투는 확인의 소를 제기할 수 없다.

㉣ 공정거래위원회가 부당한 공동행위를 한 사업자들 중 자진신고자에 대하여 구 독점규제 및 공정거래에 관한 법령에 따라 과징금 부과처분(선행처분)을 한 뒤, 다시 자진신고자에 대한 사건을 분리하여 자진신고를 이유로 과징금 감면처분(후행처분)을 한 경우라도 선행처분의 취소를 구하는 소는 적법하다.

① ㉡, ㉢

② ㉠, ㉡, ㉢

③ ㉠, ㉡, ㉣

④ ㉠, ㉢, ㉣

<정답 ②

자진신고 감면까지 포함하여 처분 상대방이 실제로 납부하여야 할 최종적인 과징금액을 결정하는 종국적 처분이고, 선행처분은 이러한 종국적 처분을 예정하고 있는 일종의 잠정적 처분으로서 후행처분이 있을 경우 선행처분은 후행처분에 흡수되어 소멸한다. 따라서 위와 같은 경우에 선행처분의 취소를 구하는 소는 이미 효력을 잃은 처분의 취소를 구하는 것으로 부적법하다(대판 2015. 2. 12. 2013두987).

(2) 사전결정과 부분허가

① 의의 … 사전결정과 부분허가는 본처분이 내려지기에 앞선 단계에서 당사자에게 미리 혹은 일부의 처분을 내려주어야 할 사정이 있는 때에 우선 단계적인 행정처분으로 효율성을 도모하는 행정행위이다. 따라서 사전결정과 부분허가를 받았다고하여 본처분까지 당연히 받게 될 것이라고 기대할 수는 없고 앞서 사전심사를 거쳤다 하더라도 본처분에 있어 다시 한번 요건심사를 받는 것도 적법하다.

> **판례** 주택건설촉진법 제33조 제1항의 규정에 의한 주택건설사업계획의 승인은 상대방에게 권리나 이익을 부여하는 효과를 수반하는 이른바 수익적 행정처분으로서 행정처분의 요건에 관하여 일의적으로 규정되어 있지 아니한 이상 행정청의 재량행위에 속하고, 그 전 단계인 같은 법 제32조의4 제1항의 규정에 의한 주택건설사업계획의 사전결정이 있다하여 달리 볼 것은 아니다. 따라서 피고가 이 사건 주택건설사업에 대한 사전결정을 하였다고 하더라도 사업승인 단계에서 그 사전결정에 기속되지 않고 다시 사익과 공익을 비교형량하여 그 승인 여부를 결정할 수 있다고 판단한 원심의 조치는 정당하고, 거기에 소론과 같은 위법이 있다고 할 수 없다(대판 1999. 5. 25. 99두1052).

② 항고소송의 대상이 될 수 있는지 여부 … 사전결정과 부분허가에 따라 일정한 요건을 충족하여 일정한 행정효력이 발생하게 되는 경우에는 당연히 이를 대상으로 하는 항고소송이 허용된다. (예 사전결정을 받은 자만 신청할 수 있는 어업권면허신청) 다만 이는 모두 본처분에 앞서 내려진 일부의 처분에 불과하므로 후속처분으로 인해 그 효력은 자동실효되는 것이고 이후에는 사전결정이나 부분허가를 대상으로 다툴 수는 없고 본처분을 대상으로 소송을 제기하여 위법성을 주장할 수 있을 뿐이다.

> **판례** 원자로 및 관계 시설의 부지사전승인처분은 그 자체로서 건설부지를 확정하고 사전공사를 허용하는 법률효과를 지닌 독립한 행정처분이기는 하지만, 건설허가 전에 신청자의 편의를 위하여 미리 그 건설허가의 일부 요건을 심사하여 행하는 사전적 부분 건설허가처분의 성격을 갖고 있는 것이어서 나중에 건설허가처분이 있게 되면 그 건설허가처분에 흡수되어 독립된 존재가치를 상실함으로써 그 건설허가처분만이 쟁송의 대상이 되는 것이므로, 부지사전승인처분의 취소를 구하는 소는 소의 이익을 잃게 되고, 따라서 부지사전승인처분의 위법성은 나중에 내려진 건설허가처분의 취소를 구하는 소송에서 이를 다투면 된다(대판 1998. 9. 4. 97누19588).

section 7 행정행위의 부관

(1) 의의

행정행위의 부관이란 행정행위의 효과를 제한하기 위하여 행정행위의 주된 내용에 부가되는 규율을 말한다. 법률행위의 효력의 발생 또는 소멸을 제한하기 위하여 부가되는 약관(約款)이다. 행정법상의 부관이란 행정행위에 일정하게 부여되는 부관으로 부관에는 조건, 기한, 부담, 철회권의 유보, 법률효과의 일부배제, 사후변경의 유보 등이 있다. 조건, 기한, 부담은 민법상의 개념과 같다. 철회권의 유보는 특정한 경우에 행정행위를 철회할 수 있는 권리를 유보하는 부관이며, 법률효과의 일부배제는 행정행위의 효력의 일부를 제한하는 부관이고, 사후변경의 유보는 행정행위를 사후에 변경·보완하거나 새로운 부관을 붙일 수 있는 권리를 유보하는 부관이다. 부관은 행정청 스스로의 의사에 의한 경우를 말하므로 행정행위 효과의 제한이 직접 법규에 규정되어 있는 법정부관은 여기서 제외된다.

(2) 부관의 종류

① 조건
  - ㉠ 의의 : 행정행위의 효력을 그 발생이 불확실한 장래의 사실에 의존하게 하는 행정청의 의사표시를 말한다.
  - ㉡ 종류
    - 정지조건 : 그 성취에 의하여 행정행위의 효력이 발생하는 경우(시설완성조건의 학교법인설립인가, 도로확장조건의 여객자동차운수사업면허 등)
    - 해제조건 : 그 효력이 상실되는 경우(면허일로부터 6월 내에 공사에 착수할 것을 조건으로 하는 공유수면매립면허 등)

② 기한
  - ㉠ 의의 : 행정행위의 효력의 발생 또는 소멸을 발생이 확실한 장래의 사실에 의존하게 하는 행정청의 의사표시를 말한다. 기한은 장래 사실의 도래가 확실하다는 점에서 조건과 구별된다.
  - ㉡ 성질 : 원칙적으로 행정행위의 효력이 소멸되는 존속기간에 해당한다.
  - ㉢ 종류
    - 확정기한 : 도래시기가 언제인지 분명한 기한(××××년 ××월 ××일까지 허가한다)
    - 불확정기한 : 언제 도래할지 확실하지 않은 기한(甲이 사망할 때까지 연금을 지급한다)
    - 시기 : 효력 발생에 관한 기한(××××년 ××월 ××일부터 도로사용허가)
    - 종기 : 효력 소멸에 관한 기한(××××년 ××월 ××일까지 도로사용허가)
    - ※ 종기가 행정행위의 절대적 소멸 원인인지 갱신기간인지에 대해 논란이 있으나 갱신기간으로 보는 것이 통설·판례이다.

기출**PLUS**

기출 2021. 4. 17. 인사혁신처

행정행위의 부관에 대한 설명으로 옳은 것은? (다툼이 있는 경우 판례에 의함)

① 행정처분과 부관 사이에 실제적 관련성이 있다고 볼 수 없는 경우, 공무원이 공법상의 제한을 회피할 목적으로 행 정처분의 상대방과 사이에 사법상 계약을 체결하는 형식을 취하였더라도 법치행정의 원리에 반하는 것으로서 위법하다고 볼 수 없다.

② 처분 당시 법령을 기준으로 처분에 부가된 부담이 적법하였더라도, 처분 후 부담의 전제가 된 주된 행정처분의 근거 법령이 개정됨으로써 행정청이 더이상 부관을 붙일 수 없게 되었다면 그때부터 부담의 효력은 소멸한다.

③ 부담의 이행으로서 하게 된 사법상 매매 등의 법률행위는 부담을 붙인 행정처분과는 별개의 법률행위이므로, 그 부담의 불가쟁력의 문제와는 별도로 법률행위가 사회질서 위반이나 강행규정에 위반되는지 여부 등을 따져보아 그 법률행위의 유효 여부를 판단하여야 한다.

④ 허가에 붙은 기한이 그 허가된 사업의 성질상 부당하게 짧아서 이 기한이 허가 자체의 존속기간이 아니라 허가조건의 존속기간으로 해석되는 경우에는 허가 여부의 재량권을 가진 행정청은 허가조건의 개정만을 고려할 수 있고, 그 후 당초의 기한이 상당 기간 연장되어 그 기한이 부당하게 짧은 경우에 해당하지 않게 된 때라도 더이상의 기간연장을 불허가할 수는 없다.

〈 정답 ③

판례 옥외 광고물 등 표시허가 연장거부처분취소 : 행정행위인 허가 또는 특허에 붙인 조항으로서 종료의 기한을 정한 경우 종기인 기한에 관하여는 일률적으로 기한이 왔다고 하여 당연히 그 행정행위의 효력이 상실된다고 할 것이 아니고 그 기한이 그 허가 또는 특허된 사업의 성질상 부당하게 짧은 기한을 정한 경우에 있어서는 그 기한은 그 허가 또는 특허의 조건의 존속기간을 정한 것이며 그 기한이 도래함으로써 그 조건의 개정을 고려한다는 뜻으로 해석하여야 할 것임은 상고이유에서 지적하는 바와 같으나, 이 사건에서 원고가 허가연장을 구한 종전의 허가처분의 허가기간은 3년간으로서 부당하게 짧은 기한을 정한 것으로 보여지지 아니하므로 이 점에 관련된 상고이유는 받아들일 수 없다(대판 1995.11.10. 제2부 판결 94누11866).

※ 기한의 경우 그 기한이 현저하게 짧은 경우는 부관의 일탈·남용으로 보고 상당기간인 경우는 적법하다고 본다.

③ **부담**

㉠ **의의** : 행정행위의 주된 내용에 부가하여 그 상대방에게 작위·부작위·수인·급부 등을 부과하는 부관을 말한다(영업허가시 각종 준수의무부과, 도로점용허가시 점용료부과, 건축허가시 각종 의무부과 등).

㉡ **성질** : 부담은 다른 부관과 달리 그 자체가 독립된 하나의 행정행위이다. 따라서 부담은 독립하여 강제집행이나 행정쟁송의 대상이 될 수 있다.

㉢ **조건과의 구별** : 부담은 법령 또는 실무상 조건이라 불리우는 경우가 많으나 양자는 서로 다르다.

• 정지조건부 행정행위는 조건이 성취되기 전까지는 그 효력이 발생하지 않으나, 부담부 행정행위는 처음부터 완전히 효력을 발생하고 다만, 그와 관련하여 상대방에 일정한 의무가 부과되고 있는 것이라는 점에서 다르다.

• 해제조건부 행정행위는 조건의 성취에 의하여 당연히 효력이 소멸되는 데 반하여, 부담부 행정행위는 상대방이 그 의무를 이행하지 않는 경우에도 당연히 그 효력이 상실되는 것은 아니고 행정청이 그 의무 불이행을 이유로 당해 행정행위를 철회하거나 행정상 강제집행 또는 일정한 제재를 과할 수 있을 뿐이다.

POINT **부담의 특징**

㉠ 주로 수익적 행정행위에 붙여진다. 부담은 허가 등의 수익적 행정행위에 많이 붙여지는데 행정청은 이를 통해 상대방에게 이익을 주는 한편 공익 등의 보호를 위해 상대방에게 각종형태의 부담적 제한을 가할 수가 있다.

예 • 건축허가를 내어주면서 시영주차장 기부를 요구하는 경우
• 유흥주점영업허가를 내어주면서 위락지구 이외의 지역에서는 개업하지 말 것을 요구하는 경우

㉡ 부담이 있더라도 주된 행정행위는 처음부터 효력을 발생한다. 정지조건이나 시기의 부관은 부관의 완성 혹은 시기의 도래로 효력이 발생한다.

㉢ 부담 불이행 경우에도 주된 행정행위의 효력에는 원칙적으로 영향이 없다. 해제조건이나 종기의 부관은 부관이 불이행된 경우 효력이 소멸된다.

㉣ 부담은 주된 행정행위와 독립된 행위로서 부담을 이행하지 않는 경우 행정청은 부담의 내용을 강제집행할 수 있다. 조건, 기한은 독립된 강제집행의 대상이 되지 않는다.

④ **행정행위의 사후변경의 유보**(사후부관, 부담권 유보)

　ⓐ **의의** : 행정청이 사후에 행정행위에 부담을 부가하거나 이미 부과된 부관의 내용을 보완하는 권리를 유보하는 것을 말한다. 예측하기 어려운 경우에 대비하기 위해 붙이는 부관이다.

　ⓑ **제한** : 법률에 명문의 규정이 있거나 그 변경이 미리 유보되어 있는 경우, 상대방의 동의가 있는 경우, 사정변경으로 인하여 당초에 부담을 부가한 목적을 달성할 수 없게 된 경우 등에 한하여 예외적으로 허용된다.

⑤ **철회권의 유보**

　ⓐ **의의** : 행정청이 일정한 경우에 당해 행위를 철회할 수 있다는 권한을 규정한 부관을 말한다.

　ⓑ **제한** : 철회권이 유보되어 있더라도 행정행위의 철회에 관한 일반적 요건이 충족되어야 비로소 철회가 허용된다.

⑥ **법률효과의 일부 배제**

　ⓐ **의의** : 행정행위의 주된 내용에 부가하여 그 법적 효과 발생의 일부를 배제하는 행정청의 의사표시이다(격일제 운행을 조건으로 하는 택시영업허가, 버스노선 지정, 도로점용허가시 야간만 사용 등).

　ⓑ **제한** : 관계법령에 명시적 근거가 있는 경우에만 허용된다.

(3) 부관의 한계

① **부관을 붙일 수 있는 행정행위**

　ⓐ **법률행위적 행정행위와 준법률적 행정행위** : 부관이란 행정청의 의사에 기해 주된 행정행위의 내용을 제한하기 위한 것이므로 법률행위적 행정행위에만 붙일 수 있고 그 법적 효과가 법률의 규정에 의하여 발생하는 준법률행위적 행정행위에는 관계법상의 수권규정이 없는 한 부관을 붙일 수 없다(통설).

　ⓑ **재량행위와 기속행위** : 부관은 법률행위적 행정행위 중에서도 재량행위에만 붙일 수 있다(통설·판례). 이에 대해 기속행위의 경우에도 요건충족을 위한 부관은 허용된다는 견해가 있다.

　　▶**POINT** **요건충족적 부관** … 기속행위의 경우 일부 요건을 갖추지 못하면 허가하지 말아야 하나 그 요건이 경미하여 이를 마저 갖출 것을 조건으로 허가해주는 것을 말한다. 갖추지 못한 요건이 경미하여 이를 이유로 허가하지 않는 것이 가혹한 경우 인정된다. 이는 형식적 법치주의에는 어긋나나 비례의 원칙상 인정되고 있다. 실정법상 식품위생법 제37조에서 인정하고 있다.

② **사후부관의 인정 여부**(시간적 한계) … 원칙적으로 인정될 수 없으나 법령에 근거가 있거나 상대방의 동의가 있는 경우 또는 부담이 유보되어 있는 경우에는 가능하다고 본다(통설·판례).

기출PLUS

기출 2017. 6. 24. 제2회 서울특별시

부관에 대한 행정쟁송에 관한 설명으로 옳지 않은 것은? (다툼이 있는 경우 판례에 의함)

① 부담이 아닌 부관은 독립하여 행정소송의 대상이 될 수 없으므로 이의 취소를 구하는 소송에 대하여는 각하판결을 하여야 한다.

② 위법한 부관에 대하여 신청인이 부관부행정행위의 변경을 청구하고, 행정청이 이를 거부한 경우 동 거부처분의 취소를 구하는 소송을 제기할 수 있다.

③ 기부채납받은 행정재산에 대한 사용·수익허가에서 공유재산의 관리청이 정한 사용·수익허가의 기간은 그 허가의 효력을 제한하기 위한 행정행위의 부관으로서 이러한 사용·수익허가의 기간에 대해서는 독립하여 행정소송을 제기할 수 있다.

④ 토지소유자가 토지형질변경행위 허가에 붙은 기부채납의 부관에 따라 토지를 국가나 지방자치단체에 기부채납(증여)한 경우, 기부채납의 부관이 당연무효이거나 취소되지 아니한 이상 토지소유자는 위 부관으로 인하여 증여계약의 중요부분에 착오가 있음을 이유로 증여계약을 취소할 수 없다.

◀정답 ③

③ 법령 및 일반 원칙상의 한계 … 부관은 법령은 물론 행정법의 일반 원리에도 위반할 수 없다. 따라서 비례의 원칙, 부당결부금지의 원칙 등이 적용된다.

(4) 부관의 하자와 행정행위의 효력

① 부관의 무효와 행정행위의 효력 … 부관의 무효는 원칙적으로 본체인 행정행위에는 영향이 없는 것으로 부관만이 무효로 되어 당해 행위는 부관이 없는 단순 행정행위가 된다. 그러나 부관이 그 행위에 있어 없어서는 안될 본질적인 요소를 이루는 것인 때에는 부관의 무효는 본체인 행위 자체를 무효로 한다(통설·판례).

② 부관의 취소와 행정행위의 효력 … 부관이 취소할 수 있는 것인 때에는 취소가 확정되기까지는 일응 유효한 부관부 행정행위로서 효력을 가지며 취소가 확정된 경우에는 부관이 무효인 경우와 동일하게 다루어진다.

(5) 위법한 부관에 대한 쟁송

① 독립쟁송가능성 … 부담은 그 자체로서 독자적인 행정행위성을 가지므로 부담만이 본체인 행정행위와 분리하여 취소소송의 대상이 될 수 있다. 부관이 위법한 경우 부관은 그것만을 분리하여 취소소송의 대상으로 할 수 없고 본체인 행정행위 전체를 대상으로 해야 한다(통설·판례).

② 독립취소가능성 … 부관만이 쟁송의 대상이 되는 경우, 부관이 본체인 행정행위와 분리될 수 없는 본질적인 요소인 경우에는 부관만 분리하여 취소할 수 없고 본질적인 요소가 아닌 경우에는 분리하여 취소할 수 있다(통설·판례).

section 8 행정행위의 성립과 효력

(1) 행정행위의 성립

① 성립요건
  ㉠ 내부적 성립요건
   • 주체 : 행정행위는 정당한 권한을 가진 행정청이, 권한 내에서 행해야 한다.
   • 내용 : 실현가능하고 명확하며 법과 공익에 적합한 내용이어야 한다.
   • 형식 : 법령이 특별한 규정을 정하고 있지 아니한 한 문서로 하여야 하며, 다만 신속한 처리가 필요한 등의 사정이 있을 경우 구두 기타의 형식으로 행할 수 있다.
   • 절차 : 관계법상 규정된 절차를 거쳐야 한다.
  ㉡ 외부적 성립요건 : 행정 내부에서의 결정·재결이 있는 것만으로는 성립하였다고 할 수 없고 외부에 표시되어야 비로소 성립한다.

② 효력요건

　㉠ 원칙 : 법규 또는 부관에 의한 제한이 있는 경우를 제외하고는 외부적 성립요건이 충족되면 그와 동시에 효력을 발생한다.

　㉡ 예외 : 불특정 다수인의 경우에는 공고에 의해 고지해야 비로소 효력이 발생한다. 서면에 의한 통지는 그 서면이 상대방에게 도달함으로써 통지의 요건이 충족된다(도달주의). 도달이란 상대방이 요지할 수 있는 상태에 두는 것으로서 상대방이 실제로 그 서면을 수령하여 요지해야 하는 것은 아니다.

③ 행정행위의 요건불비의 효과 … 성립요건이나 효력요건 중 하나 이상을 결여하면 하자 있는 행정행위로서 위법 또는 부당한 행정행위가 된다. 그 하자의 정도에 따라 취소의 대상이 되거나 무효 또는 부존재인 행정행위가 된다.

(2) 행정행위의 효력

유효하게 성립한 행정행위는 공권력의 행사로서 사법상의 법률행위와 비교하여 특수한 효력을 가진다. 구속력 · 공정력 · 확정력 · 자력집행력 · 구성요건적 효력 등이 그것이다.

① **구속력(기속력)**

　㉠ 의의 : 행정행위가 각각의 규율내용에 따라 당사자, 즉 관계행정청, 상대방, 이해관계인을 구속하는 실체법적 효과를 말한다. 내용상의 구속력 또는 기속력이라고도 한다.

　㉡ 성질 : 모든 행정행위에 공통으로 인정되는, 가장 기본이 되는 효력이다.

② **공정력(예선적 효력)**

　㉠ 의의 : 비록 행정행위에 하자가 있는 경우에도 그 하자가 중대하고 명백하여 당연무효인 경우를 제외하고는, 권한 있는 기관에 의하여 취소될 때까지는 일응 적법 또는 유효한 것으로 보아 누구든지(상대방은 물론 제3의 국가기관도) 그 효력을 부인하지 못하는 힘을 말한다. 그 효력은 처분청을 포함하는 국가기관과 처분의 상대방, 이해관계인에 미친다. 다만, 당해 행정행위가 적법한 것으로 통용되는 것은 아니다.

　㉡ 인정근거 : 자기확인설(O. Mayer), 국가권위설(E. Forsthoff), 법적 안정성설(행정정책설) 등이 대립하나 법적 안정성 · 상대방의 신뢰보호 등과 같은 정책적 고려에서 그 근거를 구한다는 법적 안정성설이 다수설이다.

　㉢ 공정력의 한계 : 공정력은 법적 안정성이라는 본래의 취지상 취소할 수 있는 행정행위에만 인정될 뿐 무효인 행정행위에는 인정되지 않는다.

　㉣ 공정력과 입증책임 : 공정력은 행정의 실효성 확보와 신뢰보호의 원칙상 잠정적으로 유효성을 인정하는 것에 불과한 것이며 실체법적으로 적법한 것은 아니므로 공정력이 취소소송에 있어서의 입증책임의 소재까지 영향을 미치는 것은 아니다(입증책임무관설, 법률요건분류설, 통설).

기출 2016. 3. 19. 사회복지직

행정행위의 효력에 대한 설명으로 옳은 것은?

① 구속력이란 행정행위가 적법요건을 구비하면 법률행위적 행정행위의 경우 법령이 정하는 바에 의해, 준법률행위적 행정행위의 경우 행정청이 표시한 의사의 내용에 따라 일정한 법적 효과가 발생하여 당사자를 구속하는 실체법상 효력이다.

② 공정력은 행정청의 권력적 행위뿐 아니라 비권력적 행위, 사실행위, 사법행위에도 인정된다.

③ 행정행위에 불가변력이 발생한 경우 행정청은 당해 행정행위를 직권으로 취소할 수 없으나 철회는 가능하다.

④ 판례에 의하면 사전에 당해 행정처분의 취소판결이 있어야만 그 행정처분의 위법을 이유로 한 손해배상청구를 할 수 있는 것은 아니다.

◀ 정답 ④

ⓓ **공정력과 선결문제**: 민·형사소송에서 본안판단의 전제로서 제기되는 행정행위의 위법성 또는 유효 여부, 즉 선결문제를 항고소송의 관할 법원 이외의 법원이 스스로 심리·판단할 수 있는가의 문제이다. 즉, 선결문제인 행정행위의 위법성 유효 여부를 수소법원이 심판할 수 있는가의 문제이다. 이는 전통적으로 공정력에 관련된 문제로 인식되어 왔으나 최근에는 구성요건적 효력과 관련하여 논하는 견해도 있다. 민·형사사건 모두 그 위법성은 민·형사법원이 판단할 수 있으나 무효가 아닌 한 공정력으로 인해 그 효력은 판단할 수 없다.

> **POINT** 수소법원의 선결문제판단
>
> ㉠ 민사사건의 경우
> - 행정행위가 당연무효인 경우: 행정행위가 당연무효 또는 부존재인 경우 수소민사법원이 그 행정행위에 대한 위법성 및 효력유무판단을 할수 있다(통설·판례).
> - 행정행위가 단순위법으로 취소할 수 있는 경우: 위법성과 유효성을 구분하여 행정행위가 단순위법인 경우에는 공정력으로 인해 효력유무를 판단할 수는 없지만 공정력이란 유효성만 인정하는 것일 뿐 적법성을 인정하는 것은 아니므로 위법성은 심사할 수 있다(통설·판례). 따라서 민사법원은 행정행위의 위법을 선언할 수 있지만 그 무효임을 판정할 수 없다.
> ㉡ 형사사건의 경우
> - 학설: 민사소송에서의 논의가 그대로 적용된다. 즉, 행정행위가 당연무효인 경우에는 위법성 및 효력유무를 형사법원이 판단할 수 있으나 단순 위법에 그치는 경우에는 위법성만 판단할 수 있다.
> - 판례: 학설과 같이 행정행위의 위법성은 판단할 수 있으나 행정행위의 효력 여부가 선결문제인 경우 행정행위가 당연무효일 때에는 이를 무효로 판단할 수 있지만 단순위법인 경우에는 공정력으로 인해 그 효력을 부인할 수 없다고 한다. 판례는 연령을 속여 발급받은 운전면허는 비록 위법하기는 하나 취소할 수 있는 경우에 해당할 뿐이므로 그 효력을 인정하여야 할 것이므로 이 운전면허에 의한 운전행위는 무면허운전이라 할 수 없다고 하였다(대판 1982. 6. 8, 80도2646).

③ **구성요건적 효력**

㉠ **의의**: 행정행위가 당연무효가 아닌 한 처분청 이외의 국가기관은 이를 존중하여 권한 행사의 기초 내지는 구성요건으로 삼아야 한다는 행정행위의 구속력을 말하는 것으로 독일에서 정립된 이론으로 공정력이 미치는 범위에 관한 이론이다. 즉, 구성요건적 효력이란 공정력 중에서 처분청과 상대방, 이해관계인을 제외한 제3의 모든 국가기관에 대한 구속력을 말한다.

㉡ **근거**: 이 이론의 근거는 헌법상 권력분립의 원칙과 국가기관 상호 간의 권한 존중에 있다.

㉢ **공정력과의 구별**: 공정력이 미치는 범위 중에서 처분청과 상대방, 이해관계인을 제외한 제3의 국가기관에 대한 구속력만을 분리하여 관념화한 것이다. 이 이론에 따르면 선결문제에 있어 민·형사 수소법원을 구속하는 것은 공정력이 아니라 구성요건적 효력이므로 선결문제는 구성요건적 효력의 문제가 된다. 그러나 통설·판례는 공정력과 구성요건적 효력을 군이 나눌 논리적 필연성이나 실익이 없다고 한다.

④ 확정력(존속력)
  ㉠ 불가쟁력(형식적 확정력)
    • 의의 : 쟁송절차의 제소기간 경과 또는 심급종료로 인하여 행정행위의 상대방, 기타 관계인이 더 이상 그 효력을 다툴 수 없게 되는 힘을 말한다.
    • 효과 : 상대방은 재심사를 청구할 수 없다. 그러나 이는 행정법관계를 신속히 안정시키기 위해 제소기간 등 절차법적 규정을 둔 결과 인정되는 효력이며 위법함이 확인된 경우에는 손해배상청구, 행정청에 의한 직권취소는 가능하다. 무효인 행정행위에는 불가쟁력이 발생하지 않는다.
  ㉡ 불가변력(실질적 확정력)
    • 의의 : 행정행위가 위법하거나 공익에 적합하지 아니한 때에는 행정청은 이를 취소·철회할 수 있는 것이 원칙이다. 그러나 일정한 행정행위는 성질상 행정청도 이를 취소·철회할 수 없는 효력이 발생하는 바, 이를 불가변력이라 한다.
    • 본질
      −소송법적 확정력설 : 소송절차와 관련시켜 그 행정행위가 행하여진 절차 때문에 생기는 효력으로 보고 독립된 행정재판소의 판결에만 인정된다고 보는 견해이다.
      −불가변력설(통설) : 소송절차와 관련시키지 않고 법적 안정성의 견지에서 국가행위의 성질상 발생하는 효력이라고 보는 견해이다.
      −법규범설 : 일반법 이론으로부터 출발하여 모든 법규범에는 그 타당할 장소적 한계가 있는 것과 같이 시간적 한계가 있으며, 이것이 확정력이라는 견해이다.
    • 종류 : 불가변력이 발생하는 경우로는 준법률행위적 행정행위인 확인, 행정심판의 재결 등 준사법적 행위, 수익적 행정행위의 취소나 철회 제한 등이 있다.

    POINT 불가변력이 발생하는 행정행위의 범위
      ㉠ 준사법적 행위(확인적 행위)
      ㉡ 수익적 행정행위에 있어서 취소권이나 철회권이 제한되는 경우
      ㉢ 법률의 규정에 의한 경우(확정판결의 효력·재판상 화해의 효력) : 불가변력과 무관
      ㉣ 공공복리를 이유로 하는 경우(사정재결·판결)

  ㉢ 불가쟁력과 불가변력과의 관계
    • 불가쟁력과 불가변력은 상호 아무런 관련이 없다.
    • 불가쟁력은 상대방 및 이해관계인에, 불가변력은 처분청 등 행정기관에 대한 구속력이다.
    • 불가쟁력은 절차적 효력, 불가변력은 실체적 효력이다.
    • 불가쟁력이 발생해도 처분청 등 행정기관은 이를 취소·변경할 수 있다.
    • 불가변력이 발생해도 제소기간이 경과하지 않는 한 상대방 등은 제소가 가능하다.
⑤ 강제력(자력집행력)
  ㉠ 집행력 : 행정행위에 의하여 부과된 행정상 의무를 상대방이 이행하지 않는 경우에 행정청이 스스로의 강제력을 발동하여 그 의무를 실현시키는 힘을 말한다.
  ㉡ 제재력 : 행정행위에 의하여 부과된 의무를 위반하는 경우 행정벌이 과해지는 경우가 많다. 강제력은 넓은 의미에서는 이처럼 의무 위반에 대한 제재력도 포함하는 의미로 파악된다.
  ㉢ 근거 : 행정행위에 내재하는 효력은 아니므로 관련 법규의 근거가 있어야 한다.

기출PLUS

기출 2018. 10. 13. 소방공무원

행정행위의 효력에 관한 설명으로 옳지 않은 것은?
① 행정행위의 불가쟁력은 형식적 존속력이라고도 한다.
② 행정심판위원회의 재결에는 불가변력이 인정된다.
③ 불가변력은 행정행위의 상대방 및 이해관계인에 대한 구속력이고, 불가쟁력은 처분청 등 행정기관에 대한 구속력이다.
④ 불가쟁력이 발생한 행정행위일지라도 불가변력이 없는 경우에는 행정청 등 권한 있는 기관은 이를 직권으로 취소할 수 있다.

❮정답 ③

기출PLUS

기출 2015. 6. 13. 서울특별시

행정행위의 하자에 관한 설명으로 옳지 않은 것은?

① 무권한은 중대·명백한 하자이므로 항상 무효사유라는 것이 판례의 입장이다.
② 무효선언을 취소소송의 형식으로 주장하는 경우에는 제소기간 등 취소소송의 요건을 갖추어야 한다는 것이 판례의 입장이다.
③ 취소사유인 하자가 있는 행정행위에 대해서는 사정재결, 사정판결이 인정된다는 것이 판례의 입장이다.
④ 명백성보충요건설에서는 행정행위의 무효의 기준으로 중대성요건만을 요구하지만, 제3자나 공공의 신뢰보호의 필요가 있는 경우에는 보충적으로 명백성요건도 요구한다.

section 9 행정행위의 하자

(1) 하자의 의의

① 의의 … 행정행위가 그 성립·효력요건을 갖추지 못하여 적법·유효하게 성립하지 못한 경우를 하자 있는 행정행위라 한다. 이는 위법한 행정행위와 부당한 행정행위로 나눌 수 있고 위법한 행정행위는 다시 무효인 행정행위와 취소할 수 있는 행정행위로 나뉜다. 단순한 오기나 오산은 법령규정 없이도 당사자의 신청이나 직권으로 언제나 정정할 수 있으므로 여기서의 하자에 해당하지 않는다.

② 행정행위의 부존재와의 구별 … 행정행위의 부존재란 외관상으로도 행정행위라 할 수 있는 행위가 존재하지 않는 경우를 말한다. 이에 해당하는 경우로는 행정기관이 아닌 명백한 사인의 행위, 행정권의 발동으로 볼 수 없는 행위, 내부의사결정, 취소·철회·실효 등으로 소멸한 경우 등이 있다.

(2) 무효인 행정행위와 취소할 수 있는 행정행위

① 의의
  ㉠ 무효인 행정행위 : 외관상으로는 행정행위로서 존재하나 처음부터 전혀 법적 효과를 발생하지 않는 행위로서 누구나 그 무효를 주장할 수 있는 행정행위를 말한다.
  ㉡ 취소할 수 있는 행정행위 : 그 성립에 흠이 있음에도 불구하고 일단 유효한 행위로 통용되어 국가기관 또는 국민을 기속하고 다만, 행정쟁송 또는 직권에 의하여 취소됨으로써 비로소 그 효력을 상실하는 행정행위를 말한다.

② 구별기준 … 중대설, 중대·명백설, 명백성보충요건설 등이 대립하고 있으나 행정행위의 하자가 중대한 법규의 위반이고 또한 그것이 외관상 명백할 경우에는 무효가 되고 그에 이르지 않는 단순위법인 경우에는 취소할 수 있는 행정행위라는 중대·명백설이 통설·판례이다.

> **판례** [1] 행정처분이 당연무효라고 하기 위하여는 처분에 위법사유가 있다는 것만으로는 부족하고 하자가 법규의 중요한 부분을 위반한 중대한 것으로서 객관적으로 명백한 것이어야 하며, 하자의 중대·명백 여부를 판별함에 있어서는 법규의 목적, 의미, 기능 등을 목적론적으로 고찰함과 동시에 구체적 사안 자체의 특수성에 관하여도 합리적으로 고찰함을 요한다. [2] 적법한 권한 위임 없이 세관출장소장에 의하여 행하여진 관세부과처분이 그 하자가 중대하기는 하지만 객관적으로 명백하다고 할 수 없어 당연무효는 아니라고 한 사례(대판 2004. 11. 26. 2003두2403).

③ 구별실익 … 공정력, 불가쟁력 등의 효력 여부, 제소기간, 사정판결 등의 인정 여부를 결정하는 실익이 있다.

> **판례** 행정처분 후, 대법원에서 처분의 근거 명령 등이 무효라고 선언된 경우 당해행정처분은 취소사유이다(대판 2007. 6. 14. 2004두619) : 일반적으로 시행령이 헌법이나 법률에 위반된다는 사정은 그 시행령의 규정을 위헌 또는 위법하여 무효라고 선언한 대법원의 판결이 선고되지 아니한 상태에서는 그 시행령 규정의 위헌 내지 위법 여부가 해석상 다툼의 여지가 없

❰ 정답 ①

을 정도로 명백하였다고 인정되지 아니하는 이상 객관적으로 명백한 것이라 할 수 없으므로, 이러한 시행령에 근거한 행정처분의 하자는 취소사유에 해당할 뿐 무효사유가 되지 아니한다.

판례 처분의 근거가 되었던 법률규정에 대하여 위헌결정이 내려진 후 행한 처분의 집행행위는 당연무효이다(대판(전) 2012. 2. 16. 2010두10907) : 조세 부과의 근거가 되었던 법률규정이 위헌으로 선언된 경우, 위와 같은 위헌결정 이후에 조세채권의 집행을 위한 새로운 체납처분에 착수하거나 이를 속행하는 것은 더 이상 허용되지 않고, 나아가 이러한 위헌결정의 효력에 위배하여 이루어진 체납처분은 그 사유만으로 하자가 중대하고 객관적으로 명백하여 당연무효라고 보아야 한다.

판례 선행행위가 무효인 경우, 후행행위는 당연히 무효이다(대판 1999. 4. 27. 97누6780) : 적법한 건축물에 대한 철거명령은 그 하자가 중대하고 명백하여 당연무효라고 할 것이고, 그 후 행행위인 건축물철거대집행계고처분 역시 당연무효라고 할 것이다.

[무효인 행정행위와 취소할 수 있는 행정행위]

구분	무효인 행정행위	취소할 수 있는 행정행위
효력	처음부터 효력이 발생하지 않음	취소될 때까지 효력발생
공정력	없음	있음
불가쟁력	없음	있음
하자의 승계	승계됨	일련의 과정일 때만 승계되고 독립된 행위일 때는 승계되지 않음
하자의 치유와 전환	전환만 가능	치유만 가능
쟁송형태	무효확인심판, 무효확인소송	취소심판, 취소소송
제소기간	제한없음	제한없음
사정판결	부정	인정
선결문제	위법성 및 효력판단 가능	위법성은 판단 가능, 효력은 판단 불가능

(3) 하자의 승계

① 의의 … 둘 이상의 행정행위가 연속하여 행해지는 경우 선행행위의 하자를 후행행위의 위법사유로서 주장할 수 있는가의 문제이다. 즉, 선행행위의 하자가 후행행위에 승계되는가의 문제이다.

② 승계가 문제되는 행위 … 하자의 승계문제가 논의되기 위해서는 첫째, 선행행위가 무효가 아니어야 하고, 둘째, 선행행위에 불가쟁력이 발생하여야 하며, 셋째, 선행행위에는 하자가 존재하나 후행행위에는 하자가 존재하지 않아야 한다.

기출PLUS

기출 2020. 6. 20. 소방공무원

행정법의 일반원칙에 대한 설명으로 옳지 않은 것은? (다툼이 있는 경우 판례에 의함)

① 신뢰보호원칙에 위반하는 경우 그 행정행위는 위법하며, 판례는 이 경우 취소사유로 보지 않고 무효로만 보았다.

② 행정주체가 행정작용을 함에 있어서 상대방에게 이와 실질적 관련이 없는 의무를 부과하거나 그 이행을 강제 하여서는 아니 된다.

③ 「행정절차법」상 규정이 없는 경우에도 행정권 행사가 적정한 절차에 따라 행해지지 아니하면 그 행정권 행사는 적법절차의 원칙에 반한다.

④ 자기구속의 원칙이 인정되는 경우 행정관행과 다른 처분은 특별한 사정이 없는 한 위법하다.

◀정답 ①

기출PLUS

기출 2018. 4. 7. 인사혁신처

행정행위의 하자의 승계에 대한 설명으로 옳지 않은 것은? (다툼이 있는 경우 판례에 의함)

① 구 「부동산 가격공시 및 감정평가에 관한 법률」상 선행처분인 표준지공시지가의 결정에 하자가 있는 경우에 그 하자는 보상금 산정을 위한 수용재결에 승계된다.

② 「국토의 계획 및 이용에 관한 법률」상 도시·군계획시설결정과 실시계획인가는 동일한 법률효과를 목적으로 하는 것이므로 선행처분인 도시·군계획시설결정의 하자는 실시계획인가에 승계된다.

③ 「행정대집행법」상 선행처분인 계고처분의 하자는 대집행영장발부통보처분에 승계된다.

④ 「도시 및 주거환경정비법」상 사업시행계획에 관한 취소사유인 하자는 관리처분계획에 승계되지 않는다.

◀ 정답 ②

---

③ 학설 … 선행행위와 후행행위가 서로 결합하여 하나의 효과를 완성하는 경우에는 하자가 승계되고(행정대집행에 있어서의 계고·대집행영장의 통지·대집행 실행·비용징수의 각 행위 사이, 조세체납처분에 있어서의 독촉·압류·매각·충당의 각 행위 사이 등) 두 행위가 서로 독립하여 각각 별개의 목적을 추구하는 경우에는 선행행위가 당연 무효인 경우에만 승계되고 그 밖의 경우에는 승계되지 않는다(과세처분과 체납처분 사이).

④ 판례

㉠ 하자의 승계 인정

판례 대집행의 계고, 대집행영장에 의한 통지, 대집행의 실행, 대집행에 요한 비용의 납부명령 등은 타인이 대신하여 행할 수 있는 행정의무의 이행을 의무자의 비용부담하에 확보하고자 하는, 동일한 행정목적을 달성하기 위하여 단계적인 일련의 절차로 연속하여 행하여지는 것으로서, 서로 결합하여 하나의 법률효과를 발생시키는 것이므로, 선행처분인 계고처분이 하자가 있는 위법한 처분이라면, 비록 그 하자가 중대하고도 명백한 것이 아니어서 당연무효의 처분이라고 볼 수 없고 행정소송으로 효력이 다투어지지도 아니하여 이미 불가쟁력이 생겼으며, 후행처분인 대집행영장발부통보처분 자체에는 아무런 하자가 없다고 하더라도, 후행처분인 대집행영장발부통보처분의 취소를 청구하는 소송에서 청구원인으로 선행처분인 계고처분이 위법한 것이기 때문에 그 계고처분을 전제로 행하여진 대집행영장발부통보처분도 위법한 것이라는 주장을 할 수 있다(대판 1996. 2. 9. 95누12507).

판례 甲을 친일반민족행위자로 결정한 친일반민족행위진상규명위원회(이하 '진상규명위원회'라 한다)의 최종발표(선행처분)에 따라 지방보훈지청장이 독립유공자 예우에 관한 법률(이하 '독립유공자법'이라 한다) 적용 대상자로 보상금 등의 예우를 받던 甲의 유가족 乙 등에 대하여 독립유공자법 적용배제자 결정(후행처분)을 한 사안에서, 진상규명위원회가 甲의 친일반민족행위자 결정 사실을 통지하지 않아 乙은 후행처분이 있기 전까지 선행처분의 사실을 알지 못하였고, 후행처분인 지방보훈지청장의 독립유공자법 적용배제결정이 자신의 법률상 지위에 직접적인 영향을 미치는 행정처분이라고 생각했을 뿐, 통지를 받지도 않은 진상규명위원회의 친일반민족행위자 결정처분이 자신의 법률상 지위에 영향을 주는 독립된 행정처분이라고 생각하기는 쉽지 않았을 것으로 보여, 乙이 선행처분에 대하여 일제강점하 반민족행위 진상규명에 관한 특별법에 의한 이의신청절차를 밟거나 후행처분에 대한 것과 별개로 행정심판이나 행정소송을 제기하지 않았다고 하여 선행처분의 하자를 이유로 후행처분의 효력을 다툴 수 없게 하는 것은 乙에게 수인한도를 넘는 불이익을 주고 그 결과가 乙에게 예측가능한 것이라고 할 수 없어 선행처분의 후행처분에 대한 구속력을 인정할 수 없으므로 선행처분의 위법을 이유로 후행처분의 효력을 다툴 수 있음에도, 이와 달리 본 원심판결에 법리를 오해한 위법이 있다고 한 사례(대판 2013. 3. 14. 2012두6964).

㉡ 하자의 승계 부정

판례 건물철거명령이 당연무효가 아닌 이상 행정심판이나 소송을 제기하여 그 위법함을 소구하는 절차를 거치지 아니하였다면 위 선행행위인 건물철거명령은 적법한 것으로 확정되었다고 할 것이므로 후행행위인 대집행계고처분에서는 그 건물이 무허가건물이 아닌 적법한 건축물이라는 주장이나 그러한 사실인정을 하지 못한다(대판 1998. 9. 8. 97누20502).

판례 구 경찰공무원법 제50조 제1항에 의한 직위해제처분과 같은 제3항에 의한 면직처분은 후자가 전자의 처분을 전제로 한 것이기는 하나 각각 단계적으로 별개의 법률효과를 발생하는 행정처분이어서 선행직위 해제처분의 위법사유가 면직처분에는 승계되지 아니한다 할 것이므로 선행된 직위해제 처분의 위법사유를 들어 면직처분의 효력을 다툴 수는 없다(대판 1984. 9. 11. 84누191).

(4) 하자의 치유와 전환

① 의의 … 행정행위의 하자론의 예외로서 하자 있는 행정행위를 적법한 행정행위로서 그 효력을 유지시키고자 하는 법리이다.

② 하자의 치유
   - ㉠ 의의 : 행정처분 당시에는 위법한 행정행위였으나 사후에 요건이 충족된 경우 또는 위법성이 지극히 경미하여 취소할 필요성이 없는 경우에 이를 적법한 행위로 인정하는 것을 말한다.
   - ㉡ 근거 : 법적 생활의 안정, 무익한 행정행위의 반복금지, 상대방의 신뢰보호, 기득권의 존중 등이 제시되고 있다.
   - ㉢ 치유사유 : 요건의 사후보완(필요한 신청서의 사후제출, 무권대리행위의 추인, 승인 · 동의 등이 결여된 경우의 추인, 허가요건의 사후충족, 행정심판 · 청문절차의 사후이행, 요식행위의 형식보완 등)과 지극히 경미한 위법성(허가기준을 0.1m 초과한 건축물에 대한 허가처분 등)에 인정된다.
   - ㉣ 인정범위 : 취소할 수 있는 행정행위에만 인정되고 무효인 행정행위에는 인정되지 않는다(통설).

(5) 위헌결정과 행정행위

① 위헌인 **법률에 근거한 행정처분** … 일단 행정처분이 이루어지고 사후에 그 행정처분의 근거가 된 법률이 위헌으로 결정된 경우 그러한 행정처분의 하자는 취소사유에 불과하다. 행정처분 당시 근거법률의 위헌성이 명백하지는 않기 때문이다. 따라서 만일 근거법률에 대한 위헌결정이 있고서 행정처분이 이루어진다면 당연무효에 해당할 수 있다.

② 위헌인 **법률에 근거한 집행** … 행정처분에 의해 상대방은 일정한 행정상의 의무를 부담하게 되는데 위헌결정 이후에도 공정력에 의해 유효한 행정처분을 근거로 상대방에게 집행을 할 수 있는지가 문제된다. 행정처분의 하자가 취소사유에 불과한 이상 취소되지 않는다면 이는 유효한 처분이기 때문이다. 판례는 위헌결정 이후 집행을 위한 새로운 집행처분 등에 착수하거나 속행하는 것은 위헌결정의 기속력과 실효성에 반하여 당연무효라는 입장이다.

> **판례** 위헌결정 전에 이미 형성된 법률관계에 기한 후속처분이라도 그것이 새로운 위헌적 법률관계를 생성 · 확대하는 경우라면 이를 허용할 수 없다. 따라서 조세 부과의 근거가 되었던 법률규정이 위헌으로 선언된 경우, 비록 그에 기한 과세처분이 위헌결정 전에 이루어졌고, 과세처분에 대한 제소기간이 이미 경과하여 조세채권이 확정되었으며, 조세채권의 집행을 위한 체납처분의 근거규정 자체에 대하여는 따로 위헌결정이 내려진 바 없다고 하더라도, 위와 같은 위헌결정 이후에 조세채권의 집행을 위한 새로운 체납처분에 착수하거나 이를 속행하는 것은 더 이상 허용되지 않고, 나아가 이러한 위헌결정의 효력에 위배하여 이루어진 체납처분은 그 사유만으로 하자가 중대하고 객관적으로 명백하여 당연무효라고 보아야 한다(대판 2012. 2. 26. 2010두10907).

기출PLUS

기출 2019. 4. 6. 소방공무원

행정행위의 하자에 관한 설명으로 옳지 않은 것은?

① 무효인 행정행위에는 공정력, 불가쟁력이 인정되지 않는다.
② 처분의 근거가 되었던 법률규정에 대하여 위헌결정이 내려진 후 행한 처분의 집행행위는 당연무효이다.
③ 선행행위가 무효인 경우에는 후행행위도 당연히 무효이다.
④ 하자 있는 행정행위의 치유는 행정경제를 도모하기 위하여 원칙적으로 허용된다.

<정답 ④

section 10 행정행위의 무효와 취소

(1) 행정행위의 무효

① **의의** … 행정행위의 무효란 행정행위로서의 외형은 갖추고 있으나 중대하고 명백한 흠이 있어 처음부터 행정행위로서의 효력을 발생하지 못하는 것을 말한다. 외형은 존재한다는 점에서 외형도 존재하지 않는 '부존재'와 구별되며 처음부터 아무런 효력이 발생하지 않는다는 점에서 '취소할 수 있는 행정행위'와 구별된다.

② **무효원인**

　㉠ 주체에 관한 하자

　　• 공무원이 아닌 자의 행위는 무효이다. 다만, 예외적으로 사실상의 공무원이론이 적용될 때에는 유효하다.

　　• 의사능력 없는 자의 행위는 무효이다.

　　• 행위능력 없는 자 중 피한정후견인, 피성년후견인인 공무원의 행위는 무효이다. 그러나 미성년자인 공무원의 행위는 유효하다.

　　• 정당한 권한의 위임을 받지 아니한 자의 행위는 무효이다.

　　• 사기·강박·증수뢰·착오로 인한 행위는 취소가 원칙이다.

　㉡ **내용에 관한 하자** : 사실상 또는 법률상 실현불가능하거나 내용이 불명확한 경우에는 무효이다. 다만, 공서양속에 위반되는 행위는 민법에서는 무효이나 행정법에서는 취소에 해당한다.

　㉢ **절차에 관한 하자** : 법률상 필요한 상대방의 신청·동의·공고·통지·협의·청문 등의 절차를 결한 행정행위는 무효이다.

　㉣ **형식에 관한 하자** : 필요한 문서에 의하지 아니한 행위, 서명·날인을 결여한 행위는 무효이다.

③ **주장방법** … 무효확인심판과 무효확인소송을 통해 주장할 수 있다.

④ **효과**

　㉠ 행정청의 별도의 의사표시 없이 처음부터 아무런 효력도 발생하지 못한다.

　㉡ 일정한 요건을 갖춘 경우 무효행위의 전환이 인정된다. 무효인 법률행위가 다른 법률행위의 요건을 구비하고 당사자가 그 무효를 알았더라면 다른 법률행위를 하는 것을 의욕하였으리라고 인정될 때에는 다른 법률행위로서 효력을 가진다 〈민법 제138조〉.

> **판례** 신고납부방식의 조세인 취득세 납세의무자의 신고행위의 하자가 중대하지만 명백하지는 않은 때 예외적으로 당연무효라고 할 수 있는 경우에 대하여 보건대, 취득세 신고행위는 납세의무자와 과세관청 사이에 이루어지는 것으로서 취득세 신고행위의 존재를 신뢰하는 제3자의 보호가 특별히 문제 되지 않아 그 신고행위를 당연무효로 보더라도 법적 안정성이 크게 저해되지 않는 반면, 과세요건 등에 관한 중대한 하자가 있고 그 법적 구제수단이 국세에 비하여 상대적으로 미비함에도 위법한 결과를 시정하지 않고 납세의무자에게 그 신고행위로 인한 불이익을 감수시키는 것이 과세행정의 안정과 그 원활한 운영의 요청을 참작하더라도 납세의무

사실상 공무원이론
공무원선임행위의 유·무효 여부 또는 정년·면직·임기만료 등 외부에서 쉽게 알 수 없는 사유가 있는 공무원의 행위가 항상 무효라면, 이를 신뢰하였던 상대방은 예기치 못한 손해를 입을 수 있다. 따라서 위 행위가 객관적으로 공무원의 행위라고 믿을 만한 사정하에서 행하여진 경우에는 상대방의 신뢰보호 및 법률생활의 안정을 위하여 그 행위를 유효로 보려는 이론을 말한다.

〈정답 ③

자의 권익구제 등의 측면에서 현저하게 부당하다고 볼 만한 특별한 사정이 있는 때에는 예외적으로 이와 같은 하자 있는 신고행위가 당연무효라고 함이 타당하다(대결 2009. 2. 12. 2008두11716).

(2) 행정행위의 취소

① 의의

⊙ **개념** : 그 성립에 흠이 있음에도 불구하고 일단 유효하게 성립한 행정행위를 권한 있는 기관이 그 효력의 전부 또는 일부를 원칙적으로 소급하여 상실시키는 별개의 독립된 행정행위를 말한다. 이러한 의미의 취소에는 직권취소와 쟁송취소가 있다.

ⓛ **구별개념** : 취소는 일응 유효하게 성립한 행정행위의 효력을 소멸시키는 행위인 점에서 처음부터 효력이 없는 무효와 구별되고 또 그 성립에 흠이 있음을 이유로 하는 점에서 흠없이 성립한 행정행위의 효력을 장래에 대하여 소멸시키는 철회와 구별된다.

ⓒ **직권취소와 쟁송취소의 구별** : 직권취소란 행정청이 직권으로 행하는 별도의 행정행위인 취소를 말하고, 쟁송취소란 행정행위의 위법성을 이유로 소송의 제기에 의해 법원이 행하는 취소를 말한다.

② 취소권자

⊙ **직권취소** : 처분청과 감독청이 직권으로 행하는 바, 이는 하나의 독립된 행정행위이다. 감독청이 취소권을 가지는가에 대해서는 적극설과 소극설이 대립하고 있으나 취소권은 감독권에 당연히 포함되어 있으므로 가능하다는 적극설이 통설이다. 반면, 감독청은 취소명령권만을 가진다는 소극설이 최근 유력시되고 있다.

ⓛ **쟁송취소** : 행정청과 법원이다. 행정청은 처분청, 제3의 기관(공무원소청심사위원회 등)을 말한다. 법원은 행정법원, 고등법원, 대법원, 헌법재판소를 의미한다.

③ 취소의 목적

⊙ **직권취소** : 법치행정의 원칙과 행정목적의 실현을 위해 행한다.

ⓛ **쟁송취소** : 법치행정의 실현과 국민의 권리구제를 목적으로 한다.

④ 취소권의 근거

⊙ **직권취소** : 법적 근거가 필요하다는 적극설과 별도의 법적 근거를 요하지 않는다는 소극설이 대립하나 판례는 소극설을 취하고 있다.

ⓛ **쟁송취소** : 행정심판법, 행정소송법 등의 근거에 의해 행해진다.

⑤ 취소사유

⊙ 무효에 이르지 않는 경우에는 일반적으로 취소사유가 된다.

ⓛ 권한 초과, 행위능력 결여, 사기·강박·수뢰 등 부정행위에 의한 경우, 착오, 공서양속에 위반한 경우, 경미한 법규 위반, 경미한 절차나 형식의 결여 등을 들 수 있다.

기출PLUS

기출 2018. 5. 19. 제1회 지방직

행정행위의 하자에 대한 판례의 입장으로 옳지 않은 것은?

① 친일반민족행위자로 결정한 최종발표와 그에 따라 그 유가족에 대하여 한 「독립유공자 예우에 관한 법률」 적용배제자 결정은 별개의 법률효과를 목적으로 하는 처분이다.

② 무권한의 행위는 원칙적으로 무효라고 할 것이므로, 5급 이상의 국가정보원 직원에 대해 임면권자인 대통령이 아닌 국가정보원장이 행한 의원면직처분은 당연무효에 해당한다.

③ 「국가유공자 등 예우 및 지원에 관한 법률」에 따른 여러 개의 상이에 대한 국가유공자요건비해당처분에 대한 취소소송에서 그 중 일부 상이만이 국가유공자요건이 인정되는 상이에 해당하는 경우, 국가유공자요건비해당처분 중 그 요건이 인정되는 상이에 대한 부분만을 취소하여야 한다.

④ 위법하게 구성된 폐기물처리시설 입지선정위원회가 의결을 한 경우, 그에 터잡아 이루어진 폐기물처리시설 입지결정처분의 하자는 무효사유로 본다.

〈 정답 ②

기출PLUS

기출 2016. 4. 9. 인사혁신처

행정행위의 직권취소에 대한 설명으로 옳지 않은 것은? (다툼이 있는 경우 판례에 의함)

① 처분청이라도 자신이 행한 수익적 행정행위를 위법 또는 부당을 이유로 취소하려면 취소에 대한 법적 근거가 있어야 한다.

② 과세처분을 직권취소한 경우 그 취소가 당연무효가 아닌 한 과세처분은 확정적으로 효력을 상실하므로, 취소처분을 직권취소하여 원과세처분의 효력을 회복시킬 수 없다.

③ 위법한 행정행위에 대하여 불가쟁력이 발생한 이후에도 당해 행정행위의 위법을 이유로 직권취소할 수 있다.

④ 행정행위의 위법이 치유된 경우에는 그 위법을 이유로 당해 행정행위를 직권취소할 수 없다.

⑥ 취소의 대상

　㉠ 직권취소 : 수익적·침익적·복효적 행정행위를 모두 대상으로 하나 상대방의 권익과 관련하여 수익적 행정행위와 복효적 행정행위의 취소가 문제된다.

　㉡ 쟁송취소 : 주로 침익적 행정행위를 대상으로 한다.

⑦ 취소의 내용

　㉠ 직권취소 : 행정행위의 적극적 변경이 가능하다.

　㉡ 쟁송취소 : 쟁송취소 중 행정심판에 의한 경우는 원처분주의의 한도 내에서 약간의 변경이 가능하나, 소송에 의한 쟁송취소는 적극적 변경이 불가능하고 오직 인용 또는 기각만이 가능하다.

⑧ 제기기간

　㉠ 직권취소 : 원칙상 기간의 제한이 없다.

　㉡ 쟁송취소 : 쟁송제기기간이 정해져 있다.

⑨ 취소의 절차

　㉠ 직권취소 : 특별한 절차가 없는 것이 보통이다. 그러나 수익적 행정행위의 취소는 상대방에 대하여 의견제출 기회를 부여하여야 한다. 또한 관계 법률에서 청문절차 등을 규정하고 있는 경우도 있다.

　㉡ 쟁송취소 : 「행정심판법」, 「행정소송법」의 절차에 따라 행한다.

⑩ 취소의 효과

　㉠ 직권취소 : 성립 당시의 하자를 원인으로 하므로 소급하여 효력을 소멸하는 것이 원칙이다. 그러나 신뢰보호의 원칙상 상대방의 귀책사유 없이 수익적 행정행위를 취소할 경우에는 장래에 대하여 효력이 소멸한다. 또한 그로 인한 손실은 보상해야 한다.

　㉡ 쟁송취소 : 당사자의 권리구제가 목적이므로 소급효가 원칙이다. 다만, 쟁송취소의 대상은 부담적 행정행위인 경우가 대부분이므로 직권취소에 비해 장래효가 인정되는 경우는 별로 없다.

⑪ 취소권의 제한

　㉠ 직권취소

　　• 침익적 행정행위 : 적법성을 확보할 수 있고 상대방에 이익을 주므로 원칙적으로 취소가 자유롭다.

　　• 수익적 행정행위 : 취소권이 제한된다. 다만, 수익자가 그 하자에 책임이 있는 경우에는 취소가 제한되지 않는다. 실제에 있어서는 그 구체적인 사안에 따라 제이익을 형량하여 개별적으로 결정한다(통설·판례).

　　　－행정행위를 이용하고 있는 경우 : 건축허가를 받고 건축에 착수한 경우

　　　－포괄적 신분관계 설정행위 : 귀화허용, 공무원임용행위 등

　　　－불가변력이 발생한 행정행위 : 행정심판의 재결, 합격자의 결정 등

　　　－사인의 법률행위를 완성시켜 주는 행위 : 인가 등의 행위는 사적 거래의 안정, 법률생활의 안정의 관점에서 취소가 제한

<정답 ①

- 경제적 효과의 영향 : 위법한 개간허가이지만, 많은 사람의 생계가 달려 있는 경우
- 하자의 치유 · 전환이 가능한 행정행위
- 실권의 법리 : 취소권자가 상당히 장기간에 걸쳐 그 권한을 행사하지 아니한 결과 장차 당해 행위는 취소되지 아니할 것이라는 신뢰가 형성된 경우에는 그 취소권은 상실된다.

판례 구 「공업배치 및 공장설립에 관한 법률(2002. 12. 30. 법률 제6842호 산업집적활성화 및 공장설립에 관한 법률로 전문 개정되기 전의 것)」에 의하여 등록된 공장을 통계청장이 고시하는 표준산업분류에 의한 제조업 외의 용도로 활용하는 때에는, ① 당해 공장과 관련된 산업의 용도로 활용하는 것도 아니고 당해 공장을 운영함에 있어서 필요한 용도로 활용하는 것도 아닌 경우, ② 당해 공장의 제조활동에 현저하게 지장을 초래하는 경우, ③ 위 제조업 외의 용도로 활용하는 부분이 공장의 일부가 아닌 경우 중 어느 한 가지에 해당하면 시장 등은 공장의 등록을 취소할 수 있다(대판2006. 5. 25, 2003두4669). 다만 공장 외의 용도로도 활용할 내심의 의사가 있었던 것에 불과하다면 이는 공장 등 등록취소 사유가 되지 않는다.

ⓒ **쟁송취소** : 주로 침익적 행정행위가 대상이 되므로 원칙적으로 자유롭게 취소할 수 있다. 다만, 사정재결과 사정판결에 있어 공공복리에 현저하게 적합하지 않은 때에는 취소할 수 없으므로 공공복리는 쟁송취소의 일반적인 제한사유가 될 것이다.

판례 행정처분이 취소되면 그 소급효에 의하여 처음부터 그 처분이 없었던 것과 같은 효과를 발생하게 되는바, 행정청이 의료법인의 이사에 대한 이사취임승인취소처분(제1처분)을 직권으로 취소(제2처분)한 경우에는 그로 인하여 이사가 소급하여 이사로서의 지위를 회복하게 되고, 그 결과 위 제1처분과 제2처분 사이에 법원에 의하여 선임결정된 임시이사들의 지위는 법원의 해임결정이 없더라도 당연히 소멸된다(대판 1997. 1. 21. 96누3401).

판례 일단취소처분을 한 후에 새로운 이해관계인이 생기기 전에 취소처분을 취소하여 그 광업권의 회복을 시켰다면 모르되 피고가 본건취소처분을 한 후에 원고가 1966.1.19에 본건 광구에 대하여 선출원을 적법히 함으로써 이해관계인이 생긴 이 사건에 있어서, 피고가 1966.8.24자로 1965.12.30자의 취소처분을 취소하여, 소외인 명의의 광업권을 복구시키는 조처는, 원고의 선출원 권리를 침해하는 위법한 처분이라고 하지 않을 수 없을 것이므로, 원판결은 정당하고, 논지 이유없다(대판 1967. 10. 23. 67누126).

⑫ **취소의 취소**

ⓐ **직권취소** : 행정행위를 직권으로 취소한 후에 그 취소행위에 하자 있음을 이유로 해서 이를 다시 취소하여 원처분을 소생시킬 수 있는가의 문제가 있다.

- 취소에 무효사유인 하자가 있는 경우 : 취소는 처음부터 효력을 발생하지 아니하고 원처분은 그대로 존속한다.
- 취소에 단순 취소사유만 있을 경우에는 취소도 행정행위이므로 그 하자의 일반론에 따라 그에 하자가 있는 때에는 이를 취소하여 원처분을 다시 소생시킬 수 있다고 본다(통설).

ⓑ **쟁송취소** : 쟁송절차를 거친 후에는 확정력이 발생하므로 취소가 제한된다.

기출PLUS

기출 2016. 6. 25. 서울특별시

다음 중 행정행위의 취소와 철회에 대한 설명으로 가장 옳은 것은?

① 특별한 사정이 없는 한 부담적 행정행위의 취소는 원칙적으로 자유롭지 않다.

② 수익적 행정행위에 대한 철회권유보의 부관은 그 유보된 사유가 발생하여 철회권이 행사된 경우 상대방이 신뢰보호원칙을 원용하는 것을 제한한다는 데 실익이 있다.

③ 철회권이 유보된 경우라도 수익적 행정행위의 철회에 있어서는 반드시 법적근거가 필요하다.

④ 판례는 불가쟁력이 생긴 행정처분이라도 공권의 확대화경향에 따라 이에 대한 취소 또는 변경을 구할 신청권을 적극적으로 인정하고 있다.

〈정답 ②

[직권취소와 쟁송취소]

구분	직권취소	쟁송취소
취소권자	처분청·감독청	처분청(이의신청), 행정심판위원회(행정심판), 법원(행정소송)
대상	주로 수익적 행정행위	주로 침익적 행정행위
내용	적극적 변경 가능	행정심판은 변경 가능, 행정소송은 인용·기각만 가능
기간	기간제한 없음	기간제한 있음
효과	원칙적으로 소급효	원칙적으로 소급효
취소권의 제한	• 침익적 행정행위는 제한없음 • 수익적 행정행위, 포괄적 신분설정행위, 불가변력이 발생한 행위, 인가행위 등은 제한됨	• 자유롭게 취소할 수 있음(원칙) • 사정재결과 사정판결에 있어 공공복리에 현저하게 적합하지 않은 때에는 취소할 수 없음

section 11 행정행위의 철회

(1) 의의

행정행위의 철회라 함은 하자 없이 적법하게 성립한 행정행위를 행정청이 새로운 사정의 발생으로 인해 장래를 향하여 그 효력을 상실시키는 독립된 행정행위를 말한다. 실정법에서는 취소라는 용어가 많이 사용되고 있다.

(2) 철회권자

행정행위의 철회는 처분청만이 할 수 있다. 감독청은 처분청에 철회를 명할 수는 있으나, 법률에 특별한 규정이 없는 한 직접 당해 행위를 철회할 수는 없다.

(3) 철회권의 근거

철회에 법률적 근거가 필요한가에 대해 법적 근거가 없는 경우에도 허용된다는 근거불요설이 다수설·판례이다.

(4) 철회의 원인

① 근거법령이 개폐되는 경우

② 사정변경 및 중대한 공익상의 필요 발생

③ 상대방의 의무 위반

④ 철회권이 유보된 경우

⑤ 사실관계의 변경

(5) 철회의 제한

① 침익적(부담적) 행정행위의 철회

ㄱ 원칙 : 상대방에게 이익을 주므로 철회가 자유롭다.

ㄴ 예외 : 행정행위를 존속시켜야 할 중대한 공익상의 필요가 있는 경우나 행정행위를 철회한 후에 다시 동일한 내용의 행정행위를 발령해야 되는 경우(기속행위)에는 제한된다.

② 수익적 행정행위의 철회

ㄱ 철회가 제한되는 경우 : 포괄적 신분설정행위와 불가변력이 발생한 행정행위, 실권의 법리가 적용된 경우, 기득권익의 존중, 복효적 행정행위(관계이익을 비교형량하여 결정)

ㄴ 철회가 제한되지 않는 경우 : 위험방지, 수익자의 책임

(6) 철회의 절차

철회의 절차에 관한 일반적 규정은 없다. 다만, 수익적 행정행위의 철회는 행정절차법이 정하는 바에 따라 의견제출 기회 등이 보장되어야 한다.

(7) 철회의 효과

① 장래효 … 원칙적으로 장래에 대해서만 발생한다.

※ 철회로 인하여 행정기관이나 당사자는 법률이 정하는 바에 따라 원상회복의 의무가 생기며 이미 지급된 문서나 물건의 반환을 요구할 수 없다.

② 손실보상 … 상대방의 귀책사유 없이 철회되는 때에는 그에 따른 손실을 보상해야 한다.

③ 하자있는 철회의 취소 … 하자 있는 철회를 취소하여 원행정행위를 소생시킬 수 있는가의 문제로서 이는 취소의 취소에 준한다.

기출PLUS

기출 2018. 6. 23. 제2회 서울특별시

행정행위의 직권취소 및 철회에 대한 설명으로 가장 옳지 않은 것은?

① 한 사람이 여러 종류의 자동차 운전면허를 취득하는 경우뿐 아니라 이를 취소 또는 정지함에 있어서도 서로 별개의 것으로 취급하는 것이 원칙이다.

② 처분청은 하자있는 행정행위의 행위자로서 그 하자를 시정할 지위에 있어 그 취소에 관한 법률의 규정이 없어도 행정행위를 취소할 수 있다.

③ 수익적 행정행위의 철회는 법령에 명시적인 규정이 있거나 행정행위의 부관으로 그 철회권이 유보되어 있는 경우, 또는 원래의 행정행위를 존속시킬 필요가 없게 된 사정변경이 생겼거나 또는 중대한 공익상의 필요가 발생한 경우 등의 예외적인 경우에만 허용된다.

④ 철회 자체가 행정행위의 성질을 가지는 것은 아니어서 「행정절차법」상 처분절차를 적용하여야 하는 것은 아니나, 신뢰보호원칙이나 비례원칙과 같은 행정법의 일반원칙은 준수해야 한다.

＜ 정답 ④

기출 2013. 9. 7. 국회사무처

실권(失權)의 법리 내지 실효(失效)의 법리를 인정할 수 있는 경우에 해당하는 것은?

① 처분청이 취소처분을 할 수 있는 사정을 알고서도 상당기간 동안 취소처분을 하지 아니한 경우

② 민원인이 법정요건을 갖추지 못하였음에도 갖춘 것처럼 사실을 숨겨 허가를 받은 후 상당한 기간이 경과한 경우

③ 법정요건을 갖추지 못한 채 허가를 받고, 상당한 기간이 경과한 후 감사원의 지적을 통해 허가청이 비로소 법령위반의 사실을 안 때

④ 허가를 받은 후 본인의 책임에 의해 허가의 요건을 사후적으로 갖추지 못하게 된 경우

⑤ 청소년유해매체물임을 모르고 이를 청소년에게 대여한 업주에게 과징금을 부과한 경우

[취소와 철회]

구분	취소	철회
행사권자	처분청, 감독청, 제3기관, 법원	처분청
원인	위법, 부당	행정행위 성립 후의 상황으로 효과를 지속시킬 수 없는 경우
효과	소급효, 장래효	장래효
손해전보	손해배상책임	손실보상책임
절차	직권취소는 특별한 절차 필요 없음 (쟁송취소는 필요)	특별한 절차 필요 없음
공통점	실정법상 혼용, 유효한 행정행위의 효력상실, 형성행위, 조리상 제한, 취소가 인정	

section 12 행정행위의 실효

(1) 의의

행정행위의 실효란 하자 없이 성립·발효한 행정행위가 이후 일정한 사실의 발생으로 인해 그 효력이 소멸되는 것을 말한다.

(2) 구별개념

실효는 처음부터 효력이 발생하지 않는 무효와 구별되고 행정청의 의사표시에 의하지 않고 자동 소멸된다는 점에서 취소나 철회와 다르다. 즉, 취소와 철회는 별개의 행정행위에 의하여 원행정행위의 효력을 소멸시키는 것이나 실효는 일정 사유의 발생에 따라 당연히 기존의 행정행위의 효력이 행정청의 의사표시 없이 자동 소멸되는 것이다.

(3) 실효의 사유

① 행정행위의 목적물의 소멸(상대방의 사망, 물건의 소멸, 허가영업의 자진 폐업 등)

② 행정행위의 목적 달성

③ 행정행위의 부관으로서의 해제조건의 성취 또는 종기의 도래

(4) 실효의 효과

실효사유가 있으면 당해 행정행위는 그 때부터 장래를 향하여 당연히 효력을 상실한다.

(5) 실효의 주장방법

실효의 주장방법으로서 실효확인소송 또는 유효확인소송을 제기할 수 있다.

정답 ①

2021년 소방공무원

1 행정행위에 대한 설명으로 옳지 않은 것은? (다툼이 있는 경우 판례에 의함)

① 개발제한구역 내의 건축물의 용도변경에 대한 예외적 허가는 그 상대방에게 제한적이므로 기속행위에 속하는 것이다.

② 농지처분의무통지는 단순한 관념의 통지에 불과하다고 볼 수 없고, 상대방인 농지소유자의 의무에 직접 관계되는 독립한 행정처분으로서 항고소송의 대상이 된다.

③ 행정청이 (구)「식품위생법」 규정에 의하여 영업자지위승계신고를 수리하는 처분은 종전의 영업자의 권익을 제한하는 처분에 해당하므로, 행정청은 이를 처리함에 있어 종전의 영업자에 대하여 처분의 사전통지, 의견청취 등 「행정절차법」상의 처분절차를 거쳐야 한다.

④ 부담은 행정청이 행정행위를 하면서 일방적으로 부가할 수도 있지만 부담을 부가하기 이전에 상대방과 협의하여 부담의 내용을 협약의 형식으로 미리 정한 다음 행정행위를 하면서 부가할 수도 있다.

> **TIPS!**
> ① 구 도시계획법(2000. 1. 18. 법률 제6243호로 전문 개정되기 전의 것) 제21조와 같은 법 시행령(1998. 5. 19. 대통령령 제15799호로 개정되기 전의 것) 제20조 제1, 2항 및 같은 법 시행규칙(1998. 5. 19. 건설교통부령 제133호로 개정되기 전의 것) 제7조 제1항 제6호 다목 등의 규정을 살펴보면, 도시의 무질서한 확산을 방지하고 도시주변의 자연환경을 보전하여 도시민의 건전한 생활환경을 확보하기 위하여 지정되는 개발제한구역 내에서는 구역 지정의 목적상 건축물의 건축이나 그 용도변경은 원칙적으로 금지되고, 다만 구체적인 경우에 위와 같은 구역 지정의 목적에 위배되지 아니할 경우 예외적으로 허가에 의하여 그러한 행위를 할 수 있게 되어 있음이 위와 같은 관련 규정의 체재와 문언상 분명한 한편, 이러한 <u>건축물의 용도변경에 대한 예외적인 허가는 그 상대방에게 수익적인 것에 틀림이 없으므로, 이는 그 법률적 성질이 재량행위 내지 자유재량행위에 속하는 것이라고 할 것이고, 따라서 그 위법 여부에 대한 심사는 재량권 일탈 · 남용의 유무를 그 대상으로 한다(대법원 2001. 2. 9. 선고 98두17593 판결).
> ② 농지처분의무통지는 단순한 관념의 통지에 불과하다고 볼 수는 없고, 상대방인 농지소유자의 의무에 직접 관계되는 독립한 행정처분으로서 항고소송의 대상이 된다(대판 2003. 11. 14, 2001두8742).
> ③ 행정청이 구 식품위생법 규정에 의하여 <u>영업자지위승계신고를 수리하는 처분은 종전의 영업자의 권익을 제한하는 처분이라 할 것이고 따라서 종전의 영업자는 그 처분에 대하여 직접 그 상대가 되는 자에 해당한다고 봄이 상당하므로, 행정청으로서는 위 신고를 수리하는 처분을 함에 있어서 행정절차법 규정 소정의 당사자에 해당하는 종전의 영업자에 대하여 위 규정 소정의 행정절차를 실시하고 처분을 하여야 한다(대판 2003. 2. 14. 2001두7015).
> ④ 수익적 행정처분에 있어서는 법령에 특별한 근거규정이 없다고 하더라도 그 부관으로서 부담을 붙일 수 있고, 그와 같은 부담은 행정청이 행정처분을 하면서 일방적으로 부가할 수도 있지만 부담을 부가하기 이전에 상대방과 협의하여 부담의 내용을 협약의 형식으로 미리 정한 다음 행정처분을 하면서 이를 부가할 수도 있다(대판 2009. 2. 12. 2005다65500).

Answer 1.①

2 다음 설명 중 옳지 않은 것은? (다툼이 있는 경우 판례에 의함)

① 원고가 단지 1회 훈령에 위반하여 요정출입을 하다가 적발된 정도라면, 면직처분보다 가벼운 징계처분으로서도 능히 위 훈령의 목적을 달성할 수 있다고 볼 수 있는 점에서 이 사건 파면처분은 이른바 비례의 원칙에 어긋난 것으로 위법하다고 판시하였다.

② 수입 녹용 중 일정성분이 기준치를 0.5% 초과하였다는 이유로 수입 녹용 전부에 대하여 전량 폐기 또는 반송처리를 지시한 처분은 재량권을 일탈·남용한 경우에 해당한다고 판시하였다.

③ 청소년유해매체물로 결정·고시된 만화인 사실을 모르고 있던 도서대여업자가 그 고시일로부터 8일 후에 청소년에게 그 만화를 대여한 것을 사유로 그 도서대여업자에게 금 700만 원 의 과징금이 부과된 경우, 그 과징금부과처분은 재량권을 일탈·남용한 것으로서 위법하다고 판시하였다.

④ 사법시험 제2차 시험에 과락제도를 적용하고 있는 (구)사법시험령 제15조 제2항은 비례의 원칙, 과잉금지의원칙, 평등의 원칙에 위반되지 않는다고 판시하였다.

> **TIPS!**
> ② 지방식품의약품안전청장이 수입 녹용 중 전지 3대를 절단부위로부터 5cm까지의 부분을 절단하여 측정한 회분함량이 기준치를 0.5% 초과하였다는 이유로 수입 녹용 전부에 대하여 전량 폐기 또는 반송처리를 지시한 경우, 녹용 수입업자가 입게 될 불이익이 의약품의 안전성과 유효성을 확보함으로써 국민보건의 향상을 기하고 고가의 한약재인 녹용에 대하여 부적합한 수입품의 무분별한 유통을 방지하려는 공익상 필요보다 크다고는 할 수 없으므로 위 <u>폐기 등 지시처분이 재량권을 일탈·남용한 경우에 해당하지 않는다</u>(대법원 2006. 4. 14. 선고 2004두3854 판결).
> ① 원심이 원고가 단지 1회 훈령에 위반하여 요정 출입을 하다가 적발된 것만으로는 … 원고의 비행정도라면 이보다 가벼운 징계처분으로서도 능히 위 훈령의 목적을 달할 수 있다고 볼 수 있는 점, 징계처분 중 면직 처분은 적어도 공무원의 신분을 그대로 보유케 하는 것이 심히 부당하다고 볼 정도의 비행이 있는 경우에 한하는 점 등에 비추어 이 사건 파면처분은 이른바 비례의 원칙에 어긋난 것으로서 … <u>심히 그 재량권의 범위를 넘어서 한 위법한 처분이라고 아니할 수 없다</u>고 판시한 것은 정당하여 아무 잘못이 없다(대판 1967. 5. 2. 67누24).
> ③ 청소년유해매체물로 결정·고시된 만화인 사실을 모르고 있던 도서대여업자가 그 고시일로부터 8일 후에 청소년에게 그 만화를 대여한 것을 사유로 그 도서대여업자에게 금 700만 원의 과징금이 부과된 경우, <u>그 도서대여업자에게 청소년유해매체물인 만화를 청소년에게 대여하여서는 아니된다는 금지의무의 해태를 탓하기는 가혹하므로 그 과징금부과처분은 재량권을 일탈·남용한 것으로서 위법하다</u>(대판 2001. 7. 27. 99두9490).
> ④ 사법시험령 제15조 제2항이 사법시험의 제2차시험에서 '매과목 4할 이상'으로 과락 결정의 기준을 정한 것을 두고 과락 점수를 비합리적으로 높게 설정하여 지나치게 엄격한 기준에 해당한다고 볼 정도는 아니므로, 비례의 원칙 내지 과잉금지에 위반하였다고 볼 수 없다(대판 2007. 1. 11. 2004두10432).

3 행정행위의 존속력에 관한 설명으로 옳지 않은 것은? (다툼이 있는 경우 판례에 의함)

① 불가변력은 처분청에 미치는 효력이고, 불가쟁력은 상대방 및 이해관계인에게 미치는 효력이다.

② 불가쟁력이 생긴 경우에도 국가배상청구를 할 수 있다.

③ 불가변력이 있는 행위가 당연히 불가쟁력을 발생시키는 것은 아니다.

④ 불가쟁력은 실체법적 효력만 있고, 절차법적 효력은 전혀 가지고 있지 않다.

Answer 2.② 3.④

TIPS!

④ 불가쟁력은 절차법적 효력만 있고, 실체법적 효력은 없다.

※ **불가변력과 불가쟁력**

    ㉠ **불가변력(不可變力)**: 행정청에서 내린 행정행위 가운데 특정 행정행위에서 발생하는 효력으로, 행정청 스스로도 취소나 철회를 할 수 없는 제한을 받는 효력을 말한다. 행정심판의 재결과 같은 준사법적 작용이나 그 성질상 행정청이 취소하거나 철회할 때 일정한 제한이 따르는 수익적 행정행위에서 발생한다. 불가변력의 발생은 행정행위의 불가쟁력이 발생하였는지 여부와는 무관하다.

    ㉡ **불가쟁력(不可爭力)**: 행정행위의 상대방이나 기타 관계인이 행정행위의 효력을 더 이상 다툴 수 없게 하는 구속력을 말한다. 국가배상청구는 행정행위의 효력을 다투는 것이 아니어서 불가쟁력이 발생하더라도 국가배상청구가 가능하다.

4 행정행위의 성립과 효력에 관한 설명으로 옳은 것은?(다툼이 있는 경우 판례에 의함)

① 일반적으로 행정행위가 주체·내용·절차와 형식의 요건을 모두 갖추고 외부에 표시된 경우에 행정행위의 존재가 인정된다.

② 행정청의 의사가 외부에 표시되어 행정청이 자유롭게 취소·철회할 수 없는 구속을 받게 되는 시점에 행정행위가 성립하는 것은 아니며, 행정행위의 성립 여부는 행정청의 의사를 공식적인 방법으로 외부에 표시하였는지 여부를 기준으로 판단해야 한다.

③ 「행정절차법」은 행정행위 상대방에 대한 송달받을 자의 주소 등을 통상적인 방법으로 확인할 수 없는 경우에 한하여, 공고의 방법에 의한 송달이 가능하도록 규정하고 있다.

④ 상대방 있는 행정처분이 상대방에게 고지되지 아니한 경우에도 상대방이 다른 경로를 통해 행정처분의 내용을 알게 된다면 그 행정처분의 효력이 발생한다.

TIPS!

① 행정처분은 정당한 권한있는 자가 그 권한내에서 실현가능한 사항에 관하여 정상적인 의사에 기하여 법정의 일련의 절차와 소정의 형식을 갖추어 행해져야 하고 또 외부에 표시되어야만 유효하게 성립하고 동시에 효력을 발생하지만 상대방에게 고지를 요하는 행정행위는 객관적으로 보아서 상대방이 양지(인식)할 수 있는 상태하에 두는 방법으로 고지함으로써 비로서 그 효력이 발생한다(대법원 1976. 6. 8. 선고 75누63 판결).

② 일반적으로 처분이 주체·내용·절차와 형식의 요건을 모두 갖추고 외부에 표시된 경우에는 처분의 존재가 인정된다. <u>행정 의사가 외부에 표시되어 행정청이 자유롭게 취소·철회할 수 없는 구속을 받게 되는 시점에 처분이 성립하고, 그 성립 여부는 행정청이 행정의사를 공식적인 방법으로 외부에 표시하였는지를 기준으로 판단해야 한다</u>(대법원 2019. 7. 11. 선고 2017두38874 판결).

③ 다음 각 호의 어느 하나에 해당하는 경우에는 송달받을 자가 알기 쉽도록 관보, 공보, 게시판, 일간신문 중 하나 이상에 공고하고 인터넷에도 공고하여야 한다〈「행정절차법」 제14조(송달) 제4항〉.

    1. 송달받을 자의 주소등을 통상적인 방법으로 확인할 수 없는 경우

    2. 송달이 불가능한 경우

④ 상대방 있는 행정처분은 특별한 규정이 없는 한 의사표시에 관한 일반법리에 따라 상대방에게 고지되어야 효력이 발생하고, <u>상대방 있는 행정처분이 상대방에게 고지되지 아니한 경우에는 상대방이 다른 경로를 통해 행정처분의 내용을 알게 되었다고 하더라도 행정처분의 효력이 발생한다고 볼 수 없다</u>(대법원 2019. 8. 9. 선고 2019두38656 판결).

Answer 4.①

5 행정행위에 관한 설명으로 옳지 않은 것은? (다툼이 있는 경우 판례에 의함)

① 행정행위의 부관 중 행정행위에 부수하여 그 상대방에게 일정한 의무를 부과하는 행정청의 의사표시인 부담은 그 자체만으로 행정소송의 대상이 될 수 있다.

② 현역입영대상자는 현역병입영통지처분에 따라 현실적으로 입영을 하였다 할지라도, 입영 이후의 법률관계에 영향을 미치고 있는 현역병입영통지처분을 한 관할 지방병무청장을 상대로 위법을 주장하여 그 취소를 구할 수 있다.

③ 재량행위가 법령이나 평등원칙을 위반한 경우뿐만 아니라 합목적성의 판단을 그르친 경우에도 위법한 처분으로서 행정소송의 대상이 된다.

④ 허가의 신청 후 법령의 개정으로 허가기준이 변경된 경우에는 신청할 당시의 법령이 아닌 행정행위 발령 당시의 법령을 기준으로 허가 여부를 판단하는 것이 원칙이다.

> **TIPS!**
>
> ③ 편의(공익, 합목적) 재량의 경우에 한 처분에 있어 관계공무원이 공익성, 합목적성의 인정, 판단을 잘못하여 그 재량권의 범위를 넘어선 행정행위를 한 경우가 있다 하더라도 <u>공익성 및 합목적성의 적절여부의 판단기준은 구체적 사안에 따라 각각 동일하다 할 수 없을 뿐만 아니라 구체적인 경우 어느 행정처분을 할 것인가에 관하여 행정청 내부에 일응의 기준을 정해 둔 경우 그 기준에 따른 행정처분을 하였다면 이에 관여한 공무원에게 그 직무상의 과실이 있다고 할 수 없다</u>(대법원 1984. 7. 24. 선고 84다카597 판결).
>
> ① 행정행위의 부관은 행정행위의 일반적인 효력이나 효과를 제한하기 위하여 의사표시의 주된 내용에 부가되는 종된 의사표시이지 그 자체로서 직접 법적 효과를 발생하는 독립된 처분이 아니므로 현행 행정쟁송제도 아래서는 부관 그 자체만을 독립된 쟁송의 대상으로 할 수 없는 것이 원칙이나 행정행위의 부관 중에서도 행정행위에 부수하여 그 행정행위의 상대방에게 일정한 의무를 부과하는 행정청의 의사표시인 부담의 경우에는 다른 부관과는 달리 행정행위의 불가분적인 요소가 아니고 그 존속이 본체인 행정행위의 존재를 전제로 하는 것일 뿐이므로 부담 그 자체로서 행정쟁송의 대상이 될 수 있다(대법원 1992. 1. 21. 선고 91누1264 판결).
>
> ② 병역법 제2조 제1항 제3호에 의하면 '입영'이란 병역의무자가 징집·소집 또는 지원에 의하여 군부대에 들어가는 것이고, 같은 법 제18조 제1항에 의하면 현역은 입영한 날부터 군부대에서 복무하도록 되어 있으므로 현역병입영통지처분에 따라 현실적으로 입영을 한 경우에는 그 처분의 집행은 종료되지만, 한편, 입영으로 그 처분의 목적이 달성되어 실효되었다는 이유로 다툴 수 없도록 한다면, 병역법상 현역입영대상자로서는 현역병입영통지처분이 위법하다 하더라도 법원에 의하여 그 처분의 집행이 정지되지 아니하는 이상 현실적으로 입영을 할 수밖에 없으므로 현역병입영통지처분에 대하여는 불복을 사실상 원천적으로 봉쇄하는 것이 되고, 또한 현역입영대상자가 입영하여 현역으로 복무하는 과정에서 현역병입영통지처분 외에는 별도의 다른 처분이 없으므로 입영한 이후에는 불복할 아무런 처분마저 없게 되는 결과가 되며, 나아가 입영하여 현역으로 복무하는 자에 대한 병적을 당해 군 참모총장이 관리한다는 것은 입영 및 복무의 근거가 된 현역병입영통지처분이 적법함을 전제로 하는 것으로서 그 처분이 위법한 경우까지를 포함하는 의미는 아니라고 할 것이므로, 현역입영대상자로서는 현실적으로 입영을 하였다고 하더라도, 입영 이후의 법률관계에 영향을 미치고 있는 현역병입영통지처분 등을 한 관할지방병무청장을 상대로 위법을 주장하여 그 취소를 구할 소송상의 이익이 있다(대법원 2003. 12. 26. 선고 2003두1875 판결).
>
> ④ 허가 등의 행정처분은 원칙적으로 처분시의 법령과 허가기준에 의하여 처리되어야 하고 허가신청 당시의 기준에 따라야 하는 것은 아니며, 비록 허가신청 후 허가기준이 변경되었다 하더라도 그 허가관청이 허가신청을 수리하고도 정당한 이유 없이 그 처리를 늦추어 그 사이에 허가기준이 변경된 것이 아닌 이상 변경된 허가기준에 따라서 처분을 하여야 한다(대법원 1996. 8. 20. 선고 95누10877 판결).

Answer 5.③

6 행정행위의 하자에 관한 설명으로 옳지 않은 것은? (다툼이 있는 경우 판례에 의함)

① 행정처분의 대상이 되는 법률관계나 사실관계가 있는 것으로 오인할 만한 객관적인 사정이 있고 사실관계를 정확히 조사하여야만 그 대상이 되는지 여부가 밝혀질 수 있는 경우에는 비록 그 하자가 중대하더라도 명백하지 않아 무효로 볼 수 없다.

② 조례 제정권의 범위를 벗어나 국가사무를 대상으로 한 무효인 조례의 규정에 근거하여 지방자치단체의 장이 행정처분을 한 경우 그 행정처분은 하자가 중대하나, 명백하지는 아니하므로 당연무효에 해당하지 아니한다.

③ 보충역편입처분에 하자가 있다고 할지라도 그것이 중대하고 명백하지 않는 한, 그 하자를 이유로 공익근무요원소집처분의 효력을 다툴 수 없다.

④ 부동산에 관한 취득세를 신고하였으나 부동산매매계약이 해제됨에 따라 소유권 취득의 요건을 갖추지 못한 경우에는 그 하자가 중대하지만 외관상 명백하지 않아 무효는 아니며 취소할 수 있는 데 그친다.

> **TIPS!**
>
> ④ 취득세 신고행위는 납세의무자와 과세관청 사이에 이루어지는 것으로서 취득세 신고행위의 존재를 신뢰하는 제3자의 보호가 특별히 문제되지 않아 그 신고행위를 당연무효로 보더라도 법적 안정성이 크게 저해되지 않는 반면, 과세요건 등에 관한 중대한 하자가 있고 그 법적 구제수단이 국세에 비하여 상대적으로 미비함에도 위법한 결과를 시정하지 않고 납세의무자에게 그 신고행위로 인한 불이익을 감수시키는 것이 과세행정의 안정과 그 원활한 운영의 요청을 참작하더라도 납세의무자의 권익구제 등의 측면에서 현저하게 부당하다고 볼 만한 특별한 사정이 있는 때에는 예외적으로 이와 같은 하자 있는 신고행위가 당연무효라고 함이 타당하다(대법원 2009. 2. 12. 선고 2008두11716 판결).
>
> ① 일반적으로 과세대상이 되는 법률관계나 소득 또는 행위 등의 사실관계가 전혀 없는 사람에게 한 과세처분은 그 하자가 중대하고도 명백하다고 할 것이지만 과세대상이 되지 아니하는 어떤 법률관계나 사실관계에 대하여 이를 과세대상이 되는 것으로 오인할 만한 객관적인 사정이 있는 경우에 그것이 과세대상이 되는지의 여부가 그 사실관계를 정확히 조사하여야 비로소 밝혀질 수 있는 경우라면 그 하자가 중대한 경우라도 외관상 명백하다고 할 수 없어 그와 같이 과세 요건사실을 오인한 위법의 과세처분을 당연무효라고 볼 수 없다(대법원 2002. 9. 4. 선고 2001두7268 판결).
>
> ② [다수의견] 조례 제정권의 범위를 벗어나 국가사무를 대상으로 한 무효인 서울특별시행정권한위임조례의 규정에 근거하여 구청장이 건설업영업정지처분을 한 경우, 그 처분은 결과적으로 적법한 위임 없이 권한 없는 자에 의하여 행하여진 것과 마찬가지가 되어 그 하자가 중대하나, 지방자치단체의 사무에 관한 조례와 규칙은 조례가 보다 상위규범이라고 할 수 있고, 또한 헌법 제107조 제2항의 "규칙"에는 지방자치단체의 조례와 규칙이 모두 포함되는 등 이른바 규칙의 개념이 경우에 따라 상이하게 해석되는 점 등에 비추어 보면 위 처분의 위임 과정의 하자가 객관적으로 명백한 것이라고 할 수 없으므로 이로 인한 하자는 결국 당연무효사유는 아니라고 봄이 상당하다(대법원 1995. 7. 11. 선고 94누4615 전원합의체판결).
>
> ③ 구 병역법(1999. 12. 28. 법률 제6058호로 개정되기 전의 것) 제2조 제1항 제2호, 제9호, 제5조, 제11조, 제12조, 제14조, 제26조, 제29조, 제55조, 제56조의 각 규정에 의하면, 보충역편입처분 등의 병역처분은 구체적인 병역의무부과를 위한 전제로서 징병검사 결과 신체등위와 학력·연령 등 자질을 감안하여 역종을 부과하는 처분임에 반하여, 공익근무요원소집처분은 보충역편입처분을 받은 공익근무요원소집대상자에게 기초적 군사훈련과 구체적인 복무기관 및 복무분야를 정한 공익근무요원으로서의 복무를 명하는 구체적인 행정처분이므로, 위 두 처분은 후자의 처분이 전자의 처분을 전제로 하는 것이기는 하나 각각 단계적으로 별개의 법률효과를 발생하는 독립된 행정처분이라고 할 것이므로, 따라서 보충역편입처분의 기초가 되는 신체등위 판정에 잘못이 있다는 이유로 이를 다투기 위하여는 신체등위 판정을 기초로 한 보충역편입처분에 대하여 쟁송을 제기하여야 할 것이며, 그 처분을 다투지 아니하여 이미 불가쟁력이 생겨 그 효력을 다툴 수 없게 된 경우에는, 병역처분변경신청에 의하는 경우는 별론으로 하고, 보충역편입처분에 하자가 있다고 할지라도 그것이 당연무효라고 볼만한 특단의 사정이 없는 한 그 위법을 이유로 공익근무요원소집처분의 효력을 다툴 수 없다(대법원 2002. 12. 10. 선고 2001두5422 판결).

Answer 6.④

7 행정행위의 부관에 대한 설명으로 옳은 것은? (다툼이 있는 경우 판례에 의함)

① 행정처분과 부관 사이에 실제적 관련성이 있다고 볼 수 없는 경우, 공무원이 공법상의 제한을 회피할 목적으로 행정처분의 상대방과 사이에 사법상 계약을 체결하는 형식을 취하였더라도 법치행정의 원리에 반하는 것으로서 위법하다고 볼 수 없다.

② 처분 당시 법령을 기준으로 처분에 부가된 부담이 적법하였더라도, 처분 후 부담의 전제가 된 주된 행정처분의 근거 법령이 개정됨으로써 행정청이 더이상 부관을 붙일 수 없게 되었다면 그때부터 부담의 효력은 소멸한다.

③ 부담의 이행으로서 하게 된 사법상 매매 등의 법률행위는 부담을 붙인 행정처분과는 별개의 법률행위이므로, 그 부담의 불가쟁력의 문제와는 별도로 법률행위가 사회질서 위반이나 강행규정에 위반되는지 여부 등을 따져보아 그 법률행위의 유효 여부를 판단하여야 한다.

④ 허가에 붙은 기한이 그 허가된 사업의 성질상 부당하게 짧아서 이 기한이 허가 자체의 존속기간이 아니라 허가조건의 존속기간으로 해석되는 경우에는 허가 여부의 재량권을 가진 행정청은 허가조건의 개정만을 고려할 수 있고, 그 후 당초의 기한이 상당 기간 연장되어 그 기한이 부당하게 짧은 경우에 해당하지 않게 된 때라도 더 이상의 기간 연장을 불허가할 수는 없다.

> **TIPS!**
>
> ① [×] 공무원이 인·허가 등 수익적 행정처분을 하면서 상대방에게 그 처분과 관련하여 이른바 부관으로서 부담을 붙일 수 있다 하더라도, 그러한 부담은 법치주의와 사유재산 존중, 조세법률주의 등 헌법의 기본원리에 비추어 비례의 원칙이나 부당결부의 원칙에 위반되지 않아야만 적법한 것인바, <u>행정처분과 부관 사이에 실제적 관련성이 있다고 볼 수 없는 경우 공무원이 위와 같은 공법상의 제한을 회피할 목적으로 행정처분의 상대방과 사이에 사법상 계약을 체결하는 형식을 취하였다면 이는 법치행정의 원리에 반하는 것으로서 위법하다</u>(대법원 2009. 12. 10. 선고 2007다63966 판결).
>
> ② [×] 행정청이 수익적 행정처분을 하면서 부가한 부담의 위법 여부는 처분 당시 법령을 기준으로 판단하여야 하고, 부담이 처분 당시 법령을 기준으로 적법하다면 처분 후 부담의 전제가 된 주된 행정처분의 근거 법령이 개정됨으로써 행정청이 더 이상 부관을 붙일 수 없게 되었다 하더라도 곧바로 위법하게 되거나 그 효력이 소멸하게 되는 것은 아니다. 따라서 행정처분의 상대방이 수익적 행정처분을 얻기 위하여 행정청과 사이에 행정처분에 부가할 부담에 관한 협약을 체결하고 행정청이 수익적 행정처분을 하면서 협약상의 의무를 부담으로 부가하였으나 부담의 전제가 된 주된 행정처분의 근거 법령이 개정됨으로써 행정청이 더 이상 부관을 붙일 수 없게 된 경우에도 <u>곧바로 협약의 효력이 소멸하는 것은 아니다</u>(대법원 2009. 2. 12. 선고 2005다65500 판결).
>
> ④ [×] 일반적으로 행정처분에 효력기간이 정하여져 있는 경우에는 그 기간의 경과로 그 행정처분의 효력은 상실되며, 다만 허가에 붙은 기한이 그 허가된 사업의 성질상 부당하게 짧은 경우에는 이를 그 허가 자체의 존속기간이 아니라 그 허가조건의 존속기간으로 보아 그 기한이 도래함으로써 그 조건의 개정을 고려한다는 뜻으로 해석할 수 있지만, 이와 같이 당초에 붙은 기한을 허가 자체의 존속기간이 아니라 허가조건의 존속기간으로 보더라도 그 후 당초의 기한이 상당 기간 연장되어 연장된 기간을 포함한 존속기간 전체를 기준으로 볼 경우 <u>더 이상 허가된 사업의 성질상 부당하게 짧은 경우에 해당하지 않게 된 때에는 관계 법령의 규정에 따라 허가 여부의 재량권을 가진 행정청으로서는 그때에도 허가조건의 개정만을 고려하여야 하는 것은 아니고 재량권의 행사로서 더 이상의 기간연장을 불허가할 수도 있는 것이며, 이로써 허가의 효력은 상실된다</u>(대법원 2004. 3. 25. 선고 2003두12837 판결).

Answer 7.③

8 행정행위에 대한 설명으로 옳은 것만을 모두 고르면? (다툼이 있는 경우 판례에 의함)

㉠ 행정의사가 외부에 표시되어 행정청이 자유롭게 취소·철회할 수 없는 구속을 받게 되는 시점에 처분이 성립하고, 그 성립 여부는 행정청이 행정의사를 공식적인 방법으로 외부에 표시하였는지를 기준으로 판단해야 한다.

㉡ 구「공중위생관리법」상 공중위생영업에 대하여 영업을 정지할 위법사유가 있다면, 관할 행정청은 그 영업이 양도·양수되었다 하더라도 양수인에 대하여 영업정지처분을 할 수 있다.

㉢ 「도시 및 주거환경정비법」상 주택재건축조합에 대해 조합설립 인가처분이 행하여진 후에는, 조합설립결의의 하자를 이유로 조합설립의 무효를 주장하려면 조합설립 인가처분의 취소 또는 무효확인을 구하는 소송으로 다투어야 하며, 따로 조합설립결의의 하자를 다투는 확인의 소를 제기할 수 없다.

㉣ 공정거래위원회가 부당한 공동행위를 한 사업자들 중 자진신고자에 대하여 구 독점규제 및 공정거래에 관한 법령에 따라 과징금 부과처분(선행처분)을 한 뒤, 다시 자진신고자에 대한 사건을 분리하여 자진신고를 이유로 과징금 감면처분(후행처분)을 한 경우라도 선행처분의 취소를 구하는 소는 적법하다.

---

① ㉡, ㉢
② ㉠, ㉡, ㉢
③ ㉠, ㉡, ㉣
④ ㉠, ㉢, ㉣

> **TIPS!**
> ㉣ 공정거래위원회가 부당한 공동행위를 행한 사업자로서 구 독점규제 및 공정거래에 관한 법률(2013. 7. 16. 법률 제11937호로 개정되기 전의 것) 제22조의2에서 정한 자진신고자나 조사협조자에 대하여 과징금 부과처분(이하 '선행처분'이라 한다)을 한 뒤, 독점규제 및 공정거래에 관한 법률 시행령 제35조 제3항에 따라 다시 자진신고자 등에 대한 사건을 분리하여 자진신고 등을 이유로 한 과징금 감면처분(이하 '후행처분'이라 한다)을 하였다면, 후행처분은 자진신고 감면까지 포함하여 처분 상대방이 실제로 납부하여야 할 최종적인 과징금액을 결정하는 종국적 처분이고, 선행처분은 이러한 종국적 처분을 예정하고 있는 일종의 잠정적 처분으로서 후행처분이 있을 경우 선행처분은 후행처분에 흡수되어 소멸한다. 따라서 위와 같은 경우에 <u>선행처분의 취소를 구하는 소는 이미 효력을 잃은 처분의 취소를 구하는 것으로 부적법하다</u>(대법원 2015. 2. 12. 선고 2013두987 판결).

9 다음 중 특허에 해당하지 않는 것은? (다툼이 있는 경우 판례에 의함)

① 귀화허가

② 공무원임명

③ 개인택시운송사업면허

④ 사립학교 법인이사의 선임행위

> **TIPS!**
> ① [O] 국적은 국민의 자격을 결정짓는 것이고, 이를 취득한 자는 국가의 주권자가 되는 동시에 국가의 속인적 통치권의 대상이 되므로, 귀화허가는 외국인에게 대한민국 국적을 부여함으로써 국민으로서의 법적 지위를 포괄적으로 설정하는 행위에 해당한다(대판 2010. 10. 28. 2010두6496).
> ② [O] 강학상 특허는 상대방에게 포괄적인 법률관계를 설정해주는 것인데 국가공무원법 등에 의하여 상대방을 공무원으로 임명하는 것은 전형적인 포괄적 법률관계의 형성이다.
> ③ [O] 여객자동차 운수사업법에 의한 개인택시운송사업의 면허는 특정인에게 권리나 이익을 부여하는 행정청의 재량행위이다(대판 2004. 11. 12. 2004두9463).
> ④ [X] 사립학교법 제20조 제2항에 의한 학교법인의 임원에 대한 감독청의 취임승인은 학교법인의 임원선임행위를 보충하여 그 법률상의 효력을 완성케하는 보충적 행정행위이므로 기본행위인 학교법인의 임원선임행위가 불성립 또는 무효인 경우에는 비록 그에 대한 감독청의 취임승인이 있었다 하여도 이로써 무효인 그 선임행위가 유효한 것으로 될 수는 없는 것이다(대판 1987. 8. 18. 86누152).

10 기속행위와 재량행위에 대한 설명으로 옳은 것은? (다툼이 있는 경우 판례에 의함)

① 법원은 최근 기존의 입장을 변경하여 재량행위 외에 기속행위나 기속적 재량행위에도 부관을 붙일 수 있는것으로 보고 있고, 이러한 부관이 있는 경우 특별한 사정이 없는 한 당사자는 부관의 내용을 이행하여야 할 의무를 진다.

② 건축허가를 하면서 일정 토지를 기부채납하도록 하는 내용의 허가조건을 붙였다면 원칙상 취소사유로 보아야 한다.

③ 「건축법」상 건축허가신청의 경우 심사 결과 그 신청이 법정요건에 합치하는 경우라 할지라도 소음공해, 먼지발생, 주변인 집단 민원 등의 사유가 있는 경우 이를 불허가 사유로 삼을 수 있고, 그러한 불허가처분이 비례원칙등을 준수하였다면 처분 자체의 위법성은 인정될 수 없다.

④ 법이 과징금 부과처분에 대한 임의적 감경규정을 두었다면 감경 여부는 행정청의 재량에 속한다고 할 것이나, 행정청이 감경사유가 있음에도 이를 전혀 고려하지 않았거나 감경사유에 해당하지 않는다고 오인한 나머지 과징금을 감경하지 않았다면 그 과징금 부과처분은 재량권을 일탈하거나 남용한 위법한 처분으로 보아야 한다.

Answer 9.④ 10.④

①② [X] 일반적으로 기속행위나 기속적 재량행위에는 부관을 붙일 수 없고 가사 부관을 붙였다 하더라도 무효이다(대판 1995. 6. 13. 94다56883). 따라서 기속행위나 기속적 재량행위에 부관을 붙였다 하더라도 이를 이행할 의무가 있는 것은 아니다.

③ [X] 건축허가권자는 건축허가신청이 건축법 등 관계 법령에서 정하는 어떠한 제한에 배치되지 않는 이상 같은 법령에서 정하는 건축허가를 하여야 하고, 중대한 공익상의 필요가 없음에도 불구하고 요건을 갖춘 자에 대한 허가를 관계 법령에서 정하는 제한사유 이외의 사유를 들어 거부할 수는 없다(대판 2009. 9. 24. 2009두8946).

④ [O] 실권리자명의 등기의무를 위반한 명의신탁자에 대하여 부과하는 과징금의 감경에 관한 '부동산 실권리자명의 등기에 관한 법률 시행령' 제3조의2 단서는 임의적 감경규정임이 명백하므로, 그 감경사유가 존재하더라도 과징금 부과관청이 감경사유까지 고려하고도 과징금을 감경하지 않은 채 과징금 전액을 부과하는 처분을 한 경우에는 이를 위법하다고 단정할 수는 없으나, 위 감경사유가 있음에도 이를 전혀 고려하지 않았거나 감경사유에 해당하지 않는다고 오인한 나머지 과징금을 감경하지 않았다면 그 과징금 부과처분은 재량권을 일탈·남용한 위법한 처분이라고 할 수밖에 없다(대판 2010. 7. 15 2010두7031).

2020년 소방공무원

11 행정행위의 부관에 대한 설명으로 옳지 않은 것은? (다툼이 있는 경우 판례에 의함)

① 사정변경으로 인하여 당초에 부담을 부가한 목적을 달성할 수 없게 된 경우에도 부관의 사후변경은 그 목적달성에 필요한 범위 내에서 예외적으로 허용된다는 것이 판례의 태도이다.

② 행정행위의 부관의 유형 중에서 장래의 불확실한 사실에 의해서 행정행위의 효력을 소멸시키는 것은 해제조건이다.

③ 지방국토관리청장이 일부 공유수면매립지에 대하여 한 국가 또는 직할시(현 광역시) 귀속처분은 법률효과의 일부배제에 해당하는 것으로 행정행위의 부관의 유형으로 볼 수 없다는 것이 판례의 태도이다.

④ 부담과 조건의 구별이 명확하지 않은 경우에는 부담으로 보는 것이 행정행위의 상대방에게 유리하다고 본다.

① [O] 행정처분에 이미 부담이 부가되어 있는 상태에서 그 의무의 범위 또는 내용 등을 변경하는 부관의 사후변경은, 법률에 명문의 규정이 있거나 그 변경이 미리 유보되어 있는 경우 또는 상대방의 동의가 있는 경우에 한하여 허용되는 것이 원칙이지만, 사정변경으로 인하여 당초에 부담을 부가한 목적을 달성할 수 없게 된 경우에도 그 목적달성에 필요한 범위 내에서 예외적으로 허용된다(대판 1997. 5. 30. 97누2627).

② [O] 조건이란 장래의 불확실한 상황에 대하여 의존하는 것을 의미하고 그 중에서 해제조건이란 일정한 사실이 성취와 동시에 그 효력이 상실되는 것을 의미한다.

③ [X] 행정행위의 부관은 부담의 경우를 제외하고는 독립하여 행정소송의 대상이 될 수 없는 것인바, 지방국토관리청장이 일부 공유수면매립지에 대하여 한 국가 또는 직할시 귀속처분은 매립준공인가를 함에 있어서 매립의 면허를 받은 자의 매립지에 대한 소유권취득을 규정한 공유수면매립법 제14조의 효과 일부를 배제하는 부관을 붙인 것이고, 이러한 행정행위의 부관은 위 법리와 같이 독립하여 행정소송 대상이 될 수 없다(대판 1993. 10. 8. 93누2032).

④ [O] 부담과 조건의 구별이 모호한 경우에는 부관의 독립쟁송가능성 등에서 당사자에게 보다 유리한 부담으로 보는 것이 통설의 입장이다.

12 행정행위의 하자에 대한 설명으로 옳은 것은? (다툼이 있는 경우 판례에 의함)

① 하자 있는 행정행위의 치유는 원칙적으로 허용되나, 국민의 권리나 이익을 침해하지 않는 범위 내에서 인정된다.

② 행정소송에서 행정처분의 위법 여부는 행정처분이 있을때의 법령과 사실상태를 기준으로 하여 판단하여야 하고 처분 후 법령의 개폐나 사실상태의 변동이 있다면 그러한 법령의 개폐나 사실상태의 변동에 의하여 처분의 위법성이 치유될 수 있다.

③ 법률관계나 사실관계에 대하여 그 법률의 규정을 적용할수 없다는 법리가 명백히 밝혀지지 아니하여 그 해석에 다툼의 여지가 있는 경우에, 행정관청이 이를 잘못 해석하여 행정처분을 하였다면 그 처분의 하자는 객관적으로 명백하다고 볼 것이나, 중대한 것은 아니므로 이를 이유로 무효를 주장할 수는 없다.

④ 「도시 및 주거환경정비법」상 주택재건축사업의 추진위원회가 조합을 설립하고자 하는 때에는 토지소유자등이 일정 수 이상 동의하여야 하는데, 조합설립인가 처분이 이러한 요건을 충족하지 못한 상태에서 이루어졌다면 그러한 처분은 위법하고, 토지소유자 등의 추가 동의서가 추후에 제출되어 법정요건을 갖추었다 할지라도 설립인가처분의 위법성이 치유되는 것은 아니다.

> 💡 **TIPS!**
>
> ①② [X] 행정소송에서 행정처분의 위법 여부는 행정처분이 있을 때의 법령과 사실상태를 기준으로 하여 판단하여야 하고, 처분 후 법령의 개폐나 사실상태의 변동에 의하여 영향을 받지는 않는다고 할 것이고, 하자 있는 행정행위의 치유는 행정행위의 성질이나 법치주의의 관점에서 볼 때 원칙적으로 허용될 수 없는 것이고, 예외적으로 행정행위의 무용한 반복을 피하고 당사자의 법적 안정성을 위해 이를 허용하는 때에도 국민의 권리나 이익을 침해하지 않는 범위에서 구체적 사정에 따라 합목적적으로 인정하여야 한다(대판 2002. 7. 9. 2001두10684).
>
> ③ [X] 그 법률관계나 사실관계에 대하여 그 법률의 규정을 적용할 수 없다는 법리가 명백히 밝혀지지 아니하여 그 해석에 다툼의 여지가 있는 때에는 행정관청이 이를 잘못 해석하여 행정처분을 하였더라도 이는 그 처분 요건사실을 오인한 것에 불과하여 그 하자가 명백하다 할 수 없는 것이고, 또한 행정처분의 대상이 되는 법률관계나 사실관계가 전혀 없는 사람에게 행정처분을 한 때에는 그 하자가 중대하고도 명백하다 할 것이나, 행정처분의 대상이 되지 아니하는 어떤 법률관계나 사실관계에 대하여 이를 처분의 대상이 되는 것으로 오인할 만한 객관적인 사정이 있는 경우로서 그것이 처분대상이 되는지의 여부가 그 사실관계를 정확히 조사하여야 비로소 밝혀질 수 있는 때에는 비록 이를 오인한 하자가 중대하다고 할지라도 외관상 명백하다 할 수 없다(대판 1997. 5. 9. 95다46722).
>
> ④ [O] 제1심판결 이후 이 사건 정비구역 내 토지 등 소유자 318명 중 그 4분의 3을 초과하는 247명으로부터 새로 조합설립동의서를 받았으니 이 사건 처분의 흠은 치유되었다는 피고 및 참가인의 주장에 대하여, 구 도시정비법 제16조 제1항에서 정하는 조합설립인가처분은 설권적 처분의 성질을 갖고 있고, 흠의 치유를 인정하더라도 원고들을 비롯한 토지 등 소유자들에게 아무런 손해가 발생하지 않는다고 단정할 수 없다는 점 등을 이유로 이를 배척하였다. 앞서 본 법리와 기록에 비추어 살펴보면, 위와 같은 원심의 판단은 정당하고, 거기에 상고이유의 주장과 같은 흠이 있는 행정행위의 치유에 대한 법리오해 등의 위법이 없다(대판 2010. 8. 26. 2010두2579).

Answer 12.④

2019년 소방공무원

13 판례상 행정행위에 관한 설명으로 옳지 않은 것은?

① 「출입국관리법」상 체류자격 변경허가는 설권적 처분의 성격을 가지므로, 허가권자는 허가 여부를 결정할 수 있는 재량을 가진다.

② 유기장 영업허가는 유기장영업권을 설정하는 설권행위이다.

③ 한의사면허는 경찰금지를 해제하는 명령적 행위에 해당한다.

④ 개인택시운송사업면허는 특정인에게 권리나 이익을 부여하는 재량행위이다.

> **TIPS!**
> ① [O] 체류자격 변경허가는 신청인에게 당초의 체류자격과 다른 체류자격에 해당하는 활동을 할 수 있는 권한을 부여하는 일종의 설권적 처분의 성격을 가지므로, 허가권자는 신청인이 관계 법령에서 정한 요건을 충족하였더라도, 신청인의 적격성, 체류 목적, 공익상의 영향 등을 참작하여 허가 여부를 결정할 수 있는 재량을 가진다(대판 2016. 7. 14. 2015두48846).
> ② [X] 유기장영업허가는 유기장 경영권을 설정하는 설권행위가 아니고 일반적 금지를 해제하는 영업자유의 회복이라 할 것이므로 그 영업상의 이익은 반사적 이익에 불과하고 행정행위의 본질상 금지의 해제나 그 해제를 다시 철회하는 것은 공익성과 합목적성에 따른 당해 행정청의 재량행위라 할 것이다(대판 1986. 11. 25. 84누147).
> ③ [O] 한의사 면허는 경찰금지를 해제하는 명령적 행위(강학상 허가)에 해당한다(대판 1998. 3. 10. 97누4289).
> ④ [O] 여객자동차 운수사업법에 의한 개인택시운송사업의 면허는 특정인에게 권리나 이익을 부여하는 행정청의 재량행위이다(대법 2004. 11. 12. 2004두9463).

2019년 소방공무원

14 다음 설명으로 옳지 않은 것은? (다툼이 있는 경우 판례에 의함)

> A : 사립학교법인 임원의 선임에 대한 승인
> B : 정비조합 정관변경에 대한 인가
> C : 공유수면사용에 대한 허가

① A 행위는 기본행위의 효력을 완성시켜 주는 형성적 행위이다.

② B 행위는 기본행위의 효력을 완성시켜 주는 보충적 행위이다.

③ C 행위는 법률관계의 존부를 확인하는 행위이다.

④ 기본행위가 무효이면 A 행위는 무효가 된다.

> **TIPS!**
> ① [O] 사립학교법 제20조 제2항에 의한 학교법인의 임원에 대한 감독청의 취임승인은 학교법인의 임원선임행위를 보충하여 그 법률상의 효력을 완성케하는 보충적 행정행위로서 성질상 기본행위를 떠나 승인처분 그 자체만으로는 법률상 아무런 효력도 발생할 수 없으므로 기본행위인 학교법인의 임원선임행위가 불성립 또는 무효인 경우에는 비록 그에 대한 감독청의 취임승인이 있었다 하여도 이로써 무효인 그 선임행위가 유효한 것으로 될 수는 없다(대판 1987. 8. 18. 86누152).
> ② [O] 도시 및 주거환경정비법 제20조 제3항은 "조합이 정관을 변경하고자 하는 경우에는 조합원 과반수의 동의를 얻어 시장·군수의 인가를 받아야 한다."고 규정하고 있는바, 여기서 관할 시장 등의 인가는 그 대상이 되는 기본행위를 보충하여 법률상 효력을 완성시키는 행위로서, 이러한 인가를 받지 못한 경우 변경된 정관은 효력이 없다고 할 것이다(대판 1992. 7. 6. 92마54).

Answer 13.② 14.③

③ [X] 공유수면 관리 및 매립에 관한 법률(이하 '공유수면법'이라 한다)에 따른 공유수면의 점용·사용허가는 특정인에게 공유수면 이용권이라는 독점적 권리를 설정하여 주는 처분으로서 그 처분 여부 및 내용의 결정은 원칙적으로 행정청의 재량에 속하고, 이와 같은 재량처분에 있어서는 그 재량권 행사의 기초가 되는 사실인정에 오류가 있거나 그에 대한 법령적용에 잘못이 없는 한 그 처분이 위법하다고 할 수 없다(대판 2017. 4. 28. 2017두30139).

④ [O] 도시재개발법 제34조에 의한 피고의 인가는 주택개량재개발조합의 관리처분계획에 대한 법률상의 효력을 완성시키는 보충행위로서 그 기본 되는 관리처분계획에 하자가 있을 때에는 그에 대한 인가가 있었다 하여도 기본행위인 관리처분계획이 유효한 것으로 될 수 없다(대판 2012. 12. 11. 2001두7541).

15 위법한 행정행위의 취소에 대한 설명으로 옳지 않은 것은? (다툼이 있는 경우 판례에 의함)

① 처분청은 그 처분의 성립에 하자가 있는 경우 이를 취소할 별도의 법적 근거가 없다고 하더라도 직권으로 이를 취소할 수 있다.

② 무효인 처분에 대하여 취소소송이 제기된 경우 소송제기요건이 구비되었다면 법원은 당해 소를 각하하여서는 아니되며, 무효를 선언하는 의미의 취소판결을 하여야 한다.

③ 위법한 처분에 대해 불가쟁력이 발생한 이후에도 불가변력이 발생하지 않은 이상, 당해 처분은 처분의 위법성을 이유로 직권취소될 수 있다.

④ 현역병 입영대상편입처분을 보충역편입처분으로 변경한 경우, 보충역편입처분에 불가쟁력이 발생한 이후 보충역편입처분이 하자를 이유로 직권취소 되었다면 종전의 현역병 입영대상 편입처분의 효력은 되살아난다.

> **⊙ TIPS!**
> ④ 지방병무청장이 재신체검사 등을 거쳐 현역병입영대상편입처분을 보충역편입처분이나 제2국민역편입처분으로 변경하거나 보충역편입처분을 제2국민역편입처분으로 변경하는 경우 비록 새로운 병역처분의 성립에 하자가 있다고 하더라도 그것이 당연무효가 아닌 한 일단 유효하게 성립하고 제소기간의 경과 등 형식적 존속력이 생김과 동시에 종전의 병역처분의 효력은 취소 또는 철회되어 확정적으로 상실된다고 보아야 할 것이므로 그 후 새로운 병역처분의 성립에 하자가 있었음을 이유로 하여 이를 취소한다고 하더라도 종전의 병역처분의 효력이 되살아난다고 할 수 없다(대판 2002. 5. 28. 2001두9653).

16 다음 중 법률행위적 행정행위로 옳지 않은 것은?

① 대리 　　　　　　　　　　　　② 인가
③ 특허 　　　　　　　　　　　　④ 통지

> **⊙ TIPS!**
> ④ 통지는 준법률행위적 행정행위이다.

Answer 15.④ 16.④

17 재량행위에 관한 다음 설명 중 옳지 않은 것은? (다툼이 있을 경우 판례에 의함)

① 재량행위에 대한 사법심사를 함에 있어서 법원은 스스로 일정한 결론을 도출한 후 그 결론에 비추어 행정청의 처분이 재량의 한계를 넘어선 것인지를 판단한다.

② 재량행위가 위법하다는 이유로 소송이 제기된 경우에 법원은 각하할 것이 아니라 그 일탈·남용 여부를 심사하여 그에 해당하지 않으면 청구를 기각하여야 한다.

③ 계획재량은 일반적인 재량행위에 비해 더 큰 재량의 범위가 부여된다.

④ 형량명령이론은 계획재량의 통제와 관련이 깊다.

> **TIPS!**
>
> ① 행정행위가 그 재량성의 유무 및 범위와 관련하여 이른바 기속행위 내지 기속재량행위와 재량행위 내지 자유재량행위로 구분된다고 할 때, 그 구분은 당해 행위의 근거가 된 법규의 체제·형식과 그 문언, 당해 행위가 속하는 행정 분야의 주된 목적과 특성, 당해 행위 자체의 개별적 성질과 유형 등을 모두 고려하여 판단하여야 하고, 이렇게 구분되는 양자에 대한 사법심사는, 전자의 경우 그 법규에 대한 원칙적인 기속성으로 인하여 법원이 사실인정과 관련 법규의 해석·적용을 통하여 일정한 결론을 도출한 후 그 결론에 비추어 행정청이 한 판단의 적법 여부를 독자의 입장에서 판정하는 방식에 의하게 되나, 후자의 경우 행정청의 재량에 기한 공익판단의 여지를 감안하여 법원은 독자의 결론을 도출함이 없이 당해 행위에 재량권의 일탈·남용이 있는지 여부만을 심사하게 되고, 이러한 재량권의 일탈·남용 여부에 대한 심사는 사실오인, 비례·평등의 원칙 위배, 당해 행위의 목적 위반이나 동기의 부정 유무 등을 그 판단 대상으로 한다(대판 2001. 2. 9, 98두1759).

18 행정행위의 효력에 관한 판례의 입장으로 옳지 않은 것은?

① 구 「도시계획법」에 정한 처분이나 조치명령을 받은 자가 이에 위반한 경우 이로 인하여 동법 제92조에 정한 처벌을 하기 위하여는 그 처분이나 조치명령이 적법한 것이라야 하고, 그 처분이 당연무효가 아니라 하더라도 그것이 위법한 처분으로 인정되는 한 동법 제92조 위반죄가 성립될 수 없다.

② 조세의 과오납이 부당이득이 되기 위하여는 납세 또는 조세의 징수가 전혀 법률상의 근거가 없거나 과세처분의 하자가 중대하고 명백하여 당연무효이어야 하고, 과세처분의 하자가 단지 취소할 수 있는 정도에 불과할 때에는 과세관청이 이를 스스로 취소하거나 항고소송절차에 의하여 취소되지 않는 한 그로 인한 조세의 납부가 부당이득이 된다고 할 수 없다.

③ 물품을 수입하고자 하는 자가 일단 세관장에게 수입신고를 하여 그 면허를 받고 물품을 통관한 경우에는, 세관장의 수입면허가 중대하고도 명백한 하자가 있는 행정행위이어서 당연무효가 아닌 한 「관세법」 제181조 소정의 무면허수입죄가 성립될 수 없다.

④ 위법한 대집행이 완료되면 그 처분의 무효확인 또는 취소를 구할 소의 이익은 없다 하더라도, 미리 그 행정처분의 취소판결이 있어야만, 그 행정처분의 위법임을 이유로 손해배상청구를 할 수 있다.

> **TIPS!**
>
> ④ 미리 그 행정처분의 취소판결이 없더라도 국가배상 담당 법원은 그 행정처분의 위법을 별도로 확인하여 배상 결정을 할 수 있다.

Answer 17.① 18.④

19 다음 중 행정행위인 것은?

① 대집행의 실행   ② 정부계약

③ 대집행의 계고   ④ 무허가건축물의 철거

> **TIPS!**
>
> ①④ 사실행위
> ② 사법행위
> ③ 준법률행위적 행정행위

20 행정행위의 부관에 관한 설명으로 옳지 않은 것은? (다툼이 있는 경우 판례에 의함)

① 행정행위의 부관은 부담의 경우를 제외하고는 독립하여 행정소송의 대상이 될 수 없다.

② 행정행위의 부관으로 철회권의 유보가 되어 있는 경우라 하더라도 그 철회권의 행사에 대해서는 행정행위의 철회의 제한에 관한 일반원리가 적용된다.

③ 행정청이 부담을 부가하기 전에 상대방과 협의하여 부담의 내용을 협약의 형식으로 미리 정하는 것은 부담 또한 단독행위로서 행정행위로서의 본질을 갖는다는 점에서 허용되지 않는다.

④ 행정처분이 발하여진 후 새로운 부담을 부가하거나 이미 부가되어 있는 부담의 범위 또는 내용 등을 변경하는 사후부담은, 법률에 명문의 규정이 있거나 그것이 미리 유보되어 있는 경우 또는 상대방의 동의가 있는 경우에 허용되는 것이 원칙이다.

> **TIPS!**
>
> ③ 수익적 행정처분에 있어서는 법령에 특별한 근거규정이 없다고 하더라도 그 부관으로서 부담을 붙일 수 있고, 그와 같은 부담은 행정청이 행정처분을 하면서 일방적으로 부가할 수도 있지만 부담을 부가하기 이전에 상대방과 협의하여 부담의 내용을 협약의 형식으로 미리 정한 다음 행정처분을 하면서 이를 부가할 수도 있다. 행정청이 수익적 행정처분을 하면서 부가한 부담의 위법 여부는 처분 당시 법령을 기준으로 판단하여야 하고, 부담이 처분 당시 법령을 기준으로 적법하다면 처분 후 부담의 전제가 된 주된 행정처분의 근거 법령이 개정됨으로써 행정청이 더 이상 부관을 붙일 수 없게 되었다 하더라도 곧바로 위법하게 되거나 그 효력이 소멸하게 되는 것은 아니다. 따라서 행정처분의 상대방이 수익적 행정처분을 얻기 위하여 행정청과 사이에 행정처분에 부가할 부담에 관한 협약을 체결하고 행정청이 수익적 행정처분을 하면서 협약상의 의무를 부담으로 부가하였으나 부담의 전제가 된 주된 행정처분의 근거 법령이 개정됨으로써 행정청이 더 이상 부관을 붙일 수 없게 된 경우에도 곧바로 협약의 효력이 소멸하는 것은 아니다(대판 2009. 2. 12, 2005다65500).

Answer 19.③ 20.③

21 다음 중 행정행위의 특수성으로 옳지 않은 것은?

① 법적합성
② 공정성
③ 공공복리의 원칙
④ 불가쟁력·불가변력

> **TIPS!**
>
> 행정행위의 특수성
> ⊙ 행정의사의 법률적합성
> ⓛ 행정의사의 우월적 지위에서 갖는 특성 : 공정력, 존속력(불가쟁력, 불가변력), 강제력(자기집행력, 제재력)
> ⓒ 권리구제수단의 특수성 : 행정심판, 행정소송, 손실보상, 국가배상

22 다음 중 인·허가의제제도에 관한 설명으로 옳지 않은 것은?

① 인·허가의제제도는 하나의 인·허가를 받으면 다른 허가, 인가, 특허, 신고 또는 등록 등을 받은 것으로 보는 제도를 말한다.
② 인·허가의제제도는 복합민원의 일종으로 민원인에게 편의를 제공하는 원스톱 서비스의 기능을 수행하게 된다.
③ 인·허가의제제도는 행정기관의 권한에 변경을 가져오는 것이므로 법률의 명시적인 근거가 있어야 한다.
④ 인·허가의제가 인정되는 경우 민원인은 하나의 인·허가 신청과 더불어 의제를 원하는 인·허가 신청을 각각의 해당기관에 제출하여야 한다.

> **TIPS!**
>
> ④ 주된 인·허가행정청에게만 신청하면 된다.
> ※ 인·허가의제제도 … 여러 법률에 규정된 인·허가를 받는 데에 소요되는 시간과 비용을 줄이는 한편 보다 안정적인 사업추진이 가능한 방안을 모색하기 위해 제안된 것으로, 주된 인·허가를 받으면 다른 법률에 의한 관련 인·허가 등을 함께 받은 것으로 간주하는 것이다.

23 다음 중 행정행위의 특성으로 볼 수 없는 것은?

① 공정성
② 권력성·임의성
③ 실효성
④ 불가쟁성·불가변성

> **TIPS!**
>
> ② 행정행위는 법에 따라 행해져야 하는 것으로서 임의성은 행정행위의 본질에 반하는 것이다.

Answer 21.③ 22.④ 23.②

24 다음 중 행정행위의 성질에 관한 설명으로 옳지 않은 것은?

① 행정행위는 법령에 근거가 없어도 이를 행할 수 있다.

② 행정행위는 단순위법인 경우에는 효력을 유지한다.

③ 행정행위의 내용은 행정청이 자력으로 실현할 수 있다.

④ 일정한 경우에는 행정청도 이를 취소할 수 없다.

> **TIPS!**
> ① 행정행위는 법적합성, 공정력, 불가쟁력, 불가변력, 자력집행력 등의 성질을 가진다. 이 중 행정행위는 법률의 근거를 두고 행해야 한다는 것이 법적합성이다.

25 행정상 대집행에 대한 설명으로 옳지 않은 것은? (다툼이 있는 경우 판례에 의함)

① 계고처분과 대집행 비용납부명령 사이에는 하자의 승계가 인정되지 않는다.

② 의무의 불이행만으로 대집행이 가능한 것은 아니며 의무의 불이행을 방치하는 것이 심히 공익을 해한다고 인정되는 경우에 비로소 대집행이 허용된다.

③ 행정상 대집행의 대상이 되기 위해서는 불이행된 의무가 대체적 작위의무이어야 한다. 따라서 건물의 인도의무와 같이 비대체적 작위의무는 행정상 대집행의 대상이 되지 못한다.

④ 「행정대집행법」상의 건물철거의무는 제1차 철거명령 및 계고처분으로써 발생하였고 제2차, 제3차 계고처분은 새로운 철거의무를 부과한 것이 아니고 다만 대집행기한의 연기통지에 불과하여 행정처분이 아니다.

> **TIPS!**
> ① 대집행의 계고, 대집행영장에 의한 통지, 대집행의 실행, 대집행에 요한 비용의 납부명령 등은 타인이 대신하여 행할 수 있는 행정의무의 이행을 의무자의 비용부담하에 확보하고자 하는, 동일한 행정목적을 달성하기 위하여 단계적인 일련의 절차로 연속하여 행하여지는 것으로서, 서로 결합하여 하나의 법률효과를 발생시키는 것이므로, 선행처분인 계고처분이 하자가 있는 위법한 처분이라면, 비록 그 하자가 중대하고도 명백한 것이 아니어서 당연무효의 처분이라고 볼 수 없고 행정소송으로 효력이 다투어지지도 아니하여 이미 불가쟁력이 생겼으며, 후행처분인 대집행영장발부통보처분 자체에는 아무런 하자가 없다고 하더라도, 후행처분인 대집행영장발부통보처분의 취소를 청구하는 소송에서 청구원인으로 선행처분인 계고처분이 위법한 것이기 때문에 그 계고처분을 전제로 행하여진 대집행영장발부통보처분도 위법한 것이라는 주장을 할 수 있다(대판 1996. 2. 9, 95누12507).

Answer 24.① 25.①

26 다음 중 복효적 행정행위에 대한 설명으로 옳지 않은 것은?

① 제3자의 행정절차 참여가 중요시된다.

② 엄격한 기속행위에 해당한다.

③ 취소와 철회가 제한된다.

④ 원고적격과 소이익이 확대되는 경향이 있다.

 TIPS!

② 복효적 행정행위를 할 때에는 처분의 상대방과 제3자의 이해관계를 신중하게 고려해야 한다. 이는 기속·재량성과는 관련이 없다.

27 행정행위의 확정력(존속력)에 관한 설명 중 옳지 않은 것은?

① 확정력에는 불가쟁력과 불가변력이 있다.

② 불가쟁력이 발생하면 행정청은 취소·철회할 수 없다.

③ 불가쟁력과 불가변력은 상호 관련이 없다.

④ 무효인 행정행위는 불가쟁력이 발생하지 않는다.

TIPS!

② 불가쟁력이 발생해도 처분청 등 행정기관은 이를 취소·변경할 수 있다.

28 행정청이 처분을 내린 후에 대법원이 그 처분의 근거 법령에 대해 위법·무효라고 선언하였다면 해당 처분의 효력은 어떠한가? (다툼이 있을 경우 판례에 의함)

① 근거 법령이 위법하다는 것이 밝혀지기 전에 내려진 처분이므로 그 효력은 적법한 것으로서 계속 유지되어야 한다.

② 근거 법령이 위법한 경우에는 그에 근거한 처분은 당연무효이다.

③ 근거 법령이 위법한 경우에는 그에 근거한 처분은 부존재 사유에 해당한다.

④ 하자의 중대성은 인정되지만 명백성은 없으므로 취소의 대상이 된다.

TIPS!

④ 행정청이 처분을 내린 후 대법원이 그 처분의 근거 법령에 대해 위법, 무효라고 선언하였다면 해당 처분의 하자의 중대성은 인정되지만 명백성은 없으므로 취소의 대상이 된다.

Answer 26.② 27.② 28.④

29 다음 중 기속행위와 재량행위를 구별하는 실익으로서 관련 없는 것은?

① 재판통제의 범위   ② 입증책임의 배분

③ 부관의 가부   ④ 재판통제의 대상 여부

> **TIPS!**
>
> ④ 기속행위는 모든 위반의 경우, 재량행위는 일탈·남용의 경우에만 통제가 가능하다는 점에서 재판통제의 범위는 다르나 재판통제의 대상이 된다는 점에서는 모두 같다.

30 수익적 행정행위의 법적 특색이라 하기 어려운 것은?

① 신청을 전제하는 경우가 많다.

② 부관이 붙는 경우가 많다.

③ 부담적 처분에 비하여 자유로이 철회할 수 없다고 할 것이다.

④ 쟁송에 의하여 취소되는 것이 보통이다.

> **TIPS!**
>
> 법률효과에 따른 행정행위를 분류하면 수익적 행정행위와 침익적 행정행위 또는 제3자적 행정행위로 나뉘는 바, 수익적 행정행위는 직권취소가 보통이고 침익적 행정행위는 쟁송취소에 의하는 것이 보통이다.

31 다음 중 재량행위에 관한 설명 중 옳지 않은 것은?

① 행정법령의 법률요건에 불확정개념이 포함되어 있으면 그 불확정개념의 해석과 관련하여 판단여지와 재량을 구별하지 않고 재량으로 보고 있다.

② 기속행위의 경우에는 어떠한 경우에도 부관을 붙일 수 없다.

③ 재량권을 일탈·남용한 경우에는 위법한 재량권 행사로서 행정소송의 대상이 된다.

④ 재량이 영(零)으로 수축되면 의무로 되어 행정개입청구권이 성립되는데, 이는 자신의 이익과 관련이 없으면 행사할 수 없게 된다.

> **TIPS!**
>
> ② 기속행위의 경우에도 법령의 근거가 있으면 부관을 붙일 수 있다.

Answer   29.④   30.④   31.②

32 다음 중 일반처분에 대한 설명으로 잘못된 것은?

① 구체적 사실과 관련하여 불특정 다수인을 대상으로 하여 발하여지는 행정행위를 말한다.

② 일반·추상적 규율은 입법행위로서 일반처분이 아니다.

③ 물건의 법적 성질을 규율내용으로 하는 물적 행정행위는 일반처분이 아니다.

④ 도로의 공용개시 또는 통행금지, 교통표지판 등은 일반처분의 예이다.

> **TIPS!**
>
> ③ 일반처분의 종류로는 물적 행정행위, 대인적 일반처분이 있다. 다만, 물건의 이용관계에 관한 규율은 독일에서는 일반처분에 포함시키고 있으나 우리나라에서는 영조물이용규칙(행정규칙)으로 보고 있다.

33 다음 중 행정행위를 기속행위와 재량행위로 구별하는 이유로 옳은 것은?

① 공익과 사익의 구별

② 행정소송과 형사소송의 구별

③ 행정행위에 대한 사법심사의 한계의 설정

④ 행정행위의 엄격한 통제

> **TIPS!**
>
> 기속행위와 재량행위의 구별의 필요성은 행정소송대상의 한계를 정하기 위한 기술적 요청에 의한 것이다.

34 다음 중 기속행위에 해당하지 않는 것은?

① 광업허가

② 건축허가

③ 음식점영업허가

④ 자동차운전면허

> **TIPS!**
>
> ① 광업허가는 허가라는 용어에도 불구하고 학문상 특허에 속한다. 특허는 재량행위임이 원칙이다.
>
> ②③④ 허가에 해당하며 기속행위이다.

Answer 32.③ 33.③ 34.①

35 다음 중 판단여지설과 불확정개념에 관한 설명으로 잘못된 것은?

① 판단여지설은 행위의 효과규정에 불확정개념이 사용된 경우에 관한 이론이다.

② 불확정개념의 해석 · 적용은 사법심사의 대상이 된다.

③ 불확정개념은 법적 개념으로서 원칙적으로 기속행위이다.

④ 판단여지는 시험 채점이나 공무원의 근무성적평정 등에서 그 예를 찾을 수 있다.

> **TIPS!**
> ① 판단여지설은 행위의 효과규정이 아닌 요건규정에 불확정개념이 사용된 경우에 관한 이론이다.

36 다음 중 행정청의 판단여지가 인정되지 않는 경우는?

① 행정상 손해배상액의 결정

② 작품의 예술성 평가

③ 공무원근무성적평가

④ 국가시험답안채점

> **TIPS!**
> 불확정개념 자체는 법개념이므로 법률상 그러한 개념이 사용되었더라도 사법심사가 가능하나 전문적 · 기술적인 사항, 구속적 가치평가에 관한 결정, 행정정책 · 장래예측적 사항에 대한 결정에 있어서는 법원이 행정청의 판단을 존중하여 사법심사를 자제하고 있다. 시험성적의 평가, 공무원근무성적평가, 직무상 독립성을 갖는 합의제 기관의 결정, 예술작품의 평가 등이 이에 해당한다.

37 다음 중 재량행위의 통제와 거리가 먼 것은?

① 재량권의 영(0)으로의 수축 이론

② 행정절차에 의한 통제

③ 재량준칙의 준법규성 인정

④ 재량행위의 확대해석

> **TIPS!**
> ④ 재량을 그르친 행위는 사법심사의 대상에서 제외되므로 재량행위를 확대하면 그에 대한 통제는 더욱 어려워진다.
> ① 법규상 재량이 수권되어 있는 경우에도 예외적 상황에서는 오직 하나의 결정만을 의무에 합당한 재량행사로 인정함으로써 재량행위를 효과적으로 통제하려는 것이 재량권의 영으로의 수축 이론이다. 이 이론을 도입하면 행정개입청구권을 인정할 수 있다.

Answer 35.① 36.① 37.④

38 다음 중 재량행위의 위법사유에 해당하지 않는 것은?

① 평등원칙의 위반
② 공무원의 사적 목적을 위한 재량권 행사
③ 행정규칙의 위반
④ 재량의 일탈·남용

TIPS!

③ 행정규칙은 법규성을 가지지 아니하므로 이의 위반이 바로 재량행위의 위법이 되는 것은 아니다.

39 다음 중 재량의 영(0)으로의 수축 이론에 관한 설명으로 옳지 않은 것은?

① 복리행정의 영역에서 처음 인정되었다.
② 특정한 경우에 재량행위가 기속행위로 전환된다.
③ 행정청의 부작위에 의한 권익 침해를 구제하기 위한 이론이다.
④ 행정개입청구권을 뒷받침하기 위한 이론이다.

TIPS!

① 재량권의 영(0)으로의 수축 이론은 경찰행정의 영역에서 처음 인정되었다.

40 다음 중 기속행위와 재량행위에 관한 설명으로 옳지 않은 것은?

① 법규가 행정행위의 요건에 대해 불확정개념으로 규정하여도 객관적 경험법칙상 확정적으로 해석될 수 있는 경우는 기속행위에 속한다.
② 허가처분은 상대방에게 수익적 효과가 발생하므로 자유재량행위에 속한다.
③ 단순한 재량위반의 경우는 부당행위가 되어 행정소송의 대상이 될 수 없다.
④ 재량행위와 기속행위의 구별은 양적·상대적 차이에 불과하다.

TIPS!

강학상 허가는 법령에 의한 일반적, 상대적 금지를 특정한 경우에 해제하여 적법하게 일정한 행위를 할 수 있도록 하는 행정행위로서 신청인이 요건충족시 허가를 하여야 하는 기속행위에 속한다.

Answer 38.③ 39.① 40.②

41 허가 및 특허에 대한 설명으로 옳지 않은 것은? (다툼이 있는 경우 판례에 의함)

① 「여객자동차 운수사업법」에 의한 개인택시운송사업면허는 특정인에게 권리나 이익을 부여하는 행정청의 재량행위이며, 동법(同法) 및 그 시행규칙의 범위 내에서 면허를 위하여 필요한 기준을 정하는 것 역시 행정청의 재량에 속한다.

② 주류판매업면허는 강학상의 허가로 해석되므로 「주세법」에 열거된 면허제한사유에 해당하지 아니하는 한 면허관청으로서는 임의로 그 면허를 거부할 수 없다.

③ 건축허가시 건축허가서에 건축주로 기재된 자는 당연히 그 건물의 소유권을 취득하며, 건축 중인 건물의 소유자와 건축허가의 건축주는 일치하여야 한다.

④ 한약조제시험을 통하여 약사에게 한약조제권을 인정함으로써 한의사들의 영업상 이익이 감소되었다고 하더라도 이러한 이익은 사실상의 이익에 불과하다.

 **TIPS!**

③ 건축허가시 건물의 소유자와 건축허가의 건축주가 반드시 일치해야 하는 것은 아니다(대판 2009. 3. 12, 2006다28454).

42 다음 중 허가에 관한 설명 중 옳지 않은 것은?

① 허가란 법령에 의한 일반적·상대적 금지, 즉 부작위의무를 특정한 경우에 해제하여 자연적 자유를 회복시켜 주는 명령적 행정행위를 말한다.

② 허가에는 심사대상에 따라 운전면허와 같은 대인적 허가, 건축허가와 같은 대물적 허가, 가스사업허가와 같은 혼합적 허가가 있다.

③ 대인적 허가는 이전이 가능하고 대물적 허가는 이전이 불가능하며 혼합적 허가는 이전이 제한된다.

④ 허가는 상대적으로 금지되었던 자연의 자유를 회복하여 주는 것일 뿐 새로운 권리를 설정하는 것은 아니다.

TIPS!

③ 대인적 허가는 이전이 불가능하고 대물적 허가는 이전이 가능하며 혼합적 허가는 이전이 제한된다.

Answer 341.③ 42.③

43 다음 허가에 관한 설명 중 옳은 것은?

① 허가는 언제나 특정인을 대상으로 한다.

② 상대방의 출원 없이는 허가를 할 수 없다.

③ 출원내용과 다른 허가는 할 수 없다.

④ 법률행위를 대상으로 하는 허가도 있다.

> **TIPS!**
>
> ④ 허가는 사실행위를 대상으로 하는 경우도 있으나, 법률행위를 대상으로 하는 경우도 있다.
>
> ① 허가는 특정인 또는 불특정 다수인을 대상으로 한다.
>
> ② 허가는 상대방의 신청에 의해 행해지는 것이 일반적이나, 예외적으로 출원 없이 행해지는 경우도 있다(통행금지해제).
>
> ③ 수정허가는 유효하며 상대방의 동의가 있으면 효력이 발생한다.

44 다음 중 허가에 관한 설명으로 옳지 않은 것은?

① 대인적 허가는 원칙적으로 양도가 금지된다.

② 관계법상의 허가요건이 충족되는 경우에는 행정청은 허가를 하여야 할 기속을 받는다.

③ 허가는 언제나 상대방의 출원이 있어야 한다.

④ 허가는 행위의 적법요건이지 유효요건은 아니다.

> **TIPS!**
>
> ③ 허가는 상대방의 출원에 의하는 것이 원칙이나, 예외적으로 출원에 의하지 아니하는 허가도 있다(통행금지해제 등).

45 다음 중 행정청의 허가행위에 관한 설명으로 옳지 않은 것은?

① 허가는 일반적으로 재량행위이다.

② 허가는 법률에 의한 상대적 금지를 해제하는 행위이다.

③ 허가는 불특정 다수인에 대하여도 행해진다.

④ 허가는 법률상 금지된 행위의 면제와는 구분된다.

> **TIPS!**
>
> ① 허가는 관계법상의 허가요건이 충족되면 허가를 하여야 할 기속을 받는 기속행위이다.
>
> ※ 허가…자연적 상태에서는 자유인 행위를 공공목적상 일반적으로 금지하고 있다가 일정한 경우 이를 해제하여 주는 행위를 말한다.

Answer 43.④ 44.③ 45.①

46 다음 중 부작위의무의 해제에 해당하는 것은?

① 의사면허

② 광업허가

③ 어업면허

④ 조세채무면제

> **TIPS!**
>
> 부작위의무의 해제는 허가를 의미한다.
> ① 허가
> ②③ 특허
> ④ 면제

47 다음 중 취소가 제한되는 경우가 아닌 것은?

① 신뢰의 원칙에 의한 제한

② 관계인에게 막대한 경제적 손실을 입히는 취소

③ 사기, 강박, 증수뢰에 의한 행정행위에 대한 취소

④ 실권의 법리

> **TIPS!**
>
> 취소가 제한되는 것은 법률적합성의 원칙과 신뢰보호원칙의 비교형량에 의해서 인정된다. 사기, 강박, 증수뢰의 경우에는 법률 적합성의 원칙이 우위에 있으므로 취소권이 제한되지 않는다.

48 다음 중 준법률행위적 행정행위에 해당하지 않는 것은?

① 행정심판의 재결

② 토지수용위원회의 재결

③ 도로구역의 결정

④ 토지대장에의 등재

> **TIPS!**
>
> ①③ 확인으로 준법률적 행정행위에 해당한다.
> ② 형성적 행정행위로서 공법상의 대리에 해당한다.
> ④ 공증으로 준법률행위적 행정행위에 해당한다.

Answer 46.① 47.③ 48.②

49 다음 중 같은 성질의 행위들로 짝지워진 것이 아닌 것은?

① 당선인의 결정 – 발명특허
② 소득금액 결정 – 증명서 발급
③ 대집행의 계고 – 납세의 독촉
④ 어업면허 – 공기업특허

> **TIPS!**
> ① 확인
> ② 소득금액 결정 – 확인, 증명서 발급 – 공증
> ③ 통지
> ④ 특허

50 다음 중 같은 성질의 행위들로 짝지워진 것은?

① 교과서검인정 – 당선인의 결정
② 약사면허 – 어업면허
③ 발명특허 – 특허출원의 공고
④ 합격자의 결정 – 검인의 압날

> **TIPS!**
> ① 확인행위에 해당한다.
> ② 약사면허 – 허가, 어업면허 – 특허
> ③ 발명특허 – 확인, 특허출원의 공고 – 통지
> ④ 합격자의 결정 – 확인, 검인의 압날 – 공증

51 인가에 대한 다음 설명 중 옳지 않은 것은?

① 당사자의 법률적 행위를 보충하여 그 법률적 효력을 완성시키는 행정청의 보충적 의사표시를 인가라고 한다.
② 인가의 전제가 되는 기본행위에 하자가 있다고 하더라도 행정청의 적법한 인가가 있으면 그 하자는 치유가 된다.
③ 인가의 대상인 법률행위에는 공법상 행위도 있고 사법상 행위도 있다.
④ 「사립학교법」상 학교법인의 이사장, 이사, 감사 등 임원에 대한 임원취임승인행위가 인가의 대표적인 예이다.

> **TIPS!**
> ② 인가는 기본행위를 보충해주는 행정행위이므로, 기본행위가 무효이면 인가도 당연히 무효가 된다. 즉, 행정청의 인가가 있다고 하여 무효인 기본행위가 치유되어 유효로 되는 것은 아니다(대판 1987. 8. 18, 86누152).

Answer 49.② 50.① 51.②

52 다음 중 허가와 특허의 구별에 관한 설명으로 옳은 것은?

① 특허는 명령적 행위이다.
② 허가는 설권행위로 해석된다.
③ 허가와 특허는 이론상은 물론 법률의 조문상으로도 분명히 구별된다.
④ 허가없이 행한 행위의 사법상 효과는 인정되나 특허없이 행한 행위의 사법상 효과는 인정되지 않는다.

TIPS!

④ 허가는 적법요건, 특허는 효력요건이다.

53 판례에 의해 선행 행정행위의 하자가 후행 행정행위에 승계되는 경우는?

① 계고처분과 대집행영장의 통지처분
② 과세처분과 체납처분
③ 도시계획결정과 수용재결처분
④ 공무원의 직위해제처분과 면직처분

TIPS!

① 판례는 계고처분과 대집행영장의 통지처분(대판 1993. 11. 9, 93누14271)은 하자의 승계를 인정하였다.

Answer 52.④ 53.①

54 다음 중 강학상 특허에 대한 설명으로 옳지 않은 것은?

① 특정인을 위하여 권리나 능력 등 법률상의 힘을 설정하는 행정행위이다.

② 특허법상의 특허가 이에 해당한다.

③ 특허는 형성적 행위로서 명령적 행위인 허가와 구별된다.

④ 물적 특허는 이전될 수 있다.

 TIPS!

② 특허법상의 특허는 확인에 해당한다.

※ **특허**

　㉠ **의의**: 광의로는 특정 상대방을 위하여 새로이 권리를 설정하는 행위(공기업특허, 공물사용권의 특허, 광업허가, 어업면허 등), 능력을 설정하는 행위(공법인의 설립행위 등), 포괄적 법적 지위를 설정하는 행위(공무원임명, 귀화허가 등)를 말한다. 이 중에서 권리를 설정하는 행위를 협의의 특허라 한다.

　㉡ **성질**: 재량행위에 해당한다.

　㉢ **대상**: 특정인에게 행하여지며 불특정 다수에게는 행하여지지 않는다.

　㉣ **출원**: 특허는 출원을 필요요건으로 하며 출원이 없거나 그 취지에 반하는 특허는 완전한 효력을 발생할 수 없다.

　㉤ **수정특허**: 인정되지 않는다.

　㉥ **취득한 권리**: 공권인 것이 보통이나 사권(광업권, 어업권 등)인 경우도 있다.

　㉦ **예**: 귀화허가, 어업면허, 광업허가, 공기업특허, 자동차운수사업면허, 공물사용특허, 도로점용허가, 공용수용권 설정, 공유수면매립면허, 하천도강료징수권 설정, 도시가스사업허가 등

55 다음 중 성질이 다른 하나는?

① 발명특허

② 특허출원의 공고

③ 소득금액결정

④ 국가시험 합격자결정

TIPS!

①③④ 확인에 해당한다.

② 통지에 해당한다.

Answer 54.② 55.②

56 다음 중 학문상 특허에 해당하는 것은?

① 의사면허

② 발명권의 특허

③ 총포화학류 영업허가

④ 공무원 임용

> **⊙ TIPS!**
> ①③ 허가에 해당한다.
> ② 확인에 해당한다.
> ④ 포괄적인 법적 지위를 설정하는 행위로 광의의 특허에 해당한다.

57 다음 판례 중 옳지 않은 것은?

① 외국환관리법 제21조, 제23조는 단속법규에 불과하므로 그에 저촉되는 행위의 사법상 효력에는 아무런 영향이 없다.

② 광천음료수제조업허가는 그 성질상 제조업자에게 권리를 설정하는 특허에 해당하므로 국가가 그에 대하여 재량권을 갖는 것은 당연하다.

③ 보충역에 해당하는 사람을 공익근무요원으로 소집한다고 규정하고 있는 병역법 제26조 제2항은 그 취지상 지방병무청장에게 재량을 인정하지 않는다.

④ 기본행위인 하천공사에 관한 권리·의무의 양도계약이 무효일 때에는 그 보충행위인 허가처분도 별도의 취소조치를 기다릴 필요없이 당연 무효이다.

> ② 광천음료수제조업허가는 성질상 일반적 금지에 대한 해제에 불과하므로 허가권자는 허가신청이 소정의 요건을 구비한 때에는 이를 반드시 허가하여야 한다(대판 1993. 2. 12, 92누5959).
> ① 대판 1983. 3. 22, 83다51
> ③ 대판 2002. 8. 23, 2002두820
> ④ 대판 1980. 5. 27, 79누196

Answer 56.④ 57.②

58 다음 중 부관인 부담과 조건에 관한 설명으로 옳지 않은 것은?

① 부담은 사후부관의 형태로 부가할 수 있으나, 조건은 원칙적으로 사후부관이 허용되지 않는다.

② 부담에 대하여는 주된 행정행위와 별도의 행정소송을 제기할 수 있으나, 조건에 대하여는 원칙적으로 별도의 행정소송이 허용되지 않는다.

③ 주된 행정행위가 소멸하면 조건과 마찬가지로 부담의 효력도 소멸한다.

④ 부담을 불이행하면 주된 행정행위의 효력이 발생하지 않는다.

 TIPS!

조건과 부담과의 차이는 부담은 불이행시 행정행위의 효력은 발생하나, 조건은 조건이 완성되어야만 행정행위의 효력이 발생한다.

59 다음 중 인가에 관한 설명으로 옳지 않은 것은?

① 행정주체는 출원의 내용을 수정하여 인가할 수 없다.

② 인가의 대상이 되는 행위는 법률행위에 한한다.

③ 사법행위에 대하여는 인가할 수 없다.

④ 무인가행위는 원칙적으로 무효가 된다.

TIPS!

③ 인가의 대상인 법률행위는 공법행위 또는 사법행위를 불문한다.

① 수정인가는 법령에 근거가 있는 경우를 제외하고는 원칙적으로 인정되지 아니한다.

② 인가의 대상은 언제나 법률행위에 한하고 사실행위는 제외된다.

④ 기본적인 법률행위는 유효한데 인가가 없는 경우(무인가 행위)에는 원칙적으로 무효가 된다. 토지거래허가지역 내에서 토지거래허가를 받지 않고 한 토지거래행위는 유동적 무효라는 판례(대판 1991. 12. 24, 90다12243)가 있다.

Answer 58.④ 59.③

60 같은 성질의 행정행위만으로 묶인 것은?

> ㉠ 정관승인　　　　　　　　　　　　㉡ 광업허가
> ㉢ 귀화허가　　　　　　　　　　　　㉣ 입산금지해제
> ㉤ 운전면허　　　　　　　　　　　　㉥ 어업면허
> ㉦ 공유수면매립면허　　　　　　　　㉧ 건축허가
> ㉨ 특허기업양도허가

① ㉠㉣㉨　　　　　　　　　　　　　② ㉢㉧㉨
③ ㉣㉤㉧　　　　　　　　　　　　　④ ㉤㉥㉦

💡 TIPS!
㉠㉨ 인가
㉡㉢㉥㉦ 특허
㉣㉤㉧ 허가

61 다음 중 인가에 관한 설명으로 옳지 않은 것은?

① 인가는 제3자의 법률행위를 보충하여 그 법률적 효력을 완성시켜 주는 행정행위이다.
② 인가는 그 기본이 되는 법률적 행위가 무효이어도 효력을 유지할 수 있다.
③ 인가의 대상이 되는 행위는 법률적 행위에 한한다.
④ 인가는 법률행위의 효력요건이다.

💡 TIPS!
② 인가는 보충적 행위이므로 기본행위가 무효인 경우에는 당연무효가 된다. 인가는 법률행위를 대상으로 하여 그 효력을 완성시켜 주는 형성적 행정행위로서 효력요건이 되며 사실행위는 그 대상에서 제외된다.

Answer　60.③　61.②

62 다음 중 행정행위에 관하여 올바르게 짝지은 것은?

① 법령위반건축물의 철거명령 - 확인
② 공유수면매립의 면허 - 허가
③ 합격증 발급 - 공증
④ 광업권 설정의 허가 - 허가

TIPS!

① 법령위반건축물의 철거명령은 하명이다.
② 공유수면매립의 면허는 특허이다.
④ 광업권 설정의 허가는 특허이다.

※ 행정행위의 종류
　㉠ 하명
　　• 의무의 내용에 따른 분류 : 작위하명(소방협력, 위법건축물의 철거), 부작위하명(통행금지), 수인하명(대집행 실행의 수인 의무), 급부하명(조세부과)
　　• 행정분야에 따른 분류 : 조직하명(선거실시), 경찰하명(통행금지), 재정하명(조세부과), 군정하명(징집영장 발부) 등
　㉡ 허가
　　• 대인적 허가(운전면허, 의사면허, 약사면허 등)
　　• 대물적 허가(건축허가, 차량검사합격처분 등)
　　• 혼합적 허가(가스사업허가, 총포류제조업허가 등)
　㉢ 면제 : 예방접종면제, 조세면제 등
　㉣ 특허 : 귀화허가, 어업면허, 광업허가, 공기업특허, 자동차운수사업면허, 공물사용특허, 도로점용허가, 공용수용권 설정, 공유수면매립면허, 하천도강료징수권 설정, 도시가스사업허가 등
　㉤ 인가 : 사업양도의 인가, 비영리법인설립인가, 공공조합설립인가, 사립대설립인가, 지방채기채승인, 토지거래계약허가, 하천사용권양도인가, 특허기업요금인가 등
　㉥ 대리
　　• 감독상의 대리(감독청에 의한 공법인의 정관작성 및 임원임명 등)
　　• 협의 불성립의 경우의 조정(토지수용위원회의 재결, 노사분쟁의 조정 등)
　　• 사무관리(압류재산의 공매처분, 행려병자의 유류품처분 등)
　㉦ 확인 : 당선인결정, 국가시험합격자결정, 소득금액결정, 도로·하천구역설정, 신체검사, 발명특허, 교과서의 검인정, 도시계획상의 지역·지구·구역 지정, 이의신청결정, 행정심판재결 등
　㉧ 공증 : 등기·등록(부동산등기, 외국인등록, 광업권등록 등), 등재(토지대장에 등재 등), 기재(의사록에 기재 등), 합격증발급, 영수증교부, 여권발급, 검인의 날인 등
　㉨ 통지
　　• 관념의 통지(토지세목의 공고, 특허출원의 공고, 귀화의 고시 등)
　　• 의사의 통지(납세독촉, 대집행계고 등)
　㉩ 수리 : 각종 신청서·신고서의 수리(혼인신고 수리 등), 이의신청서의 수리, 행정심판청구서의 수리 등

Answer 62.③

63 다음 중 하자(흠)의 승계가 인정되는 것은?

① 과세행위와 체납처분
② 지방의회에서 의안의 의결과 지방세 부과
③ 직위해제처분과 면직처분
④ 대집행의 계고처분과 대집행비용 납부명령

> **TIPS!**
>
> 하자의 승계
> ⊙ 개념 : 둘 이상의 행정행위가 연속하여 행하여진 경우 선행정행위의 하자를 후행정행위의 위법사유로서 주장할 수 있는가의 문제이다.
> ⊙ 통설적 견해 : 둘 이상의 행정행위가 서로 독립하여 별개의 효과를 목적으로 하는 경우에는 선행정행위가 당연무효가 아닌 한 하자의 승계가 인정되지 않으며, 선행정행위와 후행정행위가 결합하여 하나의 효과를 완성하는 경우에는 하자의 승계가 인정된다.

64 다음 중 특허와 인가의 공통점으로 옳지 않은 것은?

① 법률행위적 행정행위
② 재량행위
③ 권리설정행위
④ 상대방의 신청의 필요

> **TIPS!**
>
> 특허와 인가는 모두 형성적 행정행위로서 법률행위적 행정행위이며 반드시 상대방의 신청이 있어야 하고 재량행위의 성질을 가진다는 점에서 동일하다. 그러나 그 내용에 있어 특허는 권리·능력의 설정행위인 반면, 인가는 법률적 효과를 완성시켜주는 보충행위에 불과하다.

65 무효인 행정행위와 취소할 수 있는 행정행위에 따라서 차이가 생기지 않는 것은?

① 출소기간의 제한
② 행정행위의 위법성의 승계
③ 행정행위의 공정력
④ 국가배상의 청구원인

> **TIPS!**
>
> 국가배상의 청구원인으로는 위법성이다.

Answer 63.④ 64.③ 65.④

66 다음 중 공법상 대리에 속하지 않는 것은?

① 감독청에 의한 공공조합의 정관작성
② 감독청에 의한 공공조합의 임원의 임면
③ 토지수용위원회의 재결
④ 재결청이 행하는 행정심판의 재결

> **TIPS!**
> ④ 준사법적 행위로서 확인에 해당한다.

67 다음 중 그 성질이 다른 하나는?

① 귀화허가   ② 공유수면매립면허
③ 귀화의 고시   ④ 광업권 설정허가

> **TIPS!**
> ①②④ 특허
> ③ 통지

68 다음 중 공법상 대리에 관한 설명으로 잘못된 것은?

① 공법상 대리의 법률적 효과는 본인에게 직접 귀속한다는 점에서 대리행위이다.
② 공법상 대리는 본인의 의사에 의한 것이 아니라 법률의 규정에 의한 법정대리이다.
③ 공법상 대리에는 행정조직 내부에서의 대리도 포함된다.
④ 토지수용위원회의 재결 등 당사자 사이의 협의 불성립시에 국가가 대신하여 행하는 조정은 공법상 대리행위이다.

> **TIPS!**
> ③ 공법상 대리에는 행정행위로서의 대리를 의미하여 행정조직 내부에서의 대리는 포함되지 않는다.
> ※ **공법상 대리** … 타자가 행하여야 할 행위를 행정주체가 대신하여 행하고 그 법적 효과는 본인에게 직접 발생하는 행정행위를 말한다.

69 행정행위의 철회가 제한되는 경우에 해당되지 않는 것은?

① 기득권 존중
② 포괄적 신분설정행위
③ 불가쟁력 있는 행정행위
④ 불가변력 있는 행정행위

 **TIPS!**

행정행위 철회의 제한사유로는 기득권 존중, 포괄적 신분설정행위, 불가변력에 의한 제한, 실권에 의한 제한 등이 있다.

70 다음 중 인가에 해당하지 않는 것은?

① 주무관청의 공법인의 정관 승인
② 주무관청의 공법인의 정관 작성
③ 비영리법인의 설립허가
④ 지방채기채승인

TIPS!

①③④ 이외에도 인가에 해당하는 것으로는 지방의회 의원의 사직 허가, 수도공급규정의 인가, 특허기업의 양도인가, 특허기업의 요금인가, 공공조합설립인가, 학교법인의 임원에 대한 취임승인, 외국인의 지정구역 내 토지취득인가 등이 있다.
② 주무관청이 공법인의 정관 작성이라는 법률행위(합동행위)를 대리하는 것이므로 이는 공법상 대리에 해당한다.

71 다음 중 행정행위의 철회와 관계없는 것은?

① 음주운전으로 인한 운전면허 효력상실
② 임용신청서상의 허위사실 기재로 인한 공무원임용행위의 효력상실
③ 공익상의 필요로 인한 도로점용허가의 효력상실
④ 부담으로 명하여진 의무의 불이행으로 인한 사립학교인가의 효력상실

TIPS!

행정행위의 철회란 하자없이 성립한 행정행위에 대해 그 효력을 존속시킬 수 없는 새로운 사정이 발생하였음을 이유로 하여 그 효력을 소멸시키는 독립한 행정행위를 말한다.
② 성립 당시에 하자가 있는 행위이므로 행정행위의 취소에 해당한다.

Answer 69.③ 70.② 71.②

72 **준법률행위적 행정행위에 관한 다음 설명 중 옳은 것은?**

① 법률행위적 행정행위에는 부관을 붙일 수 있으나, 준법률행위적 행정행위에는 부관을 붙일 수 없다.

② 준법률행위적 행정행위는 당해 행위의 효과가 이를 행하는 행정청의 의사내용에 따라 결정되고 이에 속하는 것으로는 행정청의 확인행위, 공증행위, 통지행위, 수리행위가 있다.

③ 확인행위에는 대집행의 계고, 체납자에 대한 독촉, 토지수용절차에 있어서 사업인정의 고시 등이 있다.

④ 통지행위에는 과세표준의 경정결정, 발명의 특허, 당선인의 확정, 국가시험합격자의 결정 등이 있다.

★TIPS!

① 법률행위적 행정행위는 행정청의 의사표시의 내용을 실현하는 것이기 때문에 여기에 재량의 여지가 있다면 부관을 붙일 수 있다. 이에 대하여 준법률행위적 행정행위는 그 내용·효과가 법률에 의하여 결정되기 때문에 행정청의 의사가 개입될 여지가 없으므로 부관을 붙일 수 없다.

② 준법률행위적 행정행위의 내용은 법률에 의해 규정되어 있다. 따라서 행정청의 의사와는 관계가 없다.

③ 통지행위에 해당한다.

④ 확인행위에 해당한다.

※ **준법률행위적 행정행위**

㉠ 확인
  - 의의 : 특정 사실 또는 법률관계에 관하여 의문이 있거나 다툼이 있는 경우에 공권적으로 그 존부 또는 정부를 판단·선언하는 행위이다. 확인은 기존의 사실 또는 법률관계를 유권적으로 확정하는 행위로서 법선언적 행위이며 준사법적 행위이다. 확인은 기속행위이며 부관을 붙일 수 없다.
  - 종류 : 당선인결정, 국가시험 합격자결정, 소득금액결정, 도로·하천구역설정, 신체검사, 발명특허, 교과서의 검인정, 도시계획상의 지역·지구·구역 지정, 이의신청결정, 행정심판재결 등이 있다.

㉡ 공증
  - 의의 : 특정 사실 또는 법률관계의 존부를 공적으로 증명하여 공적 증거력을 부여하는 행정행위로 의문 또는 다툼이 없는 사항을 대상으로 한다. 공증은 성질상 요식행위이며 기속행위이다.
  - 종류 : 등기·등록(부동산등기, 외국인등록, 광업권등록 등), 등재(토지대장에 등재 등), 기재(의사록에 기재 등), 합격증발급, 영수증교부, 여권발급, 검인의 날인 등이 있다.

㉢ 통지
  - 의의 : 특정인 또는 불특정 다수인에게 특정 사실을 알리는 행정행위를 말한다. 이는 그 자체가 독립한 행정행위로서 이미 성립한 행정행위의 효력발생요건으로서의 공포나 교부 또는 송달과 구별된다. 따라서 법령·조약의 공포, 납세고지서 발부, 당연퇴직의 통보 등은 통지에 해당하지 않는다.
  - 종류 : 사실 그 자체를 알리는 관념의 통지(토지세목의 공고, 특허출원의 공고, 귀화의 고시 등)와 행정청의 내심을 알리는 의사의 통지(납세독촉, 대집행계고 등)가 있다.

㉣ 수리
  - 의의 : 타인의 행위를 유효한 행위로 받아들이는 행위를 말한다. 수리는 단순한 사실인 도달 또는 접수와는 달리 행정청이 타인의 행위를 유효한 행위로 판단하여 수령하는 수동적 의사행위이다.
  - 종류 : 각종 신청서·신고서의 수리(혼인신고 수리 등), 이의신청서의 수리, 행정심판청구서의 수리 등이 있다.

Answer 72.①

73 다음 중 철회가 제한되는 경우에 해당되지 않는 것은?

① 행정심판의 재결 ② 기득권의 존중
③ 중대한 공익상 필요 ④ 귀화허가

> 💡 **TIPS!**
>
> 철회의 제한 사유
> ㉠ 기득권 존중에 의한 제한 : 건축이 준공된 연후에는 건축허가를 철회(취소)할 수 없다.
> ㉡ 기속행위에 의한 제한 : 국민이 이미 기득한 권리·이익을 침해하는 경우 그 철회는 기속행위에 속한다(허가·특허·인가).
> ㉢ 불가변력에 의한 제한 : 불가변력이 발생하는 행정행위는 철회할 수 없다(행정심판의 재결, 국가시험 합격자 결정 등).
> ㉣ 실권에 의한 제한 : 독일 연방행정절차법은 행정청이 철회사유를 안 때로부터 1년 내에 철회하도록 규정하고 있다.
> ㉤ 포괄적 신분관계설정행위에 의한 제한 : 신분관계를 설정하는 특수한 법률관계는 철회가 제한된다(귀화허가, 공무원임용 등).

74 다음 중 준법률행위적 행정행위가 아닌 것은?

① 자동차정기검사필증의 교부
② 체납재산의 공매처분
③ 토지의 등기
④ 대집행의 계고

> 💡 **TIPS!**
>
> ② 법률행위적 행정행위 중 형성적 행정행위인 대리이다.
> ①③ 공증으로 준법률행위적 행정행위이다.
> ④ 통지로서 준법률행위적 행정행위이다.

75 다음 중 준법률행위적 행정행위가 아닌 것은?

① 공유수면매립면허 ② 납세의 독촉
③ 혼인신고의 수리 ④ 당선인의 결정

> 💡 **TIPS!**
>
> ① 법률행위적 행정행위인 특허에 속한다.
> ② 통지로 준법률행위적 행정행위이다.
> ③ 수리로 준법률행위적 행정행위이다.
> ④ 확인행위로 준법률행위적 행정행위이다.

Answer 73.③ 74.② 75.①

76 다음 중 확인에 관한 설명으로 옳지 않은 것은?

① 특정한 사실 또는 법률관계에 관하여 의문이 있는 경우에 공권적으로 그 존부 또는 정부를 판단하는 행위이다.

② 법률의 규정에 의하여 효과가 발생하는 준법률행위적 행정행위이다.

③ 재량행위성을 가진다.

④ 실질적 확정력 또는 불가변력이 발생한다.

③ 확인은 의문 또는 다툼이 있는 사항에 대해 유권적으로 판단·확정하는 행위로서 준사법적 성격을 가진다. 이는 기속행위이고 행정청이라도 이를 임의로 취소·변경할 수 없는 불가변력을 가진다.

77 조세부과처분은 다음 중 어느 것에 해당하는가?

① 재정하명   ② 재정허가

③ 재정상의 즉시강제   ④ 재정상의 직접강제

조세부과처분은 작위, 부작위, 수인, 급부를 명하는 행정행위에 해당하므로 강학상 하명에 해당한다. 즉 급부의무에 해당한다.

78 다음 중 공증에 대한 설명으로 옳지 않은 것은?

① 공증은 의문이나 다툼이 없는 사항에 대하여 공적 권위로써 증명하는 행정행위이다.

② 공증은 원칙적으로 기속행위이며 요식행위이다.

③ 공증의 효과는 공적 증거력을 발생하는 데에 있다.

④ 판례는 공증의 처분성을 인정하고 있다.

TIPS!

④ 공증도 행정행위임에는 틀림없으나 판례는 토지대장에의 등재나 지적공부에의 기재, 자동차운전면허대장에의 등재 등의 처분성을 부정하고 있다.

※ 공증 … 의문이나 다툼이 없는 사실 또는 법률관계에 대하여 공적 권위로써 증명하는 행정행위를 말한다. 이는 의문이나 다툼이 없는 사항을 대상으로 하므로 확정·판단이 아닌 인식의 표시행위이며 공적 증거력을 발생하는 효과가 있다.

Answer 76.③ 77.① 78.④

79 공증행위에 관한 다음 설명 중 옳지 않은 것은?

① 성질상 원칙적으로 요식행위이다.
② 준법률행위적 행정행위이다.
③ 반증이 없는 한 공적 증거력이 있다.
④ 행정청의 판단의 의사표시행위이다.

80 다음 중 수리에 관한 설명으로 잘못된 것은?

① 타인의 행위를 유효한 것으로 받아들이는 행위를 말한다.
② 수리는 도달이나 접수와는 달리 행정청이 유효한 행위로 수령한다는 수동적 의사행위이다.
③ 행정청은 수리 여부의 결정에 있어 형식적 요건을 심사함에 그친다.
④ 신청서의 접수가 이에 해당한다.

81 다음 중 통지행위에 해당하지 않는 것은?

① 귀화의 고시
② 특허출원의 공고
③ 여권발급
④ 납세의 독촉

Answer 79.④ 80.④ 81.③

82 행정행위의 부관에 대한 판례의 태도로 옳지 않은 것은?

① 재량행위에 있어서는 법령상의 근거가 없다고 하더라도 부관을 붙일 수 있다.

② 기부채납 받은 행정재산에 대한 사용·수익허가에서 공유재산의 관리청이 정한 사용·수익허가의 기간은 그 허가의 효력을 제한하기 위한 행정행위의 부관으로서 독립하여 행정소송의 대상으로 삼을 수 있다.

③ 공무원이 인·허가 등 수익적 행정처분을 하면서 그 처분과 부관 사이에 실제적 관련성이 있다고 볼 수 없는 경우 공법상의 제한을 회피할 목적으로 행정처분의 상대방과 사법상 계약을 체결하는 형식을 취하였다면 이는 법치행정의 원리에 반하는 것으로서 위법하다.

④ 행정청이 수익적 행정처분을 하면서 부가한 부담이 처분 당시 법령을 기준으로 적법하다면 처분 후 부담의 전제가 된 주된 행정처분의 근거 법령이 개정됨으로써 행정청이 더 이상 부관을 붙일 수 없게 되었다 하더라도 곧바로 위법하게 되거나 그 효력이 소멸하게 되는 것은 아니다.

> **⚙ TIPS!** ··
>
> ② 행정행위의 부관은 부담인 경우를 제외하고는 독립하여 행정소송의 대상이 될 수 없는바, 기부채납 받은 행정재산에 대한 사용·수익 허가에서 공유재산의 관리청이 정한 사용·수익허가의 기간은 그 허가의 효력을 제한하기 위한 행정행위의 부관으로서 이러한 사용·수익 허가의 기간에 대해서는 독립하여 행정소송을 제기할 수 없다.(대판 2001. 6. 15. 99두509)
> ① 대판 1990. 10. 16. 90누2253
> ③ 대판 2009. 12. 10. 2007다63966
> ④ 대판 2009. 2. 12. 2005다65500

83 다음 중 행정행위의 부관에 관한 설명으로 잘못된 것은?

① 시설 완성을 조건으로 하는 학교법인의 설립허가는 해제조건부 행정행위이다.

② 부담부 행정행위는 처음부터 행정행위의 효력이 완전하게 발생한다는 점에서 정지조건과 구별된다.

③ 부담은 주된 행정행위의 효력과는 무관하므로 그 자체가 하나의 독립된 행정행위의 성질을 가진다.

④ 철회권이 유보된 경우라도 철회권의 행사에는 철회의 일반적 요건이 충족되어야 한다.

> **⚙ TIPS!** ··
>
> ① 정지조건부 행정행위에 해당한다.

84 다음 설명 중 하명에 해당되지 않는 것은?

① 0시부터 4시까지는 다니지 마라.
② 집을 지어도 좋으나, 월말까지 다 지어라.
③ 거동이 수상하여 몸을 수색할 테니 양팔을 들고 서 있거라.
④ 홍수의 위험이 있으니 집집마다 가마니 열 장씩을 내라.

 **TIPS!**

하명은 작위, 부작위, 급부, 수인의무를 명하는 행정행위로서 ②는 기한에 해당한다.

85 행정행위의 부관의 기능에 관한 설명으로 옳지 않은 것은?

① 행정에 대한 유연성의 제공
② 행정행위에 대한 신축성의 제공
③ 절차경제의 제공
④ 상대방에게 특별한 경제적 이익 제공

TIPS!

④ 행정행위의 부관은 행정행위에 대하여 유연성을 부여하며 행정청과 그 상대방에게 유용한 수단을 제공하는 것이 사실이지만 특별한 경제적 이익을 제공하는 것은 아니다.

86 행정행위의 부관에 관한 설명 중 옳은 것은?

① 영업허가를 함에 있어 부담으로 상대방에게 영업상 준수하여야 할 의무를 명한 경우, 상대방의 의무불이행이 있으면 허가의 효력은 당연히 소멸한다.
② 하천점용허가를 함에 있어 철회권을 유보한 경우, 행정청은 언제나 자유로이 철회권을 행사할 수 있다.
③ 부관이 무효인 경우 행정행위 전체가 무효로 된다는 것이 통설이다.
④ 부담부 행정행위는 정지조건부 행정행위와 달리 처음부터 효력이 발생한다.

TIPS!

① 부담을 불이행했다 해서 당연히 행정행위의 효력이 소멸하는 것이 아니라 부담의 불이행이 있으면 철회할 수 있는 바, 그 불이행을 이유로 철회하면 그 때 비로소 행정행위의 효력이 소멸한다.
② 철회권이 유보된 경우에도 철회의 일반적 요건을 충족해야 철회가 가능하다.
③ 부관이 주된 행정행위의 중요한 요소인 경우에만 주된 행정행위까지도 효력을 상실한다는 것이 통설이다.

Answer 84.② 85.④ 86.④

87 다음 중 행정행위의 부관에 관한 설명으로 타당한 것은?

① 행정행위의 부관은 법률행위적 행정행위와 준법률행위적 행정행위에 모두 붙일 수 있다.

② 행정행위의 부관은 법령에 부관을 붙일 수 있다는 규정이 있는 경우에만 가능하다.

③ 행정행위의 목적에 비추어 필요한 한도를 넘는 부관은 무효 또는 취소할 수 있는 부관이 된다.

④ 행정행위의 부관은 일반적으로 사건, 부담, 취소권의 유보의 3가지 종류만으로 분류할 수 있다.

 TIPS!

① 행정행위의 부관은 행정행위의 효과를 제한하기 위하여 주된 의사표시에 부가된 종된 의사표시이므로 행정청의 의사표시를 요소로 하는 법률행위적 행정행위에 한하여 붙일 수 있다.

② 행정청에 재량을 인정하고 있는 경우에도 부관을 붙일 수 있다.

④ 이외에도 기한, 행정행위의 사후변경의 유보 등으로 분류할 수 있다.

88 다음 중 행정행위의 부관이 아닌 것은?

① 부담   ② 법정부관

③ 해제조건   ④ 기한

TIPS!

② 법정부관은 행정행위의 효과를 직접 관계법 조문 자체에서 규정하고 있는 것으로서(수렵면허에 법정기한이 직접 규정되어 있는 경우 등) 이는 여기서의 행정행위의 부관에 포함되지 않는다.

※ 부관의 종류

㉠ 조건 : 행정행위의 효력을 그 발생이 불확실한 장래의 사실에 의존하게 하는 행정청의 의사표시를 말한다. 그 성취에 의하여 행정행위의 효력이 발생하는 경우인 정지조건과 그 효력이 상실되는 경우인 해제조건이 있다.

㉡ 기한 : 행정행위의 효력의 발생 또는 소멸을 발생이 확실한 장래의 사실에 의존하게 하는 행정청의 의사표시를 말한다. 장래 사실의 도래가 확실하다는 점에서 조건과 구별된다. 확정기한과 불확정기한이 있으며 사실의 도래에 의하여 효력을 발생하는 시기와 효력을 상실하는 종기가 있다.

㉢ 부담 : 행정행위의 주된 내용에 부가하여 그 상대방에게 작위·부작위·수인·급부 등을 부과하는 부관을 말한다. 부담은 다른 부관과 달리 그 자체가 독립된 하나의 행정행위이다. 따라서 독립하여 강제집행이나 행정쟁송의 대상이 될 수 있다.

㉣ 수정부담 : 행정행위의 주된 내용에 부가되어 일정한 의무를 부과하는 것이 아니라 행정행위의 내용 자체를 수정·변경하는 것을 내용으로 하는 것이다.

㉤ 행정행위의 사후변경의 유보(사후부관, 부담권 유보) : 행정청이 사후에 행정행위에 부담을 부가하거나 이미 부과된 부관의 내용을 보완하는 권리를 유보하는 것을 말한다. 이는 법률에 명문의 규정이 있거나 그 변경이 미리 유보되어 있는 경우, 상대방의 동의가 있는 경우, 사정변경으로 인하여 당초에 부담을 부과한 목적을 달성할 수 없게 된 경우 등에 한하여 예외적으로 허용된다.

㉥ 법률효과의 일부배제 : 행정행위의 주된 내용에 부가하여 그 법적 효과발생의 일부를 배제하는 행정청의 의사표시이다. 이는 관계법령에 명시적 근거가 있는 경우에만 허용된다.

㉦ 철회권의 유보 : 행정청이 일정한 경우에 당해 행위를 철회할 수 있다는 권한을 규정한 부관을 말한다. 철회권이 유보되어 있더라도 행정행위의 철회에 관한 일반적 요건이 충족되어야 비로소 철회가 허용된다.

89 A도로의 시가행진을 신청하였으나 B도로의 시가행진허가가 부여되었다면 이 경우 부관의 종류는?

① 수정부담
② 해제조건
③ 법정부관
④ 행정행위의 사후변경의 유보

> **TIPS!**
>
> ① 상대방이 신청한 것과는 다르게 행정행위의 내용을 정하는 부관을 수정부담이라 한다.
> ※ **수정부담** … 수정부담은 행정행위의 주된 내용에 부가되어 일정한 의무를 부과하는 것이 아니라 행정행위의 내용 자체를 수정·변경하는 것을 내용으로 하는 것이다. A국에의 수출을 신청했으나 B국에의 수출을 허가하는 경우, 경사식 지붕의 건축허가를 신청했으나 평면식 지붕의 건축을 허가하는 경우 등이 이에 해당한다.

90 다음 내용 중 옳지 않은 것은?

① 부관은 법령에 위배되어서는 안되며 행정행위의 목적에 위배되어서도 안된다.
② 판례는 주택건설사업계획의 승인에 있어서 주택단지의 진입도로 등의 간선시설을 설치하고 그 부지소유권 등을 기부채납할 것을 조건으로 하는 부관은 위법한 부관이라 보았다.
③ 부관은 평등원칙, 비례원칙, 부당결부금지의 원칙 등 법의 일반원칙에 위배될 수 없다.
④ 사후부관에 대해서 부정설은 부관은 행정행위에 부가된 종된 것이므로 그 독자적 존재를 인정할 수 없다고 한다.

> **TIPS!**
>
> ② 대법원은 "부관의 내용은 적법하고 이행이 가능해야 하며 평등의 원칙, 비례의 원칙 등에 반하지 않고 행정처분의 본질적 효력을 해하지 아니하는 것이어야 한다. 본 사건의 주택건설사업이 65세대의 공동주택을 건축하는 진입도로의 길이가 60m에 불과하여 법령상 진입도로의 설치의무가 지방자치단체에게 있지 아니하여 사업주체인 원고에게 주택단지 등의 간선시설을 설치하고 그 부지소유권 등을 기부채납할 것을 조건으로 하여 주택건설사업계획의 승인을 하였어도 다른 특별한 사정이 없다면 원고에게 필요한 범위를 넘어 과중한 부담을 지우는 것으로서 형평의 원칙 등에 위배되는 위법한 부관이라 할 수 없다."고 판시하였다(대판 1997. 3. 14, 96누16698).

91 행정규칙에 위반되는 행정행위의 효력은?

① 당연무효이다.
② 취소할 수 있다.
③ 철회할 수 있다.
④ 유효하다.

> **TIPS!**
>
> 행정규칙에는 일반적으로 법규성이 없어서 그에 위반되어도(일반 국민에 대한 효력에 있어서는 아무런 효력이 없으므로) 유효하다.

Answer 89.① 90.② 91.④

92 다음 중 부담에 관한 설명으로 옳지 않은 것은?

① 부담은 다른 부관에 비하여 부종성이 약해서 그 자체로 독립된 행정행위의 성질을 갖는다.

② 주된 행정행위가 효력을 발생할 수 없는 경우에는 부담도 당연히 그 효력을 상실한다.

③ 부담이 유보되어 있는 경우에는 사후에도 부관을 붙일 수 있다.

④ 부담상의 의무불이행이 있으면 주된 행정행위의 효력은 당연히 소멸한다.

 TIPS!

④ 부담은 그 성질상 주된 행정행위의 효력이 부담에 의하여 좌우되지 않는 것이 원칙이다. 따라서 부담의 불이행이 있어도 주된 행정행위의 효력이 당연히 소멸하는 것은 아니며 철회나 강제집행의 원인이 될 뿐이다.

93 다음 중 부담에 대한 설명으로 옳은 것은?

① 부담은 독립하여 행정쟁송의 대상이 될 수 있다는 것이 일반적 견해이다.

② 일정한 사실의 성취가 있어야 비로소 효력이 발생한다.

③ 부담상의 의무불이행이 있으면 주된 행정행위의 효력은 당연히 소멸한다.

④ 조건과의 구별이 명확하지 않을 경우 침익성이 적은 조건으로 해석함이 타당하다.

TIPS!

② 정지조건부 행정행위는 일정한 사실의 성취가 있어야 비로소 효력이 발생하게 되는 데 비하여 부담부 행정행위는 처음부터 효력이 발생한다.

③ 부담의 불이행이 있어도 주된 행정행위의 효력이 당연히 소멸하는 것은 아니며 철회나 강제집행의 원인이 될 뿐이다.

④ 조건과의 구별이 명확하지 않을 경우 침익성이 적은 부담으로 해석함이 타당하다.

※ **부담**

　㉠ 의의 : 행정행위의 주된 내용에 부가하여 그 상대방에게 작위 · 부작위 · 수인 · 급부 등을 부과하는 부관을 말한다(영업허가시 각종 준수의무부과, 도로점용허가시 점용료부과, 건축허가시 각종 의무부과 등). 부담은 다른 부관과 달리 그 자체가 독립된 하나의 행정행위이다. 따라서 부담은 독립하여 강제집행이나 행정쟁송의 대상이 될 수 있다.

　㉡ 조건과의 구별 : 부담은 법령 또는 실무상 조건이라 불리우는 경우가 많으나 양자는 서로 다르다.

　• 정지조건부 행정행위는 조건이 성취되기 전까지는 그 효력이 발생하지 않으나 부담부 행정행위는 처음부터 완전히 효력을 발생하고, 다만 그와 관련하여 상대방에 일정한 의무가 부과되고 있는 것이라는 점에서 다르다.

　• 해제조건부 행정행위는 조건의 성취에 의하여 당연히 효력이 소멸되는 데 반하여 부담부 행정행위는 상대방이 그 의무를 이행하지 않는 경우에도 당연히 그 효력이 상실되는 것은 아니고 행정청이 그 의무불이행을 이유로 당해 행정행위를 철회하거나 행정상 강제집행 또는 일정한 제재를 과할 수 있을 뿐이다.

Answer 92.④ 93.①

94 부관의 한계에 관한 다음 설명 중 옳지 않은 것은?

① 법률효과의 일부배제는 법령의 명시적 근거가 없어도 가능하다.

② 부관은 법률행위적 행정행위에만 붙일 수 있고 준법률행위적 행정행위에는 붙일 수 없다는 것이 통설이다.

③ 부관은 재량행위에만 붙일 수 있고 기속행위에는 붙일 수 없다는 것이 통설이다.

④ 부관에 반드시 법률의 유보가 필요한 것은 아니다.

> **TIPS!**
>
> ① 법률효과의 일부배제는 법령상 규정되어 있는 효과를 일부 배제시키는 것이므로 관계법령에 명시적 근거가 있는 경우에만 허용된다.

95 다음 중 원칙상 부관을 붙일 수 없는 것은?

① 건축허가
② 버스사업면허
③ 개인택시사업면허
④ 광업허가

> **TIPS!**
>
> ① 기속행위에는 부관을 붙일 수 없다고 보는 것이 통설·판례인 바, 건축허가는 기속행위에 해당한다.
> ②③④ 강학상의 특허로서 재량행위이므로 부관을 붙일 수 있다.

96 다음 중 부관의 하자에 관한 설명으로 옳지 않은 것은?

① 부관의 하자가 중대·명백하면 무효이고 단순위법인 경우에는 취소사유가 된다.

② 부관이 무효인 경우에도 본체인 행정행위는 유효한 것이 원칙이다.

③ 부관 중 부담은 독립하여 쟁송의 대상이 된다.

④ 부관이 행정법의 일반원칙을 위반하면 당연무효가 된다.

> **TIPS!**
>
> ④ 부관이 행정법의 일반원칙을 위반하면 위법하기는 하나 당연무효가 되는 것은 아니고, 그 하자가 중대하고 명백한 경우에만 무효가 된다.
> ① 부관의 하자 역시 행정행위의 경우와 마찬가지로 하자가 중대·명백하면 무효이고 단순위법인 경우에는 취소사유가 된다.
> ② 부관이 무효인 경우에 원칙적으로 부관은 본체인 행정행위에 영향을 미치지 못하므로 이 경우에는 부관없는 단순한 행정행위가 되는 것이 원칙이다. 그러나 예외적으로 부관이 본질적인 요소인 경우에는 본체인 행위를 무효로 한다는 것이 통설·판례이다.
> ③ 부관에 대한 쟁송에 있어 부관은 본체인 행정행위에 부가된 부수적 규율이라는 점에서 독립하여 쟁송의 대상이 되지 못하는 것이 원칙이나 예외적으로 부담의 경우만은 독립하여 쟁송의 대상이 된다는 것이 통설·판례이다.

Answer 94.① 95.① 96.④

97 다음 중 부관을 붙일 수 없는 경우는?

① 공법인설립인가

② 자유재량행위

③ 납세의 독촉

④ 공물사용권의 허가

 TIPS!

통설에 의하면 부관은 법률행위적 행정행위, 그 중에서도 재량행위에만 붙일 수 있다. 따라서 기속행위와 준법률행위적 행정행위에는 부관을 붙일 수 없다. 다만, 기속행위의 경우에도 법률의 요건충족적 부관은 붙일 수 있다는 견해도 있다.
③ 의사의 통지인 준법률행위적 행정행위이므로 부관을 붙일 수 없다.

98 다음 중 취소와 철회에 관한 설명으로 옳지 않은 것은?

① 쟁송취소는 처분의 상대방에게 귀책사유가 없는 경우에도 소급효가 인정된다.

② 판례는 쟁송취소의 경우 위법판단의 기준시점을 처분시라고 본다.

③ 수익적 행정행위에 대하여도 직권취소가 가능하다.

④ 영업허가의 철회의 경우에는 항상 손실보상을 해주어야 한다.

TIPS!

④ 침익적 행정행위를 철회하는 경우에는 손실보상을 할 필요가 없다. 수익적 행정행위를 철회하는 경우에도 상대방의 귀책사유가 있는 경우에는 손실보상을 할 필요가 없다.

99 행정행위의 효력에 관한 설명으로 옳지 않은 것은?

① 행정행위는 무효가 아닌 한 직권 또는 쟁송취소되기까지는 그 유효성이 추정된다.

② 불가쟁력이 발생하면 이해관계인은 행정쟁송을 통해 그 효력을 다툴 수 없다.

③ 불가쟁력이 발생하면 처분청은 원칙적으로 이를 취소할 수 있다.

④ 집행력은 행정행위의 본질에 내재하는 초실정법적인 힘이다.

TIPS!

④ 공정력, 불가쟁력, 집행력 등은 행정목적의 달성을 위해 실정법에 의하여 부여된 것일 뿐 행정행위의 본질로부터 나오는 초실정법적인 힘은 아니다.
① 행정행위는 중대·명백한 위법사유로 인해 무효가 되지 않는 한 직권 또는 쟁송취소가 되기까지는 유효하게 통용되는 바 이를 공정력이라 한다.
②③ 불가쟁력이 발생하면 이해관계인은 행정쟁송을 통해 그 효력을 다툴 수 없으나, 처분청은 원칙적으로 이를 취소할 수 있다.

Answer 97.③ 98.④ 99.④

100 부관에 관한 설명 중 옳지 않은 것은?

① 민법상의 개념을 행정법에 도입한 것이다.

② 부담만이 그 독자적 행정행위성을 갖는다.

③ 사후의 철회권을 유보하는 경우도 부관에 해당한다.

④ 판례는 기속행위에만 붙일 수 있다고 본다.

> **TIPS!**
> 통설과 판례는 부관은 재량행위에만 가능하고 기속행위와 준법률행위적 행정행위에 대한 부관은 무효라고 본다.

101 다음 중 행정행위의 공정력이 인정되는 행위는?

① 규제적 지도 ② 공법상 계약

③ 당선인결정 ④ 사실행위

> **TIPS!**
> 공정력은 행정행위에 인정된다.
> ③ 준법률행위적 행정행위로서 공정력이 인정되므로 행정행위이다.

102 행정행위의 효력에 관한 다음 설명 중 타당한 것은?

① 공정력은 행정행위의 상대방 또는 이해관계인에게만 미친다.

② 행정행위가 무효가 아닌 한 민사법원은 행정행위의 위법성은 물론 효력까지 판단할 수 있다.

③ 불가쟁력이 발생한 행정행위는 더 이상 효력을 다툴 수 없을 뿐만 아니라 기판력이 인정된다.

④ 공정력의 인정 근거에 대해서는 법적 안정성설이 다수설이다.

> **TIPS!**
> ① 공정력은 상대방과 이해관계인 외에 처분청을 포함하는 모든 행정기관에도 미친다.
> ② 행정행위가 무효이면 위법성과 효력 모두 판단할 수 있으나 무효에 이르지 아니하면 공정력으로 인해 민사법원은 행정행위의 효력을 판단할 수 없다.
> ③ 기판력이 발생하는 것은 아니다. 따라서 불가쟁력이 발생한 행정행위라 할지라도 그 처분의 기초가 된 사실관계나 법률적 판단이 확정되고 당사자들이나 법원이 이에 기속되어 모순되는 주장이나 판단을 할 수 없는 것은 아니다.

Answer 100.④ 101.③ 102.④

103 다음 중 선결문제에 관한 설명으로 옳지 않은 것은?

① 행정행위의 위법 여부가 재판의 전제가 된 경우 민사법원은 독자적으로 그 위법성을 심사할 수 있다.

② 행정행위의 효력 유무가 선결문제인 경우 선결문제가 당연무효이면 민사법원이 직접 무효를 판단할 수 있다.

③ 행정행위의 적법성이 범죄의 구성요건으로 규정된 경우 형사법원은 독자적으로 행정행위의 위법성을 심사할 수 있다.

④ 판례는 연령을 속여서 발급받은 하자 있는 운전면허의 경우에 상대방을 무면허로 처벌할 수 있다고 판시하였다.

> **TIPS!**
>
> ④ 판례는 연령을 속여서 면허를 발급받은 경우 그 하자는 무효사유로 보기는 어렵고 단순취소사유에 불과하므로 형사법원은 이를 무효로 할 수 없으므로 상대방을 무면허로 처벌할 수 없다고 판시하였다(대판 1982. 6. 8, 80도2646).
>
> ※ **선결문제**…특정한 행정행위의 위법 또는 효력의 유무가 다른 사건의 재판에 있어서 먼저 해결되어야 하는 것인 때 그 특정한 행정행위의 위법·무효 여부를 항고소송의 관할 법원 이외의 법원이 스스로 심리·판단할 수 있는가의 문제를 말한다. 행정행위의 위법 여부가 재판의 전제가 된 경우에는 민·형사법원은 독자적으로 그 위법성을 심사할 수 있으나 행정행위의 효력 유무가 재판의 전제가 된 경우에는 당연무효인 경우에만 민·형사법원이 이를 무효로 선언할 수 있고 단순위법하여 취소사유가 된 경우에는 행정행위의 공정력(구성요건적 효력)으로 인해 민·형사법원이 독자적으로 이를 무효로 할 수 없다.

104 다음 중 불가쟁력에 관한 설명으로 잘못된 것은?

① 불복제기기간이 지난 경우에 불가쟁력이 발생한다.

② 불가쟁력이 생긴 행정행위라도 국가배상청구는 가능하다.

③ 무효인 행정행위에는 불가쟁력이 생기지 않는다.

④ 불가쟁력이 발생하면 처분청도 이를 취소할 수 없다.

> **TIPS!**
>
> ④ 불가쟁력이 발생하면 상대방과 제3자는 이를 다툴 수 없으나 처분청은 직권으로 이를 취소할 수 있다.

105 다음 중 불가쟁력과 불가변력에 관한 설명으로 옳은 것은?

① 불가쟁력이 발생하면 불가변력도 발생하는 것이 일반적이다.

② 불가변력이 발생하면 불가쟁력은 당연히 발생한다.

③ 무효인 행정행위는 불가변력은 발생하지 않으나 불가쟁력은 발생한다.

④ 불가쟁력이 발생한 행정행위라도 국가배상청구는 가능하다.

Answer 103.④ 104.④ 105.④

106 불가쟁력과 불가변력의 관계에 관한 설명 중 옳은 것은?

① 불가쟁력은 실체법적 효력이고 불가변력은 절차법적 효력이다.
② 불가변력이 발생한 행위에 대해 상대방은 이를 다툴 수 없다.
③ 위법한 조세부과처분에 대하여 쟁송기간이 경과한 경우 행정주체는 위법한 조세부과처분을 변경할 수 없다.
④ 불가쟁력은 일정 요건하에 모든 행정행위에 발생하는 데 반해, 불가변력은 일정한 행정행위에만 발생한다.

107 다음 중 철회에 대한 설명으로 옳지 않은 것은?

① 철회의 효과는 장래에 향하여 발생한다.
② 철회는 본래의 행정행위와 독립된 별개의 행정행위이다.
③ 철회에는 법적 근거가 필요하지 않다고 보는 것이 통설·판례이다.
④ 철회는 감독청도 할 수 있다.

Answer 106.④ 107.④

108 행정행위의 하자에 대한 설명 중 옳지 않은 것은?

① 다수설에 따르면 흠있는 행정행위의 타행정행위로의 전환은 무효인 행정행위에 대하여만 인정된다.

② 무효와 취소의 구별기준에 관하여는 중대명백설이 대법원 판례의 입장이다.

③ 대법원 판례에 의하면 택지개발계획의 승인과 수용재결처분 사이에는 하자의 승계가 인정된다.

④ 대법원 판례에 의하면 사정판결은 취소할 수 있는 행정행위의 경우에만 인정된다.

 TIPS!

③ 판례는 택지개발계획의 승인과 수용재결처분 사이에 하자의 승계를 인정하지 않는다.

109 다음 중 행정행위의 공정력에 관한 설명으로 옳지 않은 것은?

① 행정행위가 무효가 아닌 한 권한있는 기관에 의하여 취소될 때까지는 유효한 것으로 추정된다.

② 구성요건적 효력과 구분하는 견해도 있다.

③ 국가배상소송에서 수소법원은 선결문제로서 행정행위의 위법 여부를 심리·판단할 수 없다는 것이 판례의 입장이다.

④ 판례에 의하면 연령을 속여 발급받은 운전면허를 가지고 운전하였다 하더라도 행정청이 그 면허를 취소하지 않는 한 무면허운전으로 처벌할 수 없다고 한다.

TIPS!

③ 행정상 손해배상에서 민사법원은 선결문제로서 행정행위의 위법성 여부에 대하여 심사를 할 수 있다.

① 행정행위의 공정력이란 비록 행정행위에 하자가 있을지라도 그 하자가 중대하고 명백하여 당연무효인 경우를 제외하고는 권한 있는 기관에 의하여 취소될 때까지는 유효한 것으로 보아 누구도 그 효력을 부인하지 못하는 힘을 말한다.

② 행정행위의 공정력을 구성요건적 효력과 구분하는 입장에서는 공정력은 상대방 또는 이해관계인을, 구성요건적 효력은 취소권을 가진 기관 외의 다른 국가기관을 구속하는 힘을 말한다고 한다.

④ 대판 1982. 6. 8, 80도2646

110 다음 중 행정행위의 하자에 관한 설명으로 옳은 것은?

① 위법성의 승계는 선행행위와 후행행위가 서로 연속하여 행해지는 경우에도 각 행위가 목적을 달리하고 독립된 효과를 발생하는 경우에는 위법성이 승계되지 않는다.

② 하자의 치유는 위법한 행정행위가 그 후의 사정에 의해 적법요건을 구비하는 등의 경우에 하자가 치유되는 경우를 말하지만 법원은 이를 좁게 본다.

③ 위법행위의 전환은 사실에 동일성이 없어도 행정행위로서는 위법이지만, 다른 이유에 의하면 적법으로 되는 경우에 그 행정행위를 적법하게 하는 것이다.

④ 위법성의 승계는 선행행위에 불가쟁력이 발생한 경우, 그 위법성을 후행행위에 승계되지 않고, 선행행위의 위법을 이유로 후행행위를 다툴 수 없다.

> **TIPS!**
> ② 하자의 치유는 위법인 행정행위가 그 후의 사정에 의해 적법요건을 구비하는 경우에 하자가 치유되는 것으로 복잡한 현대행정에서 법원은 이를 넓게 인정하는 경향이 있다.
> ③ 위법행위의 전환은 사실에 동일성이 있고, 행정행위로서는 위법성이 있지만, 다른 이유에 의하면 적법하게 하는 것을 말한다.
> ④ 위법성의 승계는 선행행위의 불가쟁력이 발생한 후에도 그 위법성은 후행행위에 승계되고, 선행행위의 위법을 이유로 후행행위를 다툴 수 있다.

111 다음 중 선행정행위의 하자가 후행정행위에 승계되는 경우는?

① 과세행위와 체납처분

② 직위해제처분과 면직처분

③ 계고처분과 대집행비용납부명령

④ 택지개발예정지구의 지정과 택지개발계획의 승인

> **TIPS!**
> ③ 대집행은 '계고 → 대집행영장에 의한 통지 → 대집행의 실행 → 비용징수'의 순서에 의해 행해진다. 계고와 대집행비용납부명령은 1개의 효과를 구성하는 경우에 해당하여 선행정행위의 하자가 후행정행위에 승계된다(대판 1996. 2. 9, 95누12507).

Answer 110.① 111.③

112 행정행위의 취소원인으로 옳지 않은 것은?

① 권한초과행위
② 내용이 공익에 반하는 행위
③ 내용이 단순위법인 행위
④ 불명확한 행위

 TIPS!

권한초과행위, 공익위반, 단순위법은 취소사유이고 내용상의 불명확성은 무효사유이다.

113 행정행위의 하자에 대한 설명으로 옳지 않은 것은?

① 행정행위의 하자의 한 유형으로 부존재를 인정할 것인가에 대해 견해 대립이 있다.
② 행정청이 법률에 근거하여 행정처분을 한 후에 그 법률이 헌법재판소에 의해 위헌으로 결정되었다면 그 행정처분은 결과적으로 당연무효인 처분이 된다.
③ 행정행위의 전환은 무효인 행정행위에 대해서만 인정하자는 것이 통설적 견해이다.
④ 하자의 승계 여부는 선행정행위가 당연무효가 아닌 경우에 주로 논의된다.

TIPS!

② 행정청이 법률에 근거하여 행정처분을 한 후에 헌법재판소가 그 법률을 위헌으로 결정하였다면 그 행정처분은 결과적으로 법률의 근거가 없이 행하여진 것과 마찬가지가 되어 하자가 있다고 할 것이나, 하자있는 행정처분이 당연무효가 되기 위하여는 그 하자가 중대할 뿐만 아니라 명백한 것이어야 하는데 일반적으로 법률이 헌법에 위반된다는 사정은 헌법재판소의 위헌결정이 있기 전에는 객관적으로 명백한 것이라고 할 수 없으므로 특별한 사정이 없는 한 이러한 하자는 행정처분의 취소사유에 해당할 뿐 당연무효 사유는 아니라고 보아야 한다(대판 2000. 6. 9, 2000다16329).

114 철회와 취소의 차이로 옳지 않은 것은?

① 철회권자와 취소권자의 여하
② 효력의 소급 여하
③ 원인(事由)의 여하
④ 행정행위의 효력을 소멸시키는지의 여부

TIPS!

④ 취소의 경우에는 행정행위가 행한 시점으로 소급하여 행정행위의 효력을 소멸시키는 바, 철회의 경우는 장래에 대하여 행정행위의 효력을 소멸시키므로 둘 다 행정행위의 효력을 소멸시키는 공통점을 가진다.

Answer 112.④ 113.② 114.④

115 행정행위의 부관으로서 부담에 관한 설명 중 옳은 것은?

① 당사자에 대한 효과면에서는 해제조건보다 불리하다.

② 불이행의 경우에는 바로 주된 행정행위의 효력이 상실된다.

③ 부담 여부의 판정은 발령한 행정기관의 의사내용에 따라 결정된다고 하는 데 다른 의견이 없다.

④ 통설·판례에 따르면 당사자는 이를 대상으로 하여 독자적으로 취소소송을 제기할 수 있다.

> **TIPS!**
>
> ④ 부담은 독립성이 인정되지 않는 다른 부관과는 달리 그 자체가 하나의 독립된 행정행위이고, 이는 하명으로서의 성질을 갖는다. 따라서 부담은 단독으로 강제집행이나 행정쟁송의 대상이 될 수 있다.
>
> ① 조건과 부담의 구별이 명확하지 않을 때에는 부담으로 추정한다. 왜냐하면 조건에 비하여 부담이 상대방의 이익 및 법률생활의 안정 등의 점에서 유리하기 때문이다.
>
> ② 해제조건부 행정행위는 조건이 되는 사실의 성취에 의하여 당연히 효력이 소멸되는 데 비하여 부담부 행정행위는 부담을 이행하지 않더라도 당연히 그 효력이 소멸되지 않는다.
>
> ③ 부담 여부의 판정은 객관적으로 판단하여야 한다는 것이 일반적 견해이다.

116 다음 중 행정행위의 하자에 관한 설명으로 옳지 않은 것은?

① 내용상 위법과 부당으로 나누어진다.

② 무효인 행정행위는 반드시 위법하다.

③ 부당한 행정행위의 취소는 처분청만이 할 수 있다.

④ 행정법의 일반원칙에 위배해도 위법이 된다.

> **TIPS!**
>
> ③ 부당한 행정행위는 처분청 또는 감독청이 직권으로 취소할 수 있다(직권취소).
>
> ④ 평등의 원칙, 비례의 원칙 등 행정법의 일반원칙에 위배되면 이는 위법한 행정행위가 된다.

117 무효인 행정행위와 취소할 수 있는 행정행위의 구별 필요성에 해당하지 않는 것은?

① 불가쟁력   ② 법적 안정성

③ 사정판결   ④ 소 제기기간의 제한

> **TIPS!**
>
> 무효와 취소의 구별실익으로는 공정력·불가쟁력·강제력, 소송의 종류, 소 제기기간, 선결문제로서 행정행위의 효력판단, 사정판결, 하자의 치유·전환, 집행부정지원칙 등이 있다.

Answer   115.④   116.③   117.②

118 다음 중 행정행위의 취소사유로 적절하지 않은 것은?

① 사기·강박·착오에 의한 행위

② 증수뢰에 의한 행위

③ 권한의 위임을 받지 않은 자의 행위

④ 선량한 풍속에 반하는 행위

> **TIPS!**
>
> ③ 권한의 위임을 받지 않은 자의 행위는 무효사유에 해당한다.
>
> ①② 무효에 이르지 않는 경우 일반적으로 취소사유가 된다.
>
> ④ 선량한 풍속에 반하는 행위는 민법의 경우 무효로 취급하나 행정법에서는 취소사유로 본다.

119 행정처분이 당연무효가 되는 사유에 관한 설명 중 가장 옳지 않은 것은?

① 위헌결정된 법률에 근거한 행정처분은 당연무효이다.

② 명백히 허가권한이 없는 행정청이 부여한 영업허가처분은 당연무효이다.

③ 법률상 실현 불가능한 행정처분은 당연무효이다.

④ 법률상 필요한 상대방의 동의 없이 행한 행정처분은 당연무효이다.

> **TIPS!**
>
> ① 객관적으로 위법성이 명백한 경우라고는 할 수 없으므로 취소소송의 전제가 될 뿐 당연무효가 되는 것은 아니다(대판 1994. 10. 28, 92누9463).
>
> ②는 주체의 하자, ③은 내용상의 명백한 하자, ④는 명백한 요건 흠결로 무효사유이다.

120 다음 중 판례가 하자의 승계를 인정한 것은?

① 대집행계고처분과 대집행비용징수처분 사이

② 건물철거명령과 대집행행위 사이

③ 과세처분과 체납처분 사이

④ 공무원의 직위해제처분과 면직처분 사이

> **TIPS!**
>
> 판례가 하자의 승계를 인정한 것으로 대집행의 실행과 비용징수, 조세체납처분에 있어서의 독촉과 압류, 안경사시험의 합격취소처분과 안경사면허취소처분, 개별공시지가와 양도소득세부과처분 등이 있다.

Answer 118.③ 119.① 120.①

121 다음 중 행정행위의 취소가 제한되는 경우가 아닌 것은?

① 중대한 공익상의 이유　　　　　　　② 실권의 법리
③ 신뢰보호의 원칙　　　　　　　　　④ 포괄적 신분설정행위

TIPS!

① 취소를 정당화하는 사유가 된다.

122 다음 중 강학상 행정행위의 취소에 해당하는 것은?

① 부정한 수단으로 운전면허를 취득한 자에 대한 면허취소
② 사망한 자에 대한 조세부과처분의 취소
③ 부패한 식품을 판매한 자에 대한 영업허가의 취소
④ 점용료를 납부하지 않은 자에 대한 영업허가의 취소

TIPS!

① 행정행위의 취소는 유효하게 성립한 행정행위의 효력을 그 성립에 흠이 있음을 이유로 권한 있는 기관이 원칙적으로 원래의
행위시에 소급하여 소멸시키는 원래의 행정행위와는 별개의 독립된 행정행위를 말한다. 따라서 강학상 취소에 해당한다.

123 행정행위의 하자의 승계에 관한 설명 중 옳지 않은 것은?

① 하자의 승계라 함은 둘 이상의 행정행위가 단계적인 일련의 절차로 연속하여 행하여지는 경우에 불가쟁력을 발생한
선행행위가 가지는 흠을 이유로 흠없는 후행행위의 효력을 다투는 것을 말한다.
② 선행행위가 무효인 때에는 흠없는 후행행위에 선행행위의 흠이 승계된다.
③ 취소사유를 지닌 선행행위가 후행행위와 결합하여 하나의 법률효과를 완성하는 경우에 흠의 승계가 인정된다.
④ 판례는 과세처분과 체납처분 사이에 하자의 승계를 인정하였다.

TIPS!

④ 과세처분과 체납처분은 일련의 절차로 연속하여 행해지지만 서로 독립하여 별개의 효과를 발생시키므로 하자의 승계를 부인
하는 것이 판례(대판 1977. 7. 12, 76누51)이며, 통설이다.
① 통설이다.
② 취소의 경우에는 당연히 승계되지는 않는다.
③ 통설·판례의 입장이다.

Answer　121.①　122.①　123.④

03 그 밖의 행정의 주요 행위형식

section 1 행정계획

(1) 의의

① 개념 … 행정주체가 장래를 예측하여 목표를 설정하고 설정된 목표의 실현을 위하여 일정한 조건과 기준 등을 설정하는 행위를 말한다. 현대 사회에 이르러 행정계획의 중요성이 더욱 강조되고 있다. 이러한 행정계획에는 아무런 법적 효과를 발생하지 않고 단순히 행정방향성을 강조하는 것에 불과한 비구속적 행정계획도 있고, 일정한 법적 효과를 부여하여 구속력을 갖는 구속적 행정계획도 있다.

② 필요성
   ㉠ 목표설정 기능
   ㉡ 행정작용의 기준설정적 기능
   ㉢ 행정수단의 종합화 기능
   ㉣ 행정과 국민간의 매체적 기능

(2) 행정계획의 법적 성질

① 입법행위설(법규명령설) … 행정계획은 국민의 권리·자유에 관계되는 일반추상적인 규율을 정립하는 행위로서 일반적 구속력을 가질 수 있다는 견해이다. 서울고등법원은 "도시계획결정은 도시계획사업의 기본이 되는 일반적·추상적인 도시계획의 결정으로서 특정 개인에게 어떤 직접적이며 구체적인 권리의무관계가 발생한다고 볼 수 없다(서울고법 1980. 1. 29, 79누416)."라고 하여 견해를 같이 하고 있다.

② 복수성질설(다수설·판례) … 행정계획은 그 계획마다 특수성이 있으므로 모두를 묶어 법적 성질을 논하기에는 무리가 있다. 각 계획별로 그 성질을 판단해야 할 것이다. 대법원은 "도시계획결정은 특정 개인의 권리 내지 법률상의 이익을 개별적이고 구체적으로 규제하는 효과를 가져오게 하는 행정청의 처분이라 할 것이고, 이는 행정소송의 대상이 되는 것이라 할 것이다(대판1982. 3. 9, 80누105)."라고 하여 도시계획결정의 처분성을 인정하고 있다.

기출PLUS

기출 2018. 10. 13. 소방공무원

행정계획의 사법적 통제에 관한 설명으로 옳지 않은 것은?

① 행정계획에 대한 사법적 통제와 관련하여서는 계획재량이 중요한 의미를 가진다.

② 계획재량은 재량행위의 일종이므로 일정한 법치국가적 한계가 있다.

③ 형량명령은 계획을 수립함에 있어 관계되는 모든 이익을 정당하게 형량하여야 한다는 행정법의 일반원칙이다.

④ 계획재량, 형량명령 및 형량명령의 하자에 관한 이론은 판례에는 반영되고 있지 아니하다.

(3) 행정계획의 절차

일반적인 절차는 없고 보통 심의회의 조사·심의, 관계기관 간의 조정, 이해관계인의 참여, 지방자치단체의 참가, 공고의 순서를 거친다. 행정절차법은 행정계획에 대해 아무런 규정을 두고 있지 않다.

(4) 계획재량

① **의의** … 행정주체가 행정계획을 책정하는 데 있어서는 일반 재량행위에 비하여 광범한 판단 여지 내지는 형성의 자유를 갖는 것을 계획재량 또는 계획상 형성의 자유라고 한다.

② **규범구조상의 특징** … 일반 행정행위의 수권규범은 요건·효과의 형식을 갖춘 조건 프로그램인 데 반해, 행정계획의 수권규범은 목적·수단의 형식인 목적 프로그램으로 이루어져 있다.

③ **사법심사** … 행정계획에 관해서는 입법·사법적 통제가 곤란하므로 다른 행정작용에 비해 이해관계인의 참여 등 행정절차적 규제가 중요한 의미를 가지게 된다. 다만, 사법심사의 대상에서 전혀 배제되는 것은 아니고 형량의 원리 또는 정당한 형량의 원리에 의해 형량의 하자가 있으면 위법한 것이 된다.

④ **정당한 형량명령의 원칙** … 행정청이 행정계획에 대하여 가지는 광범위한 재량권에 대한 제한으로 판례는 정당한 비교형량을 거칠 것을 엄격히 요구하고 있다. 판례는 구체적으로 비교형량을 전혀 거치지 않는 경우, 비교형량에 필요한 비교를 제외한 경우, 그러한 비교형량이 객관적이지 못한 경우 등을 제시하고 있다. 이 경우 그 행정계획결정은 행정청의 광범위한 계획재량권에도 불구하고 위법한 것으로 평가된다.

> **판례** 행정주체는 구체적인 행정계획을 입안·결정함에 있어서 비교적 광범위한 형성의 자유를 가지는 것이지만, 행정주체가 가지는 이와 같은 형성의 자유는 무제한적인 것이 아니라 그 행정계획에 관련되는 자들의 이익을 공익과 사익 사이에서는 물론이고 공익 상호간과 사익 상호간에도 정당하게 비교교량하여야한다는 제한이 있으므로, 행정주체가 행정계획을 입안·결정함에 있어서 이익형량을 전혀 행하지 아니하거나 이익형량의 고려 대상에 마땅히 포함시켜야 할 사항을 누락한 경우 또는 이익형량을 하였으나 정당성과 객관성이 결여된 경우에는 그 행정계획결정은 형량에 하자가 있어 위법하게 된다(대판 2007. 4. 12. 2005두1893).

(5) 행정계획의 효과

① **국민에 대하여 구속력을 갖는 계획** … 「국토의 계획 및 이용에 관한 법률」상 도시관리계획이 결정·고시되면 당해 계획으로 정하여진 용도지역 안에서는 일정한 행위가 제한된다.

② **관계행정기관에 대한 구속력을 갖는 계획** … 「비상대비자원 관리법」상 비상대책기본계획이 확정되면 관계행정기관은 이에 따를 의무를 진다.

③ **다른 계획에 대하여 구속력을 갖는 계획** … 「국토기본법」에 의한 국토종합계획은 도종합계획, 시·군종합계획의 기본이 된다.

< 정답 ④

(6) 행정계획에 대한 구제

① **처분에 대한 소송** … 국민에 대한 구속력을 갖는 행정계획은 처분성을 가지므로 재판에 의한 통제가 가능하다. 그러나 공익실현의 차원에서 보상보호(손실보상)가 원칙이고 존속보호(계획보장청구권)는 예외적으로만 인정된다.

② **손실보상** … 행정계획으로 인하여 특별한 희생을 당한 자는 손실보상을 청구할 수 있다. 그러나 개발제한구역의 지정에서 보듯이 구 「도시계획법」 등은 계획제한에 있어서 보상규정을 두어야 함에도 불구하고 그렇지 않은 경우가 많다. 이러한 경우에 대한 구제수단으로 수용유사침해, 수용적 침해에 의한 보상론과 국가배상법에 의한 배상론 등이 논의되고 있다.

③ **계획보장청구권** … 행정계획의 폐지·변경 등이 있는 경우에 당사자가 신뢰보호를 위해 주장하는 청구권으로서 계획존속청구권, 계획실행청구권, 경과조치청구권 등을 그 내용으로 한다. 그러나 공익실현의 차원에서 이는 인정되지 않는 것이 원칙이고 예외적인 상황에서만 인정될 뿐이다.

> **POINT** 계획보장청구권
> ㉠ 계획존속청구권 : 계획의 변경이나 폐지에 대항하여 계획의 존치를 주장하는 권리를 말한다.
> ㉡ 계획이행청구권 : 이미 확정된 것과 다르게 집행되는 경우 확정된 계획대로 집행할 것을 요구하는 권리인 계획준수청구권과 계획을 책정만 하고 집행하지 아니하는 경우 그 집행을 요구할 수 있는 권리인 계획집행청구권이 있다.
> ㉢ 계획변경청구권 : 기존의 계획이 확정된 후 사정의 변경 등의 이유로 관계주민이 당해 계획의 변경을 신청할 수 있는 권리를 말한다.
> ㉣ 경과조치청구권 : 행정계획이 변경되거나 폐지되는 경우에 이로 인하여 손해를 받게 될 자가 행정청에 대하여 경과조치나 적응조치를 청구할 수 있는 권리를 말한다.

> **판례** 구 국토이용관리법(2002. 2. 4. 법률 제6655호 국토의계획및이용에관한법률 부칙 제2조로 폐지)상 주민이 국토이용계획의 변경에 대하여 신청을 할 수 있다는 규정이 없을 뿐만 아니라, 국토건설종합계획의 효율적인 추진과 국토이용질서를 확립하기 위한 국토이용계획은 장기성, 종합성이 요구되는 행정계획이어서 원칙적으로는 그 계획이 일단 확정된 후에 어떤 사정의 변동이 있다고 하여 그러한 사유만으로는 지역주민이나 일반 이해관계인에게 일일이 그 계획의 변경을 신청할 권리를 인정하여 줄 수는 없을 것이지만, 장래 일정한 기간 내에 관계 법령이 규정하는 시설 등을 갖추어 일정한 행정처분을 구하는 신청을 할 수 있는 법률상 지위에 있는 자의 국토이용계획변경신청을 거부하는 것이 실질적으로 당해 행정처분 자체를 거부하는 결과가 되는 경우에는 예외적으로 그 신청인에게 국토이용계획변경을 신청할 권리가 인정된다고 봄이 상당하므로, 이러한 신청에 대한 거부행위는 항고소송의 대상이 되는 행정처분에 해당한다(대판 2003. 9. 23. 2001두10936).

④ **형량하자로 인한 위법성** … 정당한 형량의 원리에 위반된 경우에는 위법성이 인정되어 법원의 심사대상이 된다.

⑤ **사전적 권리구제수단** … 행정계획의 사후적인 권리보호수단이 갖는 한계로 인해 사전적인 절차적 단계에서의 통제가 의미를 갖게 된다. 이의 주된 수단으로는 행정계획안에 대한 공람이나 의견제출권 인정, 공청회의 개최, 청문의 인정 등을 들 수 있다.

기출PLUS

기출 2021. 4. 17. 인사혁신처

행정계획에 대한 설명으로 옳지 않은 것은? (다툼이 있는 경우 판례에 의함)

① 구 「도시계획법」상 도시기본계획은 도시의 기본적인 공간구조와 장기발전방향을 제시하는 종합계획으로서 도시계획입안의 지침이 되므로 일반 국민에 대한 직접적인 구속력은 없다.

② 장래 일정한 기간 내에 관계 법령이 규정하는 시설 등을 갖추어 일정한 행정처분을 구하는 신청을 할 수 있는 법률상 지위에 있는 자의 국토이용계획변경신청을 거부하는 것이 실질적으로 당해 행정처분 자체를 거부하는 결과가 되는 경우라도, 구 「국토이용관리법」상 주민이 국토이용계획의 변경에 대하여 신청을 할 수 있다는 규정이 없으므로 그 신청인에게 국토이용계획변경을 신청할 권리가 인정된다고 볼 수 없다.

③ 구속력 없는 행정계획안이나 행정지침이라도 국민의 기본권에 직접적으로 영향을 끼치고 법령의 뒷받침에 의하여 그대로 실시될 것이 틀림없을 것으로 예상되는 때에는 예외적으로 헌법소원의 대상이 된다.

④ 도시계획의 결정·변경 등에 대한 권한행정청은 이미 도시계획이 결정·고시된 지역에 대하여도 다른 내용의 도시계획을 결정·고시할 수 있고, 이 때에 후행 도시계획에 선행 도시계획과 양립할 수 없는 내용이 포함되어 있다면 특별한 사정이 없는 한 선행 도시계획은 후행 도시계획과 같은 내용으로 변경된다.

〈정답 ②

기출PLUS

기출 2017. 12. 16. 지방직 추가선발

항고소송의 대상이 되는 처분에 해당하는 사실행위만을 모두 고른 것은? (다툼이 있는 경우 판례에 의함)

┌ 보기 ┐
㉠ 수형자의 서신을 교도소장이 검열하는 행위
㉡ 구청장이 사회복지법인에 특별감사 결과 지적사항에 대한 시정지시와 그 결과를 관계서류와 함께 보고하도록 지시한 경우, 그 시정지시
㉢ 구「공원법」에 의해 건설부장관이 행한 국립공원지정처분에 따라 공원관리청이 행한 경계측량 및 표지의 설치
└─────┘

① ㉠   ② ㉠, ㉡
③ ㉡, ㉢   ④ ㉠, ㉡, ㉢

《 정답 ②

section 2 행정상의 사실행위

(1) 의의

① 일정한 법률효과의 발생을 목적으로 하는 것이 아니라 직접적으로는 사실상의 결과만을 가져오는 행정주체의 행위형식 전체를 말한다.

② 사실행위가 사실상의 효과발생을 목적으로 하는 점에서 특정한 법적 효과의 발생을 목적으로 하는 행정행위 등 법적 행위와 구분된다.

POINT 사실행위의 중요성
㉠ 현대행정은 다양한 형식의 행정작용이 행해지고 있으며 이로 인해 사실행위의 비중도 높아지고 있다. 따라서 사실행위는 극히 다양하고 이질적인 내용을 지닌 행위유형을 총칭하는 집합개념으로서 결코 동질적인 것이 아니다.
㉡ 현실적으로는 사실행위에 대한 권리구제문제가 주요한 의미를 갖게 된다.

(2) 종류

① 권력적 사실행위와 비권력적 사실행위
㉠ 권력적 사실행위: 당해 행위가 공권력의 행사로서 행하여지는 것을 말한다(감염병 환자의 강제격리, 강제출국조치, 대집행의 실행 등). 권력적사실행위는 「행정심판법」과 「행정소송법」상의 '처분'에 해당하는 것으로 심판과 소송의 대상이 된다.
㉡ 비권력적 사실행위: 공권력 행사와 관련 없는 사실행위를 말한다(행정지도, 보고, 경고 등). 원칙적으로 통설과 판례는 비권력적 사실행위의 처분성을 부인해왔으나 최근 판례는 비권력적 사실행위의 경우라도 그것이 실질적으로 국민의 권리나 의무에 변동을 주는 경우라면 처분성 있는 것으로 보고 있다.

② 집행적 사실행위와 독립적 사실행위
㉠ 집행적 사실행위: 법령이나 행정행위를 집행하기 위한 사실행위를 말한다(경찰관의 무기사용, 대집행의 실행 등).
㉡ 독립적 사실행위: 그 자체로서 독립적인 의미를 갖는 사실행위를 말한다(행정조사, 행정지도 등).

(3) 사실행위의 법적 근거와 한계

① 법적 근거 … 사실행위도 조직법상의 근거가 필요하나 이러한 조직법상의 수권 이외에도 다시 작용법적 근거가 필요한지에 대해서는 논란이 있다. 최소한 권력적 사실행위에는 법률의 근거가 필요한 것으로 보아야 한다.

② 한계 … 관계법상 모든 요건과 행정법의 일반원리(평등원칙, 비례원칙, 신뢰보호원칙 등)를 준수하여야 한다.

(4) 사실행위에 대한 구제

① 사실행위와 손해전보 ··· 위법한 사실행위는 국가배상법 제2조상의 '공무원의 직무'에 포함되며 국가배상법 제5조상의 '영조물의 설치·관리의 하자'에도 인정될 수 있다. 따라서 국가배상법상 손해배상이 가능하다.

② 사실행위와 행정쟁송 ··· 권력적 사실행위에 대해서는 공권력의 행사로서 '처분'에 해당한다는 점에 이견이 없다. 그러나 사실행위는 비교적 단기간에 집행이 종료되므로 그러한 경우 소익이 부정되어 각하되는 경우가 많다. 비권력적 사실행위에 대해서는 처분성을 부인하고 있다(통설·판례).

section 3 행정지도

(1) 의의

행정주체가 권고·조언 등의 방법으로 국민이나 기타 관계자의 행동을 유도하여 그 의도하는 바를 실현하기 위하여 행하는 비권력적 사실행위를 말한다.

(2) 행정지도의 필요성과 문제점

① 필요성
  ㉠ 급변하는 행정 현실의 구체적 상황에 탄력적으로 대처할 수 있다.
  ㉡ 권력적 집행을 완화할 수 있다.
  ㉢ 이해의 조정·통합이 용이하다.

② 문제점
  ㉠ 법적 제약이 없고 책임소재가 불분명하다.
  ㉡ 실질적으로 권력작용과 같은 기능을 가진다.
  ㉢ 처분이 아니므로 손해가 발생한 경우 배상책임을 인정하기 어렵다.

(3) 법령의 근거

① 법령의 직접 근거에 의한 행정지도
  ㉠ 「독점규제 및 공정거래에 관한 법률」에 의한 위반행위와 시정권고
  ㉡ 「농촌진흥법」에 의한 농촌지도사업
  ㉢ 「유통산업발전법」에 의한 대규모 점포 등에 대한 영업활동의 변경권고

② 법령의 간접 근거에 의한 행정지도 ··· 당해 사항에 관해 일정한 행정처분을 할 수 있는 경우가 있다.

③ 법령에 근거 없는 행정지도 ··· 행정지도의 일반적인 형태이다.

기출PLUS

기출 2020. 6. 20. 소방공무원

공법상 계약에 대한 설명으로 옳은 것은? (다툼이 있는 경우 판례에 의함)

① 중소기업기술정보진흥원장과 '갑 주식회사'가 체결한 중소기업 정보화지원사업을 위한 협약의 해지 및 그에 따른 환수통보는 공법상 당사자소송에 의한다.
② 계약의 해지의사표시를 하기 위해서는 「행정절차법」에 따라 근거와 이유를 제시하여야 한다.
③ 계약에 의한 의무불이행에 대해서는 원칙적으로 「행정대집행법」이 적용된다.
④ 계약에 관하여는 「행정절차법」에 명문의 규정을 두고 있다.

(4) 종류

① **조성적 행정지도** … 사회 각 분야에서 국민에 대한 서비스의 형식으로 지식 · 기술 · 정보 등을 제공하는 것이다(중소기업의 기술지도 등).

② **조정적 행정지도** … 경제적 이해대립이나 과당경쟁 등의 조정을 위하여 행하는 행정지도이다(노사분쟁조정 등).

③ **규제적 행정지도** … 공공복리 또는 질서유지에 반하는 것으로 판단되는 행위 등을 제거 또는 억제하기 위해 특정인에게 행하는 행정지도이다(물가억제를 위한 지도).

(5) 행정지도의 원칙 및 방식

행정절차법은 행정지도의 원칙과 방식을 명문화하고 있다.

① **행정지도의 원칙**

  ㉠ **과잉금지의 원칙** : 행정지도는 그 목적 달성에 필요한 최소한도에 그쳐야 한다.

  ㉡ **임의성의 원칙** : 상대방의 의사에 반하여 부당하게 강요하여서는 아니된다.

  ㉢ **불이익조치금지의 원칙** : 행정기관은 상대방이 행정지도에 따르지 아니하였다는 것을 이유로 불이익한 조치를 하여서는 아니된다.

② **행정지도의 방식**

  ㉠ **행정지도실명제** : 행정지도를 행하는 자는 그 상대방에게 행정지도의 취지, 내용 및 신분을 밝혀야 한다.

  ㉡ **형식** : 행정지도의 형식은 명문의 규정이 없으므로 서면과 구술로도 할 수 있으나 상대방이 서면의 교부를 요구하는 때에는 직무수행에 특별한 지장이 없는 한 이를 교부하여야 한다.

  ㉢ **의견제출** : 행정지도의 상대방은 당해 행정지도의 방식 · 내용 등에 관하여 행정기관에 의견제출을 할 수 있다.

  ㉣ **공통사항의 공표** : 행정지도의 명확성과 공평성을 위해 동일 행정목적으로 다수인에게 행정지도를 하는 경우에는 특별한 사정이 없는 한 행정지도에 공통적인 내용이 되는 사항을 공표하여야 한다.

(6) 행정지도의 법적 한계

① **법규상의 한계** … 법률우위의 원칙이 적용된다.

② **조리상의 한계** … 비례의 원칙, 평등의 원칙, 신의성실의 원칙, 신뢰보호의 원칙을 지켜야 한다.

<정답 ①

(7) 행정지도의 구제수단

① **행정쟁송** … 행정지도는 비권력적 사실행위이고 상대방의 동의에 기초하므로 법적 구속력과 강제력을 갖지 않는다. 따라서 행정쟁송법상의 처분에 해당하지 않으므로 행정지도에 대한 취소소송은 원칙적으로 인정되지 아니한다(통설·판례).

② **손해전보** … 행정지도에 따를지 여부의 선택은 상대방에게 완전한 자유가 보장되므로 행정지도와 손해 사이에는 인과관계가 부정되어 배상청구권은 인정되지 않는다.

③ **헌법소원** … 구 교육인적자원부장관의 국·공립대학총장들에 대한 학칙시정요구가 헌법소원의 대상이 되는 공권력 행사라고 보았다(헌재 2003. 6. 26,2002헌마337).

---

section 4 공법상 계약

(1) 의의

행정계약은 행정주체 상호 간 또는 행정주체와 국민 사이에 행정목적을 수행하기 위하여 체결하는 계약을 말한다. 이에는 공법상 계약과 사법상 계약이 있다. 사법상 계약은 행정법의 규율대상이 아니므로 이하에서는 공법상 계약만 다룬다.

(2) 공법상 계약의 의의

공법적 효과의 발생을 목적으로 하여 복수의 당사자 사이에 반대방향의 의사표시의 합치로 성립되는 공법행위를 말한다. 공법상 계약은 학문상의 개념이며 공사법 2원적 구조와 행정재판소를 가지는 유럽의 대륙법계 국가에서 발전된 관념이다.

(3) 구별개념

① **사법상 계약과의 구별** … 복수 당사자 사이의 의사합치에 의하여 일정한 법적효과를 발생시키는 점은 같으나 공법상 계약의 경우 쌍방 당사자의 의사가 대등가치를 갖지 않으며 공법적 효과를 발생시킨다.

② **행정행위와의 구별** … 공법적 효과를 발생시킨다는 점은 같으나 행정행위는 일방적 의사에 의하여, 공법상 계약은 복수당사자 간의 의사의 합치에 의하여 법률효과를 발생시킨다. 공무원임명은 공법상의 계약이 아니라 동의를 요하는 쌍방적 행정행위에 해당한다.

③ **공법상 합동행위와의 구별** … 공법상 계약은 반대방향의 의사의 합치에 의하여 당사자 쌍방에 대한 반대적 의미의 효과가 발생하나 공법상 합동행위는 같은 방향의 의사의 합치에 의하여 당사자에 대한 같은 의미의 효과가 발생된다(지방자치단체간의 협의로 지방자치단체조합을 설립하는 행위, 공공조합간의 합의로 공공조합연합회를 설립하는 행위).

기출PLUS

기출 2018. 4. 7. 인사혁신처

행정계약에 대한 판례의 입장으로 옳지 않은 것은?

① 계약직공무원 채용계약해지의 의사표시는 일반공무원에 대한 징계처분과는 다르지만, 「행정절차법」의 처분절차에 의하여 근거와 이유를 제시하여야 한다.

② 구 「중소기업 기술혁신 촉진법」상 중소기업 정보화지원사업의 일환으로 중소기업기술정보진흥원장이 甲 주식회사와 중소기업 정보화지원사업에 관한 협약을 체결한 후 甲 주식회사의 협약 불이행으로 인해 사업실패가 초래된 경우, 중소기업기술진흥원장이 협약에 따라 甲에 대해 행한 협약의 해지 및 지급받은 정부지원금의 환수통보는 행정처분에 해당하지 않는다.

③ 구 「도시계획법」상 도시계획사업의 시행자가 그 사업에 필요한 토지를 협의취득하는 행위는 사경제주체로서 행하는 사법상의 법률행위이므로 행정소송의 대상이 되지 않는다.

④ 「지방공무원법」상 지방전문직공무원 채용계약에서 정한 채용기간이 만료한 경우에는 채용계약의 갱신이나 기간연장 여부는 기본적으로 지방자치단체장의 재량이다.

〈정답 ①

POINT 합동행위와 합성행위 … 공법상 합동행위는 복수의 의사의 합치이나 합성행위는 각각의 의사가 모여 하나의 의사를 형성하는 행위(선거, 의결행위)이다.

④ **행정계약과 구별** … 행정주체가 당사로 되어 있는 모든 계약은 행정계약에 포함된다. 행정계약은 공법상 계약을 포함하는 더 포괄적인 개념이다.

(4) 공법상 계약의 인정 여부와 법적 근거

① **인정 여부** … 권력관계를 기본으로 하는 행정법 영역에서 공법상 계약의 인정 여부에 대해서 논란이 있으나 긍정설이 다수설이다. 이는 주로 급부행정 등에서 이용되나 권력작용에도 인정하는 것이 통설이다. 행정행위에 갈음하는 공법상 계약이 그것이다.

② **법적 근거** … 법률의 명시적 근거 없이도 가능한가가 문제된다. 공법상 계약은 비권력적 작용이며 법적 효력의 근원은 당사자의 의사합치에 있으므로 법률의 명시적 근거 없이도 성립할 수 있다는 긍정설이 다수설이다.

판례 국가를 당사자로 하는 계약에 관한 법률(이하 '국가계약법'이라 한다)에 따라 국가가 당사자가 되는 이른바 공공계약은 사경제 주체로서 상대방과 대등한 위치에서 체결하는 사법상 계약으로서 본질적인 내용은 사인 간의 계약과 다를 바가 없으므로, 그에 관한 법령에 특별한 정함이 있는 경우를 제외하고는 사적 자치와 계약자유의 원칙 등 사법의 원리가 그대로 적용된다(대판 2012. 9. 20. 2012마1097).

판례 현행 실정법이 지방전문직공무원 채용계약 해지의 의사표시를 일반공무원에 대한 징계처분과는 달리 항고소송의 대상이 되는 처분 등의 성격을 가진 것으로 인정하지 아니하고, 지방전문직공무원규정 제7조 각호의 1에 해당하는 사유가 있을 때 지방자치단체가 채용계약관계의 한쪽 당사자로서 대등한 지위에서 행하는 의사표시로 취급하고 있는 것으로 이해되므로, 지방전문직공무원 채용계약 해지의 의사표시에 대하여는 대등한 당사자간의 소송형식인 공법상 당사자소송으로 그 의사표시의 무효확인을 청구할 수 있다(대판 1993. 9. 14. 92누4611).

판례 현행 실정법이 전문직공무원인 공중보건의사의 채용계약 해지의 의사표시는 일반공무원에 대한 징계처분과는 달라서 항고소송의 대상이 되는 처분 등의 성격을 가진 것으로 인정되지 아니하고, 일정한 사유가 있을 때에 관할 도지사가 채용계약 관계의 한쪽 당사자로서 대등한 지위에서 행하는 의사표시로 취급하고 있는 것으로 이해되므로, 공중보건의사 채용계약 해지의 의사표시에 대하여는 대등한 당사자간의 소송형식인 공법상의 당사자소송으로 그 의사표시의 무효확인을 청구할 수 있는 것이지, 이를 항고소송의 대상이 되는 행정처분이라는 전제하에서 그 취소를 구하는 항고소송을 제기할 수는 없다(대판 1996. 5. 31. 95누10617).

(5) 공법상 계약의 종류

① **행정주체 상호 간의 공법상 계약(대등관계)** … 공공단체 상호 간의 사무위탁, 지방자치단체간의 도로·하천의 경비분담에 관한 협의, 도로관리협의 기타 공무수행에 관한 협정 등

② 행정주체와 사인 간의 공법상 계약(불대등관계) … 별정우체국장 지정(행정사무위탁), 정부와 원자력사업자 사이에 체결되는 원자력손해배상계약, 사유지의 도로부지 제공 등 임의적 공용부담 등

※ 최근에 논의되고 있는 규제행정, 특히 공해방지협정 또는 환경보전협정 등은 독일의 교환계약과 같은 것으로 이는 행정측에서 사인에게 허가 등 수익적 행정행위를 행할 것을 약속하고, 사인측이 행정주체에게 개발협력금의 납부의무를 부담하는 것이다. 따라서 당해 협정은 공법상의 권리·의무에 관한 것이라는 점에서 공법상 계약에 해당한다고 한다.

③ 사인 상호 간의 공법상 계약 … 공익사업을 위한 토지 등의 취득 및 보상에 관한 법률상의 토지수용시 사업시행자와 토지소유자 간의 합의

※ 초중교 외의 국·공립학교 입학관계는 실질적 의사합치가 존재하지 않으므로 상대방의 협력을 요하는 행정행위에 해당된다.

(6) 공법상 계약의 특수성

① 실체법적 특수성

㉠ 법적합성 : 통칙적 규정이 없으므로 원칙상 계약에 관한 민법의 규정을 준용한다. 다만, 체결에 있어 관계행정기관의 확인을 받도록 한 경우도 있다.

㉡ 부합계약 : 영조물규칙, 공급규정 등은 계약내용이 사전에 정형화된 경우가 많다. 이를 부합계약이라 한다.

㉢ 사전변경 : 사정변경이 있는 경우에는 계약내용을 변경·해제·해지할 수 있다. 이 때 당사자에게 귀책사유가 없으면 손실보상을 하여야 한다.

② 절차법적 특수성

㉠ 계약의 강제 : 계약의 강제성을 가져 독점적 사업의 경우에는 관계법에 사업자의 공급의무를 규정하고 있다. 행정주체가 예외적으로 자력강제권을 가지는 경우가 있다.

㉡ 쟁송절차 : 공법상 당사자소송을 쟁송수단으로 한다. 판례는 서울특별시립무용단 단원의 위촉과 공중보건의의 채용계약을 처분이 아닌 공법상 계약이라 하여 이를 해약 시 이를 항고소송이 아닌 공법상 당사자소송으로 해야 한다고 한 바 있다.

기출PLUS

기출 2021. 4. 17. 인사혁신처

공법상 계약에 대한 설명으로 옳지 않은 것은? (다툼이 있는 경우 판례에 의함)

① 행정청이 자신과 상대방 사이의 법률관계를 일방적인 의사표시로 종료시켰다고 하더라도 곧바로 그 의사표시가 행정청으로서 공권력을 행사하여 행하는 행정처분이라고 단정할 수는 없고, 관계 법령이 상대방의 법률관계에 관하여 구체적으로 어떻게 규정하고 있는지에 따라 개별적으로 판단하여야 한다.

② 채용계약상 특별한 약정이 없는 한, 지방계약직공무원에 대하여 「지방공무원법」, 「지방공무원 징계 및 소청 규정」에 정한 징계절차에 의하지 않고서는 보수를 삭감할 수 없다.

③ 중소기업 정보화지원사업에 대한 지원금출연협약의 해지 및 환수통보는 공법상 계약에 따른 의사표시가 아니라 행정청이 우월한 지위에서 행하는 공권력의 행사로서 행정처분이다.

④ 계약직공무원 채용계약해지는 국가 또는 지방자치단체가 대등한 지위에서 행하는 의사표시로서 처분이 아니므로 「행정절차법」에 의하여 근거와 이유를 제시하여야 하는 것은 아니다.

◀ 정답 ③

section 5 행정법상의 확약

(1) 의의

① 행정법상의 확약이란 일정한 행정행위를 하거나 하지 않을 것을 약속하는 행정청의 구속력 있는 의사표시를 말한다(각종 인·허가 발급약속 등).

② 확약은 약속의 대상을 행정행위에 한정하지 않고 널리 행정작용에 인정되는 확언의 일종이다. 따라서 확약은 확언 중에서 행정행위를 대상으로 하는 것이다.

(2) 구별개념

구분	차이점
예비결정	한정된 사항에 종국적 규율인 데 반해 확약은 결정내용 전반에 관한 사전적 약속이다.
공법상 계약	행정청과의 쌍방적 행위인 점에서 일방적 조치인 확약과 구별된다.
가행정행위	관계사실 등의 확정 이전에 잠정적으로나마 규율을 가지는 행정행위라는 점에서 확약과 구별된다.
확언	모든 행정작용을 대상으로 하는 약속이 확언으로, 행정행위만을 대상으로 하는 확약과 다르다.

(3) 법적 성격

다수설은 확약의 행정행위성을 인정하나 판례는 이를 부정하고 있다. 일정한 행정행위에 대해 확약을 할 것인가의 여부는 행정청의 재량에 속한다고 할 수 있다.

> **판례** 어업권면허에 선행하는 우선순위결정은 행정청이 우선권자로 결정된 자의 신청이 있으면 어업권면허처분을 하겠다는 것을 약속하는 행위로서 강학상 확약에 불과하고 행정처분은 아니므로, 우선순위결정에 공정력이나 불가쟁력과 같은 효력은 인정되지 아니하며, 따라서 우선순위결정이 잘못되었다는 이유로 종전의 어업권면허처분이 취소되면 행정청은 종전의 우선순위결정을 무시하고 다시 우선순위를 결정한 다음 새로운 우선순위결정에 기하여 새로운 어업권면허를 할 수 있다(대판 1995. 1. 20. 94누6529).

(4) 허용성

법적 근거가 없는 경우 확약이 가능한가에 대해 부정설, 신뢰보호설, 본처분권한포함설이 대립하고 있으나 법령이 본행정행위에 대한 권한을 부여한 경우 그 안에 확약의 권한도 함께 부여한 것으로 보아 별도의 법적 근거가 없어도 인정된다는 본처분권한포함설이 다수설이다.

---

(5) 한계

확약은 원칙상 재량행위에 대해서만 가능하나 예외적으로 상대방에게 대비할 수 있는 기회를 주는 경우에는 기속행위에도 가능하다.

(6) 형식

명문의 규정이 없으므로 서면이나 구술에 의해서도 가능하다.

(7) 효과

① 행정청은 확약된 행위를 하여야 할 의무를 지게 된다. 반면 상대방은 확약된 내용의 이행을 청구할 수 있는 권리를 가진다. 행정청이 의무를 이행하지 않을 때에는 상대방은 의무이행심판과 부작위위법확인소송을 제기할 수 있다.

② 확약의 취소·철회·실효는 행정행위에 관한 규정이 준용된다.

③ 확약에도 사정변경의 원리가 적용된다. 즉 확약 후 사실상태 또는 법률상태가 변경된 경우 행정청이 그와 같은 변경이 있을 것을 미리 알았더라면 그와 같은 확약을 하지 않았을 것으로 인정되는 경우에는 확약에 대한 구속이 면제된다.

판례 행정청이 상대방에게 장차 어떤 처분을 하겠다고 확약 또는 공적인 의사표명을 하였다고 하더라도, 그 자체에서 상대방으로 하여금 언제까지 처분의 발령을 신청을 하도록 유효기간을 두었는데도 그 기간 내에 상대방의 신청이 없었다거나 확약 또는 공적인 의사표명이 있은 후에 사실적·법률적 상태가 변경되었다면, 그와 같은 확약 또는 공적인 의사표명은 행정청의 별다른 의사표시를 기다리지 않고 실효된다(대판 1996. 8. 20. 95누10877).

기출PLUS

기출 2016. 6. 25. 서울특별시

확약에 대한 설명으로 가장 옳지 않은 것은?

① 「행정절차법」은 확약에 관한 명문규정을 두고 있지 않다.

② 판례는 어업권면허에 선행하는 우선순위결정의 처분성을 인정하고 있다.

③ 확약을 행한 행정청은 확약의 내용인 행위를 하여야 할 자기구속적 의무를 지며, 상대방은 행정청에 그 이행을 청구할 권리를 갖게 된다.

④ 확약이 있은 이후에 사실적·법률적 상태가 변경되었다면 그와 같은 확약은 행정청의 별다른 의사표시 없이도 실효된다.

〈정답 ②

2021년 소방공무원
1 다음 설명 중 옳지 않은 것은? (다툼이 있는 경우 판례에 의함)

① 건설부장관(현 국토교통부장관)이 행한 국립공원지정처분에 따른 경계측량 및 표지의 설치 등은 처분이 아니다.

② 행정지도가 구술로 이루어지는 경우 상대방이 행정지도의 취지·내용 및 신분을 기재한 서면의 교부를 요구하면 당해 행정지도를 행하는 자는 직무수행에 특별한 지장이 없는 한 이를 교부하여야 한다.

③ 조례가 집행행위의 개입 없이도 그 자체로서 직접 국민의 구체적인 권리·의무나 법적 이익에 영향을 미치는 등의 법률상 효과를 발생하는 경우 그 조례는 항고소송의 대상이 되는 행정처분에 해당한다.

④ 행정계획은 현재의 사회·경제적 모든 상황의 조사를 바탕으로 장래를 예측하여 수립되고 장기간에 걸쳐있으므로, 행정계획의 변경은 인정되지 않는다.

> **TIPS!**
> ④ 행정계획은 기존의 일정한 행정여건에 대한 분석과 장래의 행정여건의 변화에 대한 예측에 기초하여 수립되므로 행정계획에는 변경가능성이 내재되어 있다고 본다. <u>기존의 행정여건에 대한 분석이나 장래의 예측이 잘못된 경우에는 행정계획이 변경될 수 있는 것으로 보아야 한다.</u>
> ① 건설부장관이 행한 국립공원지정처분은 그 결정 및 첨부된 도면의 공고로써 그 경계가 확정되는 것이고, 시장이 행한 경계측량 및 표지의 설치 등은 이미 확정된 경계를 인식, 파악하는 사실상의 행위로 봄이 상당하며, 위와 같은 사실상의 행위를 가리켜 공권력 행사로서의 행정처분의 일부라고 볼 수 없다(대판 1992. 10. 13. 92누2325).
> ② 행정지도가 말로 이루어지는 경우에 상대방이 제1항의 사항을 적은 서면의 교부를 요구하면 그 행정지도를 하는 자는 직무수행에 특별한 지장이 없으면 이를 교부하여야 한다〈「행정절차법」 제49조(행정지도의 방식) 제2항〉.
> ③ (두밀분교폐지)조례가 집행행위의 개입 없이도 그 자체로서 직접 국민의 구체적인 권리·의무나 법적 이익에 영향을 미치는 등의 법류상의 효과를 발생하는 경우 그 조례는 항고소송의 대상이 되는 행정처분에 해당한다.

2021년 소방공무원
2 행정지도에 관한 설명으로 옳지 않은 것은? (다툼이 있는 경우 판례에 의함)

① 행정지도란 행정기관이 그 소관 사무의 범위에서 일정한 행정목적을 실현하기 위하여 특정인에게 일정한 행위를 하거나 하지 아니하도록 지도, 권고, 조언 등을 하는 행정작용을 말한다.

② 행정지도 중 규제적·구속적 행정지도의 경우에는 법적 근거가 필요하다는 견해가 있다.

③ 교육인적자원부장관(현 교육부장관)의 (구)공립대학 총장들에 대한 학칙시정요구는 고등교육법령에 따른 것으로, 그 법적 성격은 대학총장의 임의적인 협력을 통하여 사실상의 효과를 발생시키는 행정지도의 일종으로 헌법소원의 대상이 되는 공권력의 행사로 볼 수 없다.

④ 행정지도가 강제성을 띠지 않은 비권력적 작용으로서 행정지도의 한계를 일탈하지 아니하였다면, 그로 인해 상대방에게 어떤 손해가 발생하였다고 해도 행정기관은 그에 대한 손해배상책임이 없다.

Answer 1.④ 2.③

2021년 인사혁신처

3 공법상 계약에 대한 설명으로 옳지 않은 것은? (다툼이 있는 경우 판례에 의함)

① 행정청이 자신과 상대방 사이의 법률관계를 일방적인 의사표시로 종료시켰다고 하더라도 곧바로 그 의사표시가 행정청으로서 공권력을 행사하여 행하는 행정처분이라고 단정할 수는 없고, 관계 법령이 상대방의 법률관계에 관하여 구체적으로 어떻게 규정하고 있는지에 따라 개별적으로 판단하여야 한다.

② 채용계약상 특별한 약정이 없는 한, 지방계약직공무원에 대하여 「지방공무원법」, 「지방공무원 징계 및 소청 규정」에 정한 징계절차에 의하지 않고서는 보수를 삭감할 수 없다.

③ 중소기업 정보화지원사업에 대한 지원금출연협약의 해지 및 환수통보는 공법상 계약에 따른 의사표시가 아니라 행정청이 우월한 지위에서 행하는 공권력의 행사로서 행정처분이다.

④ 계약직공무원 채용계약해지는 국가 또는 지방자치단체가 대등한 지위에서 행하는 의사표시로서 처분이 아니므로 「행정절차법」에 의하여 근거와 이유를 제시하여야 하는 것은 아니다.

Answer 3.③

4 행정계획에 대한 설명으로 옳지 않은 것은? (다툼이 있는 경우 판례에 의함)

① 구「도시계획법」상 도시기본계획은 도시의 기본적인 공간구조와 장기발전방향을 제시하는 종합계획으로서 도시계획 입안의 지침이 되므로 일반 국민에 대한 직접적인 구속력은 없다.

② 장래 일정한 기간 내에 관계 법령이 규정하는 시설 등을 갖추어 일정한 행정처분을 구하는 신청을 할 수 있는 법률 상 지위에 있는 자의 국토이용계획변경신청을 거부하는 것이 실질적으로 당해 행정처분 자체를 거부하는 결과가 되 는 경우라도, 구「국토이용관리법」상 주민이 국토이용계획의 변경에 대하여 신청을 할 수 있다는 규정이 없으므로 그 신청인에게 국토이용계획변경을 신청할 권리가 인정된다고 볼 수 없다.

③ 구속력 없는 행정계획안이나 행정지침이라도 국민의 기본권에 직접적으로 영향을 끼치고 법령의 뒷받침에 의하여 그대로 실시될 것이 틀림없을 것으로 예상되는 때에는 예외적으로 헌법소원의 대상이 된다.

④ 도시계획의 결정·변경 등에 대한 권한행정청은 이미 도시계획이 결정·고시된 지역에 대하여도 다른 내용의 도시 계획을 결정·고시할 수 있고, 이 때에 후행 도시계획에 선행 도시계획과 양립할 수 없는 내용이 포함되어 있다면 특별한 사정이 없는 한 선행 도시계획은 후행 도시계획과 같은 내용으로 변경된다.

> **TIPS!**
> ② 구 국토이용관리법(2002. 2. 4. 법률 제6655호 국토의계획및이용에관한법률 부칙 제2조로 폐지)상 주민이 국토이용계획의 변경에 대하여 신청을 할 수 있다는 규정이 없을 뿐만 아니라, 국토건설종합계획의 효율적인 추진과 국토이용질서를 확립하기 위한 국토이용계획은 장기성, 종합성이 요구되는 행정계획이어서 원칙적으로는 그 계획이 일단 확정된 후에 어떤 사정의 변동 이 있다고 하여 그러한 사유만으로는 지역주민이나 일반 이해관계인에게 일일이 그 계획의 변경을 신청할 권리를 인정하여 줄 수는 없을 것이지만, 장래 일정한 기간 내에 관계 법령이 규정하는 시설 등을 갖추어 일정한 행정처분을 구하는 신청을 할 수 있는 법률상 지위에 있는 자의 국토이용계획변경신청을 거부하는 것이 실질적으로 당해 행정처분 자체를 거부하는 결과가 되는 경우에는 예외적으로 그 신청인에게 국토이용계획변경을 신청할 권리가 인정된다고 봄이 상당하므로, 이러한 신청에 대한 거부 행위는 항고소송의 대상이 되는 행정처분에 해당한다(대법원 2003. 9. 23. 선고 2001두10936 판결).

5 행정계획에 대한 설명으로 옳지 않은 것은? (다툼이 있는 경우 판례에 의함)

① 비구속적인 행정계획은 헌법소원의 대상이 될 수 없다.

② 행정계획은 법률의 형식일 수도 있다.

③ 행정계획을 결정하는 데에는 비록 광범위한 재량이 인정되지만 만일 이익형량의 고려 대상에 포함시켜야 할 중요한 사항을 누락하였다면 그 행정계획은 위법하다.

④ 「행정절차법」은 국민생활에 매우 큰 영향을 주는 사항에 대한 행정계획을 수립·시행하거나 변경하고자 하는 때에 는 이를 예고하도록 규정하고 있다.

> **TIPS!**
> ① 비구속적 행정계획안이나 행정지침이라도 국민의 기본권에 직접적으로 영향을 끼치고, 앞으로 법령의 뒷받침에 의하여 그대 로 실시될 것이 틀림없을 것으로 예상될 수 있을 때에는, 공권력행위로서 예외적으로 헌법소원의 대상이 될 수 있다(헌재 2000. 6. 1, 99헌마538).

Answer 4.② 5.①

6 행정계획에 관한 다음 설명 중 옳지 않은 것은? (단, 다툼이 있는 경우 판례에 의함)

① 장래의 질서 있는 행정활동을 위한 목표를 설정하고, 설정된 목표를 달성하기 위하여 다양한 행정수단을 종합하고 조정하는 행위이다.

② 주로 장기성·종합성을 요하는 사회국가적 복리행정 영역에서 중요한 의미를 갖는다.

③ 행정계획은 장래 행정작용의 방향을 정한 것일 뿐 직접 국민의 권리의무에 변동을 가져오지는 않으므로 행정입법의 성질을 갖는다고 본다.

④ 계획수립의 권한을 가지고 있는 행정기관은 계획수립과 관련하여 광범위한 재량권을 갖고 있는바, 이를 계획재량이라 한다.

 TIPS!

③ 구속적 계획과 같이 행정계획이 국민에게 직접적인 법적 구속력을 갖는 경우도 있다.

7 행정지도는 다음의 어느 것에 해당하는가?

① 사실행위 ② 행정입법

③ 행정행위 ④ 법적 행위

 TIPS!

행정지도 … 행정기관이 일정한 행정목적의 실현을 위하여 특정한 개인 또는 법인 등의 단체에 대하여 협력적 행위를 요청하는 비권력적 사실행위이다.

① 행정지도는 행정청의 처분이나 그 밖의 공권력 행사에 의한 행위에 해당되지 않으므로 행정지도 그 자체를 놓고 쟁송을 구할 수는 없다. 그러나 행정지도에 의하여 국민이 부당하게 손해를 입었을 경우 국가배상의 대상이 될 수 있다.

8 행정계획에 대한 판례의 태도로 옳은 것은?

① 구 「도시계획법」상 도시기본계획은 일반 국민에 대한 직접적 구속력을 가진다.

② 구 「국토이용관리법」상 국토이용계획이 확정된 후 일정한 사정의 변동이 있다면 지역주민에게 일반적으로 계획의 변경 또는 폐지를 청구할 권리가 있다.

③ 국토이용계획변경신청을 거부하는 것이 실질적으로 당해 행정처분 자체를 거부하는 결과가 되는 경우에 그 신청인은 국토이용계획변경을 신청할 권리가 있다.

④ 도시계획 구역 내에 토지 등을 소유하고 있는 주민이라 하더라도 도시계획시설변경 입안권자에게 도시계획입안을 요구할 수 있는 법규상 또는 조리상 신청권이 발생하는 것은 아니다.

Answer 6.③ 7.① 8.③

9 행정지도에 대한 설명으로 옳지 않은 것은? (다툼이 있는 경우 판례에 의함)

① 교육인적자원부장관(현 교육부장관)의 대학총장들에 대한 학칙시정요구는 행정지도에 해당하므로 규제적, 구속적 성격을 강하게 가지고 있더라도 헌법소원의 대상이 되는 공권력의 행사라고 볼 수 없다.

② 「행정절차법」에 따르면, 행정기관은 행정지도의 상대방이 행정지도에 따르지 않았다는 것을 이유로 불이익한 조치를 하여서는 아니된다고 규정하고 있다.

③ 위법건축물에 대한 단전 및 전화통화단절조치 요청행위는 처분성이 부인된다.

④ 행정지도가 강제성을 띠지 않은 비권력적 작용으로서 행정지도의 한계를 일탈하지 아니하였다면 그로 인하여 상대방에게 어떤 손해가 발생하였다 하더라도 행정기관은 그에 대한 손해배상책임이 없다.

10 행정계획에 대한 다음 설명 중 잘못된 것은?

① 행정계획의 수립절차에 관한 일반법은 「행정절차법」이다.

② 행정계획에는 일반행정재량에 비하여 보다 광범위한 계획재량이 인정되며 이에 대하여도 사법통제는 가능하다.

③ 행정계획의 폐지·변경의 경우 이를 신뢰한 사인은 귀책사유가 없는 한 손해전보를 청구할 수 있다.

④ 행정청이 사인의 계획변경신청을 거부한 경우에도 취소소송으로 이를 다툴 수 없다는 것이 판례의 입장이다.

Answer 9.① 10.①

11 확약에 관한 설명으로 옳지 않은 것은? (다툼이 있는 경우 판례에 의함)

① 확약에 관한 일반법은 없다.

② 유효한 확약은 권한을 가진 행정청에 의해서만 그리고 권한의 범위 내에서만 발해질 수 있다.

③ 확약이 있은 후에 사실적·법률적 상태가 변경되었다면, 그와 같은 확약은 행정청의 별다른 의사표시를 기다리지 않고 실효된다.

④ 어업권면허에 선행하는 우선순위결정은 행정청이 우선권자로 결정된 자의 신청이 있으면 어업권면허처분을 하겠다는 것을 약속하는 행위로서 그 우선순위결정에 공정력과 불가쟁력이 인정된다.

> **TIPS!**
>
> ④ 어업권면허에 선행하는 우선순위결정은 행정청이 우선권자로 결정된 자의 신청이 있으면 어업권면허처분을 하겠다는 것을 약속하는 행위로서 강학상 확약에 불과하고 행정처분은 아니므로, 우선순위결정에 공정력이나 불가쟁력과 같은 효력은 인정되지 아니하며, 따라서 우선순위결정이 잘못되었다는 이유로 종전의 어업권면허처분이 취소되면 행정청은 종전의 우선순위결정을 무시하고 다시 우선순위를 결정한 다음 새로운 우선순위결정에 기하여 새로운 어업권면허를 할 수 있다(대판 1995. 1. 20, 94누6529).

12 다음 중 행정계획에 있어 형량하자에 해당하지 않는 경우는?

① 형량이 전혀 없었던 경우

② 당연히 고려하여야 할 특정 이익을 고려하지 않은 경우

③ 행정예측에 결함이 있는 경우

④ 형량에 있어 제 이익의 평가를 현저히 그르친 경우

> **TIPS!**
>
> ③ 형량의 원리는 행정계획에 있어 관계 제 이익을 정당하게 고려하고 형량하여야 한다는 원리로서 이는 제 이익의 형량의 문제이지 행정예측의 문제는 아니다. 이 원리를 위반하면 계획재량의 일탈·남용으로서 위법하게 된다.

13 다음 중 행정법상 사실행위에 해당하지 않는 것은?

① 행정지도　　　　　　　　　　　② 행정기관의 도로공사

③ 일정한 장소에의 거주　　　　　④ 대집행의 계고

> **TIPS!**
>
> ④ 대집행의 계고는 통지로서 준법률행위적 행정행위에 해당한다.

Answer 11.④ 12.③ 13.④

14 다음 중 행정지도에 관한 설명 중 잘못된 것은?

① 행정지도는 법치행정의 원리상 실정법이나 행정법의 일반원리에 위반되어서는 안된다.

② 행정지도는 상대방의 동의나 협력에 의해 그 목적을 달성한다.

③ 행정지도에 관한 일반적 절차를 만들어 법적인 통제 아래에 둘 필요성이 있다.

④ 행정지도는 공권력 발동으로 야기될 수 있는 국민과의 마찰이나 저항을 방지할 수 있는 측면을 가진다.

> **TIPS!**
>
> **행정지도** … 행정주체가 조언·권고 등의 방법으로 국민이나 기타 관계자의 행동을 유도하여 그 의도하는 바를 실현시키기 위하여 행하는 비권력적 사실행위이다.
>
> ③ 행정지도에 관한 법적인 통제가 필요한 것은 사실이나 이에 관해 일반 절차를 만들어 법적인 통제 아래에 두는 것은 행정기능의 확대 및 다양화와 행정 현실의 급격한 변화에 대응하기 위한 행정지도 본래의 의미를 해할 우려가 있다.

15 다음 중 행정지도에 해당하는 것은?

① 불심검문

② 납세의 독촉

③ 노사협의의 알선·조정

④ 대집행영장의 통지

> **TIPS!**
>
> ③ 노사협의의 알선·조정은 조정적 행정지도에 속한다.
> ① 불심검문은 행정조사 중 대인적 조사에 해당한다.
> ② 납세의 독촉은 통지행위로서 준법률행위적 행정행위에 해당한다.
> ④ 대집행영장의 통지는 준법률행위적 행정행위이다.

16 다음 중 행정지도에 관한 설명으로 옳지 않은 것은?

① 임의적 협력을 기대하여 행하는 것으로 강제수단이 인정되지 않는다.

② 반드시 명시적 법적 근거를 요하지 않는다.

③ 법적 근거 없이도 할 수 있으므로 법률우위의 원칙이 적용되지 않는다.

④ 행정쟁송의 대상이 되지 않는다.

> **TIPS!**
>
> ③ 행정지도는 비권력적 사실행위이므로 법적 근거(법률유보)는 요하지 않으나 법에 저촉되는 행정지도는 허용되지 않는다는 점에서 법률우위의 원칙은 준수되어야 한다.

Answer 14.③ 15.③ 16.③

17 행정지도에 관한 설명 중 타당한 것은?

① 법적 구속력을 가진 규제적 지도도 행할 수 있다.

② 행정지도에 복종하지 않는 자에 대하여 행정강제를 행할 수 있다.

③ 법치행정의 원리상 행정지도에는 법률상 근거가 필요하다.

④ 행정지도는 「국가배상법」이나 「민법」의 불법행위책임이 인정될 수도 있다.

> **TIPS!**
> ① 법적 구속력이 있는 규제적 지도는 허용되지 않는다.
> ② 행정지도에 복종하지 않는 자에 대하여 행정강제에 의하여 이행시킬 수 없다.
> ③ 행정지도는 법률상 근거없이 행할 수 있다.
> ④ 우리나라의 다수 견해는 행정지도에 대해 "동의는 불법행위 성립을 조각시킨다."는 논리에 따라 손해배상청구가 인정되지 않는다고 본다. 그러나 인과관계를 인정할 수 있는 경우에는 국가배상책임이 인정될 수 있다고 보아야 할 것이다.

18 다음 중 비권력적 사실행위에 해당하는 것은?

① 대집행의 실행

② 국세체납절차에 있어서의 재산압류행위

③ 감염병 환자의 강제격리

④ 행정지도

> **TIPS!**
> ①②③ 사실행위는 법적 효과를 발생하지 않으므로 원칙적으로 사법심사의 대상이 되지 않으나 권력적 사실행위는 행정쟁송의 대상인 처분에 해당한다.
> ④ 행정지도는 비권력적 사실행위에 해당한다.

19 다음 중 행정지도에 관한 설명으로 옳지 않은 것은?

① 비권력적 사실행위이다.

② 당사자가 동의하지 않으면 효력이 발생하지 않는다.

③ 행정지도는 일본에서 생성되고 발전된 개념이다.

④ 「행정소송법」은 행정지도를 처분의 개념으로 규정하고 있다.

> **TIPS!**
> ④ 행정지도는 비권력적 사실행위이므로 행정의 대상이 되는 처분이 아니다. 행정소송법은 처분을 '공권력의 행사 또는 그 거부'라고 하여 행정지도의 처분성을 부인하고 있다.

Answer 17.④ 18.④ 19.④

20 다음 중 「행정절차법」에 규정된 행정지도에 관한 내용이 아닌 것은?

① 행정지도를 할 때는 그 상대방에게 행정지도의 취지, 내용 및 신분을 밝혀야 한다.
② 행정지도가 구술의 형식으로 행해질 때에는 당사자의 문서교부요구권이 인정된다.
③ 행정지도를 따르지 아니하였다는 이유로 상대방에게 불이익한 조치를 취할 수 없다.
④ 행정지도가 위법한 경우 상대방은 손해배상을 제기할 수 있다.

> **TIPS!**
> ④ 행정지도에 따를지는 전적으로 상대방이 결정할 수 있으므로 이로 인한 손해배상을 청구할 수 없다. 행정절차법도 이에 대해 명문의 규정을 두고 있지 않다.

21 다음 중 규제적 행정지도에 해당하는 것은?

① 물가억제를 위한 권고
② 노사간 협의의 알선
③ 생활지도
④ 우량품종의 재배 권장

> **TIPS!**
> 행정지도의 기능에 따른 분류
> ㉠ 조성적 행정지도 : 생활지도, 직업지도, 기업지도, 기술지식의 제공, 우량품종 재배 권장 등
> ㉡ 조정적 행정지도 : 노사협의의 알선·조정, 철강공업자의 지정, 기계공업시설의 계열화 권고 등
> ㉢ 규제적 행정지도 : 물가억제를 위한 권고, 공해방지를 위한 규제조치, 토지거래중지 권고 등

22 비공식적 행정작용에 관한 설명으로 옳지 않은 것은?

① 비공식적 행정작용을 통한 국가간섭은 법 외적 작용이므로 헌법상 법치국가의 원리와 모순되기 때문에 허용되지 않는 것이 원칙이다.
② 비공식적 행정작용은 노력·비용 등이 많이 소모되는 문제점이 있다.
③ 비공식적 행정작용은 당사자의 협의 등에 의하여 행정목적의 달성이 원만하게 이루어지는 경우 법적 분쟁을 회피·경감시키는 장점이 있다.
④ 비공식적 행정작용은 행정권과 상대방 사이의 협상·협의는 법적 불확실성의 제거를 위해 유용하게 기능한다.

> **TIPS!**
> ② 비공식적 행정작용은 공식화되어 있지 않은 수단으로 행정목적을 달성할 수 있는 바, 이는 공식적인 행위보다 경제적이라는 장점이 있다.

Answer 20.④ 21.① 22.②

23 다음 중 비공식적 행정작용에 관한 설명으로 옳지 않은 것은?

① 비공식적 행정작용은 명시적인 법적 근거가 없어도 허용된다는 것이 다수설이다.
② 비공식적 행정작용은 행정기관과 사인 간에 행하여지기 때문에 제3자의 지위보장에 적합한 행위형식이다.
③ 비공식적 행정작용은 사실행위로서 아무런 법적 효과를 발생하지 않는 작용이므로 처분성이 인정되지 않는다.
④ 비공식적 행정작용도 행정법의 일반원칙에 의한 구속을 받는다.

> **TIPS!**
>
> 비공식적 행정작용 … 넓은 의미로는 그 요건 · 효과 · 절차 등이 일반적으로 법에 의해 정해지지 않으며 법적 구속력을 발생하지 않는 일체의 행정작용을 말하지만, 일반적으로 좁은 의미로는 공식적인 행정작용(행정입법, 행정행위, 공법상 계약 등)의 준비행위 또는 그 대체적인 것으로 행해지는 행정청과 국민간의 협의 · 합의 등을 말한다.
> ① 비공식적 행정작용은 법적 근거가 없으므로 법치국가의 원리상 허용되지 않는다는 소수 견해도 있으나 일반적으로 그 허용성을 인정하는 것이 다수설이다.
> ② 비공식적 행정작용은 통상 행정청과 상대방의 양자관계에서 행해지므로 이해관계에 있는 제3자에게 불리하게 작용될 가능성이 많다.
> ④ 비공식적 행정작용은 법적 구속력이 없는 것이므로 이는 신뢰보호의 원칙, 신의성실의 원칙, 행정의 자기구속의 원칙 등을 매개로 하여서도 법적 구속성이 인정될 수 없다. 하지만 그것이 무제한의 자유를 허용하는 것은 아니므로 비공식적 행정작용에도 일정한 법적 한계는 존재한다.

24 행정지도에 대한 다음 설명 중 옳지 않은 것은?

① 상대방의 의사에 반하여 부당하게 강요하여서는 아니 된다.
② 행정기관은 행정지도의 상대방이 행정지도에 따르지 아니하였다는 것을 이유로 불이익한 조치를 하여서는 아니 된다.
③ 행정지도를 하는 자는 그 상대방에게 그 행정지도의 취지 및 내용과 신분을 밝혀야 한다.
④ 행정지도는 반드시 문서로 하여야 한다.

> **TIPS!**
>
> 「행정절차법」 제49조(행정지도의 방식) 제2항 … 행정지도가 말로 이루어지는 경우에 상대방이 행정지도의 취지 및 내용과 신분의 사항을 적은 서면의 교부를 요구하면 그 행정지도를 하는 자는 직무 수행에 특별한 지장이 없으면 이를 교부하여야 한다.

Answer 23.② 24.④

25 다음 중 공법상 계약의 유용성이라고 볼 수 없는 것은?

① 상대방이 행정주체에게 계약체결을 강요할 수 있다.
② 법률관계의 안정을 가져오며 이의의 제기를 줄여준다.
③ 개별적·구체적 사정에 따라 탄력적으로 행정목적을 달성할 수 있다.
④ 사실관계 또는 법률관계가 불명확한 경우에 해결을 용이하게 한다.

> **TIPS!**
> ① 상대방이 행정주체에게 계약체결을 강요할 수는 없다.

26 다음 행정의 행위형식 중 비권력적 행위이면서 동시에 법적 행위인 것은?

① 행정입법
② 행정지도
③ 행정계약
④ 행정행위

> **TIPS!**
> 행정작용형식의 분류
>
> | 구분 | 법적 행위 | 사실행위 |
> |---|---|---|
> | 권력적 행위 | 행정입법, 행정행위, 구속적 행정계획 | 행정상 강제집행, 행정상 즉시강제, 권력적 행정조사 |
> | 비권력적 행위 | 행정계약, 공법상 계약, 공법상 합동행위 | 행정지도, 도로공사, 비권력적 행정조사 |

27 다음 중 공법상 계약에 관한 설명으로 옳지 않은 것은?

① 행정계약은 공법상 계약과 사법상 계약을 포함하는 개념이다.
② 법률유보의 원칙은 적용되지 않으나 법률우위의 원칙은 적용된다는 것이 통설이다.
③ 공정력, 확정력, 자력집행력 등은 인정되지 않는 것이 원칙이다.
④ 「민법」의 계약에 관한 규정이 적용되므로 계약의 상대방의 의사에 따라 급부내용을 자유로이 변경할 수 있다.

> **TIPS!**
> ④ 행정계약 또는 공법상 계약은 그 특성상 부합계약성, 계약강제성 등이 인정되며, 그 내용이 계속적 급부인 경우에는 사법상의 원리가 수정되어 계약의 해제·해지가 제한된다.
> ① 행정계약에는 공법상 계약과 사법상 계약이 있다.
> ② 법률우위의 원칙이 적용된다.
> ③ 공법상 계약의 당사자는 기본적으로 대등한 의사력을 가지므로 행정주체의 우월한 지위에만 인정되는 공정력·확정력·자력집행력 등은 인정되지 않는 것이 원칙이다.

> **Answer** 25.① 26.③ 27.④

28 다음 중 비공식적 행정작용에 해당하지 않는 것은?

① 응답유보   ② 사전절충

③ 규범집행형 합의   ④ 행정의 자동결정

 TIPS!

④ 행정의 자동결정이란 자동적으로 기능하는 컴퓨터에 의해 행정결정이 이루어지는 것을 말하는 것으로 교통신호등, 중·고등학교 배정 등이 이에 속한다. 이는 현대 행정 특징의 하나를 이룬다.

29 다음 중 공법상 계약에 해당하지 않는 것은?

① 전화가입계약

② 공공단체 상호 간의 사무위탁

③ 토지수용협의

④ 공법상 보조금지급계약

 **TIPS!**

① 사법상 계약이라고 하는 것이 판례의 입장이다.

30 다음 중 공법상 계약의 성질을 갖는 것은?

① 물가억제 등을 위한 규제·권고

② 공유수면매립면허

③ 재개발조합의 설립

④ 별정우체국장 지정

TIPS!

① 행정지도 ② 특허 ③ 공법상 합동행위

Answer   28.④   29.①   30.④

31 다음 중 공법상 계약으로 볼 수 있는 것은?

① 지방의회의 의결행위

② 도로건설도급계약

③ 시·군조합의 설립행위

④ 하천관리를 위한 자치단체간의 비용분담협의

> **TIPS!**
> ① 합성행위
> ② 사법상의 계약
> ③ 합동행위
> ※ **구별 개념**
> ㉠ **공법상 계약**
> • 행정주체 상호 간: 공공단체 상호 간의 사무위탁, 도로·하천의 경비분담협의, 도로관리협의, 기타 공무수행에 관한 협정 등
> • 행정주체와 사인 간: 별정우체국장 지정 등
> • 사인 상호 간: 토지수용협의
> ㉡ **사법상 계약**: 도로건설도급계약, 국유일반재산매각계약, 전화가입계약, 국영철도이용 등
> ㉢ **공법상 합동행위**: 공공조합 설립, 공공조합연합회 설립, 시·군조합 설립 등
> ㉣ **합성행위**: 합의체기관의 의결 등

32 다음 중 행정지도에 관한 설명으로 옳지 않은 것은?

① 행정지도는 권력적 행정작용에 해당한다.

② 일본에서 형성·발전된 개념이다.

③ 조직법적 근거 없이는 발령될 수 없다.

④ 위법한 경우 행정상 손해배상의 문제를 발생하지 않는다.

> **TIPS!**
> ① 행정지도는 비권력적 사실행위이다.

Answer 31.④ 32.①

33 다음 중 공법상 합동행위의 효과에 관한 설명으로 옳지 않은 것은?

① 그에 반대한 자도 구속한다.

② 당사자의 의사의 흠결이 있었을 때에는 전체 행위를 취소할 수 있다.

③ 각 당사자에게 동일한 법적 효과를 발생시킨다.

④ 개별당사자의 무능력을 이유로 그 효력을 다툴 수 없다.

 **TIPS!**

② 일단 성립한 뒤에는 각 당사자의 무능력이나 착오 등을 이유로 그 효력을 다툴 수 없다.

34 행정법상의 확약을 허용할 경우 그 요건에 해당한다고 볼 수 없는 것은?

① 본 행정행위를 할 수 있는 행정청의 권한범위 내에 속하는 것이라야 한다.

② 본 행정행위를 위한 절차적 요구가 있으면 확약에 있어서도 그 절차가 이행되어야 한다.

③ 확약이 적법하기 위하여서는 그 내용인 본 행정행위가 적법한 것이라야 한다.

④ 본 행정행위를 위한 요건사실이 이미 완성된 후에는 그 의미가 없으므로 일반적으로 확약이 허용되지 않는다.

 **TIPS!**

④ 요건사실의 완성 후에도 확약은 당사자에게 기대이익이나 준비이익을 줄 수 있으므로 긍정적으로 보는 것이 다수의 견해이다.

35 다음 중 행정상 확약에 대한 설명으로 가장 옳지 않은 것은?

① 확약이란 일정한 행정행위를 하거나 하지 않을 것을 약속하는 행정청의 구속력 있는 의사표시를 말한다.

② 판례는 확약의 처분성을 인정한다.

③ 확약의 불이행에 대하여는 이행심판·부작위위법확인소송을 통한 구제를 생각할 수 있다.

④ 확약은 원칙상 재량행위에 대해서만 가능하나 예외적으로 상대방에게 대비할 수 있는 기회를 주는 경우에는 기속행위에도 가능하다.

TIPS!

② 판례는 확약의 처분성을 부정한다.

Answer 33.② 34.④ 35.②

36 다음 중 행정상 확약과 가장 관련이 깊은 행정법의 일반원칙은?

① 비례의 원칙

② 신뢰보호의 원칙

③ 평등의 원칙

④ 부당결부의 금지

 TIPS!

② 확약과 관련이 가장 깊은 행정법의 일반원칙은 신뢰보호의 원칙이다. 확약이 행해지면 행정청은 확약의 내용을 이행하여야 하고 이를 이행하지 않으면 신뢰보호의 원칙에 반하게 된다.

37 다음 중 행정청의 확약에 관한 설명 중 옳지 않은 것은?

① 본 처분이 기속행위인 경우에도 확약이 가능하다.

② 확약에 있어서도 무효·취소 등의 이론이 적용된다.

③ 본 처분과는 다른 별도의 법적 근거가 없어도 가능하다.

④ 확약에는 사정변경의 법리가 적용되지 않는다.

TIPS!

④ 확약 후 사실상태 또는 법률상태가 변경된 경우 행정청이 그와 같은 변경이 있을 것을 미리 알았더라면 그와 같은 확약을 하지 않을 것으로 인정되는 경우에는 확약에 대한 구속이 면제된다.

① 재량행위는 물론 기속행위의 경우에도 확약이 가능하다는 것이 다수설이다.

② 확약의 취소·철회·실효는 행정행위에 관한 규정이 준용된다.

③ 당해 행위의 처분권한 속에 확약을 발할 권한도 포함되어 있으므로 별도의 법적 근거가 없어도 가능하다고 보는 것이 다수설이다.

Answer 36.② 37.④

38 다음 중 행정상 확약에 대한 설명으로 가장 옳지 않은 것은?

① 대법원 판례에 의하면 확약이 있은 후에 사실적 또는 법률적 상태의 변경이 있더라도 행정청의 별다른 의사표시를 기다리지 않고 확약 또는 공적인 의사표명은 실효된다.
② 사정변경 발생 시에 그 구속력이 배제될 수 있다.
③ 「행정절차법」에 의하여 그 절차가 규율되지는 않는다.
④ 확약을 행정행위로 인정하여야 확약 위반 시에 신뢰보호원칙 위반을 원용할 수 있다.

TIPS!

④ 확약을 행정행위로 인정하지 않아도 확약 위반 시에 신뢰보호원칙 위반을 원용할 수 있다.

39 다음 중 확약에 관한 내용으로 옳은 것은?

① 예비결정이나 부분인가는 확약과는 다르다.
② 기속행위의 경우는 확약이 허용되지 않는다.
③ 본처분과는 다른 별도의 법적 근거가 있어야 허용된다.
④ 요건사실의 완성 후에는 확약을 할 수 없다.

TIPS!

① 예비결정이나 부분허가는 한정된 사항에 대하여 종국적으로 규율하는 행정행위의 효과를 발생하는 점에서, 종국적 규율(행정행위)에 대한 약속에 지나지 않는 확약과 구별된다.
② 확약은 일반 국민에게 예고이익이나 대처이익을 주므로, 재량행위는 물론이고 기속행위에 대하여도 확약을 하지 못하게 할 이유가 없다.
③ 본처분을 할 수 있는 권한을 가진 경우에 그에 대한 확약 여부에 대하여, 본처분을 할 수 있는 권한 속에 확약할 수 있는 권한이 포함되어 있다고 보는 것이 다수의 견해이므로 확약에 별도의 법적 근거가 없어도 된다(본처분을 할 수 있는 권한 속에 포함되어 있다).
④ 요건사실의 완성 후에 확약 여부에 관한 견해의 다툼이 있으나, 일반적으로는 확약할 수 있다는 것이 다수의 견해이다.

Answer 38.④ 39.①

04 행정절차법

section 1 의의

(1) 행정절차의 개념

① 광의 … 행정의 결정과 집행에 관한 일체의 과정을 말한다. 이에는 행정입법, 행정 계획, 행정처분, 행정계약 및 행정지도에 관한 절차와 행정심판절차, 행정상의 의 무이행확보 절차까지 모두 포함된다.

② 협의 … 행정청이 공권력을 행사하여 행정에 관한 결정을 함에 있어 요구되는 일련 의 교섭과정, 즉 종국적 행정처분의 형성과정상에서 이루어지는 제1차적 행정절차 만을 의미한다(통설).

③ 최협의 … 행정처분(행정행위)의 사전절차만을 의미한다.

(2) 행정절차의 필요성

① 행정의 민주화 … 행정과정에 이해관계인의 참여기회를 보장함으로써 행정작용의 민 주화에 기여한다.

② 행정작용의 적정화 … 이해관계인에게 자신의 의견 등을 진술할 기회를 부여함으로써 사실인정 및 법령의 해석·적용을 올바르게 하여 행정의 적법·타당성(적정화)을 확보할 수 있게 한다.

③ 행정의 능률화 … 복잡한 행정작용에 관한 절차를 행정절차를 통해서 법으로 명확히 하는 것은 행정작용을 원활하게 수행하게 하여 행정능률을 높인다. 다만, 지나친 번잡한 사전절차는 행정의 신속성을 해하는 요인으로 작용할 수 있음에 유의한다.

④ 국민의 참여 확대 … 적절한 행정절차에 따라 상대방의 능동적인 참여하에 행정작용 이 이루어지는 경우에 상대방의 신뢰감에 따른 협력을 기대할 수 있다.

⑤ 사전적 권익 구제 … 행정작용으로 인한 권익 침해를 미연에 방지하고 사후구제로 인 한 시간과 비용을 절약하는 효과가 있다.

⑥ 사법기능의 보완 … 종국적 처분에 앞서 상대방에게 의견진술·자료제출 등의 기회 를 부여하여 행정의 적법·타당성을 보장하는 기능을 수행한다.

section 2 | 행정절차법

(1) 의의

① 구조 … 행정절차에 관한 일반법으로서 총칙, 처분, 신고, 행정상 입법예고, 행정예고, 행정지도, 국민참여의 확대, 보칙의 총 8장 56조로 이루어져 있다.

② 특징

ㄱ 원칙적으로 절차규정만으로 구성되어 있다. 예외적으로 처분의 정정과 행정지도에 관한 일부 규정은 실체적 규정에 해당한다.

ㄴ 규율범위가 사전절차에 한정되어 있다.

ㄷ 행정계획 및 행정조사절차가 제외되어 있다.

(2) 총칙

① 목적 … 「행정절차법」은 행정운영에 있어서의 공정성, 투명성 및 신뢰성을 확보하고 국민의 권익을 보호함을 그 목적으로 한다. 여기서의 국민에는 외국인도 포함된다.

② 적용범위 … 처분, 신고, 행정상 입법예고, 행정예고 및 행정지도에 관한 일반법으로서 다른 법률에 특별한 규정이 있는 경우 외에는 이 법이 적용된다. 동법은 조례에 관하여 특별한 규정을 두고 있지 않으므로 국법으로서의 「행정절차법」은 지방자치단체의 사무에도 일반적으로 적용된다.

③ 적용예외사항 … 행정절차법 제3조 제2호는 각호에서 행정절차법의 적용을 배제하는 조항을 두고 있는데 이는 주로 공무원의 인사처분절차, 외국인의 출입국절차, 병역법상 징집절차 등 그 성질상 행정절차를 거치기 곤란하다고 인정되는 영역에 대해 인정되는 조항이다. 자칫 추상적인 문언으로 배제범위가 지나치게 확장되면 행정절차법의 취지가 무색해질 수 있는데 판례는 이처럼 행정절차법이 배제되기 위해서는 성질상 행정절차를 거치기 곤란하다고 인정되는 영역을 매우 엄격하게 해석하여 적용하고 있다.

판례 [2] 행정과정에 대한 국민의 참여와 행정의 공정성, 투명성 및 신뢰성을 확보하고 국민의 권익을 보호함을 목적으로 하는 행정절차법의 입법목적과 행정절차법 제3조 제2항 제9호의 규정 내용 등에 비추어 보면, 공무원 인사관계 법령에 의한 처분에 관한 사항 전부에 대하여 행정절차법의 적용이 배제되는 것이 아니라 성질상 행정절차를 거치기 곤란하거나 불필요하다고 인정되는 처분이나 행정절차에 준하는 절차를 거치도록 하고 있는 처분의 경우에만 행정절차법의 적용이 배제된다. [3] 군인사법령에 의하여 진급예정자명단에 포함된 자에 대하여 의견제출의 기회를 부여하지 아니한 채 진급선발을 취소하는 처분을 한 것이 절차상 하자가 있어 위법하다고 한 사례(대판 2007. 9. 21. 2006두20631).

ㄱ 국회 또는 지방의회의 의결을 거치거나 동의 또는 승인을 받아 행하는 사항

ㄴ 법원 또는 군사법원의 재판에 의하거나 그 집행으로 행하는 사항

ㄷ 헌법재판소의 심판을 거쳐 행하는 사항

기출PLUS

기출 2019. 4. 6. 소방공무원

「행정절차법」의 적용이 배제되는 경우가 아닌 것은? (다툼이 있는 경우 판례에 의함)

① 헌법재판소의 심판을 거쳐 행하는 사항

② 지방의회의 의결을 거치거나 동의 또는 승인을 받아 행하는 사항

③ 감사원이 감사위원회의의 결정을 거쳐 행하는 사항

④ 육군3사관학교의 사관생도에 대한 퇴학처분

❮정답 ④

기출 2018. 10. 13. 소방공무원

신청에 관한 기술 중 옳은 것은?
(다툼이 있는 경우 판례에 의함)

① 행정청에 대하여 처분을 구하는 신청은 문서로 하여야 하지만, 일반민원의 신청은 구술이나 전화로 할 수 있다.
② 신청에 대해 서류 등이 미비할 경우, 바로 접수를 거부할 수 있다.
③ 흠결된 서류의 보완이 주요서류의 대부분을 새로 작성함이 불가피하게 되어 사실상 새로운 신청으로 보아야 할 경우, 접수를 거부하거나 반려할 수 있다.
④ 신청인은 신청서가 일단 접수되면, 신청한 내용을 보완하거나 변경 또는 취하할 수 없다.

기출 2018. 10. 13. 소방공무원

법령 등에서 행정청에 일정한 사항을 통지함으로써 의무가 끝나는 신고를 규정하고 있는 경우에 행정청이 신고인에게 보완을 요구하고 상당한 기간 내에 보완을 하지 않을 경우 되돌려 보낼 수 있는 경우가 아닌 것은?

① 신고서의 기재사항에 흠이 있는 경우
② 신고의 내용이 현저히 공익을 해친다고 판단되는 경우
③ 필요한 구비서류가 첨부되어 있지 아니한 경우
④ 그 밖에 법령 등에 규정된 형식상의 요건에 부합하지 아니한 경우

〈정답 ③, ②

ⓔ 각급 선거관리위원회의 의결을 거쳐 행하는 사항
ⓜ 감사원이 감사위원회의의 결정을 거쳐 행하는 사항
ⓗ 형사(刑事), 행형(行刑) 및 보안처분 관계 법령에 따라 행하는 사항
ⓢ 국가안전보장 · 국방 · 외교 또는 통일에 관한 사항 중 행정절차를 거칠 경우 국가의 중대한 이익을 현저히 해칠 우려가 있는 사항
ⓞ 심사청구, 해양안전심판, 조세심판, 특허심판, 행정심판, 그 밖의 불복절차에 따른 사항
ⓩ 「병역법」에 따른 징집 · 소집, 외국인의 출입국 · 난민인정 · 귀화, 공무원인사 관계 법령에 따른 징계와 그 밖의 처분, 이해 조정을 목적으로 하는 법령에 따른 알선 · 조정 · 중재(仲裁) · 재정(裁定) 또는 그 밖의 처분 등 해당 행정작용의 성질상 행정절차를 거치기 곤란하거나 거칠 필요가 없다고 인정되는 사항과 행정절차에 준하는 절차를 거친 사항으로서 대통령령으로 정하는 사항

④ **행정절차의 원칙**

ⓐ **공정성의 원칙**: 행정절차가 공평하고 정당하게 이루어져야 한다는 원칙으로 「행정절차법」 차원에서 명시적인 근거를 획득하지는 못했지만 헌법상 적법절차의 원리로부터 직접 도출된 원칙이다.

ⓑ **신의성실의 원칙과 신뢰보호원칙**: 행정청은 직무를 수행함에 있어서 신의에 따라 성실히 하여야 한다. 행정청은 법령 등의 해석 또는 행정청의 관행이 일반적으로 국민들에게 받아들여진 때에는 공익 또는 제3자의 정당한 이익을 현저히 해할 우려가 있는 경우를 제외하고는 새로운 해석 또는 관행에 의하여 소급하여 불리하게 처리하여서는 아니된다.

ⓒ **투명성의 원칙**: 행정청이 행하는 행정작용은 그 내용이 구체적이고 명확하여야 하며, 행정작용의 근거가 되는 법령 등의 내용이 명확하지 아니한 경우 상대방은 당해 행정청에 대하여 그 해석을 요청할 수 있다.

⑤ **행정청의 관할**

ⓐ 행정청이 그 관할에 속하지 아니하는 사안을 접수하거나 이송받은 경우에는 이를 관할 행정청에 이송하여야 하고 그 사실을 신청인에게 통지하여야 한다. 관할이 변경된 경우에도 또한 같다.

ⓑ 행정청의 관할이 분명하지 아니한 경우에는 당해 행정청을 공통으로 감독하는 상급행정청이 그 관할을 결정하며, 공통으로 감독하는 상급행정청이 없는 경우에는 각 상급행정청의 협의로 그 관할을 결정한다.

⑥ **당사자 등**

ⓐ **개념**: 행정청의 처분에 대하여 직접 그 상대가 되는 당사자와 행정청이 직권 또는 신청에 의하여 행정절차에 참여하게 한 이해관계인을 말하는 바, 「행정절차법」은 당사자 등의 자격, 지위의 승계, 대표자, 대리인, 대표자 · 대리인의 통지에 관한 규정을 갖고 있다.

ⓑ **자격**: 자연인, 법인 또는 법인 아닌 사단이나 재단 기타 다른 법령 등에 의하여 권리의무의 주체가 될 수 있는 자가 된다.

⑦ **행정청 간의 협조 및 행정응원**: 행정청은 행정의 원활한 수행을 위하여 서로 협조하고 필요한 경우 다른 행정청에 행정응원을 요청할 수 있다.

> **POINT** 행정응원
>
> ㉠ 행정응원을 요청할 수 있는 경우
> - 법령 등의 이유로 독자적인 직무수행이 어려운 경우
> - 인원·장비의 부족 등 사실상의 이유로 독자적인 업무수행이 어려운 경우
> - 다른 행정청에 소속되어 있는 전문기관의 협조가 필요한 경우
> - 다른 행정청이 관리하고 있는 문서(전자문서 포함)·통계 등 행정자료가 직무수행을 위하여 필요한 경우
> - 다른 행정청의 응원을 받아 처리하는 것이 보다 능률적이고 경제적인 경우
> ㉡ 행정응원을 요청받은 행정청이 응원을 거부할 수 있는 경우
> - 다른 행정청이 보다 능률적이거나 경제적으로 응원할 수 있는 명백한 이유가 있는 경우
> - 행정응원으로 인하여 고유의 직무 수행이 현저히 지장받을 것으로 인정되는 명백한 이유가 있는 경우
> ㉢ 행정응원은 해당 직무를 직접 응원할 수 있는 행정청에 요청하여야 한다.
> ㉣ 행정응원을 요청받은 행정청은 응원을 거부하는 경우 그 사유를 응원을 요청한 행정청에 통지하여야 한다.
> ㉤ 행정응원을 위하여 파견된 직원은 응원을 요청한 행정청의 지휘·감독을 받는다. 다만, 해당 직원의 복무에 관하여 다른 법령등에 특별한 규정이 있는 경우에는 그에 따른다.
> ㉥ 행정응원에 드는 비용은 응원을 요청한 행정청이 부담하며, 그 부담금액 및 부담방법은 응원을 요청한 행정청과 응원을 하는 행정청이 협의하여 결정한다.

⑧ **송달**

㉠ **방법**: 우편·교부 또는 정보통신망 이용 등의 방법에 의하되 송달받을 자의 주소·거소·영업소·사무소 또는 전자우편주소로 한다. 다만, 송달받을 자가 동의하는 경우에는 그를 만나는 장소에서 송달할 수 있다.

㉡ **효력발생**: 다른 법령 등에 특별한 규정이 있는 경우를 제외하고는 송달받을 자에게 도달됨으로써 그 효력이 발생한다. 공고에 의한 송달의 경우에는 다른 법령 등에 특별한 규정이 있는 경우를 제외하고는 공고일로부터 14일이 경과한 때에 그 효력이 발생한다. 다만, 긴급히 시행하여야 할 특별한 사유가 있어 효력발생시기를 달리 정하여 공고한 경우에는 그에 의한다.

(3) 처분

① **의의** … 처분절차는 행정절차의 중심을 이루는데 「행정절차법」은 통칙, 의견제출 및 청문, 공청회의 3개절에 걸쳐 이를 규정하고 있다.

② **적용범위** … 직권주의, 서면심리주의, 처분기준의 설정공표, 의견제출, 처분의 이유제시, 처분의 방식, 고지 등은 모든 처분절차에 적용되나 처분의 신청은 수익적 처분에 적용되고 처분의 사전통지와 의견제출은 상대방의 권리를 제한하거나 의무를 부과하는 불이익조치에만 적용된다. 또한 청문과 공청회는 다른 법령에 규정되어 있거나 행정청이 필요하다고 인정하는 경우에 실시한다.

기출PLUS

기출 2017. 6. 24. 제2회 서울특별시

행정행위의 효력발생요건에 관한 설명으로 가장 옳지 않은 것은? (다툼이 있는 경우 판례에 의함)

① 행정행위의 효력발생요건으로서의 도달은 상대방이 그 내용을 현실적으로 알 필요까지는 없고, 다만 알 수 있는 상태에 놓여짐으로써 충분하다.

② 교부에 의한 송달은 수령확인서를 받고 문서를 교부함으로써 하며, 송달하는 장소에서 송달받을 자를 만나지 못한 경우에는 그 사무원·피용자 또는 동거인으로서 사리를 분별할 지능이 있는 사람에게 문서를 교부할 수 있다.

③ 정보통신망을 이용한 송달은 송달받을 자의 동의 여부와 상관없이 허용된다.

④ 판례는 내용증명우편이나 등기우편과는 달리 보통우편의 방법으로 발송되었다는 사실만으로는 그 우편물이 상당한 기간 내에 도달하였다고 추정할 수 없고, 송달의 효력을 주장하는 측에서 증거에 의하여 이를 입증하여야 한다고 본다.

〈정답 ③

기출PLUS

기출 2018. 5. 19. 제1회 지방직

행정처분의 이유제시에 대한 설명으로 옳지 않은 것은? (다툼이 있는 경우 판례에 의함)

① 당초 행정처분의 근거로 제시한 이유가 실질적인 내용이 없는 경우에도 행정소송의 단계에서 행정처분의 사유를 추가할 수 있다.

② 행정처분의 이유제시가 아예 결여되어 있는 경우에 이를 사후적으로 추완하거나 보완하는 것은 늦어도 당해 행정처분에 대한 쟁송이 제기되기 전에는 행해져야 위법성이 치유될 수 있다.

③ 당사자가 신청하는 허가 등을 거부하는 처분을 하면서 당사자가 그 근거를 알 수 있을 정도로 이유를 제시했다면 처분의 근거와 이유를 구체적으로 명시하지 않았더라도 당해 처분이 위법한 것은 아니다.

④ 이유제시에 하자가 있어 당해 처분을 취소하는 판결이 확정된 경우에 처분청이 그 이유제시의 하자를 보완하여 종전의 처분과 동일한 내용의 처분을 하는 것은 종전의 처분과는 별개의 처분을 하는 것이다.

〈정답 ①

③ **직권주의** … 당사자주의에 대응하는 관념으로 본래에는 쟁송절차상 원칙이나 「행정절차법」도 이를 채택하고 있다. 따라서 절차의 진행은 행정청에 맡겨져 있고 결정에 필요한 자료는 행정청 스스로 조사·수집할 수 있다. 다만, 신청에 의한 처분에서는 신청인의 발의에 의해 절차가 개시되고 내용도 신청의 범위에 한정된다.

④ **서면심리주의** … 「행정절차법」은 문서주의 원칙을 취하여 처분은 문서로써 하도록 하고 있다. 또한 처분에 있어 행정실명제를 도입하여 처분청 및 담당자의 소속, 성명과 전화번호를 표기하도록 하고 있다.

⑤ **처분기준의 설정·공표** … 「행정절차법」은 행정청의 자의적인 권한 행사를 방지하고 상대방의 예측가능성을 보장하기 위해 행정청의 처분기준을 설정·공표하도록 하고 있다. 이에 따라 행정청은 처분의 심사에 필요한 기준을 가능한 한 구체적으로 정하여 공표하여야 한다. 다만, 처분기준을 공표하는 것이 현저히 곤란하거나 공공의 안전·복리를 현저히 해하는 경우에는 이를 공표하지 아니할 수 있다. 여기서의 처분기준은 해석규칙 또는 재량준칙 등의 행정규칙에 해당한다. 따라서 그 자체로는 법적 구속력이 없으나 평등의 원칙을 매개로 하여 대외적인 법적 구속력을 가질 수 있다.

⑥ **처분의 이유제시**

㉠ **원칙** : 행정청은 처분을 하고자 하는 때에는 당사자에게 그 근거와 이유를 제시하여야 한다. 이유제시는 기능적인 측면에서 볼 때 자의억제기능 내지는 신중배려확보기능, 행정쟁송제기편의제공기능, 상대방에 대한 설득기능, 결정과정공개기능 등을 들 수 있다.

㉡ **이유제시가 불필요한 경우**
- 신청내용을 모두 그대로 인정하는 처분인 경우
- 단순·반복적인 처분 또는 경미한 처분으로서 당사자가 그 이유를 명백히 알 수 있는 경우
- 긴급히 처분을 할 필요가 있는 경우

㉢ 당사자가 처분 후 제시를 요청하는 경우에는 그 근거와 이유를 제시하여야 한다.

㉣ **이유제시의 정도** : 그 사안에 따라 구체적으로 상세하게 하여야 한다. 판례는 주류제조업취소처분사건에서 이유제시가 불충분한 경우에도 위법성이 인정된다고 한 바 있다.

판례 면허의 취소처분에는 그 근거가 되는 법령이나 취소권 유보의 부관 등을 명시하여야 함은 물론 처분을 받은 자가 어떠한 위반사실에 대하여 당해 처분이 있었는지를 알 수 있을 정도로 사실을 적시할 것을 요하며, 이와 같은 취소처분의 근거와 위반사실의 적시를 빠뜨린 하자는 피처분자가 처분 당시 그 취지를 알고 있었다거나 그후 알게 되었다 하여도 치유될 수 없다고 할 것인바, 세무서장인 피고가 주류도매업자인 원고에 대하여 한 이 사건 일반주류도매업면허취소통지에 "상기 주류도매장은 무면허 주류판매업자에게 주류를 판매하여 주세법 제11조 및 국세법사무처리규정 제26조에 의거 지정조건위반으로 주류판매면허를 취소합니다"라고만 되어 있어서 원고의 영업기간과 거래상대방 등에 비추어 원고가 어떠한 거래행위로 인하여 이 사건 처분을 받았는지 알 수 없게 되어 있다면 이 사건 면허취소처분은 위법하다(대판 1990. 9. 11. 90누1786).

㉤ **이유제시의 하자와 행정행위의 효력** : 전통적인 견해는 이유제시를 행정행위의 성립요건으로 파악하여 이유제시가 없는 경우 무효로 보았으나 판례는 원칙적으로 취소사유로 보고 있다.

⑦ **처분의 방식** … 행정청이 처분을 하는 때에는 특별한 규정이 없는 한 문서로 하여야 한다. 전자문서로 하는 경우에는 당사자의 동의가 있어야 하며, 신속을 요하거나 사안이 경미한 경우에는 구술 기타 방법으로 할 수 있다. 이 경우 당사자의 요청이 있는 때에는 지체 없이 처분에 관한 문서를 교부하여야 한다.

⑧ **처분의 고지** … 행정청이 처분을 하는 때에는 당사자에게 그 처분에 관하여 행정심판 등 불복가능성 여부, 청구절차, 청구기간 등 기타 필요한 사항을 알려야 한다.

⑨ **수익적 처분에 적용되는 규정**

  ㉠ 신청 : 수익적 행정작용에 대해 신청인은 문서로써 신청해야 한다.

  ㉡ 처리기간의 기준 공표 : 수익적 행정작용의 경우 행정청은 국민의 예측가능성과 법적 안정성을 위해 처리기간의 기준을 공표해야 한다.

⑩ **불이익처분에 적용되는 규정**

  ㉠ 처분의 사전통지

   • 행정청이 당사자에게 의무를 과하거나 권익을 침해하는 행정처분을 하는 경우에는 처분의 제목과 내용, 법적 근거, 의견제출기회 기타 필요한 사항을 문서로써 당사자에게 미리 통지하여야 한다.

   • 당사자는 의견제출권을 갖게 되는데 통지를 받는 당사자는 서면, 통신 또는 구술로 의견을 제출할 수 있으며 자신의 주장을 입증하기 위한 증거자료도 제출할 수 있다.

   • 의견이 제출된 경우 행정청은 이를 성실히 고려하여야 한다.

  판례 한편 구 식품위생법(2002. 1. 26. 법률 제6627호로 개정되기 전의 것) 제25조 제2항, 제3항의 각 규정에 의하면, 지방세법에 의한 압류재산 매각절차에 따라 영업시설의 전부를 인수함으로써 그 영업자의 지위를 승계한 자가 관계 행정청에 이를 신고하여 행정청이 이를 수리하는 경우에는 종전의 영업자에 대한 영업허가 등은 그 효력을 잃는다 할 것인데, 위 규정들을 종합하면 위 행정청이 구 식품위생법 규정에 의하여 영업자지위승계신고를 수리하는 처분은 종전의 영업자의 권익을 제한하는 처분이라 할 것이고 따라서 종전의 영업자는 그 처분에 대하여 직접 그 상대가 되는 자에 해당한다고 봄이 상당하므로, 행정청으로서는 위 신고를 수리하는 처분을 함에 있어서 행정절차법 규정 소정의 당사자에 해당하는 종전의 영업자에 대하여 위 규정 소정의 행정절차를 실시하고 처분을 하여야 한다(대판 2003. 2. 14. 2001두7015).

  ㉡ 의견제출

   • 의견제출은 행정청이 일정한 결정을 하기에 앞서 당사자 등에게 의견을 제시할 기회를 주는 절차로서 청문이나 공청회에 해당하지 아니하는 약식절차를 말한다.

   • 서면 · 구술 또는 정보통신망을 이용하여 의견제출을 한다.

   • 청문 및 공청회는 법이 규정하고 있는 경우에만 실시하도록 되어 있으나 의견제출은 불이익처분의 경우 일반적으로 인정된다.

⑪ **청문**

  ㉠ 의의 : 청문은 행정청이 결정을 하기에 앞서 그 결정의 당사자 또는 이해관계인으로 하여금 자기에게 유리한 증거를 제출하고 의견을 진술할 수 있게 하는, 불이익처분에 관한 절차 가운데 가장 공식적인 절차이다. 청문은 법령 등에서 청문의 실시를 규정하고 있는 경우와 행정청이 필요하다고 인정하는 경우에 실시한다.

기출PLUS

기출 2018. 6. 23. 제2회 서울특별시

「**행정절차법**」상 처분의 사전통지 혹은 의견제출의 기회를 부여할 사항이 아닌 것은?

① 공무원시보임용이 무효임을 이유로 정규임용을 취소하는 경우

② 공사중지명령을 하기 전에 사전통지를 하게 되면 많은 액수의 보상금을 기대하여 공사를 강행할 우려가 있는 경우

③ 수익적 처분을 바라는 신청에 대한 거부처분

④ 무단으로 용도 변경된 건물에 대해 건물주에게 시정명령이 있을 것과 불이행시 이행강제금이 부과될 것이라는 점을 설명한 후, 다음날 시정명령을 한 경우

기출 2018. 4. 7. 인사혁신처

「**행정절차법**」상 행정절차에 대한 설명으로 옳지 않은 것은?

① 단순 · 반복적인 처분 또는 경미한 처분으로서 당사자가 그 이유를 명백히 알 수 있는 경우라 하더라도 처분 후 당사자가 요청하는 경우에는 행정청은 그 근거와 이유를 제시하여야 한다.

② 행정청이 당사자에게 의무를 과하거나 권익을 제한하는 처분을 하는 경우라도 당사자가 명백히 의견진술의 기회를 포기한다는 뜻을 표시한 경우에는 의견청취를 하지 않을 수 있다.

③ 행정청은 대통령령을 입법예고하는 경우에는 이를 국회 소관 상임위원회에 제출하여야 한다.

④ 인허가 등의 취소 또는 신분 · 자격의 박탈, 법인이나 조합 등의 설립허가의 취소 시 의견제출기한 내에 당사자등의 신청이 있는 경우에 공청회를 개최한다.

◀ 정답 ③, ④

기출PLUS

기출 2016. 6. 18. 제1회 지방직

「행정절차법」상 행정절차에 대한 설명으로 옳지 않은 것은?

① 말로 행정지도를 하는 자는 상대방이 그 행정지도의 취지 및 내용과 행정지도를 하는 자의 신분을 적은 서면의 교부를 요구하는 경우에 직무수행에 특별한 지장이 없으면 이를 교부하여야 한다.

② 행정청은 부득이한 사유로 공표한 처리기간 내에 처분을 처리하기 곤란한 경우에는 해당 처분의 처리기간의 범위에서 한 번만 그 기간을 연장할 수 있다.

③ 정보통신망을 이용한 공청회(전자공청회)는 공청회를 실시할 수 없는 불가피한 상황에서만 실시할 수 있다.

④ 청문은 원칙적으로 당사자가 공개를 신청하거나 청문주재자가 필요하다고 인정하는 경우 공개할 수 있다.

＜정답 ③

ⓛ 청문주재자 : 청문의 주재자는 행정청의 소속 직원 또는 대통령령이 정하는 자 중에서 행정청이 선정한다. 청문주재자는 독립하여 직무를 수행하며 청문을 진행한다. 청문주재자의 제척·기피·회피제도도 인정된다.

ⓒ 청문의 공개 : 청문은 당사자의 공개신청이 있거나 청문주재자가 필요하다고 인정하는 경우 이를 공개할 수 있다. 다만, 공익 또는 제3자의 정당한 이익을 현저히 해할 우려가 있는 경우에는 공개하지 않는다.

ⓡ 청문의 진행

• 청문은 당사자 등의 의견진술, 증거제출, 질문과 답변 등에 의해 진행된다.

• 청문주재자는 신청 또는 직권에 의하여 필요한 증거를 조사할 수 있다.

• 행정청은 직권 또는 당사자의 신청에 의하여 수개의 사안을 병합하거나 분리하여 청문을 실시할 수 있다.

ⓜ 청문결과의 반영 : 청문이 끝나면 행정청은 청문조서를 검토하고 상당한 이유가 있는 경우에는 그 결과를 적극 반영하여야 한다.

ⓗ 청문절차의 하자 : 법령이 청문절차를 규정하고 있는 경우 이를 행하지 않고 과하는 처분은 하자있는 행정행위로 취소소송의 대상이 된다. 그러나 관계법령이 청문절차를 규정하지 않은 경우에는 청문을 거치지 않고 처분을 해도 위법한 것이 아니다(통설·판례). 행정청이 청문에 관한 문서의 도달기간을 다소 어겼다 하더라도 영업자가 이에 대하여 이의를 제기하지 아니한 채 스스로 청문에 출석하여 그 의견을 진술하고 변명하였다면 그 하자는 치유되었다고 봄이 상당하다.

⑫ **공청회**

ⓐ **의의** : 특정 사항에 대하여 발표자와 이해관계인들이 서로 질문과 답변을 하여 행정결정을 위해 필요한 의사를 형성하는 절차를 말한다. 청문과는 달리 공청사항에 대하여 이해관계가 없는 사람도 참가할 수 있다. 그 사항은 중요한 국가시책, 국토계획, 입법안 등 광범위하다. 이를 통해 행정청은 다수의 의견을 수렴하고 사전적으로 이해관계를 조정할 수 있다.

ⓑ **실시사유** : 행정청이 처분을 함에 있어서 다른 법령에 공청회를 개최하도록 규정하고 있는 경우와 당해 처분의 영향이 광범위하여 널리 의견을 수렴할 필요가 있다고 인정되는 경우에는 공청회를 개최한다.

ⓒ **공청회의 개최** : 행정청은 공청회 개최 14일 전까지 제목, 일시, 장소, 주요 내용, 발표자 기타 필요한 사항을 당사자 등에게 통지하고 관보 또는 일간신문 등에 널리 공고하여야 한다.

ⓓ **공청회의 진행** : 공청회의 주재자는 공정하게 진행을 하여야 하며 발표자의 발표, 상호 간의 질의, 답변, 방청인의 의견제시 등에 의해 진행된다.

ⓔ **공청회 결과의 반영** : 행정기관은 공청회에서 제시된 의견을 성실히 반영하여야 한다.

(4) 신고

① 신고란 행정청에 대하여 일정한 사항을 통지하는 행위로서 법령 등이 정하는 바에 따라 당해 통지가 의무로 되어 있는 작용을 말한다.

② 사인의 신고의무.는 형식상의 요건이 충족되어 있는 한 그 신고서가 행정청에 도달한 때에 이행된 것으로 보며 별도의 행정청의 수리행위를 요건으로 하지 않는다. 즉, 「행정절차법」상의 신고는 본래적 의미의 신고를 뜻한다.

(5) 행정상 입법예고

① **의의** … 국민의 일상생활과 밀접하게 관련되는 법령안의 내용을 국민들에게 미리 알림으로써 국민들의 참여기회를 보장하여 입법과정의 민주화를 확보하기 위한 절차를 말한다.

② **내용** … 법령등을 제정, 개정 또는 폐지하려는 경우에는 해당 입법안을 마련한 행정청은 이를 예고해야함이 원칙이다. 그러나 입법이 긴급을 요하는 경우, 상위법령등의 단순한 집행에 불과한 경우, 입법내용이 국민의 권리, 의무 또는 일상생활과 관련이 없는 경우에는 예외적으로 예고를 하지 않을 수 있다.

③ **방식** … 소관 행정청은 입법의 취지, 주요 내용 또는 전문을 관보 또는 신문·방송 등을 통해 공고한다. 예고기간은 특별한 사정이 없는 한 40일 이상 행한다(자치법규는 20일).

④ **의견제출** … 입법안에 대해서는 누구든지 의견을 제출할 수 있고 행정청이 필요하다고 인정할 때에는 공청회를 개최할 수 있다.

(6) 행정예고

① 행정에 대한 예측가능성 및 국민의 행정에의 참여, 행정시책에 대한 이해 도모를 위해 국민생활에 중요한 일정한 행정시책에 대해서는 이를 미리 예고하도록 하고 있다. 예고의 방법과 의견제출 및 처리, 공청회 등은 행정상 입법예고에 관한 규정이 준용된다.

② 행정예고기간은 예고내용의 성격 등을 고려하여 정하되, 특별한 사정이 없는 한 20일 이상으로 한다.

(7) 행정지도

① **의의** … 행정주체가 조언·권고 등의 방법으로 국민이나 기타 관계자의 행동을 유도하여 그 의도하는 바를 실현하기 위하여 행하는 비권력적 사실행위를 말한다.

② **원칙**
  ㉠ 목적 달성에 필요한 최소한도에 그쳐야 한다.
  ㉡ 상대방의 의사에 반하여 부당하게 강요하여서는 아니된다.
  ㉢ 행정기관은 상대방이 행정지도에 따르지 아니하였다는 것을 이유로 불이익한 조치를 하여서는 아니된다.

③ **방식** … 행정지도를 행하는 자는 그 상대방에게 당해 행정지도의 취지, 내용 및 신분을 밝혀야 한다. 상대방이 행정지도의 서면의 교부를 요구하는 때에는 당해 행정지도를 행하는 자는 직무수행에 특별한 지장이 없는 한 이를 교부하여야 한다.

기출PLUS

기출 2017. 12. 16. 지방직 추가선발

다음은 「행정절차법」상 기간과 관련된 규정을 정리한 것이다. ㉠ ~ ㉣에 들어갈 기간을 바르게 나열한 것은?

─ 보기 ─
• 행정청은 공청회를 개최하려는 경우에는 공청회 개최 (㉠)일 전까지 제목, 일시 및 장소 등을 당사자 등에게 통지하고 관보, 공보, 인터넷 홈페이지 또는 일간신문 등에 공고하는 등의 방법으로 널리 알려야 한다.
• 입법예고기간은 예고할 때 정하되, 특별한 사정이 없으면 (㉡)일 (자치법규는 (㉢)일) 이상으로 한다.
• 행정예고기간은 예고 내용의 성격 등을 고려하여 정하되, 특별한 사정이 없으면 (㉣)일 이상으로 한다.

	㉠	㉡	㉢	㉣
①	10	40	30	30
②	14	30	20	20
③	14	40	20	20
④	15	30	20	30

기출 2020. 6. 20. 소방공무원

다음 설명 중 옳지 않은 것은? (다툼이 있는 경우 판례에 의함)

① 일정한 행정목적을 실현하기 위하여 상대방인 국민에게 임의적인 협력을 요청하는 비권력적 사실행위를 행정지도라 한다.

② 행정지도를 하는 자는 그 상대방에게 그 행정지도의 취지 및 내용을 밝혀야 하지만 신분은 생략할 수 있다.

③ 상대방의 의사에 반하여 부당하게 강요하는 행정지도는 위법하다.

④ 행정지도에는 법률의 근거가 필요하지 않다는 것이 판례의 태도이다.

◀정답 ③, ②

④ **의견제출** … 상대방은 당해 행정지도의 방식, 내용 등에 관하여 행정기관에 의견을 제출할 수 있다.

⑤ **다수인을 대상으로 하는 행정지도** … 특별한 사정이 없는 한 행정지도에 공통적인 내용이 되는 사항을 공표하여야 한다.

(8) 국민참여 확대

① 행정청은 행정과정에 국민참여 확대를 위해 다양한 참여방법, 협력 기회를 제공하도록 노력하여야 한다.

② 행정청은 주요 정책 등에 대하여 전자적 정책토론을 실시할 수 있다.

(9) 절차상의 하자 있는 행정행위의 효력

① **재량행위의 경우** … 행정행위의 하자의 일반론에 따라 절차상 하자 있는 재량처분에 있어서 그 절차상의 하자는 독자적 취소사유가 된다.

② **기속행위의 경우** … 기속행위의 경우에는 그 절차상의 하자를 시정하여 적법한 절차를 거쳐 다시 처분을 하더라도 결국 동일한 처분을 하게 될 것이라는 점에서 그 절차상의 하자가 독자적 취소사유가 될 수 있는가가 문제되고 있다. 이에 적극설과 소극설이 대립하고 있으나 적법한 결정은 적정한 절차에 따라서만 가능하다는 기본 전제에 입각하여 절차상의 하자도 그 자체로 무효나 취소사유가 될 수 있다고 하는 적극설이 통설·판례이다.

> **판례** 과세처분시 납세고지서에 과세표준, 세율, 세액의 계산명세서 등을 첨부하여 고지하도록 한 것은 조세법률주의의 원칙에 따라 처분청으로 하여금 자의를 배제하고 신중하고도 합리적인 처분을 행하게 함으로써 조세행정의 공정성을 기함과 동시에 납세의무자에게 부과처분의 내용을 상세히 알려서 불복여부의 결정 및 그 불복신청에 편의를 주려는 취지에서 나온 것이므로 이러한 규정은 강행규정으로서 납세고지서에 위와 같은 기재가 누락되면 과세처분 자체가 위법하여 취소대상이 된다(대판 1983. 7. 26. 82누420).

section 3 인·허가 의제제도

(1) 의의

복잡한 민원관계를 단순화하고 행정효율을 위해 하나의 인·허가를 받으면 다른 법령에서 요구하는 인·허가를 받은 것으로 취급해주는 것을 의미한다. 이 경우 당사자가 신청한 인·허가의 처분청이 주무행정청이 되고 의제되는 인·허가의 행정청은 관계행정청이 된다.

(2) 인·허가 절차

① 인·허가의 대상 … 이 경우 신청하고자 하는 인가나 허가 등을 규율하는 관계 법령에서 해당 요건을 충족하면 다른 법령에서 요구되는 요건도 자동으로 충족하여 인·허가를 의제한다는 내용의 법령이 규율되어 있다. 이에 당사자는 주된 인·허가의 요건을 충족하여 주무행정청에 인·허가의 신청을 해야 한다.

② 절차의 집중 … 규제완화 및 행정절차의 간소화라는 인·허가 의제제도의 취지를 고려하여 판례는 주된 인·허가의 요건을 구비하고 그 절차를 거쳤다면 의제되는 인·허가의 절차는 새롭게 요구되지 않는다는 입장이다.

> **판례** 건설부장관이 구 주택건설촉진법(1991.3.8. 법률 제4339호로 개정되기전의 것) 제33조에 따라 관계기관의 장과의 협의를 거쳐 사업계획승인을 한 이상 같은 조 제4항의 허가·인가·결정·승인 등이 있는 것으로 볼 것이고, 그 절차와 별도로 도시계획법 제12조 등 소정의 중앙도시계획위원회의 의결이나 주민의 의견청취 등 절차를 거칠 필요는 없다(대판 1992. 11. 10. 92누1162).

(3) 인·허가 심사

인·허가의 절차가 하나로 통합되어 간소화될 수 있더라도, 각각의 인·허가가 요구하는 요건과 심사기준은 관계행정청에 의하여 다시 심사될 수 있는 것이고 이 때 의제되는 인·허가의 요건을 만족하지 못한다면 주된 인·허가의 거부사유가 될 수 있다.

(4) 인·허가에 대한 불복

주된 인·허가의 요건을 이유로 거부처분이 내려지는 경우 주된 인·허가를 불복의 대상으로 삼아야 함은 당연하다. 한편 의제되는 인·허가의 요건미비로 주된 인·허가의 신청을 거부하는 경우, 당사자는 주된 인·허가의 거부처분을 상대로 항고소송을 제기하고 그 소송에서 의제되는 인·허가의 거부이유를 위법성의 이유로 주장할 수 있다.

> **판례** 구 「주택법」(2016. 1. 19. 법률 제13805호로 전부 개정되기 전의 것) 제17조 제1항에 따르면, 주택건설사업계획 승인권자가 관계 행정청의 장과 미리 협의한 사항에 한하여 승인처분을 할 때에 인·허가 등이 의제될 뿐이고, 각호에 열거된 모든 인·허가 등에 관하여 일괄하여 사전협의를 거칠 것을 주택건설사업계획 승인처분의 요건으로 규정하고 있지 않다. 따라서 인·허가 의제 대상이 되는 처분에 어떤 하자가 있더라도, 그로써 해당 인·허가 의제의 효과가 발생하지 않을 여지가 있게 될 뿐이고, 그러한 사정이 주택건설사업계획 승인처분 자체의 위법사유가 될 수는 없다. 또한 의제된 인·허가는 통상적인 인허가와 동일한 효력을 가지므로, 적어도 '부분 인허가 의제'가 허용되는 경우에는 그 효력을 제거하기 위한 법적 수단으로 의제된 인·허가의 취소나 철회가 허용될 수 있고, 이러한 직권 취소·철회가 가능한 이상 그 의제된 인·허가에 대한 쟁송취소 역시 허용된다. 따라서 주택건설사업계획 승인처분에 따라 의제된 인·허가가 위법함을 다투고자 하는 이해관계인은, 주택건설사업계획 승인처분의 취소를 구할 것이 아니라 의제된 인·허가의 취소를 구하여야 하며, 의제된 인·허가는 주택건설사업계획 승인처분과 별도로 항고소송의 대상이 되는 처분에 해당한다(대판 2018. 11. 29., 2016두38792).

기출PLUS

📢 **TIP**

제29조(다른 법률에 따른 인·허가등의 의제)
① 도로관리청이 제25조에 따라 도로구역을 결정 하거나 변경하면 다음 각 호의 인·허가 등에 관하여 제2항에 따라 관계 행정기관의 장과 협의한 사항은 해당 인·허가등을 받은 것으로 보며, 도로구역의 결정·변경을 고시하면 해당 인·허가 등을 고시하거나 공고한 것으로 본다.

기출 2021. 4. 17. 인사혁신처

인·허가 의제에 대한 설명으로 옳지 않은 것은? (다툼이 있는 경우 판례에 의함)

① 주택건설사업계획 승인권자가 구 「주택법」에 따라 도시·군관리계획 결정권자와 협의를 거쳐 관계 주택건설사업계획을 승인하면 도시·군관리계획결정이 이루어진 것으로 의제되고, 이러한 협의 절차와 별도로 「국토의 계획 및 이용에 관한 법률」등에서 정한 도시·군관리계획 입안을 위한 주민 의견청취 절차를 거칠 필요는 없다.

② 건축물의 건축이 「국토의 계획 및 이용에 관한 법률」상 개발행위에 해당할 경우 그 건축의 허가권자는 국토계획법령의 개발행위허가기준을 확인하여야 하므로, 국토계획법상 건축물의 건축에 관한 개발행위허가가 의제되는 건축허가신청이 국토계획법령이 정한 개발행위허가기준에 부합하지 아니하면 허가권자로서는 이를 거부할 수 있다.

③ 「건축법」에서 관련 인·허가 의제 제도를 둔 취지는 인·허가 의제사항 관련 법률에 따른 각각의 인·허가 요건에 관한 일체의 심사를 배제하려는 것이 아니다.

④ 주택건설사업계획 승인처분에 따라 의제된 인·허가가 위법함을 다투고자 하는 이해관계인은, 주택건설사업계획 승인처분의 취소를 구해야지 의제된 인·허가의 취소를 구해서는 아니되며, 의제된 인·허가는 주택건설사업계획 승인처분과 별도로 항고소송의 대상이 되는 처분에 해당하지 않는다.

◀정답 ④

2021년 소방공무원

1 「행정절차법」에 대한 설명으로 옳지 않은 것은?

① 공청회는 다른 법령 등에서 공청회를 개최하도록 규정하고 있는 경우 또는 당해 처분의 영향이 광범위하여 널리 의견을 수렴할 필요가 있다고 행정청이 인정하는 경우에 개최된다.

② 행정응원을 위하여 파견된 직원은 당해 직원의 복무에 관하여 다른 법령 등에 특별한 규정이 없는 한, 응원을 요청한 행정청의 지휘·감독을 받는다.

③ 행정응원에 소요되는 비용은 응원을 요청한 행정청이 부담하며, 그 부담금액 및 부담방법은 응원을 행하는 행정청의 결정에 의한다.

④ 송달이 불가능하여 관보, 공보 등에 공고한 경우에는 다른 법령 등에 특별한 규정이 있는 경우를 제외하고 공고일부터 14일이 경과한 때에 그 효력이 발생한다. 다만, 긴급히 시행하여야 할 특별한 사유가 있어 효력발생 시기를 달리 정해 공고한 경우에는 그에 따른다.

TIPS!

③ 행정응원에 드는 비용은 응원을 요청한 행정청이 부담하며, 그 부담금액 및 부담방법은 응원을 요청한 행정청과 응원을 하는 행정청이 협의하여 결정한다〈동법 제8조(행정응원) 제6항〉.

① 행정청이 처분을 할 때 다음 각 호의 어느 하나에 해당하는 경우에는 공청회를 개최한다〈「행정절차법」 제22조(의견청취) 제2항〉.
   1. 다른 법령등에서 공청회를 개최하도록 규정하고 있는 경우
   2. 해당 처분의 영향이 광범위하여 널리 의견을 수렴할 필요가 있다고 행정청이 인정하는 경우
   3. 국민생활에 큰 영향을 미치는 처분으로서 대통령령으로 정하는 처분에 대하여 대통령령으로 정하는 수 이상의 당사자등이 공청회 개최를 요구하는 경우

② 행정응원을 위하여 파견된 직원은 응원을 요청한 행정청의 지휘·감독을 받는다. 다만, 해당 직원의 복무에 관하여 다른 법령등에 특별한 규정이 있는 경우에는 그에 따른다〈동법 제8조(행정응원) 제5항〉.

④ 제14조 제4항의 경우에는 다른 법령등에 특별한 규정이 있는 경우를 제외하고는 공고일부터 14일이 지난 때에 그 효력이 발생한다. 다만, 긴급히 시행하여야 할 특별한 사유가 있어 효력 발생 시기를 달리 정하여 공고한 경우에는 그에 따른다〈동법 제15조(송달의 효력 발생) 제3항〉.

Answer 1.③

2 인·허가 의제에 대한 설명으로 옳지 않은 것은? (다툼이 있는 경우 판례에 의함)

① 주택건설사업계획 승인권자가 구「주택법」에 따라 도시·군관리계획 결정권자와 협의를 거쳐 관계 주택건설사업계획을 승인하면 도시·군관리계획결정이 이루어진 것으로 의제되고, 이러한 협의 절차와 별도로 「국토의 계획 및 이용에 관한 법률」 등에서 정한 도시·군관리계획 입안을 위한 주민 의견청취 절차를 거칠 필요는 없다.

② 건축물의 건축이 「국토의 계획 및 이용에 관한 법률」상 개발행위에 해당할 경우 그 건축의 허가권자는 국토계획법령의 개발행위허가기준을 확인하여야 하므로, 국토계획법상 건축물의 건축에 관한 개발행위허가가 의제되는 건축허가신청이 국토계획법령이 정한 개발행위허가기준에 부합하지 아니하면 허가권자로서는 이를 거부할 수 있다.

③ 「건축법」에서 관련 인·허가 의제 제도를 둔 취지는 인·허가 의제사항 관련 법률에 따른 각각의 인·허가 요건에 관한 일체의 심사를 배제하려는 것이 아니다.

④ 주택건설사업계획 승인처분에 따라 의제된 인·허가가 위법함을 다투고자 하는 이해관계인은, 주택건설사업계획 승인처분의 취소를 구해야지 의제된 인·허가의 취소를 구해서는 아니되며, 의제된 인·허가는 주택건설사업계획 승인처분과 별도로 항고소송의 대상이 되는 처분에 해당하지 않는다.

> **TIPS!**
>
> ④ 구 주택법(2016. 1. 19. 법률 제13805호로 전부 개정되기 전의 것) 제17조 제1항에 따르면, 주택건설사업계획 승인권자가 관계 행정청의 장과 미리 협의한 사항에 한하여 승인처분을 할 때에 인허가 등이 의제될 뿐이고, 각호에 열거된 모든 인허가 등에 관하여 일괄하여 사전협의를 거칠 것을 주택건설사업계획 승인처분의 요건으로 규정하고 있지 않다. 따라서 인허가 의제 대상이 되는 처분에 어떤 하자가 있더라도, 그로써 해당 인허가 의제의 효과가 발생하지 않을 여지가 있게 될 뿐이고, 그러한 사정이 주택건설사업계획 승인처분 자체의 위법사유가 될 수는 없다. 또한 의제된 인허가는 통상적인 인허가와 동일한 효력을 가지므로, 적어도 '부분 인허가 의제'가 허용되는 경우에는 그 효력을 제거하기 위한 법적 수단으로 의제된 인허가의 취소나 철회가 허용될 수 있고, 이러한 직권 취소·철회가 가능한 이상 그 의제된 인허가에 대한 쟁송취소 역시 허용된다. 따라서 주택건설사업계획 승인처분에 따라 의제된 인허가가 위법함을 다투고자 하는 이해관계인은, 주택건설사업계획 승인처분의 취소를 구할 것이 아니라 의제된 인허가의 취소를 구하여야 하며, <u>의제된 인허가는 주택건설사업계획 승인처분과 별도로 항고소송의 대상이 되는 처분에 해당한다</u>(대법원 2018. 11. 29. 선고 2016두38792 판결).

Answer 2.④

2020년 소방공무원

3 「행정절차법」상 행정절차에 대한 설명으로 옳은 것은?

① 행정청은 처분을 할 때 필요하다고 인정하는 경우에 청문을 할 수 있다.

② 행정청은 해당 처분의 영향이 광범위하여 널리 의견을 수렴할 필요가 있다고 인정하는 경우에 청문을 실시할 수 있다.

③ 행정청이 당사자에게 의무를 부과하거나 권익을 제한하는 처분을 함에 있어 청문이나 공청회를 거치지 않은 경우에는 당사자에게 의견제출의 기회를 주어야 한다.

④ 행정청이 처분을 할 때에는 긴급히 처분을 할 경우를 제외하고는 모든 경우에 있어 당사자에게 그 근거와 이유를 제시하여야 한다.

> **TIPS!**
>
> 행정절차법
> ①②[X] 제22조(의견청취) ①행정청이 처분을 할 때 다음 각 호의 어느 하나에 해당하는 경우에는 <u>청문을 한다.</u>
>   1. 다른 법령등에서 청문을 하도록 규정하고 있는 경우
>   2. <u>행정청이 필요하다고 인정하는 경우</u>
>   3. 다음 각 목의 처분 시 제21조 제1항 제6호에 따른 의견제출기한 내에 당사자등의 신청이 있는 경우
>   가. 인허가 등의 취소
>   나. 신분 · 자격의 박탈
>   다. 법인이나 조합 등의 설립허가의 취소
> ③ [O] 제22조(의견청취) ③행정청이 당사자에게 의무를 부과하거나 권익을 제한하는 처분을 할 때 제1항 또는 제2항의 경우 외에는 <u>당사자등에게 의견제출의 기회를 주어야 한다.</u>
> ④ [X] 제23조(처분의 이유 제시) ①행정청은 처분을 할 때에는 다음 각 호의 어느 하나에 해당하는 경우를 제외하고는 <u>당사자에게 그 근거와 이유를 제시하여야 한다.</u>
>   1. 신청 내용을 모두 그대로 인정하는 처분인 경우
>   2. 단순 · 반복적인 처분 또는 경미한 처분으로서 당사자가 그 이유를 명백히 알 수 있는 경우
>   3. 긴급히 처분을 할 필요가 있는 경우

2020년 소방공무원

4 행정지도에 대한 내용으로 옳지 않은 것은?

① 행정기관은 상대방이 행정지도에 따르지 아니하였다는 이유로 불이익 조치를 하여서는 아니 된다.

② 행정절차에 소요되는 비용은 원칙적으로 행정청이 부담하도록 규정되어 있다.

③ 행정지도의 상대방은 당해 행정지도의 방식 · 내용 등에 관하여 행정기관에 의견을 제출할 수 없다.

④ 행정지도는 그 목적달성에 필요한 최소한도에 그쳐야 한다.

Answer 3.③ 4.③

행정절차법

①④ [O] 제48조(행정지도의 원칙) ① 행정지도는 그 목적 달성에 필요한 최소한도에 그쳐야 하며, 행정지도의 상대방의 의사에 반하여 부당하게 강요하여서는 아니 된다.

② 행정기관은 행정지도의 상대방이 행정지도에 따르지 아니하였다는 것을 이유로 불이익한 조치를 하여서는 아니 된다.

② [O] 제54조(비용의 부담) 행정절차에 드는 비용은 행정청이 부담한다. 다만, 당사자등이 자기를 위하여 스스로 지출한 비용은 그러하지 아니하다.

③ [X] 제50조(의견제출) 행정지도의 상대방은 해당 행정지도의 방식·내용 등에 관하여 행정기관에 의견제출을 할 수 있다.

2018년 소방공무원

5 「행정절차법」상 행정상 입법예고를 하지 않아도 되는 사유에 해당하지 않는 것은?

① 법령 등을 제정·개정 또는 폐지하려는 경우

② 상위 법령 등의 단순한 집행을 위한 경우

③ 입법내용이 국민의 권리·의무 또는 일상생활과 관련이 없는 경우

④ 신속한 국민의 권리 보호 또는 예측 곤란한 특별한 사정의 발생 등으로 입법이 긴급을 요하는 경우

행정절차법

① [X] ②③④[O] 제41조(행정상 입법예고) ①법령등을 제정·개정 또는 폐지(이하 "입법"이라 한다)하려는 경우에는 해당 입법안을 마련한 행정청은 이를 예고하여야 한다. 다만, 다음 각 호의 어느 하나에 해당하는 경우에는 예고를 하지 아니할 수 있다.

1. 신속한 국민의 권리 보호 또는 예측 곤란한 특별한 사정의 발생 등으로 입법이 긴급을 요하는 경우

2. 상위 법령등의 단순한 집행을 위한 경우

3. 입법내용이 국민의 권리·의무 또는 일상생활과 관련이 없는 경우

---

6 우리나라의 「행정절차법」이 규정하고 있는 것이 아닌 것은?

① 처분절차

② 행정예고절차

③ 행정계획절차

④ 행정지도절차

③ 「행정절차법」 제3조(적용 범위) 제1항 … 처분, 신고, 행정상 입법예고, 행정예고 및 행정지도의 절차에 관하여 다른 법률에 특별한 규정이 있는 경우를 제외하고는 이 법에서 정하는 바에 따른다.

Answer 5.① 6.③

7 절차상 하자에 대한 설명으로 옳지 않은 것은? (다툼이 있는 경우 판례에 의함)

① 구 「학교보건법」상 학교환경위생정화구역에서의 금지행위 및 시설의 해제 여부에 관한 행정처분을 하면서 학교환경위생정화위원회의 심의를 누락한 흠은 행정처분을 위법하게 하는 취소사유가 된다.

② 다른 법령 등에서 청문절차를 거치도록 규정하고 있지 않은 경우에는 원칙적으로 청문을 거치지 않고 다른 의견청취절차만 거치더라도 위법하지 않다.

③ 대법원은 청문통지서가 반송되었거나, 행정처분의 상대방이 청문일시에 불출석했다는 이유로 청문을 실시하지 않을 경우에도 위법하지 않다고 보는 입장이다.

④ 대법원은 신청에 대한 거부처분은 「행정절차법」상의 사전통지의 대상이 되는 '당사자의 권익을 제한하는 처분'에 해당하지 않는다는 입장이다.

> **TIPS!**
>
> ③ 「행정절차법」제21조 제4항 제3호는 침해적 행정처분을 할 경우 청문을 실시하지 않을 수 있는 사유로서 "당해 처분의 성질상 의견청취가 현저히 곤란하거나 명백히 불필요하다고 인정될 만한 상당한 이유가 있는 경우"를 규정하고 있으나, 여기에서 말하는 '의견청취가 현저히 곤란하거나 명백히 불필요하다고 인정될 만한 상당한 이유가 있는지 여부'는 당해 행정처분의 성질에 비추어 판단하여야 하는 것이지, 청문통지서의 반송 여부, 청문통지의 방법 등에 의하여 판단할 것은 아니며, 또한 행정처분의 상대방이 통지된 청문일시에 불출석하였다는 이유만으로 행정청이 관계 법령상 그 실시가 요구되는 청문을 실시하지 아니한 채 침해적 행정처분을 할 수는 없을 것이므로, 행정처분의 상대방에 대한 청문통지서가 반송되었거나, 행정처분의 상대방이 청문일시에 불출석하였다는 이유로 청문을 실시하지 아니하고 한 침해적 행정처분은 위법하다(대판 2001. 4. 13, 2000두3337).

8 현행 「행정절차법」에 관한 설명으로 옳지 않은 것은?

① 행정절차에 관한 일반법으로서의 성격을 가진다.

② 행정절차법은 순수한 절차규정만으로 이루어져 있다.

③ 행정계획절차에 관해서는 별도의 규정이 없다.

④ 국회 또는 지방의회의 의결, 동의, 승인을 얻어 행하는 사항에 대하여는 적용되지 아니한다.

> **TIPS!**
>
> ② 우리나라 행정절차법은 거의 대부분 절차에 관한 규정으로 이루어져 있으나 신뢰보호의 원칙 등 일부 실체적 규정도 있다.

Answer 7.③ 8.②

9 행정절차와 관련한 판례의 입장으로 옳은 것은?

① 행정청이 구 「관광진흥법」의 규정에 의하여 유원시설업자 지위승계신고를 수리하는 처분을 하는 경우, 종전 유원시설업자에 대하여는 「행정절차법」상 처분의 사전통지절차를 거칠 필요가 없다.

② 불이익처분을 하면서 행정청과 당사자 사이의 합의에 의해 청문절차를 배제하기로 하였더라도 청문을 실시하지 않아도 되는 예외사유에 해당하지 아니한다.

③ 부과처분에 앞서 보낸 과세예고통지서에 납세고지서의 필요적 기재사항이 제대로 기재되어 있었더라도, 납세고지서에 그 기재사항의 일부가 누락되었다면 이유제시의 하자는 치유의 대상이 될 수 없다.

④ 「도로법」제25조 제3항에 의한 도로구역변경고시의 경우는 「행정절차법」상 사전통지나 의견청취의 대상이 되는 처분에 해당한다.

 TIPS!

② 행정청이 당사자와 사이에 도시계획사업의 시행과 관련한 협약을 체결하면서 관계 법령 및 행정절차법에 규정된 청문의 실시 등 의견청취절차를 배제하는 조항을 둔 경우, 청문 예외사유에 해당하지 않는다. 행정청이 당사자와 사이에 도시계획사업의 시행과 관련한 협약을 체결하면서 관계 법령 및 행정절차법에 규정된 청문의 실시 등 의견청취절차를 배제하는 조항을 두었다고 하더라도, 국민의 행정참여를 도모함으로써 행정의 공정성·투명성 및 신뢰성을 확보하고 국민의 권익을 보호한다는 행정절차법의 목적 및 청문제도의 취지 등에 비추어 볼 때, 위와 같은 협약의 체결로 청문의 실시에 관한 규정의 적용을 배제할 수 있다고 볼 만한 법령상의 규정이 없는 한, 이러한 협약이 체결되었다고 하여 청문의 실시에 관한 규정의 적용이 배제된다거나 청문을 실시하지 않아도 되는 예외적인 경우에 해당한다고 할 수 없다(대판 2004. 7. 8, 2002두8350).

10 현행 「행정절차법」에서 규정하는 것이 아닌 것은?

① 처분의 처리기간의 설정·공표

② 신의성실 및 신뢰보호

③ 행정계획 설립에 있어 이해관계인의 의견제출

④ 처분실명제

TIPS!

③ 현행 행정절차법은 행정계획에 관해 규정하고 있지 않다.

Answer 9.② 10.③

11 「행정절차법」상 행정지도절차에 관한 내용으로 옳지 않은 것은?

① 행정기관이 동일한 행정목적의 실현을 위하여 다수의 상대방에게 행정지도를 하고자 할 때에는 행정지도에 공통적인 내용이 되는 사항을 공표하는 것이 원칙이다.

② 행정기관은 행정지도의 상대방이 당해 행정지도에 따르지 아니한 경우 최소한의 범위 내에서 불이익한 조치를 할 수 있다.

③ 행정지도는 그 상대방의 의사에 반하여 부당하게 강요해서는 안된다.

④ 행정지도를 행하는 자는 그 상대방에게 당해 행정지도의 취지, 내용 및 신분을 밝혀야 한다.

> **TIPS!**
> ② 행정기관은 행정지도의 상대방이 행정지도에 따르지 아니하였다는 것을 이유로 불이익한 조치를 하여서는 아니된다〈행정절차법 제48조 제2항〉. 따라서 최소한의 불이익한 조치도 취해서는 아니된다.

12 다음 중 행정절차를 인정하는 의의로 옳지 않은 것은?

① 행정의 민주화 ② 행정작용의 적정화

③ 행정의 능률화 ④ 사후적 권익 구제

> **TIPS!**
> ④ 행정절차는 행정작용으로 인한 권익 침해를 미연에 방지하고 사후구제로 인한 시간과 비용을 절약하는 효과가 있다. 따라서 사전적으로 권익을 구제할 수 있다.

13 다음 중 우리나라 「행정절차법」이 규정하고 있는 것을 모두 고르면?

> ㉠ 행정상 입법예고절차   ㉡ 행정응원절차
> ㉢ 행정지도절차   ㉣ 행정예고절차
> ㉤ 행정조사절차   ㉥ 행정계획확정절차

① ㉠㉡㉢㉣ ② ㉠㉡㉣㉤

③ ㉠㉢㉣㉤ ④ ㉠㉢㉤㉥

> **TIPS!**
> ① 우리나라 행정절차법에는 행정계획확정절차·행정조사절차 등이 규정되어 있지 않으며, 처분·신고·행정상 입법예고·행정예고 및 행정지도의 절차에 관하여는 행정절차법 제3조 제1항에, 행정응원절차는 동법 제8조 제1항에 제시되어 있다.

Answer 11.② 12.④ 13.①

14 행정처분시 행정청이 이유를 제시하지 않아도 되는 것으로 규정된 것이 아닌 것은?

① 단순 · 반복적인 처분
② 긴급을 요하는 처분
③ 공익과 관련 있는 처분
④ 신청내용을 모두 그대로 인정하는 처분

> **TIPS!**
> 이유제시가 불필요한 경우〈행정절차법 제23조〉
> ㉠ 신청내용을 모두 그대로 인정하는 처분인 경우
> ㉡ 단순 · 반복적인 처분 또는 경미한 처분으로서 당사자가 그 이유를 명백히 알 수 있는 경우
> ㉢ 긴급을 요하는 경우

15 다음 중 청문과 공청회에 관한 설명으로 옳지 않은 것은?

① 청문과 공청회는 다른 법령에 규정이 있거나 행정청이 필요하다고 인정하는 경우에 개최한다.
② 청문은 당사자 외에 관보나 신문 · 방송 등을 통해 널리 알려야 한다.
③ 청문은 이해관계자의 자기변명기회나 공청회는 국민생활에 중요한 사항을 결정하기 위해 널리 의견을 구하는 절차이다.
④ 법령에 규정이 없는 경우에는 이를 행하지 않아도 절차상의 하자에 해당하지 않는다.

> **TIPS!**
> ①④ 청문과 공청회는 다른 법령에 규정이 있거나 행정청이 필요하다고 인정하는 경우에 한다. 따라서 법령에 규정이 없는 경우에는 이를 행하지 않고 처분을 하여도 절차상의 하자에 해당하지 않는다.
> ②③ 청문은 불이익처분을 하기에 앞서 당사자 및 이해관계자에게 자기변명의 기회를 주기 위한 절차이나 공청회는 국민생활에 중요한 사항을 결정하기에 앞서 널리 전문가, 일반 국민의 의견을 청취하기 위한 절차이다. 따라서 공청회는 당사자 외에 관보나 신문 · 방송 등을 통해 그 시행일시 · 장소 등을 널리 알려야 하나 청문에 관해서는 그런 규정이 없다.

16 다음 중 「행정절차법」과 관련이 없는 것은?

① 자연적 정의의 원칙
② 신의성실의 원칙
③ 신뢰보호의 원칙
④ 행정응원의 금지

> **TIPS!**
> ① 행정절차의 이념은 영 · 미법상의 자연적 정의 관념에서 비롯된다.
> ②③④ 현행 행정절차법은 신의성실의 원칙, 신뢰보호의 원칙, 행정관청 간의 협조 및 행정응원 등을 규정하고 있다.

Answer 14.③ 15.② 16.④

17 다음은 「행정절차법」을 적용하지 아니하는 사항을 나열한 것이다. 「행정절차법」의 규정과 부합하지 않는 것은?

① 국회 또는 지방의회의 의결을 거치거나 동의 또는 승인을 얻어 행하는 사항

② 법원 또는 군사법원의 재판에 의하거나 그 집행으로 행하는 사항

③ 헌법재판소의 심판을 거쳐 행하는 사항

④ 국가안전보장 · 국방 · 외교 또는 통일에 관한 사항

> **TIPS!**
>
> ④ 국가안전보장 · 국방 · 외교 또는 통일에 관한 사항 모두가 아니라 이에 관한 사항 중 행정절차를 거칠 경우 국가의 중대한 이익을 현저히 해할 우려가 있는 사항만이다.
>
> ※ **행정절차법의 적용대상이 아닌 사항**〈행정절차법 제3조 제2항〉
> ㉠ 국회 또는 지방의회의 의결을 거치거나 동의 또는 승인을 얻어 행하는 사항
> ㉡ 법원 또는 군사법원의 재판에 의하거나 그 집행으로 행하는 사항
> ㉢ 헌법재판소의 심판을 거쳐 행하는 사항
> ㉣ 각급 선거관리위원회의 의결을 거쳐 행하는 사항
> ㉤ 감사원이 감사위원회의의 결정을 거쳐 행하는 사항
> ㉥ 형사 · 행형 및 보안처분 관계법령에 의하여 행하는 사항
> ㉦ 국가안전보장 · 국방 · 외교 또는 통일에 관한 사항 중 행정절차를 거칠 경우 국가의 중대한 이익을 현저히 해할 우려가 있는 사항
> ㉧ 심사청구 · 해양안전심판 · 조세심판 · 특허심판 · 행정심판 기타 불복절차에 의한 사항
> ㉨ 병역법에 의한 징집 · 소집, 외국인의 출입국 · 난민인정 · 귀화, 공무원 인사관계법령에 의한 징계 기타 처분 또는 이해조정을 목적으로 법령에 의한 알선 · 조정 · 중재 · 재정 기타 처분 등 당해 행정작용의 성질상 행정절차를 거치기 곤란하거나 불필요하다고 인정되는 사항과 행정절차에 준하는 절차를 거친 사항으로서 대통령령으로 정하는 사항 등

18 다음 중 행정절차의 목적이 아닌 것은?

① 행정과정의 공정한 절차 보장

② 법원의 부담경감

③ 행정재량의 확대

④ 국민의 행정에의 능동적 참가

> **TIPS!**
>
> ③ 행정절차는 행정청이 재량권을 행사할 때 이를 남용하지 않도록 처분절차를 법정화함으로써 재량권을 통제하는 기능을 담당한다.

Answer 17.④ 18.③

19 불이익처분에 적용되는 규정에 대한 설명으로 옳지 않은 것은?

① 행정청은 당사자에게 의무를 과하거나 권익을 침해하는 행정처분을 하는 경우에는 문서로써 당사자에게 미리 통지해야 한다.

② 통지를 받은 당사자는 서면, 통신 또는 구술로 의견을 제출할 수 있는 의견제출권을 가진다.

③ 당사자의 의견이 제출된 경우 행정청은 이를 성실하게 고려해야 한다.

④ 의견제출은 청문이나 공청회에 해당하는 정식절차이다.

 TIPS!

④ 의견제출은 행정청이 일정한 결정을 하기에 앞서 당사자 등에게 의견을 제시할 기회를 주는 절차로서 청문이나 공청회에 해당하지 않은 약식절차를 말한다.

20 「행정절차법」상의 처분절차에 관한 설명으로 옳지 않은 것은? (다툼이 있는 경우 판례에 의함)

① 행정청은 신청에 구비서류의 미비 등 흠이 있는 경우에는 보완에 필요한 상당한 기간을 정하여 지체없이 신청인에게 보완을 요구하여야 한다.

② 당사자 등은 공표된 처분기준이 명확하지 아니한 경우 해당 행정청에 그 해석 또는 설명을 요청할 수 있으며 이 경우 해당 행정청은 특별한 사정이 없으면 그 요청에 따라야 한다.

③ 퇴직연금의 환수결정과 같이 법령상 확정된 불이익처분의 경우에도 당사자에게 의견진술의 기회를 주지 않았다면 「행정절차법」 위반이 된다.

④ 행정처분의 상대방이 통지된 청문일시에 불출석하였다는 이유만으로는 관계법령상 요구되는 청문절차없이 침해적 행정처분을 할 수는 없다.

TIPS!

③ 퇴직연금의 환수결정에 앞서 당사자에게 의견진술의 기회를 주지 아니하여도 행정절차법 제22조 제3항이나 신의칙에 어긋나지 아니한다(대판 2000.11.28, 99두5443).

① 행정절차법 제17조 제5항

② 행정절차법 제20조 제3항

④ 행정처분의 상대방이 청문일시에 불출석하였다는 이유로 청문을 실시하지 아니하고 한 침해적 행정처분은 위법하다(대판 2001.04.13, 2000두3337).

Answer 19.④ 20.③

05 행정정보의 공개와 개인정보의 보호

기출PLUS

기출 2021. 4. 17. 인사혁신처

정보공개에 대한 판례의 입장으로 옳지 않은 것은?

① 국민의 알 권리의 내용에는 일반 국민 누구나 국가에 대하여 보유·관리하고 있는 정보의 공개를 청구할 수 있는 이른바 일반적인 정보공개청구권이 포함된다.

② 정보공개청구권은 법률상 보호되는 구체적인 권리이므로 청구인이 공공기관에 대하여 정보공개를 청구하였다가 거부처분을 받은 것 자체가 법률상 이익의 침해에 해당한다.

③ 「공공기관의 정보공개에 관한 법률」상 공개청구의 대상이 되는 정보란 공공기관이 직무상 작성 또는 취득하여 현재 보유·관리하고 있는 원본인 문서만을 의미한다.

④ 정보공개가 신청된 정보를 공공기관이 보유·관리하고 있지 아니한 경우에는 특별한 사정이 없는 한 정보공개거부처분의 취소를 구할 법률상의 이익이 없다.

section 1 의의

정보공개제도나 개인정보보호제도는 행정절차법의 일부로서 규정될 수도 있으나 그 내용상의 중요성으로 인하여 독자적인 법제로 규율하고 있는 것이 일반적이다.

section 2 행정정보공개제도

(1) 의의

① **개념** … 행정정보공개제도란 행정권이 보유하는 다양한 정보를 국민에게 공개하여 국민의 알 권리를 보장하고 행정의 공정화·민주화를 실현하는 제도를 말한다.

(2) 행정정보공개청구권의 법적 근거

① **행정정보공개청구권의 의의** … 행정정보공개청구권은 국민의 알 권리에 포함되어 있는 권리이다. 알 권리란 일반적으로 접근할 수 있는 정보원으로부터 방해받지 않고 보고, 듣고, 읽을 수 있는 권리 및 정보의 공개를 청구할 수 있는 권리를 말한다.

② **「헌법」적 근거** … 알 권리의 헌법적 근거는 헌법 제10조의 인간의 존엄과 가치 및 행복추구권과 제21조의 표현의 자유라 할 수 있다. 헌법재판소 역시 정보공개청구권을 알 권리의 핵심적 내용이라고 판시함으로써 이를 명시적으로 확인한 바 있다.

③ **법률상 근거** … 정보공개제도에 관한 일반법으로서 「공공기관의 정보공개에관한 법률」(정보공개법)이 있다. 그 외 대통령령인 사무관리규정도 법적 근거가 될 수 있다.

④ **조례에 의한 정보공개제도**(청주시 정보공개조례사건) … 공공기관의 정보공개에 관한 법률 제정에 대해 정부가 소극적 태도로 일관하자 청주시의회는 1991년 지방자치단체 최초로 정보공개조례를 의결하였다. 이에 청주시장은 근거 법률이 없다는 이유로 대법원에 조례의 취소를 구하는 소송을 제기하였으나 대법원은 조례는 법률의 개별적 위임이 필요한 것은 아니라 하여 이 정보공개조례를 적법한 것으로 인정하였다.

〈 정답 ③

(3) 「공공기관의 정보공개에 관한 법률」의 내용

① 목적〈공공기관의 정보공개에 관한 법률 제1조〉 … 이 법은 공공기관이 보유·관리하는 정보에 대한 국민의 공개청구 및 공공기관의 공개의무에 관하여 필요한 사항을 정함으로써 국민의 알 권리를 보장하고 국정에 대한 국민의 참여와 국정운영의 투명성을 확보함을 목적으로 한다.

② 정의〈공공기관의 정보공개에 관한 법률 제2조〉

　㉠ 정보 : 공공기관이 직무상 작성 또는 취득하여 관리하고 있는 문서(전자문서를 포함한다) 및 전자매체로 비롯한 모든 형태의 매체 등에 기록된 사항을 말한다.

　㉡ 공개 : 공공기관이 이 법의 규정에 의하여 정보를 열람하게 하거나 그 사본·복제물을 제공하는 것 또는 정보통신망을 통하여 정보를 제공하는 것 등을 말한다.

　㉢ 공공기관 : 국가기관, 지방자치단체, 공공기관의 운영에 관한 법률 제2조에 따른 공공기관, 그 밖에 대통령령이 정하는 기관을 말한다.

③ 정보공개청구권자〈공공기관의 정보공개에 관한 법률 제5조〉

　㉠ 모든 국민은 정보의 공개를 청구할 권리를 가진다.

　㉡ 외국인의 정보공개 청구에 관하여는 대통령령으로 정한다.

　　• 국내에 일정한 주소를 두고 거주하거나 학술·연구를 위하여 일시적으로 체류하는 자

　　• 국내에 사무소를 두고 있는 법인 또는 단체

④ 정보의 사전적 공개 등〈공공기관의 정보공개에 관한 법률 제7조〉

　㉠ 공공기관은 다음에 해당하는 정보에 대하여는 공개의 구체적 범위, 공개의 주기·시기 및 방법 등을 미리 정하여 정보통신망 등을 통하여 알리고, 이에 따라 정기적으로 공개하여야 한다.

　　• 국민생활에 매우 큰 영향을 미치는 정책에 관한 정보

　　• 국가의 시책으로 시행하는 공사(工事) 등 대규모의 예산이 투입되는 사업에 관한 정보

　　• 예산집행의 내용과 사업평가 결과 등 행정감시를 위하여 필요한 정보

　　• 그 밖에 공공기관의 장이 정하는 정보

　㉡ 공공기관은 ㉠에 규정된 사항 외에도 국민이 알아야 할 필요가 있는 정보를 국민에게 공개하도록 적극적으로 노력하여야 한다.

공공기관의 정보공개에 관한 법령의 내용에 대한 설명으로 옳지 않은 것은?

① 정보의 공개 및 우송 등에 소요되는 비용은 실비의 범위에서 청구인이 부담하나, 공개를 청구하는 정보의 사용 목적이 공공복리의 유지·증진을 위하여 필요하다고 인정되는 경우에는 그 비용을 감면할 수 있다.

② 지방자치단체는 그 소관 사무에 관하여 법령의 범위에서 정보공개에 관한 조례를 정할 수 있다.

③ 직무를 수행한 공무원의 성명과 직위는 공개될 경우 개인의 사생활의 비밀 또는 자유를 침해할 우려가 있다면 비공개대상정보에 해당한다.

④ 학술·연구를 위하여 일시적으로 체류하는 외국인은 정보공개청구를 할 수 있다.

판례 정보공개 의무기관을 정하는 것은 입법자의 입법형성권에 속하고, 이에 따라 입법자는 구 공공기관의 정보공개에 관한 법률(2004. 1. 29. 법률 제7127호로 전문 개정되기 전의 것) 제2조 제3호에서 정보공개 의무기관을 공공기관으로 정하였는바, 공공기관은 국가기관에 한정되는 것이 아니라 지방자치단체, 정부투자기관, 그 밖에 공동체 전체의 이익에 중요한 역할이나 기능을 수행하는 기관도 포함되는 것으로 해석되고, 여기에 정보공개의 목적, 교육의 공공성 및 공·사립학교의 동질성, 사립대학교에 대한 국가의 재정지원 및 보조 등 여러 사정을 고려해 보면, 사립대학교에 대한 국비 지원이 한정적·일시적·국부적이라는 점을 고려하더라도, 같은 법 시행령(2004. 3. 17. 대통령령 제18312호로 개정되기 전의 것) 제2조 제1호가 정보공개의무를 지는 공공기관의 하나로 사립대학교를 들고 있는 것이 모법인 구 공공기관의 정보공개에 관한 법률의 위임 범위를 벗어났다거나 사립대학교가 국비의 지원을 받는 범위 내에서만 공공기관의 성격을 가진다고 볼 수 없다(대판 2006. 8. 24. 2004두2783).

판례 '한국증권업협회'는 증권회사 상호간의 업무질서를 유지하고 유가증권의 공정한 매매거래 및 투자자보호를 위하여 일정 규모 이상인 증권회사 등으로 구성된 회원조직으로서, 증권거래법 또는 그 법에 의한 명령에 대하여 특별한 규정이 있는 것을 제외하고는 민법 중 사단법인에 관한 규정을 준용 받는 점, 그 업무가 국가기관 등에 준할 정도로 공동체 전체의 이익에 중요한 역할이나 기능에 해당하는 공공성을 갖는다고 볼 수 없는 점 등에 비추어, 공공기관의 정보공개에 관한 법률 시행령 제2조 제4호의 '특별법에 의하여 설립된 특수법인'에 해당한다고 보기 어렵다고 한 사례(대판 2010. 4. 29. 2008두5643).

⑤ 비공개대상정보〈공공기관의 정보공개에 관한 법률 제9조〉

㉠ 다른 법률 또는 법률이 위임한 명령(국회규칙·대법원규칙·헌법재판소규칙·중앙선거관리위원회규칙·대통령령 및 조례에 한한다)에 의하여 비밀 또는 비공개 사항으로 규정된 정보

판례 검찰보존사무규칙(1998. 4. 4. 법무부령 제459호로 개정된 것)은 법무부령으로 되어 있으나, 그 중 재판확정기록 등의 열람·등사에 대하여 제한하고 있는 부분은 위임근거가 없어 행정기관 내부의 사무처리준칙으로서 행정규칙에 불과하므로, 위 규칙에 의한 열람·등사의 제한을 공공기관의정보공개에관한법률(이하 '법'이라 한다) 제4조 제1항의 '정보의 공개에 관하여 다른 법률에 특별한 규정이 있는 경우' 또는 제7조 제1항 제1호의 '다른 법률 또는 법률에 의한 명령에 의하여 비공개사항으로 규정된 경우'에 해당한다고 볼 수는 없다(대판 2003. 12. 26. 2002두1342).

㉡ 국가안전보장·국방·통일·외교관계 등에 관한 사항으로서 공개될 경우 국가의 중대한 이익을 현저히 해할 우려가 있다고 인정되는 정보

㉢ 공개될 경우 국민의 생명·신체 및 재산의 보호에 현저한 지장을 초래할 우려가 있다고 인정되는 정보

㉣ 진행 중인 재판에 관련된 정보와 범죄의 예방, 수사, 공소의 제기 및 유지, 형의 집행, 교정, 보안처분에 관한 사항으로서 공개될 경우 그 직무수행을 현저히 곤란하게 하거나 형사피고인의 공정한 재판을 받을 권리를 침해한다고 인정할 만한 상당한 이유가 있는 정보

<정답 ③

판례 공공기관의 정보공개에 관한 법률(이하 '정보공개법'이라 한다)의 입법 목적, 정보공개의 원칙, 비공개대상정보의 규정 형식과 취지 등을 고려하면, 법원 이외의 공공기관이 정보공개법 제9조 제1항 제4호에서 정한 '진행 중인 재판에 관련된 정보'에 해당한다는 사유로 정보공개를 거부하기 위하여는 반드시 그 정보가 진행 중인 재판의 소송기록 자체에 포함된 내용일 필요는 없다. 그러나 재판에 관련된 일체의 정보가 그에 해당하는 것은 아니고 진행 중인 재판의 심리 또는 재판결과에 구체적으로 영향을 미칠 위험이 있는 정보에 한정된다고 보는 것이 타당하다(대판 2011. 11. 24. 2009두19021).

ⓜ 감사·감독·검사·시험·규제·입찰계약·기술개발·인사관리·의사결정과정 또는 내부검토과정에 있는 사항 등으로서 공개될 경우 업무의 공정한 수행이나 연구·개발에 현저한 지장을 초래한다고 인정할 만한 상당한 이유가 있는 정보

판례 교도소에 수용 중이던 재소자가 담당 교도관들을 상대로 가혹행위를 이유로 형사고소 및 민사소송을 제기하면서 그 증명자료 확보를 위해 '근무보고서'와 '징벌위원회 회의록' 등의 정보공개를 요청하였으나 교도소장이 이를 거부한 사안에서, 근무보고서는 공공기관의 정보공개에 관한 법률 제9조 제1항 제4호에 정한 비공개대상정보에 해당한다고 볼 수 없고, 징벌위원회 회의록 중 비공개 심사·의결 부분은 위 법 제9조 제1항 제5호의 비공개사유에 해당하지만 재소자의 진술, 위원장 및 위원들과 재소자 사이의 문답 등 징벌절차 진행 부분은 비공개 사유에 해당하지 않는다고 보아 분리 공개가 허용된다고 한 사례(대판 2009. 12. 10. 2009두12785).

판례 치과의사 국가시험에서 채택하고 있는 문제은행 출제방식이 출제의 시간·비용을 줄이면서도 양질의 문항을 확보할 수 있는 등 많은 장점을 가지고 있는 점, 그 시험문제를 공개할 경우 발생하게 될 결과와 시험업무에 초래될 부작용 등을 감안하면, 위 시험의 문제지와 그 정답지를 공개하는 것은 시험업무의 공정한 수행이나 연구·개발에 현저한 지장을 초래한다고 인정할 만한 상당한 이유가 있는 경우에 해당하므로, 공공기관의 정보공개에 관한 법률 제9조 제1항 제5호에 따라 이를 공개하지 않을 수 있다고 한 사례(대판 2010. 2. 25. 2007두9877).

판례 학교폭력대책자치위원회에서의 자유롭고 활발한 심의·의결이 보장되기 위해서는 위원회가 종료된 후라도 심의·의결 과정에서 개개 위원들이 한 발언 내용이 외부에 공개되지 않는다는 것이 철저히 보장되어야 한다는 점, 학교폭력예방 및 대책에 관한 법률 제21조 제3항이 학교폭력대책자치위원회의 회의를 공개하지 못하도록 명문으로 규정하고 있는 것은, 회의록 공개를 통한 알권리 보장과 학교폭력대책자치위원회 운영의 투명성 확보 요청을 다소 후퇴시켜서라도 초등학교·중학교·고등학교·특수학교 내외에서 학생들 사이에서 발생한 학교폭력의 예방 및 대책에 관련된 사항을 심의하는 학교폭력대책자치위원회 업무수행의 공정성을 최대한 확보하기 위한 것으로 보이는 점 등을 고려하면, 학교폭력대책자치위원회의 회의록은 공공기관의 정보공개에 관한 법률 제9조 제1항 제5호의 '공개될 경우 업무의 공정한 수행에 현저한 지장을 초래한다고 인정할 만한 상당한 이유가 있는 정보'에 해당한다고 한 사례(대판 2010. 6. 10. 2010두2913).

ⓗ 해당 정보에 포함되어 있는 이름·주민등록번호 등 개인에 관한 사항으로서 공개될 경우 개인의 사생활의 비밀 또는 자유를 침해할 우려가 있다고 인정되는 정보

ⓢ 법인·단체 또는 개인의 경영·영업상 비밀에 관한 사항으로서 공개될 경우 법인 등의 정당한 이익을 현저히 해할 우려가 있다고 인정되는 정보

ⓔ 공개될 경우 부동산 투기·매점매석 등으로 특정인에게 이익 또는 불이익을 줄 우려가 있다고 인정되는 정보

⑥ **정보공개의 청구방법**〈공공기관의 정보공개에 관한 법률 제10조〉

ㄱ 정보의 공개를 청구하는 자는 당해 정보를 보유하거나 관리하고 있는 공공기관에 대하여 다음의 사항을 기재한 정보공개청구서를 제출하거나 구술로써 정보의 공개를 청구할 수 있다.
- 청구인의 이름·주민등록번호·주소 및 연락처
- 공개를 청구하는 정보의 내용 및 공개방법

⑦ **정보공개여부의 결정**〈공공기관의 정보공개에 관한 법률 제11조〉

ㄱ 공공기관은 정보공개의 청구가 있는 때에는 청구를 받은 날부터 10일 이내에 공개여부를 결정하여야 한다.

ㄴ 공공기관은 부득이한 사유로 규정된 기간 이내에 공개여부를 결정할 수 없는 때에는 그 기간의 만료일 다음 날부터 기산하여 10일의 범위에서 공개여부 결정기간을 연장할 수 있다. 이 경우 공공기관은 연장된 사실과 연장사유를 청구인에게 지체 없이 문서로 통지하여야 한다.

ㄷ 공공기관은 공개청구 된 공개대상정보의 전부 또는 일부가 제3자와 관련이 있다고 인정되는 때에는 그 사실을 제3자에게 지체 없이 통지하여야 하며, 필요한 경우에는 그의 의견을 청취할 수 있다.

ㄹ 공공기관은 다른 공공기관이 보유·관리하는 정보의 공개청구를 받은 때에는 지체 없이 이를 소관기관으로 이송하여야 하며, 이송을 한 공공기관은 지체 없이 소관기관 및 이송사유 등을 명시하여 청구인에게 문서로 통지하여야 한다.

⑧ **정보공개심의회**〈공공기관의 정보공개에 관한 법률 제12조〉… 국가기관, 지방자치단체 및 공공기관의 운영에 관한 법률에 따른 공기업 및 준정부기관, 지방공기업법에 따른 지방공사 및 지방공단은 정보공개여부 등을 심의하기 위하여 정보공개심의회를 설치·운영한다.

⑨ **정보공개여부결정의 통지**〈공공기관의 정보공개에 관한 법률 제13조〉

ㄱ 공공기관은 제11조의 규정에 의하여 정보의 공개를 결정한 때에는 공개일시·공개장소 등을 명시하여 청구인에게 통지하여야 한다.

ㄴ 공공기관은 청구인이 사본 또는 복제물의 교부를 원하는 경우에는 이를 교부하여야 한다. 다만 공개 대상 정보의 양이 너무 많아 정상적인 업무수행에 현저한 지장을 초래할 우려가 있는 경우에는 정보의 사본·복제물을 일정 기간별로 나누어 제공하거나 열람과 병행하여 제공할 수 있다.

판례 구 공공기관의 정보공개에 관한 법률(2013. 8. 6. 법률 제11991호로 개정되기 전의 것, 이하 '구 정보공개법'이라고 한다)은, 정보의 공개를 청구하는 이(이하 '청구인'이라고 한다)가 정보공개방법도 아울러 지정하여 정보공개를 청구할 수 있도록 하고 있고, 전자적 형태의 정보를 전자적으로 공개하여 줄 것을 요청한 경우에는 공공기관은 원칙적으로 요청에 응할 의무가 있고, 나아가 비전자적 형태의 정보에 관해서도 전자적 형태로 공개하여 줄 것을 요청하면 재량판단에 따라 전자적 형태로 변환하여 공개할 수 있도록 하고 있다. 이는 정보의 효율적 활용을 도모하고 청구인의 편의를 제고함으로써 구 정보공개법의 목적인 국민의 알 권리를 충실하게 보장하려는 것이므로, 청구인에게는 특정한 공개방법을 지정하여 정보공개를 청구할 수 있는 법령상 신청권이 있다. 따라서 공공기관이 공개청구의 대상이 된 정보를 공개는 하되, 청구인이 신청한 공개방법 이외의 방법으로 공개하기로 하는 결정을 하였다면, 이는 정보공개청구 중 정보공개방법에 관한 부분에 대하여 일부 거부처분을 한 것이고, 청구인은 그에 대하여 항고소송으로 다툴 수 있다(대판 2016. 11. 10. 2016두44674).

ⓒ 공공기관은 정보를 공개함에 있어 당해 정보의 원본이 오손 또는 파손될 우려가 있거나 그 밖에 상당한 이유가 있다고 인정될 때에는 당해 정보의 사본·복제물을 공개할 수 있다.

ⓔ 공공기관은 정보의 비공개결정을 한 때에는 그 사실을 청구인에게 지체없이 문서로 통지하여야 한다. 이 경우 비공개이유·불복방법 및 불복절차를 구체적으로 명시하여야 한다.

⑩ **부분공개**〈공공기관의 정보공개에 관한 법률 제14조〉 … 공개청구한 정보가 비공개대상정보에 해당하는 부분과 공개가 가능한 부분이 혼합되어 있는 경우 공개청구의 취지에 어긋나지 아니하는 범위 안에서 두 부분을 분리할 수 있는 때에는 비공개대상정보에 해당하는 부분을 제외하고 공개하여야 한다.

⑪ **정보의 전자적 공개**〈공공기관의 정보공개에 관한 법률 제15조〉
ㄱ 공공기관은 전자적 형태로 보유·관리하는 정보에 대하여 청구인이 전자적 형태로 공개하여 줄 것을 요청하는 경우에는 당해 정보의 성질상 현저히 곤란한 경우를 제외하고는 청구인의 요청에 응하여야 한다.
ㄴ 공공기관은 전자적 형태로 보유·관리하지 아니하는 정보에 대하여 청구인이 전자적 형태로 공개하여 줄 것을 요청한 경우에는 정상적인 업무수행에 현저한 지장을 초래하거나 당해 정보의 성질이 훼손될 우려가 없는 한 그 정보를 전자적 형태로 변환하여 공개할 수 있다.

⑫ **즉시처리가 가능한 정보의 공개**〈공공기관의 정보공개에 관한 법률 제16조〉
ㄱ 법령 등에 의하여 공개를 목적으로 작성된 정보
ㄴ 일반 국민에게 알리기 위하여 작성된 각종 홍보자료
ㄷ 공개하기로 결정된 정보로서 공개에 오랜 시간이 걸리지 아니하는 정보
ㄹ 그 밖에 공공기관의 장이 정하는 정보

기출 2016. 4. 9. 인사혁신처

「공공기관의 정보공개에 관한 법률」에 따른 정보공개에 대한 설명으로 옳은 것은? (다툼이 있는 경우 판례에 의함)

① 국·공립의 초등학교는 공공기관의 정보공개에 관한 법령상 공공기관에 해당하지만, 사립 초등학교는 이에 해당하지 않는다.

② 공개방법을 선택하여 정보공개를 청구하였더라도 공공기관은 정보공개청구자가 선택한 방법에 따라 정보를 공개하여야 하는 것은 아니며, 원칙적으로 그 공개방법을 선택할 재량권이 있다.

③ 정보공개청구에 대해 공공기관의 비공개결정이 있는 경우 이의신청절차를 거치지 않더라도 행정심판을 청구할 수 있다.

④ 정보공개청구자는 정보공개와 관련한 공공기관의 비공개결정에 대해서는 이의신청을 할 수 있지만, 부분공개의 결정에 대해서는 따로 이의신청을 할 수 없다.

〈정답 ③

⑬ 비용부담〈공공기관의 정보공개에 관한 법률 제17조〉

    ㉠ 정보의 공개 및 우송 등에 소요되는 비용은 실비의 범위 안에서 청구인의 부담으로 한다.

    ㉡ 공개를 청구하는 정보의 사용목적이 공공복리의 유지·증진을 위하여 필요하다고 인정되는 경우에는 비용을 감면할 수 있다.

⑭ 이의신청〈공공기관의 정보공개에 관한 법률 제18조〉

    ㉠ 청구인이 정보공개와 관련한 공공기관의 비공개 결정 또는 부분 공개 결정에 대하여 불복이 있거나 정보공개 청구 후 20일이 경과하도록 정보공개 결정이 없는 때에는 공공기관으로부터 정보공개 여부의 결정 통지를 받은 날 또는 정보공개 청구 후 20일이 경과한 날부터 30일 이내에 해당 공공기관에 문서로 이의신청을 할 수 있다.

    ㉡ 공공기관은 이의신청을 받은 날부터 7일 이내에 그 이의신청에 대하여 결정하고 그 결과를 청구인에게 지체 없이 문서로 통지하여야 한다. 다만, 부득이한 사유로 정해진 기간 이내에 결정할 수 없는 때에는 그 기간의 만료일 다음 날부터 기산하여 7일 이내의 범위에서 연장할 수 있으며, 연장사유를 청구인에게 통지하여야 한다.

    ㉢ 공공기관은 이의신청을 각하 또는 기각하는 결정을 한 때에는 청구인에게 행정심판 또는 행정소송을 제기할 수 있다는 취지를 결과 통지와 함께 통지하여야 한다.

⑮ 행정심판〈공공기관의 정보공개에 관한 법률 제19조〉

    ㉠ 청구인이 정보공개와 관련한 공공기관의 결정에 대하여 불복이 있거나 정보공개 청구 후 20일이 경과하도록 정보공개 결정이 없는 때에는 「행정심판법」에서 정하는 바에 따라 행정심판을 청구할 수 있다. 이 경우 국가기관 및 지방자치단체 외의 공공기관의 결정에 대한 감독행정기관은 관계 중앙행정기관의 장 또는 지방자치단체의 장으로 한다.

    ㉡ 청구인은 이의신청 절차를 거치지 아니하고 행정심판을 청구할 수 있다.

⑯ 행정소송〈공공기관의 정보공개에 관한 법률 제20조〉

    ㉠ 청구인이 정보공개와 관련한 공공기관의 결정에 대하여 불복이 있거나 정보공개 청구 후 20일이 경과하도록 정보공개 결정이 없는 때에는 「행정소송법」에서 정하는 바에 따라 행정소송을 제기할 수 있다.

    ㉡ 재판장은 필요하다고 인정하면 당사자를 참여시키지 아니하고 제출된 공개 청구 정보를 비공개로 열람·심사할 수 있다.

section 2 개인정보의 보호

(1) 의의

개인의 사생활의 자유와 비밀의 보호 또는 프라이버시권의 보호의 문제는 정보화사회에 있어서 특히 중요한 문제로 제기된다. 프라이버시권이란 혼자 평온히 있을 수 있는 권리 및 자기정보통제권이라 할 수 있다.

(2) 법적 근거

① 「헌법」적 근거 … 헌법 제17조의 사생활 보호, 제10조의 인간의 존엄과 가치 및 행복추구권, 제18조의 통신의 비밀 등이 있다.

② 법률적 근거 … 개인정보 보호제도에 관한 일반법으로는 「개인정보 보호법」이 있다. 그 외 「공공기관의 정보공개에 관한 법률」, 「정보통신망 이용촉진 및 정보보호 등에 관한 법률」, 「신용정보의 이용 및 보호에 관한 법률」, 「통신비밀보호법」등이 있으며, 「행정절차법」에서도 비밀누설금지ㆍ목적 외 사용 금지 등을 규정하고 있다.

(3) 「개인정보 보호법」의 내용

① 목적〈개인정보 보호법 제1조〉 … 이 법은 개인정보의 처리 및 보호에 관한 사항을 정함으로써 개인의 자유와 권리를 보호하고, 나아가 개인의 존엄과 가치를 구현함을 목적으로 한다.

② 정의〈개인정보 보호법 제2조〉

　㉠ 개인정보 : 살아있는 개인에 관한 정보로서 성명, 주민등록번호 및 영상 등을 통하여 개인을 알아볼 수 있는 정보(해당 정보만으로는 특정 개인을 알아볼 수 없더라도 다른 정보와 쉽게 결합하여 알아볼 수 있는 것을 포함한다)를 말한다.

　㉡ 처리 : 개인정보의 수집, 생성, 연계, 연동, 기록, 저장, 보유, 가공, 편집, 검색, 출력, 정정(訂正), 복구, 이용, 제공, 공개, 파기(破棄), 그 밖에 이와 유사한 행위를 말한다.

　㉢ 정보주체 : 처리되는 정보에 의하여 알아볼 수 있는 사람으로서 그 정보의 주체가 되는 사람을 말한다.

　㉣ 개인정보파일 : 개인정보를 쉽게 검색할 수 있도록 일정한 규칙에 따라 체계적으로 배열하거나 구성한 개인정보의 집합물(集合物)을 말한다.

　㉤ 개인정보처리자 : 업무를 목적으로 개인정보파일을 운용하기 위하여 스스로 또는 다른 사람을 통하여 개인정보를 처리하는 공공기관, 법인, 단체 및 개인 등을 말한다.

기출PLUS

기출 2013. 9. 7. 국회사무처

개인정보 보호법상 개인정보보호원칙에 관한 설명 중 옳지 않은 것은?

① 개인정보처리자는 개인정보의 처리목적을 명확하게 하고 그 목적에 필요한 범위에서 최소한의 개인정보만을 수집하여야 한다.

② 개인정보처리자는 그의 정당한 이익을 달성하기 위하여 필요한 경우에 명백히 정보주체의 권리보다 우선하는 경우에는 정보주체의 동의 없이 정보주체의 개인정보를 제3자에게 제공할 수 있다.

③ 개인정보 보호에 관한 사항을 심의·의결하기 위하여 대통령 소속으로 개인정보보호위원회를 둔다.

④ 국가 및 지방자치단체, 개인정보보호단체 및 기관, 정보주체, 개인정보처리자는 정보주체의 피해 또는 권리침해가 다수의 정보주체에게 같거나 비슷한 유형으로 발생하는 경우로서 일정한 사건에 대하여는 분쟁조정위원회에 집단분쟁조정을 의뢰 또는 신청할 수 있다.

⑤ 개인정보 보호법 소정의 일정한 요건을 갖춘 소비자단체나 비영리단체는 개인정보처리자가 집단분쟁조정을 거부하거나 집단분쟁조정의 결과를 수락하지 아니한 경우에는 법원에 권리침해 행위의 금지·중지를 구하는 단체소송을 제기할 수 있다.

⟨정답 ②

ⓑ 공공기관
- 국회, 법원, 헌법재판소, 중앙선거관리위원회의 행정사무를 처리하는 기관, 중앙행정기관(대통령 소속 기관과 국무총리 소속 기관을 포함한다) 및 그 소속 기관, 지방자치단체
- 그 밖의 국가기관 및 공공단체 중 대통령령으로 정하는 기관

ⓢ 영상정보처리기기 : 일정한 공간에 지속적으로 설치되어 사람 또는 사물의 영상 등을 촬영하거나 이를 유·무선망을 통하여 전송하는 장치로서 대통령령으로 정하는 장치를 말한다.

③ 개인정보 보호 원칙〈개인정보 보호법 제3조〉

㉠ 개인정보처리자는 개인정보의 처리 목적을 명확하게 하여야 하고 그 목적에 필요한 범위에서 최소한의 개인정보만을 적법하고 정당하게 수집하여야 한다.

㉡ 개인정보처리자는 개인정보의 처리 목적에 필요한 범위에서 적합하게 개인정보를 처리하여야 하며, 그 목적 이외의 용도로 활용하여서는 아니된다.

㉢ 개인정보처리자는 개인정보의 처리 목적에 필요한 범위에서 개인정보의 정확성, 완전성 및 최신성이 보장되도록 하여야 한다.

㉣ 개인정보처리자는 개인정보의 처리 방법 및 종류 등에 따라 정보주체의 권리가 침해 받을 가능성과 그 위험 정도를 고려하여 개인정보를 안전하게 관리하여야 한다.

㉤ 개인정보처리자는 개인정보 처리방침 등 개인정보의 처리에 관한 사항을 공개하여야 하며, 열람청구권 등 정보주체의 권리를 보장하여야 한다.

㉥ 개인정보처리자는 정보주체의 사생활 침해를 최소화하는 방법으로 개인정보를 처리하여야 한다.

㉦ 개인정보처리자는 개인정보의 익명처리가 가능한 경우에는 익명에 의하여, 익명처리로 목적을 달성할 수 없는 경우에는 가명에 의하여 처리될 수 있도록 하여야 한다.

㉧ 개인정보처리자는 이 법 및 관계 법령에서 규정하고 있는 책임과 의무를 준수하고 실천함으로써 정보주체의 신뢰를 얻기 위하여 노력하여야 한다.

④ 정보주체의 권리〈개인정보 보호법 제4조〉

㉠ 개인정보의 처리에 관한 정보를 제공받을 권리

㉡ 개인정보의 처리에 관한 동의 여부, 동의 범위 등을 선택하고 결정할 권리

㉢ 개인정보의 처리 여부를 확인하고 개인정보에 대하여 열람(사본의 발급을 포함한다)을 요구할 권리

㉣ 개인정보의 처리 정지, 정정·삭제 및 파기를 요구할 권리

㉤ 개인정보의 처리로 인하여 발생한 피해를 신속하고 공정한 절차에 따라 구제받을 권리

⑤ 국가 등의 책무〈개인정보 보호법 제5조〉

    ㉠ 국가와 지방자치단체는 개인정보의 목적 외 수집, 오용·남용 및 무분별한 감시·추적 등에 따른 폐해를 방지하여 인간의 존엄과 개인의 사생활 보호를 도모하기 위한 시책을 강구하여야 한다.

    ㉡ 국가와 지방자치단체는 제4조에 따른 정보주체의 권리를 보호하기 위하여 법령의 개선 등 필요한 시책을 마련하여야 한다.

    ㉢ 국가와 지방자치단체는 개인정보의 처리에 관한 불합리한 사회적 관행을 개선하기 위하여 개인정보처리자의 자율적인 개인정보 보호활동을 존중하고 촉진·지원하여야 한다.

    ㉣ 국가와 지방자치단체는 개인정보의 처리에 관한 법령 또는 조례를 제정하거나 개정하는 경우에는 이 법의 목적에 부합되도록 하여야 한다.

⑥ 개인정보 보호위원회 ⋯ 개인정보 보호에 관한 사항을 심의·의결하기 위하여 대통령 소속으로 개인정보 보호위원회를 둔다.

⑦ 개인정보의 수집·이용〈개인정보 보호법 제15조〉

    ㉠ 개인정보처리자는 다음의 어느 하나에 해당하는 경우에는 개인정보를 수집할 수 있으며 그 수집 목적의 범위에서 이용할 수 있다.

    • 정보주체의 동의를 받은 경우
    • 법률에 특별한 규정이 있거나 법령상 의무를 준수하기 위하여 불가피한 경우
    • 공공기관이 법령 등에서 정하는 소관 업무의 수행을 위하여 불가피한 경우
    • 정보주체와의 계약의 체결 및 이행을 위하여 불가피하게 필요한 경우
    • 정보주체 또는 그 법정대리인이 의사표시를 할 수 없는 상태에 있거나 주소 불명 등으로 사전 동의를 받을 수 없는 경우로서 명백히 정보주체 또는 제3자의 급박한 생명, 신체, 재산의 이익을 위하여 필요하다고 인정되는 경우
    • 개인정보처리자의 정당한 이익을 달성하기 위하여 필요한 경우로서 명백하게 정보주체의 권리보다 우선하는 경우. 이 경우 개인정보처리자의 정당한 이익과 상당한 관련이 있고 합리적인 범위를 초과하지 아니하는 경우에 한한다.

    ㉡ 개인정보처리자는 개인정보 수집·이용에 대하여 정보주체의 동의를 받은 경우 다음의 사항을 정보주체에게 알려야 한다. 또한 어느 하나의 사항을 변경하는 경우에도 이를 알리고 동의를 받아야 한다.

    • 개인정보의 수집·이용 목적
    • 수집하려는 개인정보의 항목
    • 개인정보의 보유 및 이용 기간
    • 동의를 거부할 권리가 있다는 사실 및 동의 거부에 따른 불이익이 있는 경우에는 그 불이익의 내용

⑧ 개인정보의 수집 제한〈개인정보 보호법 제16조〉

    ㉠ 개인정보처리자는 개인정보를 수집하는 경우에는 그 목적에 필요한 최소한의 개인정보를 수집하여야 한다. 이 경우 최소한의 개인정보 수집이라는 입증책임은 개인정보처리자가 부담한다.

기출PLUS

기출 2021. 4. 17. 인사혁신처

개인정보의 보호에 대한 판례의 설명으로 옳은 것만을 모두 고르면?

• 보기 •

㉠ 개인정보자기결정권의 보호대상이 되는 개인정보는 반드시 개인의 내밀한 영역에 속하는 정보에 국한되지 않고 공적 생활에서 형성되었거나 이미 공개된 개인정보까지 포함한다.

㉡ 이미 공개된 개인정보를 정보주체의 동의가 있었다고 객관적으로 인정되는 범위 내에서 처리를 할 때는 정보주체의 별도의 동의는 불필요하다고 보아야 하고, 별도의 동의를 받지 아니하였다고 하여 「개인정보 보호법」을 위반한 것으로 볼 수 없다.

㉢ 개인정보 처리위탁에 있어 수탁자는 정보제공자의 관리·감독 아래 위탁받은 범위 내에서만 개인정보를 처리하게 되지만, 위탁자로부터 위탁사무 처리에 따른 대가를 지급받는 이상 개인정보 처리에 관하여 독자적인 이익을 가지므로, 그러한 수탁자는 「개인정보 보호법」 제17조에 의해 개인정보처리자가 정보주체의 개인정보를 제공할 수 있는 '제3자'에 해당한다.

㉣ 인터넷 포털사이트 등의 개인정보 유출사고로 주민등록번호가 불법 유출 되어 그 피해자가 주민등록번호 변경을 신청했으나 구청장이 거부 통지를 한 사안에서, 피해자의 의사와 무관하게 주민등록번호가 유출된 경우에는 조리상 주민등록번호의 변경요구신청권을 인정함이 타당하다.

① ㉠, ㉢
② ㉡, ㉣
③ ㉠, ㉡, ㉢
④ ㉠, ㉡, ㉣

〈정답 ④

  ⓛ 개인정보처리자는 정보주체가 필요한 최소한의 정보 외의 개인정보 수집에 동의 하지 아니한다는 이유로 정보주체에게 재화 또는 서비스의 제공을 거부하여서는 아니 된다.

  ⓒ 개인정보처리자는 정보주체의 동의를 받아 개인정보를 수집하는 경우 필요한 최 소한의 개인정보 외 수집에는 동의하지 아니할 수 있다는 사실을 구체적으로 알 려야 한다.

⑨ 정보주체 이외로부터 수집한 개인정보의 수집 출처 등 고지〈개인정보 보호법 제20조〉 … 개인정보처리자가 정보주체 이외로부터 수집한 개인정보를 처리하는 때에는 정 보주체의 요구가 있으면 즉시 다음의 모든 사항을 정보주체에게 알려야 한다.

  ㉠ 개인정보의 수집 출처

  ⓒ 개인정보의 처리 목적

  ⓒ 개인정보 처리의 정지를 요구할 권리가 있다는 사실

⑩ 개인정보의 파기〈개인정보 보호법 제21조〉

  ㉠ 개인정보처리자는 보유기간의 경과, 개인정보의 처리 목적 달성 등 그 개인정보 가 불필요하게 되었을 때에는 지체 없이 그 개인정보를 파기하여야 한다. 다만, 다른 법령에 따라 보존하여야 하는 경우에는 그러하지 아니하다.

  ⓒ 개인정보처리자가 개인정보를 파기할 때에는 복구 또는 재생되지 아니하도록 조 치하여야 한다.

  ⓒ 개인정보처리자가 다른 법령에 따라 개인정보를 파기하지 아니하고 보존하여야 하는 경우에는 해당 개인정보 또는 개인정보파일을 다른 개인정보와 분리하여서 저장·관리하여야 한다.

  ⓔ 개인정보의 파기방법 및 절차 등에 필요한 사항은 대통령령으로 정한다.

⑪ 동의를 받는 방법〈개인정보 보호법 제22조〉

  ㉠ 개인정보처리자는 이 법에 따른 개인정보의 처리에 대하여 정보주체(법정대리인 을 포함한다)의 동의를 받을 때에는 각각의 동의 사항을 구분하여 정보주체가 이를 명확하게 인지할 수 있도록 알리고 각각 동의를 받아야 한다.

  ⓒ 개인정보처리자는 개인정보의 처리에 대하여 정보주체의 동의를 받을 때에는 정 보주체와의 계약 체결 등을 위하여 정보주체의 동의 없이 처리할 수 있는 개인 정보와 정보주체의 동의가 필요한 개인정보를 구분하여야 한다. 이 경우 동의 없이 처리할 수 있는 개인정보라는 입증책임은 개인정보처리자가 부담한다.

  ⓒ 개인정보처리자는 정보주체에게 재화나 서비스를 홍보하거나 판매를 권유하기 위하여 개인정보의 처리에 대한 동의를 받으려는 때에는 정보주체가 이를 명확 하게 인지할 수 있도록 알리고 동의를 받아야 한다.

  ⓔ 개인정보처리자는 정보주체가 선택적으로 동의할 수 있는 사항을 동의하지 아니한 다는 이유로 정보주체에게 재화 또는 서비스의 제공을 거부하여서는 아니 된다.

ⓐ 개인정보처리자는 만 14세 미만 아동의 개인정보를 처리하기 위하여 이 법에 따른 동의를 받아야 할 때에는 그 법정대리인의 동의를 받아야 한다. 이 경우 법정대리인의 동의를 받기 위하여 필요한 최소한의 정보는 법정대리인의 동의 없이 해당 아동으로부터 직접 수집할 수 있다.

ⓑ 개인정보처리자는 개인정보의 처리에 대하여 정보주체의 동의를 서면(「전자문서 및 전자거래 기본법」 제2조 제1호에 따른 전자문서를 포함한다)으로 받을 때에는 개인정보의 수집·이용 목적, 수집·이용하려는 개인정보의 항목 등 대통령령으로 정하는 중요한 내용을 보호위원회가 고시로 정하는 방법에 따라 명확히 표시하여 알아보기 쉽게 하여야 한다.

⑫ 개인정보 유출 통지 등〈개인정보 보호법 제34조〉

ㄱ 개인정보처리자는 개인정보가 유출되었음을 알게 되었을 때에는 지체 없이 해당 정보주체에게 다음의 사실을 알려야 한다.

- 유출된 개인정보의 항목
- 유출된 시점과 그 경위
- 유출로 인하여 발생할 수 있는 피해를 최소화하기 위하여 정보주체가 할 수 있는 방법 등에 관한 정보
- 개인정보처리자의 대응조치 및 피해 구제절차
- 정보주체에게 피해가 발생한 경우 신고 등을 접수할 수 있는 담당부서 및 연락처

ㄴ 개인정보처리자는 개인정보가 유출된 경우 그 피해를 최소화하기 위한 대책을 마련하고 필요한 조치를 하여야 한다.

ㄷ 개인정보처리자는 1천 명 이상의 정보주체에 관한 개인정보가 유출된 경우에는 통지 및 조치 결과를 지체 없이 보호위원회 또는 대통령령으로 정하는 전문기관에 신고하여야 한다.

⑬ 개인정보의 열람〈개인정보 보호법 제35조〉

ㄱ 정보주체는 개인정보처리자가 처리하는 자신의 개인정보에 대한 열람을 해당 개인정보처리자에게 요구할 수 있다.

ㄴ ㄱ에도 불구하고 정보주체가 자신의 개인정보에 대한 열람을 공공기관에 요구하고자 할 때에는 공공기관에 직접 열람을 요구하거나 대통령령으로 정하는 바에 따라 보호위원회를 통하여 열람을 요구할 수 있다.

ㄷ 개인정보처리자는 개인정보의 열람을 요구받았을 때에는 10일 내에 정보주체가 해당 개인정보를 열람할 수 있도록 하여야 한다. 이 경우 해당기간 내에 열람할 수 없는 정당한 사유가 있을 때에는 정보주체에게 그 사유를 알리고 열람을 연기할 수 있으며, 그 사유가 소멸하면 지체 없이 열람하게 하여야 한다.

ㄹ 개인정보처리자는 다음의 어느 하나에 해당하는 경우에는 정보주체에게 그 사유를 알리고 열람을 제한하거나 거절할 수 있다.

기출PLUS

기출 2014. 4. 19. 안전행정부

개인정보보호에 대한 설명으로 옳지 않은 것은?

① 정보주체는 개인정보처리자가 「개인정보 보호법」을 위반한 행위로 손해를 입으면 개인정보처리자에게 손해배상을 청구할 수 있으며, 이 경우 그 정보주체는 고의 또는 과실을 입증해야 한다.

② 「개인정보 보호법」은 공공기관에 의해 처리되는 정보뿐만 아니라 민간에 의해 처리되는 정보까지 보호대상으로 하고 있다.

③ 「개인정보 보호법」상 '개인정보'란 살아있는 개인에 관한 정보로서 사자(死者)나 법인의 정보는 포함되지 않는다.

④ 「행정절차법」도 비밀누설금지·목적 외 사용금지 등 개인의 정보보호에 관한 규정을 두고 있다.

❮정답 ①

기출PLUS

기출 2016. 6. 18. 제1회 지방직

「개인정보보호법」상 개인정보 단체소송에 대한 설명으로 옳은 것은?

① 개인정보 단체소송은 개인정보처리자가 「개인정보보호법」상의 집단분쟁조정을 거부하거나 집단분쟁조정의 결과를 수락하지 아니한 경우에 법원의 허가를 받아 제기할 수 있다.

② 개인정보 단체소송을 허가하거나 불허가하는 법원의 결정에 대하여는 불복할 수 없다.

③ 개인정보 단체소송에 관하여 「개인정보보호법」에 특별한 규정이 없는 경우에는 「행정소송법」을 적용한다.

④ 「소비자기본법」에 따라 공정거래위원회에 등록한 소비자단체가 개인정보 단체소송을 제기하려면 그 단체의 정회원수가 1백명 이상이어야 한다.

- 법률에 따라 열람이 금지되거나 제한되는 경우
- 다른 사람의 생명·신체를 해할 우려가 있거나 다른 사람의 재산과 그 밖의 이익을 부당하게 침해할 우려가 있는 경우
- 공공기관의 업무를 수행할 때 중대한 지장을 초래하는 경우
  - 조세의 부과·징수 또는 환급에 관한 업무
  - 「초·중등교육법」 및 「고등교육법」에 따른 각급 학교, 「평생교육법」에 따른 평생교육시설, 그 밖의 다른 법률에 따라 설치된 고등교육기관에서의 성적 평가 또는 입학자 선발에 관한 업무
  - 학력·기능 및 채용에 관한 시험, 자격 심사에 관한 업무
  - 보상금·급부금 산정 등에 대하여 진행 중인 평가 또는 판단에 관한 업무
  - 다른 법률에 따라 진행 중인 감사 및 조사에 관한 업무

⑭ **손해배상책임〈개인정보 보호법 제39조〉**

　㉠ 정보주체는 개인정보처리자가 이 법을 위반한 행위로 손해를 입으면 개인정보처리자에게 손해배상을 청구할 수 있다. 이 경우 그 개인정보처리자는 고의 또는 과실이 없음을 입증하지 아니하면 책임을 면할 수 없다.

　㉡ 개인정보처리자의 고의 또는 중대한 과실로 인하여 개인정보가 분실·도난·유출·위조·변조 또는 훼손된 경우로서 정보주체에게 손해가 발생한 때에는 법원은 그 손해액의 3배를 넘지 아니하는 범위에서 손해배상액을 정할 수 있다. 다만, 개인정보처리자가 고의 또는 중대한 과실이 없음을 증명한 경우에는 그러하지 아니하다.

⑮ **개인정보 분쟁조정위원회** … 개인정보에 관한 분쟁의 조정(調停)을 위하여 개인정보 분쟁조정위원회를 둔다.

⑯ **개인정보 단체소송**

　㉠ 단체소송의 대상〈개인정보 보호법 제51조〉 : 다음의 어느 하나에 해당하는 단체는 개인정보처리자가 집단분쟁조정을 거부하거나 집단분쟁조정의 결과를 수락하지 아니한 경우에는 법원에 권리침해 행위의 금지·중지를 구하는 소송(이하 "단체소송"이라 한다)을 제기할 수 있다.

- 「소비자기본법」 제29조에 따라 공정거래위원회에 등록한 소비자단체로서 다음의 요건을 모두 갖춘 단체
  - 정관에 따라 상시적으로 정보주체의 권익증진을 주된 목적으로 하는 단체일 것
  - 단체의 정회원수가 1천 명 이상일 것
  - 「소비자기본법」 제29조에 따른 등록 후 3년이 경과하였을 것
- 「비영리민간단체 지원법」 제2조에 따른 비영리민간단체로서 다음의 요건을 모두 갖춘 단체
  - 법률상 또는 사실상 동일한 침해를 입은 100명 이상의 정보주체로부터 단체소송의 제기를 요청받을 것

〈정답 ①

- 정관에 개인정보 보호를 단체의 목적으로 명시한 후 최근 3년 이상 이를 위한 활동실적이 있을 것
- 단체의 상시 구성원수가 5천 명 이상일 것
- 중앙행정기관에 등록되어 있을 것

ⓛ **전속 관할**〈개인정보 보호법 제52조〉
- 단체소송의 소는 피고의 주된 사무소 또는 영업소가 있는 곳, 주된 사무소나 영업소가 없는 경우에는 주된 업무담당자의 주소가 있는 곳의 지방법원 본원 합의부의 관할에 전속한다.
- 외국사업자에 적용하는 경우 대한민국에 있는 이들의 주된 사무소 · 영업소 또는 업무담당자의 주소에 따라 정한다.

ⓒ **소송대리인의 선임**〈개인정보 보호법 제53조〉: 단체소송의 원고는 변호사를 소송 대리인으로 선임하여야 한다.

② **소송허가신청**〈개인정보 보호법 제54조〉
- 단체소송을 제기하는 단체는 소장과 함께 원고 및 그 소송대리인과 피고, 정보주체의 침해된 권리의 내용을 기재한 소송허가신청서를 법원에 제출하여야 한다.
- 소송허가신청서에는 다음의 자료를 첨부하여야 한다.
  - 소제기단체가 개인정보 단체소송의 대상에 해당하는 요건을 갖추고 있음을 소명하는 자료
  - 개인정보처리자가 조정을 거부하였거나 조정결과를 수락하지 아니하였음을 증명하는 서류

ⓜ **소송허가요건**〈개인정보 보호법 제55조〉
- 법원은 다음 각 호의 요건을 모두 갖춘 경우에 한하여 결정으로 단체소송을 허가한다.
  - 개인정보처리자가 분쟁조정위원회의 조정을 거부하거나 조정결과를 수락하지 아니하였을 것
  - 소송허가신청에 따른 소송허가신청서의 기재사항에 흠결이 없을 것
- 단체소송을 허가하거나 불허가하는 결정에 대하여는 즉시 항고할 수 있다.

ⓗ **확정판결의 효력**〈개인정보 보호법 제56조〉: 원고의 청구를 기각하는 판결이 확정된 경우 이와 동일한 사안에 관하여는 단체소송의 대상에 따른 다른 단체는 단체소송을 제기할 수 없다. 다만, 다음의 어느 하나에 해당하는 경우에는 그러하지 아니하다.
- 판결이 확정된 후 그 사안과 관련하여 국가 · 지방자치단체 또는 국가 · 지방자치단체가 설립한 기관에 의하여 새로운 증거가 나타난 경우
- 기각판결이 원고의 고의로 인한 것임이 밝혀진 경우

기출PLUS

ⓧ 「민사소송법」의 적용 등〈개인정보 보호법 제57조〉

• 단체소송에 관하여 이 법에 특별한 규정이 없는 경우에는 「민사소송법」을 적용한다.

• 소송허가요건에 따른 단체소송의 허가결정이 있는 경우에는 「민사집행법」 제4편에 따른 보전처분을 할 수 있다.

• 단체소송의 절차에 관하여 필요한 사항은 대법원규칙으로 정한다.

2021년 소방공무원

1 「개인정보 보호법」상 개인정보 단체소송에 대한 설명으로 옳지 않은 것은?

① 단체소송의 원고는 변호사를 소송대리인으로 선임하여야 한다.

② 단체소송에 관하여 「개인정보 보호법」에 특별한 규정이 없는 경우에는 「민사소송법」을 적용한다.

③ 법원은 개인정보처리자가 분쟁조정위원회의 조정을 거부하지 않을 경우에만, 결정으로 단체소송을 허가한다.

④ 단체소송의 절차에 관하여 필요한 사항은 대법원규칙으로 정한다.

> **TIPS!**
>
> ③ 법원은 다음 각 호의 요건을 모두 갖춘 경우에 한하여 결정으로 단체소송을 허가한다〈「개인정보보호법」 제55조(소송허가요건 등) 제1항〉.
>   1. 개인정보처리자가 분쟁조정위원회의 조정을 거부하거나 조정결과를 수락하지 아니하였을 것
>   2. 제54조에 따른 소송허가신청서의 기재사항에 흠결이 없을 것
> ① 단체소송의 원고는 변호사를 소송대리인으로 선임하여야 한다.〈동법 제53조(소송대리인의 선임)〉
> ② 단체소송에 관하여 이 법에 특별한 규정이 없는 경우에는 「민사소송법」을 적용한다.〈동법 제57조(「민사소송법」의 적용 등) 제1항〉
> ④ 단체소송의 절차에 관하여 필요한 사항은 대법원규칙으로 정한다.〈동법 제57조(「민사소송법」의 적용 등) 제3항〉

2021년 인사혁신처

2 정보공개에 대한 판례의 입장으로 옳지 않은 것은?

① 국민의 알 권리의 내용에는 일반 국민 누구나 국가에 대하여 보유·관리하고 있는 정보의 공개를 청구할 수 있는 이른바 일반적인 정보공개청구권이 포함된다.

② 정보공개청구권은 법률상 보호되는 구체적인 권리이므로 청구인이 공공기관에 대하여 정보공개를 청구하였다가 거부처분을 받은 것 자체가 법률상 이익의 침해에 해당한다.

③ 「공공기관의 정보공개에 관한 법률」상 공개청구의 대상이 되는 정보란 공공기관이 직무상 작성 또는 취득하여 현재 보유·관리하고 있는 원본인 문서만을 의미한다.

④ 정보공개가 신청된 정보를 공공기관이 보유·관리하고 있지 아니한 경우에는 특별한 사정이 없는 한 정보공개거부처분의 취소를 구할 법률상의 이익이 없다.

> **TIPS!**
>
> ③ 공공기관의 정보공개에 관한 법률상 공개청구의 대상이 되는 정보란 공공기관이 직무상 작성 또는 취득하여 현재 보유·관리하고 있는 문서에 한정되는 것이기는 하나, 그 문서가 반드시 원본일 필요는 없다(대법원 2006. 5. 25. 선고 2006두3049 판결).

Answer 1.③ 2.③

3 개인정보의 보호에 대한 판례의 설명으로 옳은 것만을 모두 고르면?

> ⊙ 개인정보자기결정권의 보호대상이 되는 개인정보는 반드시 개인의 내밀한 영역에 속하는 정보에 국한되지 않고 공적 생활에서 형성되었거나 이미 공개된 개인정보까지 포함한다.
>
> ⓒ 이미 공개된 개인정보를 정보주체의 동의가 있었다고 객관적으로 인정되는 범위 내에서 처리를 할 때는 정보주체의 별도의 동의는 불필요하다고 보아야 하고, 별도의 동의를 받지 아니하였다고 하여 「개인정보 보호법」을 위반한 것으로 볼 수 없다.
>
> ⓒ 개인정보 처리위탁에 있어 수탁자는 정보제공자의 관리·감독 아래 위탁받은 범위 내에서만 개인정보를 처리하게 되지만, 위탁자로부터 위탁사무 처리에 따른 대가를 지급받는 이상 개인정보 처리에 관하여 독자적인 이익을 가지므로, 그러한 수탁자는 「개인정보 보호법」 제17조에 의해 개인정보처리자가 정보주체의 개인정보를 제공할 수 있는 '제3자'에 해당한다.
>
> ⓒ 인터넷 포털사이트 등의 개인정보 유출사고로 주민등록번호가 불법 유출 되어 그 피해자가 주민등록번호 변경을 신청했으나 구청장이 거부 통지를 한 사안에서, 피해자의 의사와 무관하게 주민등록번호가 유출된 경우에는 조리상 주민등록번호의 변경요구신청권을 인정함이 타당하다.

① ⊙, ⓒ

② ⓒ, ⓒ

③ ⊙, ⓒ, ⓒ

④ ⊙, ⓒ, ⓒ

> ⚡ **TIPS!**
>
> ⓒ 개인정보 보호법 제17조 제1항 제1호, 제26조, 제71조 제1호, 정보통신망 이용촉진 및 정보보호 등에 관한 법률(이하 '정보통신망법'이라고 한다) 제24조의2 제1항, 제25조, 제71조 제3호의 문언 및 취지에 비추어 보면, 개인정보 보호법 제17조와 정보통신망법 제24조의2에서 말하는 개인정보의 '제3자 제공'은 본래의 개인정보 수집·이용 목적의 범위를 넘어 정보를 제공받는 자의 업무처리와 이익을 위하여 개인정보가 이전되는 경우인 반면, 개인정보 보호법 제26조와 정보통신망법 제25조에서 말하는 개인정보의 '처리위탁'은 본래의 개인정보 수집·이용 목적과 관련된 위탁자 본인의 업무 처리와 이익을 위하여 개인정보가 이전되는 경우를 의미한다. 개인정보 처리위탁에 있어 수탁자는 위탁자로부터 위탁사무 처리에 따른 대가를 지급받는 것 외에는 개인정보 처리에 관하여 독자적인 이익을 가지지 않고, 정보제공자의 관리·감독 아래 위탁받은 범위 내에서만 개인정보를 처리하게 되므로, 개인정보 보호법 제17조와 정보통신망법 제24조의2에 정한 '제3자'에 해당하지 않는다.
>
> 한편 어떠한 행위가 개인정보의 제공인지 아니면 처리위탁인지는 개인정보의 취득 목적과 방법, 대가 수수 여부, 수탁자에 대한 실질적인 관리·감독 여부, 정보주체 또는 이용자의 개인정보 보호 필요성에 미치는 영향 및 이러한 개인정보를 이용할 필요가 있는 자가 실질적으로 누구인지 등을 종합하여 판단하여야 한다(대법원 2017. 4. 7. 선고 2016도13263 판결).

Answer 3.④

4 「공공기관의 정보공개에 관한 법률」에 관한 설명으로 옳지 않은 것은? (다툼이 있는 경우 판례에 의함)

① 국가안전보장·국방·통일·외교관계 분야 업무를 주로 하는 국가기관의 정보공개심의회 구성시 최소한 3분의1 이상은 외부전문가로 위촉하여야 한다.

② 공개될 경우 부동산 투기로 특정인에게 이익 또는 불이익을 줄 우려가 있다고 인정되는 정보는 비공개 대상에 해당한다.

③ 학교폭력대책자치위원회의 회의록은 「공공기관의 정보공개에 관한 법률」 제9조제1항제1호의 '다른 법률 또는 법률이 위임한 명령에 의하여 비밀 또는 비공개 사항으로 규정된 정보'에 해당하지 않는다.

④ 정보공개청구에 대하여 공공기관이 비공개결정을 한 경우, 청구인이 이에 불복한다면 이의신청절차를 거치지 않고 행정심판을 청구할 수 있다.

☞ TIPS!

정보공개법

① [O] 제12조(정보공개심의회) ③심의회의 위원은 소속 공무원, 임직원 또는 외부 전문가로 지명하거나 위촉하되, 그 중 3분의 2는 해당 국가기관등의 업무 또는 정보공개의 업무에 관한 지식을 가진 외부 전문가로 위촉하여야 한다. 다만, 제9조 제1항 제2호 및 제4호에 해당하는 업무를 주로 하는 국가기관은 그 국가기관의 장이 외부 전문가의 위촉 비율을 따로 정하되, 최소한 3분의 1 이상은 외부 전문가로 위촉하여야 한다.

② [O] 제9조(비공개 대상 정보) ①공공기관이 보유·관리하는 정보는 공개 대상이 된다. 다만, 다음 각 호의 어느 하나에 해당하는 정보는 공개하지 아니할 수 있다.

8. 공개될 경우 부동산 투기, 매점매석 등으로 특정인에게 이익 또는 불이익을 줄 우려가 있다고 인정되는 정보

③ [X] '학교폭력대책자치위원회 회의록'이 공공기관의 정보공개에 관한 법률 제9조 제1항 제1호의 비공개대상정보에 해당한다고 한 사례(대판 2010. 6. 10. 2010두2913)

④ [O] 제19조(행정심판) ①청구인이 정보공개와 관련한 공공기관의 결정에 대하여 불복이 있거나 정보공개 청구 후 20일이 경과하도록 정보공개 결정이 없는 때에는 「행정심판법」에서 정하는 바에 따라 행정심판을 청구할 수 있다.

② 청구인은 제18조에 따른 이의신청 절차를 거치지 아니하고 행정심판을 청구할 수 있다.

Answer 4.③

5 「개인정보 보호법」에 관한 설명으로 옳지 않은 것은? (다툼이 있는 경우 판례에 의함)

① 개인정보자기결정권의 보호대상이 되는 개인정보는 공적 생활에서 형성되었거나 이미 공개된 개인정보까지도 포함한다.

② 개인정보 분쟁조정위원회는 집단분쟁조정의 당사자인 다수의 정보주체 중 일부의 정보주체가 법원에 소를 제기한 경우에는 그 조정절차를 중지하고, 이를 당사자에게 알려야 한다.

③ 개인정보 분쟁조정위원회 위원장은 위원 중에서 공무원이 아닌 사람으로 개인정보 보호위원회 위원장이 위촉한다.

④ 개인정보를 처리하거나 처리하였던 자로부터 직접 개인정보를 제공받지 아니하더라도, 개인정보를 처리하거나 처리하였던 자가 업무상 알게 된 개인정보를 누설하거나 권한 없이 다른 사람이 이용하도록 제공한 것이라는 사정을 알면서도 영리 또는 부정한 목적으로 개인정보를 제공받은 자라면, 「개인정보 보호법」상 벌칙의 대상자가 된다.

> 💡 **TIPS!**
>
> 개인정보보호법
> ① [O] 개인정보자기결정권의 보호대상이 되는 개인정보는 개인의 신체, 신념, 사회적 지위, 신분 등과 같이 개인의 인격주체성을 특징짓는 사항으로서 개인의 동일성을 식별할 수 있게 하는 일체의 정보라고 할 수 있고, 반드시 개인의 내밀한 영역에 속하는 정보에 국한되지 않고 공적 생활에서 형성되었거나 이미 공개된 개인정보까지 포함한다. 또한 그러한 개인정보를 대상으로 한 조사·수집·보관·처리·이용 등의 행위는 모두 원칙적으로 개인정보자기결정권에 대한 제한에 해당한다(대판 2014. 7. 24. 2012다49933).
> ② [X] 제49조(집단분쟁조정) ⑥제48조제2항에도 불구하고 분쟁조정위원회는 집단분쟁조정의 당사자인 다수의 정보주체 중 일부의 정보주체가 법원에 소를 제기한 경우에는 <u>그 절차를 중지하지 아니하고, 소를 제기한 일부의 정보주체를 그 절차에서 제외한다.</u>
> ③ [O] 제40조(설치 및 구성) ④위원장은 위원 중에서 공무원이 아닌 사람으로 보호위원회 위원장이 위촉한다.
> ④ [O] 제59조(금지행위) 개인정보를 처리하거나 처리하였던 자는 다음 각 호의 어느 하나에 해당하는 행위를 하여서는 아니된다.
>   2. 업무상 알게 된 개인정보를 누설하거나 권한 없이 다른 사람이 이용하도록 제공하는 행위

6 「공공기관의 정보공개에 관한 법률」상 정보공개에 관한 설명으로 옳지 않은 것은?

① 공공기관은 제10조에 따라 정보공개의 청구를 받으면 그 청구를 받은 날부터 30일 이내에 공개 여부를 결정하여야 한다.

② 정보의 공개 및 우송 등에 드는 비용은 실비(實費)의 범위에서 청구인이 부담한다.

③ 행정안전부장관은 전년도의 정보공개 운영에 관한 보고서를 매년 정기국회 개회 전까지 국회에 제출하여야 한다.

④ 지방자치단체는 그 소관 사무에 관하여 법령의 범위에서 정보공개에 관한 조례를 정할 수 있다.

Answer 5.② 6.①

TIPS!

정보공개법

① [X] 제11조(정보공개 여부의 결정) ① 공공기관은 제10조에 따라 정보공개의 청구를 받으면 그 청구를 받은 날부터 <u>10일</u> 이내에 공개 여부를 결정하여야 한다.

② [O] 제17조(비용 부담) ① 정보의 공개 및 우송 등에 드는 비용은 실비(實費)의 범위에서 <u>청구인이 부담한다.</u>

③ [O] 제26조(국회에의 보고) ① <u>행정안전부장관</u>은 전년도의 정보공개 운영에 관한 보고서를 매년 정기국회 개회 전까지 <u>국회에 제출하여야 한다.</u>

④ [O] 제4조(적용 범위) ② 지방자치단체는 그 소관 사무에 관하여 법령의 범위에서 <u>정보공개에 관한 조례를 정할 수 있다.</u>

7 행정정보공개에 관한 판례의 입장으로 옳은 것은?

① 사법시험 제2차 시험의 답안지와 시험문항에 대한 채점위원별 채점 결과는 비공개정보에 해당한다.

② 청주시의회에서 의결한 청주시 행정정보공개조례안은 행정에 대한 주민의 알 권리의 실현을 그 근본내용으로 하면서도 이로 인한 개인의 권익침해 가능성을 배제하고 있으므로, 이를 들어 주민의 권리를 제한하거나 의무를 부과하는 조례라고는 단정할 수 없고 따라서 그 제정에 있어서 반드시 법률의 개별적 위임이 따로 필요한 것은 아니다.

③ 교도관이 직무 중 발생한 사유에 관하여 작성한 근무보고서는 비공개대상정보에 해당한다.

④ 학교폭력대책자치위원회의 회의록은 공개대상정보에 해당한다.

TIPS!

② 지방자치단체는 그 내용이 주민의 권리의 제한 또는 의무의 부과에 관한 사항이거나 벌칙에 관한 사항이 아닌 한 법률의 위임이 없더라도 조례를 제정할 수 있다 할 것인데 청주시의회에서 의결한 청주시행정정보공개조례안은 행정에 대한 주민의 알 권리의 실현을 그 근본내용으로 하면서도 이로 인한 개인의 권익침해 가능성을 배제하고 있으므로 이를 들어 주민의 권리를 제한하거나 의무를 부과하는 조례라고는 단정할 수 없고 따라서 그 제정에 있어서 반드시 법률의 개별적 위임이 따로 필요한 것은 아니다(대판 1992. 6. 23, 92추17)

① 시험문항에 대한 채점위원별 채점 결과가 비공개정보인 것과 달리 답안지의 경우 공개정보에 해당한다.

③ 교도관이 작성한 근무보고서는 공개대상정보에 해당한다.

④ 학교폭력대책자치위원회의 회의록은 비공개대상정보에 해당한다.

8 개인정보보호에 대한 설명으로 옳지 않은 것은?

① 정보주체는 개인정보처리자가 「개인정보 보호법」을 위반한 행위로 손해를 입으면 개인정보처리자에게 손해배상을 청구할 수 있으며, 이 경우 그 정보주체는 고의 또는 과실을 입증해야 한다.

② 「개인정보 보호법」상 '개인정보처리자'란 업무를 목적으로 개인정보파일을 운용하기 위하여 스스로 또는 다른 사람을 통하여 개인정보를 처리하는 공공기관, 법인, 단체 및 개인 등을 말한다.

③ 「개인정보 보호법」상 '개인정보'란 살아있는 개인에 관한 정보로서 사자(死者)나 법인의 정보는 포함되지 않는다.

④ 「행정절차법」도 비밀누설금지·목적 외 사용금지 등 개인의 정보보호에 관한 규정을 두고 있다.

9 「공공기관의 정보공개에 관한 법률」상 정보공개에 대한 판례의 입장으로 옳지 않은 것은?

① 국가정보원이 그 직원에게 지급하는 현금급여 및 월초수당에 관한 정보는 비공개대상 정보에 해당한다.

② 법무부령으로 제정된 「검찰보존사무규칙」상의 기록의 열람·등사의 제한규정은 구 「공공기관의 정보공개에 관한 법률」 제9조 제1항 제1호의 '다른 법률 또는 법률에 의한 명령에 의하여 비공개사항으로 규정된 경우'에 해당한다.

③ '감사·감독·검사·시험·규제·입찰계약·기술개발·인사관리·의사결정과정 또는 내부검토과정에 있는 사항 등으로서 공개될 경우 업무의 공정한 수행에 현저한 지장을 초래한다고 인정할 만한 상당한 이유가 있는 정보'란 공개될 경우 업무의 공정한 수행이 객관적으로 현저하게 지장을 받을 것이라는 고도의 개연성이 존재하는 경우를 말한다.

④ 비공개대상인 '법인 등의 경영·영업상 비밀'은 「부정경쟁방지 및 영업비밀보호에 관한 법률」 제2조 제2호에 규정된 '영업비밀'에 한하지 않고, '타인에게 알려지지 아니함이 유리한 사업활동에 관한 일체의 정보' 또는 '사업활동에 관한 일체의 비밀사항'을 말한다.

10 다음 중 「개인정보 보호법」에서 개인정보처리자가 개인정보를 수집할 수 있는 경우로 규정한 내용과 가장 거리가 먼 것은?

① 정보주체의 동의를 받은 경우

② 개인정보처리자의 경제적 이익을 달성하기 위하여 필요한 경우

③ 공공기관이 법령 등에서 정하는 소관 업무의 수행을 위하여 불가피한 경우

④ 정보주체와의 계약의 체결 및 이행을 위하여 불가피하게 필요한 경우

11 「공공기관의 정보공개에 관한 법률」상의 정보공개에 관한 설명으로 옳지 않은 것은?

① 컴퓨터에 의해 처리되는 정보도 공개대상정보로 규정되어 있다.

② 특정인을 식별할 수 있는 개인에 관한 정보는 공개할 수 없음이 원칙이다.

③ 모든 국민은 정보의 공개를 청구할 권리를 가지며, 일부 외국인도 정보공개청구가 가능하다.

④ 정보공개거부에 대한 구제수단으로 행정소송법상의 행정소송과 달리 특수한 정보공개소송을 인정하고 있다.

Answer 10.② 11.④

12 다음 중 「공공기관의 정보공개에 관한 법률」의 규정상 공개가 제한될 수 있는 정보에 해당하지 않는 것은?

① 국·공립학교에서의 성적평가에 관한 정보

② 법인 관련 정보

③ 생명·신체·재산의 보호에 관한 정보

④ 재판·범죄 관련 정보

> **TIPS!**
>
> 비공개대상정보〈공공기관의 정보공개에 관한 법률 제9조〉… 공공기관이 보유·관리하는 정보는 공개대상이 된다. 다만, 다음에 해당하는 정보에 대하여는 이를 공개하지 아니할 수 있다.
>
> ㉠ 다른 법률 또는 법률이 위임한 명령(국회규칙·대법원규칙·헌법재판소규칙·중앙선거관리위원회규칙·대통령령 및 조례에 한한다)에 의하여 비밀 또는 비공개 사항으로 규정된 정보
>
> ㉡ 국가안전보장·국방·통일·외교관계 등에 관한 사항으로서 공개될 경우 국가의 중대한 이익을 현저히 해할 우려가 있다고 인정되는 정보
>
> ㉢ 공개될 경우 국민의 생명·신체 및 재산의 보호에 현저한 지장을 초래할 우려가 있다고 인정되는 정보
>
> ㉣ 진행 중인 재판에 관련된 정보와 범죄의 예방, 수사, 공소의 제기 및 유지, 형의 집행, 교정, 보안처분에 관한 사항으로서 공개될 경우 그 직무수행을 현저히 곤란하게 하거나 형사피고인의 공정한 재판을 받을 권리를 침해한다고 인정할 만한 상당한 이유가 있는 정보
>
> ㉤ 감사·감독·검사·시험·규제·입찰계약·기술개발·인사관리·의사결정과정 또는 내부검토과정에 있는 사항 등으로서 공개될 경우 업무의 공정한 수행이나 연구·개발에 현저한 지장을 초래한다고 인정할 만한 상당한 이유가 있는 정보
>
> ㉥ 당해 정보에 포함되어 있는 성명·주민등록번호 등 개인에 관한 사항으로서 공개될 경우 개인의 사생활의 비밀 또는 자유를 침해할 우려가 있다고 인정되는 정보
>
> ㉦ 법인·단체 또는 개인의 경영·영업상 비밀에 관한 사항으로서 공개될 경우 법인 등의 정당한 이익을 현저히 해할 우려가 있다고 인정되는 정보
>
> ㉧ 공개될 경우 부동산 투기·매점매석 등으로 특정인에게 이익 또는 불이익을 줄 우려가 있다고 인정되는 정보

13 다음 중 「공공기관의 정보공개에 관한 법률」에 의한 정보공개제도의 정책 및 제도 개선사항 등에 관한 기획·총괄업무는 누가 관장하는가?

① 대통령

② 행정안전부장관

③ 기획재정부장관

④ 국무총리

> **TIPS!**
>
> ② 행정안전부장관은 이 법에 의한 정보공개제도의 정책수립 및 제도개선사항 등에 관한 기획·총괄업무를 관장한다〈공공기관의 정보공개에 관한 법률 제24조 제1항〉.

Answer 12.① 13.②

14 「공공기관의 정보공개에 관한 법률」상의 정보공개에 관한 설명으로서 옳은 것은?

① 정보공개의무를 지는 공공기관에는 국가기관과 지방자치단체만이 해당한다.

② 정보공개청구권은 해당 정보와 이해관계가 있는 자에 한해서만 인정된다.

③ 외국인에게도 국민과 동일하게 정보공개청구권이 인정된다.

④ 정보공개에 관한 결정에 불복이 있는 자는 이의신청절차를 거치지 않고도 행정심판을 청구할 수 있다.

> **TIPS!**
>
> ④ 「공공기관의 정보공개에 관한 법률」 제19조(행정심판)
> ⊙ 청구인이 정보공개와 관련한 공공기관의 결정에 대하여 불복이 있거나 정보공개 청구 후 20일이 경과하도록 정보공개 결정이 없는 때에는 「행정심판법」에서 정하는 바에 따라 행정심판을 청구할 수 있다. 이 경우 국가기관 및 지방자치단체 외의 공공기관의 결정에 대한 감독행정기관은 관계 중앙행정기관의 장 또는 지방자치단체의 장으로 한다.
> ⓛ 청구인은 같은 법 제18조(이의신청)에 따른 이의신청 절차를 거치지 아니하고 행정심판을 청구할 수 있다.
> ① 「공공기관의 정보공개에 관한 법률」상 공공기관이란 다음의 각 기관을 말한다(제2조 제3호).
> ⊙ 국가기관
> • 국회, 법원, 헌법재판소, 중앙선거관리위원회
> • 중앙행정기관(대통령 소속 기관과 국무총리 소속 기관을 포함) 및 그 소속 기관
> • 「행정기관 소속 위원회의 설치·운영에 관한 법률」에 따른 위원회
> ⓛ 지방자치단체
> ⓒ 「공공기관의 운영에 관한 법률」 제2조에 따른 공공기관
> ⓔ 「지방공기업법」에 따른 지방공사 및 지방공단
> ⓜ 그 밖에 대통령령으로 정하는 기관
> ② 「공공기관의 정보공개에 관한 법률」 제5조 제1항…모든 국민은 정보의 공개를 청구할 권리를 가진다.
> ③ 「공공기관의 정보공개에 관한 법률 시행령 제3조…국내에 일정한 주소를 두고 거주하거나 학술·연구를 위하여 일시적으로 체류하는 사람과 국내에 사무소를 두고 있는 법인 또는 단체는 정보공개를 청구할 수 있다.

Answer 14.④

15 「개인정보 보호법」에서 규정한 개인정보 보호 원칙에 대한 설명으로 틀린 것은?

① 개인정보처리자는 개인정보 처리 목적을 명확하게 하여야 하고 그 목적에 필요한 최소한의 개인정보만을 적법하고 정당하게 수집하여야 한다.

② 개인정보처리자는 개인정보의 처리 방법 및 종류 등에 따라 정보주체의 권리가 침해 받을 가능성과 그 위험 정도를 고려하여 개인정보를 안전하게 관리하여야 한다.

③ 개인정보 처리방침 등 개인정보의 처리에 관한 사항을 공개하여야 하며, 열람청구권 등 정보주체의 권리를 보장하여야 한다.

④ 개인정보는 익명처리가 불가능하므로 개인정보처리자는 정보주체의 사생활 침해를 최소화하는 방법으로 개인정보를 처리하여야 한다.

 TIPS!

④ 개인정보처리자는 개인정보의 익명처리가 가능한 경우에는 익명에 의하여, 익명처리로 목적을 달성할 수 없는 경우에는 가명에 의하여 처리될 수 있도록 하여야 한다〈개인정보 보호법 제3조 제7항〉.

16 다음 중 「개인정보 보호법」에 의하여 규정된 정보주체의 권리가 아닌 것은?

① 개인정보 보호에 관한 사항을 심의할 권리

② 개인정보의 처리에 관한 정보를 제공받을 권리

③ 개인정보에 대하여 열람을 요구할 권리

④ 개인정보의 처리로 인하여 발생한 피해를 구제받을 권리

TIPS!

정보주체의 권리〈개인정보 보호법 제4조〉
㉠ 개인정보의 처리에 관한 정보를 제공받을 권리
㉡ 개인정보의 처리에 관한 동의 여부, 동의 범위 등을 선택하고 결정할 권리
㉢ 개인정보의 처리 여부를 확인하고 개인정보에 대하여 열람(사본의 발급을 포함한다)을 요구할 권리
㉣ 개인정보의 처리 정지, 정정·삭제 및 파기를 요구할 권리
㉤ 개인정보의 처리로 인하여 발생한 피해를 신속하고 공정한 절차에 따라 구제받을 권리

Answer 15.④ 16.①

06 행정규제

section 1 의의

국가경쟁력 강화와 국민의 자율성·창의성 제고를 위해 행정규제의 정비와 완화가 필요하다. 이를 위해 종전의 「행정규제 및 민원사무기본법」을 분리하여 「행정규제기본법」과 「민원사무 처리에 관한 법률」을 제정하게 되었다.

section 2 행정규제기본법

(1) 의의

「행정규제기본법」은 행정규제에 관한 일반법이다. 이는 「행정절차법」과는 목적·취지가 상이한 법제라 할 수 있다.

(2) 행정규제의 의미

행정규제라 함은 국가 또는 지방자치단체가 특정한 행정목적을 실현하기 위해 국민의 권리를 제한하거나 의무를 부과하는 것으로 법령 등 또는 조례·규칙 등에 규정되는 사항을 말한다. 여기서 '법령 등'이라 함은 법률, 대통령령, 총리령, 부령과 그 위임에 정하여진 고시 등을 말한다.

(3) 행정규제의 기본원칙

행정규제는 법률에 근거하여야 하며 그 내용은 알기 쉬운 용어로 구체적이고 명확하게 규정되어야 한다. 또한 국민의 자유와 창의를 존중하고 최소한의 범위 안에서 객관적이고 투명하게 행해져야 한다.

(4) 규제의 등록·공표제

중앙행정기관의 장은 소관 규제의 명칭, 내용, 근거, 처리기관 등을 규제개혁위원회에 등록하여야 한다. 이를 통해 규제의 총량관리와 투명성을 확보할 수 있다.

(5) 규제영향분석

중앙행정기관의 장은 규제를 신설 또는 강화하고자 할 때에는 규제영향분석을 행해야 한다.

(6) 규제일몰제

중앙행정기관의 장은 규제를 신설하거나 강화하려는 경우에 존속시켜야 할 명백한 사유가 없는 규제는 존속기한 또는 재검토기한을 설정하여 그 법령 등에 규정하여야 한다. 규제의 존속기한 또는 재검토기한은 규제의 목적을 달성하기 위하여 필요한 최소한의 기간 내에서 설정되어야 하며, 그 기간은 원칙적으로 5년을 초과할 수 없다.

(7) 규제개혁위원회

정부의 규제정책을 심의·조정하고 규제의 심사·정비 등에 관한 사항을 종합적으로 추진하기 위하여 대통령 소속하에 규제개혁위원회를 둔다.

section 3 「민원 처리에 관한 법률」의 내용

(1) 총칙

① 목적〈민원 처리에 관한 법률 제1조〉 ··· 이 법은 민원 처리에 관한 기본적인 사항을 규정하여 민원의 공정하고 적법한 처리와 민원행정제도의 합리적 개선을 도모함으로써 국민의 권익을 보호함을 목적으로 한다.

② 정의〈민원 처리에 관한 법률 제2조〉
 ㉠ 민원인 : 행정기관에 대하여 민원을 제기하는 개인·법인 또는 단체를 말한다.
 ㉡ 민원 : 민원인이 행정기관에 대하여 처분 등 특정한 행위를 요구하는 것을 말한다.
 ㉢ 복합민원 : 하나의 민원목적을 실현하기 위하여 관계법령 등에 따라 여러 관계기관(민원사항과 관련된 단체·협회 등을 포함한다) 또는 관계부서의 허가·인가·승인·추천·협의 또는 확인 등을 거쳐 처리되는 법정민원을 말한다.

③ 적용범위〈민원 처리에 관한 법률 제3조〉 ··· 민원에 관하여 다른 법률에 특별한 규정이 있는 경우를 제외하고는 이 법이 정하는 바에 따른다.

(2) 민원의 처리

① 민원 처리 담당자의 의무〈민원 처리에 관한 법률 제4조〉 ··· 민원을 처리하는 담당자는 담당 민원을 신속·공정·친절·적법하게 처리하여야 한다.

② 민원인의 권리와 의무〈민원 처리에 관한 법률 제5조〉
 ㉠ 민원인은 행정기관에 민원을 신청하고 신속·공정·친절·적법한 응답을 받을 권리가 있다.

　　ⓒ 민원인은 민원을 처리하는 담당자의 적법한 민원처리를 위한 요청에 협조하여야 하고, 행정기관에 부당한 요구를 하거나 다른 민원인에 대한 민원처리를 지연시키는 등 공무를 방해하는 행위를 하여서는 아니 된다.

③ **민원 처리의 원칙**〈민원 처리에 관한 법률 제6조〉
　　㉠ 행정기관의 장은 관계 법령 등에서 정한 처리기간이 남아 있다거나 그 민원과 관련 없는 공과금 등을 미납하였다는 이유로 민원 처리를 지연시켜서는 아니 된다. 다만, 다른 법령에 특별한 규정이 있는 경우에는 그에 따른다.
　　㉡ 행정기관의 장은 법령의 규정 또는 위임이 있는 경우를 제외하고는 민원처리의 절차 등을 강화하여서는 아니 된다.

④ **민원의 신청**〈민원 처리에 관한 법률 제8조〉… 민원의 신청은 문서나 전자문서로 하여야 한다. 다만, 기타민원은 구술(口述) 또는 전화로 할 수 있다.

⑤ **민원의 접수**〈민원 처리에 관한 법률 제9조〉
　　㉠ 행정기관의 장은 민원의 신청을 받았을 때에는 다른 법령에 특별한 규정이 있는 경우를 제외하고는 그 접수를 보류하거나 거부할 수 없으며, 접수된 민원문서를 부당하게 되돌려 보내서는 아니 된다.

판례 민원사무처리규정상 흠결된 서류의 보완 또는 보정을 하면 이미 접수된 주요서류의 대부분을 새로 작성함이 불가피하게 되어 사실상 새로운 신청으로 보아야 할 경우에는 그 흠결서류의 접수를 거부하거나 그것을 반려할 정당한 사유가 있는 경우에 해당하여 이의 접수를 거부하거나 반려하여도 위법이 되지 않는다 (대판 1991. 6. 11. 90누8862).

　　㉡ 행정기관의 장은 민원을 접수하였을 때에는 해당 민원인에게 접수증을 내주어야 한다. 다만, 기타민원과 민원인이 직접 방문하지 아니하고 신청한 민원 및 처리기간이 '즉시'인 민원 등 대통령령으로 정하는 경우에는 접수증 교부를 생략할 수 있다.

⑥ **불필요한 서류 요구의 금지**〈민원 처리에 관한 법률 제10조〉
　　㉠ 행정기관의 장은 민원을 접수·처리할 때에 민원인에게 관계 법령 등에서 정한 구비서류 외의 서류를 추가로 요구하여서는 아니 된다.
　　㉡ 행정기관의 장은 동일한 민원서류 또는 구비서류를 복수로 받는 경우에는 특별한 사유가 없으면 원본과 함께 그 사본의 제출을 허용하여야 한다.
　　㉢ 행정기관의 장은 민원을 접수·처리할 때에 다음 각 호의 어느 하나에 해당하는 경우에는 민원인에게 관련 증명서류 또는 구비서류의 제출을 요구할 수 없으며, 그 민원을 처리하는 담당자가 직접 이를 확인·처리하여야 한다.
　　• 민원인이 소지한 주민등록증·여권·자동차운전면허증 등 행정기관이 발급한 증명서로 그 민원의 처리에 필요한 내용을 확인할 수 있는 경우
　　• 해당 행정기관의 공부(公簿) 또는 행정정보로 그 민원의 처리에 필요한 내용을 확인할 수 있는 경우
　　• 「전자정부법」에 따른 행정정보의 공동이용을 통하여 그 민원의 처리에 필요한 내용을 확인할 수 있는 경우

② 행정기관의 장은 원래의 민원의 내용 변경 또는 갱신 신청을 받았을 때에는 특별한 사유가 없으면 이미 제출되어 있는 관련 증명서류 또는 구비서류를 다시 요구하여서는 아니 된다.

(3) 처리결과의 통지, 민원 1회 방문 처리제, 이의신청

① 처리결과의 통지〈민원 처리에 관한 법률 제27조〉

ㄱ 행정기관의 장은 접수된 민원에 대한 처리를 완료한 때에는 그 결과를 민원인에게 문서로 통지하여야 한다. 다만, 기타민원의 경우와 통지에 신속을 요하거나 민원인이 요청하는 등 대통령령으로 정하는 경우에는 구술 또는 전화로 통지할 수 있다.

ㄴ 행정기관의 장은 민원의 처리결과를 통지할 때에 민원의 내용을 거부하는 경우에는 거부 이유와 구제절차를 함께 통지하여야 한다.

ㄷ 행정기관의 장은 민원의 처리결과를 허가서 · 신고필증 · 증명서 등의 문서(전자문서 및 전자화문서 제외)로 민원인에게 직접 교부할 필요가 있는 때에는 그 민원인 또는 그 위임을 받은 자임을 확인한 후에 이를 교부하여야 한다.

② 민원 1회 방문 처리제의 시행〈민원 처리에 관한 법률 제32조〉

ㄱ 행정기관의 장은 복합민원을 처리할 때에 그 행정기관의 내부에서 할 수 있는 자료의 확인, 관계 기관 · 부서와의 협조 등에 따른 모든 절차를 담당 직원이 직접 진행하도록 하는 민원 1회 방문 처리제를 확립함으로써 불필요한 사유로 민원인이 행정기관을 다시 방문하지 아니하도록 하여야 한다.

ㄴ 행정기관의 장은 민원 1회 방문 처리에 관한 안내와 상담의 편의를 제공하기 위하여 민원 1회 방문 상담창구를 설치하여야 한다.

ㄷ 민원 1회 방문 처리제 시행 절차
• 민원 1회 방문 상담창구의 설치 · 운영
• 민원후견인의 지정 · 운영
• 복합민원을 심의하기 위한 실무기구의 운영
• 실무기구의 심의결과에 대한 민원조정위원회의 재심의(再審議)
• 행정기관의 장의 최종 결정

③ 거부처분에 대한 이의신청〈민원 처리에 관한 법률 제35조〉

ㄱ 법정민원에 대한 행정기관의 장의 거부처분에 불복하는 민원인은 그 거부처분을 받은 날부터 60일 이내에 그 행정기관의 장에게 문서로 이의신청을 할 수 있다.

ㄴ 행정기관의 장은 이의신청을 받은 날부터 10일 이내에 그 이의신청에 대하여 인용 여부를 결정하고 그 결과를 민원인에게 지체 없이 문서로 통지하여야 한다. 다만, 부득이한 사유로 정하여진 기간 이내에 인용 여부를 결정할 수 없을 때에는 그 기간의 만료일 다음 날부터 기산(起算)하여 10일 이내의 범위에서 연장할 수 있으며, 연장 사유를 민원인에게 통지하여야 한다.

ⓒ 민원인은 이의신청 여부와 관계없이 「행정심판법」에 따른 행정심판 또는 「행정소송법」에 따른 행정소송을 제기할 수 있다.

(4) 민원행정제도의 개선

① **민원제도의 개선**〈민원 처리에 관한 법률 제39조〉

ㄱ 행정기관의 장은 민원제도에 대한 개선안을 발굴·개선하도록 노력하여야 한다.

ㄴ 행정기관의 장은 개선한 내용을 대통령령으로 정하는 바에 따라 행정안전부장관에게 통보하여야 한다.

ㄷ 행정기관의 장과 민원을 처리하는 담당자는 민원제도에 대한 개선안을 행정안전부장관 또는 그 민원의 소관 행정기관의 장에게 제출할 수 있다.

ㄹ 행정안전부장관은 제출받은 개선안을 검토하여 필요한 경우에는 그 소관 행정기관의 장에게 통보하여 검토하도록 하여야 한다.

ㅁ 개선안을 제출·통보받은 소관 행정기관의 장은 그 수용 여부를 결정하여야 하며, 행정안전부장관은 행정기관의 장이 수용하지 아니하기로 한 사항 중 개선할 필요성이 있다고 인정되는 사항에 대하여는 소관 행정기관의 장에게 개선을 권고할 수 있다.

ㅂ 행정기관의 장이 행정안전부장관으로부터 권고 받은 사항을 수용하지 아니하는 경우 행정안전부장관은 민원제도개선조정회의에 심의를 요청할 수 있다.

② **민원의 실태조사 및 간소화**〈민원 처리에 관한 법률 제41조〉… 중앙행정기관의 장은 매년 그 기관이 관장하는 민원의 처리 및 운영 실태를 조사하여야 하며, 조사 결과에 따라 소관 민원의 구비서류, 처리절차 등의 간소화 방안을 마련하여야 한다.

③ **확인·점검·평가 등**〈민원 처리에 관한 법률 제42조〉… 행정안전부장관은 효과적인 민원행정 및 제도의 개선을 위하여 필요하다고 인정할 때에는 행정기관에 대하여 민원의 개선 상황과 운영 실태를 확인·점검·평가할 수 있고, 확인·점검·평가 결과 민원의 개선에 소극적이거나 이행 상태가 불량하다고 판단되는 경우 국무총리에게 이를 시정하기 위하여 필요한 조치를 건의할 수 있다.

④ **행정기관의 협조**〈민원 처리에 관한 법률 제43조〉… 행정기관의 장은 이 법에 따라 행정안전부장관이 실시하는 민원 관련 자료수집과 민원제도 개선사업에 적극 협조하여야 한다.

⑤ **민원행정에 관한 여론 수집**〈민원 처리에 관한 법률 제44조〉… 행정안전부장관은 행정기관의 민원 처리에 관하여 필요한 경우 국민들의 여론을 수집하여 민원행정제도 및 그 운영의 개선에 반영할 수 있다.

⑥ **국민제안의 처리**〈민원 처리에 관한 법률 제45조〉… 중앙행정기관의 장, 지방자치단체의 장 등 대통령령으로 정하는 행정기관의 장은 정부시책이나 행정제도 및 그 운영의 개선에 관한 국민제안을 접수·처리하여야 한다.

1 다음 중 「행정규제기본법」의 내용이 아닌 것은?

① 종전의 「행정규제 및 민원사무기본법」을 분리하여 「행정규제기본법」과 「민원사무 처리에 관한 법률」을 제정하게 되었다.

② 중앙행정기관의 장은 소관 규제의 명칭, 내용, 근거, 처리기관 등을 규제개혁위원회에 등록하여야 한다.

③ 중앙행정기관의 장은 규제의 존속기한 또는 재검토기한을 연장할 필요가 있는 때에는 당해 규제의 존속기한 또는 재검토기한이 도래하기 1년까지 위원회에 심사를 요청하여야 한다.

④ 국가 또는 지방자치단체는 국민의 자유와 창의를 존중하고, 규제를 정하는 경우에도 그 본질적 내용을 침해하지 아니하도록 하여야 한다.

> **TIPS!**
> ③ 6개월 전까지 위원회에 심사를 요청하여야 한다〈행정규제기본법 제8조 제3항〉.

2 다음 중 「행정규제기본법」에 관한 설명으로 옳지 않은 것은?

① 국가경쟁력 강화와 국민의 자율성 · 창의성 제고를 위해 행정규제의 정비와 완화가 필요하다.

②「행정규제기본법」은 행정규제에 관한 일반법이다.

③ 규제의 등록 · 공표제와 규제일몰제가 시행되고 있다.

④ 규제의 존속기간 또는 재검토기한은 원칙적으로 10년을 초과할 수 없다.

> **TIPS!**
> ④ 규제의 존속기한 또는 재검토기한은 규제의 목적을 달성하기 위하여 필요한 최소한의 기간 내에서 설정되어야 하며 그 기간은 원칙적으로 5년을 초과할 수 없다〈행정규제기본법 제8조 제2항〉.

3 다음 중 「민원 처리에 관한 법률」에 대한 내용 중 옳지 않은 것은?

① 민원이라 함은 민원인이 행정기관에 대하여 처분 등 특정한 행위를 요구하는 것을 말한다.

② 행정기관의 장은 민원의 신청에 필요한 사항을 게시하거나 편람을 비치하여 민원인이 이를 볼 수 있도록 하여야 한다.

③ 민원사항의 신청은 반드시 문서로만 하여야 한다.

④ 법정민원에 대한 행정기관의 장의 거부처분에 대하여 불복이 있는 민원인은 그 거부처분을 받은 날부터 60일 이내에 그 행정기관의 장에게 문서로 이의신청을 할 수 있다.

Answer 1.③ 2.④ 3.③

4 다음 중 「민원 처리에 관한 법률」에서 정의하고 있는 용어에 대한 설명이 옳지 않은 것은?

① 민원인이란 행정기관에 대하여 처분 등 특정한 행위를 요구하는 개인 · 법인 또는 단체를 말한다.

② 민원이란 민원인이 행정기관에 대하여 처분 등 특정한 행위를 요구하는 것을 말한다.

③ 복합민원이란 둘 이상의 민원목적을 실현하기 위하여 관계법령 등에 의하여 관계기관 또는 관계부서의 허가 · 인가 · 승인 · 추천 · 협의 또는 확인 등을 거쳐 처리되는 민원사무를 말한다.

④ 무인민원발급창구란 행정기관의 장이 행정기관 또는 공공장소 등에 설치하여 민원인이 직접 민원문서를 교부받을 수 있도록 하는 전자장비를 말한다.

5 「민원 처리에 관한 법률」에 대한 내용으로 옳지 않은 것은?

① 민원을 처리하는 담당자는 담당 민원을 신속 · 공정 · 친절 · 적법하게 처리하여야 한다.

② 행정기관의 장은 민원실에 민원의 신청에 필요한 사항을 게시하거나 편람을 비치하여 편의를 제공하여야 한다.

③ 행정기관의 장은 민원에 대한 처리결과를 민원인에게 문서로만 통지할 수 있다.

④ 행정기관의 장은 법령의 규정 또는 위임이 있는 경우를 제외하고는 민원 처리의 절차 등을 강화하여서는 아니 된다.

Answer 4.③ 5.③

PART

03

행정의 실효성 확보수단

01 의의

기출 2010. 6. 12. 서울특별시

다음 중 행정상 강제집행의 수단이 아닌 것은?

① 행정상 즉시강제
② 행정상 강제징수
③ 대집행
④ 직접강제
⑤ 이행강제금

section 1 개념

행정은 공익의 실현을 목적으로 하는 국가작용이므로 국민에 대하여 일정한 의무를 부과하거나 일정한 행위를 금지하는 경우가 많으며 이를 실효성 있게 확보하기 위해 여러가지 수단이 인정되고 있다. 이를 행정의 실효성 확보수단 또는 행정의 의무이행 확보수단이라 한다.

section 2 종류

행정의 의무이행확보수단으로는 직접적 의무이행확보수단과 간접적 의무이행확보수단이 있다. 직접적 의무이행확보수단으로는 강제집행과 즉시강제가 있고 간접적 의무이행확보수단으로는 행정벌과 기타 새로운 수단이 있다.

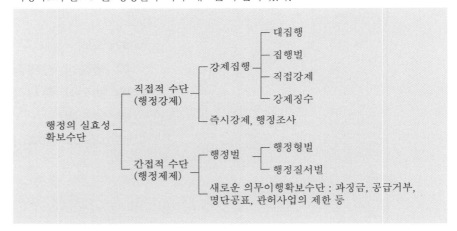

1 다음 중 행정강제에 대한 내용으로 옳은 것은?

① 직접강제는 의무불이행의 경우에 직접 의무자의 신체 또는 재산에 실력을 가하여 의무의 이행이 있는 것과 동일한 상태를 실현하는 작용이다.
② 즉시강제는 행정상 의무의 불이행에 대하여 장래에 향하여 실력으로 그 의무를 이행시키는 작용이다.
③ 행정상 강제징수에 대한 일반법으로 「국세기본법」이 있다.
④ 대집행은 법률에 의해 직접 명해진 행위가 이행되지 않는 경우에는 곧바로 행하는 것이 원칙이다.

 TIPS!

② 행정상 의무의 불이행에 대하여 장래에 향하여 실력으로 그 의무를 이행시키는 것은 강제집행이다.
③ 행정상 강제징수에 대한 일반법은 국세징수법이다.
④ 대집행은 일정한 절차하에 인정된다. 곧바로 행할 수 없으며 원칙적으로 상당한 이행기간을 부여하여야 한다.
※ 행정의 의무이행확보수단
　㉠ 직접적 의무이행확보수단(행정강제)
　　• 강제집행 : 대집행, 집행벌, 직접강제, 강제징수
　　• 즉시강제(행정조사)
　㉡ 간접적 의무이행확보수단
　　• 행정벌 : 행정형벌, 행정질서벌
　　• 새로운 의무이행확보수단 : 금전적 제재, 공급거부, 명단의 공포, 관허사업의 제한, 차량 등의 사용금지, 수익적 행정행위의 철회, 해외여행의 제한, 세무조사

2 다음 중 행정의 실효성 확보를 위한 직접적 수단이 아닌 것은?

① 강제징수　　　　　　　　　　　② 즉시강제
③ 대집행　　　　　　　　　　　　④ 과징금

TIPS!

④ 과징금은 새로운 의무이행확보수단으로서 간접적인 수단에 해당한다.

Answer 1.① 2.④

3 다음 중 행정의 실효성 확보를 위한 수단 중 성격이 다른 하나는?

① 집행벌   ② 강제징수
③ 행정질서벌   ④ 행정조사

TIPS!
③ 간접적 수단(행정제재)
①②④ 직접적 수단(행정강제)

4 행정상 강제집행에 관한 설명으로 옳지 않은 것은?

① 사업장의 폐쇄, 외국인의 강제퇴거는 직접강제의 예에 해당한다.
② 행정법상의 의무를 명할 수 있는 명령권의 근거가 되는 법은 동시에 행정강제의 근거가 될 수 있다.
③ 행정상 강제집행 수단으로는 대집행과 강제징수가 일반적으로 인정되고 직접강제와 집행벌은 예외적으로만 인정된다.
④ 허가권자는 「건축법」상의 이행강제금 부과처분을 받은 자가 이행강제금을 납부기한까지 내지 아니하면 「지방세외수입금의 징수 등에 관한 법률」에 따라 징수한다.

TIPS!
② 일반적 견해에 의하면 의무를 명할 수 있는 행위와 행정강제는 그 성질이 다르기 때문에 각각의 행위에 대하여 각각의 법적 근거를 요구한다.

5 의료법 제87조는 면허증을 대여한 자에 대하여 5년 이하의 징역 또는 2천만 원 이하의 벌금에 처하는 것으로 규정하고 있다. 이에 대한 설명으로 옳지 않은 것은?

① 행정벌 가운데 행정형벌을 규정한 것이다.
② 형사소송절차에 의하여 과벌된다.
③ 행정행위의 실효성을 확보함에 있어서 간접적인 의무이행 확보수단이 된다.
④ 대여행위가 있기만 하면 고의 또는 과실이 없는 자도 처벌의 대상이 된다.

TIPS!
④ 행정형벌은 죄형법정주의가 적용되며 형법 제8조에 의하여 다른 법률에 특별한 규정이 없는 한 형법이 적용되므로 고의 또는 과실이 없으면 처벌의 대상이 되지 않는다.

Answer 3.③ 4.② 5.④

02 행정상 강제집행

기출PLUS

section 1 의의

(1) 개념

행정상 강제집행이란 법령 또는 행정처분에 의하여 과하여진 행정상의 의무를 의무자가 이행하지 않을 경우 행정청이 그 의무자의 신체·재산에 실력을 가하여 장래에 향하여 그 의무를 이행시키거나 또는 이행된 것과 같은 상태를 실현하는 작용을 말한다.

(2) 구별개념

① **행정상 즉시강제와의 구별** … 행정상 강제집행은 의무의 존재 및 그 불이행을 전제로 하는 점에서 급박한 경우 의무의 존재 없이도 행정목적을 위해 행해지는 행정상 즉시강제와 구별된다.

② **행정벌과의 구별** … 행정상 강제집행은 장래에 대한 의무이행수단인 반면, 행정벌은 과거의 의무불이행에 대한 제재로서 과하여지고 심리적 강제에 의하여 간접적으로 의무이행을 담보하여 주는 기능을 수행한다. 따라서 양자는 그 목적과 성질이 다르므로 이를 병과할 수 있다.

③ **민사상 강제집행과의 구별** … 민사법관계에서는 의무불이행의 경우 민사소송에 의해 집행할 권리의 확인을 구하고 그 집행명의에 기하여 국가의 집행기관에 의한 강제집행을 구하여야 한다. 그러나 행정상 강제집행은 행정권의 스스로의 판단과 수단에 의하여 당해 의무를 강제로 실현시킨다는 점에서 차이가 난다.

(3) 법적 근거

① **이론적 근거** … 행정상 강제집행은 권력적 행정작용이므로 반드시 법령의 근거를 요한다. 종래 일부 견해에 의하면 행정권에게 명령권이 부여된 법에 의하여 행정권은 스스로 강제할 수 있는 권능이 부여되었다 하여 강제권의 근거는 별도로 필요없다는 견해도 있었으나(직권집행설 또는 직권강제설), 지금은 원칙적으로 별도의 법적 근거를 요한다고 본다(법규설 또는 법적 실효설).

② **실정법적 근거** … 현행 실정법으로는 대집행의 일반법인 「행정대집행법」이 있고 행정상 강제징수의 일반법인 「국세징수법」이 있다. 그 외 단행법으로서 「출입국관리법」, 「공익사업을 위한 토지 등의 취득 및 보상에 관한 법률」 등이 있다.

기출 2016. 4. 9. 인사혁신처

행정상 강제집행에 대한 설명으로 옳은 것은? (다툼이 있는 경우 판례에 의함)

① 법령에 의해 행정대집행의 절차가 인정되는 경우에도 행정청은 따로 민사소송의 방법으로 시설물의 철거를 구할 수 있다.

② 행정대집행을 함에 있어 비상시 또는 위험이 절박한 경우에 당해 행위의 급속한 실시를 요하여 절차를 취할 여유가 없을 때에는 계고 및 대집행영장 통지 절차를 생략할 수 있다.

③ 체납자에 대한 공매통지는 체납자의 법적 지위나 권리·의무에 직접적인 영향을 주는 행정처분에 해당한다.

④ 사망한 건축주에 대하여 「건축법」상 이행강제금이 부과된 경우 그 이행강제금 납부의무는 상속인에게 승계된다.

◀ 정답 ②

(4) 종류

행정상 강제집행의 종류로는 대집행, 집행벌, 직접강제, 행정상 강제징수가 있다. 우리나라에서는 대집행과 강제징수만이 일반적으로 인정되고, 집행벌과 직접강제는 개별 법령에서 예외적으로 인정되고 있다.

section 2 대집행

(1) 의의

대집행이란 법령 또는 행정처분에 의하여 명하여진 대체적 작위의무를 의무자가 이행하지 않는 경우 당해 행정청이 스스로 그 의무를 행하거나 제3자로 하여금 이를 행하게 하고 그 비용을 의무자로부터 징수하는 행위를 말한다. 이는 대체적 의무에만 적용되므로 일신전속적인 비대체적 의무의 불이행시에는 행할 수 없고 작위의무에만 적용되므로 부작위의무의 불이행시에는 행할 수 없다.

대집행의 대상이 되는 경우 (대체적 작위의무)	대집행의 대상이 되지 않는 경우
• 위법건물철거의무 • 교통장해물제거의무 • 위험축대파괴의무 • 불법광고판철거의무 • 건물의 이전·개량·청소의무	• 비대체적 작위의무 : 증인출석의무, 의사의 진료의무, 전문가의 감정의무, 토지·건물의 인도의무, 건물명도의무, 국유지퇴거의무 • 부작위의무 : 허가 없이 영업하지 아니할 의무, 야간통행금지의무 • 수인의무 : 전염병 예방접종, 신체검사, 건강진단 받을 의무

판례 명도의무는 그것을 강제적으로 실현하면서 직접적인 실력행사가 필요한 것이지 대체적 작위의무라고 볼 수 없으므로 특별한 사정이 없는 한 행정대집행법에 의한 대집행의 대상이 될 수 있는 것이 아니다(대판 2005. 8. 19. 2004다2809).

(2) 직접강제와의 구별

행정청이 실력을 행사한다는 점에서 직접강제와의 구별이 쉽지 않다. 다만, 대집행은 대체적 작위의무에만 적용되고 계고·통지·실행·비용징수 등 일정한 절차를 거치나, 직접강제는 대체적·비대체적, 작위·부작위를 불문하고 모든 의무 위반에 적용되고 별도의 절차 없이 바로 실행된다는 점에서 구별된다.

(3) 법적 근거

일반법으로서 「행정대집행법」이 있고 개별법으로서 「공익사업을 위한 토지등의 취득 및 보상에 관한 법률」, 「건축법」 등이 있다.

(4) 성질

대집행은 재량행위이므로 대체적 작위의무의 불이행이 있더라도 대집행을 할 것인지의 여부는 행정청이 결정하며 대집행을 하지 않는 경우에도 이를 이유로 소송을 제기할 수 없다.

(5) 주체

대집행의 주체는 의무를 부과하는 처분을 한 당해 행정청이다. 그러나 대집행의 실행행위는 행정청 외에 제3자에 의해서도 가능하다고 인정한다. 이때 행정청과 제3자의 관계를 공법관계로 보는 견해와 사법상 도급계약관계로 보는 견해가 있다.

(6) 요건

「행정대집행법」 제2조는 '법률에 의하여 직접 명령되었거나 또는 법률에 의거한 행정청의 명령에 의한 행위로서 타인이 대신하여 행할 수 있는 행위를 의무자가 이행하지 아니하는 경우 다른 수단으로써 그 이행을 확보하기 곤란하고 또한 그 불이행을 방치함이 심히 공익을 해할 것으로 인정되는 때에는 당해 행정청은 스스로 의무자가 하여야 할 행위를 하거나 또는 제3자로 하여금 이를 하게 하여 그 비용을 의무자로부터 징수할 수 있다.'고 규정하고 있다.

① 대체적 작위의무의 불이행

  ㉠ 의무의 기초 : 법령에 의하여 직접 부과된 의무와 법령에 기한 행정청의 처분에 의하여 부과된 의무 모두를 포함한다.

  ㉡ 대체적 작위의무 : 대집행의 대상이 되는 의무는 타인이 대신 행할 수 있는 대체적인 의무이어야 한다. 따라서 일신전속적인 의무는 대집행의 대상이 되지 않는다. 또한 작위의무이어야 하므로 일정한 행위를 하지 말아야 할 부작위의무는 대집행의 대상이 되지 않는다.

판례 행정대집행법상 대집행의 대상이 되는 대체적 작위의무는 공법상 의무이어야 할 것인데, 구 공공용지의 취득 및 손실보상에 관한 특례법(2002. 2. 4. 법률 제6656호 공익사업을 위한 토지 등의 취득 및 보상에 관한 법률 부칙 제2조로 폐지)에 따른 토지 등의 협의취득은 공공사업에 필요한 토지 등을 그 소유자와의 협의에 의하여 취득하는 것으로서 공공기관이 사경제주체로서 행하는 사법상 매매 내지 사법상 계약의 실질을 가지는 것이므로, 그 협의취득시 건물소유자가 매매대상 건물에 대한 철거의무를 부담하겠다는 취지의 약정을 하였다고 하더라도 이러한 철거의무는 공법상의 의무가 될 수 없고, 이 경우에도 행정대집행법을 준용하여 대집행을 허용하는 별도의 규정이 없는 한 위와 같은 철거의무는 행정대집행법에 의한 대집행의 대상이 되지 않는다(대판 2006. 10. 13. 2006두7096).

기출PLUS

기출 2018. 10. 13. 소방공무원

행정의 실효성 확보수단에 관한 설명으로 옳지 않은 것은? (다툼이 있는 경우 판례에 의함)

① 건물의 명도의무는 대집행의 대상이 될 수 없다.

② 위법건축물에 대한 철거 대집행계고처분에 불응하여 제2차 계고를 한 경우 제2차 계고는 행정처분이 아니므로 행정쟁송의 대상이 될 수 없다.

③ 이행강제금은 대체적 작위의무에 대해서도 부과할 수 있다.

④ 이행강제금은 형벌과 병과할 수 없다.

〉정답 ④

기출PLUS

기출 2021. 4. 17. 인사혁신처

행정의 실효성 확보수단의 예와 그
법적 성질의 연결이 옳지 않은 것은?
(다툼이 있는 경우 판례에 의함)

① 「건축법」에 따른 이행강제금의
부과 – 집행벌
② 「식품위생법」에 따른 영업소 폐
쇄 – 직접강제
③ 「공유재산 및 물품 관리법」에
따른 공유재산 원상복구명령의
강제적 이행 – 즉시강제
④ 「부동산등기 특별조치법」에 따
른 과태료의 부과 – 행정벌

◀정답 ③

판례 구 토지수용법제18조의2 제2항에 위반하여 공작물을 축조하고 물건을 부가한 자에 대하여 관리청은 이러한 위반행위에 의하여 생긴 유형적 결과의 시정을 명하는 행정처분을 하여 이에 따르지 않는 경우에는 행정대집행의 방법으로 그 의무내용을 실현할 수 있는 것이고, 이러한 행정대집행의 절차가 인정되는 경우에는 따로 민사소송의 방법으로 공작물의 철거, 수거 등을 구할 수는 없다(대판 2000. 5. 12. 99다18909).

ⓒ **부작위의무의 작위의무로의 전환** : 부작위의무 위반을 이유로 바로 대집행을 행할 수 없으므로 당해 부작위의무 위반의 시정을 명하여 작위의무로 전환한 다음 이를 이행하지 않을 경우 대집행을 실행해야 한다(통설·판례). 예컨대 도로·공원 등에 불법공작물을 설치한 경우, 불법공작물설치금지는 부작위의무이므로 이를 철거하도록 작위의무를 부과한 다음 이를 철거하지 않는 경우에 비로소 대집행을 실행해야 한다.

ⓓ **토지·건물의 인도** : 일반적으로 대체가능한 물건인 경우에는 그 대체물을 인도하고 의무자로부터 그에 상당하는 금액을 징수하는 방법으로 대집행을 할 수 있으나 사람이 불법점유 또는 거주하고 있는 토지·건물의 경우에는 대집행을 통해 강제로 퇴거시킬 수 없으므로 이는 대집행의 대상이 되지 않는다.

판례 도시공원시설인 매점의 관리청이 그 공동점유자 중의 1인에 대하여 소정의 기간 내에 위 매점으로부터 퇴거하고 이에 부수하여 그 판매 시설물 및 상품을 반출하지 아니할 때에는 이를 대집행하겠다는 내용의 계고처분은 그 주된 목적이 매점의 원형을 보존하기 위하여 점유자가 설치한 불법 시설물을 철거하고자 하는 것이 아니라, 매점에 대한 점유자의 점유를 배제하고 그 점유이전을 받는 데 있다고 할 것인데, 이러한 의무는 그것을 강제적으로 실현함에 있어 직접적인 실력행사가 필요한 것이지 대체적 작위의무에 해당하는 것은 아니어서 직접강제의 방법에 의하는 것은 별론으로 하고 행정대집행법에 의한 대집행의 대상이 되는 것은 아니다(대판 1998. 10. 23. 97누157).

판례 공유재산 및 물품 관리법 제83조 제1항은 "지방자치단체의 장은 정당한 사유 없이 공유재산을 점유하거나 공유재산에 시설물을 설치한 경우에는 원상복구 또는 시설물의 철거 등을 명하거나 이에 필요한 조치를 할 수 있다."라고 규정하고, 제2항은 "제1항에 따른 명령을 받은 자가 그 명령을 이행하지 아니할 때에는 '행정대집행법'에 따라 원상복구 또는 시설물의 철거 등을 하고 그 비용을 징수할 수 있다."라고 규정하고 있다.

위 규정에 따라 지방자치단체장은 행정대집행의 방법으로 공유재산에 설치한 시설물을 철거할 수 있고, 이러한 행정대집행의 절차가 인정되는 경우에는 민사소송의 방법으로 시설물의 철거를 구하는 것은 허용되지 아니한다(대판 2017. 4. 13., 2013다207941).

② **다른 수단으로는 그 이행확보가 곤란할 것**(보충성의 원칙) … 불이행된 의무에 대하여 다른 수단으로는 이행을 확보하기가 곤란하여야 한다. 즉 의무이행확보에 침익성이 적은 다른 수단이 있는 경우에는 그에 의하여야 하고 다른 수단이 없을 때 비로소 대집행을 행해야 한다. 이는 비례의 원칙 중 최소침해의 원칙을 명문화한 것이라 할 수 있다.

③ **불이행의 방치가 심히 공익을 해할 것** : 그 불이행을 방치함이 심히 공익을 해하는 것이어야 한다. 이는 구체적인 사안에 따라 개별적으로 판단해야 한다. 판례는 무허가로 불법건축되어 철거할 의무가 있는 건축물의 경우 건축행정의 원활한 수행을 위태롭게 할 우려가 있고 소방시설관련 규정을 회피하는 등 공익을 해칠 우려가 매우 크므로 이는 공익을 심히 해하는 경우에 당한다고 한 바 있다.

④ **재량행위** … 「행정대집행법」 제2조는 '~할 수 있다.'라고 규정하여 대집행이 재량행위에 해당함을 밝히고 있다. 따라서 대집행의 요건이 충족된 경우에도 행정청은 대집행을 할 것인지의 여부에 대해서는 재량적 판단을 할 수 있으며 대집행을 행하지 않더라도 이해관계자는 그 부작위의 위법을 이유로 제소할 수 없다.

(7) 대집행절차

① 계고

ㄱ **의의** : 대집행을 하려면 미리 상당한 이행 기간을 정하여 그 기한까지 이행되지 않을 때에는 대집행을 한다는 뜻을 문서로써 계고하여야 한다. 단, 예외적으로 긴급을 요하거나 위험이 임박한 경우에는 계고 없이 대집행을 할 수 있다.

ㄴ **성질** : 통지로서 준법률행위적 행정행위이므로 위법한 계고에 대해서는 취소소송을 제기할 수 있다(통설·판례). 다만, 계고처분에 대한 취소소송의 변론종결 전에 대집행의 실행이 완료되면 소의 이익이 없으므로 당해 취소소송은 각하된다. 대집행의 요건은 계고 시 이미 충족되어야 한다.

판례 '계고서'라는 명칭의 1장의 문서로서 일정기간 내에 위법건축물의 자진철거를 명함과 동시에 그 소정기간 내에 자진철거를 하지 아니할 때에는 대집행할 뜻을 미리 계고한 경우라도 「건축법」에 의한 철거명령과 「행정대집행법」에 의한 계고처분은 독립하여 있는 것으로 각 그 요건이 충족되었다고 볼 것이다(대판 1992. 6. 12, 91누13564).

판례 대집행법상의 건물철거의무는 제1차 철거명령 및 계고처분으로서 발생하였고 제2차, 제3차의 계고처분은 새로운 철거의무를 부과한 것이 아니고 다만 대집행기한의 연기통지에 불과하므로 행정처분이 아니다(대판 1994. 10. 28. 94누5144).

② 대집행영장에 의한 통지

ㄱ **의의** : 의무자가 계고를 받고도 지정기한까지 그 의무를 이행하지 않을 때에는 행정청은 대집행영장으로써 대집행을 할 시기, 대집행 책임자의 성명, 대집행비용 등을 의무자에게 통지하여야 한다. 다만, 비상시 또는 위험이 임박한 경우에는 이를 생략할 수 있다.

ㄴ **성질** : 준법률행위적 행정행위에 해당하므로 독자적인 취소소송의 대상이 된다.

③ 대집행의 실행

ㄱ **의의** : 물리적 실력으로 의무가 이행된 상태를 실현하는 것을 말한다. 대집행의 실행은 행정청 또는 제3자가 집행한다.

ㄴ **성질** : 권력적 사실행위로서 「행정소송법」상의 처분에 해당하므로 이를 대상으로 취소소송을 제기할 수 있다. 의무자가 이에 저항할 때에는 「형법」상 공무집행방해죄가 성립한다.

④ 비용징수

ㄱ **의의** : 대집행에 소요된 모든 비용은 의무자에게 그 금액과 납부기일을 정하여 문서로써 납부 고지함으로서 징수한다. 의무자가 이를 납부하지 않을 때에는 「국세징수법」상 국세체납처분의 예에 따라 강제 징수한다. 징수된 비용은 사무비의 소속에 따라 국고 또는 지방자치단체의 수입으로 한다.

ⓒ 성질 : 처분에 해당되어 행정소송의 대상이 된다.

(8) 대집행에 대한 구제

① 대집행의 실행완료 전
  ㉠ 대집행에 대하여는 행정심판을 제기할 수 있다.
  ㉡ 행정심판임의주의에 따라 행정심판을 거치지 않고 바로 행정소송을 제기할 수 있다.
  ㉢ 각각의 단계가 행정소송의 대상이 되는가가 문제되는데 계고와 대집행영장의 통지는 준법률행위적 행정행위, 대집행의 실행은 권력적 사실행위로서 모두 「행정소송법」상 처분에 해당한다. 따라서 이들 각각을 대상으로 취소소송이 가능하다.

② 대집행의 실행완료 후 … 대집행의 실행행위 역시 「행정소송법」상 처분에 해당하여 취소소송의 대상이 되나 이는 성질상 단기간에 종료되는 것이 보통이므로 취소소송을 제기하는 실익이 없어 각하되는 경우가 대부분이다. 따라서 대집행의 실행이 종료된 후에는 손해배상청구소송이나 원상회복 또는 결과제거청구 등이 가능하다.

section 3 집행벌(이행강제금)

(1) 의의

집행벌이란 비대체적 작위의무 또는 부작위의무를 이행하지 않는 경우에 일정한 기한까지 의무를 이행하지 않으면 과태료 등을 과할 것을 계고함으로써 의무자에게 심리적 압박을 가하여 그 이행을 간접적으로 강제하기 위하여 부과하는 금전부담을 말한다.

(2) 구별개념

① 대집행과의 구별 … 대집행은 직접적·물리적 강제수단이지만, 집행벌은 금전적인 제재수단이다. 또한 대집행은 대체적 작위의무에만 적용되나, 집행벌은 비대체적 작위·부작위의무에 적용된다.

② 행정벌과의 구별 … 집행벌은 장래의 의무이행을 확보하는 수단이나, 행정벌은 과거의 의무 위반에 대한 제재이다. 따라서 양자는 병과될 수 있다.

③ 형벌과의 구별 … 형벌은 구체적 범죄사실에 대한 제재이고, 이행강제금은 부작위의무 등에 대한 이행의 강제로서 하나의 행위에 대하여 형벌과 이행강제금이 병과할 수 있고, 이 경우 이중처벌금지의 원칙에 위반되는 것은 아니다.

(3) 특징

집행벌은 의무불이행의 상태가 계속되는 경우에는 법정최고액의 한도 내에서 의무이행 시까지 반복부과가 가능하다.

(4) 실정법상 예(개별법에서 예외)

① 「건축법」상 이행강제금 … 「건축법」상의 불법건축물에 대한 시정명령을 이행하지 않으면 이행강제금을 부과·징수한다는 뜻을 미리 문서로써 계고하고 그 기한까지 이를 행하지 않을 경우에는 이행강제금을 부과할 수 있다. 이는 1년에 2회 이내의 범위 안에서 해당 지방자치단체의 조례로 정하는 횟수만큼 그 이행시까지 반복하여 부과할 수 있다.

판례 전통적으로 행정대집행은 대체적 작위의무에 대한 강제집행수단으로, 이행강제금은 부작위의무나 비대체적 작위의무에 대한 강제집행수단으로 이해되어 왔으나, 이는 이행강제금제도의 본질에서 오는 제약은 아니며, 이행강제금은 대체적 작위의무의 위반에 대하여도 부과될 수 있다. 현행 건축법상 위법건축물에 대한 이행강제수단으로 대집행과 이행강제금이 인정되고 있는데, 양 제도는 각각의 장·단점이 있으므로 행정청은 개별사건에 있어서 위반내용, 위반자의 시정의지 등을 감안하여 대집행과 이행강제금을 선택적으로 활용할 수 있으며, 이처럼 그 합리적인 재량에 의해 선택하여 활용하는 이상 중첩적인 제재에 해당한다고 볼 수 없다.

② 「농지법」상의 이행강제금, 「장사 등에 관한 법률」상의 이행강제금 등 계속해서 도입되고 있다.

(5) 이행강제금의 부과절차

① 시정명령의 불이행 … 건축허가권자는 시정명령을 받은 후 시정기간 내에 시정명령을 이행하지 아니한 건축주 등에 대하여 그 시정명령의 이행에 필요한 상당한 이행기간을 정하여 그 기한까지 시정명령을 이행하지 아니하면 이행강제금을 부과한다. 또한 그 이행강제금의 부과는 문서로 계고해야한다. (건축법 제79조, 제80조) 즉 우선 행정청이 시정명령을 하명하고 상당한 기간동안 불이행시 행정청은 문서로 계고하여 이행강제금을 부과하는 절차가 요구된다. 또한 각 절차는 각각 독립적으로 진행되어 수범자로 하여금 상당한 기간의 이익을 보장하도록 해야한다는게 판례의 입장이다.

판례 앞서 본 건축법 제79조 제1항 및 제80조 제1항의 규정취지에 비추어 볼 때, 행정청의 상대방이 시정명령을 이행할 의사가 없음이 명백하더라도 이행강제금 부과처분에 있어 시정명령이라는 요건이 면제되는 것은 아니고, 2차 시정명령은 1차 시정명령에서 정한 시정기간이 경과한 후에 다시 그 시정명령의 이행에 필요한 상당한 이행기한을 정하여 행해져야 하는데, 이 사건 2차 시정명령은 1차 시정명령에서 정한 시정기간의 만료일인 2008. 6. 30.이 경과하기 전인 2008. 6. 12.에 행해졌을 뿐 아니라 2차 시정명령에서 정한 시정기간의 만료일 또한 1차 시정명령의 그것보다 오히려 앞당겨진 2008. 6. 20.로 그 시정명령의 이행에 필요한 상당한 이행기한이라고 할 수 없다. 따라서 이 사건 이행강제금 부과처분 중 제1심에서 취소되지 않은 45,187,860원 부분 또한 부과요건 흠결 또는 절차상 흠으로 인하여 위법하다고 봄이 상당하다(대판 2010. 6. 24. 2010두3978).

② 이행강제금의 부과 … 이행강제금을 부과하는 경우 금액, 부과 사유, 납부기한, 수납기관, 이의제기 방법 및 이의제기 기관 등을 구체적으로 밝힌 문서로 해야하고, 최초의 시정명령이 있었던 날을 기준으로 하여 1년에 2회 이내의 범위에서 해당 지자체의 조례로 정하는 횟수만큼, 그 시정명령이 이행될 때까지 반복하여 이행강제금을 부과·징수 할 수 있다. (건축법 80조)

기출 2021. 4. 17. 인사혁신처

「행정대집행법」상 대집행과 이행강제금에 대한 甲과 乙의 대화 중 乙의 답변이 옳지 않은 것은? (다툼이 있는 경우 판례에 의함)

① 甲 : 행정대집행의 절차가 인정되는 경우에도 행정청이 민사상 강제집행수단을 이용할 수 있나요?
  乙 : 행정대집행의 절차가 인정되어 실현할 수 있는 경우에는 따로 민사소송의 방법을 이용할 수 없습니다.

② 甲 : 대집행의 적용대상은 무엇인가요?
  乙 : 대집행은 공법상 대체적 작위의무의 불이행이 있는 경우에 행할 수 있습니다.

③ 甲 : 행정청은 대집행의 대상이 될 수 있는 것에 대하여 이행강제금을 부과할 수도 있나요?
  乙 : 행정청은 개별사건에 있어서 위법건축물에 대하여 대집행과 이행강제금을 선택적으로 활용할 수 있습니다.

④ 甲 : 만약 이행강제금을 부과받은 사람이 사망하였다면 이행강제금의 납부의무는 상속인에게 승계되나요?
  乙 : 이행강제금의 납부의무는 상속의 대상이 되므로, 상속인이 납부의무를 승계합니다.

‹정답 ④

(6) 구제수단

① 이행강제금 불복절차가 마련된 경우 항고소송의 대상이 되는 처분이 아니다.

② 이행강제금 불복절차가 마련되지 않은 경우 항고소송의 대상이 되는 처분이다.

③ 최근 「건축법」의 개정으로 이행강제금 부과처분은 행정소송의 대상이 되는 처분으로 보아야 한다.

판례 구 건축법(2008. 3. 21. 법률 제8974호로 전부 개정되기 전의 것) 제69조의2 제6항, 지방세법 제28조, 제82조, 국세징수법 제23조의 각 규정에 의하면, 이행강제금 부과처분을 받은 자가 이행강제금을 기한 내에 납부하지 아니한 때에는 그 납부를 독촉할 수 있으며, 납부독촉에도 불구하고 이행강제금을 납부하지 않으면 체납절차에 의하여 이행강제금을 징수할 수 있고, 이때 이행강제금 납부의 최초 독촉은 징수처분으로서 항고소송의 대상이 되는 행정처분이 될 수 있다(대판 2009. 12. 24. 2009두14507).

판례 구 「건축법」(2005. 11. 8. 법률 제7696호로 개정되기 전의 것)상의 이행강제금은 구 「건축법」 소정의 위반행위에 대하여 시정명령을 받은 후 시정기간 내에 당해 시정명령을 이행하지 아니한 건축주 등에 대하여 부과되는 간접강제의 일종으로서(대결 2002. 8. 16., 2002마1022 참조) 그 이행강제금 납부의무는 상속인 기타의 사람에게 승계될 수 없는 일신전속적인 성질의 것이므로 이미 사망한 사람에게 이행강제금을 부과하는 내용의 처분이나 결정은 당연무효이고, 이행강제금을 부과받은 사람의 이의에 의하여 비송사건절차법에 의한 재판절차가 개시된 후에 그 이의한 사람이 사망한 때에는 사건 자체가 목적을 잃고 절차가 종료되는 것으로 새겨야 할 것이다(대결 2006. 12. 8., 2006마470).

section 4 직접강제

(1) 의의

의무자가 의무를 이행하지 않는 경우에 직접 의무자의 신체·재산에 실력을 가하여 일정한 상태를 실현하는 작용을 말한다. 이 때의 의무에는 대체적 작위의무, 비대체적 작위의무, 부작위의무, 수인의무 등 모든 의무가 포함된다.

(2) 구별개념

① 대집행과의 구별 ⋯ 행정청이 실력을 행사한다는 점에서 외관상 대집행의 실행과 구별하기 어려우나, 대집행은 대체적 작위의무에만 가능하고 계고·통지·실행·비용징수 등 일정한 절차를 거치나 직접강제는 모든 의무 위반시 가능하고 별도의 절차 없이 바로 실행한다는 점에서 차이가 있다.

② 행정상 즉시강제와의 구별 ⋯ 직접강제는 의무의 부과와 이의 불이행이 전제가 되나, 행정상 즉시강제는 의무가 없이도 행할 수 있다는 점에서 차이가 있다.

(3) 법적 근거

법적 근거가 반드시 필요하다. 직접강제는 매우 실효적이나 개인의 권익에 대한 침해적 성격이 매우 강하므로 실정법상 일반적 수단으로는 인정되지 아니하고 「출입국관리법」, 「공중위생관리법」, 「식품위생법」, 「군사기지 및 군사시설보호법」 등에 예외적으로 규정되어 있다.

(4) 종류

「출입국관리법」상 강제출국조치, 「공중위생관리법」·「식품위생법」상의 무허가영업소 강제폐쇄조치 등이 있다.

(5) 한계

직접강제수단의 사용에 있어서는 특히, 국민의 기본권이 침해될 가능성이 높기 때문에 비례원칙의 준수하에 최후 수단으로 활용되어야 할 것이다.

> **판례** 「학원의설립·운영에관한법률」(현 「학원의 설립·운영 및 과외교습에 관한 법률」)의 관련 규정에 의하면, 학원을 설립·운영하고자 하는 자는 소정의 시설과 설비를 갖추어 등록을 하여야 하고, 그와 같은 등록절차를 거치지 아니한 경우에는 관할 행정청이 직접 그 무등록 학원의 폐쇄를 위하여 출입제한 시설물의 설치와 같은 조치를 취할 수 있게 되어 있으나, 무등록 학원의 설립·운영자에 대하여 그 폐쇄를 명할 수 있는 것으로는 규정하고 있지 아니하고, 위와 같은 폐쇄조치에 관한 규정이 그와 같은 폐쇄명령의 근거 규정이 된다고 할 수도 없다(대판 2001.2.23, 99두6002).

(6) 직접강제의 도입 확대

① 전통적으로 직접강제는 예외적으로만 인정되어 왔다. 현행법상 부작위의무위반의 경우에 벌칙 등 간접강제수단을 활용하고 그 실효성도 문제이지만, 의무불이행자를 전과자로 만들 가능성도 있는 등 벌칙의 의무이행확보수단으로서는 여러 가지 문제가 있다. 이러한 이유로 직접강제수단의 도입이 확대되고 있다.

② 최근 식품제조분야, 의약품제조분야, 환경보전분야 등 사회질서와 밀접한 관련이 있는 분야에서 직접강제를 도입하는 법 규정이 늘고 있다. 「공중위생관리법」, 「식품위생법」 등이 이에 해당한다.

section 5 행정상 강제징수

(1) 의의

행정상 강제징수란 행정주체에 대한 공법상의 금전납부의무를 이행하지 않은 경우에 행정청이 의무자의 재산에 실력을 가하여 의무가 이행된 것과 같은 상태를 실현하는 강제집행을 말한다.

기출PLUS

기출 2017. 3. 18. 제1회 서울특별시

행정상 강제징수에 관한 설명으로 옳지 않은 것은?

① 행정상의 금전급부의무를 이행하지 않는 경우를 대상으로 한다.
② 독촉만으로는 시효중단의 효과가 발생하지 않는다.
③ 매각은 원칙적으로 공매에 의하나 예외적으로 수의계약에 의할 수도 있다.
④ 판례에 따르면 공매행위는 행정행위에 해당된다.

〈정답 ②

(2) 근거

'공익사업을 위한 토지 등의 취득 및 보상에 관한 법률'에서는 지방세 체납처분의 예에 따라 징수할 수 있다고 규정하고 있으며, '보조금 관리에 관한 법률'에서는 국세 체납처분의 예에 따라 징수하거나 지방세외수입금의 징수 등에 관한 법률에 따라 징수할 수 있다고 규정하고 있다. 이처럼 공법상 금전의무의 불이행에 대하여 다른 법률들이 국세체납 또는 지방세체납처분의 예에 따른 강제징수를 규정하고 있기 때문에 국세징수법과 지방세기본법은 일반법적인 역할을 하고 있다.

(3) 절차

① 독촉

  ㉠ 의의 : 의무자에게 금전납부의무의 이행을 최고하고 이를 이행하지 않을 경우엔 체납처분을 할 것임을 예고하는 통지행위를 말한다.

  ㉡ 성질 : 준법률행위적 행정행위인 통지에 해당한다. 문서로써 행하며 생략될 수 없다. 독촉은 이후 체납처분의 전제요건을 충족시키고 또한 채권의 소멸시효의 진행을 중단시키는 법적 효과가 있다.

② 체납처분 … 재산압류, 압류재산의 매각, 청산의 3단계로 진행된다. 이들 절차는 서로 결합하여 하나의 법률효과를 완성하므로 선행행위의 하자는 후행행위에 승계된다. 그러나 과세처분과 체납처분은 서로 다른 별개의 행위이므로 과세처분의 하자가 체납처분에 승계되지는 않는다.

  ㉠ 재산압류 : 체납자의 재산처분을 금함으로써 체납액의 징수를 확보하는 강제행위이다.

  • 요건 : 국세와 가산금의 미납, 기타 법정사유가 있는 경우
  • 대상재산 : 체납의 소유이며 금전적 가치를 가지며 양도성 있는 재산, 생활에 필요한 일정한 재산은 압류금지
  • 압류재산의 선택 : 집행청의 재량, 적정한 비례 유지
  • 압류방법 : 압류조서를 체납자에게 교부
  • 압류의 효력 : 사실상·법률상 처분의 금지, 질권자의 질권인도의무, 과실취득권, 우선징수권 등이 발생

판례 비록 체납자는 국세징수법 제66조에 의하여 직접이든 간접이든 압류재산을 매수하지 못함에도 불구하고, 이와 같이 국세징수법이 압류재산을 공매할 때에 공고와 별도로 체납자 등에게 공매통지를 하도록 한 이유는, 체납자 등으로 하여금 공매절차가 유효한 조세부과처분 및 압류처분에 근거하여 적법하게 이루어지는지 여부를 확인하고 이를 다툴 수 있는 기회를 주는 한편, 국세징수법이 정한 바에 따라 체납세액을 납부하고 공매절차를 중지 또는 취소시켜 소유권 또는 기타의 권리를 보존할 수 있는 기회를 갖도록 함으로써, 체납자 등이 감수하여야 하는 강제적인 재산권 상실에 대응한 절차적인 적법성을 확보하기 위한 것으로 봄이 상당하다. 따라서 체납자 등에 대한 공매통지는 국가의 강제력에 의하여 진행되는 공매에서 체납자 등의 권리 내지 재산상의 이익을 보호하기 위하여 법률로 규정한 절차적 요건이라고 보아야 하며, 공매처분을 하면서 체납자 등에게 공매통지를 하지 않았거나 공매통지를 하였더라도 그

것이 적법하지 아니한 경우에는 절차상의 흠이 있어 그 공매처분은 위법하다고 할 것이다. 다만, 공매통지의 목적이나 취지 등에 비추어 보면, 체납자 등은 자신에 대한 공매통지의 하자만을 공매처분의 위법사유로 주장할 수 있을 뿐 다른 권리자에 대한 공매통지의 하자를 들어 공매처분의 위법사유로 주장하는 것은 허용되지 않는다고 할 것이다(대판[전] 2008. 11. 20. 2007두18154).

ⓒ **압류재산의 매각**

- 압류재산은 통화 외에는 매각하여 금전으로 환가한다.
- 매각은 공매에 의하는 것이 원칙이나 예외적으로 수의계약에 의하는 경우도 있다.
- 공매는 우월한 공권의 행사로서 행정처분에 해당한다.

판례 한국자산공사가 당해 부동산을 인터넷을 통하여 재공매(입찰)하기로 한 결정 자체는 내부적인 의사결정에 불과하여 항고소송의 대상이 되는 행정처분이라고 볼 수 없고, 한국자산공사의 공매통지는 공매의 요건이 아니라 공매사실 자체를 체납자에게 알려주는 데 불과한 것으로서, 통지의 상대방의 법적 지위나 권리·의무에 직접 영향을 주는 것이 아니라고 할 것이므로 행정처분에 해당한다고 할 수 없다(대판 2007. 7. 27, 2006두8464).

ⓒ **청산**: 체납처분의 집행으로서 수령한 금전을 체납국세, 지방세, 공과금 등에 배분하는 것을 말한다. 국세·가산금·체납처분비의 징수순위는 체납처분비, 국세, 가산금 순서에 의한다.

판례 국세징수법상의 체납처분절차를 통하여 압류재산을 매각한 후 그 매각대금을 배분함에 있어서 국세와 다른 채권 간의 우선순위는 압류재산의 매각대금을 배분하기 위하여 국세징수법상의 배분계산서를 작성한 때에 비로소 확정되고, 국세징수법에 의한 부동산 공매절차에서 압류에 관계되는 국세의 법정기일보다 앞서 근저당권설정등기를 경료한 자가 당해 부동산의 매수인이 된 경우에도 매수대금 납부기일에는 그 근저당권부 채권과 다른 채권 간의 우선순위 및 배분액이 확정되지 아니하므로 매수인은 그 근저당권부 채권에 기하여 배분받을 채권이 있음을 전제로 이를 자동채권으로 하여 납부하여야 할 매수대금과 대등액에서 상계할 수는 없다(대판 1996. 4. 23, 95누6052).

③ **체납처분의 중지** … 체납처분의 목적물인 총재산의 추산가액이 체납처분비에 충당하고 남을 여지가 없는 때에는 체납처분을 중지하여야 한다.

(4) 구제수단

독촉 또는 체납처분이 위법한 경우, 이의신청을 제기할 수 있고(국세기본법 제55조), 제56조에서는 심사청구 또는 심판청구 중 어느 한 절차를 거친 후에 비로소 행정소송을 제기할 수 있도록 하고 있다.

행정상 강제집행과 대상의무
ⓐ 대집행 : 대체적 작위의무
ⓑ 집행벌 : 비대체적 작위의무, 부작위의무
ⓒ 직접강제 : 작위의무(대체적·비대체적 작위의무), 부작위의무, 수인의무, 급부의무
ⓓ 강제징수 급부의무

2021년 소방공무원

1 정상 강제집행에 대한 설명으로 옳지 않은 것은? (다툼이 있는 경우 판례에 의함)

① 대집행은 비금전적인 대체적 작위의무를 의무자가 이행하지 않는 경우 행정청이 스스로 의무자가 행하여야 할 행위를 하거나 제3자로 하여금 행하게 하는 것으로, 그 대집행의 대상은 공법상 의무에만 한정하지 않는다.

② 행정청이 대집행에 대한 계고를 함에 있어서 의무자가 스스로 이행하지 아니하는 경우 대집행할 행위의 내용과 범위가 구체적으로 특정되어야 하지만, 그 내용 및 범위는 대집행계고서에 의해서만 특정되어야 하는 것은 아니고 그 처분 전후에 송달된 문서나 기타 사정을 종합하여 이를 특정할 수 있으면 족하다.

③ 비상시 또는 위험이 절박한 경우에 있어 당해 행위의 급속한 실시를 요하여 대집행영장에 의한 통지절차를 취할 여유가 없을 때에는 이 절차를 거치지 아니하고 대집행할 수 있다.

④ 개발제한구역 내의 건축물에 대하여 허가를 받지 않고 한 용도변경행위에 대한 형사처벌과 「건축법」 제83조제1항에 의한 시정명령 위반에 대한 이행강제금 부과는 이중처벌에 해당하지 아니한다.

TIPS!

① 대집행이란 공법상 대체적 작위의무(타인이 대신하여 이행할 수 있는 작위의무)의 불이행이 있는 경우에 당해 행정청이 스스로 의무자가 행할 행위를 하거나 제3자로 하여금 이를 행하게 하고 그 비용을 의무자로부터 징수하는 것을 말한다. 대집행의 대상이 되는 의무는 공법상 의무이어야 하므로 대집행의 대상은 공법상 의무에만 한정된다.

② 행정청이 행정대집행법 제3조 제1항에 의한 대집행계고를 함에 있어서는 의무자가 스스로 이행하지 아니하는 경우에 대집행할 행위의 내용 및 범위가 구체적으로 특정되어야 하나, 그 행위의 내용 및 범위는 반드시 대집행계고서에 의하여서만 특정되어야 하는 것이 아니고, 계고처분 전후에 송달된 문서나 기타 사정을 종합하여 행위의 내용이 특정되거나 실제건물의 위치, 구조, 평수 등을 계고서의 표시와 대조·검토하여 대집행의무자가 그 이행의무의 범위를 알 수 있을 정도로 하면 족하다 (대판 1996. 10. 11. 96누8086).

③ 행정대집행법 제3조(대집행의 절차) ③ 비상시 또는 위험이 절박한 경우에 있어서 당해 행위의 급속한 실시를 요하여 전2항 (대집행의 계고, 대집행영장의 통지)에 규정한 수속을 취할 여유가 없을 때에는 그 수속을 거치지 아니하고 대집행을 할 수 있다.

④ 건축법 제78조에 의한 무허가 건축행위에 대한 형사처벌과 건축법 제83조 제1항에 의한 시정명령 위반에 대한 이행강제금의 부과는 그 처벌 내지 제재대상이 되는 기본적 사실관계로서의 행위를 달리하며, 또한 그 보호법익과 목적에서도 차이가 있으므로 헌법 제13조 제1항이 금지하는 이중처벌에 해당한다고 할 수 없다(헌재 2004. 2. 26. 2001헌바80 등).

Answer 1.①

2 행정대집행에 관한 설명으로 옳지 않은 것은? (다툼이 있는 경우 판례에 의함)

① 대집행의 근거법으로는 대집행에 관한 일반법인 「행정대집행법」과 대집행에 관한 개별법 규정이 있다.

② 대집행의 요건을 충족한 경우에 행정청이 대집행을 할 것인지 여부에 관해서 소수설은 재량행위로 보나, 다수설과 판례는 기속행위로 본다.

③ 대집행의 절차인 '대집행의 계고'의 법적 성질은 준법률행위적 행정행위이므로 계고 그 자체가 독립하여 항고소송의 대상이나, 2차 계고는 새로운 철거의무를 부과하는 것이 아니고 대집행기한의 연기 통지에 불과하므로 행정처분으로 볼 수 없다는 판례가 있다.

④ 계고처분의 후속절차인 대집행에 위법이 있다고 하여 그와 같은 후속절차에 위법성이 있다는 점을 들어 선행절차인 계고처분이 부적법하다는 사유로 삼을 수는 없다.

> **TIPS!**
>
> ② 대집행의 요건을 충족한 경우에 행정청이 대집행을 할 것인지 여부에 관해서 소수설은 기속행위로 보나, 다수설과 판례는 재량행위로 본다.
>
> ① 대집행의 근거법으로는 대집행에 관한 일반법인 「행정대집행법」이 있다. 다만, 대집행의 요건과 절차 등에 관하여 「행정대집행법」에 대한 특례를 규정하려고 할 경우에는 개별법에 그에 관한 규정을 두도록 한다.
>
> ③ 시장이 무허가건물소유자인 원고들에게 일정기간까지 철거할 것을 명함과 아울러 불이행할 때에는 대집행한다는 내용의 철거대집행계고처분을 고지한 후 원고들이 불응하자 다시 2차 계고서를 발송하여 일정기간까지의 자진철거를 촉구하고 불이행하면 대집행을 한다는 뜻을 고지하였다면 원고들의 행정대집행법상의 건물철거의무는 제1차 철거명령 및 계고처분 으로서 발생하였고 제2차의 계고처분은 원고들에게 새로운 철거의무를 부과하는 것이 아니고 다만 대집행기한의 연기통지에 불과하므로 행정처분이 아니다(대법원 1991. 1. 25. 선고 판결).
>
> ④ 계고처분의 후속절차인 대집행에 위법이 있다고 하더라도, 그와 같은 후속절차에 위법성이 있다는 점을 들어 선행절차인 계고처분이 부적법하다는 사유로 삼을 수는 없다(대판 1997. 2. 14. 96누15428).

3 행정의 실효성 확보수단의 예와 그 법적 성질의 연결이 옳지 않은 것은? (다툼이 있는 경우 판례에 의함)

① 「건축법」에 따른 이행강제금의 부과 – 집행벌

② 「식품위생법」에 따른 영업소 폐쇄 – 직접강제

③ 「공유재산 및 물품 관리법」에 따른 공유재산 원상복구명령의 강제적 이행 – 즉시강제

④ 「부동산등기 특별조치법」에 따른 과태료의 부과 – 행정벌

> **TIPS!**
>
> ③ 공유재산 및 물품 관리법 제83조 제1항은 "지방자치단체의 장은 정당한 사유 없이 공유재산을 점유하거나 공유재산에 시설물을 설치한 경우에는 원상복구 또는 시설물의 철거 등을 명하거나 이에 필요한 조치를 할 수 있다."라고 규정하고, 제2항은 "제1항에 따른 명령을 받은 자가 그 명령을 이행하지 아니할 때에는 '행정대집행법'에 따라 원상복구 또는 시설물의 철거 등을 하고 그 비용을 징수할 수 있다."라고 규정하고 있다.
>
> 위 규정에 따라 지방자치단체장은 행정대집행의 방법으로 공유재산에 설치한 시설물을 철거할 수 있고, 이러한 행정대집행의 절차가 인정되는 경우에는 민사소송의 방법으로 시설물의 철거를 구하는 것은 허용되지 아니한다(대법원 2017. 4. 13. 선고 2013다207941 판결).

Answer 2.② 3.③

4 「행정대집행법」상 대집행과 이행강제금에 대한 甲과 乙의 대화 중 乙의 답변이 옳지 않은 것은? (다툼이 있는 경우 판례에 의함)

① 甲 : 행정대집행의 절차가 인정되는 경우에도 행정청이 민사상 강제집행수단을 이용할 수 있나요?

　乙 : 행정대집행의 절차가 인정되어 실현할 수 있는 경우에는 따로 민사소송의 방법을 이용할 수 없습니다.

② 甲 : 대집행의 적용대상은 무엇인가요?

　乙 : 대집행은 공법상 대체적 작위의무의 불이행이 있는 경우에 행할 수 있습니다.

③ 甲 : 행정청은 대집행의 대상이 될 수 있는 것에 대하여 이행강제금을 부과할 수도 있나요?

　乙 : 행정청은 개별사건에 있어서 위법건축물에 대하여 대집행과 이행강제금을 선택적으로 활용할 수 있습니다.

④ 甲 : 만약 이행강제금을 부과받은 사람이 사망하였다면 이행강제금의 납부의무는 상속인에게 승계되나요?

> **●TIPS!**
> ④ 구 건축법(2005. 11. 8. 법률 제7696호로 개정되기 전의 것)상의 이행강제금은 구 건축법의 위반행위에 대하여 시정명령을 받은 후 시정기간 내에 당해 시정명령을 이행하지 아니한 건축주 등에 대하여 부과되는 간접강제의 일종으로서 그 이행강제금 납부의무는 상속인 기타의 사람에게 승계될 수 없는 일신전속적인 성질의 것이므로 이미 사망한 사람에게 이행강제금을 부과하는 내용의 처분이나 결정은 당연무효이고, 이행강제금을 부과받은 사람의 이의에 의하여 비송사건절차법에 의한 재판절차가 개시된 후에 그 이의한 사람이 사망한 때에는 사건 자체가 목적을 잃고 절차가 종료한다(대법원 2006. 12. 8.자 2006마470 결정).

5 행정상 강제징수에 관한 설명으로 옳지 않은 것은?

① 국세납부의무의 불이행에 대하여는 「국세징수법」에서 강제징수를 인정하고 있다.

② 독촉은 이후에 행해지는 압류의 적법요건이 되며 최고기간 동안 조세채권의 소멸시효를 중단시키는 법적효과를 갖는다.

③ 「국세징수법」상의 독촉, 압류, 압류해제거부 및 공매처분에 대하여는 이의신청을 제기할 수 있고, 심사청구와 심판청구의 결정을 모두 거친 후에 행정소송을 제기할 수 있다.

④ 과세관청이 체납처분으로서 행하는 공매는 우월한 공권력의 행사로서 행정소송의 대상이 되는 공법상의 행정처분이며 공매에 의하여 재산을 매수한 자는 그 공매처분이 취소된 경우에 그 취소처분의 위법을 주장하여 행정소송을 제기할 법률상 이익이 있다.

> **●TIPS!**
> 국세징수법
> ① [O] 제31조(압류의 요건 등) ①세무서장(체납기간 및 체납금액을 고려하여 대통령령으로 정하는 체납자의 경우에는 지방국세청장을 포함한다. 이하 같다)은 다음 각 호의 어느 하나에 해당하는 경우에는 납세자의 재산을 압류한다.
> 국세기본법
> ② [O] 제28조(소멸시효의 중단과 정지) ①제27조에 따른 소멸시효는 다음 각 호의 사유로 중단된다.
> 　2. 독촉

Answer 4.④ 5.③

③ [X] 제55조(불복) ③제1항과 제2항에 따른 처분이 국세청장이 조사·결정 또는 처리하거나 하였어야 할 것인 경우를 제외하고는 그 처분에 대하여 심사청구 또는 심판청구에 앞서 이 장의 규정에 따른 이의신청을 할 수 있다.

제56조(다른 법률과의 관계) ②제55조에 규정된 위법한 처분에 대한 행정소송은 「행정소송법」 제18조 제1항 본문, 제2항 및 제3항에도 불구하고 이 법에 따른 심사청구 또는 심판청구와 그에 대한 결정을 거치지 아니하면 제기할 수 없다.

④ [O] 과세관청이 체납처분으로서 행하는 공매처분은 우월한 공권력의 행사로서 행정소송의 대상이 되는 행정처분이며 공매처분에 의하여 재산을 매수한 자는 그 공매처분이 위법하게 취소된 경우에는 그 취소의 위법함을 주장하여 행정소송을 제기할 법률상 이익이 있다(대판 1985. 4. 8. 84구919).

6 행정상 강제집행에 대한 판례의 입장으로 옳은 것은?

① 「건축법」상 무허가 건축행위에 대한 형사 처분과 시정명령 위반에 대한 이행강제금의 부과는 헌법 제13조 제1항이 금지하는 이중처벌에 해당한다.

② 이행강제금은 부작위의무나 비대체적 작위의무에 대한 강제집행 수단이므로, 대체적 작위의무의 위반의 경우에 이행강제금은 부과할 수 없다.

③ 구 「토지수용법」상 피수용자가 기업자에 대하여 부담하는 수용대상 토지의 인도의무에는 명도도 포함되고, 이러한 명도의무는 특별한 사정이 없는 한 「행정대집행법」상 대집행의 대상이 된다.

④ 「국세징수법」상 압류재산에 대한 공매에서 체납자에 대한 공매통지는 항고소송의 대상이 되지 아니한다.

> ⚡ **TIPS!**
> ① 「건축법」 제78조에 의한 무허가 건축행위에 대한 형사 처분과 「건축법」 제83조 제1항에 의한 시정명령 위반에 대한 이행강제금의 부과는 그 처벌 내지 제재대상이 되는 기본적 사실관계로서의 행위를 달리하며, 또한 그 보호법익과 목적에서도 차이가 있으므로 헌법 제13조 제1항이 금지하는 이중처벌에 해당한다고 할 수 없다(헌재결 2004. 2. 26. 2001헌바80).
> ② 대체적작위의무는 대집행이 가능하나 이행강제금 부과 역시 가능하다.
> ③ 인도나 명도는 대집행의 대상이 아니다.

7 직접강제와 즉시강제를 구분하는 전통적 견해에 의할 때 성질이 다른 하나는?

① 「출입국관리법」상의 외국인 등록의무를 위반한 사람에 대한 강제퇴거

② 「소방기본법」상의 소방활동에 방해가 되는 물건 등에 대한 강제처분

③ 「식품위생법」상의 위해식품에 대한 압류

④ 「마약류 관리에 관한 법률」상의 승인을 받지 못한 마약류에 대한 폐기

> ⚡ **TIPS!**
> ① 직접강제
> ③④ 즉시강제

Answer 6.④ 7.①

8 행정의 실효성 확보수단에 대한 설명으로 옳지 않은 것은? (다툼이 있는 경우 판례에 의함)

① 「행정대집행법」 절차에 따라 「국세징수법」의 예에 의하여 대집행비용을 징수할 수 있음에도 민사소송절차에 의하여 그 비용의 상환을 청구할 수 있다.

② 이행강제금은 대체적 작위의무의 위반에 대하여도 부과될 수 있다.

③ 계고처분시 대집행할 행위의 내용 및 범위는 반드시 대집행계고서에 의하여서만 특정되어야 하는 것은 아니다.

④ 이행강제금과 행정벌은 병과하여도 헌법상 이중처벌금지의 원칙에 위반되지 않는다.

> **TIPS!**
>
> ① 대한주택공사가 구 「대한주택공사법」(2009.5.22. 법률 제9706호 한국토지주택공사법 부칙 제2조로 폐지) 및 구 「대한주택공사법」 시행령(2009.9.21. 대통령령 제21744호 한국토지주택공사법 시행령 부칙 제2조로 폐지)에 의하여 대집행권한을 위탁받아 공무인 대집행을 실시하기 위하여 지출한 비용을 「행정대집행법」 절차에 따라 「국세징수법」의 예에 의하여 징수할 수 있음에도 민사소송절차에 의하여 그 비용의 상환을 청구한 사안에서, 「행정대집행법」이 대집행비용의 징수에 관하여 민사소송절차에 의한 소송이 아닌 간이하고 경제적인 특별구제절차를 마련해 놓고 있으므로, 위 청구는 소의 이익이 없어 부적법하다고 본 원심판단을 수긍(대판 2011. 9. 8, 2010다48240).

9 행정상 대집행에 관한 설명으로 옳지 않은 것은?

① 대체적 작위의무의 불이행이 그 대상이다.

② 대집행의 소요비용은 행정청이 스스로 부담한다.

③ 의무자는 대집행의 실행행위에 대해서 수인의무를 진다.

④ 대집행의 실행행위는 권력적 사실행위로서의 성질을 갖는다.

> **TIPS!**
>
> 「행정대집행법」 제5조(비용납부명령서) … 대집행에 요한 비용의 징수에 있어서는 실제에 요한 비용액과 그 납기일을 정하여 의무자에게 문서로써 그 납부를 명하여야 한다.

10 다음 설명 중 옳지 않은 것은?

① 경찰상 즉시강제의 일반적인 근거법은 「경찰관 직무집행법」이라고 할 수 있다.

② 행정상 강제징수는 금전급부의무를 대상으로 한다.

③ 행정처분에 대한 쟁송제기기간 내라도 행정상 강제집행은 가능하다.

④ 행정질서벌에도 원칙적으로 「형법」 총칙이 적용된다.

> **TIPS!**
>
> ④ 행정질서벌에는 형법총칙이 적용되지 않는다.

Answer 8.① 9.② 10.④

11 「행정대집행법」상 대집행을 위한 요건으로 볼 수 없는 것은?

① 행정대집행의 대상이 되는 의무는 대체성이 있는 의무이어야 한다.
② 불이행된 의무를 다른 수단으로 이행을 확보하기 곤란해야 한다.
③ 의무의 불이행을 방치하는 것이 심히 공익을 해한다고 인정되어야 한다.
④ 의무를 명한 행정처분에 불가쟁력이 발생해야 한다.

대집행을 위한 요건
㉠ 공법상 대체적 작위의무의 불이행
㉡ 다른 수단으로써 불이행된 의무이행을 확보하기 곤란할 것(보충성)
㉢ 의무의 불이행을 방치함이 심히 공익을 해하는 것일 것

12 다음 중 행정상 강제집행의 수단으로 가장 옳지 않은 것은?

① 「행정대집행법」에 의한 대집행의 실행
② 「공중위생관리법」에 의한 과태료의 부과
③ 「건축법」에 의한 이행강제금의 부과
④ 「국세징수법」에 의한 체납처분

TIPS!
② 공중위생관리법상 과태료 부과는 의무 위반에 대한 제재이므로 강제집행수단에는 해당하지 않는다.

13 다음 중 행정상 강제집행에 관한 내용으로 옳은 것은?

① 행정상 강제집행은 원칙적으로 법률의 근거 없이도 가능하다.
② 일반법으로 「행정대집행법」이 있다.
③ 대집행은 사실행위이므로 행정상 쟁송이 인정되지 않는다.
④ 행정질서벌도 강제집행의 한 수단이다.

TIPS!
① 종래 대륙법계 국가에서 행정행위의 근거가 되는 법규는 강제집행의 근거가 되는 것으로 보아 실정법상의 근거가 없이도 행정상 강제집행이 가능한 것으로 보았으나, 오늘날에는 명령에 의하여 의무를 부과하는 것과 강제집행에 의하여 의무내용을 실현하는 것은 별개의 문제이며 따라서 강제집행에는 항상 명령권의 수권법규와는 다른 별개의 수권법규가 필요하다고 할 것이다.
③ 대집행은 권력적 사실행위로서 행정쟁송이 가능한 처분에 해당한다.
④ 행정질서벌은 행정벌에 해당한다.

Answer 11.④ 12.② 13.②

14 다음 중 대집행에 관한 설명 중 옳지 않은 것은?

① 대집행을 하기 위해서는 상당한 이행기한을 정하여 그 기한까지 이행되지 아니할 때 대집행을 한다는 뜻의 최고가 우선하는데 이를 계고라 한다.

② 대집행에서 필요한 비용의 징수는 실제에 요한 비용액과 그 납기일을 정하여 의무자에게 문서로써 그 납부를 명하여야 한다.

③ 의무자가 계고를 받고 지정기한까지 그 의무를 이행하지 아니할 때에는 당해 행정청은 대집행영장으로써 대집행을 할 시기, 대집행을 시키기 위하여 파견하는 집행책임자의 성명과 대집행에 요하는 비용의 개산에 의한 견적액을 의무자에게 통지하여야 한다.

④ 대집행에 관하여 불복이 있더라도 행정심판을 제기할 수 없다.

TIPS!

④ 대집행에 대하여는 행정심판을 제기할 수 있다〈행정대집행법 제7조〉.

15 다음 중 대집행의 대상이 될 수 없는 것은?

① 무허가 건축물의 철거   ② 도로방해물의 제거

③ 불법시설물의 강제철거   ④ 불법점거지역으로부터의 퇴거

TIPS!

④ 불법점거지역으로부터의 퇴거는 일신전속적인 비대체적 의무에 해당한다.

16 다음 중 행정상 강제징수에 관한 설명 중 옳지 않은 것은?

① 행정상 강제징수란 행정주체에 대한 공법상의 금전납부의무를 이행하지 않은 경우에 행정청이 의무자의 재산에 실력을 가하여 의무가 이행된 것과 같은 상태를 실현하는 강제집행을 말한다.

② 일반적으로 국세체납처분의 예에 따라 강제징수를 한다.

③ 과세처분의 하자는 체납처분에 승계된다.

④ 체납처분은 재산의 압류, 압류재산의 매각, 청산의 3단계로 진행한다.

TIPS!

③ 과세처분과 체납처분은 서로 다른 별개의 행위이므로 과세처분의 하자가 체납처분에 승계되지는 않는다.

Answer 14.④ 15.④ 16.③

17 다음 중 대집행에 관한 설명으로 옳지 않은 것은?

① 언제나 미리 계고를 한 후에만 대집행을 실행할 수 있다.

② 대집행의 대상은 행정법상의 대체적 작위의무에 한한다.

③ 대집행은 계고, 대집행영장의 통지, 대집행의 실행 및 비용징수의 4단계를 거친다.

④ 대집행의 각각의 단계에 있어 선행행위의 흠은 후행행위에 승계된다.

> **TIPS!**
> ① 대집행은 그에 앞서 상당한 기간을 정하여 그 기한까지 이행되지 아니할 때에는 대집행을 한다는 뜻을 미리 문서로써 예고하여야 하나 비상시 또는 당해 행위의 급박한 실시를 요하는 때에는 예외적으로 계고를 거치지 아니하고 대집행을 실행할 수 있다.

18 다음 중 대집행에 관한 설명으로 옳지 않은 것은?

① 계고는 준법률행위적 행정행위이다.

② 행정청이 대집행을 하지 않는 경우 이해관계자는 원칙적으로 그 부작위를 이유로 행정청을 상대로 소송을 제기할 수는 없다.

③ 대집행의 실행은 처분청만이 할 수 있다.

④ 대집행이 실행되어 종료한 때에는 취소소송을 통하여 취소를 구할 법률상 이익은 없다고 본다.

> **TIPS!**
> ③ 대집행의 주체는 당해 행정청이나 대집행의 실행은 행정청 외에 제3자에 의해서도 가능하다.
> ① 계고는 준법률행위적 행정행위로서 취소소송의 대상이 된다.
> ② 대집행은 재량행위이므로 불이행이 있더라도 소송을 제기할 수 없다.
> ④ 대집행의 실행행위는 취소소송의 대상이 되기는 하지만 성질상 단기간에 종료되는 것이 보통이므로 실익이 없다.

19 불법 건축물 철거명령과 그 불이행에 따른 대집행 계고의 법률적 성질을 가장 바르게 설명한 것은?

① 전자를 선행행위, 후자를 후행행위라 한다.

② 전자는 명령행위이고, 후자는 확인행위이다.

③ 전자는 대체적 작위의무의 부과이고, 후자는 의사의 통지이다.

④ 전자는 명령적 행위이고, 후자는 형성적 행위이다.

> **TIPS!**
> ① 양자가 서로 결합하여 하나의 효과를 발생하는 선·후행행위 관계에 있다고 볼 수는 없다.
> ②④ 대집행의 계고는 준법률행위적 행정행위인 통지행위이다.

Answer 17.① 18.③ 19.③

20 다음 중 행정대집행에 관한 설명으로 옳지 않은 것은?

① 대집행의 비용은 의무자로부터 징수한다.

② 대집행의 대상은 행정법상의 대체적 작위의무에 한한다.

③ 대집행의 요건은 계고할 때 이미 충족되어야 한다.

④ 대집행의 각 단계절차의 하자는 승계되지 않는다는 것이 판례이다.

 TIPS!

④ 대집행의 각 단계의 행위는 상호 결합하여 하나의 효과를 완성하므로 하자가 승계된다(대판 1996. 2. 9, 95누12507).

21 다음 중 대집행에 관한 설명으로 옳은 것은?

① 계고, 대집행영장의 통지, 대집행 실행, 비용납부명령은 모두 행정쟁송의 대상이 된다.

② 대집행의 실시 여부는 원칙적으로 기속사항이다.

③ 대집행의 일반법은 「경찰관 직무집행법」이다.

④ 부작위의무 위반도 대집행의 대상이 된다.

TIPS!

① 계고와 대집행영장의 통지는 통지로서 준법률행위적 행정행위, 대집행의 실행은 권력적 사실행위, 비용납부명령은 행정행위
로서 모두 행정쟁송의 대상이 되는 '처분 등'에 해당한다.

② 대집행의 실시 여부는 원칙적으로 관할 행정청의 재량사항이다.

③ 대집행의 일반법은 「행정대집행법」이다.

④ 대집행은 대체적 작위의무의 위반을 대상으로 하는 바, 부작위의무 위반에 대하여는 직접 대집행을 할 수 없고 부작위의무
위반으로 인한 결과를 시정하기 위한 대체적 작위의무를 과한 후 그 대체적 작위의무의 불이행이 있는 경우에 비로소 대집
행을 해야 한다.

22 다음 중 행정상 대집행에 관한 설명으로 옳은 것은?

① 행정상 대집행을 행하는 것은 의무자가 대체적 작위의무 또는 부작위의무를 이행하지 않은 경우이다.

② 행정청이 대집행을 행하기 위하여는 사전에 법원의 허가를 필요로 한다.

③ 대집행에 소요된 비용은 행정청이 부담하고 의무자로부터 징수할 수 없다.

④ 대집행은 행정청이 스스로 행할 수 있지만 사인인 제3자에게 행하게 할 수도 있다.

Answer 20.④ 21.① 22.④

23 이행강제금에 대한 다음의 설명 중 옳지 않은 것은?

① 이행강제금은 장래를 향한 이행강제가 그 직접적인 목적인 데 비하여, 행정벌은 과거의 의무 위반에 대한 제재적 성격을 갖는 것이다.

② 이행강제금에는 일사부재리 원칙이 적용되지 않기 때문에 동일한 의무불이행에 대하여 반복하여 부과할 수 있다.

③ 이행강제금과 행정벌을 병행하여 부과할 경우에도 이중처벌금지의 원칙에 반하지 않는다.

④ 이행강제금은 의무이행을 위해 설정한 기한을 경과한 후에 의무의 이행이 있는 경우에도 부과할 수 있다.

24 다음 중 대집행의 계고에 관한 설명으로 옳지 않은 것은?

① 계고는 대집행에 있어 불가결한 요건이므로 이를 결한 대집행은 무효이다.

② 계고는 준법률행위적 행정행위인 통지에 해당한다.

③ 계고에 하자가 있어도 이는 독자적인 취소소송의 대상이 되지 않는다.

④ 계고의 하자는 후행행위에 승계된다.

Answer 23.④ 24.③

25 다음 중 대집행의 실행에 관한 설명으로 옳지 않은 것은?

① 대집행의 실행은 권력적 사실행위로서 의무자는 이를 수인할 의무를 진다.

② 대집행의 실행은 당해 처분을 한 행정청만이 할 수 있다.

③ 대집행의 실행에 대한 항거를 형법상의 공무집행방해죄로 처벌할 수 있다.

④ 집행책임자는 그 증표를 휴대하여 이해관계인에게 제시하여야 한다.

> **TIPS!**
>
> ② 대집행의 주체는 처분청에 한정되나 실행은 처분청 외에 제3자도 할 수 있다. 이 때 처분청과 제3자의 관계에 대해서는 공법상의 관계라는 견해와 사법상의 관계라는 견해가 대립하고 있다.

26 다음 중 대집행을 할 수 있는 경우는?

① 의사가 환자의 치료를 거부하는 경우

② 사람이 거주하고 있는 토지와 건물을 인도해야 하는 경우

③ 감염병 예방주사를 맞지 아니하는 경우

④ 공원에 설치한 불법시설물을 철거하지 아니하는 경우

> **TIPS!**
>
> ④ 대집행은 대체적 작위의무를 이행하지 않는 경우에만 가능하다.

27 다음 중 집행벌(이행강제금)에 대한 설명으로 옳지 않은 것은?

① 집행벌은 과거의 의무 위반에 대한 제재라는 점에서 행정벌과 구별된다.

② 행정벌과 병과하여 부과할 수 있다.

③ 불이행시 반복이 허용되며 일사부재리원칙이 적용되지 않는다.

④ 「건축법」에 따른 이행강제금부과처분은 행정소송의 대상이 되는 행정처분이 아니라는 것이 판례이다.

> **TIPS!**
>
> ①② 집행벌은 장래의 의무이행을 확보하려는 행정상 강제집행의 한 수단인 점에서 과거의 의무 위반에 대한 제재인 행정벌과 구별된다. 따라서 양자는 목적, 성질 등이 다르므로 병과될 수 있다.
> ④ 건축법의 개정으로 이행강제금부과처분은 행정소송의 대상이 되는 행정처분이다.

Answer 25.② 26.④ 27.④

28 다음 중 대집행의 대상이 되는 것은?

① 의사의 진료의무
② 증인으로 출석할 의무
③ 선전광고물을 제거할 의무
④ 건물의 명도의무

 TIPS!

③ 대집행의 대상은 대체적 작위의무이며 선전광고물을 제거할 의무는 이에 속한다.

29 다음 중 집행벌에 대한 설명으로 옳지 않은 것은?

① 비대체적 작위의무나 부작위의무를 대상으로 한다.
② 장래의 의무이행을 확보하는 수단으로서 금전벌이다.
③ 집행벌의 대표적인 예로는 「건축법」의 이행강제금이 있다.
④ 집행벌과 행정벌은 원칙적으로 병과될 수 없다.

TIPS!

④ 집행벌은 행정상 강제집행의 한 수단으로서, 과거의 의무 위반에 대한 제재인 행정벌과는 그 성질·목적을 달리하므로 집행벌과 행정벌은 병과될 수 있다.

30 다음 중 계속해서 반복부과가 가능한 경우는?

① 경찰서장의 통고처분
② 행정형벌
③ 행정질서벌
④ 「건축법」상의 이행강제금

TIPS!

④ 집행벌인 건축법상 이행강제금은 1년에 2회의 범위 안에서 해당 지방자치단체의 조례로 정하는 횟수만큼 그 이행시까지 반복하여 부과할 수 있다.

Answer 28.③ 29.④ 30.④

31 직접강제에 관한 다음 설명 중 옳지 않은 것은?

① 직접강제는 직접적으로 의무자의 신체, 재산 또는 그 양자에 실력을 가하여 의무의 이행을 확보하는 행위이다.

② 무허가 영업소에 대한 사업장의 폐쇄, 물건의 봉인 등은 직접강제의 예에 속한다.

③ 대집행은 대체적 작위의무에 대한 의무이행 확보수단인 데 비하여, 직접강제는 비대체적 작위의무에 대한 수단이다.

④ 현행법하에서 직접강제에 관한 일반법은 없으며 각 단행법에서 개별적으로 인정하고 있다.

> **TIPS!**
> ③ 직접강제는 행정상 의무의 불이행이 있는 경우에 직접적으로 의무자의 신체, 재산 또는 그 양자에 실력을 하여 의무의 이행이 있었던 것과 동일한 상태를 실현하는 작용을 말하는데 이러한 직접강제는 비대체적 작위의무뿐만 아니라 대체적 작위의무에 대하여도 급박한 사정에 의하여 대집행을 할 수 없는 때에 발하는 제2차적인 강제집행수단이며 부작위의무, 수인의무 등 모든 의무의 불이행에 대하여 발하여질 수 있다.

32 다음 중 직접강제에 해당하지 않는 것은?

① 「출입국관리법」상의 강제출국조치

② 「공중위생관리법」상의 제조업소 폐쇄조치

③ 「식품위생법」상 영업소폐쇄조치

④ 감염병 환자의 강제격리

> **TIPS!**
> ④ 행정상 즉시강제이다.

33 해산명령을 받은 시위자들이 해산하지 않아 이를 실력으로 해산시키는 경우는?

① 행정질서벌

② 직접강제

③ 즉시강제

④ 행정상 강제집행

> **TIPS!**
> ② 해산이라는 행정상의 의무가 있고 이를 이행하지 않아 행정청이 직접 의무자의 신체나 재산에 실력을 가하는 경우이므로 직접강제에 해당한다.

Answer 31.③ 32.④ 33.②

34 다음 중 행정상 강제징수절차로서 옳지 않은 것은?

① 독촉 – 국세를 납부기한까지 완납하지 않는 납세의무자에게 체납처분을 할 것을 예고하는 행위

② 청산 – 환가대금을 체납처분비, 가산금 등에 충당하고 잔여액을 의무자에게 환급하는 절차

③ 환가처분 – 금전 이외의 재산을 매각 등의 방법에 의하여 금전으로 바꾸는 행위

④ 체납처분 – 독촉, 압류, 환가처분의 3단계 절차로 구분된다.

 TIPS!

④ 체납처분은 압류, 매각, 청산의 3단계 절차로 나뉜다.

35 행정상 강제징수에 대한 설명으로 옳지 않은 것은?

① 「국세징수법」은 행정상 강제징수에 관한 사실상 일반법의 지위를 갖는다.

② 「국세징수법」에 의한 강제징수절차는 독촉과 체납처분으로, 체납처분은 다시 재산압류, 압류재산의 매각, 청산의 단계로 이루어진다.

③ 판례에 의하면, 압류는 체납국세의 징수를 실현하기 위하여 체납자의 재산을 보전하는 강제행위로서 항고소송의 대상이 되는 처분이다.

④ 독촉과 체납처분에 대하여 불복이 있는 자는 바로 취소소송을 제기할 수 있다.

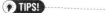 TIPS!

④ 제55조에 규정된 위법한 처분에 대한 행정소송은 「행정소송법」 제18조 제1항 본문, 제2항 및 제3항에도 불구하고 이 법에 따른 심사청구 또는 심판청구와 그에 대한 결정을 거치지 아니하면 제기할 수 없다〈국세기본법 제56조 제2항〉.

Answer 34.④ 35.④

행정상 즉시강제

기출PLUS

기출 2011. 5. 14. 상반기 지방직

행정상 즉시강제에 해당하지 않는 것은?

① 「행정대집행법」에 의한 무허가 건물의 강제철거
② 「소방기본법」에 의한 강제처분
③ 「경찰관직무집행법」에 의한 범죄의 예방과 제지
④ 「재난 및 안전관리 기본법」에 의한 응급조치

section 1 의의

(1) 개념

행정상 즉시강제란 목전의 급박한 행정상 장해를 제거하여야 할 필요가 있으나 미리 의무를 명할 시간적 여유가 없을 때 또는 그 성질상 의무를 명해서는 목적 달성이 곤란한 때 직접 국민의 신체 또는 재산에 실력을 가하여 행정상 필요한 상태를 실현하는 행정작용을 말한다.

(2) 구별개념

① **행정상 강제집행과의 구별** … 행정상 강제집행은 의무의 부과를 그 전제로 하나, 즉시강제는 의무가 없어도 실행할 수 있다.

② **직접강제와의 구별** … 직접강제는 강제집행의 일종이므로 의무가 전제되어야 하나, 즉시강제는 의무가 없이도 실행할 수 있다.

③ **행정벌과의 구별** … 즉시강제는 즉시 그 목적을 실현하는 직접적인 의무이행확보수단이나, 행정벌은 과거의 의무 위반에 대한 제재로서 간접적인 의무이행확보수단이다.

④ **행정조사와의 구별** … 권력적 행정조사와 구별이 어려우나 일반적으로 즉시강제는 그 자체가 목적이지만, 행정조사는 그 자체로서는 다른 처분을 하기 위한 준비적·보조적 수단에 불과하다. 또한 즉시강제는 급박성을 요건으로 하나 행정조사는 그렇지 않다.

(3) 성질

즉시강제는 권력적 사실행위이므로 행정쟁송의 대상인 처분에 해당한다.

(4) 법적 근거

즉시강제는 의무 없이 행정청이 일방적으로 집행할 수 있는 수단이므로 엄격한 실정법적 근거를 요한다. 일반법으로서 「경찰관 직무집행법」이 있고 개별법으로서 「마약류관리에 관한 법률」, 「감염병 예방 및 관리에 관한 법률」, 「소방기본법」, 「식품위생법」, 「검역법」 등이 있다.

〈정답 ①

section 2 종류

(1) 대인적 강제

① 의의 … 사람의 신체에 실력을 가하여 행정상 필요한 상태를 실현시키는 즉시강제이다.

② 종류 …「경찰관 직무집행법」상 불심검문, 보호조치, 위험발생방지조치, 범죄예방제지, 장구 · 무기사용, 「감염병 예방 및 관리에 관한 법률」상 강제격리 · 강제건강진단 · 교통차단, 「관세법」상 동행명령, 「마약류관리에 관한 법률」상 강제수용, 「소방기본법」상 원조강제 등이 있다.

(2) 대물적 강제

① 의의 … 물건에 대해 실력을 가하여 행정상 필요한 상태를 실현시키는 즉시강제이다.

② 종류 …「경찰관 직무집행법」상 무기 등 물건의 임시영치, 「식품위생법」 · 「검역법」 · 「약사법」 · 「형의 집행 및 수용자의 처우에 관한 법률」상 물건의 압수 · 폐기, 「도로교통법」상 장해물의 제거, 「청소년보호법」 · 「관세법」상 물건의 영치 · 몰수 등이 있다.

(3) 대가택적 강제

① 의의 … 점유자 · 소유자의 의사와 무관하게 가택, 창고, 영업소 등에 출입하여 행정상 필요한 상태를 실현하는 작용을 말한다.

② 종류 …「경찰관 직무집행법」상 위험방지를 위한 가택출입, 임검(현장 검증) · 검사 및 수색 등이 있다.

section 3 행정상 즉시강제의 한계

(1) 일반적 한계

행정상 즉시강제는 급박성, 보충성, 소극성, 최소침해성, 비례성 등을 충족해야 한다.

① 급박성 … 사회통념상 위험의 발생이 확실하여야 한다. 미국에서 형성된 '현존하고 명백한 위험의 법리'와 같은 의미이다.

② 보충성 … 다른 조치로는 당해 목적을 달성할 수 없을 때 비로소 사용되어야 한다.

③ 소극성 … 소극적으로 사회공공의 질서를 유지하기 위한 경우에 사용되어야 하고 적극적으로 행정목적을 달성하기 위해 사용되어서는 안 된다.

행정상 즉시강제에 대한 설명으로 옳지 않은 것은? (다툼이 있는 경우 판례에 의함)

① 행정상 즉시강제는 국민의 권리침해를 필연적으로 수반하므로, 이에 대해서는 항상 영장주의가 적용된다.

② 행정상 즉시강제는 직접강제와는 달리 행정상 강제집행에 해당하지 않는다.

③ 구「음반·비디오물 및 게임물에 관한 법률」상 불법게임물에 대한 수거 및 폐기 조치는 행정상 즉시강제에 해당한다.

④ 다른 수단으로는 행정목적을 달성할 수 없는 경우에만 허용되며, 이 경우에도 최소한으로만 실시하여야 한다.

④ **최소침해성** … 당해 수단은 목적을 위해 필요한 최소한도에 그쳐야 한다.

⑤ **비례성** … 비례의 원칙을 준수하여야 한다. 이에는 적합성의 원칙, 필요성의 원칙, 상당성의 원칙 등이 있다.

(2) 절차적 한계(즉시강제와 영장제도)

헌법 제12조는 특히 신체강제에 대하여 영장주의를 규정하고 있는데 행정상 즉시강제의 경우에도 영장주의가 적용되는 것인지에 대해 대법원과 헌법재판소는 그 견해를 달리하고 있다. 일반적으로 대법원은 영장주의 적용을 인정하되 행정상 즉시강제의 필요성에 따라 예외가 인정된다는 입장이고, 헌법재판소는 행정상 즉시강제의 성질상 원칙적으로 영장주의가 적용되지 않는다는 입장이다.

판례 사전영장주의는 인신보호를 위한 헌법상의 기속원리이기 때문에 인신의 자유를 제한하는 모든 국가작용의 영역에서 존중되어야 하지만, 헌법 제12조 제3항 단서도 사전영장주의의 예외를 인정하고 있는 것처럼 사전영장주의를 고수하다가는 도저히 행정목적을 달성할 수 없는 지극히 예외적인 경우에는 형사절차에서와 같은 예외가 인정되므로, 구 사회안전법(1989. 6. 16. 법률 제4132호에 의해 '보안관찰법'이란 명칭으로 전문 개정되기 전의 것) 제11조 소정의 동행보호규정은 재범의 위험성이 현저한 자를 상대로 긴급히 보호할 필요가 있는 경우에 한하여 단기간의 동행보호를 허용한 것으로서 그 요건을 엄격히 해석하는 한, 동 규정 자체가 사전영장주의를 규정한 헌법규정에 반한다고 볼 수는 없다(대판 1997. 6. 13. 96다56115).

판례 이 사건 법률조항은 앞에서 본바와 같이 급박한 상황에 대처하기 위한 것으로서 그 불가피성과 정당성이 충분히 인정되는 경우이므로, 이 사건 법률조항이 영장 없는 수거를 인정한다고 하더라도 이를 두고 헌법상 영장주의에 위배되는 것으로는 볼 수 없고, 위 구 음반·비디오물및게임물에관한법률 제24조 제4항에서 관계공무원이 당해 게임물 등을 수거한 때에는 그 소유자 또는 점유자에게 수거증을 교부하도록 하고 있고, 동조 제6항에서 수거 등 처분을 하는 관계공무원이나 협회 또는 단체의 임·직원은 그 권한을 표시하는 증표를 지니고 관계인에게 이를 제시하도록 하는 등의 절차적 요건을 규정하고 있으므로, 이 사건 법률조항이 적법절차의 원칙에 위배되는 것으로 보기도 어렵다(헌재 2002. 10. 31. 2000헌가12).

section 4 행정상 즉시강제에 대한 구제

(1) 적법한 즉시강제에 대한 구제

적법한 즉시강제로 인해 특정인에게 특별한 손실이 발생한 때에는 그에 대한 보상이 이루어져야 한다.

(2) 위법한 즉시강제에 대한 구제

① 정당방위 ··· 위법한 즉시강제에 대해서는 정당방위가 인정된다.

② 행정쟁송 ··· 행정상 즉시강제는 권력적 사실행위로서 행정쟁송의 대상인 처분에 해당한다. 그러나 즉시강제는 단시간에 종료되는 것이 보통이므로 소의 실익이 인정되는 경우가 많지 않다.

③ 손해배상청구 ··· 위법한 즉시강제로 손해를 입었을 경우에는 국가에 대한 손해배상 청구가 가장 실효성 있는 구제수단이라고 할 수 있다.

④ 기타 ··· 감독청에 의한 취소 · 정지, 공무원에 대한 형사책임, 징계책임, 고소, 청원 등이 있다.

section 5 행정조사

(1) 정의

행정기관이 정책을 결정하거나 직무를 수행하는 데 필요한 정보나 자료를 수집하기 위하여 현장조사 · 문서열람 · 시료채취 등을 하거나 조사대상자에게 보고요구 · 자료제출요구 및 출석 · 진술요구를 행하는 활동을 말한다.

(2) 행정상 즉시강제와의 구별

① 즉시강제와 행정조사는 모두 행정제재 수단으로서의 필요성과 합리성이 요구되지만 즉시강제는 그 자체로 직접적인 실력행사를 예정하고 있는 반면 행정조사는 경중에 따라 실력행사를 실행하지 않고 단순 조사에 그치는 경우도 많다.

> **판례** 우편물 통관검사절차에서 이루어지는 우편물의 개봉, 시료채취, 성분분석 등의 검사는 수출입물품에 대한 적정한 통관 등을 목적으로 한 행정조사의 성격을 가지는 것으로서 수사기관의 강제처분이라고 할 수 없으므로, 압수 · 수색영장 없이 우편물의 개봉, 시료채취, 성분분석 등 검사가 진행되었다 하더라도 특별한 사정이 없는 한 위법하다고 볼 수 없다(대판 2013. 9. 26. 2013도7718).

② 다만 행정조사의 경우 그 자체로서 새로운 의무의 부과가 예정되거나 법률관계에 중대한 변동이 발생하는 경우가 있을 수 있는데 판례는 이러한 경우에 한해 행정조사의 처분성을 인정하고 있다.

기출 2016. 4. 9. 인사혁신처

행정조사에 대한 설명으로 옳지 않은 것은? (다툼이 있는 경우 판례에 의함)

① 행정조사는 조사목적을 달성하는 데 필요한 최소한의 범위 안에서 실시하여야 한다.

② 위법한 행정조사로 손해를 입은 국민은 「국가배상법」에 따른 손해배상을 청구할 수 있다.

③ 위법한 세무조사를 통하여 수집된 과세자료에 기초하여 과세처분을 하였더라도 그러한 사정만으로 그 과세처분이 위법하게 되는 것은 아니다.

④ 우편물 통관검사절차에서 이루어지는 우편물 개봉 등의 검사는 행정조사의 성격을 가지는 것으로서 수사기관의 강제처분이라고 할 수 없으므로, 압수·수색영장 없이 검사가 진행되었다 하더라도 특별한 사정이 없는 한 위법하다고 볼 수 없다.

판례 부과처분을 위한 과세관청의 질문조사권이 행해지는 세무조사결정이 있는 경우 납세의무자는 세무공무원의 과세자료 수집을 위한 질문에 대답하고 검사를 수인하여야 할 법적 의무를 부담하게 되는 점, 세무조사는 기본적으로 적정하고 공평한 과세의 실현을 위하여 필요한 최소한의 범위 안에서 행하여져야 하고, 더욱이 동일한 세목 및 과세기간에 대한 재조사는 납세자의 영업의 자유 등 권익을 심각하게 침해할 뿐만 아니라 과세관청에 의한 자의적인 세무조사의 위험마저 있으므로 조세공평의 원칙에 현저히 반하는 예외적인 경우를 제외하고는 금지될 필요가 있는 점, 납세의무자로 하여금 개개의 과태료 처분에 대하여 불복하거나 조사 종료 후의 과세처분에 대하여만 다툴 수 있도록 하는 것보다는 그에 앞서 세무조사결정에 대하여 다툼으로써 분쟁을 조기에 근본적으로 해결할 수 있는 점 등을 종합하면, 세무조사결정은 납세의무자의 권리·의무에 직접 영향을 미치는 공권력의 행사에 따른 행정작용으로서 항고소송의 대상이 된다(대판 2011. 3. 10. 2009두23617).

(3) 종류

① **대인적 조사** … 불심검문, 신체수색 등

② **대물적 조사** … 장부의 열람, 시설검사, 물품의 검사 등

③ **대가택 조사** … 가택수색, 창고·영업소 출입검사 등

(4) 한계

① **법적 한계** … 우리 현행법상 행정조사에 대한 일반법으로 「행정조사기본법」이 있으며, 각 개별법에 규정으로는 「식품위생법」, 「통계법」, 「약사법」 등이 있다.

② **조리상의 한계** … 행정조사는 적합성·상당성·필요성·보충성의 원칙 등 조리상의 한계 내에서 이루어져야 한다.

(5) 「행정조사기본법」상의 내용

① 행정조사의 기본원칙〈행정조사기본법 제4조〉

ㄱ 행정조사는 조사목적을 달성하는 데 필요한 최소한의 범위 안에서 실시하여야 하며, 다른 목적 등을 위하여 조사권을 남용하여서는 아니된다.

ㄴ 행정기관은 조사목적에 적합하도록 조사대상자를 선정하여 행정조사를 실시하여야 한다.

ㄷ 행정기관은 유사하거나 동일한 사안에 대하여는 공동조사 등을 실시함으로써 행정조사가 중복되지 아니하도록 하여야 한다.

ㄹ 행정조사는 법령 등의 위반에 대한 처벌보다는 법령 등을 준수하도록 유도하는 데 중점을 두어야 한다.

ㅁ 다른 법률에 따르지 아니하고는 행정조사의 대상자 또는 행정조사의 내용을 공표하거나 직무상 알게 된 비밀을 누설하여서는 아니된다.

〈정답 ③

ⓑ 행정기관은 행정조사를 통하여 알게 된 정보를 다른 법률에 따라 내부에서 이용하거나 다른 기관에 제공하는 경우를 제외하고는 원래의 조사목적 이외의 용도로 이용하거나 타인에게 제공하여서는 아니된다.

② 조사의 주기〈행정조사기본법 제7조〉 … 행정조사는 법령 등 또는 행정조사운영계획으로 정하는 바에 따라 정기적으로 실시함을 원칙으로 한다. 다만, 다음 중 어느 하나에 해당하는 경우에는 수시조사를 할 수 있다.

  ㉠ 법률에서 수시조사를 규정하고 있는 경우
  ㉡ 법령 등의 위반에 대하여 혐의가 있는 경우
  ㉢ 다른 행정기관으로부터 법령 등의 위반에 관한 혐의를 통보 또는 이첩받은 경우
  ㉣ 법령 등의 위반에 대한 신고를 받거나 민원이 접수된 경우
  ㉤ 그 밖에 행정조사의 필요성이 인정되는 사항으로서 대통령령으로 정하는 경우

③ 조사방법 … 출석·진술 요구, 보고요구, 자료제출의 요구, 현장조사, 시료채취, 자료 등의 영치가 있다.

④ 조사의 실시

  ㉠ 행정조사의 사전통지〈행정조사기본법 제17조〉: 행정조사를 실시하고자 하는 행정기관의 장은 출석요구서, 보고요구서·자료제출요구서 및 현장출입조사서를 조사개시 7일 전까지 조사대상자에게 서면으로 통지하여야 한다.
  ㉡ 조사결과의 통지〈행정조사기본법 제24조〉: 행정기관의 장은 법령 등에 특별한 규정이 있는 경우를 제외하고는 행정조사의 결과를 확정한 날부터 7일 이내에 그 결과를 조사대상자에게 통지하여야 한다.

⑤ 정보통신수단을 통한 행정조사〈행정조사기본법 제28조〉 … 행정기관의 장은 인터넷 등 정보통신망을 통하여 조사대상자로 하여금 자료의 제출 등을 하게 할 수 있다.

(6) 행정조사에 대한 구제

① 적법한 행정조사에 대한 구제 … 적법한 행정조사로 인하여 손실을 받은 경우에는 손실보상을 청구할 수 있다.

② 위법한 행정조사에 대한 구제 … 행정조사는 권력적 사실행위로서 처분에 해당하므로 행정쟁송의 대상이 된다. 다만, 비권력적 행정조사는 처분에 포함되지 않으므로 손해배상을 청구할 수 있을 뿐이다. 이외에 청원, 공무원의 형사책임·징계책임 등을 통해 간접적으로 구제받을 수 있다.

2021년 소방공무원

1 행정조사에 관한 설명으로 옳은 것(○)과 옳지 않은 것(×)을 바르게 표기한 것은? (다툼이 있는 경우 판례에 의함)

> ㉠ 행정조사는 그 실효성 확보를 위해 수시조사를 원칙으로 한다.
> ㉡ 「행정절차법」은 행정조사절차에 관한 명문의 규정을 일부 두고 있다.
> ㉢ (구)「국세기본법」에 따른 금지되는 재조사에 기초한 과세처분은 특별한 사정이 없는 한 위법하다.
> ㉣ 우편물 통관검사절차에서 이루어지는 우편물의 개봉, 시료채취, 성분분석 등의 검사는 행정조사의 성격을 가지는 것으로 압수·수색영장 없이 진행되었다고 해도 특별한 사정이 없는 한 위법하다고 볼 수 없다.

	㉠	㉡	㉢	㉣		㉠	㉡	㉢	㉣
①	×	×	○	○	②	×	○	×	○
③	○	×	○	×	④	×	○	○	○

☞ TIPS!

㉠ [X] 행정조사는 법령 등 또는 행정조사운영계획으로 정하는 바에 따라 정기적으로 실시함을 원칙으로 한다. 다만, 다음 각 호 중 어느 하나에 해당하는 경우에는 수시조사를 할 수 있다〈「행정조사기본법」 제7조(조사의 주기)〉.
   1. 법률에서 수시조사를 규정하고 있는 경우
   2. 법령 등의 위반에 대하여 혐의가 있는 경우
   3. 다른 행정기관으로부터 법령 등의 위반에 관한 혐의를 통보 또는 이첩받은 경우
   4. 법령 등의 위반에 대한 신고를 받거나 민원이 접수된 경우
   5. 그 밖에 행정조사의 필요성이 인정되는 사항으로서 대통령령으로 정하는 경우

㉡ [X] 「행정절차법」은 행정조사절차에 관한 명문의 규정을 두고 있지 않다.

㉢ [O] 국세기본법은 제81조의4 제1항에서 "세무공무원은 적정하고 공평한 과세를 실현하기 위하여 필요한 최소한의 범위에서 세무조사를 하여야 하며, 다른 목적 등을 위하여 조사권을 남용해서는 아니 된다."라고 규정하고 있다. 이 조항은 세무조사의 적법 요건으로 객관적 필요성, 최소성, 권한 남용의 금지 등을 규정하고 있는데, 이는 법치국가원리를 조세절차법의 영역에서도 관철하기 위한 것으로서 그 자체로서 구체적인 법규적 효력을 가진다. 따라서 세무조사가 과세자료의 수집 또는 신고내용의 정확성 검증이라는 본연의 목적이 아니라 부정한 목적을 위하여 행하여진 것이라면 이는 세무조사에 중대한 위법사유가 있는 경우에 해당하고 이러한 세무조사에 의하여 수집된 과세자료를 기초로 한 과세처분 역시 위법하다. 세무조사가 국가의 과세권을 실현하기 위한 행정조사의 일종으로서 과세자료의 수집 또는 신고내용의 정확성 검증 등을 위하여 필요불가결하며, 종국적으로는 조세의 탈루를 막고 납세자의 성실한 신고를 담보하는 중요한 기능을 수행하더라도 만약 남용이나 오용을 막지 못한다면 납세자의 영업활동 및 사생활의 평온이나 재산권을 침해하고 나아가 과세권의 중립성과 공공성 및 윤리성을 의심받는 결과가 발생할 것이기 때문이다(대법원 2016. 12. 15. 선고 2016두47659 판결).

㉣ [O] 관세법 제246조 제1항, 제2항, 제257조, '국제우편물 수입통관 사무처리'(2011. 9. 30. 관세청고시 제2011-40호) 제1-2조 제2항, 제1-3조, 제3-6조, 구 '수출입물품 등의 분석사무 처리에 관한 시행세칙'(2013. 1. 4. 관세청훈령 제1507호로 개정되기 전의 것) 등과 관세법이 관세의 부과·징수와 아울러 수출입물품의 통관을 적정하게 함을 목적으로 한다는 점(관세법 제1조)에 비추어 보면, 우편물 통관검사절차에서 이루어지는 우편물의 개봉, 시료채취, 성분분석 등의 검사는 수출입물품에 대한 적정한 통관 등을 목적으로 한 행정조사의 성격을 가지는 것으로서 수사기관의 강제처분이라고 할 수 없으므로, 압수·수색영장 없이 우편물의 개봉, 시료채취, 성분분석 등 검사가 진행되었다 하더라도 특별한 사정이 없는 한 위법하다고 볼 수 없다(대법원 2013. 9. 26. 선고 2013도7718 판결).

Answer 1.①

2 행정상 즉시강제에 대한 설명으로 옳지 않은 것은? (다툼이 있는 경우 판례에 의함)

① 행정상 즉시강제는 국민의 권리침해를 필연적으로 수반하므로, 이에 대해서는 항상 영장주의가 적용된다.

② 행정상 즉시강제는 직접강제와는 달리 행정상 강제집행에 해당하지 않는다.

③ 구「음반·비디오물 및 게임물에 관한 법률」상 불법게임물에 대한 수거 및 폐기 조치는 행정상 즉시강제에 해당한다.

④ 다른 수단으로는 행정목적을 달성할 수 없는 경우에만 허용되며, 이 경우에도 최소한으로만 실시하여야 한다.

> **🔑 TIPS!**
>
> ① 우리 헌법 제12조 제3항은 현행법 등 일정한 예외를 제외하고는 인신의 체포, 구금에는 반드시 법관이 발부한 사전영장이 제시되어야 하도록 규정하고 있는데, 이러한 사전영장주의원칙은 인신보호를 위한 헌법상의 기속원리이기 때문에 인신의 자유를 제한하는 국가의 모든 영역(예컨대, 행정상의 즉시강제)에서도 존중되어야 하고 다만 <u>사전영장주의를 고수하다가는 도저히 그 목적을 달성할 수 없는 지극히 예외적인 경우에만</u> 형사절차에서와 같은 예외가 인정된다고 할 것이다(대법원 1995. 6. 30. 선고 93추83 판결).

3 행정조사에 대한 설명으로 옳지 않은 것은?

① 행정조사는 법령 등의 준수를 유도하기보다는 법령등의 위반에 대한 처벌에 중점을 두어야 한다.

② 행정조사는 조사대상자의 자발적 협조를 얻어서 실시하는 경우에는 개별 법령의 근거규정이 없어도 할 수 있다.

③ 행정기관의 장은 법령 등에서 규정하고 있는 조사사항을 조사대상자로 하여금 스스로 신고하도록 하는 자율신고제도를 운영할 수 있다.

④ 조사원이 조사목적을 달성하기 위하여 시료채취를 하는 경우에는 그 시료의 소유자 및 관리자의 정상적인 경제활동을 방해하지 아니하는 범위 안에서 최소한도로 하여야 한다.

> **🔑 TIPS!**
>
> 행정조사기본법
>
> ① [X] 제4조(행정조사의 기본원칙) ① 행정조사는 조사목적을 달성하는데 필요한 최소한의 범위 안에서 실시하여야 하며, 다른 목적 등을 위하여 조사권을 남용하여서는 아니 된다.
>
> ② [O] 제5조(행정조사의 근거) 행정기관은 법령등에서 행정조사를 규정하고 있는 경우에 한하여 행정조사를 실시할 수 있다. 다만, 조사대상자의 자발적인 협조를 얻어 실시하는 행정조사의 경우에는 그러하지 아니하다.
>
> ③ [O] 제25조(자율신고제도) ① 행정기관의 장은 법령등에서 규정하고 있는 조사사항을 조사대상자로 하여금 스스로 신고하도록 하는 제도를 운영할 수 있다.
>
> ④ [O] 제12조(시료채취) ① 조사원이 조사목적의 달성을 위하여 시료채취를 하는 경우에는 그 시료의 소유자 및 관리자의 정상적인 경제활동을 방해하지 아니하는 범위 안에서 최소한도로 하여야 한다.

Answer 2.① 3.①

2020년 소방공무원

4 행정강제수단에 대한 설명으로 옳지 않은 것은? (다툼이 있는 경우 판례에 의함)

① 행정기관은 법령 등에서 행정조사를 규정하고 있는 경우에 한하여 행정조사를 실시할 수 있지만 조사대상자의 자발적인 협조를 얻어 실시하는 경우에는 그러하지 아니하다.

② 화재진압작업을 위해서 화재발생현장에 불법주차차량을 제거하는 것은 급박성을 이유로 법적 근거가 없더라도 최후수단으로서 실행이 가능하다.

③ 해가 지기 전에 대집행을 착수한 경우에는 야간에 대집행 실행이 가능하다.

④ 「건축법」상 이행강제금 납부의 최초 독촉은 항고소송의 대상이 되는 행정처분에 해당한다는 것이 판례의 태도이다.

> **TIPS!**
>
> ① [O] 행정조사기본법 제5조(행정조사의 근거) 행정기관은 법령등에서 행정조사를 규정하고 있는 경우에 한하여 행정조사를 실시할 수 있다. 다만, 조사대상자의 자발적인 협조를 얻어 실시하는 행정조사의 경우에는 그러하지 아니하다.
>
> ② [X] 소방기본법 제25조(강제처분 등) ③소방본부장, 소방서장 또는 소방대장은 소방활동을 위하여 긴급하게 출동할 때에는 소방자동차의 통행과 소방활동에 방해가 되는 주차 또는 정차된 차량 및 물건 등을 제거하거나 이동시킬 수 있다.
>
> ③ [O] 행정대집행법 제4조(대집행의 실행 등) ① 행정청(제2조에 따라 대집행을 실행하는 제3자를 포함한다. 이하 이 조에서 같다)은 해가 뜨기 전이나 해가 진 후에는 대집행을 하여서는 아니 된다. 다만, 다음 각 호의 어느 하나에 해당하는 경우에는 그러하지 아니하다.
> 2. 해가 지기 전에 대집행을 착수한 경우
>
> ④ [O] 이행강제금 부과처분을 받은 자가 이행강제금을 기한 내에 납부하지 아니한 때에는 그 납부를 독촉할 수 있으며, 납부독촉에도 불구하고 이행강제금을 납부하지 않으면 체납절차에 의하여 이행강제금을 징수할 수 있고, 이때 이행강제금 납부의 최초 독촉은 징수처분으로서 항고소송의 대상이 되는 행정처분이 될 수 있다고 할 것이다(대판 1999. 7. 13. 97누119).

2019년 소방공무원

5 행정상 즉시강제에 관한 설명으로 옳지 않은 것은? (다툼이 있는 경우 판례에 의함)

① 「소방기본법」상 소방활동에 방해가 되는 물건 등에 대한 강제처분은 행정상 즉시강제에 해당한다.

② 행정상 즉시강제는 권력적 사실행위이므로, 항고소송의 대상이 되는 처분성이 인정된다.

③ 「식품위생법」상 영업소 폐쇄명령을 받은 자가 영업을 계속할 경우 강제폐쇄하는 조치는 행정상 즉시강제에 해당한다.

④ 행정상 즉시강제에서 그 목적을 달성할 수 없는 지극히 예외적인 경우에만 헌법상 사전영장주의원칙의 예외가 인정된다.

> **TIPS!**
>
> ① [O] 행정상 즉시강제에는 법적 근거가 필요하고 개별적 법률규정에 따르도록 되어 있다.
>
> ② [O] 직원들도 직장을 잃게 되는 등 이들의 권리·의무에 중대한 영향을 미치므로 진주의료원의 폐업이 관계법령상의 기준과 절차를 준수하였는지에 대한 사법심사가 필요한 점 등을 종합하면, 피고 경상남도지사의 이 사건 폐업결정은 행정청이 행하는 구체적 사실에 관한 법집행으로서의 공권력의 행사로서 입원환자들과 소속 직원들의 권리·의무에 직접 영향을 미치는 것이므로 항고소송의 대상에 해당한다고 할 것이다(대판 2016. 8. 30. 2015두60617).

Answer 4.② 5.③

③ [X] 행정상의 즉시강제란 그 행위의 성질상 의무를 부과하고 이를 기다릴 여유가 없는 때에 할 수 있는 것이므로 영업소 폐쇄명령을 이행하지 않은 경우의 조치는 즉시강제가 아니라 직접강제에 해당한다.

④ [O] 우리 헌법 제12조 제3항은 현행법 등 일정한 예외를 제외하고는 인신의 체포, 구금에는 반드시 법관이 발부한 사전영장이 제시되어야 하도록 규정하고 있는데, 이러한 사전영장주의원칙은 인신보호를 위한 헌법상의 기속원리이기 때문에 인신의 자유를 제한하는 국가의 모든 영역(예컨대, 행정상의 즉시강제)에서도 존중되어야 하고 다만 사전영장주의를 고수하다가는 도저히 그 목적을 달성할 수 없는 지극히 예외적인 경우에만 형사절차에서와 같은 예외가 인정된다고 할 것이다(대판 1995. 6. 30. 93추83).

[비교판례] 영장주의가 행정상 즉시강제에도 적용되는지에 관하여는 논란이 있으나, 행정상 즉시강제는 상대방의 임의이행을 기다릴 시간적 여유가 없을 때 하명 없이 바로 실력을 행사하는 것으로서, 그 본질상 급박성을 요건으로 하고 있어 법관의 영장을 기다려서는 그 목적을 달성할 수 없다고 할 것이므로, 원칙적으로 영장주의가 적용되지 않는다고 보아야 할 것이다(헌재 2002. 10. 31. 2000헌가12).

※ 사전영장주의에 대한 헌법재판소와 대법원의 입장이 다르기 때문에 유의해야 합니다.

2019년 소방공무원

6 행정조사에 관한 설명으로 옳지 않은 것은? (다툼이 있는 경우 판례에 의함)

① 세무조사결정은 항고소송의 대상이 된다.

② 「행정조사기본법」에 의하면, 조사목적달성을 위한 시료 채취로 조사대상자에게 손실이 발생하였더라도 행정기관의 장은 이에 대한 보상책임을 지지 않는다.

③ 「행정절차법」은 행정조사에 관한 명문의 규정을 두고 있지 않다.

④ 우편물 통관검사절차에서 이루어지는 성분분석 등의 검사가 압수·수색영장 없이 이루어졌다 하더라도 특별한 사정이 없는 한 위법하지 않다.

> **TIPS!**
>
> ① [O] 납세의무자로 하여금 개개의 과태료 처분에 대하여 불복하거나 조사 종료 후의 과세처분에 대하여만 다툴 수 있도록 하는 것보다는 그에 앞서 세무조사결정에 대하여 다툼으로써 분쟁을 조기에 근본적으로 해결할 수 있는 점 등을 종합하면, 세무조사결정은 납세의무자의 권리·의무에 직접 영향을 미치는 공권력의 행사에 따른 행정작용으로서 항고소송의 대상이 된다(대판 2011. 3. 10. 2009두23617).
>
> ② [X] [행정조사기본법] 제12조(시료채취) ②행정기관의 장은 제1항에 따른 시료채취로 조사대상자에게 손실을 입힌 때에는 대통령령으로 정하는 절차와 방법에 따라 그 손실을 보상하여야 한다.
>
> ③ [O] [행정절차법] 제3조(적용 범위) ① 처분, 신고, 행정상 입법예고, 행정예고 및 행정지도의 절차(이하 "행정절차"라 한다)에 관하여 다른 법률에 특별한 규정이 있는 경우를 제외하고는 이 법에서 정하는 바에 따른다.
>
> ④ [O] 우편물 통관검사절차에서 이루어지는 우편물의 개봉, 시료채취, 성분분석 등의 검사는 수출입물품에 대한 적정한 통관 등을 목적으로 한 행정조사의 성격을 가지는 것으로서 수사기관의 강제처분이라고 할 수 없으므로, 압수·수색영장 없이 우편물의 개봉, 시료채취, 성분분석 등 검사가 진행되었다 하더라도 특별한 사정이 없는 한 위법하다고 볼 수 없다(대판 2013. 9. 26. 2013도7718).

Answer 6.②

7 통고처분에 관한 설명으로 옳지 않은 것은?

① 통고처분은 현행법상 조세범, 관세범, 출입국관리사범, 교통사범 등에 대하여 인정되고 있다.

② 통고처분에 의해 부과된 금액(범칙금)은 벌금이다.

③ 판례는 통고처분을 행정소송의 대상이 되는 행정처분이 아니라고 보고 있다.

④ 판례는 통고처분에 의해 부과된 범칙금을 납부한 경우 다시 처벌받지 아니한다고 규정하고 있는 것은 범칙금의 납부에 확정재판의 효력에 준하는 효력을 인정하는 취지로 해석하고 있다.

> **TIPS!**
> ① [O] 통고처분은 현행법상 조세범, 관세범, 출입국관리사범, 교통사범 등에 대해 인정되고 있다.
> ② [X] 통고처분에 의하여 부과되는 범칙금은 재정적 손실을 초래한다는 점에서는 벌금과 유사한 면이 있지만 명예에 대한 중대한 훼손이 없는 등 형사처벌로서의 진지성의 면에서 벌금과는 다른 제재이다(헌재 2003. 10. 30. 2002헌마275).
> ③ [O] 조세범처벌절차법에 의하여 범칙자에 대한 세무관서의 통고처분은 행정소송의 대상이 아니다(대판 1980. 10. 14. 80누380).
> ④ [O] 경범죄처벌법 제7조 제3항에 의하면 범칙금납부의 통고처분을 받고 범칙금을 납부한 사람은 그 범칙행위에 대하여 다시 벌받지 아니한다고 규정하고 있는바, 이는 통고처분에 의한 범칙금납부에 확정판결에 준하는 효력을 인정한 것이다(대판 2003. 7. 11. 2002도2642).

8 행정조사에 대한 다음 설명 중 옳지 않은 것은?

① 행정조사는 조사를 통해 법령 등의 위반사항을 발견하고 처벌하는 데 중점을 두어야 한다.

② 행정기관은 유사하거나 동일한 사안에 대하여는 공동조사 등을 실시함으로써 행정조사가 중복되지 아니하도록 하여야 한다.

③ 행정조사는 조사목적을 달성하는 데 필요한 최소한의 범위 안에서 실시하여야 한다.

④ 행정기관은 조사목적에 적합하도록 조사대상자를 선정하여 행정조사를 실시하여야 한다.

① 행정조사는 행정작용의 자료를 얻기 위한 준비적, 보조적 수단이다.

> **TIPS!**
> ① 행정조사는 행정작용의 자료를 얻기 위한 준비적, 보조적 수단이다.
> ② 「행정조사기본법」 제4조 제3항
> ③ 「행정조사기본법」 제4조 제1항
> ④ 「행정조사기본법」 제4조 제2항

9 행정상의 즉시강제에 관한 설명 중 옳지 않은 것은?

① 실력으로써 행정상 필요한 상태를 실현시키는 사실작용이다.

② 목전의 급박한 장해를 제거하거나 의무를 명할 시간적 여유가 없는 경우에 사용된다.

③ 행정의 긴급권이라는 자연법 사상에 기초한 것으로 별도의 법적 근거를 요하지 않는다.

④ 조리상의 한계로서 현존하는 명백한 위험의 원칙 및 보충성의 원칙 등이 있다.

Answer 7.② 8.① 9.③

10 행정조사에 관한 설명으로 옳은 것을 모두 고르면?

> ㉠ 위법한 행정조사에 기초하여 내려진 행정처분은 위법한 처분이다.
> ㉡ 강제적 행정조사의 경우 처분성이 인정되지 않는다.
> ㉢ 현대국가에 있어서는 행정조사의 수요가 점차 증가하고 있다.
> ㉣ 행정조사를 거부, 방해하는 자에 대해서는 직접적인 실력행사 자체가 허용되는 것으로 보는 것이 일반적이다.
> ㉤ 형사상 소추할 목적으로 하는 행정조사에서는 영장제시가 불필요한 것으로 본다.

① ㉠㉢ ② ㉠㉤

③ ㉡㉣ ④ ㉢㉤

11 행정상 즉시강제에 관한 설명이 아닌 것은?

① 행정상 즉시강제의 법적 성질은 권력적 사실행위이다.
② 행정상 강제집행이 가능한 경우에는 행정상 즉시강제는 인정되지 않는다.
③ 불가피하게 행정상 즉시강제수단이 활용되어야 하는 경우일지라도 그 수단은 비례원칙의 적용을 받아야 한다.
④ 위법한 행정상 즉시강제는 언제나 행정쟁송의 대상이 된다.

Answer 10.① 11.④

12 행정조사에 관한 설명으로 옳지 않은 것은?

① 행정기관이 정책을 결정하거나 직무를 수행하는 데 필요한 정보나 자료를 수집하기 위하여 현장조사 · 문서열람 · 시료채취 등을 하거나 조사대상자에게 보고요구 · 자료제출요구 및 출석 · 진술요구를 행하는 활동을 말한다.

② 그 자체로서 직접 목적 달성을 위한 작용이라기보다는 다른 작용을 위한 준비적 · 보조적 수단에 가깝다.

③ 행정조사는 영장이 필요 없다는 점에 이설이 없다.

④ 불심검문은 대인적 조사, 장부의 열람은 대물적 조사, 가택수색은 대가택 조사에 속한다.

> **TIPS!**
> ③ 행정조사 시 영장의 필요 여부는 필요설 · 불요설 · 절충설(다수설) 등의 견해 대립이 있다.

13 다음 중 행정상 즉시강제가 아닌 것은?

① 유해식품의 폐기처분 ② 수난구호법상의 원조강제

③ 영업장의 강제폐쇄 ④ 물건 등에 대한 방역조치

> **TIPS!**
> ③ 직접강제에 해당한다.

14 다음 중 행정상 즉시강제에 해당하지 않는 것은?

① 「경찰관 직무집행법」상의 무기사용

② 「출입국관리법」상의 강제출국조치

③ 「소방기본법」상의 원조강제

④ 「식품위생법」상의 물건의 압수 · 폐기

> **TIPS!**
> ①③④ 행정상 즉시강제에는 「경찰관 직무집행법」상의 불심검문 · 보호조치 · 범죄예방 · 물건의 임시영치 · 무기사용 · 가택출입 · 수색 등이 있고 그 외 구 「감염병의 예방 및 관리에 관한 법률」상의 강제격리, 「마약법」상 강제수용, 「소방법」상 원조강제, 「식품위생법」상의 물건의 압수 · 폐기 · 영치 · 몰수 등이 있다.
> ② 행정상 직접강제에 해당한다.

Answer 12.③ 13.③ 14.②

15 다음 중 행정상의 강제집행과 즉시강제의 공통점은?

① 행정목적 실현의 긴급성
② 행정법상의 의무의 불이행
③ 비권력적 사실행위
④ 국민의 신체·재산에 대한 실력 행사

> **TIPS!**
> ①② 행정상 강제집행과 즉시강제는 긴급성의 유무, 의무불이행의 전제 여부에 따라 구분된다.
> ③④ 양자는 권력적 사실행위, 즉 국민의 신체·재산에 대한 실력 행사라는 점에서 동일하다.

16 행정상 즉시강제에 대한 설명으로 옳은 것은? (다툼이 있는 경우 판례에 의함)

① 구 「음반·비디오물 및 게임물에 관한 법률」상 등급분류를 받지 아니한 게임물을 발견한 경우 관계행정청이 관계공무원으로 하여금 이를 수거·폐기하게 할 수 있도록 한 규정은 헌법상 영장주의와 피해 최소성의 요건을 위배하는 과도한 입법으로 헌법에 위반된다.
② 재범의 위험성이 현저한 자를 상대로 긴급히 보호할 필요가 있는 경우에 단기간의 동행보호를 허용한 구 「사회안전법」상 동행보호규정은 사전영장주의를 규정한 헌법규정에 반한다.
③ 「식품위생법」상 영업소 폐쇄명령을 받은 후에도 계속하여 영업을 하는 경우 해당 영업소를 폐쇄하는 조치는 행정상 즉시강제의 수단에 해당한다.
④ 손실발생의 원인에 대하여 책임이 없는 자가 경찰관의 적법한 보호조치에 자발적으로 협조하여 재산상의 손실을 입은 경우, 국가는 손실을 입은 자에 대하여 정당한 보상을 하여야 한다.

> **TIPS!**
> ①② 대법원은 사회안전법 사건에서, 헌법재판소는 「음반비디오물 및 게임물에 관한 법률」에 대한 위헌법률심판제청사건에서 각각 절충설에 입각하여 판시하였다. 단, 다수설과 대법원은 절충설에 있어 원칙은 영장이 필요하나 예외를 허용하는 형식이나 헌법재판소는 즉시강제가 급박성을 본질로 하여 영장의 필요를 원칙으로 하면 목적달성이 아니 된다고 보아 원칙적으로 영장주의가 적용되지 아니하고 예외적으로 영장이 필요하다고 보는 입장이다.
> ③ 「식품위생법」 제79조의 영업소의 폐쇄조치는 직접강제 사례이다.

Answer 15.④ 16.④

17 다음 사례 중 즉시강제에 해당하지 않는 것은?

① 미성년자가 피우기 위해 소지한 연초의 임시영치
② 광견의 주인에 대한 위해방지조치의 강제
③ 사증 없이 입국한 외국인의 강제출국조치
④ 범죄현장에서 막 행하여지려는 중대한 범죄행위의 강제제지

> **TIPS!**
> ① 「청소년보호법」상의 대물적 강제에 해당한다.
> ②④ 「경찰관 직무집행법」상의 대인적 강제에 해당한다.
> ③ 「출입국관리법」상의 직접강제에 해당한다.

18 행정상 즉시강제에 관한 설명 중 옳지 않은 것은?

① 행정상 즉시강제는 급박성, 보충성, 소극성, 최소침해성, 비례성 등을 충족해야 한다.
② 원칙적으로 행정상 즉시강제에도 영장주의가 적용되지만 급박하고 불가피한 경우에 한해 영장주의의 예외를 인정할 수 있다.
③ 위법한 행정상 즉시강제에 대한 직접적이고도 실질적인 권리구제수단은 「국가배상법」에 의한 손해배상의 청구 또는 원상회복의 청구이다.
④ 위법한 즉시강제에 대해서 정당방위는 인정되지 않는다.

> **TIPS!**
> ④ 위법한 즉시강제에 대해서는 정당방위가 인정된다.

19 다음 중 행정상 즉시강제에 대한 설명으로 옳지 않은 것은?

① 즉시강제는 권력적 사실행위이므로 행정쟁송의 대상인 처분에 해당한다.
② 즉시강제는 의무 없이 행정청이 일방적으로 집행할 수 있는 수단이므로 반드시 실정법적 근거를 요하는 것은 아니다.
③ 사람의 신체에 실력을 가하여 행정상 필요한 상태를 실현시키는 즉시강제를 대인적 강제라고 한다.
④ 점유자·소유자의 의사와 무관하게 가택, 창고, 영업소 등에 출입하여 행정상 필요한 상태를 실현하는 작용을 대가택적 강제라고 한다.

> **TIPS!**
> ② 즉시강제는 의무 없이 행정청이 일방적으로 집행할 수 있는 수단이므로 엄격한 실정법적 근거를 요한다.

Answer 17.③ 18.④ 19.②

20 보건담당 공무원이 창고에 보관중인 식품을 둘러본 결과 불량품을 발견하고 정밀검사를 위해 그 일부를 현장에서 수거하여 갔다. 이는 다음 중 어느 것에 해당하는가?

① 직접강제

② 행정조사

③ 대집행

④ 행정상 강제징수

 **TIPS!**

② 「식품위생법」 제22조 제1항 상의 검사를 위한 물건의 수거로서 행정조사에 해당한다.

21 다음 중 행정조사에 관한 설명 중 옳지 않은 것은?

① 행정조사는 조사목적을 달성하는 데 필요한 최소한의 범위 안에서 실시하여야 한다.

② 행정기관은 조사목적에 적합하도록 조사대상자를 선정하여 행정조사를 실시하여야 한다.

③ 행정조사를 실시하고자 하는 행정기관의 장은 출석요구서, 보고요구서·자료제출요구서 및 현장출입조사서를 조사개시 7일 전까지 조사대상자에게 서면으로 통지하여야 한다.

④ 행정기관의 장은 법령 등에 특별한 규정이 있는 경우를 제외하고는 행정조사의 결과를 확정한 날부터 14일 이내에 그 결과를 조사대상자에게 통지하여야 한다.

 TIPS!

④ 행정기관의 장은 법령 등에 특별한 규정이 있는 경우를 제외하고는 행정조사의 결과를 확정한 날부터 7일 이내에 그 결과를 조사대상자에게 통지하여야 한다〈행정조사기본법 제24조〉.

22 「행정조사기본법」에 따른 행정조사의 기본원칙에 대한 설명으로 옳지 않은 것은?

① 행정조사는 조사목적을 달성하기 위해 최대한의 범위 내에서 실시할 수 있다.

② 행정기관은 조사목적에 적합하도록 조사대상자를 선정해야 한다.

③ 행정기관은 유사하거나 동일한 사안에 대하여 공동조사 등을 실시함으로써 행정조사가 중복되지 않도록 한다.

④ 다른 법률에 따르지 아니하고는 행정조사 대상자 또는 행정조사의 내용을 공표하거나 직무상 알게 된 비밀을 누설해서는 안 된다.

 TIPS!

① 행정조사는 조사의 목적을 달성하는 데 필요한 최소한의 범위 안에서 실시하여야 하며, 다른 목적 등을 위해 조사권을 남용해서는 안 된다〈행정조사기본법 제4조 제1항〉.

Answer 22.①

04 행정벌

section 1 의의

(1) 개념

행정벌이란 행정법상의 의무위반행위(행정목적상의 명령·금지 위반)에 대하여 일반통치권에 의거하여 일반 사인에게 제재로서 과하는 처벌을 말한다. 이는 과거의 의무위반에 대한 제재로서 의무이행을 간접적으로 강제하고 확보하는 기능을 수행한다.

(2) 구별개념

① **징계벌과의 구별** … 행정벌은 일반통치권에 기하여 발동되므로 특별행정법관계에서 그 내부질서를 유지하기 위하여 행하는 징계벌과 다르다. 따라서 양자는 일사부재리의 원칙이 적용되지 않고, 형사소추우선의 원칙도 인정되지 않으며 병과가 가능하다.

② **집행벌과의 구별** … 행정벌은 과거의 의무 위반에 대하여 과하는 제재이므로 장래에 대해 그 이행을 확보하기 위한 집행벌과 구별된다.

③ **형사벌과의 구별** … 행정벌과 형사벌의 구별은 상대적인 것으로 행정벌과 형사벌을 구별하지 않는 소수설도 있으나 구별긍정설이 다수설이다. 긍정설 중에서도 피침해규범의 성질을 기준으로 구별하는 견해와 피침해이익의 성질을 기준으로 구별하는 견해가 있으나 실정법에 의해 비로소 의무가 발생하는 법정범을 처벌하기 위한 것이 행정벌이고 실정법 이전에 반윤리성·반사회성이 명백한 자연범을 처벌하기 위한 것이 형사벌이라는 전자가 통설이다.

형사범	행정범
• 자연범	• 법정범
• 법규를 규정하지 않고 반사회성 인정	• 법으로 규정함으로써 반사회성 인정
• 국가의 기본질서	• 국가의 파생질서

(3) 법적 근거

① **죄형법정주의** … 행정벌에도 법적 근거가 필요하며 죄형법정주의가 적용된다.

② **행정벌의 위임** … 법률이 명령에 벌칙규정을 위임할 수 있으나 처벌의 대상이 되는 행위의 종류와 형량의 최고한도를 구체적으로 범위를 정하여 위임하여야 한다. 또한 조례로써도 행정벌을 규정할 수 있다.

기출 2018. 5. 19. 제1회 지방직

사업주 甲에게 고용된 종업원 乙이 영업행위 중 행정법규를 위반한 경우 행정벌의 부과에 대한 설명으로 옳은 것은? (다툼이 있는 경우 판례에 의함)

① 위 위반행위에 대해 내려진 시정명령에 따르지 않았다는 이유로 乙이 과태료 부과처분을 받고 이를 납부하였다면, 당초의 위반행위를 이유로 乙을 형사처벌할 수 없다.

② 행위자 외에 사업주를 처벌한다는 명문의 규정이 없더라도 관계규정의 해석에 의해 과실 있는 사업주도 벌할 뜻이 명확한 경우에는 乙 외에 甲도 처벌할 수 있다.

③ 甲의 처벌을 규정한 양벌규정이 있는 경우에도 乙이 처벌을 받지 않는 경우에는 甲만 처벌할 수 없다.

④ 乙의 위반행위가 과태료 부과 대상인 경우에 乙이 자신의 행위가 위법하지 아니한 것으로 오인하였다면 乙에 대해서 과태료를 부과할 수 없다.

<정답 ②

(4) 종류(처벌의 내용에 따라)

① 행정형벌 … 형법에 형명이 있는 형벌이 과하여지는 행정벌을 말한다. 사형 · 징역 · 금고 · 자격상실 · 자격정지 · 벌금 · 구류 · 과료 · 몰수 등이 이에 해당한다.

② 행정질서벌 … 행정상의 질서유지를 위하여 일정한 행정상의 의무위반행위에 대해 과태료를 부과하는 벌칙을 말한다.

(5) 행정형벌의 행정질서벌화

　　행정법규에는 위반시 단기자유형과 벌금형을 과하는 경우가 많은데 이는 형법상의 형벌인 바 전과자 양산이라는 문제가 있다. 이에 단기자유형과 벌금형은 행정질서벌로 전환하고 불필요한 행정형벌은 정비하는 등 행정벌에 대한 법제도를 개선할 필요성이 제기되고 있다.

section 2 행정형벌

(1) 의의

　　행정형벌이란 형법에 형명이 있는 형벌이 과하여지는 행정벌을 말한다. 이에는 죄형 법정주의와 형법총칙이 적용된다.

(2) 행정형벌의 특수성

① 범의(고의 · 과실) … 형법상 형사범의 성립에는 원칙적으로 고의가 있음을 요건으로 하고, 과실에 의한 행위는 법률에 특별한 규정이 있는 경우에만 처벌하도록 하고 있다. 고의의 성립에는 사실의 인식 외에도 위법성의 인식가능성이 있어야 한다. 이러한 원칙은 행정형벌에도 적용된다(통설 · 판례).

> **판례** 구「공중위생법」제12조 제2항 제1호 다목은 "숙박업자는 손님에게 도박 기타 사행행위를 하게 하거나 이를 하도록 내버려 두어서는 아니된다."고 규정하고 있는 바, 숙박업자가 알지도 못하고 있는 상태에서 손님이 도박을 한 경우에는 숙박업자가 위 규정에 위반한 것으로 볼 수 없는 것이다(대판 1994. 1. 11, 93누22173).

② 법인의 책임 … 형법상 법인은 범죄능력이 없는 것으로 보나 행정법규는 그 실효성 확보를 위해 법인에 대하여도 재산형을 과할 것을 규정하는 경우가 많다. 이를 양 벌규정이라 한다.

> **판례** 국가가 본래 그의 사무의 일부를 지방자치단체의 장에게 위임하여 그 사무를 처리하게 하는 기관위임사무의 경우에는 지방자치단체는 국가기관의 일부로 볼 수 있는 것이지만, 지방자치단체가 그 고유의 자치사무를 처리하는 경우에는 지방자치단체는 국가기관의 일부가 아니

라 국가기관과는 별도의 독립한 공법인이므로, 지방자치단체 소속 공무원이 지방자치단체 고유의 자치사무를 수행하던 중 도로법 제81조 내지 제85조의 규정에 의한 위반행위를 한 경우에는 지방자치단체는 도로법 제86조의 양벌규정에 따라 처벌대상이 되는 법인에 해당한다고 할 것이다(대판 2005. 11. 10., 2004도2657).

③ **타인의 행위에 대한 책임** … 행정법규에는 사업주를 처벌하거나, 미성년자 · 피성년후견인 · 피한정후견인의 법정대리인을 처벌하도록 하는 양벌규정을 두는 경우가 있다. 이는 자기의 생활범위 내에 있는 자가 법령에 위반하지 않도록 주의 · 감독할 의무를 태만히 한 데 대한 과실책임이므로 책임주의원칙에 반하는 것은 아니며, 처벌은 명문의 규정이 있는 경우에 한한다. 명문의 규정이 없는 경우에는 통설과 판례는 법인을 처벌할 수 없다.

④ **책임능력** … 형사범의 경우에는 심신장애인에 대하여 형을 감경하거나 벌하지 않고 14세 미만인 자의 행위에 대하여는 벌하지 않지만 행정범에 있어서는 이들 규정의 적용을 배제 · 제한하는 경우가 있다.

⑤ **공범 · 교사범 · 누범 · 경합범** … 행정범에 대하여는 종범 · 경합범 등에 관한 형법의 적용을 배제하는 경우가 많다〈담배사업법 제31조〉.

(3) 행정형벌의 과벌절차

① **일반절차** … 행정형벌도 형사소송법이 정하는 절차에 따르는 것이 원칙이다.

② **특별절차** … 예외적으로 통고처분, 즉결심판 등의 과벌절차가 있다.

㉠ **통고처분**
- 의의 : 주로 조세범 · 관세범 · 출입국사범 · 도로교통사범 · 경범죄사범 등에 대해 행정청이 정식재판에 갈음하여 절차의 간이와 신속함을 주어 일정한 벌금 또는 과료에 해당하는 금액 또는 물품의 납부를 명하는 제도이다.
- 통고처분권자 : 국세청장, 지방국세청장, 세무서장, 관세청장, 세관장, 출입국관리소장, 경찰서장 등이 있다.
- 내용 : 벌금 또는 과료에 상당하는 금액, 몰수에 해당하는 물품, 추징금에 상당하는 금액 기타 비용 등의 납부를 통고하는 것이다.
- 효과 : 통고처분을 받은 자가 이를 행하지 않으면 통고처분은 당연히 효력을 상실하고 경찰서장 등 행정기관의 고발에 의하여 통상의 형사소송절차로 이행된다. 이에 대한 불복이 있는 경우에는 소송을 제기함이 없이 그대로 방치하면 효력이 소멸하므로 이는 행정쟁송법상 처분에 해당하지 않는다(통설 · 판례).
- 법적성질 : 통고처분에 의하여 부과되는 범칙금은 행정제재금이며 벌금이 아니다. 또한 판례는 그 범칙금을 납부한 경우 그 범칙행위에 대하여 다시 벌받지 아니한다고 하여 이는 범칙금의 납부에 확정재판의 효력에 준하는 효력을 인정하는 것으로 보고 있다. 따라서 통고처분은 행정소송이 대상이 아니다.

판례 도로교통법 제118조에서 규정하는 경찰서장의 통고처분은 행정소송의 대상이 되는 행정처분이 아니므로 그 처분의 취소를 구하는 소송은 부적법하고, 도로교통법상의 통고처분을 받은 자가 그 처분에 대하여 이의가 있는 경우에는 통고처분에 따른 범칙금의 납부를 이행하지 아니함으로써 경찰서장의 즉결심판청구에 의하여 법원의 심판을 받을 수 있게 될 뿐이다(대판 1995. 6. 29. 95누4674).

기출 2015. 6. 27. 제1회 지방직

통고처분에 대한 설명으로 옳은것은?
(다툼이 있는 경우 판례에 의함)

① 「조세범 처벌절차법」에 근거한 범칙자에 대한 세무서의 통고처분은 행정소송의 대상이 되는 행정처분이다.

② 법률에 따라 통고처분을 할 수 있으면 행정청은 통고처분을 하여야 하며, 통고처분 이외의 조치를 취할 재량은 없다.

③ 행정법규 위반자가 법정기간 내에 통고처분에 의해 부과된 금액을 납부하지 않으면 「비송사건절차법」에 의해 처리된다.

④ 행정법규 위반자가 통고처분에 의해 부과된 금액을 납부하면 과벌절차가 종료되며 동일한 사건에 대하여 다시 처벌받지 아니한다.

〈 정답 ④

ⓒ **즉결심판**: 20만 원 이하의 벌금, 구류 또는 과료에 해당하는 행정형벌은 즉결심판에 의해 과하여지는데, 경찰서장에 의해 청구되고 법원에 의해 결정되며 경찰서장에 의해 집행된다. 즉결심판에 불복하는 자는 그 선고 고지일로부터 7일 이내에 정식재판을 청구할 수 있다.

section 3 행정질서벌

(1) 과태료

① 질서위반에 대한 제재로서 부과·징수되는 금전(金錢)을 말한다.

② 간접적으로 행정상의 질서에 장애를 줄 우려가 있는 정도의 단순한 의무태만에 대하여 과하는 데에 반하여, 행정형벌은 직접적으로 행정 목적이나 사회법익을 침해하는 경우에 과하는 것이다.

③ 과태료는 형벌이 아니므로 형법총칙의 규정이 자동적으로 적용되지 않는다.

④ 과태료는 전과(前科)로 되지 아니하고 다른 형벌과 누범관계가 생기지 않는다.

⑤ 과태료는 종래 개별 법령에서 규정되어 통일적인 부과·징수절차가 없었으나, 「질서위반행위규제법」이 제정되어 행정질서벌로서의 과태료에 관하여 부과·징수절차를 통일적·일원적으로 규정하고 있다.

(2) 질서위반행위규제법

① **목적** … 법률상 의무의 효율적인 이행을 확보하고 국민의 권리와 이익을 보호하기 위하여 질서위반행위의 성립요건과 과태료의 부과·징수 및 재판 등에 관한 사항을 규정하는 것을 목적으로 한다.

② **질서위반행위의 성립**
　ⓐ **질서위반행위 법정주의**: 법률에 따르지 아니하고는 어떤 행위도 질서위반행위로 과태료를 부과하지 아니한다.

　ⓑ 고의·과실을 질서위반행위의 성립요건으로 규정하고, 위법성 착오에 정당한 이유가 있는 경우와 14세 미만자 또는 심신장애인의 질서위반행위는 면책되도록 하며, 과태료 처분에 있어서는 질서위반행위의 공범을 모두 정범으로 취급한다. 또한 한 사람이 다수의 질서위반행위를 하는 경우 각각에 대하여 과태료를 부과하며, 확정된 과태료의 소멸시효를 5년으로 한다.

　ⓒ **과태료의 시효**: 과태료는 행정청의 과태료 부과처분이나 법원의 과태료 재판이 확정된 후 5년간 징수하지 아니하거나 집행하지 아니하면 시효로 인하여 소멸한다.

③ 행정청의 과태료 부과 및 징수
　　㉠ 행정청이 과태료를 부과하고자 하는 때에는 10일 이상의 기간을 정하여 당사자에게 의견을 제출할 기회를 부여한 후 과태료를 부과·징수한다.
　　㉡ 과태료부과의 제척기간은 질서위반행위가 종료한 날부터 5년으로 한다.
　　㉢ 과태료 부과에 대하여 당사자가 이의를 제기하면 이를 법원에 통보하여 재판을 받도록 하는 방식으로 과태료 부과·징수절차를 정한다.

④ 과태료 재판과 집행절차
　　㉠ 과태료 재판 절차에 관한 상세한 규정을 마련함으로써 과태료 재판 절차의 미비점을 보완하고, 행정청이 법원의 허가를 받아 재판에 참여할 수 있도록 하며, 검사는 과태료 집행을 행정청에 위탁할 수 있도록 하고, 지방자치단체의 장이 위탁받는 경우에는 그 집행한 과태료를 지방자치단체의 수입이 되도록 하였다.
　　㉡ 당사자가 과태료를 자진 납부하는 경우 감경하여 주고, 질서위반행위의 발생 여부 및 과태료 부과·징수를 위하여 행정청에 질서위반행위에 대한 조사권한과 공공기관에 대한 자료제공요청권한을 부여하였다.
　　㉢ 과태료를 체납하는 경우에는 가산금을 부과하고, 관허사업을 제한하며, 고액·상습체납자에 대하여는 신용정보기관에 관련 정보를 제공하고, 법원의 재판을 통하여 30일의 범위 내에서 감치(監置)할 수 있도록 하였다.

기출PLUS

기출 2016. 4. 9. 인사혁신처

과태료에 대한 설명으로 옳지 않은 것은? (다툼이 있는 경우 판례에 의함)

① 행정법규 위반행위에 대하여 과하여지는 과태료는 행정형벌이 아니라 행정질서벌에 해당한다.
② 「질서위반행위규제법」에 따르면 고의 또는 과실이 없는 질서위반행위에는 과태료를 부과하지 아니한다.
③ 지방자치단체의 조례도 과태료 부과의 근거가 될 수 있다.
④ 「질서위반행위규제법」에 따른 과태료부과처분은 항고소송의 대상인 행정처분에 해당한다.

〈정답 ④

2021년 소방공무원

1 행정벌에 대한 설명으로 옳지 않은 것은? (다툼이 있는 경우 판례에 의함)

① 과태료는 행정상의 질서유지를 위한 행정질서벌에 해당할 뿐 형벌이라 할 수 없어 죄형법정주의의 규율대상에 해당하지 않는다.

② 행정형벌은 행정법상 의무위반에 대한 제재로 과하는 처벌로 법인이 법인으로서 행정법상 의무자인 경우 그 의무위반에 대하여 형벌의 성질이 허용하는 한도 내에서 그 법인을 처벌하는 것은 당연하며, 행정범에 관한 한 법인의 범죄능력을 인정함이 일반적이나, 지방자치단체와 같은 공법인의 경우는 범죄능력 및 형벌능력 모두 부정된다.

③ 과태료 재판은 이유를 붙인 결정으로써 하며, 결정은 당사자와 검사에게 고지함으로써 효력이 발생하고, 당사자와 검사는 과태료 재판에 대하여 즉시항고 할 수 있으며 이 경우 항고는 집행정지의 효력이 있다.

④ 행정청이 질서위반행위에 대하여 과태료를 부과하고자하는 때에는 미리 당사자에게 과태료 부과의 원인이 되는 사실, 과태료 금액 및 적용법령 등을 통지하고 10일 이상의 기간을 정하여 의견을 제출할 기회를 주어야한다.

> **TIPS!**
>
> ② 헌법 제117조, 지방자치법 제3조 제1항, 제9조, 제93조, 도로법 제54조, 제83조, 제86조의 각 규정을 종합하여 보면, 국가가 본래 그의 사무의 일부를 지방자치단체의 장에게 위임하여 그 사무를 처리하게 하는 기관위임사무의 경우에는 지방자치단체는 국가기관의 일부로 볼 수 있는 것이지만, <u>지방자치단체가 그 고유의 자치사무를 처리하는 경우에는 지방자치단체는 국가기관의 일부가 아니라 국가기관과는 별도의 독립한 공법인이므로, 지방자치단체 소속 공무원이 지방자치단체 고유의 자치사무를 수행하던 중 도로법 제81조 내지 제85조의 규정에 의한 위반행위를 한 경우에는 지방자치단체는 도로법 제86조의 양벌규정에 따라 처벌대상이 되는 법인에 해당한다</u>(대법원 2005. 11. 10. 선고 2004도2657 판결).
>
> ① 헌재 1998. 5. 28. 96헌바83
>
> ③ 과태료 재판은 이유를 붙인 결정으로써 한다〈「질서위반행위규제법」 제36조(재판) 제1항〉. 결정은 당사자와 검사에게 고지함으로써 효력이 생긴다〈동법 제37조(결정의 고지) 제1항〉. 당사자와 검사는 과태료 재판에 대하여 즉시항고를 할 수 있다. 이 경우 항고는 집행정지의 효력이 있다〈동법 제38조(항고) 제1항〉.
>
> ④ 행정청이 질서위반행위에 대하여 과태료를 부과하고자 하는 때에는 미리 당사자(제11조 제2항에 따른 고용주등을 포함한다)에게 대통령령으로 정하는 사항을 통지하고, 10일 이상의 기간을 정하여 의견을 제출할 기회를 주어야 한다. 이 경우 지정된 기일까지 의견 제출이 없는 경우에는 의견이 없는 것으로 본다〈「질서위반행위규제법」 제16조(사전통지 및 의견 제출 등) 제1항〉.

Answer 1.②

2 행정의 실효성 확보수단에 대한 설명으로 옳은 것은? (다툼이 있는 경우 판례에 의함)

① 「건축법」상 이행강제금은 형벌에 해당하므로 이중처벌금지의 원칙이 적용된다.

② 양벌규정에 의한 영업주의 처벌은 금지위반행위자인 종업원의 처벌에 종속되는 것이다.

③ 「도로교통법」상 경찰서장의 통고처분은 항고소송의 대상이 되는 처분이다.

④ 건물철거의무에 퇴거의무도 포함되어 있어 건물철거 대집행 과정에서 부수적으로 건물의 점유자들에 대한 퇴거조치를 할 수 있다.

> **TIPS!**
>
> ① [X] 이행강제금은 일정한 기한까지 의무를 이행하지 않을 때에는 일정한 금전적 부담을 과할 뜻을 미리 계고함으로써 의무자에게 심리적 압박을 주어 장래에 그 의무를 이행하게 하려는 행정상 간접적인 강제집행 수단의 하나로서 과거의 일정한 법률위반 행위에 대한 제재로서의 형벌이 아니라 장래의 의무이행의 확보를 위한 강제수단일 뿐이어서 범죄에 대하여 국가가 형벌권을 실행한다고 하는 과벌에 해당하지 아니하므로 헌법 제13조 제1항이 금지하는 이중처벌금지의 원칙이 적용될 여지가 없다(헌재 2011. 10. 25. 2009헌바140).
>
> ② [X] 양벌규정에 의한 영업주의 처벌은 금지위반행위자인 종업원의 처벌에 종속하는 것이 아니라 독립하여 그 자신의 종업원에 대한 선임감독상의 과실로 인하여 처벌되는 것이므로 종업원의 범죄성립이나 처벌이 영업주 처벌의 전제조건이 될 필요는 없다(대판 1987. 11. 10. 87도1213).
>
> ③ [X] 통고처분은 상대방의 임의의 승복을 그 발효요건으로 하기 때문에 그 자체만으로는 통고이행을 강제하거나 상대방에게 아무런 권리의무를 형성하지 않으므로 행정심판이나 행정소송의 대상으로서의 처분성을 부여할 수 없고, 통고처분에 대하여 이의가 있으면 통고내용을 이행하지 않음으로써 고발되어 형사재판절차에서 통고처분의 위법·부당함을 얼마든지 다툴 수 있기 때문에 관세법 제38조 제3항 제2호가 법관에 의한 재판받을 권리를 침해한다든가 적법절차의 원칙에 저촉된다고 볼 수 없다(헌재 1998. 5. 28. 96헌바4).
>
> ④ [O] 건물의 점유자가 철거의무자일 때에는 건물철거의무에 퇴거의무도 포함되어 있는 것이어서 별도로 퇴거를 명하는 집행권원이 필요하지 않다. 행정청이 행정대집행의 방법으로 건물철거의무의 이행을 실현할 수 있는 경우에는 건물철거 대집행 과정에서 부수적으로 건물의 점유자들에 대한 퇴거 조치를 할 수 있고, 점유자들이 적법한 행정대집행을 위력을 행사하여 방해하는 경우 형법상 공무집행방해죄가 성립하므로, 필요한 경우에는 '경찰관 직무집행법'에 근거한 위험발생 방지조치 또는 형법상 공무집행방해죄의 범행방지 내지 현행범체포의 차원에서 경찰의 도움을 받을 수도 있다(대판 2017. 4. 28. 2016다213916).

Answer 2.④

3 다음 설명 중 옳은 내용만을 모두 고른 것은? (다툼이 있는 경우 판례에 의함)

> ㉠ 국가기관인 소방청장은 국민권익위원회를 상대로 조치요구의 취소를 구할 당사자능력이 없기 때문에 항고소송의 원고적격이 인정되지 않는다.
> ㉡ 기속행위나 기속적 재량행위인 건축허가에 붙인 부관은 무효이다.
> ㉢ 행정심판을 거친 경우에 취소소송의 제소기간은 재결서의 정본을 송달받은 날부터 90일 이내이다.
> ㉣ 과태료는 행정벌의 일종으로 형벌과 마찬가지로 형법총칙이 적용된다.

① ㉠, ㉡   ② ㉠, ㉣

③ ㉡, ㉢   ④ ㉢, ㉣

TIPS!

㉠ [X] 국민권익위원회가 소방청장에게 인사와 관련하여 부당한 지시를 한 사실이 인정된다며 이를 취소할 것을 요구하기로 의결하고 그 내용을 통지하자 소방청장이 국민권익위원회 조치요구의 취소를 구하는 소송을 제기한 사안에서, 처분성이 인정되는 국민권익위원회의 조치요구에 불복하고자 하는 소방청장으로서는 조치요구의 취소를 구하는 항고소송을 제기하는 것이 유효·적절한 수단으로 볼 수 있으므로 소방청장이 예외적으로 당사자능력과 원고적격을 가진다고 한 사례(대판 2018. 8. 1. 2014두35379).

㉡ [O] 일반적으로 기속행위나 기속적 재량행위에는 부관을 붙일 수 없고 가사 부관을 붙였다 하더라도 무효이다(대판 1995. 6. 13. 94다56883).

㉢ [O] 행정소송법 제20조(제소기간) ①취소소송은 처분등이 있음을 안 날부터 90일 이내에 제기하여야 한다. 다만, 제18조 제1항 단서에 규정한 경우와 그 밖에 행정심판청구를 할 수 있는 경우 또는 행정청이 행정심판청구를 할 수 있다고 잘못 알린 경우에 행정심판청구가 있은 때의 기간은 재결서의 정본을 송달받은 날부터 기산한다.

㉣ [X] 의무위반에 대한 제재로서의 과태료는 국가기관인 법원이 구체적인 소송과 관련하여 국민에게 부과하는 금전벌의 일종으로 형벌인 벌금·과료와는 구별되므로, 형법총칙이 적용되지 않을 뿐더러 그 과벌절차도 형사소송법이 아닌 비송사건절차법에 의하며, 죄형법정주의의 규율대상에 해당하지 아니한다(헌재 1998. 5. 28. 96헌바83).

Answer   3.③

4 다음 설명 중 옳지 않은 것은? (다툼이 있는 경우 판례에 의함)

① 「질서위반행위규제법」상의 질서위반행위는 고의 또는 과실이 있는 경우에 과태료를 부과할 수 있다.

② 질서위반행위의 성립은 행위 시의 법률을 따르고 과태료 처분은 판결 시의 법률에 따른다.

③ 행정청은 질서위반행위가 발생하였다는 합리적 의심이 있어 그에 대한 조사가 필요하다고 인정하는 경우에 법정조사권을 행사할 수 있다.

④ 행정질서벌인 과태료는 형벌이 아니므로 행정질서벌에는 형법총칙이 적용되지 않는다.

> **TIPS!**
>
> 질서위반행위규제법
> ① [O] 제7조(고의 또는 과실) 고의 또는 과실이 없는 질서위반행위는 과태료를 부과하지 아니한다.
> ② [X] 제3조(법 적용의 시간적 범위) ① 질서위반행위의 성립과 과태료 처분은 행위 시의 법률에 따른다.
> ③ [O] 제22조(질서위반행위의 조사) ① 행정청은 질서위반행위가 발생하였다는 합리적 의심이 있어 그에 대한 조사가 필요하다고 인정할 때에는 대통령령으로 정하는 바에 따라 다음 각 호의 조치를 할 수 있다.
> 1. 당사자 또는 참고인의 출석 요구 및 진술의 청취
> 2. 당사자에 대한 보고 명령 또는 자료 제출의 명령
> ④ [O] 의무위반에 대한 제재로서의 과태료는 국가기관인 법원이 구체적인 소송과 관련하여 국민에게 부과하는 금전벌의 일종으로 형벌인 벌금·과료와는 구별되므로, 형법총칙이 적용되지 않을 뿐더러 그 과벌절차도 형사소송법이 아닌 비송사건절차법에 의하며, 죄형법정주의의 규율대상에 해당하지 아니한다(헌재 1998. 5. 28. 96헌바83).

5 행정질서벌에 관한 설명으로 옳지 않은 것은?

① 「질서위반행위규제법」은 고의 또는 과실이 없는 질서위반행위는 과태료를 부과하지 않는다고 규정한다.

② 당사자와 검사는 과태료 재판에 대하여 즉시항고를 할 수 있다. 이 경우 항고는 집행정지의 효력이 있다.

③ 신분에 의하여 성립하는 질서위반행위에 신분이 없는자가 가담한 때에는 신분이 없는 자에 대하여는 질서 위반행위가 성립하지 않는다.

④ 신분에 의하여 과태료를 감경 또는 가중하거나 과태료를 부과하지 아니하는 때에는, 그 신분의 효과는 신분이 없는 자에게는 미치지 아니한다.

> **TIPS!**
>
> 질서위반행위규제법
> ① [O] 제7조(고의 또는 과실) 고의 또는 과실이 없는 질서위반행위는 과태료를 부과하지 아니한다.
> ② [O] 제38조(항고) ① 당사자와 검사는 과태료 재판에 대하여 즉시항고를 할 수 있다. 이 경우 항고는 집행정지의 효력이 있다.
> ③ [X] ④ [O] 제12조(다수인의 질서위반행위 가담) ②신분에 의하여 성립하는 질서위반행위에 신분이 없는 자가 가담한 때에는 신분이 없는 자에 대하여도 질서위반행위가 성립한다.
> ③ 신분에 의하여 과태료를 감경 또는 가중하거나 과태료를 부과하지 아니하는 때에는 그 신분의 효과는 신분이 없는 자에게는 미치지 아니한다.

Answer 4.② 5.③

6 행정벌에 대한 설명으로 옳지 않은 것은? (다툼이 있는 경우 판례에 의함)

① 조세범처벌절차에 의하여 범칙자에 대한 세무관서의 통고 처분은 행정소송의 대상이 아니다.

② 구 「대기환경보전법」에 따라 배출허용기준을 초과하는 배출가스를 배출하는 자동차를 운행하는 행위를 처벌하는 규정은 과실범의 경우에 적용하지 아니한다.

③ 행정청은 질서위반행위가 종료된 날(다수인이 질서위반행위에 가담한 경우에는 최종행위가 종료된 날을 말한다)부터 5년이 경과한 경우에는 해당 질서위반행위에 대하여 과태료를 부과할 수 없다.

④ 임시운행허가기간을 벗어난 무등록차량을 운행한 자는 과태료와 별도로 형사 처분의 대상이 된다.

> **TIPS!**
> ② 구 대기환경보전법(1992.12.8. 법률 제4535호로 개정되기 전의 것)의 입법목적이나 제반 관계규정의 취지 등을 고려하면, 법정의 배출허용기준을 초과하는 배출가스를 배출하면서 자동차를 운행하는 행위를 처벌하는 위 법 제57조 제6호의 규정은 자동차의 운행자가 그 자동차에서 배출되는 배출가스가 소정의 운행 자동차 배출허용기준을 초과한다는 점을 실제로 인식하면서 운행한 고의범의 경우는 물론 과실로 인하여 그러한 내용을 인식하지 못한 과실범의 경우도 함께 처벌하는 규정이다. (대법원 1993. 9. 10. 92도1136)
> ① 대판 1995. 6. 29. 95누4674
> ③ 질서위반행위규제법 제19조 제1항
> ④ 대판 1996. 4. 12. 96도158

7 과태료 부과 · 징수절차에 관한 설명으로 옳지 않은 것은?

① 행정청이 질서위반행위에 대하여 과태료를 부과하고자 하는 때에는 미리 당사자에게 대통령령으로 정하는 사항을 통지하고, 20일 이상의 기간을 정하여 의견을 제출할 기회를 주어야 한다.

② 당사자가 행정청의 지정된 기일까지 의견 제출이 없는 경우에는 의견이 없는 것으로 본다.

③ 당사자는 의견 제출 기한 이내에 대통령령으로 정하는 방법에 따라 행정청에 의견을 진술하거나 필요한 자료를 제출할 수 있다.

④ 행정청은 당사자가 제출한 의견에 상당한 이유가 있는 경우에는 과태료를 부과하지 아니하거나 통지한 내용을 변경할 수 있다.

> **TIPS!**
> ① 행정청이 질서위반행위에 대하여 과태료를 부과하고자 하는 때에는 미리 당사자에게 대통령령으로 정하는 사항을 통지하고, 10일 이상의 기간을 정하여 의견을 제출할 기회를 주어야 한다〈질서위반행위규제법 제16조 제1항〉.

Answer 6.② 7.①

8 질서위반행위에 관련된 설명으로 옳지 않은 것은?

① 법률에 따르지 아니하고는 어떤 행위도 질서위반행위로 과태료를 부과하지 아니한다.

② 고의 또는 과실이 없는 질서위반행위는 과태료를 부과하지 아니한다.

③ 자신의 행위가 위법하지 아니한 것으로 오인하고 행한 질서위반행위는 그 오인에 정당한 이유가 있는 때에 한하여 과태료를 부과하지 아니한다.

④ 15세가 되지 아니한 자의 질서위반행위는 과태료를 부과하지 아니한다.

 **TIPS!**

④ 14세가 되지 아니한 자의 질서위반행위는 과태료를 부과하지 아니한다〈질서위반행위규제법 제9조〉.

9 다음 중 행정질서벌에 관한 설명 중 옳지 않은 것은?

① 형법에 형명이 없는 과태료를 부과하는 행정벌을 말한다.

② 행정질서벌에도 죄형법정주의는 적용된다고 할 수 있으나, 형벌이 아니기 때문에 형법총칙은 적용되지 않는다.

③ 헌법재판소는 행정질서벌과 행정형벌은 병과될 수 있다고 본다.

④ 행정형벌 및 행정질서벌을 과함에 있어서는 행위자의 고의·과실이 필요하다.

TIPS!

③ 헌법재판소는 행정질서벌과 행정형벌은 모두 행정벌이므로 병과하는 것을 인정하지 않는다.

※ 헌법재판소가 행정질서벌과 행정형벌의 병과 가능성에 대해 어떤 태도를 취하는지에 대해서는 평가가 갈리고 있지만, 헌법재판소가 '형벌(행정형벌)을 부과하면서 아울러 행정질서벌로서의 과태료까지 부과한다면 이중처벌금지의 기본정신에 배치되어 국가입법권의 남용으로 인정될 여지가 있다.'라고 판시(헌재결 1994. 6. 30. 92헌바38)하고 있는 것을 보면 양자의 병과를 부정하는 것으로 평가된다.

10 다음 중 행정벌에 관한 설명으로 옳지 않은 것은?

① 행정질서벌의 부과에는 원칙적으로 행위자의 고의·과실을 요건으로 한다.

② 통고처분에 이의가 있는 자는 법정기간 내에 취소소송을 제기하여야 한다.

③ 행정벌은 자연인뿐만 아니라 법인에도 부과될 수 있다.

④ 과태료는 법률만이 아니라 조례에 의하여도 부과될 수 있다.

TIPS!

② 통고처분은 그 내용을 상대방이 이행하지 않으면 그 효력이 소멸되는 바, 항고소송의 대상이 되는 처분성이 인정되지 않는다.

Answer 8.④ 9.③ 10.②

11 다음 중 과태료에 관한 설명으로 옳지 않은 것은?

① 조례로 정할 수 있다.

② 행정청이 직접 부과·징수한다.

③ 형법총칙이 적용되지 않는다.

④ 일반적으로 「비송사건절차법」에 의한다.

> **TIPS!**
> ① 과태료는 지방자치법의 규정에 의해 조례로 정할 수 있다.
> ② 과태료는 행정청이 직접 부과·징수한다.
> ③ 행정질서벌인 과태료에는 형법총칙이 적용되지 않는다.
> ④ 과태료 부과절차는 질서위반행위규제법에 의한다.

12 다음 중 통고처분에 관한 설명으로 옳지 않은 것은?

① 통고처분은 조세범·관세범 등에 대해 인정되고 있다.

② 통고처분에 따라 납부하여야 하는 금액의 성질은 형법상의 벌금이 아니다.

③ 통고처분은 검사가 부과하며 형사소송절차에 따라 형사처벌을 하기 위한 선행절차이다.

④ 헌법재판소 판례는 통고처분에 대해 행정쟁송대상으로서의 처분성을 부정하고 있다.

> **TIPS!**
> ③ 정식재판에 갈음하는 제도이므로 형사처벌을 하기 위한 선행절차가 아니다.
> ※ 통고처분
> ㉠ 의의 : 주로 조세범·관세범·출입국사범·교통사범·경범죄사범 등에 대해 행정청이 일정한 벌금·과료·몰수를 명하는 제도이다.
> ㉡ **통고처분권자** : 국세청장, 지방국세청장, 세무서장, 관세청장, 세관장, 출입국사무소장, 경찰서장 등이다.
> ㉢ **효과** : 통고처분을 받은 자가 이행하지 않으면 통고처분은 효력을 상실하며, 경찰서장 등 행정기관의 고발에 의하여 통상의 형사소송절차로 이행 불복시 소송을 제기함이 없이 그대로 방치하면 효력이 소멸하므로 이는 행정쟁송법상 처분에 해당하지 않는다(통설·판례).

Answer 11.④ 12.③

13 질서위반행위에 관련한 설명으로 옳지 않은 것은?

① 심신장애로 인하여 행위의 옳고 그름을 판단할 능력이 없거나 그 판단에 따른 행위를 할 능력이 없는 자의 질서위
반행위는 과태료를 부과하지 아니한다.

② 심신장애로 인하여 능력이 미약한 자의 질서위반행위는 과태료를 감면한다.

③ 법인의 대표자, 법인 또는 개인의 대리인·사용인 및 그 밖의 종업원이 업무에 관하여 법인 또는 그 개인에게 부과
된 법률상의 의무를 위반한 때에는 법인 또는 그 개인에게 과태료를 부과한다.

④ 2인 이상이 질서위반행위에 가담한 때에는 각자가 질서위반행위를 한 것으로 본다.

> **TIPS!**
> ② 심신장애로 인하여 능력이 미약한 자의 질서위반행위는 과태료를 감경한다〈질서위반행위규제법 제10조 제2항〉.

14 다음의 빈칸에 들어갈 것으로 알맞은 것은?

> 과태료는 행정청의 과태료 부과처분이나 법원의 과태료 재판이 확정된 후 (   )년간 징수하지 아니하거나 집행하지
> 아니하면 시효로 인하여 소멸한다.

① 2

② 3

③ 4

④ 5

> **TIPS!**
> ④ 과태료는 행정청의 과태료 부과처분이나 법원의 과태료 재판이 확정된 후 5년간 징수하지 아니하거나 집행하지 아니하면 시
> 효로 인하여 소멸한다〈질서위반행위규제법 제15조 제1항〉.

15 다음 중 행정벌에 관한 설명 중 옳지 않은 것은?

① 행정벌은 법인의 범죄능력을 부정하므로 그 법인에 대한 처벌도 불가능하다는 입장을 취한다.

② 행정벌은 과거의 의무위반에 대한 제재수단이다.

③ 행정벌에도 죄형법정주의가 적용된다.

④ 행정벌은 과형절차에 특별한 규정이 없으면 「형사소송법」에 의한다.

> **TIPS!**
> ① 형법에는 법인 처벌규정이 존재하지 않지만 형벌능력도 부정하지는 않는다.

Answer 13.② 14.④ 15.①

16 행정청의 과태료 부과 및 징수에 관한 설명 중 옳지 않은 것은?

① 행정청은 의견 제출 절차를 마친 후에 서면으로 과태료를 부과하여야 한다.

② 행정청은 당사자가 의견 제출 기한 이내에 과태료를 자진하여 납부하고자 하는 경우에는 과태료를 감면할 수 있다.

③ 당사자가 감경된 과태료를 납부한 경우에는 해당 질서위반행위에 대한 과태료 부과 및 징수절차는 종료한다.

④ 행정청은 질서위반행위가 종료된 날부터 5년이 경과한 경우에는 해당 질서위반행위에 대하여 과태료를 부과할 수 없다.

> **TIPS!** --
>
> ② 행정청은 당사자가 의견 제출 기한 이내에 과태료를 자진하여 납부하고자 하는 경우에는 과태료를 감경할 수 있다〈질서위반행위규제법 제18조 제1항〉.

17 다음 중 행정형벌에 관한 설명으로 옳지 않은 것은?

① 행정형벌을 과하기 위해서는 원칙적으로 고의·과실을 요한다.

② 행정형벌에서는 형사미성년자를 처벌하는 경우도 있다.

③ 법인에 대하여도 재산형을 과할 수 있다.

④ 타인의 비행으로 인한 책임은 인정하지 않는다.

> **TIPS!** --
>
> ① 형법상 형사범의 성립에는 원칙적으로 고의가 있음을 요건으로 한다.
> ② 행정범의 경우에는 형사미성년자 미처벌 규정을 배제 또는 제한하는 경우가 있다.
> ③ 형사범에서는 법인은 범죄능력이 없는 것으로 보나 행정범에 있어서는 법인에 대하여 재산형을 과하는 경우가 많다.
> ④ 행정법규는 감독자나 법정대리인도 처벌하는 규정을 두는 경우가 있다. 다만, 이는 엄밀히 말하면 자기의 감독의무를 태만히 한 데 대한 과실책임을 묻는 것이라 할 수 있다.

18 다음 중 통고처분에 관한 설명으로 옳지 않은 것은?

① 통고처분은 준사법적 행정행위로서의 성격을 갖는다.

② 통고처분을 받은 자가 이를 이행하지 아니하면 강제집행을 받는다.

③ 통고처분은 취소소송의 대상이 되지 아니한다.

④ 조세범, 관세범, 출입국사범, 교통사범 등에 적용된다.

Answer 16.② 17.④ 18.②

19 행정청의 과태료 부과 및 징수에 관한 설명 중 옳지 않은 것은?

① 행정청의 과태료 부과에 불복하는 당사자는 과태료 부과 통지를 받은 날부터 60일 이내에 해당 행정청에 서면으로 이의제기를 할 수 있다.

② 이의제기가 있는 경우에는 행정청의 과태료 부과처분은 그 효력을 상실한다.

③ 당사자는 행정청으로부터 통지를 받기 전까지는 행정청에 대하여 서면으로 이의제기를 철회할 수 있다.

④ 이의제기를 받은 행정청은 이의제기를 받은 날부터 7일 이내에 이에 대한 의견 및 증빙서류를 첨부하여 관할 법원에 통보하여야 한다.

20 행정벌에 대한 설명으로 옳지 않은 것은? (다툼이 있는 경우 판례에 의함)

① 어떤 행정법규 위반행위에 대해 과태료를 과할 것인지 행정형벌을 과할 것인지는 기본적으로 입법재량에 속한다.

② 지방공무원이 자치사무를 수행하던 중 「도로법」을 위반한 경우 지방자치단체는 「도로법」의 양벌규정에 따라 처벌대상이 된다.

③ 「도로교통법」에 따른 경찰서장의 통고처분에 대하여 항고소송을 제기할 수 있다.

④ 「질서위반행위규제법」상 고의 또는 과실이 없는 질서위반행위는 과태료를 부과하지 아니한다.

Answer 19.④ 20.③

21 과태료와 관련한 설명으로 옳지 않은 것은?

① 간접적으로 행정상의 질서에 장애를 줄 우려가 있는 정도의 단순한 의무태만에 대하여 과하는 것이다.

② 과태료는 형벌이 아니므로 형법총칙의 규정이 자동적으로 적용되지 않는다.

③ 과태료는 전과(前科)로 되지 아니하고 다른 형벌과 누범관계가 생기지 않는다.

④ 과태료는 통일적인 부과·징수절차가 없다.

> **TIPS!**
>
> ④ 과태료는 종래 개별 법령에서 규정되어 통일적인 부과·징수절차가 없었으나, 「질서위반행위규제법」이 제정되어 행정질서벌로서의 과태료에 관하여 부과·징수절차를 통일적·일원적으로 규정하고 있다.

22 질서위반행위에 관한 설명으로 옳지 않은 것은?

① 법률에 따르지 아니하고는 어떤 행위도 질서위반행위로 과태료를 부과하지 아니한다.

② 고의·과실을 질서위반행위의 성립요건으로 규정한다.

③ 위법성 착오에 정당한 이유가 있는 경우와 14세 미만자 또는 심신장애인의 질서위반행위는 면책되도록 하였다.

④ 과태료 처분에 있어서는 질서위반행위의 공범을 모두 정범으로 취급하지는 않는다.

> **TIPS!**
>
> ④ 과태료 처분에 있어서는 질서위반행위의 공범을 모두 정범으로 취급한다.

23 행정청의 과태료 부과 및 징수에 관한 설명으로 옳지 않은 것은?

① 행정청이 과태료를 부과하고자 하는 때에는 10일 이상의 기간을 정하여 당사자에게 의견을 제출할 기회를 부여한 후 과태료를 부과·징수한다.

② 과태료부과의 제척기간은 질서위반행위가 종료한 날부터 5년으로 한다.

③ 과태료 부과에 대하여 당사자가 이의를 제기하면 이를 법원에 통보하여 재판을 받도록 하는 방식으로 과태료 부과·징수절차를 정한다.

④ 과태료는 행정청의 과태료 부과처분이나 법원의 과태료 재판이 확정된 후 3년간 징수하지 아니하거나 집행하지 아니하면 시효로 인하여 소멸한다.

> **TIPS!**
>
> ④ 과태료는 행정청의 과태료 부과처분이나 법원의 과태료 재판이 확정된 후 5년간 징수하지 아니하거나 집행하지 아니하면 시효로 인하여 소멸한다〈질서위반행위규제법 제15조 제1항〉.

Answer 21.④ 22.④ 23.④

24 행정범 및 행정형벌에 관한 설명으로 옳지 않은 것은? (다툼이 있는 경우 판례에 의함)

① 행정범의 경우에는 과실행위를 벌한다는 명문의 규정이 없는 경우에도 그 법률 규정 중에 과실 행위를 벌한다는 명백한 취지를 알 수 있는 경우에는 과실행위에 행정형벌을 부과할 수 있다.

② 행정범의 경우에는 법인의 대표자 또는 종업원 등의 행위자뿐 아니라 법인도 아울러 처벌하는 규정을 두는 경우가 있다.

③ 종업원의 위반행위에 대해 사업주도 처벌하는 경우, 사업주가 지는 책임은 무과실책임이다.

④ 통고처분에 의해 범칙금이 부과되는 경우, 부과된 금액을 납부하면 동일한 사건에 대하여 다시 처벌받지 아니한다.

 TIPS!

③ 양벌규정에 의한 영업주의 처벌은 금지위반행위자인 종업원의 처벌에 종속하는 것이 아니라 독립하여 그 자신의 종업원에 대한 선임감독상의 과실로 인하여 처벌되는 것이므로 영업주의 위 과실책임을 묻는 경우 금지위반행위자인 종업원에게 구성요건상의 자격이 없다고 하더라도 영업주의 범죄성립에는 아무런 지장이 없다(대판 1987. 11. 10, 87도1213).

25 「질서위반행위규제법」의 내용에 대한 설명으로 옳지 않은 것은?

① 고의 또는 과실이 없는 질서위반행위는 과태료를 부과하지 아니한다.

② 과태료는 행정청의 과태료 부과처분이나 법원의 과태료 재판이 확정된 후 5년간 징수하지 아니하거나 집행하지 아니하면 시효로 인하여 소멸한다.

③ 신분에 의하여 성립하는 질서위반행위에 신분이 없는 자가 가담한 때에는 신분이 없는 자에 대하여는 질서위반행위가 성립하지 않는다.

④ 행정청이 질서위반행위에 대하여 과태료를 부과하고자 하는 때에는 미리 당사자에게 대통령령으로 정하는 사항을 통지하고, 10일 이상의 기간을 정하여 의견을 제출할 기회를 주어야 한다.

 TIPS!

③ 신분에 의하여 성립하는 질서위반행위에 신분이 없는 자가 가담한 때에는 신분이 없는 자에 대하여도 질서위반행위가 성립한다〈질서위반행위규제법 제12조 제2항〉.

Answer 24.③ 25.③

새로운 의무이행확보수단

기출PLUS

기출 2018. 5. 19. 제1회 지방직

과징금에 대한 설명으로 옳은 것은?
(다툼이 있는 경우 판례에 의함)

① 과징금은 원칙적으로 행위자의 고의·과실이 있는 경우에 부과한다.

② 과징금부과처분의 기준을 규정하고 있는 구「청소년보호법 시행령」 제40조 [별표 6]은 행정규칙의 성질을 갖는다.

③ 부과관청이 추후에 부과금 산정 기준이 되는 새로운 자료가 나올 경우 과징금액이 변경될 수도 있다고 유보하며 과징금을 부과했다면, 새로운 자료가 나온 것을 이유로 새로이 부과처분을 할 수 있다.

④ 자동차운수사업면허조건 등을 위반한 사업자에 대한 과징금 부과처분이 법이 정한 한도액을 초과하여 위법한 경우 법원은 그 처분 전부를 취소하여야 한다.

❮정답 ④

section **1** 의의

(1) 개념

새로운 의무이행확보수단이란 적극적인 행정의 형성적 활동이 강조되는 현대 복지국가에서 의무이행의 실효성을 높이고 전통적인 의무이행확보수단의 한계를 보완하기 위해 등장한 수단들을 총칭한다. 이에는 과징금, 공급거부, 명단공표, 관허사업의 제한 등이 있다.

(2) 문제점

새로운 의무이행확보수단은 급부행정의 비중이 큰 현대 복지국가에서 그 실효성이 높은 만큼 이를 부과하게 되면 국민의 생존권을 크게 위협할 수 있다. 또한 부당결부의 문제, 프라이버시권의 침해문제 등이 발생할 수 있으며 구제수단이 미흡하다는 문제점이 있다.

section **2** 과징금

(1) 의의

행정법상 의무 위반에 대해 행정청이 그 의무자에게 부과·징수하는 금전적 제재로서, 주로 경제법상 의무위반행위로 얻게 되는 불법적 이익을 박탈하기 위해 과해지는 행정제재금을 말한다. 징수된 과징금은 국고에 귀속된다.

(2) 종류

① **본래적 의미의 과징금** … 「독점규제 및 공정거래에 관한 법률」에 최초로 도입된 과징금을 말한다. 이는 주로 시장독점적 기업이 경제법상 의무(가격인하의무 등)를 위반하는 경우 공정거래위원회가 그 불법적인 이익을 박탈하기 위해 부과된다.

② **변형된 과징금** … 변형된 과징금이란 인·허가사업의 주체가 의무를 위반하는 경우 그 인·허가사업을 취소·정지시킨다면 국민에게 제공되는 편익의 감소 등 공익에 현저한 지장을 초래할 우려가 있을 때 취소·정지처분에 갈음하여 부과하는 과징금을 말한다. 그 종류로는 「대기환경보전법」상의 과징금, 「여객자동차 운수사업법」상의 과징금 등이 있다.

(3) 효과

① 일반공중에 불편을 초래함 없이 위반자에 대한 제재가 가능하다.

② 벌금이 아니므로 전과자 양산의 우려가 없다.

(4) 부과·징수

과징금은 행정청이 부과하고, 「국세징수법」에 의해 징수한다.

section 3 기타 금전상의 제재

(1) 가산금 제도 폐지

비슷한 제도를 중첩적으로 운영하여 발생하는 납세자의 혼란을 완화하기 위하여 납세자가 세법에 따른 납부기한까지 세금을 완납하지 아니한 경우에 납부고지 전에 적용되는 「국세기본법」에 따른 납부불성실가산세와 납부고지 후에 적용되는 「국세징수법」의 가산금을 일원화하여 「국세기본법」에 따른 납부지연가산세로 규정하였다(2020. 1. 1. 시행).

(2) 가산세 부과

① 정부는 세법에서 규정한 의무를 위반한 자에게 법 또는 세법에서 정하는 바에 따라 가산세를 부과할 수 있다.

② 가산세의 종류로는 무신고가산세, 과소신고·초과환급신고가산세, 납부불성실·환급불성실가산세, 납부지연가산세, 원천징수납부 등 불성실가산세 등이 있다.

(3) 부과금

일반적으로 어떤 사업을 수행하기 위하여 필요한 경비를 다수의 관계자로부터 징수하는 금전적 부담을 의미한다. 이에는 「대기환경보전법」상 배출부과금, 「축산법」상 초과사육부과금 등이 있다.

section 4 의무확보수단으로서의 공표

(1) 의의

① 개념 … 행정법상의 의무 위반 또는 그 불이행에 대해 행정청이 그 사실을 일반에 공표함으로써 심리적·간접적 강제로 그 의무이행을 확보하려는 제도를 말한다. 고액조세체납자의 명단공표, 공해배출업소명단의 공개 등이 그 예이다.

② 장점
    ㉠ 적극적으로 공표가 본래 공권력을 행사하는 것이 아니므로 절차의 제약을 받음 없이 간략·신속하게 발동할 수 있다.
    ㉡ 행정상의 의무 위반에 관해 일반적으로 사용되고 있는 행정형벌은 과형절차가 번잡하기 때문에 공표가 보다 경제적이다.
    ㉢ 실효성이 높으며, 직접 물리력을 행사하지 않고 목적을 달성할 수 있다.

③ 문제점
    ㉠ 공표가 남용될 경우 특히 사전절차와 같은 현실적인 구제방법이 확립되어 있지 않으므로 구제가 곤란하다.
    ㉡ 개인의 프라이버시권과의 어떻게 조화를 이룰 것인가의 문제가 제기된다.

(2) 성질

공표 그 자체는 어떠한 법적 효과도 따르지 않는 비권력적 사실행위에 불과하다. 따라서 이를 대상으로 취소소송을 제기할 수 없다.

(3) 법적 근거

일반법적 근거는 없으나 몇몇 개별법이 이를 규정하고 있다. 「공직자윤리법」, 「아동·청소년의 성보호에 관한 법률」, 「국세기본법」과 국세청 훈령인 국세징수사무처리 규정이 고액체납자의 명단공표를 규정하고 있고 그 외 「식품위생법」, 「자원의 절약과 재활용 촉진에 관한 법률」 등이 이를 규정하고 있다.

(4) 한계

① 헌법 제17조에서 규정하고 있는 사생활의 비밀과 자유 내지 프라이버시권이 국민의 알 권리 등 다른 기본권과 충돌하는 경우에는 그 이익을 비교·형량하여야 하며, 국민의 알 권리에 보다 우선적인 가치를 부여할 수 있을 때에는 설사 공표가 프라이버시를 침해하더라도 법률이 정하는 범위 내에서 허용된다고 할 것이다.

② 그러나 이 경우에도 헌법 제37조 제2항에 따라 기본권제한입법의 한계를 준수해야 하며, 법에 적합하게 행사하여야 하는 법규상의 한계 내지 비례원칙에 의한 한계가 있다.

(5) 구제수단

행정쟁송법상의 처분에 해당하지 않으므로 취소소송을 제기할 수 없다. 그러나 행정상 손해배상이나 정정공고, 형법상 명예훼손죄 등을 통해 구제받을 수 있다. 이는 침해되는 개인의 프라이버시권과 이를 통해 보호되는 공익을 비교형량하여 종합적으로 판단해야 한다. 판례는 선거출마자의 전과사실을 공표한 것은 공익성에 비추어 위법성이 조각된다고 한 바 있다.

section 5 관허사업의 제한

(1) 의의

관허사업의 제한이란 행정법상의 의무위반자에 대해서 각종의 인·허가 발급을 거부하여 간접적으로 의무이행을 확보하는 수단이다. 이는 부당결부금지의 원칙에 위배되는가가 문제된다.

(2) 실정법상 예

행정청은 「건축법」상 의무위반자에 대해 시장, 군수, 구청장으로 하여금 당해 건축물을 사용하는 영업행위를 허가하지 않도록 요청할 수 있다. 그 외 「국세징수법」상 국세체납자에 대한 인·허가 제한 등이 있다.

section 6 기타의 수단

(1) 취업제한

「병역법」에 의하여 국가기관, 지방자치단체의 장 또는 고용주는 징병검사를 기피하고 있는 자, 징집·소집을 기피하고 있는 자, 군복무를 이탈하고 있는 자를 공무원 또는 임직원으로 임용할 수 없으며, 재직 중인 경우에는 해직하여야 한다.

광의의 관허사업의 제한
㉠ 행정행위의 철회·정지 : 행정법규에 의하여 인·허가를 받은 자가 그 인·허가업을 수행하는 과정에서 행정상의 의무를 위반한 경우에 당해 법률에 근거하여 인·허가를 취소·정지하는 경우
㉡ 협의의 관허사업의 제한 : 특정한 행정상의 의무와 직접적인 관련이 없는 각종의 인·허가를 행하지 아니하거나 이미 행한 인·허가를 취소·정지하는 경우

(2) 위반물건운반자면허 등 취소 및 운반자동차 등의 사용정지

자동차 등을 이용해서 범죄행위를 한 경우나 교통사고를 일으키고 구호조치를 하지 아니한 경우 또는 다른 사람의 자동차 등을 훔치거나 빼앗은 경우 등이 해당된다.

(3) 고액체납자 등의 국외여행 제한

고액체납자의 국외여행에 대하여는 출입국관리법에 의거 제한이 가능하다. 그러나 고액체납자의 여권발급은 제한 대상이 아니다. 여권발급은 준법률적 행정행위 중 공증에 해당한다. 따라서 세금체납에 의한 여권발급 제한은 비례의 원칙과 과잉금지 원칙에 위배되기 때문에 여권의 발급에는 영향을 미치지 않는다.

> **POINT** 여권 발급 제한 사유〈여권법 제12조(여권의 발급 등의 거부제한)〉
> ① 외교부장관은 다음 각 호의 어느 하나에 해당하는 사람에 대하여는 여권의 발급 또는 재발급을 거부할 수 있다.
>   1. 장기 2년 이상의 형(刑)에 해당하는 죄로 인하여 기소(起訴)되어 있는 사람 또는 장기 3년 이상의 형에 해당하는 죄로 인하여 기소중지 또는 수사중지(피의자중지로 한정한다)되거나 체포영장·구속영장이 발부된 사람 중 국외에 있는 사람
>   2. 제24조부터 제26조까지에 규정된 죄를 범하여 형을 선고받고 그 집행이 종료되지 아니하거나 집행을 받지 아니하기로 확정되지 아니한 사람
>   • 제24조 : 3년 이하의 징역 또는 3천만 원 이하의 벌금
>   −여권 등의 발급이나 재발급을 받기 위하여 제출한 서류에 거짓된 사실을 적은 사람
>   −부정한 방법으로 여권 등의 발급, 재발급을 받은 사람이나 이를 알선한 사람
>   • 제25조 : 2년 이하의 징역 또는 2천만 원 이하의 벌금
>   −다른 사람 명의의 여권 등을 사용한 사람
>   −여권 등을 다른 사람에게 양도·대여하거나 이를 알선한 사람
>   • 제26조 : 1년 이하의 징역 또는 1천만 원 이하의 벌금
>   −다른 사람 명의의 여권 등을 양도받거나 대여받은 사람
>   −채무이행의 담보로 여권 등을 제공하거나 제공받은 사람
>   −방문 및 체류가 금지된 국가나 지역으로 고시된 사정을 알면서도 허가를 받지 아니하고 해당 국가나 지역에서 여권 등을 사용하거나 해당 국가나 지역을 방문하거나 체류한 사람
>   3. 제2호 외의 죄를 범하여 금고 이상의 형을 선고받고 그 집행이 종료되지 아니하거나 그 집행을 받지 아니하기로 확정되지 아니한 사람
>   4. 국외에서 대한민국의 안전보장·질서유지나 통일·외교정책에 중대한 침해를 야기할 우려가 있는 경우로서 다음 각 목의 어느 하나에 해당하는 사람
>   • 출국할 경우 테러 등으로 생명이나 신체의 안전이 침해될 위험이 큰 사람
>   • 「보안관찰법」 제4조에 따라 보안관찰처분을 받고 그 기간 중에 있으면서 같은 법 제22조에 따라 경고를 받은 사람
> ② 외교부장관은 제1항 제4호에 해당하는 사람인지의 여부를 판단하려고 할 때에는 미리 법무부장관과 협의하고 제18조에 따른 여권정책심의위원회의 심의를 거쳐야 한다.

③ 외교부장관은 다음 각 호의 어느 하나에 해당하는 사람에 대하여는 그 사실이 있는 날부터 1년 이상 3년 이하의 기간 동안 여권의 발급 또는 재발급을 제한할 수 있다.

　1. 제1항 제2호에서 규정하는 죄를 범하여 그 형의 집행을 종료하거나 그 형의 집행을 받지 아니하기로 확정된 사람

　2. 외국에서의 위법한 행위 등으로 국위(國威)를 크게 손상시킨 사실이 재외공관 또는 관계 행정기관으로부터 통보된 사람

1 행정상 새로운 의무이행확보수단으로서 간접적 강제수단에 해당되지 않는 것은?

① 공급거부

② 명단의 공표

③ 대집행

④ 과징금

> **TIPS!**
>
> ①②④ 의무의 당사자에게 심리적 압박을 가함으로써 의무의 이행을 확보하려는 간접적 강제수단
>
> ③ 대집행권자가 직접적으로 의무가 있는 것과 같은 상태를 실현시키는 직접적 강제수단

2 다음 중 새로운 의무이행확보수단으로 볼 수 없는 것은?

① 과징금

② 이행강제금

③ 명단공표

④ 공급거부

> **TIPS!**
>
> ② 전통적인 수단인 집행벌에 해당한다.

3 행정의 실효성 확보에 대한 설명으로 옳은 것은?

① 「경찰관 직무집행법」은 직접강제에 관한 일반적 근거를 규정하고 있다.

② 행정대집행을 실행할 때 대집행 상대방이 저항하는 경우에 대집행 책임자가 실력행사를 하여 직접강제를 할 수 있다는 것이 판례의 입장이다.

③ 행정조사의 상대방이 조사를 거부하는 경우에 공무원이 실력행사를 하여 강제로 조사할 수 있는지 여부에 대해서는 견해가 대립한다.

④ 조세체납자의 관허사업 제한을 명시하고 있는 「국세징수법」 관련 규정은 부당결부금지원칙에 반하여 위헌이라는 것이 판례의 입장이다.

> **TIPS!**
>
> ③ 비록 부정적인 견해가 다수를 차지하지만 긍정적인 견해 또한 있으며 여기에 대해서 서로 견해가 대립하고 있다.
>
> ① 「경찰관 직무집행법」에는 직접강제에 관한 일반적 근거를 규정하고 있지 않으며 이에 대한 규정은 소수의 몇몇 개별 법률에 명시되어 있다.
>
> ② 행정대집행 실행 시 대집행 상대방이 저항할 경우 대집행 책임자가 실력행사를 하여 이를 직접강제 할 수 있다는 판례는 아직 없다.

Answer 1.③ 2.② 3.③

④ 조세체납자의 관허사업 제한을 명시하고 있는 「국세징수법」 관련 규정이 부당결부금지원칙에 반하여 위헌이라는 판례는 아직 없다.

4 행정의 실효성확보 수단 중 ⊙에 들어갈 말로 옳은 것은?

「대기환경보전법」 제37조 ① 환경부장관 또는 시·도지사는 다음 각 호의 어느 하나에 해당하는 배출시설을 설치·운영하는 사업자에 대하여 제36조 제1항에 따라 조업정지를 명하여야 하는 경우로서 그 조업정지가 주민의 생활, 대외적인 신용·고용·물가 등 국민경제, 그 밖에 공익에 현저한 지장을 줄 우려가 있다고 인정되는 경우 등 그 밖에 대통령령으로 정하는 경우에는 조업정지처분을 갈음하여 매출액에 100분의 5를 곱한 금액을 초과하지 아니하는 범위에서 (⊙)을(를) 부과할 수 있다. 다만, 매출액이 없거나 매출액의 산정이 곤란한 경우로서 대통령령으로 정하는 경우에는 2억 원을 초과하지 아니하는 범위에서 (⊙)을(를) 부과할 수 있다.

1. 「의료법」에 따른 의료기관의 배출시설
2. 사회복지시설 및 공동주택의 냉난방시설
3. 발전소의 발전 설비
4. 「집단에너지사업법」에 따른 집단에너지시설
5. 「초·중등교육법」 및 「고등교육법」에 따른 학교의 배출시설
6. 제조업의 배출시설
7. 그 밖에 대통령령으로 정하는 배출시설

① 과태료   ② 과징금
③ 가산금   ④ 이행강제금

💡 **TIPS!**

「대기환경보전법」 제37조(과징금 처분) 제1항 … 환경부장관 또는 시·도지사는 다음 각 호의 어느 하나에 해당하는 배출시설을 설치·운영하는 사업자에 대하여 제36조(허가의 취소 등) 제1항에 따라 조업정지를 명하여야 하는 경우로서 그 조업정지가 주민의 생활, 대외적인 신용·고용·물가 등 국민경제, 그 밖에 공익에 현저한 지장을 줄 우려가 있다고 인정되는 경우 등 그 밖에 대통령령으로 정하는 경우에는 조업정지처분을 갈음하여 매출액에 100분의 5를 곱한 금액을 초과하지 아니하는 범위에서 과징금을 부과할 수 있다. 다만, 매출액이 없거나 매출액의 산정이 곤란한 경우로서 대통령령으로 정하는 경우에는 2억 원을 초과하지 아니하는 범위에서 과징금을 부과할 수 있다.

1. 「의료법」에 따른 의료기관의 배출시설
2. 사회복지시설 및 공동주택의 냉난방시설
3. 발전소의 발전 설비
4. 「집단에너지사업법」에 따른 집단에너지시설
5. 「초·중등교육법」 및 「고등교육법」에 따른 학교의 배출시설
6. 제조업의 배출시설
7. 그 밖에 대통령령으로 정하는 배출시설

Answer 4.②

5 다음 중 과징금에 대한 설명으로 옳지 않은 것은?

① 행정법상의 의무위반자에 대하여 부과·징수하는 금전적 제재를 말한다.

② 「독점규제 및 공정거래에 관한 법률」상의 과징금과 「환경관련법」상의 배출부과금 등이 있다.

③ 금전적 제재로서 행정벌의 범주에 속한다.

④ 오늘날 행정제재금의 형태로 많이 나타난다.

> **TIPS!**
>
> ③ 과징금은 행정상의 의무 위반에 대한 금전적 제재라는 점에서 벌금 또는 과태료와 다를 것이 없으나 형식상 행정벌에는 속하지 않는다. 따라서 벌금과 과징금을 병과할 수도 있다. 그러나 실질적으로 이중처벌의 성격을 가지므로 통상 관련법령에서는 선택적 부과를 규정하고 있다.
>
> ①②④ 과징금은 주로 경제법상의 의무위반행위에 대하여 위반자가 얻은 불법적 이익의 박탈을 목적으로 하였으나, 오늘날 이용자의 편의도모나 공공재의 공급 등 공익적 고려에서 인·허가사업을 철회·정지하는 대신 부과하는 행정제재금의 형태로 변형되어 나타나는 경향이 늘고 있다.

6 다음 중 대법원 판례에 관한 내용 중 옳지 않은 것은?

① 대집행계고를 함에 있어서 의무자가 스스로 이행하지 아니하는 경우에 대집행할 행위의 내용 및 범위가 구체적으로 특정되어야 하나, 그 행위의 내용 및 범위는 반드시 대집행계고서에 의하여서만 특정되어야 하는 것이 아니고 계고처분 전후에 송달된 문서나 기타 사정을 종합하여 행위의 내용이 특정되면 족하다.

② 행정대집행상의 철거명령은 행정소송법상의 처분에 해당하지 않는다.

③ 국세징수상 국세와 다른 채권 간의 우선순위의 확정시기는 「국세징수법」상 배분계산서 작성시이다.

④ 산림청장이나 그로부터 권한을 위임받은 행정청이 「산림기본법」 등이 정하는 바에 따라 국유임야를 대부하거나 매각하는 행위는 행정처분이라고 할 수 없다.

> **TIPS!**
>
> ② 구 건축법 제5조에 위반한 것을 이유로 한 철거명령은 행정청이 구체적 사실에 관한 법집행으로서 같은 법 제42조에 의하여 하는 공권력의 행사이므로 행정처분이다(대판 1994. 2. 22, 93누10644).

Answer 5.③ 6.②

7 명단공표에 관한 다음 설명 중 옳지 않은 것은?

① 명단공표는 사실행위로서 그 자체로는 아무런 법적 효과를 발생하지 않는다.
② 항고소송의 대상이 된다.
③ 국세징수사무처리규정 등에 규정을 두고 있다.
④ 프라이버시권을 침해할 수 있다.

> **TIPS!**
> ② 법적 효력이 없으므로 항고소송의 대상이 되지 않는다.
> ① 명단공표는 사실행위로서 그 자체로는 아무런 법적 효과를 발생하지 않는다.
> ③ 국세청 훈령인 국세징수사무처리규정 등에 그 규정이 있다.
> ④ 개인의 프라이버시권을 침해할 우려가 있다.

8 명단공표에 대한 다음 설명 중 가장 옳지 않은 것은?

① 이는 행정법상의 의무위반사항을 불특정 다수인이 주지할 수 있도록 알리는 것이다.
② 의무위반자의 명예·신용의 침해를 위협하여 의무이행을 간접적으로 강제하는 수단이다.
③ 명단공표에 관한 일반법으로 「공공기관의 정보공개에 관한 법률」이 있다.
④ 명단공표 그 자체로는 아무런 법적 효과도 발생하지 아니한다.

> **TIPS!**
> ③ 명단공표에 관한 일반법은 우리나라에는 존재하지 않으며 개별법으로 「공직자윤리법」, 「아동·청소년의 성보호에 관한 법률」, 「국세기본법」, 「식품위생법」, 「자원의 절약과 재활용촉진에 관한 법률」 등이 있다.

Answer 7.② 8.③

9 다음 중 공급거부에 관한 설명으로 타당하지 않은 것은?

① 행정법상의 의무를 위반하거나 불이행한 자에 대하여 수도, 전기 등 일정한 행정상 서비스나 재화의 공급을 거부하는 조치를 말한다.

② 수도, 전기 등이 국민생활에 있어 불가결한 것이라는 점을 고려할 때 강력한 의무이행확보수단의 기능을 갖는다고 할 것이다.

③ 일정한 조리상의 한계를 따르는 바, 의무 위반 또는 불이행과 공급거부 사이에 실질적 관련이 있는 경우에만 허용된다는 것은 그 좋은 예이다.

④ 「건축법」, 「수질오염환경보전법」, 「대기환경보전법」 등에서 공급거부에 관한 근거규정을 두고 있다.

⦿ TIPS!

④ 현재는 법률의 개정으로 공급거부에 관한 근거규정이 삭제되었다.

10 다음은 행정의 실효성 확보수단에 대해 설명한 것이다. 가장 적절하지 않은 것은? (다툼이 있으면 판례에 의함)

① 공급거부란 행정법상의 의무를 위반하거나 불이행한 자에 대해 일정한 재화나 서비스의 공급을 거부하는 행정작용을 말한다.

② 가산금은 세법상의 의무의 성실한 이행을 확보하기 위하여 세법에 의하여 산출된 세액에 가산하여 징수하는 금액을 말한다.

③ 이행강제금은 의무의 불이행시에 일정액수의 금전납부의무가 부과될 것임을 의무자에게 미리 계고함으로써 의무의 이행을 확보하는 수단을 말한다.

④ 명단의 공표란 행정법상의 의무 위반 또는 불이행이 있는 경우 그 위반자의 성명, 위반사실 등을 일반에게 공개하여 명예 또는 신용에 침해를 가함으로써 심리적인 압박을 가하여 행정법상 의무이행을 확보하는 수단을 말한다.

⦿ TIPS!

② 가산세에 대한 설명이다. 가산금은 국가 또는 지방자치단체에 대한 납세의무자가 그 납기까지 조세를 납부 또는 납입하지 아니한 경우에, 조세체납처분을 하기 위한 전제로서 납세의무의 이행을 최고(催告)하기 위하여 과세권자가 독촉을 하면서 징수하는 금액이다. 2020. 1. 1. 이후로 납부고지 전에 적용되는 「국세기본법」에 따른 납부불성실가산세와 납부고지 후에 적용되는 「국세징수법」의 가산금이 「국세기본법」에 따른 납부지연가산세로 일원화되어 시행된다.

Answer 9.④ 10.②

11 다음 관허사업의 제한에 관한 내용 중 가장 옳은 것은?

① 관허사업의 제한을 하기 위해서는 의무 위반과 직접적인 관련이 있는 사업이어야 한다.

② 실정법은 행정법상의 의무 위반과 직접적인 관련이 없는 관허사업의 제한을 인정하는 것이 보통이다.

③ 관허사업의 제한은 행정형벌에 의한 처벌을 받은 자가 의무 위반을 한 경우에 그에 대한 제재로서 행하는 규제수단이다.

④ 관허사업의 제한과 부당결부금지원칙과는 관계가 없다.

> **TIPS!** --
>
> ② 의무 위반과 직접적인 관련이 없는 관허사업의 제한을 인정하는 것이 보통이며, 이는 부당결부금지와 영업의 자유와 관련하여 문제가 있다. 의무 위반과 직접 관련이 있는 경우에는 행정행위의 철회의 문제라는 견해도 있다.

12 다음 내용 중 옳지 않은 것은?

① 공표는 특별한 법적 근거가 필요 없다고 판례는 이해하고 있다.

② 수도공급계약은 사법적 법률행위이나 단수처분은 행정쟁송의 대상이 되는 처분이다.

③ 공표는 사실행위로서 그 자체로는 아무런 법적 효과를 발생하지 않는다.

④ 전기·전화공급을 하지 말아 줄 것을 요청한 행위는 항고소송의 대상이 되는 행정처분이다.

> **TIPS!** --
>
> ①③ 다수설·판례의 견해이다.
>
> ② 대판 1980. 12. 28, 79누21
>
> ④ 전기·전화의 공급자에게 그 위법건축물에 대한 전기·전화공급을 하지 말아 줄 것을 요청한 행위는 권고적 성격의 행위에 불과한 것으로서, 전기·전화공급자나 특정인의 법률상 지위에 직접적인 변동을 가져오는 것은 아니므로 이를 항고소송의 대상이 되는 행정처분이라고 볼 수 없다(대판 1996. 3. 22, 96누433).

13 과징금에 대한 설명 중 옳지 않은 것은?

① 일정한 행정법상의 의무위반에 대하여 과하는 금전상의 제재이다.

② 과징금과 과태료는 병과할 수 있다.

③ 과징금을 부과 받은 자가 사망한 경우에는 과징금채무가 상속인에게 승계된다는 것이 판례의 입장이다.

④ 과징금 부과에 대하여 불복이 있는 경우, 「비송사건절차법」에 의하여 법원이 결정한다.

 **TIPS!**

④ 과징금의 부과는 행정처분적 성질을 가지고 있기 때문에 과징금의 부과 및 징수에 하자가 있는 경우, 행정쟁송절차에 따라 그 시정을 구할 수 있다.

14 행정의 실효성 확보수단에 대한 설명으로 옳지 않은 것은?

① 고의 또는 과실이 없는 질서위반행위는 과태료를 부과하지 아니한다.

② 행정법상 의무위반자에 대한 명단의 공표는 법적인 근거가 없더라도 허용된다.

③ 법원의 과태료부과결정에 불복하는 자는 즉시항고 할 수 있다.

④ 과태료처분을 받고 이를 납부한 후에 형사처벌을 한다고 하여 일사부재리원칙에 반하지 않는다는 것이 대법원의 입장이다.

TIPS!

② 공표는 비권력적 사실행위에 해당하지만 법적 근거를 요한다고 보는 것이 일반적인 견해이다.
① 질서위반행위규제법 제7조
③ 질서위반행위규제법 제38조 제1항
④ 대법원 1989. 6. 13. 88도1983

Answer 13.④ 14.②

15 행정의 실효성 확보수단에 대한 설명으로 옳지 않은 것은? (다툼이 있는 경우 판례에 의함)

① 재량행위인 과징금부과처분이 해당 법령이 정한 한도액을 초과하여 부과된 경우 이러한 과징금부과처분은 법이 정한 한도액을 초과하여 위법하므로 법원으로서는 그 전부를 취소할 수밖에 없고, 그 한도액을 초과한 부분만 취소할 수는 없다.

② 세법상 가산세를 부과할 때 납세자에게 조세납부를 거부 또는 지연하는 데 고의 또는 과실이 있었는지는 원칙적으로 고려하지 않지만, 납세의무자의 의무해태를 탓할 수 없는 정당한 사유가 있는 경우에는 가산세를 부과할 수 없다.

③ 「건축법」상 이행강제금은 시정명령의 불이행이라는 과거의 위반행위에 대한 제재이므로, 건축주가 장기간 시정명령을 이행하지 않았다면 그 기간 중에 시정명령의 이행 기회가 제공되지 않았다가 뒤늦게 이행 기회가 제공된 경우라 하더라도 이행 기회가 제공되지 않은 과거의 기간에 대한 이행강제금까지 한꺼번에 부과할 수 있다.

④ 질서위반행위에 대하여 과태료를 부과하는 근거 법령이 개정되어 행위 시의 법률에 의하면 과태료 부과대상이었지만 재판 시의 법률에 의하면 부과대상이 아니게 된 때에는 개정 법률의 부칙 등에서 행위 시의 법률을 적용하도록 명시하는 등 특별한 사정이 없는 한 재판 시의 법률을 적용하여야 한다.

> **TIPS!**
>
> ③ 건축주 등이 장기간 시정명령을 이행하지 아니하였다 하더라도, 그 기간 중에는 시정명령의 이행 기회가 제공되지 아니하였다가 뒤늦게 시정명령의 이행 기회가 제공된 경우라면, 그 시정명령의 이행 기회 제공을 전제로 한 1회분의 이행강제금만을 부과할 수 있고, 시정명령의 이행 기회가 제공되지 아니한 과거의 기간에 대한 이행강제금까지 한꺼번에 부과할 수는 없다고 보아야 한다(대법원 2016.7.14, 2015두46598).

Answer 15.③

04

행정구제법

01 행정구제제도

기출PLUS

TIP

행정구제법의 기본관념
㉠ 법원에 의한 권리구제
㉡ 행정국가주의에서 사법국가주의로
㉢ 사후구제제도와 사전구제제도의 상호 보완

section 1 행정구제

(1) 의의

행정구제란 행정작용으로 인해 자기의 권리·이익이 침해되었거나 침해될 것으로 주장하는 자가 행정기관이나 법원에 손해전보·원상회복 또는 당해 행정작용의 취소·변경 기타 피해구제 및 예방을 청구하고 이에 대해 행정기관 또는 법원이 심리하여 권리·이익 보호에 관한 판정을 내리는 것을 말한다.

(2) 종류

① 사전구제제도 … 「행정절차법」과 행정정보공개제도, 개인정보보호제도, 「행정규제기본법」, 청원제도, 옴부즈만제도, 민원처리제도 등이 있다.

② 사후구제제도
㉠ 행정상 손해전보제도 : 손해배상제도, 손실보상제도가 있다.
㉡ 행정쟁송제도 : 행정심판, 행정소송이 있다.

section 2 청원

(1) 의의

청원이란 국민이 국가의 공권력 행사와 관련하여 여러 이해관계 또는 국정에 관한 자신의 의견·희망을 개진하거나 시정을 요구할 수 있는 「헌법」상의 기본권을 말한다.

(2) 법적 근거

헌법 제26조 제1항은 '모든 국민은 법률이 정하는 바에 의하여 국가기관에 문서로 청원할 권리를 가진다.'고 규정하고 있다. 이를 위한 일반법으로 「청원법」이 제정되어 있다.

(3) 청원인

모든 국민은 청원권을 가진다. 자연인·법인을 불문하며 이해관계가 없는 자도 청원을 제기할 수 있다.

(4) 청원기관

모든 국가기관에 대하여 청원할 수 있다. 모든 입법·행정·사법기관을 포함하며 처분청·감독청 여하를 불문한다.

(5) 청원사항

「청원법」상 청원사항으로는 피해의 구제, 공무원의 위법·부당한 행위에 대한 시정이나 징계의 요구, 법률·명령·조례·규칙 등의 제정·개정 또는 폐지, 공공의 제도·시설 운영, 기타 국가기관의 권한에 속하는 사항 등이 있다. 그러나 재판에 관여하는 것과 국가기관을 중상모략하는 것 등은 청원할 수 없다.

(6) 청원의 효과

청원을 받은 기관은 청원을 성실·공정·신속하게 심사·처리하고 그 결과를 청원인에게 통지하여야 한다. 여기서 심사·처리결과의 통지는 행정소송법상 처분에 해당하지 않는다.

판례 청원을 수리한 국가기관은 이를 성실, 공정, 신속히 심사·처리하여 그 결과를 청원인에게 통지하는 이상의 법률상 의무를 지는 것은 아니라고 할 것이고, 따라서 국가기관이 그 수리한 청원을 받아들여 구체적인 조치를 취할 것인지 여부는 국가기관의 자유재량에 속한다고 할 것일 뿐만 아니라 이로써 청원자의 권리의무, 그 밖의 법률관계에는 하등의 영향을 미치는 것이 아니므로 청원에 대한 심사처리결과의 통지 유무는 행정소송의 대상이 되는 행정처분이라고 할 수 없다(대판 1990. 5. 25, 90누1458).

section 3 옴부즈만제도

(1) 의의

옴부즈만제도란 의회에 의해 선출된 옴부즈만이 행정기관·법원 등 공공기관의 업무 수행을 감시함으로써 행정의 기능 확대로 인한 전통적 행정구제제도의 결점을 보완하고 부적정한 행정으로부터 국민의 권익을 보다 실효적으로 보호하기 위한 제도이다.

(2) 특징

① 옴부즈만은 1809년 스웨덴의 헌법에서 최초로 창설되어, 핀란드·덴마크 등 북구 여러 나라에서 일반적으로 사용되고 있다.

② 옴부즈만의 권한이나 기능은 국가에 따라 차이가 있으나 그 일반적 유형에 있어서는 행정기능의 확대나 그 작용형식의 다양화 등으로 인한 전통적인 행정구제제도의 결점을 보완하여 부적정한 행정에 대하여 국민의 권익을 보다 실효적으로 보호하려는 데 그 기본적인 존재 의의가 있다.

(3) 기능

권리보호의 사각지대에 국민의 대표기관인 의회가 개입시도하여 국민의 권익구제에 기여하는 기능을 한다.

(4) 장점

① 타 구제수단에 비해 시민들의 접근이 용이하다.

② 보통 의회에서 선출되므로 의회의 행정통제기능을 강화한다.

③ 신속하고 저렴하게 신축적인 민원처리가 가능하다.

④ 대민행정과 인구가 적은 사회에서 유용하다.

(5) 한계

① 특정 행정작용이 위법·부당하더라도 직접 취소·변경할 수는 없고 시정권고, 언론에 대한 공표 등만이 가능하다.

② 실질적·법적 권한보다 사회적 신망·권위 등을 통한 여론형성 등에 의존한다.

③ 행정의 책임성과 비밀성을 침해할 우려가 있다.

④ 기능이 중복될 수 있다.

(1) 의의

감사원·대통령실·국무총리실이 민원사항을 처리하고 있으며, 이러한 민원처리기관은 옴부즈만에 가까운 제도라 할 수 있다. 그리고 최근에는「부패방지 및 국민권익위원회의 설치와 운영에 관한 법률」이 제정되어 국민의 고충민원의 처리를 위한 기관으로서 국민권익위원회를 설치하였다.

(2) 감사원

감사원은 직권 또는 이해관계인의 심사청구에 의하여 각급 행정기관의 직무감찰을 시행하고 감찰결과의 흠이나 행정상 모순을 발견한 때에는 관계기관에 대하여 그 시정이나 개선을 요구하며, 관계자의 문책을 요구하거나 고발조치를 취할 수 있다.

(3) 국민권익위원회

① 의의 … 행정기관의 위법·부당한 행위나 불합리한 행정제도 등으로 인한 권리의 침해나 불편·부당에 대한 민원을 국민권익위원회를 통하여 처리해주는 제도를 말한다.

② 근거 …「부패방지 및 국민권익위원회의 설치와 운영에 관한 법률」에 의하여 국무총리 소속하에 국민권익위원회를 둔다. 이는 외국의 옴부즈만제도에 상응하는 제도이다.

③ 국민권익위원회의 업무

　　㉠ 국민의 권리보호·권익구제 및 부패방지를 위한 정책의 수립 및 시행

　　㉡ 고충민원의 조사와 처리 및 이와 관련된 시정권고 또는 의견표명

　　㉢ 고충민원을 유발하는 관련 행정제도 및 그 제도의 운영에 개선이 필요하다고 판단되는 경우 이에 대한 권고 또는 의견표명

　　㉣ 위원회가 처리한 고충민원의 결과 및 행정제도의 개선에 관한 실태조사와 평가

　　㉤ 공공기관의 부패방지를 위한 시책 및 제도개선 사항의 수립·권고와 이를 위한 공공기관에 대한 실태조사

　　㉥ 공공기관의 부패방지시책 추진상황에 대한 실태조사·평가

　　㉦ 부패방지 및 권익구제 교육·홍보 계획의 수립·시행

　　㉧ 비영리 민간단체의 부패방지활동 지원 등 위원회의 활동과 관련된 개인·법인 또는 단체와의 협력 및 지원

　　㉨ 위원회의 활동과 관련된 국제협력

　　㉩ 부패행위 신고 안내·상담 및 접수 등

　　㉪ 신고자의 보호 및 보상

　　㉫ 법령 등에 대한 부패유발요인 검토

기출 2009. 4. 11. 행정안전부

국민권익위원회에 관한 설명으로 옳지 않은 것은?

① 고충민원의 처리와 이에 관련된 불합리한 행정제도를 개선하고, 부패의 발생을 예방하며 부패행위를 효율적으로 규제하도록 하기 위하여 국무총리 소속으로 설치하였다.

② 국민권익위원회는 필요하다고 인정하는 경우 공공기관의 장에게 제도개선의 권고를 할 수 있으며, 제도개선 권고를 받은 공공기관의 장은 이를 제도개선에 반영하여야 하며 그 조치에 대한 결과를 국민권익위원회에 통보할 필요까지는 없다.

③ 국민권익위원회는 「행정심판법」에 따른 중앙행정심판위원회의 운영에 관한 사항을 관장한다.

④ 지방자치단체 및 그 소속 기관에 관한 고충민원의 처리와 행정제도의 개선 등을 위하여 「부패방지 및 국민권익위원회의 설치와 운영에 관한 법률」에서 각 지방자치단체에 시민고충처리위원회를 설치할 수 있는 근거조항을 두고 있다.

＜정답 ②

ⓜ 부패방지 및 권익구제와 관련된 자료의 수집·관리 및 분석

ⓗ 공직자 행동강령의 시행·운영 및 그 위반행위에 대한 신고의 접수·처리 및 신고자의 보호

㉮ 민원사항에 관한 안내·상담 및 민원사항 처리실태 확인·지도

㉯ 온라인 국민참여포털의 통합 운영과 정부민원안내콜센터의 설치·운영

㉰ 시민고충처리위원회의 활동과 관련한 협력·지원 및 교육

㉱ 다수인 관련 갈등 사항에 대한 중재·조정 및 기업애로 해소를 위한 기업고충민원의 조사·처리

㉲ 「행정심판법」에 따른 중앙행정심판위원회의 운영에 관한 사항

㉳ 다른 법령에 따라 위원회의 소관으로 규정된 사항

㉴ 그 밖에 국민권익 향상을 위하여 국무총리가 위원회에 부의하는 사항

④ **국민권익위원회의 구성**

㉠ 위원회는 위원장 1명을 포함한 15명의 위원(부위원장 3명과 상임위원 3명을 포함)으로 구성한다. 이 경우 부위원장은 각각 고충민원, 부패방지업무 및 중앙행정심판위원회의 운영업무로 분장하여 위원장을 보좌한다. 다만, 중앙행정심판위원회의 구성에 관한 사항은 「행정심판법」에서 정하는 바에 따른다.

㉡ 위원장, 부위원장과 위원은 고충민원과 부패방지에 관한 업무를 공정하고 독립적으로 수행할 수 있다고 인정되는 자로서 다음 중 어느 하나에 해당하는 자 중에서 임명 또는 위촉한다.

• 대학이나 공인된 연구기관에서 부교수 이상 또는 이에 상당하는 직에 8년 이상 있거나 있었던 자

• 판사·검사 또는 변호사의 직에 10년 이상 있거나 있었던 자

• 3급 이상 공무원 또는 고위공무원단에 속하는 공무원의 직에 있거나 있었던 자

• 건축사·세무사·공인회계사·기술사·변리사의 자격을 소지하고 해당 직종에서 10년 이상 있거나 있었던 자

• 시민고충처리위원회 위원으로 위촉되어 그 직에 4년 이상 있었던 자

• 그 밖에 사회적 신망이 높고 행정에 관한 식견과 경험이 있는 자로서 시민사회단체로부터 추천을 받은 자

㉢ 위원장 및 부위원장은 국무총리의 제청으로 대통령이 임명하고, 상임위원은 위원장의 제청으로 대통령이 임명하며, 상임이 아닌 위원은 대통령이 임명 또는 위촉한다. 이 경우 상임이 아닌 위원 중 3명은 국회가, 3명은 대법원장이 각각 추천하는 자를 임명 또는 위촉한다.

⑤ **국민권익위원회 조사** … 권익위원회는 고충민원을 접수한 경우에는 지체 없이 그 내용에 관하여 필요한 조사를 하여야 한다. 다만, 다음에 해당하는 경우에는 조사를 하지 아니할 수 있다.

㉠ **고충민원의 각하사항**

• 고도의 정치적 판단을 요하거나 국가기밀 또는 공무상 비밀에 관한 사항

• 국회·법원·헌법재판소·선거관리위원회·감사원·지방의회에 관한 사항

- 수사 및 형집행에 관한 사항으로서 그 관장기관에서 처리하는 것이 적당하다고 판단되는 사항 또는 감사원의 감사가 착수된 사항
- 행정심판, 행정소송, 헌법재판소의 심판이나 감사원의 심사청구 그 밖에 다른 법률에 따른 불복구제절차가 진행 중인 사항
- 법령에 따라 화해·알선·조정·중재 등 당사자 간의 이해조정을 목적으로 행하는 절차가 진행 중인 사항
- 판결·결정·재결·화해·조정·중재 등에 따라 확정된 권리관계에 관한 사항 또는 감사원이 처분을 요구한 사항
- 사인 간의 권리관계 또는 개인의 사생활에 관한 사항
- 행정기관 등의 직원에 관한 인사행정상의 행위에 관한 사항

ⓛ 고충민원의 내용이 거짓이거나 정당한 사유가 없다고 인정되는 사항

ⓒ 그 밖에 고충민원에 해당하지 아니하는 경우 등 권익위원회가 조사하는 것이 적절하지 아니하다고 인정하는 사항

⑥ 합의의 권고 및 조정

ㄱ 합의의 권고 : 권익위원회는 조사 중이거나 조사가 끝난 고충민원에 대한 공정한 해결을 위하여 필요한 조치를 당사자에게 제시하고 합의를 권고할 수 있다.

ㄴ 합의의 조정 : 권익위원회는 다수인이 관련되거나 사회적 파급효과가 크다고 인정되는 고충민원의 신속하고 공정한 해결을 위하여 필요하다고 인정하는 경우에는 당사자의 신청 또는 직권에 의하여 조정을 할 수 있다. 조정은 당사자가 합의한 사항을 조정서에 기재한 후 당사자가 기명날인하거나 서명하고 권익위원회가 이를 확인함으로써 성립한다.

⑦ 시정의 권고 및 의견표명

ㄱ 권익위원회는 고충민원에 대한 조사결과 처분 등이 위법·부당하다고 인정할 만한 상당한 이유가 있는 경우에는 관계 행정기관 등의 장에게 적절한 시정을 권고할 수 있다.

ㄴ 권익위원회는 고충민원에 대한 조사결과 신청인의 주장이 상당한 이유가 있다고 인정되는 사안에 대하여는 관계 행정기관 등의 장에게 의견을 표명할 수 있다.

⑧ 처리결과의 통보 등

ㄱ 권익위원회는 고충민원을 조사·처리하는 과정에서 법령 그 밖의 제도나 정책 등의 개선이 필요하다고 인정되는 경우에는 관계 행정기관 등의 장에게 이에 대한 합리적인 개선을 권고하거나 의견을 표명할 수 있다.

ㄴ 권고 또는 의견을 받은 관계 행정기관 등의 장은 이를 존중하여야 하며, 그 권고 또는 의견을 받은 날부터 30일 이내에 그 처리결과를 권익위원회에 통보하여야 한다.

ㄷ 권고를 받은 관계 행정기관 등의 장이 그 권고내용을 이행하지 아니하는 경우에는 그 이유를 권익위원회에 문서로 통보하여야 한다.

ㄹ 권익위원회는 관계 행정기관 등의 장에게서 통보받은 내용을 신청인에게 지체 없이 통보하여야 한다.

⑨ 감사의 의뢰 … 고충민원의 조사·처리 과정에서 관계 행정기관 등의 직원이 고의 또는 중대한 과실로 위법·부당하게 업무를 처리한 사실을 발견한 경우 위원회는 감사원에, 시민고충처리위원회는 당해 지방자치단체에 감사를 의뢰할 수 있다.

(4) 시민고충처리위원회

① 지방자치단체 및 그 소속 기관에 관한 고충민원의 처리와 행정제도의 개선 등을 위하여 각 지방자치단체에 시민고충처리위원회를 둘 수 있다.

② 시민고충처리위원회의 업무

　㉠ 지방자치단체 및 그 소속 기관에 관한 고충민원의 조사와 처리

　㉡ 고충민원과 관련된 시정권고 또는 의견표명

　㉢ 고충민원의 처리과정에서 관련 행정제도 및 그 제도의 운영에 개선이 필요하다고 판단되는 경우 이에 대한 권고 또는 의견표명

　㉣ 시민고충처리위원회가 처리한 고충민원의 결과 및 행정제도의 개선에 관한 실태조사와 평가

　㉤ 민원사항에 관한 안내, 상담 및 민원처리 지원

　㉥ 시민고충처리위원회의 활동과 관련한 교육 및 홍보

　㉦ 시민고충처리위원회의 활동과 관련된 국제기구 또는 외국의 권익구제기관 등과의 교류 및 협력

　㉧ 시민고충처리위원회의 활동과 관련된 개인·법인 또는 단체와의 협력 및 지원

　㉨ 그 밖에 다른 법령에 따라 시민고충처리위원회에 위탁된 사항

1 다음 중 국민권익위원회의 관할 업무내용으로 옳지 않은 것은?

① 고충민원의 조사와 처리 및 이와 관련된 시정권고 또는 의견표명

② 공공기관의 부패방지를 위한 시책 및 제도개선 사항의 수립·권고와 이를 위한 공공기관에 대한 실태조사

③ 행정기관 등의 직원에 관한 인사행정상의 행위에 관한 사항

④ 부패행위 신고 안내·상담 및 접수 등

 TIPS!

③ 권익위원회는 접수된 고충민원이 행정기관 등의 직원에 관한 인사행정상의 행위에 관한 사항일 경우에는 이를 각하하거나 관계 기관에 이송할 수 있다〈부패방지 및 국민권익위원회의 설치와 운영에 관한 법률 제43조 제1항 제8호〉.

2 다음 중 옴부즈만제도의 장점에 관한 설명으로 옳지 않은 것은?

① 신축적인 민원처리가 가능하다.

② 의회의 행정통제기능을 강화한다.

③ 의회의 행정간섭이 심화될 수 있다.

④ 전통적인 행정구제제도의 기능을 보완한다.

TIPS!

③ 의회의 행정간섭이 심해질 우려가 있다는 점은 옴부즈만제도의 단점이다.

※ 옴부즈만제도의 장·단점

　　㉠ 장점

　　　•전통적인 행정구제제도를 보완하고 국민의 권익을 보다 실효성 있게 보호한다.

　　　•보통 의회에서 선출되므로 의회의 행정통제기능을 강화한다.

　　　•신속하고 저렴하게 신축적인 민원처리가 가능하다.

　　㉡ 단점

　　　•특정 행정작용이 위법·부당하더라도 직접 취소·변경할 수는 없고 시정권고, 언론에 대한 공표 등만이 가능하다.

　　　•실질적·법적 권한보다 사회적 신망·권위 등을 통한 여론형성 등에 의존한다.

　　　•행정의 책임성과 비밀성을 침해할 우려가 있다.

　　　•의회의 행정간섭이 심화될 우려가 있다.

Answer 1.③ 2.③

3 다음 중 국민권익위원회에 대한 설명으로 옳지 않은 것은?

① 대통령 소속하에 설치된 합의제 행정기관이다.

② 조사 결과처분 등이 위법·부당하다고 판단될 경우에는 관계기관의 장에게 적절한 시정조치를 권고할 수 있다.

③ 위원회의 위원, 전문위원 또는 직원이나 그 직에 있었던 자 및 위원회에 파견되거나 위원회의 위촉에 의하여 위원회의 업무를 수행하거나 수행하였던 자는 업무처리 중 알게 된 비밀을 누설하여서는 아니 된다.

④ 위원회가 고충민원을 접수한 때에는 즉시 필요한 사항을 조사하여야 한다.

> **TIPS!**
>
> ① 국민권익위원회는 국무총리 소속이다.

4 행정구제는 사전적 구제를 그의 이상으로 하는 바, 다음 중 사전구제제도로서 기능할 수 없는 것은?

① 옴부즈만제도　　　　　　　　　　　② 청원
③ 행정심판　　　　　　　　　　　　　④ 행정절차

> **TIPS!**
>
> 행정심판은 행정청의 위법·부당한 처분의 시정을 구하는 것으로 사후적 구제제도에 해당한다.

5 다음 중 국민권익위원회의 민원의 처리에 관한 설명으로 옳지 않은 것은?

① 권익위원회는 조정회의의 원활한 진행을 위하여 고충민원의 신청인과 책임 있는 관계 행정기관 등의 직원에게 출석을 요구할 수 있으며, 신청인의 요청이 있거나 효율적인 조정을 위하여 필요하다고 인정되는 경우에는 이해관계인·참고인 등으로 하여금 조정회의에 출석하여 의견을 진술하게 할 수 있다.

② 권익위원회는 신청인이 동일한 내용의 고충민원을 정당한 사유 없이 2회 이상 반복하여 신청한 경우로서 3회 이상 그 처리결과를 통지한 후에 신청되는 사안에 대하여는 종결처리 할 수 있다.

③ 권익위원회는 접수된 고충민원을 접수일부터 60일 이내에 처리하여야 한다.

④ 다만, 조정이 필요한 경우 등 부득이한 사유로 기간 내에 처리가 불가능한 경우에는 60일의 범위에서 그 처리기간을 연장할 수 있다.

> **TIPS!**
>
> ② 권익위원회는 신청인이 동일한 내용의 고충민원을 정당한 사유 없이 3회 이상 반복하여 신청한 경우로서 2회 이상 그 처리결과를 통지한 후에 신청되는 사안에 대하여는 종결처리 할 수 있다〈부패방지 및 국민권익위원회의 설치와 운영에 관한 법률 시행령 제43조 제1항〉.

Answer 3.① 4.③ 5.②

행정상 손해전보제도

section 1 | 의의

(1) 개념

행정상 손해전보제도란 국가 또는 공공기관의 작용에 의하여 개인에게 발생한 손해 또는 손실을 금전적으로 전보하여 주는 제도를 말한다. 현행법상 손해전보제도에는 손해배상제도와 손실보상제도가 있다.

(2) 손해배상과 손실보상의 이론적 토대

① 전통적으로 손해배상은 개인주의적·보상적 정의에 입각하여 인정되었고, 손실보상은 단체주의적·배분적 정의에 입각하여 인정되었다.

② 손해배상은 행위자의 주관적 책임과 행위의 객관적 위법성에 의해 성립되는 반면, 손실보상은 개인에게 부과된 부담의 불평등성으로 인해 성립된다.

(3) 손해배상과 손실보상의 구별

① 공통점
  ㉠ 양자는 손해전보로서 사후구제제도인 점에서 행정절차 등 사전구제제도와 구별된다.
  ㉡ 실체적 구제제도인 점에서 행정쟁송 등 절차적 구제제도와 구별된다.

② 차이점
  ㉠ 발생원인
    • 손해배상 : 개인주의 사상을 기저로, 개인적·도의적 과실책임주의를 기초로 한다.
    • 손실보상 : 단체주의적 사상을 기저로, 사회적·공평부담적 무과실책임주의의 실현을 기초로 한다.
  ㉡ 법적 근거
    • 손해배상 : 헌법 제29조를 근거로 일반법인 「국가배상법」의 적용을 받으며 보충적으로 민법이 적용된다.
    • 손실보상 : 헌법 제23조 제3항을 근거로 하나 일반법은 없고 개별법에 의존한다.
  ㉢ 청구권의 성질
    • 손해배상청구권 : 공권설(다수설)·사권설(판례)로 견해가 대립되며, 양도·압류가 금지되는 경우가 있다.

- 손실보상청구권: 공권설(다수설) · 사권설(판례)로 견해가 대립되며, 양도 · 압류가 가능하다.
  - ㉣ 전보의 기준 및 내용
  - 손해배상: 가해 · 하자와 상당인과관계의 모든 손해를 기준으로, 재산상 · 비재산상 손해를 포함한다.
  - 손실보상: 원칙적으로 정당한 보상을 기준으로, 재산상 손실에 한한다.

(4) 손해배상과 손실보상의 상호 접근

오늘날 사회적 위험의 증대로 피해자 구제의 필요성이 높아짐에 따라 과실의 객관화나 입증책임전환의 법리 등을 통해 손해배상책임의 주된 기준이 주관적 · 도의적 과실책임으로부터 무과실책임으로 옮겨가는 등 손해배상제도와 손실보상제도가 상호 접근하는 경향이 두드러지고 있다.

section 2 행정상 손해전보제도의 종류

(1) 의의

행정상 손해전보제도에는 손해배상제도와 손실보상제도가 있다. 손해배상제도는 위법한 행정작용으로 인한 손해를 배상하여 주는 제도이고 손실보상은 적법한 행정작용으로 인한 손실을 보상하여주는 제도이다.

(2) 손해배상제도와 손실보상제도

① 손해배상제도
  - ㉠ 위법한 공권력의 행사에 적용된다.
  - ㉡ 일반법인 「국가배상법」이 있다.
  - ㉢ 재산상의 피해뿐만 아니라 생명 · 신체 · 정신적 피해까지도 그 대상으로 한다.

② 손실보상제도
  - ㉠ 적법한 공권력의 행사에 적용된다.
  - ㉡ 일반법이 없이 개별법에 규정되어 있다.
  - ㉢ 재산적 손실에 대해서만 보상한다.

1 다음 중 수용적 침해에 대한 내용 중 옳지 않은 것은?

① 적법한 공행정작용의 비정형적이고 비의도적인 부수적 효과로서 발생한 개인의 재산권에 대한 손해를 전보하여 주기 위한 법리이다.

② 장기간에 걸친 지하철공사로 인한 인근상가의 고객감소 등이 이에 해당한다.

③ 적법한 행정작용이라 하더라도 그 수인한도를 넘으면 특별한 희생이 되어 손실을 보상하여야 하나, 예측이 어려워 보상규정을 두기 힘들다.

④ 우리나라는 수용적 침해를 인정하고 있다.

 TIPS!

④ 수용적 침해에 대해서는 긍정설과 부정설이 대립하고 있으나 현재 우리나라 대법원은 수용적 침해에 대해서 인정하지 않고 있는 듯 보인다.

2 행정상 손해배상과 손실보상의 비교 설명 중 바르지 못한 것은?

① 행정상 손해배상은 개인적 과실책임주의를 이념으로 한다고 할 수 있다.

② 우리 「헌법」상 행정상 손해배상에 관한 근거규정은 있으나 손실보상에 관한 근거규정은 없다.

③ 행정상 손실보상은 사회적 공평부담주의를 기초이념으로 한다.

④ 행정상 손해배상은 위법한 행정작용으로 인하여 국민의 권리·이익이 침해된 경우에 인정된다.

TIPS!

①③④ 손해배상은 위법한 공권력의 행사로 국민의 권리·이익이 침해된 경우를 위한 구제제도이며 손실보상은 특별히 희생당한 국민의 손실을 공평부담의 견지에서 국민 전체가 부담하는 제도이다.

② 손해배상은 헌법 제29조 제1항에, 손실보상은 헌법 제23조 제3항에 근거를 두고 있다.

※ 손해배상제도와 손실보상제도
　㉠ 손해배상은 위법한 공권력의 행사, 손실보상은 적법한 공권력의 행사에 적용된다.
　㉡ 손해배상제도는 일반법으로서 국가배상법이 있으나, 손실보상제도는 각 단행법에서 개별적으로 규정하고 있다.
　㉢ 손해배상은 재산상의 피해는 물론 생명·신체·정신적 피해까지 그 대상으로 하나, 손실보상은 재산적 손실에 대해서만 보상한다.

Answer 1.④ 2.②

3 현행 행정상 손해전보제도의 보완책이라고 볼 수 없는 것은?

① 공법상 무과실책임의 도입

② 공법상 부당이득반환청구권 인정

③ 수용유사침해 및 수용적 침해법리의 도입

④ 무하자재량행사청구권의 인정

> **⭐ TIPS!**
>
> ④ 무하자재량행사청구권은 재량권 통제에 관한 법리로 행정상 손해전보제도의 보완책이라고 볼 수는 없다.

4 행정상 손해배상과 손실보상의 공통점이 아닌 것은?

① 실체적 행정구제제도

② 사후적 구제제도

③ 금전적 전보제도

④ 재산상의 손해에 대한 전보제도

> **⭐ TIPS!**
>
> ④ 손실보상제도는 재산상의 손실을 대상으로 하는 것인 데 반하여 손해배상제도는 재산적 손해뿐만 아니라 비재산적 손해(생명·신체·정신적 침해 등)까지도 대상으로 한다. 다만, 그 배상은 비재산적 손해에 대해서도 금전으로 한다.

5 행정상 손해배상에 관한 설명으로 옳은 것은?

① 공법상 계약과 같은 비권력적 작용은 직무에 포함되지 않는다.

② 공무원에게 고의·중과실이 있는 경우에만 불법행위가 성립한다.

③ 판례는 공무원에 대한 직접 청구를 부인한다.

④ 공무원의 직무행위 여부는 객관적·외형적으로 결정되고, 부작위도 포함된다.

> **⭐ TIPS!**
>
> ④ 통설 및 판례에 의하면 직무행위와 관련된 부수적 행위는 물론, 직무행위의 외관을 띠고 있는 직무 아닌 행위도 포함된다고 한다(외형설).
> ① 직무행위 속에 관리행위도 포함된다.
> ② 불법행위의 성립은 고의·과실로 족하다.
> ③ 고의·중과실은 선택적 청구를 인정하지만, 경과실은 선택적 청구를 부인한다.

Answer 3.④ 4.④ 5.④

03 행정상 손해배상제도(국가배상제도)

section 1 의의

(1) 개념

손해배상제도란 국가 또는 공공단체의 위법한 행정작용으로 인하여 발생한 개인의 손해를 국가 등의 행정기관이 배상하여 주는 제도를 말한다. 손해배상청구권을 보장함으로써 법치국가원리를 최종적으로 담보하는 수단으로서의 의미를 갖는다.

① 프랑스 … 꽁세유데따의 블랑꼬 판결을 통해 최초로 국가의 불법적인 공역무작용으로 인한 손해를 배상하는 과실책임이 인정되었다. 오늘날에는 행정상의 위험에 대한 무과실책임도 점차 인정하고 있다.

② 독일 … 국가무책임사상을 전제로 하여 공무원의 책임을 국가가 대신 부담하여 주는 대위책임으로서 인정되고 있다.

③ 영·미 … 전통적으로 '국왕은 잘못을 행하지 않는다'는 주권면책론이 지배하였으나, 근래 들어 영국의 국왕소추법과 미국의 연방불법행위청구권법에 의해 국가의 불법행위책임이 인정되게 되었다.

(2) 우리나라의 행정상 손해배상제도

① 「헌법」적 근거 … 공무원의 직무상 불법행위로 인하여 손해를 받은 국민은 법률이 정하는 바에 의하여 국가 또는 공공단체에 정당한 배상을 청구할 수 있다. 이 경우 공무원 자신의 책임은 면제되지 아니한다〈헌법 제29조 제1항〉.

② 「국가배상법」 … 손해배상제도에 관한 일반법이다. 제2조의 '공무원의 위법한 직무행위로 인한 손해배상'과 제5조의 '공공영조물의 설치·관리상의 하자로 인한 손해배상'의 경우로 나누어 규정하고 있다.

기출 2017. 3. 18. 제1회 서울특별시

국가배상제도에 대한 설명으로 옳은 것은? (단, 다툼이 있는 경우 판례에 의함)

① 사인이 받은 손해란 생명·신체·재산상의 손해는 인정하지만, 정신상의 손해는 인정하지 않는다.

② 국가배상책임에 있어서 공무원의 행위는 '법령에 위반한 것'이어야 하고, 법령위반이라 함은 엄격한 의미의 법령 위반뿐만 아니라 인권존중, 권력남용금지, 신의성실 등의 위반도 포함하여 그 행위가 객관적인 정당성을 결여하고 있음을 의미한다.

③ 「국가배상법」이 정한 손해배상청구의 요건인 '공무원의 직무'에는 권력적 작용뿐만 아니라 비권력적 작용과 단순한 사경제의 주체로서 하는 작용도 포함된다.

④ 부작위로 인한 손해에 대한 국가배상청구는 공무원의 작위의무를 명시한 형식적 의미의 법령에 위배된 경우에 한한다.

〈 정답 ②

기출PLUS

기출 2015. 3. 14. 사회복지직

「국가배상법」에 대한 설명으로 옳지 않은 것은?

① 「국가배상법」은 국가배상책임의 주체를 국가 또는 공공단체로 규정하고 있다.
② 피해자가 손해를 입은 동시에 이익을 얻은 경우에는 손해배상액에서 그 이익에 상당하는 금액을 빼야 한다.
③ 국가배상소송은 배상심의회에 배상신청을 하지 아니하고도 제기할 수 있다.
④ 국가배상청구권은 피해자나 그 법정대리인이 그 손해 및 가해자를 안 날로부터 3년간 이를 행사하지 아니하면 시효로 인하여 소멸한다.

《정답 ①

section 2 국가배상법

(1) 의의

① **개념** … 국가 또는 지방자치단체의 불법행위로 인한 손해배상책임에 관한 일반법이다.

② **성격**

　㉠ **공법설**: 공사법의 이원적 체계, 생명·신체의 침해로 인한 국가배상청구권은 양도·압류될 수 없다는 점 등을 이유로 「국가배상법」을 공법으로 본다. 이 설에 따르면 국가배상소송은 공법상 당사자소송에 의해야 한다(다수설).

　㉡ **사법설**: 「국가배상법」을 「민법」의 특별법인 사법으로 보는 견해이다.

③ **판례** … 공무원의 직무상 불법행위로 손해를 받은 국민이 국가 또는 공공단체에 배상을 청구하는 경우 국가 또는 공공단체에 대하여 그의 불법행위를 이유로 손해배상을 구함은 국가배상법이 정한 바에 따른다 하여도 이 역시 민사상의 손해배상책임을 특별법인 국가배상법이 정한 데 불과하다고하여 사법설의 입장이다.

④ **배상책임자** … 배상의 주체는 국가 또는 지방자치단체이다. 「헌법」은 '국가 또는 공공단체'를 배상책임자로 규정하고 있으나, 「국가배상법」은 '국가 또는 지방자치단체'로 제한하고 있어 위헌의 문제가 제기되고 있다. 지방자치단체가 아닌 공공단체의 불법행위로 인한 손해에 대해서는 「민법」상의 불법행위책임에 관한 규정이 적용된다. 국가를 상대로 하는 손해배상청구소송에서 국가를 대표하는 자는 법무부장관이다.

⑤ **배상청구권자**

　㉠ **원칙**: 손해배상을 청구할 수 있는 자는 위법한 행정작용으로 인해 손해를 입은 국민이다. 이에는 자연인과 법인이 모두 포함된다. 외국인은 상호주의에 따라 한국인의 손해배상을 인정하고 있는 국가의 국민에 대해서만 배상청구권을 인정한다.

　㉡ **예외**: 군인, 군무원, 경찰공무원, 예비군 대원이 전투·훈련중 입은 손해에 대해서는 다른 법령에 의해 보상을 지급받은 때에는 이 법에 의한 손해배상을 청구할 수 없다(이중배상금지). 다만, 판례는 이들의 배상청구권을 인정해 주기 위해 군인, 군무원, 경찰, 전투·훈련의 범위를 좁히는 경향이 있다. 판례는 공익근무요원은 「국가배상법」상 군인에 해당하지 않는다고 하였고 숙직 중 사망한 경찰공무원은 전투·훈련중 사망이 아니라 하여 「국가배상법」상 손해배상을 청구할 수 있도록 한 바 있다.

(2) 공무원의 위법한 직무행위로 인한 손해배상〈국가배상법 제2조〉

① **배상책임의 성질**

　㉠ **자기책임설**: 국가의 배상책임은 공무원의 책임을 대신하여 지는 것이 아니고 직접 국가가 자신의 책임으로 배상한다는 이론이다. 우리나라 헌법학계의 다수설이다.

ⓛ **대위책임설** : 공무원의 위법한 직무행위로 인한 손해배상책임은 원칙적으로 공무원이 져야 하나 피해자에 대한 충분한 배상을 위해 국가 등이 가해 공무원을 대신하여 배상책임을 진다는 이론이다. 우리나라 행정법학계의 다수설이다.

판례 국가 또는 지방자치단체라 할지라도 공권력의 행사가 아니고 단순한 사경제의 주체로 활동을 하였을 경우에는 그 손해배상책임에 국가배상법이 적용될 수 없고 민법상의 사용자책임 등이 인정되는 것이고 국가의 철도운행사업은 국가가 공권력의 행사로서하는 것이 아니고 사경제적 작용이라 할 것이므로 이로 인한 사고에 공무원이 관여하였다고 하더라도 국가배상법을 적용할 것이 아니다 (대판 1996. 6. 22. 99다7008).

ⓒ **중간설**(절충설) : 공무원의 고의 · 중과실에 대한 국가의 배상책임은 대위책임이나 경과실의 경우에는 자기책임의 성질을 가진다는 이론이다. 그 논거로서 국가배상법 제2조 제2항이 고의 또는 중과실의 경우에만 공무원에 대한 구상권을 인정하고 경과실에 대해서는 구상권을 인정하지 않는다는 것을 들고 있다.

② **배상책임의 요건** … 국가배상법 제2조는 '공무원이 직무를 집행하면서 고의 또는 과실로 법령을 위반하여 타인에게 손해를 발생하게 하거나 「자동차손해배상 보상법」에 따라 손해배상의 책임이 있을 때'로 규정하고 있다.

　ⓛ **공무원** : 「국가공무원법」 · 「지방공무원법」상의 모든 공무원(입법 · 행정 · 사법 모두 포함)뿐만 아니라 널리 공무를 위탁받아 그에 종사하는 모든 자를 포함한다 (통설 · 판례). 판례는 검사, 통장, 집달관, 소집중인 향토예비군, 미군부대의 카투사, 시 청소차 운전사, 철도차장, 조세의 원천징수의무자, 별정우체국장, 소방원 등을 공무원의 범위에 포함시키고 있다. 그러나 시영버스운전사, 의용소방대원은 공무원의 범위에 포함시키지 않고 있다.

　ⓒ **직무행위**

　• 권력작용과 관리작용은 포함되나 국고작용은 포함되지 않는다는 광의설이 다수설이다.

　• 국회의원의 입법행위는 그 입법 내용이 헌법의 문언에 명백히 위배됨에도 불구하고 국회가 굳이 당해 입법을 한 것과 같은 특수한 경우가 아닌 한 국가배상법상의 위법성이 인정될 수 없고, 법관의 재판 역시 법관이 고의로 부당한 판결을 내린 것이 아닌 한 위법성이 인정되지 않는다. 따라서 부당한 재판으로 인하여 불이익을 입은 자는 이로 인한 국가배상책임이 인정될 수 있다.

　• 직무 자체는 물론이고 객관적으로 직무행위의 외형을 갖추고 있는 행위도 포함된다는 외형설이 통설 · 판례이다. 판례는 퇴근 중의 사고, 상관의 명에 의한 이삿짐 운반, 훈련중인 군인의 휴식 중 꿩사격 등을 외형상 직무행위라고 하였고 부대이탈 후 민간인 사살, 불법휴대한 소총으로 보리밭에서의 꿩 사격, 군인의 휴식중 비둘기사냥, 결혼식 참석을 위한 군용차 운행 등은 외형상 직무행위가 아니라고 하였다.

기출PLUS

기출 2020. 6. 20. 소방공무원

국가배상에 대한 판례의 태도로 옳지 않은 것은?

① 성폭력범죄의 수사를 담당하거나 수사에 관여하는 경찰관이 피해자의 인적사항 등을 공개 또는 누설함으로써 피해자가 손해를 입은 경우, 국가의 배상책임이 인정된다는 것이 판례의 태도이다.

② 음주운전으로 적발된 주취운전자가 도로 밖으로 차량을 이동하겠다며 단속 경찰관으로부터 보관 중이던 차량열쇠를 반환받아 몰래 차량을 운전하여 가던 중 사고를 일으킨 경우, 국가배상책임이 인정되지 않는다는 것이 판례의 태도이다.

③ 지방자치단체장이 설치하여 관할 지방경찰청장에게 관리권한이 위임된 교통신호기의 고장으로 인하여 교통사고가 발생한 경우, 지방자치단체뿐만 아니라 국가도 손해배상책임을 부담한다는 것이 판례의 태도이다.

④ 군수 또는 그 보조 공무원이 농수산부장관으로부터 도지사를 거쳐 군수에게 재위임된 국가사무(기관위임사무)인 개간허가 및 그 취소사무를 처리함에 있어 고의 또는 과실로 타인에게 손해를 가한 경우, 「국가배상법」 제6조에 의하여 지방자치단체인 군이 비용을 부담한다고 볼 수 있는 경우에 한하여 국가와 함께 손해배상 책임을 부담한다.

〈정답 ②

© 위법성 : 성문의 법령뿐 아니라 평등의 원칙, 신의성실의 원칙 위반도 위법에 포함된다(통설·판례). 그러나 부당에 그치는 행위는 위법성이 인정되지 않으므로 손해배상책임이 발생하지 않는다. 다만, 재량의 일탈·남용은 위법이므로 요건에 해당되고 재량권이 영(0)으로 수축하는 경우에도 이를 행하지 않으면 위법성이 인정되어 국가배상책임을 진다. 위법성에 대한 입증책임은 피해자가 진다.

② 고의·과실
- 「국가배상법」은 과실책임주의에 입각하여 공무원의 고의·과실을 요하고 있다. 그러나 최근에는 직무상 요구되는 주의 의무를 공무원 개개인의 능력과 관계없이 객관적으로 그 직책과 지위상 요구되는 주의 의무로 본다. 또한 공무원의 과실을 입증하기 위해 가해 공무원을 특정해야 할 필요는 없다. 이는 프랑스의 공역무과실, 독일의 조직과실과 같은 관념이다.
- 고의·과실의 입증책임은 피해자인 원고에게 있다. 그러나 피해자가 과실을 입증하기란 용이한 일이 아니므로 민법상의 일응추정이론에 따라 피해가 발생하면 일응 과실이 있는 것으로 추정하고 피고측에서 무과실을 입증하도록 하는 것이 바람직하다.

판례 법령에 대한 해석이 복잡, 미묘하여 워낙 어렵고 이에 대한 학설, 판례조차 귀일되어 있지 않는 등의 특별한 사정이 없는 한 일반적으로 공무원이 관계법규를 알지 못하거나 필요한 지식을 갖추지 못하고 법규의 해석을 그르쳐 행정처분을 하였다면 그가 법률전문가가 아닌 행정직 공무원이라고 하여 과실이 없다고는 할 수 없다(대판 2002. 2. 9. 98다52988).

판례 행정청이 관계 법령의 해석이 확립되기 전에 어느 한 설을 취하여 업무를 처리한 것이 결과적으로 위법하게 되어 그 법령의 부당집행이라는 결과를 빚었다고 하더라도 처분 당시 그와 같은 처리방법 이상의 것을 성실한 평균적 공무원에게 기대하기 어려웠던 경우라면 특별한 사정이 없는 한 이를 두고 공무원의 과실로 인한 것이라고 볼 수는 없다(대판 2004. 6. 11. 2002다31018)

POINT **과실의 일응추정이론** … 가해 공무원의 고의·과실의 입증책임은 원칙적으로 원고가 지지만 그 입증이 어려운 경우가 많으므로 피해자구제의 관점에서 피해의 발생으로 일응 과실의 존재를 추정하고 피고측이 무과실을 입증하지 아니하는 한 배상책임을 지게 된다는 이론이다.

® 타인에 대하여 발생 : 여기서의 타인이란 가해자인 공무원과 그 불법행위에 가담한 자를 제외한 모든 자를 말한다(자연인, 법인, 피해자로서의 공무원). 다만, 헌법과 국가공무원법은 군인, 군무원, 경찰공무원, 예비군 대원에 대하여는 이중배상금지의 특례를 규정하고 있다.

⊕ 손해의 발생 : 재산적 손해는 물론 생명·신체 등 비재산적 손해를 모두 포함한다.

③ **손해배상책임**

　　㉠ **배상책임자**: 가해 공무원이 소속된 국가 또는 지방자치단체이다. 「헌법」은 국가 또는 공공단체를 배상책임자로 하고 있으나 「국가배상법」은 국가 또는 지방자치 단체로 한정하고 있다. 공무원의 선임·감독자와 비용부담자가 서로 다른 경우에는 비용부담자도 손해배상의 책임을 부담한다. 따라서 피해자는 양자 중 선택하여 청구할 수 있다.

　　㉡ **선택적 청구의 문제**: 청구권자가 국가와 가해 공무원 중에서 선택하여 청구할 수 있는가의 문제이다. 대체로 자기책임설은 선택적 청구를 인정하고 있고 대위책임설은 선택적 청구를 부정하고 있다. 판례는 절충적인 입장을 취하여 공무원에게 고의·중과실이 있는 경우에는 선택적 청구를 인정하나 경과실일 뿐인 경우에는 선택적 청구를 인정하지 않는다.

　　㉢ **공무원에 대한 구상**: 「국가배상법」은 공무원의 고의 또는 중대한 과실이 있는 때에는 국가 또는 지방자치단체는 그 공무원에게 구상할 수 있다고 규정하고 있다. 경과실의 경우에는 공무원의 근무의욕 저하와 위축을 방지하기 위한 정책적 배려에서 구상권을 인정하지 않는다.

　　㉣ **공무원의 선임·감독자와 비용부담자가 다른 경우의 구상**: 공무원의 선임·감독자와 비용부담자가 다른 경우에는 양쪽 모두가 배상책임을 지며, 이중 배상을 한 자는 내부관계에서 그 손해를 배상할 책임이 있는 자에게 구상할 수 있다. 여기서 내부관계에서 손해를 배상할 책임이 있는 자란 공무원의 선임·감독자를 의미한다.

④ **손해배상액** … 가해행위와 상당인과관계에 있는 모든 손해를 정당한 가격으로 환산한 가액이다. 피해자가 손해를 입은 동시에 이익을 얻은 경우에는 손해배상액에서 그 이익에 상당하는 금액을 공제하여야 한다. 「국가배상법」이 정하는 배상기준은 배상액의 상한을 정한 규정이라고 보는 한정액설도 있으나 단순한 기준에 불과하다는 기준액설이 다수설과 판례이다.

⑤ **배상청구권의 양도·압류 금지** … 생명·신체의 침해에 대한 손해배상청구권은 이를 양도하거나 압류하지 못한다.

(3) 영조물의 설치·관리상의 하자로 인한 손해배상〈국가배상법 제5조〉

① **의의** … 국가배상법 제5조는 '도로·하천, 그 밖의 공공의 영조물의 설치나 관리에 하자가 있기 때문에 타인에게 손해를 발생하게 하였을 때에는 국가나 지방자치단체는 그 손해를 배상하여야 한다.'고 규정하고 있다. 이는 제2조의 배상책임과 달리 공무원의 고의·과실을 요건으로 하지 않고 하자라는 객관적 사실만 발생하면 인정되는 것이므로 무과실책임의 성질을 가진다.

기출PLUS

기출 2021. 4. 17. 인사혁신처

「국가배상법」상 공무원의 위법한 직무행위로 인한 손해배상에 대한 설명으로 옳은 것은? (다툼이 있는 경우 판례에 의함)

① 일반적으로 공무원이 필요한 지식을 갖추지 못하고 법규의 해석을 그르쳐 행정처분을 하였다면 그가 법률전문가가 아닌 행정직공무원이라고 하여 과실이 없다고는 할 수 없다.

② 국가배상의 요건인 '공무원의 직무'에는 국가나 지방자치단체의 비권력적 작용과 사경제 주체로서 하는 작용이 포함된다.

③ 손해배상책임을 묻기 위해서는 가해 공무원을 특정하여야 한다.

④ 국가가 가해 공무원에 대하여 구상권을 행사하는 경우 국가가 배상한 배상액 전액에 대하여 구상권을 행사하여야 한다.

기출 2016. 6. 25. 서울특별시

행정상 손해배상(국가배상)에 대한 설명으로 가장 옳은 것은?

① 국가배상은 공행정작용을 대상으로 하므로 국가배상청구소송은 당사자소송이다.

② 대한민국 구역 내에 있다면 외국인에게도 국가배상청구권은 당연히 인정된다.

③ 공무원이 고의 또는 중과실로 불법행위를 하여 손해를 입힌 경우 피해자는 공무원 개인에 대하여 손해배상을 청구할 수 있다.

④ 사무귀속주체와 비용부담주체가 동일하지 아니한 경우에는 사무귀속주체가 손해를 우선적으로 배상하여야 한다.

〈정답 ①, ③

기출PLUS

기출 2017. 4. 8. 인사혁신처

공공의 영조물의 설치·관리의 하자로 인한 국가배상책임에 대한 판례의 입장으로 옳지 않은 것은?

① '공공의 영조물'이라 함은 강학상 공물을 뜻하므로 국가 또는 지방자치단체가 사실상의 관리를 하고 있는 유체물은 포함되지 않는다.

② '공공의 영조물의 설치·관리의 하자'에는 영조물이 공공의 목적에 이용됨에 있어 그 이용상태 및 정도가 일정한 한도를 초과하여 제3자에게 사회통념상 참을 수 없는 피해를 입히고 있는 경우가 포함된다.

③ 영조물의 설치 및 관리에 있어서 항상 완전무결한 상태를 유지할 정도의 고도의 안전성을 갖추지 아니하였다고 하여 영조물의 설치 또는 관리에 하자가 있다고 단정할 수 없다.

④ 국가배상청구소송에서 공공의 영조물에 하자가 있다는 입증책임은 피해자가 지지만, 관리주체에게 손해발생의 예견가능성과 회피가능성이 없다는 입증책임은 관리주체가 진다.

〈정답 ①

② 배상책임의 요건

㉠ **공공의 영조물** : 영조물은 인적·물적 종합시설이라는 본래적 의미의 영조물이 아니라 국가나 공공단체 등의 행정주체에 의하여 공공목적에 제공된 유체물, 즉 공물을 말한다. 여기에는 자연공물(하천, 호수 등)과 인공공물(도로, 수도, 제방, 청사 등)과 동물(경찰견) 등이 포함된다. 그러나 국·공유재산이라도 행정목적에 직접 제공되지 아니한 일반재산으로 인한 손해에는 「민법」이 적용된다.

판례 국가배상법 제5조 소정의 공공의 영조물이란 특정공공의 목적에 공여된 유체물 또는 물적 설비를 의미하므로, 사실상 군민의 통행에 제공되고 있던 도로 옆의 암벽으로부터 떨어진 낙석에 맞아 소외인이 사망하는 사고가 발생하였다 하여도 동 사고지점 도로가 피고행정청에 의하여 노선인정 기타 공공개시가 없었으면 이를 영조물이라 할 수 없다(대판 1981. 7. 7. 80다2478).

㉡ **설치 또는 관리의 하자**
- 영조물이 통상 갖추어야 할 안전성을 결여한 것을 말하며 하자의 유무는 구조·환경·이용상황 등 모든 사정을 종합적으로 판단하여야 한다.
- 하자의 발생에 있어 관리자의 귀책사유도 있어야 하는가에 대하여 견해의 대립이 있으나 관리자의 법령 위반이나 과실의 유무와는 관계없이 객관적으로 하자가 발생하면 배상책임을 진다는 객관설이 통설·판례이다.
- 하자의 입증책임은 피해자인 원고에게 있다. 그러나 피해자의 권리구제 차원에서 하자의 일응추정이론을 적용하여 피해자의 입증책임을 경감하여주는 것이 바람직하다.

POINT 하자의 일응추정이론 … 영조물의 설치·관리상의 하자의 입증책임은 원칙적으로 원고가 지지만 그 입증이 어려운 경우가 많으므로 피해자구제의 관점에서 사고의 발생으로 일응 하자의 존재를 추정하고 영조물의 관리자인 국가 등이 하자 없음을 입증하지 아니하는 한 배상책임을 지게 된다는 이론이다.

㉢ **타인에게 발생** : 타인은 제2조의 경우와 마찬가지로 가해자를 제외한 모든 국민이다. 군인·군무원·경찰 등은 이중배상이 금지된다.

㉣ **손해의 발생** : 영조물의 설치·관리상의 하자로 인하여 손해가 발생하여야 하는바, 이 경우 영조물의 하자와 손해 사이에는 상당인과관계가 있어야 한다.

㉤ **면책사유**
- 불가항력 : 통상의 안전성이 구비되어 있으면 손해가 발생하여도 그것은 불가항력으로 인정되어 국가 등의 배상책임이 발생하지 아니한다. 예컨대, 태풍으로 인하여 제방이 붕괴되어 수해가 발생한 경우 제방이 당시의 과학기술수준에 비추어 적정하게 축조된 것이라면 손해발생은 불가항력에 의한 것이므로 국가는 배상책임을 지지 아니한다. 다만, 제방 등의 시설 자체에도 흠결이 있었던 경우에는 그 한도에서 국가는 배상책임을 진다.
- 예산부족 : 판례는 예산부족이 면책사유가 되지 않는다고 한다.

③ 배상책임자

  ㉠ 배상책임자 : 제5조상의 요건이 충족되는 때에 국가 또는 지방자치단체는 배상책임을 진다.

  ㉡ 영조물의 설치·관리자와 비용부담자가 다른 경우 : 국가배상법 제6조는 영조물의 설치·관리를 맡은 자(사무귀속주체)와 그 비용을 부담하는 자(비용부담자)가 다른 때에는 비용부담자에게도 손해배상책임을 인정하여 피해자로 하여금 선택적으로 배상을 청구할 수 있도록 하고 있다.

  판례 도로법 제22조 제2항에 의하여 지방자치단체의 장인 시장이 국도의 관리청이 되었다 하더라도 이는 시장이 국가로부터 관리업무를 위임받아 국가행정기관의 지위에서 집행하는 것이므로 국가는 도로관리상 하자로 인한 손해배상책임을 면할 수 없다. 반면 시가 국도의 관리상 비용부담자로서 책임을 지는 것은 국가배상법 제6조 제1항에서 정한 자신의 고유한 배상책임이므로 도로의 하자로 인한 손해에 대하여 시는 부진정연대채무자인 공동불법행위자와의 내부관계에서 배상책임을 분담하는 관계에 있다(대판 1993. 1. 26. 92다2684).

  판례 하천공사를 진행하던 중 지방하천의 관리상 하자로 인하여 손해가 발생하였다면 하천관리청이 속한 지방자치단체는 국가와 함께 국가배상법 제5조 제1항에 따라 지방하천의 관리자로서 손해배상책임을 부담한다(대판 2014. 6. 26. 2011다85413).

④ 구상권

  ㉠ 손해원인의 책임자에 대한 구상 : 국가 또는 지방자치단체가 국가배상법 제5조에 따른 배상을 한 경우, 그 손해의 원인에 대하여 책임을 질 자가 따로 있을 때에는 그 자에 대하여 구상할 수 있다(제5조 제2항).

  ㉡ 공무원에 대한 구상 : 국가 또는 지방자치단체가 국가배상법 제5조에 따른 배상을 한 경우, 공무원의 직무행위에 있어서 고의 또는 중과실이 있는 때에는 그 공무원에게 구상할 수 있다. 한편, 판례는 피해자가 국가에 대해 소멸시효가 지난 국가배상청구권을 행사하였는데 국가가 소멸시효의 항변을 하는 것이 제한되는 경우에, 국가는 이로 인한 피해를 공무원에게 구상할 수는 없다는 입장이다.

  판례 공무원의 불법행위로 손해를 입은 피해자의 국가배상청구권의 소멸시효 기간이 지났으나 국가가 소멸시효 완성을 주장하는 것이 신의성실의 원칙에 반하는 권리남용으로 허용될 수 없어 배상책임을 이행한 경우에는 그 소멸시효 완성 주장이 권리남용에 해당하게 된 원인행위와 관련하여 해당 공무원이 그 원인이 되는 행위를 적극적으로 주도하였다는 등의 특별한 사정이 없는 한, 국가가 해당공무원에게 구상권을 행사하는 것은 신의칙상 허용되지 않는다고 봄이 상당하다(대판 2016. 6. 9. 2015다200258)

  ㉢ 사무귀속주체와 비용부담자가 다른 경우 : 국가배상법 제5조에 따른 손해배상자(사무귀속주체)와 제6조에 따른 손해배상자(비용부담자)의 내부관계에 있어서 궁극적으로 누가 배상부담을 지게 되는지가 문제된다. 판례는 일반적으로 사무귀속주체가 최종적인 배상부담을 지는 것으로 보고 있다.

판례 교토신호기의 관리사무는 원고(안산시)가 안산경찰서장에게 그 권한을 위임한 사무로서 피고(대한민국) 소속 경찰공무원 등은 원고의 사무를 처리하는 지위에 있으므로, 원고가 그 사무에 관하여 선임·감독자에 해당하고, 한편 피고는 단지 그 소속 경찰공무원에게 봉급만 지급하고 있을 뿐이므로 원고와 피고 사이에서 이 사건 손해배상의 궁극적인 책임은 전적으로 원고(안산시)에게 있다고 봄이 상당하다(대판 2001. 9. 25. 2001다41865)

ㄹ **경과실 공무원의 국가에 대한 구상** : 경과실 공무원은 원칙적으로 피해자에 대해 배상책임을 지지 않는다. 그럼에도 불구하고 피해자에게 그 책임을 배상한 경우 국가의 피해자에 대한 손해배상책임의 범위 내에서 공무원이 변제한 금액에 관하여 구상권을 행사할 수 있다.

판례 경과실 있는 공무원이 피해자에 대하여 손해배상책임을 부담하지 아니함에도 피해자에게 손해를 배상하였다면 그것은 채무자 아닌 사람이 타인의 채무를 변제한 경우에 해당하고, 이는 민법 제469조 또는 제744조의 경우에 해당하여 국가는 자신의 출연 없이도 피해자에 대한 손해배상채무를 면하게 되는 것이므로, 피해자에게 손해를 직접 배상한 경과실 있는 공무원은 특별한 사정이 없는 한 국가에 대하여 국가의 피해자에 대한 손해배상책임의 범위 내에서 공무원이 변제한 금액에 관하여 구상권을 취득한다(대판 2014. 8. 20. 2012다54478).

④ **배상액** … 배상액은 영조물의 설치·관리의 하자와 상당 인과관계가 있는 모든 손해액이다. 그 산정은 공무원의 직무행위로 인한 손해배상에 관한 기준을 정하고 있는 제3조의 규정이 준용된다.

(4) 손해배상절차

① **임의적 결정전치주의** … 종래에는 필요적 결정전치주의에 따라 소송을 제기하기 전에 반드시 배상심의회의 결정을 거쳐야 했으나, 개정된 현행 「국가배상법」은 임의적 결정전치주의를 채택하여 배상심의회와 법원 중 선택하여 청구할 수 있게 하였다.

② **배상심의회** … 배상심의회는 합의제 행정관청으로 법무부에 본부심의회를 두고 국방부에 특별심의회를 두며 그 외 지구심의회를 둔다.

③ **배상결정절차**
  ㉠ 배상은 지구심의회에 신청한다. 배상심의회는 신청이 있은 후 4주 내에 지급 또는 기각을 결정한다. 배상심의회의 배상결정에 대하여 신청인이 동의하는 경우에는 배상결정이 효력을 발휘한다.
  ㉡ 종래 「국가배상법」 제16조는 신청인이 동의하거나 지방자치단체가 배상금을 지급한 때에는 민사소송법상의 재판상 화해가 성립된 것으로 본다고 규정하였으나, 이 조항은 헌법재판소에 의해 위헌결정되었으므로 현재는 신청인이 배상결정에 동의하거나 지방자치단체가 배상금을 지급한 때에도 신청인은 국가배상소송을 제기할 수 있다.
  ㉢ 재심신청은 결정 정본의 송달일로부터 2주일 이내에 본부 또는 특별심의회에 한다.

④ 사법절차 … 배상심의회의 결정에 불복하는 경우에는 일반적인 재판절차를 거치게 된다. 우리 재판실무에 있어서 국가배상청구소송은 민사소송절차에 의한다. 국가배상청구소송에서도 일반적인 민사소송에서와 마찬가지로 가집행선고를 할 수 있다.

(5) 국가배상청구권 행사의 제한

① 이중배상의 금지

  ㉠ 군인 등의 행사 제한 : 군인 · 경찰 등이 전투 · 훈련 등 직무집행과 관련하여 손해를 입은 경우에 본인이나 유족이 보상을 지급받을 수 있을 때에는 국가에 대하여 손해배상을 청구할 수 없다(제2조 제1항 단서).

  ㉡ 구체적 적용

   • 피해자는 군인 등이어야 하므로 현역병으로 입대하였으나 공익근무를 하는 경우에는 적용되지 않는다.

   • 전투 · 훈련 등 직무집행과 관련성을 요구하나 판례는 직무집행의 범위를 확대하여 일반직무도 이에 해당한다고 본다.

   • 본인 또는 유족이 다른 법령 규정에 의해 보상을 받을 수 있다면, 실제로 이를 받지 않았더라도 이중배상이 금지된다. 그러나 먼저 국가배상법에 따라 손해배상금을 지급 받은 다음, 국가유공자법 등의 급여금을 보상을 청구하는 것은 허용된다.

② 공동불법행위와 구상권의 문제

  ㉠ 문제점 : 민간인이 직무집행 중인 군인과의 공동불법행위로 인하여 직무집행 중인 다른 군인이 피해를 받은 경우, 민간인이 피해 군인에게 자신의 귀책부분을 넘어서 배상한 경우 국가에게 구상권을 행사할 수 있는 것인지에 대해 문제가 발생한다. 원칙적으로 공동불법행위자인 군인은 국가에 대해 손해배상청구를 할 수 없고, 따라서 민간인은 군인의 손해배상청구권을 구상할 수 없기 때문이다.

  ㉡ 헌법재판소의 입장 : 헌법재판소는 국가배상법 제2조 제1항 단서에 의해 일반 국민의 국가에 대한 구상권을 전면적으로 제한하는 것으로 해석하는 한 이는 합리적 이유 없이 일반국민을 국가에 대해 지나치게 차별하는 경우에 해당하여 헌법 제11조 평등권에 위반되며, 또한 일반국민의 재산권을 과잉제한하는 경우에 해당하여 헌법 제23조 제1항 및 제37조 제2항에도 위반된다는 이유로 한정위헌의 입장이다. 따라서 이에 따르면 민간인은 국가에 대하여 구상권을 행사할 수 있다.

  ㉢ 대법원의 입장 : 대법원은 민간인은 자신의 부담부분에 한하여 손해배상의무를 부담하고 한편 국가등에 대하여는 그 귀책부분의 구상을 청구할 수 없다는 입장이다. 이에 따르면 민간인은 국가에 대하여 구상권을 행사할 수 없다.

③ 국가배상청구권의 소멸시효 … 국가배상청구권은 피해자나 법정대리인이 손해 및 가해자를 안 날로부터 3년간, 불법행위가 있는 날로부터 5년간 이를 행사하지 않으면 시효로 인하여 소멸된다(국가배상법 8조, 민법766조).

(6) 자동차손해배상법의 적용

① **의의** … 국가배상법 제2조 제1항 본문 후단은 자동차손해배상보장법(이하 자배법)에 의하여 국가에 손해배상이 있는 때에도 국가배상법의 적용을 받도록 하고 있어 그 손해배상의 절차를 국가배상법에 따르도록 하고 있고, 다만 그 손해배상의 범위와 내용에 대해 자배법 제3조를 따르도록 하고 있다.

② **성립요건**

　　㉠ 자기를 위하여 자동차를 운행할 것

　　㉡ 자동차의 운행으로 인적 손해가 발생할 것

　　㉢ 자배법 제3조 각호의 면책사유가 없을 것이 요구되며, 그 밖에 운행자의 고의·과실은 인정되지 않는다.

③ **구체적 경우**

　　㉠ **운전차량이 관용차량인 경우**: 공무원이 국가 또는 지방자치단체 소유의 관용차를 운전하다가 인적 손해가 발생한 경우, 국가 또는 지방자치단체는 자배법 제3조 소정의 자동차운행자로서 손해배상책임을 지게 되며 그 절차는 국가배상법에 의하게 된다. 이 경우 공무원의 고의 또는 과실은 요건이 아니다.

판례 자동차손해배상보장법 제3조 소정의 '자기를 위하여 자동차를 운행하는자'라고 함은 자동차에 대한 운행을 지배하여 그 이익을 향수하는 책임주체로서의 지위에 있는 자를 뜻하는 것인바, 공무원이 그 직무를 집행하기 위하여 국가 또는 지방자치단체 소유의 공용차를 운행하는 경우, 그 자동차에 대한 운행지배나 운행이익은 그 공무원이 소속한 국가 또는 지방자치단체에 귀속된다고 할 것이고 그 공무원 자신이 개인적으로 그 자동차에 대한 운행지배나 운행이익을 가지는 것이라고는 볼 수 없으므로, 그 공무원이 자기를 위하여 공용차를 운행하는 자로서 같은 법조 소정의 손해배상책임의 주체가 될 수는 없다(대판 1994. 12. 27. 94다31860)

　　㉡ **운전차량이 공무원 개인의 소유인 경우**: 공무원이 직무집행을 위하여 자기소유의 차량을 운전하다가 인적 손해가 발생한 경우, 자배법 제3조 소정의 자동차운행자는 공무원 개인이다. 따라서 고의·과실을 불문하고 공무원 개인이 자배법상의 손해배상책임을 부담한다.

판례 공무원이 자기 소유의 자동차로 공무수행 중 사고를 일으킨 경우에는 그 손해배상책임은 자동차손해배상보장법이 정한 바에 의하게 되어, 그 사고가 자동차를 운전한 공무원의 경과실에 의한 것인지 중과실 또는 고의에 의한 것인지를 가리지 않고 그 공무원이 자동차손해배상보장법 제3조 소정의 '자기를 위하여 자동차를 운행하는 자'에 해당하는 한 손해배상책임을 부담한다(대판 1996. 5. 31. 94다15271)

(7) 외국인에 대한 책임

국가배상법은 외국인이 피해자인 경우 해당 국가와 상호 보증이 있을때에만 적용한다. (제7조)

2021년 소방공무원

1 「국가배상법」에 대한 설명으로 옳지 않은 것은? (다툼이 있는 경우 판례에 의함)

① 판례는 「자동차손해배상 보장법」은 배상책임의 성립요건에 관하여는 「국가배상법」에 우선하여 적용된다고 판시하였다.

② 헌법재판소는 「국가배상법」 제2조 제1항 단서 이중배상금지규정에 대하여 헌법에 위반되지 아니한다고 판시하였다.

③ 생명·신체의 침해로 인한 국가배상을 받을 권리는 양도는 가능하지만, 압류는 하지 못한다.

④ 판례는 「국가배상법」 제5조의 영조물의 설치·관리상의 하자로 인한 손해가 발생한 경우, 피해자의 위자료 청구권이 배제되지 아니한다고 판시하였다.

> **⚡ TIPS!**
>
> ③ 생명·신체의 침해로 인한 국가배상을 받을 권리는 양도하거나 압류하지 못한다〈「국가배상법」 제4조(양도 등 금지)〉.
>
> ① 자동차손해배상보장법은 국가배상법에 우선하여 적용되는 것이므로 자동차사고로 인하여 자동차손해배상보장법 3조 소정의 손해배상을 지방자치단체에 소구하는 경우에는 배상심의회의 결정을 거치지 않아도 무방하다(대법원 1975. 8. 29. 선고 판결).
>
> ② 국가배상법 제2조 제1항 단서 중 군인에 관한 부분은 헌법 제29조 제1항에 의하여 보장되는 국가배상청구권을 제한하는 헌법 제29조 제2항 중 군인에 관한 부분에 직접 근거하고, 실질적으로 그 내용을 같이하는 것이므로 헌법에 위반되지 아니한다[헌재 2018. 5. 31. 2013헌바22, 2015헌바147(병합)].
>
> ※ 국가배상법 제2조 제1항 단서 중 군인에 관련되는 부분을, 일반국민이 직무집행 중인 군인과의 공동불법행위로 직무집행 중인 다른 군인에게 공상을 입혀 그 피해자에게 공동의 불법행위로 인한 손해를 배상한 다음 공동불법행위자인 군인의 부담부분에 관하여 국가에 대하여 구상권을 행사하는 것을 허용하지 않는다고 해석한다면, 이는 위 단서 규정의 헌법상 근거규정인 헌법 제29조가 구상권의 행사를 배제하지 아니하는데도 이를 배제하는 것으로 해석하는 것으로서 합리적인 이유 없이 일반국민을 국가에 대하여 지나치게 차별하는 경우에 해당하므로 헌법 제11조, 제29조에 위반되며, 또한 국가에 대한 구상권은 헌법 제23조 제1항에 의하여 보장되는 재산권이고 위와 같은 해석은 그러한 재산권의 제한에 해당하며 재산권의 제한은 헌법 제37조 제2항에 의한 기본권제한의 한계 내에서만 가능한데, 위와 같은 해석은 헌법 제37조 제2항에 의하여 기본권을 제한할 때 요구되는 비례의 원칙에 위배하여 일반국민의 재산권을 과잉제한하는 경우에 해당하여 헌법 제23조 제1항 및 제37조 제2항에도 위반된다(헌재 1994. 12. 29. 93헌바21). → 한정위헌
>
> ④ 국가배상법 제5조 제1항의 영조물의 설치. 관리상의 하자로 인한 손해가 발생한 경우 같은 법 제3조 제1항 내지 제5항의 해석상 피해자의 위자료 청구권이 반드시 배제되지 아니한다(대법원 1990. 11. 13. 선고 90다카25604 판결).

Answer 1.③

2 국가배상책임에 관한 설명으로 옳지 않은 것은? (다툼이 있는 경우 판례에 의함)

① 「국가배상법」에서는 공무원 개인의 피해자에 대한 배상책임을 인정하는 명시적인 규정을 두고 있지 않다.

② 공무원증 발급업무를 담당하는 공무원이 대출을 받을 목적으로 다른 공무원의 공무원증을 위조하는 행위는 「국가배상법」 제2조 제1항의 직무집행 관련성이 인정되지 않는다.

③ 군교도소 수용자들이 탈주하여 일반 국민에게 손해를 입혔다면 국가는 그로 인하여 피해자들이 입은 손해를 배상할 책임이 있다.

④ 「국가배상법」 제2조 제1항 단서에 의해 군인 등의 국가배상청구권이 제한되는 경우, 공동불법행위자인 민간인은 피해를 입은 군인 등에게 그 손해 전부에 대하여 배상하여야 하는 것은 아니며 자신의 부담부분에 한하여 손해배상의무를 부담한다.

> **TIPS!**
>
> ② 인사업무담당 공무원이 다른 공무원의 공무원증 등을 위조한 행위는 행위 자체의 외관을 객관적으로 관찰하여 공무원의 직무행위로 보여지므로 비록 그것이 실질적으로 직무행위가 아니거나 또는 행위자로서는 주관적으로 공무집행의 의사가 없었다고 하더라도 그 행위는 공무원이 '직무를 집행함에 당하여' 한 것으로 보아야 한다는 것이 판례의 입장이다.
>
> ① 「국가배상법」에서는 공무원 개인의 피해자에 대한 배상책임을 인정하는 명시적인 규정을 두고 있지 않다.
>
> ※ 「국가배상법」 제2조(배상책임) 제1항 전단 ··· 국가나 지방자치단체는 공무원 또는 공무를 위탁받은 사인(이하 "공무원"이라 한다)이 직무를 집행하면서 고의 또는 과실로 법령을 위반하여 타인에게 손해를 입히거나, 자동차손해배상 보장법」에 따라 손해배상의 책임이 있을 때에는 이 법에 따라 그 손해를 배상하여야 한다.
>
> ③ 군행형법과 군행형법시행령이 군교도소나 미결수용실(이하 '교도소 등'이라 한다)에 대한 경계 감호를 위하여 관련 공무원에게 각종 직무상의 의무를 부과하고 있는 것은, 일차적으로는 그 수용자들을 격리보호하고 교정교화함으로써 공공 일반의 이익을 도모하고 교도소 등의 내부 질서를 유지하기 위한 것이라 할 것이지만, 부수적으로는 그 수용자들이 탈주한 경우에 그 도주과정에서 일어날 수 있는 2차적 범죄행위로부터 일반 국민의 인명과 재화를 보호하고자 하는 목적도 있다고 할 것이므로, 국가공무원들이 위와 같은 직무상의 의무를 위반한 결과 수용자들이 탈주함으로써 일반 국민에게 손해를 입히는 사건이 발생하였다면, 국가는 그로 인하여 피해자들이 입은 손해를 배상할 책임이 있다(대법원 2003. 2. 14. 선고 2002다62678 판결).
>
> ④ 공동불법행위자 등이 부진정연대채무자로서 각자 피해자의 손해 전부를 배상할 의무를 부담하는 공동불법행위의 일반적인 경우와 달리 예외적으로 민간인은 피해 군인 등에 대하여 그 손해 중 국가 등이 민간인에 대한 구상의무를 부담한다면 그 내부적인 관계에서 부담하여야 할 부분을 제외한 나머지 자신의 부담부분에 한하여 손해배상의무를 부담하고, 한편 국가 등에 대하여는 그 귀책부분의 구상을 청구할 수 없다고 해석함이 상당하다 할 것이고, 이러한 해석이 손해의 공평·타당한 부담을 그 지도원리로 하는 손해배상제도의 이상에도 맞는다 할 것이다(대법원 2001. 2. 15. 선고 96다42420 전원합의체 판결).

Answer 2.②

3 다음 설명 중 옳지 않은 것은? (다툼이 있는 경우 판례에 의함)

① 지방자치단체가 옹벽시설공사를 업체에게 주어 공사를 시행하다가 사고가 일어난 경우, 옹벽이 공사 중이고 아직 완성되지 아니하여 일반 공중의 이용에 제공되지 않았다면「국가배상법」제5조 소정의 영조물에 해당한다고 할 수 없다.

② 김포공항을 설치·관리함에 있어 항공법령에 따른 항공기 소음기준 및 소음대책을 준수하려는 노력을 하였더라도, 공항이 항공기 운항이라는 공공의 목적에 이용됨에 있어 그와 관련하여 배출하는 소음 등의 침해가 인근주민들에게 통상의 수인한도를 넘는 피해를 발생하게 하였다면 공항의 설치·관리상에 하자가 있다고 보아야한다.

③ 가변차로에 설치된 두 개의 신호기에서 서로 모순되는 신호가 들어오는 고장으로 인하여 사고가 발생한 경우, 그 고장이 현재의 기술 수준상 부득이한 것으로 예방할 방법이 없는 것이라면 손해발생의 예견가능성이나 회피가능성이 없어 영조물의 하자를 인정할 수 없다.

④ 영조물 설치자의 재정사정이나 영조물의 사용목적에 의한 사정은, 안전성을 요구하는 데 대한 참작사유는 될지언정 안전성을 결정지을 절대적 요건은 아니다.

> **🔸 TIPS!**
>
> ③ 가변차로에 설치된 신호등의 용도와 오작동시에 발생하는 사고의 위험성과 심각성을 감안할 때, 만일 <u>가변차로에 설치된 두 개의 신호기에서 서로 모순되는 신호가 들어오는 고장을 예방할 방법이 없음에도 그와 같은 신호기를 설치하여 그와 같은 고장을 발생하게 한 것이라면</u>, 그 고장이 자연재해 등 외부요인에 의한 불가항력에 기인한 것이 아닌 한 그 자체로 설치·관리자의 방호조치의무를 다하지 못한 것으로서 신호등이 그 용도에 따라 통상 갖추어야 할 안전성을 갖추지 못한 상태에 있었다고 할 것이고, 따라서 설령 적정전압보다 낮은 저전압이 원인이 되어 위와 같은 오작동이 발생하였고 그 고장은 현재의 기술수준상 부득이한 것이라고 가정하더라도 <u>그와 같은 사정만으로 손해발생의 예견가능성이나 회피가능성이 없어 영조물의 하자를 인정할 수 없는 경우라고 단정할 수 없다</u>(대법원 2001. 7. 27. 선고 2000다56822 판결).
>
> ① 지방자치단체가 비탈사면인 언덕에 대하여 현장조사를 한 결과 붕괴의 위험이 있음을 발견하고 이를 붕괴위험지구로 지정하여 관리하여 오다가 붕괴를 예방하기 위하여 언덕에 옹벽을 설치하기로 하고 소외 회사에게 옹벽시설공사를 도급 주어 소외 회사가 공사를 시행하다가 깊이 3m의 구덩이를 파게 되었는데, 피해자가 공사현장 주변을 지나가다가 흙이 무너져 내리면서 위 구덩이에 추락하여 상해를 입게 된 사안에서, <u>위 사고 당시 설치하고 있던 옹벽은 소외 회사가 공사를 도급받아 공사 중에 있었을 뿐만 아니라 아직 완성도 되지 아니하여 일반 공중의 이용에 제공되지 않고 있었던 이상 국가배상법 제5조 제1항 소정의 영조물에 해당한다고 할 수 없다</u>(대판 1998. 10. 23. 98다17381).
>
> ② 설령 피고가 김포공항을 설치·관리함에 있어 항공법령에 따른 항공기 소음기준 및 소음대책을 준수하려는 노력을 경주하였다고 하더라도, <u>김포공항이 항공기 운항이라는 공공의 목적에 이용됨에 있어 그와 관련하여 배출하는 소음 등의 침해가 인근 주민인 선정자들에게 통상의 수인한도를 넘는 피해를 발생하게 하였다면 김포공항의 설치·관리상에 하자가 있다고 보아야 할 것</u> … 김포공항에서 발생하는 소음 등으로 인근 주민들이 입은 피해는 사회통념상 수인한도를 넘는 것으로서 김포공항의 설치·관리에 하자가 있다(대판 2005. 1. 27. 2003다49566).
>
> ④ 영조물 설치의 '하자'라 함은 영조물의 축조에 불완전한 점이 있어 이 때문에 영조물 자체가 통상 갖추어야 할 완전성을 갖추지 못한 상태에 있음을 말한다고 할 것인바 그 '하자' 유무는 객관적 견지에서 본 안전성의 문제이고 그 설치자의 재정사정이나 영조물의 사용목적에 의한 사정은 안전성을 요구하는데 대한 정도 문제로서 참작사유에는 해당할지언정 안전성을 결정지을 절대적 요건에는 해당하지 아니한다 할 것이다(대판 1967. 2. 21. 66다1723).

Answer 3.③

4 「국가배상법」상 공무원의 위법한 직무행위로 인한 손해배상에 대한 설명으로 옳은 것은? (다툼이 있는 경우 판례에 의함)

① 일반적으로 공무원이 필요한 지식을 갖추지 못하고 법규의 해석을 그르쳐 행정처분을 하였다면 그가 법률전문가가 아닌 행정직공무원이라고 하여 과실이 없다고는 할 수 없다.

② 국가배상의 요건인 '공무원의 직무'에는 국가나 지방자치단체의 비권력적 작용과 사경제 주체로서 하는 작용이 포함된다.

③ 손해배상책임을 묻기 위해서는 가해 공무원을 특정하여야 한다.

④ 국가가 가해 공무원에 대하여 구상권을 행사하는 경우 국가가 배상한 배상액 전액에 대하여 구상권을 행사하여야 한다.

> **TIPS!**
> ② [×] 국가배상법이 정한 손해배상청구의 요건인 '공무원의 직무'에는 국가나 지방자치단체의 권력적 작용뿐만 아니라 비권력적 작용도 포함되지만, 단순한 사경제의 주체로서 하는 작용은 포함되지 아니한다(대법원 1999. 11. 26. 선고 98다47245 판결).
> ③ [×] 가해 공무원을 특정하지 못하여도 손해배상책임을 물을 수 있다.
> ④ [×] 국가 또는 지방자치단체의 산하 공무원이 그 직무를 집행함에 당하여 중대한 과실로 인하여 법령에 위반하여 타인에게 손해를 가함으로써 국가 또는 지방자치단체가 손해배상책임을 부담하고, 그 결과로 손해를 입게된 경우에는 국가 등은 당해 공무원의 직무내용, 당해 불법행위의 상황, 손해발생에 대한 당해 공무원의 기여정도, 당해 공무원의 평소 근무태도, 불법행위의 예방이나 손실분산에 관한 국가 또는 지방자치단체의 배려의 정도 등 제반사정을 참작하여 손해의 공평한 분담이라는 견지에서 신의칙상 상당하다고 인정되는 한도 내에서만 당해 공무원에 대하여 구상권을 행사할 수 있다고 봄이 상당하다(대법원 1991. 5. 10. 선고 91다6764 판결).

5 「국가배상법」 제2조에서 규정하는 '공무원'으로 볼 수 없는 것은? (다툼이 있는 경우 판례에 의함)

① 「의용소방대 설치 및 운영에 관한 법률」에 따라 소방서장이 임명한 의용소방대원

② 구청 소속 청소차량 운전원

③ 지방자치단체에 근무하는 청원경찰

④ 지방자치단체로부터 어린이보호 등의 공무를 위탁받아 집행하는 교통할아버지

> **TIPS!**
> ① [X] 소방법 제63조의 규정에 의하여 시, 읍, 면이 소방서장의 소방업무를 보조하게 하기 위하여 설치한 의용소방대를 국가기관이라고 할 수 없음은 물론 또 그것이 이를 설치한 시, 읍, 면에 예속된 기관이라고도 할 수 없다(대판 1978. 7. 11. 78다584).
> ② [O] 서울시 산하 구청소속의 청소차량 운전원이 지방잡급직원규정에 의하여 단순노무제공만을 행하는 기능직 잡급직원이라면 이는 지방공무원법 제2조 제2항 제7호 소정의 단순한 노무에 종사하는 별정직 공무원이다(대판 1980. 9. 24. 80다1051).
> ③ [O] 국가기관이나 지방자치단체에 근무하는 청원경찰은 직무상 불법행위에 따른 배상책임에 있어 공무원으로 간주된다〈청원경찰법 제10조의2〉.

Answer 4.① 5.①

④ [O] 피고가 '교통할아버지 봉사활동' 계획을 수립한 다음 관할 동장으로 하여금 '교통할아버지' 봉사원을 선정하게 하여 그들에게 활동시간과 장소까지 지정해 주면서 그 활동시간에 비례한 수당을 지급하고 그 활동에 필요한 모자, 완장 등 물품을 공급함으로써, 피고의 복지행정업무에 해당하는 어린이 보호, 교통안내, 거리질서 확립 등의 공무를 위탁하여 이를 집행하게 하였다고 보아, 소외 김조왕금은 '교통할아버지' 활동을 하는 범위 내에서는 국가배상법 제2조에 규정된 지방자치단체의 '공무원'이라고 봄이 상당하다고 판단한 것은 수긍되고 거기에 법리오해 등 상고이유로 주장된 바와 같은 위법은 없다(대판 2001. 1. 5. 98다39060).

2019년 소방공무원

6 「국가배상법」에 관한 설명으로 옳지 않은 것은? (다툼이 있는 경우 판례에 의함)

① 외국인이 피해자인 경우 해당 국가와 상호보증이 있을때에만 「국가배상법」을 적용한다.

② 가해 공무원에게 경과실이 있는 경우 공무원 개인은 손해배상책임을 부담한다.

③ 배상심의회에 대한 배상신청은 임의절차이다.

④ 국가·지방자치단체의 구상권은 가해 공무원에게 고의 또는 중과실이 있는 경우에 한하여 인정된다.

> **TIPS!**
>
> ① [O] 제7조(외국인에 대한 책임) 이 법은 외국인이 피해자인 경우에는 해당 국가와 상호 보증이 있을 때에만 적용한다.
>
> ② [X] 공무원이 직무수행 중 불법행위로 타인에게 손해를 입힌 경우에 국가 등이 국가배상책임을 부담하는 외에 공무원 개인도 고의 또는 중과실이 있는 경우에는 불법행위로 인한 손해배상책임을 진다고 할 것이지만, 공무원에게 경과실뿐인 경우에는 공무원 개인은 손해배상책임을 부담하지 아니한다고 해석하는 것이 헌법 제29조 제1항 본문과 단서 및 국가배상법 제2조의 입법취지에 조화되는 올바른 해석이다(대판[전] 1996. 2. 15. 95다38677).
>
> ③ [O] 제9조(소송과 배상신청의 관계) 이 법에 따른 손해배상의 소송은 배상심의회(이하 "심의회"라 한다)에 배상신청을 하지 아니하고도 제기할 수 있다.
>
> ④ [O] 제2조(배상책임) ②제1항 본문의 경우에 공무원에게 고의 또는 중대한 과실이 있으면 국가나 지방자치단체는 그 공무원에게 구상(求償)할 수 있다.

Answer 6.②

7 국가배상책임의 성립요건에 관한 설명 중 옳지 않은 것은?

① 공무수탁사인도 「국가배상법」 제2조의 공무원으로 보아야한다.

② 판례는 행정기관이 실질적으로 공무를 수행하는 경우에도 「국가배상법」상의 공무원으로 보지 않는다.

③ 판례는 입법내용이 헌법의 문언에 명백히 위배됨에도 불구하고 국회가 굳이 당해 입법을 한 것과 같은 특수한 경우에 한하여 위법 및 과실을 인정하고 있다.

④ 판례는 기판력이 재판행위로 인한 국가배상책임의 인정을 배제하지 않는다고 본다.

> **TIPS!**
>
> ① [O] 국가배상책임을 규정한 헌법 제29조 제1항의 '공무원'에는 국가공무원법이나 지방공무원법상의 공무원뿐만 아니라 공무수탁사인도 포함되는 것으로 해석된다. 이에 따라 국가배상법에서의 공무원에는 공무수탁사인도 포함되는 것으로 해석되어 오다가 최근 개정된 국가배상법 제2조 제1항에서 해석상 공무원에 포함되던 공무수탁사인을 명시적으로 규정하였다(헌재 2012. 12. 27. 2011헌바117).
>
> ② [X] 국가배상법 제2조 소정의 '공무원'이라 함은 국가공무원법이나 지방공무원법에 의하여 공무원으로서의 신분을 가진 자에 국한하지 않고, 널리 공무를 위탁받아 실질적으로 공무에 종사하고 있는 일체의 자를 가리키는 것으로서, 공무의 위탁이 일시적이고 한정적인 사항에 관한 활동을 위한 것이어도 달리 볼 것은 아니다(대판 2001. 1. 5. 98다39060).
>
> ③ [O] 국회의원의 입법행위는 그 입법 내용이 헌법의 문언에 명백히 위배됨에도 불구하고 국회가 굳이 당해 입법을 한 것과 같은 특수한 경우가 아닌 한 국가배상법 제2조 제1항 소정의 위법행위에 해당한다고 볼 수 없고, 같은 맥락에서 국가가 일정한 사항에 관하여 헌법에 의하여 부과되는 구체적인 입법의무를 부담하고 있음에도 불구하고 그 입법에 필요한 상당한 기간이 경과하도록 고의 또는 과실로 이러한 입법의무를 이행하지 아니하는 등 극히 예외적인 사정이 인정되는 사안에 한정하여 국가배상법 소정의 배상책임이 인정될 수 있으며, 위와 같은 구체적인 입법의무 자체가 인정되지 않는 경우에는 애당초 부작위로 인한 불법행위가 성립할 여지가 없다(대판 2008. 5. 29. 2004다33469).
>
> ④ [O] 그러나 어떠한 행정처분이 후에 항고소송에서 취소되었다고 할지라도 그 기판력에 의하여 당해 행정처분이 곧바로 공무원의 고의 또는 과실로 인한 것으로서 불법행위를 구성한다고 단정할 수는 없는 것이고 그 행정처분의 담당공무원이 보통 일반의 공무원을 표준으로 하여 볼 때 객관적 주의의무를 결하여 그 행정처분이 객관적 정당성을 상실하였다고 인정될 정도에 이른 경우에 국가배상법 제2조 소정의 국가배상책임의 요건을 충족하였다고 봄이 상당할 것이다(대판 2000. 5. 12. 99다70600).

8 서울특별시 소속의 공무원이 공무집행 중 폭행을 가하여 손해를 입힌 경우에 피해자는 누구를 피고로 하여 손해배상청구소송을 제기하여야 하는가?

① 서울특별시   ② 서울특별시장
③ 행정안전부장관   ④ 경찰청장

> **TIPS!**
>
> ① 「국가배상법」상 국가배상책임자는 국가 또는 지방자치단체이다. 따라서 서울특별시를 피고로 하여 손해배상청구소송을 제기해야 한다.

Answer 7.② 8.①

9 행정상 손해배상에 관한 설명으로 옳지 않은 것은? (다툼이 있는 경우 판례에 의함)

① 「국가배상법」이 정한 손해배상청구의 요건인 '공무원의 직무'에는 국가나 지방자치단체의 권력적 작용뿐만 아니라 비권력적 작용도 포함되지만 단순한 사경제의 주체로서 하는 작용은 포함되지 않는다.

② 지방자치단체장이 설치하여 관할 지방경찰청장에게 관리권한이 위임된 교통신호기 고장에 의한 교통사고가 발생한 경우 해당 지방자치단체뿐만 아니라 국가도 손해배상책임을 진다.

③ 어떠한 행정처분이 후에 항고소송에서 취소되었다면 그 기판력에 의하여 당해 행정처분은 곧바로 공무원의 고의 또는 과실로 인한 것으로서 불법행위를 구성한다.

④ 생명·신체의 침해로 인한 국가배상을 받을 권리는 양도하거나 압류하지 못한다.

 TIPS!

③ 행정청이 관계 법령의 해석이 확립되기 전에 어느 한 설을 취하여 업무를 처리한 것이 결과적으로 위법하게 되어 그 법령의 부당집행이라는 결과를 빚었다고 하더라도 처분 당시 그와 같은 처리 방법 이상의 것을 성실한 평균적 공무원에게 기대하기 어려웠던 경우라면 특별한 사정이 없는 한 이를 두고 공무원의 과실로 인한 것이라고는 할 수 없기 때문에, 그 행정처분이 후에 항고소송에서 취소되었다고 할지라도 당해 행정처분이 곧바로 공무원의 고의 또는 과실로 인한 불법행위를 구성한다고 단정할 수는 없다(대판 1997. 7. 11, 97다7608).

10 「국가배상법」 제5조의 영조물에 해당되지 않는 것은?

① 현금
② 도로
③ 수도
④ 서울시 청사

TIPS!

국가배상법 제5조 제1항 소정의 "공공의 영조물"이라 함은 국가 또는 지방자치단체에 의하여 특정 공공의 목적에 공여된 유체물 내지 물적 설비를 지칭하며, 특정 공공의 목적에 공여된 물이라 함은 일반공중의 자유로운 사용에 직접적으로 제공되는 공공용물에 한하지 아니하고, 행정주체 자신의 사용에 제공되는 공용물도 포함하며 국가 또는 지방자치단체가 소유권, 임차권 그 밖의 권한에 기하여 관리하고 있는 경우뿐만 아니라 사실상의 관리를 하고 있는 경우도 포함한다(대판 1995. 1. 24, 94다45302).

11 국가배상청구권에 관한 다음 설명 중 옳은 것은? (다툼이 있을 경우 판례에 의함)

① 공무원이 관계법규를 알지 못하거나 법규의 해석을 그르쳐 행정처분을 한 경우라고 할지라도 법률전문가가 아닌 행정직 공무원인 경우에는 과실을 인정할 수 없다.

② 어떠한 행정처분이 뒤에 항고소송에서 취소되었다고 하더라도 곧바로 공무원의 고의 또는 과실로 인한 것으로서 불법행위를 구성한다고 단정할 수는 없다.

③ 과실개념의 주관화(主觀化) 경향이 나타나고 있다.

④ 「국가배상법」 제2조 제1항의 공무원의 직무에는 권력적 작용만 포함된다.

> **TIPS!**
>
> ② 어떠한 행정처분이 후에 항고소송에서 위법한 것으로서 취소되었다고 하더라도 그로써 곧 당해 행정처분이 공무원의 고의 또는 과실에 의한 불법행위를 구성한다고 단정할 수는 없다(대판 2011. 1. 27, 2008다30703 등).

12 다음 중 「국가배상법」상 배상책임에 대한 설명으로 옳지 않은 것은?

① 「국가배상법」상 배상책임의 주체는 국가 또는 지방자치단체이다.

② 국가나 지방자치단체가 손해를 배상할 책임이 있는 경우에 공무원의 선임·감독 또는 영조물의 설치·관리를 맡은 자와 공무원의 봉급·급여, 그 밖의 비용 또는 영조물의 설치·관리 비용을 부담하는 자가 동일하지 아니하면 그 비용을 부담하는 자도 손해를 배상하여야 한다.

③ 피해자가 손해를 입은 동시에 이익을 얻은 경우에는 손해배상액에서 그 이익에 상당하는 금액을 빼야 한다.

④ 생명·신체의 침해로 인한 국가배상을 받을 권리는 이를 양도하지는 못하나 압류할 수는 있다.

> **TIPS!**
>
> ④ 생명·신체의 침해로 인한 국가배상을 받을 권리는 양도하거나 압류하지 못한다〈국가배상법 제4조〉.

13 대법원이 「국가배상법」상 공무원이라고 판시한 경우가 아닌 것은?

① 국가나 지방자치단체에 근무하는 청원경찰

② 소집중인 예비군

③ 시 청소차 운전자

④ 의용소방대원

14 다음 중 「국가배상법」상의 공무원에 해당된다고 볼 수 없는 것은?

① 조세를 원천징수하는 개인기업체
② 민사관계에 관련된 집행관
③ 공무집행 중에 자진협력하는 사인
④ 국가공무원임용령에 의하여 출제를 위촉받은 시험위원

15 다음 중 「국가배상법」상의 배상주체가 될 수 있는 것은?

① 마포구청장
② 한국은행
③ 대한주택공사
④ 인천광역시의 구

Answer 14.③ 15.④

16 공무원의 부작위로 인한 국가배상책임에 관한 설명으로 타당하지 않은 것은?

① 국가배상법 제2조 제1항의 직무집행에는 작위는 물론 부작위도 포함된다는 것이 일반적 견해이다.

② 조리에 의한 작위의무를 인정할 수 있는지 여부에 대하여 기본권 보호의 견지에서 이를 긍정하는 것이 일반적 견해이다.

③ 종래의 통설적 입장은 행정편의주의 이론과 반사적 이익론을 근거를 들어 부작위에 의한 국가배상책임을 인정하지 않았다.

④ 재량권이 영으로 수축하여 공무원이 적극적인 처분을 하여야 함에도 불구하고 이를 행하지 않으면 위법이 되어 국가배상책임을 진다.

> **TIPS!**
> ② 조리에 의한 작위의무를 인정할 수 있는지 여부에 대하여 인권 보장과 생명·재산의 보호차원에서 조리에 의한 위험방지의 무를 인정할 수 있다는 견해도 있으나 이를 일반적인 견해로 볼 수는 없다. 원칙적으로는 법률에 의한 행정의 원리에 의하여 이를 인정할 수 없다고 보아야 할 것이다.

17 공무원의 직무상 불법행위로 인한 손해배상요건으로 옳지 않은 것은?

① 고의 또는 과실에 의한 행위일 것

② 법령에 위반하여 행한 행위일 것

③ 공무원의 행위일 것

④ 중대한 과실에 의한 행위일 것

> **TIPS!**
> ④ 공무원의 책임은 중과실, 경과실을 불문한다. 따라서 중대한 과실에 의한 행위일 필요는 없다.
> ※ 배상책임의 요건 … 국가배상법 제2조는 '공무원이 직무를 집행하면서 고의 또는 과실로 법령을 위반하여 타인에게 손해를 입히거나 「자동차손해배상 보장법」에 따라 손해배상의 책임이 있는 때'로 규정하고 있다.

18 다음 중 「국가배상법」상의 영조물에 해당하지 않는 것은?

① 폐기처분된 공용차량   ② 철도건널목 신호등

③ 경찰견   ④ 지하철

Answer 16.② 17.④ 18.①

19 공무원의 직무상 불법행위로 인한 국가배상책임에 관한 설명으로 옳지 않은 것은?

① 도로·하천, 그 밖의 공공의 영조물의 설치나 관리에 하자가 있기 때문에 타인에게 손해를 발생하게 하였을 때에는 국가나 지방자치단체는 그 손해를 배상하여야 한다.

② 국가나 지방자치단체가 손해를 배상할 책임이 있는 경우에 공무원의 선임·감독 또는 영조물의 설치·관리를 맡은 자와 공무원의 봉급·급여, 그 밖의 비용 또는 영조물의 설치·관리 비용을 부담하는 자가 동일하지 아니하면 그 비용을 부담하는 자도 손해를 배상하여야 한다.

③ 외국인이 피해자인 경우에도 당연히 「국가배상법」이 적용된다.

④ 군인·군무원·경찰공무원 또는 예비군대원이 전투·훈련 등 직무 집행과 관련하여 전사·순직하거나 공상을 입은 경우에 본인이나 그 유족이 다른 법령에 따라 재해보상금·유족연금·상이연금 등의 보상을 지급받을 수 있을 때에는 손해배상을 청구할 수 없다.

20 「**국가배상법**」상 손해배상의 범위에 관한 설명으로 옳지 않은 것은?

① 손해배상의 범위는 피해자가 입은 모든 불이익을 말하며 공무원의 가해행위와 손해발생간에 상당인과관계가 있어야 한다.

② 국가배상법상의 손해는 재산적·비재산적 손해 또는 적극적·소극적 손해를 모두 포함한다.

③ 생명·신체에 대한 국가배상법상의 배상기준은 단순한 기준액으로 보는 견해가 다수설이나 대법원은 이를 제한규정으로 보고 있다.

④ 생명·신체의 침해의 경우에는 정신적 고통에 대해서도 배상하여야 한다.

Answer 19.③ 20.③

21 국가배상책임에 관한 설명 중 대법원 판례의 입장과 합치되는 것은?

① 국가배상청구소송은 행정소송으로 제기하여야 한다.

② 법관이 재판에서 법령규정을 따르지 아니한 잘못이 있는 경우에는 그것만으로 국가배상책임이 인정되어야 한다.

③ 「국가배상법」은 생명·신체의 침해에 대한 배상금의 지급만을 규정하고 있으므로 재산권 침해에 대해서는 배상금을 청구할 수 없다.

④ 현역병으로 입대하여 소정의 군사교육을 마친 다음 교도소의 경비교도로 전임된 자는 국가배상법 제2조 제1항 단서 소정의 어느 신분에도 해당하지 않으므로 국가배상을 청구하는 것을 방해받지 않는다.

> **TIPS!**
> ④ 대법원은 "현역병으로 입영하여 소정의 군사교육을 마치고 병역법 제25조의 규정에 의하여 전임되어 구 교정시설경비교도대 설치법 제3조에 의하여 경비교도로 임용된 자는 군인의 신분을 상실하고 군인과는 다른 경비교도로서의 신분을 취득하게 되었다고 할 것이어서 국가배상법 제2조 제1항 단서가 정하는 군인 등에 해당하지 아니한다."고 판시하였다(대판 1998. 2. 10, 97다45914).
> ① 국가배상청구소송은 실무상 민사소송절차에 의한다.
> ② 대법원은 "법관의 재판상 직무집행에 있어서 법령의 오해 또는 간과로 인한 허물이 있었다 하더라도 그 법관에게 당사자의 어느 편을 유리 또는 불리하게 이끌어가려는 고의가 있었다는 등 다른 특단의 사정이 없는 한 이는 사회통념상 허용될 만한 상당성이 있는 것으로서 위법성은 결여된다."고 판시하였다(대판 1983. 6. 15, 81나1281. 대판 2001. 4. 24, 2000다16114).
> ③ 대법원은 "국가배상법 제3조 제5항에 생명, 신체에 대한 침해로 인한 배상금의 지급을 규정하였을 뿐이고 재산권 침해에 대한 배상금의 지급에 관하여 명시적인 규정을 두지 아니하였으나 제3조 제4항의 규정이 재산권 침해로 인한 배상금의 지급의무를 배제하는 것이라고 볼 수는 없다."고 판시하였다(대판 1990. 12. 21, 90다6033).

22 다음 중 국가배상소송에서 배상책임의 주체가 될 수 없는 것은?

① 국가
② 부산광역시
③ 군(郡)
④ 기획재정부장관

> **TIPS!**
> ④ 기획재정부장관은 행정관청으로서 행정주체가 아니므로 국가배상소송에서 배상책임의 주체가 될 수 없다.

23 다음 중 국가배상과 관련한 설명으로 옳지 않은 것은?

① 「국가배상법」에 따른 손해배상의 소송은 배상심의회에 배상신청을 하지 아니하고도 제기할 수 있다.

② 군인이나 군무원이 타인에게 입힌 손해에 대한 배상신청사건을 심의하기 위하여 법무부에 특별심의회를 둔다.

③ 본부심의회와 특별심의회와 지구심의회는 법무부장관의 지휘를 받아야 한다.

④ 각 심의회에는 위원장을 두며, 위원장은 심의회의 업무를 총괄하고 심의회를 대표한다.

Answer 21.④ 22.④ 23.②

24 다음 중 우리나라 판례의 내용으로 옳지 않은 것은?

① 공무원이 직무수행 중 불법행위로 타인에게 손해를 입힌 경우에 국가 등이 국가배상책임을 부담하는 외에 공무원 개인도 고의 또는 중과실이 있는 경우에는 불법행위로 인한 손해배상책임을 진다고 할 것이지만, 공무원에게 경과실뿐인 경우에는 공무원 개인은 손해배상책임을 부담하지 아니한다.

② 공무원이 통상적으로 근무하는 근무지로 출근하기 위하여 자기 소유의 자동차를 운행하다가 자신의 과실로 교통사고를 일으킨 경우에는 특별한 사정이 없는 한 직무행위에 해당하지 아니한다.

③ 군병원에 입원중이던 사병들이 탈영하여 강도살인 행위를 한 경우에 있어 위 병원의 일직사령과 당직 군의관이 위 사병들의 탈영을 방지하지 못한 당직의무를 해태한 과실이 있을지라도 이는 위 탈영병들의 강도살인 행위와 '상당인과 관계가 있다고'까지는 볼 수 없으므로 위 일직사령 등의 과실을 원인으로 하여 국가에게 배상책임을 인정하기 위하여는 위 사병들이 강도의 모의를 하고 탈영하여 강도 또는 강도살인 행위를 할 것이라는 특별한 사정을 알았거나 알 수 있었다는 사실이 인정되어야 한다.

④ 탈영병의 총기난사 행위로 인한 피해는 지휘관의 병력관리 소홀과 지휘관 및 위병소 근무자들의 군무집행을 함에 있어서 법령에 규정된 의무를 다하지 아니한 과실로 인한 것으로 인정할 수 없다.

25 다음 중 「국가배상법」상 직무행위에 관한 설명으로 옳지 않은 것은?

① 사실행위는 직무행위에 포함되지 않는다.

② 국가의 사경제작용은 직무행위에서 제외된다.

③ 직무행위는 외형설을 따른다.

④ 직무행위의 범위에 관하여 통설은 권력작용뿐만 아니라 비권력적인 관리작용까지 포함한다고 본다.

Answer 24.④ 25.①

26 다음 중 국가배상법 제2조와 관련한 설명으로 옳지 않은 것은?

① 국가배상법 제2조 소정의 '공무원'이라 함은 「국가공무원법」이나 「지방공무원법」에 의하여 공무원으로서의 신분을 가진 자에 국한하지 않고, 널리 공무를 위탁받아 실질적으로 공무에 종사하고 있는 일체의 자를 가리키는 것으로서, 공무의 위탁이 일시적이고 한정적인 사항의 경우에는 제외된다.

② 국가배상청구의 요건인 '공무원의 직무'에는 권력적 작용만이 아니라 비권력적 작용도 포함되며 단지 행정주체가 사경제주체로서 하는 활동만 제외된다.

③ 국가나 지방자치단체는 공무원이 직무를 집행하면서 고의 또는 과실로 법령을 위반하여 타인에게 손해를 입히거나, 「자동차손해배상 보장법」에 따라 손해배상의 책임이 있을 때에는 그 손해를 배상하여야 한다.

④ 지방자치단체가 '교통할아버지 봉사활동 계획'을 수립한 후 관할 동장으로 하여금 '교통할아버지'를 선정하게 하여 어린이 보호, 교통안내, 거리질서 확립 등의 공무를 위탁하여 집행하게 하던 중 '교통할아버지'로 선정된 노인이 위탁받은 업무 범위를 넘어 교차로 중앙에서 교통정리를 하다가 교통사고를 발생시킨 경우, 지방자치단체가 배상책임을 부담한다.

> **TIPS!**
> ① 국가배상법 제2조 소정의 '공무원'이라 함은 국가공무원법이나 지방공무원법에 의하여 공무원으로서의 신분을 가진 자에 국한하지 않고, 널리 공무를 위탁받아 실질적으로 공무에 종사하고 있는 일체의 자를 가리키는 것으로서, 공무의 위탁이 일시적이고 한정적인 사항에 관한 활동을 위한 것이어도 달리 볼 것은 아니다(대판 2001. 1. 5. 98다39060).

27 국가배상책임의 요건에 대한 판례의 입장으로 옳은 것은?

① 사인이 지방자치단체로부터 공무를 위탁받아 공무에 종사하는 경우 공무의 위탁이 일시적이고 한정적인 사항에 관한 활동이라면 국가배상법상 공무원에 해당하지 아니한다.

② 국가배상법상 공무원의 직무에는 사경제의 주체로서 하는 작용이 포함된다.

③ 인사업무담당 공무원이 다른 공무원의 공무원증 등을 위조하여 대출받은 경우, 인사업무담당 공무원의 공무원증 위조행위는 실질적으로 직무행위에 속하지 아니하므로 대출은행은 국가배상청구를 할 수 없다.

④ 유흥주점의 화재로 여종업원들이 사망한 경우, 담당 공무원의 유흥주점의 용도변경, 무허가 영업 및 시설기준에 위배된 개축에 대하여 시정명령 등 식품위생법상 취하여야 할 조치를 게을리 한 직무상 의무위반행위와 여종업원들의 사망 사이에는 상당인과관계가 존재하지 아니한다.

> **TIPS!**
> ④ 소방공무원이 화재 전 유흥주점에 대하여 구 소방법상 시정조치를 명하지 않은 직무상 의무 위반으로 인한 유흥주점 화재사고에 따른 여종업원들의 사망에 대하여 인과관계를 인정하였으나(대판 2008. 4. 20, 2005다48994) 동일한 사안에서 공무원의 식품위생법상 취하여야 할 조치를 게을리한 직무상 의무위반행위와 사망은 인과관계를 부정하였다.
> ① 일시적이고 한정적인 경우도 공무원으로 본다.
> ② 사경제 활동은 직무집행으로 보지 아니하는 광의설이 다수설과 판례이다.
> ③ 공무원의 위조에 의한 것은 국가배상의 대상이 된다.

Answer 26.① 27.④

28 다음 중 「국가배상법」상 영조물이 아닌 것은?

① 경찰청사

② 제방

③ 경찰견

④ 국유재산법상의 일반재산

 TIPS!

④ 국·공유재산이라 하더라도 행정목적에 직접 제공되지 아니하는 일반재산으로 인한 손해는 국가배상법이 아니라 민법이 적용된다.

29 다음 중 「국가배상법」과 관련한 내용으로 옳지 않은 것은?

① 국가나 지방자치단체는 공무원이 직무를 집행하면서 고의 또는 과실로 법령을 위반하여 타인에게 손해를 입히거나, 「자동차손해배상 보장법」에 따라 손해배상의 책임이 있을 때에는 그 손해를 배상하여야 한다.

② 군인·군무원·경찰공무원 또는 예비군대원이 전투·훈련·기타 직무집행과 관련하거나 국방 또는 치안유지의 목적상 사용하는 시설 및 자동차·함선·항공기·기타 운반기구안에서 전사·순직 또는 공상을 입은 경우에 본인 또는 그 유족이 다른 법령의 규정에 의하여 재해보상금·유족연금·상이연금 등의 보상을 지급받을 수 있을 때에도 이 법 및 민법의 규정에 의한 손해배상을 청구할 수 있다.

③ 생명·신체의 침해로 인한 국가배상을 받을 권리는 양도하거나 압류하지 못한다.

④ 외국인이 피해자인 경우에는 해당 국가와 상호 보증이 있을 때에만 적용한다.

TIPS!

② 군인·군무원·경찰공무원 또는 예비군대원이 전투·훈련 등 직무 집행과 관련하여 전사·순직하거나 공상을 입은 경우에 본인이나 그 유족이 다른 법령에 따라 재해보상금·유족연금·상이연금 등의 보상을 지급받을 수 있을 때에도 손해배상을 청구할 수 없다〈국가배상법 제2조 제1항 단서〉.

30 다음 중 행정상 손해배상제도의 보완책으로 볼 수 없는 것은?

① 과실판단에 있어 일응추정의 법리의 원용

② 영조물책임의 과실책임화

③ 영조물책임의 확대적용

④ 과실개념의 객관화

TIPS!

② 영조물책임은 「국가배상법」 제5조상의 무과실책임에 해당하기 때문에 과실책임화 할 경우 책임범위가 축소되는 것이다.

Answer 28.④ 29.② 30.②

31 행정상 손해배상에 대한 설명으로 옳지 않은 것은 몇 개인가? (다툼이 있는 경우 판례에 의함)

○ 법령해석에 여러 견해가 있어 관계 공무원이 신중한 태도로 어느 일설을 취하여 처분한 경우, 위법한 것으로 판명되었다고 하더라도 그것만으로 배상책임을 인정할 수 없다.

○ 법령에 명시적으로 공무원의 작위의무가 규정되어 있지 않은 경우라 할지라도 공무원의 부작위로 인한 국가배상 책임을 인정할 수 있다.

○ 실질적으로 직무행위가 아니거나 또는 직무행위를 수행한다는 행위자의 주관적 의사가 없는 공무원의 행위는 국가배상법 상 공무원의 직무행위가 될 수 없다.

○ 국가배상법 상 과실을 판단할 경우 보통 일반의 공무원을 그 표준으로 하고 반드시 누구의 행위인지 가해공무원을 특정하여야 한다.

○ 재판행위로 인한 국가배상에 있어서 위법은 판결 자체의 위법이 아니라 법관의 공정한 재판을 위한 직무수행상의무의 위반으로서의 위법이다.

○ 서울특별시 강서구 교통할아버지사건과 같은 경우 공무를 위탁받아 수행하는 일반 사인(私人)은 국가배상법 제2조 제1항에 따른 공무원이 될 수 없다.

① 2개   ② 3개

③ 4개   ④ 5개

> **TIPS!**
>
> © '직무를 집행함에 당하여(현행법상 직무를 집행하면서)'라 함은 행위 자체의 외관을 객관적으로 관찰하여 공무원의 직무행위로 보여질 때에는 비록 그것이 실질적으로 직무행위가 아니거나 또는 행위자로서는 주관적으로 공무집행의 의사가 없었다고 하더라도 그 행위는 공무원이 '직무를 집행함에 당하여' 한 것으로 보아야 한다(대판 2005. 1. 14, 2004다26805).
>
> ® 국가배상법상 과실은 행정처분의 담당공무원이 보통 일반의 공무원을 표준으로 하여 볼 때 객관적 주의의무를 결하여 그 행정처분이 객관적 정당성을 상실하였다고 인정될 정도에 이른 경우를 말한다(대판 2003. 11. 27, 2001다33789 · 33796 · 33802 · 33819). 그러나 가해공무원이 반드시 개별적으로 특정될 필요는 없다(대판 1995. 11. 10, 95다23897).
>
> ⊎ 지방자치단체가 '교통할아버지 봉사활동 계획'을 수립한 후 관할 동장으로 하여금 '교통할아버지'를 선정하게 하여 어린이 보호, 교통안내, 거리질서 확립 등의 공무를 위탁하여 이를 집행하게 하였다면 '교통할아버지' 활동을 하는 범위 내에서는 국가배상법 제2조에 규정된 지방자치단체의 '공무원'에 해당한다(=지방자치단체의 손해배상책임 인정)(대판 2001. 1. 5, 98다39060).

Answer 31.②

32 다음 설명 중 옳은 것은? (다툼이 있는 경우 판례에 의함)

① 「자동차손해배상 보장법」은 배상책임의 성립요건에 관하여 「국가배상법」에 우선하여 적용된다.

② 「개인정보 보호법」상 단체소송을 허가하거나 불허가하는 법원의 결정에 대하여는 더 이상 소송으로 다툴 수 없다.

③ 행정심판에 있어서 사건의 심리·의결에 관한 사무에 관여하는 직원에게는 「행정심판법」 제10조의 위원의 제척·기피·회피가 적용되지 않는다.

④ 「공익사업을 위한 토지 등의 취득 및 보상에 관한 법률」상 행정청이 아닌 사업시행자가 이주대책을 수립·실시하는 경우에 이주정착지에 대한 도로 등 통상적인 생활기본시설에 필요한 비용은 지방자치단체가 부담하여야 한다.

> **TIPS!**
> ② 단체소송을 허가하거나 불허가하는 결정에 대하여는 즉시 항고할 수 있다〈개인정보보호법 제55조 제2항〉.
> ③ 사건의 심리·의결에 관한 사무에 관여하는 위원 아닌 직원에게도 법의 규정을 준용한다〈행정심판법 제10조 제8항〉.
> ④ 이주대책의 내용에는 이주정착지에 대한 도로, 급수시설, 배수시설, 그 밖의 공공시설 등 통상적인 수준의 생활기본시설이 포함되어야 하며, 이에 필요한 비용은 사업시행자가 부담한다. 다만, 행정청이 아닌 사업시행자가 이주대책을 수립·실시하는 경우에 지방자치단체는 비용의 일부를 보조할 수 있다〈공익사업을 위한 토지 등의 취득 및 보상에 관한 법률 제78조 제4항〉.

Answer 32.①

행정상 손실보상제도

기출PLUS

기출 2017. 6. 17. 제1회 지방직

행정상 손실보상제도에 대한 설명으로 옳지 않은 것은?

① 헌법 제23조 제1항의 규정이 재산권의 존속을 보호하는 것이라면 제23조 제3항의 수용제도를 통해 존속보장은 가치보장으로 변하게 된다.

② 평등의 원칙으로부터 파생된 '공적 부담 앞의 평등'은 손실보상의 이론적 근거가 될 수 있다.

③ 헌법 제23조 제3항을 불가분조항으로 볼 경우, 보상규정을 두지 아니한 수용법률은 헌법위반이 된다.

④ 대법원은 구 「하천법」 부칙 제2조와 이에 따른 특별조치법에 의한 손실보상청구권의 법적 성질을 사법상의 권리로 보아 그에 대한 쟁송은 행정소송이 아닌 민사소송절차에 의하여야 한다고 판시하고 있다.

< 정답 ④

section 1 의의

(1) 개념

공공필요에 의한 적법한 공권력 행사에 의하여 개인의 재산에 가하여진 특별한 손해에 대하여 평등부담의 견지에서 행하여지는 재산적 보상을 말한다. 손실보상은 공공필요에 의한 국민의 재산권에 대한 공권적 침해, 즉 공용수용 시에 발생한다. 공용수용에는 수용, 사용, 제한이 있다.

(2) 한계

손실보상은 특정인에게 부과된 특별한 희생을 공평부담의 차원에서 보상해주는 제도이다. 따라서 피해자에게 손해를 감수하여야 할 원인이 있는 경우나 재산권에 대한 제한이 재산권의 내재적 한계 내의 것인 때에는 손실보상이 성립되지 않는다.

(3) 성질

판례는 그간 손실보상에 대해 민사소송으로 다뤄왔던 입장을 최근 변경하여 손실보상청구권에 관한 소송은 행정소송법 제3조 제2호의 당사자소송이라는 입장이다.

> 판례 위 각 규정들에 의한 규정들을 종합하면, 이 사건 손실보상청구권은 1984. 12. 31. 전에 토지가 하천구역으로 된 경우에는 당연히 발생되는 것이지, 관리청의 보상금지급결정에 의하여 비로소 발생하는 것은 아니므로, 위 규정들에 의한 손실보상금의 지급을 구하거나 손실보상청구권의 확인을 구하는 소송은 행정소송법 제3조 제2호 소정의 당사자소송에 의하여야 하나(대판[전] 2006. 5. 18. 2004다6207).

section 2 행정상 손실보상의 근거

(1) 이론적 근거

① 보상의 이유 … 손해배상과는 달리 손실보상은 행정권의 재산권 침해 그 자체는 적법한 것임에도 불구하고 그로 인한 손실을 전보하여 주는 것이므로 그러한 보상의 합리적 이유 내지 근거가 문제된다.

○ **특별희생설(통설)** : 정의·공평원칙에 입각하여 공익을 위하여 개인에게 부과된 특별한 희생은 이를 전체의 부담으로 하여 보상하는 것이 정의·공평의 요구에 합치되는 것이라고 본다. 이는 재산권 보장의 원칙과 헌법상 평등원칙에서 그 근거를 찾을 수 있다.

○ **은혜설** : 적법한 공권력 행사에 의하여 국민의 재산을 침해한 경우 그에 대하여 당연히 보상이 주어져야 하는 것은 아니나 국가가 단지 은혜로서 보상하는 것이라고 본다.

○ **기득권설** : 자연법적인 기득권불가침원칙을 전제로 하여 그 기득권이 침해된 경우에는 보상을 하여야 한다는 이론이다.

② **특별한 희생의 판단기준** … 특별한 희생이 있는 경우에 보상이 주어진다면 그 다음으로는 어떤 경우가 특별한 희생에 해당하는지가 문제된다.

○ **형식설** : 평등원칙을 형식적으로 해석하여 재산권의 침해를 받는 자가 특정되어 있는가의 여부에 따라 보상을 요하는 경우와 요하지 않는 경우로 구별하려는 입장이다.

○ **실질설** : 재산권의 내재적 제약과 그 제약을 넘어선 보상을 요하는 제한의 구별은 당해 제한의 성립 및 정도에 따라 결정하여야 한다는 입장이다.

○ **종합검토설(통설)** : 형식적 기준과 실질적 기준을 종합적으로 검토하여 구체적으로 판단하여야 한다는 입장이다.

> **POINT** 실질설의 주요 이론들
> ○ **보호가치성설**(W. Jellinek) : 개인의 보호가치 있는 재산권에 대한 제한은 보상되어야 한다는 주장이다.
> ○ **수인기대가능성설**(Maunz) : 재산권의 제한이 보상을 요하는가의 문제는 그 침해가 보상 없이도 수인될 것으로 기대할 수 있는지의 여부에 따라 결정되어야 한다는 주장이다.
> ○ **사적효용설**(Reinhardt) : 당해 재산권의 본래의 효용이 본질적으로 침해되는 경우에 보상을 요하는 특별한 희생이 된다고 한다.
> ○ **목적위배설**(Forsthoff) : 개인의 재산권에 대해 본래적 기능을 박탈하는 경우에는 당사자에게 그로 인한 손실이 보상되어야 한다고 본다.
> ○ **사회적 구속성설** : 보상 여부의 판단은 당해 재산권의 사회적 구속성에서 출발한다는 주장이다.
> ○ **상황구속성설** : 동종의 재산권이라 하더라도 그것이 처하여 있는 구체적 위치나 상황에 따라 그에 대한 사회적 제약에는 차이가 있는 것이므로 보상 여부의 결정에 있어서도 이러한 구체적 상황이 감안되어야 한다고 본다.

(2) 손실보상의 법적 근거

① **「헌법」적 근거** … '공공필요에 의한 재산권의 수용, 사용 또는 제한 및 그에 대한 보상은 법률로써 하되 정당한 보상을 지급하여야 한다〈헌법 제23조 제3항〉.'라고 규정하고 있다.

기출 2018. 6. 23. 제2회 서울특별시

행정상 손실보상에 대한 설명으로 가장 옳은 것은?

① 헌법재판소는 공용침해로 인한 특별한 손해에 대한 보상규정이 없는 경우에 관련 보상규정을 유추적용하여 보상하려는 경향이 있다.
② 공공용물에 관하여 적법한 개발행위 등이 이루어져 일정범위의 사람들의 일반사용이 종전에 비하여 제한받게 되었다 하더라도 특별한 사정이 없는 한 이는 특별한 손실에 해당한다고 할 수 없다.
③ 공익사업의 시행으로 토석채취허가를 연장 받지 못한 경우 그로 인한 손실은 적법한 공권력의 행사로 가하여진 재산상의 특별한 희생으로서 손실보상의 대상이 된다.
④ 개발제한구역 지정으로 인한 지가의 하락은 원칙적으로 토지소유자가 감수해야 하는 사회적 제약의 범주에 속하나, 지가의 하락이 20% 이상으로 과도한 경우에는 특별한 희생에 해당한다.

〈정답 ②

② **법률적 근거** … 현재 손실보상에 관해 통칙적 규정을 둔 일반법은 없으나 토지의 수용과 보상에 관한 규정을 둔 「공익사업을 위한 토지 등의 취득 및 보상에 관한 법률」(토지보상법)을 일반법이라 볼 수 있다. 이 법률은 「토지수용법」과 「공공용지의 취득 및 손실보상에 관한 특례법」을 통합한 법률로서 2003년 1월 1일부터 시행에 들어갔다. 이 외에도 「부동산 가격공시에 관한 법률」 등이 개별적인 보상규정을 두고 있다.

③ **보상규정이 없는 경우** … 손실보상에 대한 일반법이 없는 결과 법률이 보상규정을 두고 있지 아니한 경우 재산권의 침해를 받은 개인이 보상을 청구할 수 있는지가 문제된다.

  ㉠ **헌법재판소의 입장** : 헌법재판소는 재산권적 부담이 발생함에도 불구하고 보상규정을 두지 않은 것은 원칙적으로 위헌이라는 입장에서 입법자에게 위헌적인 상태를 제거할 의무를 부과하면서 다만 토지소유자는 보상입법을 기다려 그에 따른 권리를 행사할 수 있을 뿐이지 그에 따른 토지재산권의 제한 그 자체의 효력을 다툴 수는 없다는 입장이다.

  ㉡ **대법원의 입장** : 대법원은 보상규정이 없다는 이유만으로 곧바로 위헌은 아니라는 전제에서, 개별 법령상의 관련 보상규정을 유추적용하여 보상하자는 입장이다.

section 3 손실보상의 요건

(1) 개설

손실보상을 받기 위해서는 공공필요를 위해 재산권에 대해 적법한 공권력의 침해가 있고 이로 인해 개인에게 특별한 희생이 있어야 한다.

(2) 구체적 요건

① 재산권에 대한 공권적 침해

  ㉠ **재산권** : 소유권뿐만 아니라 법에 의하여 보호되고 있는 모든 재산적 권리로 물권, 채권, 저작권 등 사권뿐 아니라 공법상의 권리도 포함한다.

  ㉡ **재산권 행사의 제약** : 헌법은 제23조 제3항에서 수용·사용·제한을 규정하고 있으나, 이외에도 재산권이 침해되는 일체의 작용을 모두 포함한다.

  ㉢ **침해의 직접성** : 개인의 재산권에 대한 침해가 공권력의 행사·불행사로 인하여 직접 침해받았거나 최소한 개인의 재산권의 손실에 대한 직접적인 원인이 되어야 한다.

② **공공의 필요** … 불확정개념으로서 비례의 원칙에 따라 모든 이익의 형량을 통해 결정되어야 한다.

③ **적법성** … 재산권 침해는 법률에 근거가 있어야 한다.

④ **보상규정** … 재산권에 대한 침해는 보상이 이루어져야 한다. 독일에서는 보상규정을 불가분조항이라 하고 있다. 「헌법」은 보상규정에 관하여 법률로써 정하도록 하고 있는데 법률에 보상규정이 없는 경우 문제가 된다. 헌법재판소는 보상규정을 두지 않고 개발제한구역을 지정한 구 도시계획법 제21조가 헌법에 위반된다고 한 바 있다(헌재 1998. 12. 24, 89헌마214 등 병합).

⑤ **특별한 희생** … 통설에 따라 특별한 희생이 있는 경우에는 보상이 이루어진다. 언제 특별한 희생이 발생하는가는 종합검토설에 따라 형식적 기준과 실질적 기준을 모두 고려하여 종합적으로 판단한다.

section 4 손실보상의 내용

(1) 손실보상의 기준

① **학설** … 헌법 제23조 제3항은 정당한 보상을 지급한다고 규정하고 있는데 이정당한 보상의 내용에 대해서는 완전보상설과 상당보상설이 대립하고 있다. 헌법재판소는 완전보상을 의미한다고 하였다.

　　㉠ **완전보상설** : 재산권의 침해에 관한 보상은 완전한 보상이어야 한다는 개념이다. 피침해재산의 시기와 거래가격에 의한 객관적 가치, 부대적 손실 모두를 보상한다.

　　㉡ **상당보상설** : 재산침해행위의 공공적 중요성에 비추어 객관적으로 공정·타당한 보상이어야 한다는 개념이다. 원칙은 완전보상이나 그를 하회하는 보상도 허용된다.

　　㉢ **절충설**

> **판례** 헌법이 규정한 '정당한 보상'이란 원칙적으로 피수용재산의 객관적인 재산가치를 완전하게 보상하는 것이어야 한다는 완전보상을 뜻하는 것으로서 보상금액 뿐만 아니라 보상의 시기나 방법 등에 있어서도 어떠한 제한을 두어서는 아니된다는 것을 의미한다(헌재 1990. 6. 25. 89헌마107).

② **헌법상의 보상기준**

　　㉠ 제1·2공화국 헌법 : 상당한 보상

　　㉡ 제3공화국 헌법 : 정당한 보상

　　㉢ 제4공화국 헌법 : 보상의 기준과 방법은 법률로 정한다.

　　㉣ 제5공화국 헌법 : 보상은 공익 및 관계자의 이익을 정당하게 형량하여 법률로 정한다.

　　㉤ 현행 헌법 : 보상은 법률로써 하되 정당한 보상을 지급하여야 한다.

기출PLUS

기출 2019. 4. 6. 소방공무원

행정상 손실보상에 관한 설명으로 옳지 않은 것은? (다툼이 있는 경우 판례에 의함)

① 헌법 제23조 제3항에 규정된 '정당한 보상'은 상당보상을 의미한다는 것이 헌법재판소의 입장이다.

② 토지수용으로 인한 보상액을 산정함에 있어서 당해공공사업과 관계없는 다른 사업의 시행으로 인한 개발이익은 이를 배제하지 아니한 가격으로 평가하여야 한다.

③ 「공익사업을 위한 토지 등의 취득 및 보상에 관한법률」상의 잔여지수용청구는 매수에 관한 협의가 성립되지 아니한 경우에만 할 수 있으며, 그 사업의 공사 완료일까지 하여야 한다.

④ 사업시행자의 이주대책 수립·실시의무를 정하고 있는 「공익사업을 위한 토지 등의 취득 및 보상에 관한법률」상 규정은 당사자의 합의에 의하여 적용을 배제할수 없는 강행법규이다.

❰정답 ①

기출 2017. 6. 24. 제2회 서울특별시

「공익사업을 위한 토지 등의 취득 및 보상에 관한 법률」상 손실보상의 원칙에 관한 설명으로 옳지 않은 것은?

① 동일한 사업지역에 보상시기를 달리하는 동일인 소유의 토지 등이 여러 개 있는 경우 토지소유자나 관계인이 요구할 때에는 한꺼번에 보상금을 지급하도록 하여야 한다.
② 공익사업에 필요한 토지 등의 취득 또는 사용으로 인하여 토지소유자나 관계인이 입은 손실은 사업시행자가 보상하여야 한다.
③ 보상액의 산정은 협의에 의한 경우에는 협의 성립 당시의 가격을, 재결에 의한 경우에는 수용 또는 사용의 재결 당시의 가격을 기준으로 한다.
④ 보상액을 산정할 경우에 해당 공익사업으로 인하여 토지 등의 가격이 변동되었을 때에는 이를 고려하여야 한다.

③ 공익사업을 위한 토지 등의 취득 및 보상에 관한 법률(토지보상법)의 보상기준 … 토지보상법의 손실보상은 부대손실의 보상도 포함하는 완전보상을 내용으로 하고 있다.

(2) 재산권의 보상

① 보상액의 산정시기 … 토지소유자와 사업시행자 간의 협의의 경우에는 협의 성립 당시의 가격을 기준으로 하고, 토지수용위원회의 재결의 경우에는 수용 또는 사용의 재결 당시의 가격을 기준으로 한다.

② 보상액의 산정방법

   ⊙ 협의 성립 또는 재결에 의해 취득하는 토지 : 「부동산 가격공시 및 감정평가에 관한 법률」에 의한 공시지가를 기준으로 보상하되, 그 공시기준일부터 가격시점까지의 관계법령에 의한 당해 토지의 이용계획, 당해 공익사업으로 인한 지가의 영향을 받지 아니하는 지역의 대통령령이 정하는 지가변동률, 생산자물가상승률 기타 토지의 위치와 형상, 환경, 이용상황 등을 고려하여 평가한 적정가격으로 보상액을 정한다. 이는 시가보상원칙에 대한 예외이다. 그러나 헌법재판소는 공시지가제도를 합헌이라 판시하였다.

   ⊙ 협의 또는 재결에 의하여 사용하는 토지 : 그 토지와 인근 유사토지의 지료 · 임대료 · 사용방법 · 사용기간 및 그 토지의 가격 등을 고려하여 평가한 적정가격으로 보상하여야 한다.

판례 토지의 수용보상액을 산정함에 있어서는 그 공법상의 제한이 당해 공공사업의 시행을 직접 목적으로 하여 가하여진 경우에는 그 제한을 받지 아니하는 상태대로 평가하여야 할 것이지만, 공법상 제한이 당해 공공사업의 시행을 직접 목적으로 하여 가하여진 경우가 아니라면 그러한 제한을 받는 상태 그대로 평가하여야 하고, 그와 같은 제한이 당해 공공사업의 시행 이후에 가하여진 경우라고 하여 달리 볼 것은 아니다(대판 2005. 2. 18. 2003두14222).

③ 개발이익환수제도

   ⊙ 의의 : 국가 등의 개발사업으로 인해 개발사업지 인근의 토지를 수용당하지 않은 자가 토지가격 상승 등으로 얻는 이익에 대하여 토지를 수용당한 자와의 형평 등을 고려하여 이를 환수하는 제도이다. 그 구체적인 사항에 대해서는 「개발이익환수에 관한 법률」이 규정하고 있다.

   ⊙ 효과 : 개발이익환수는 부동산투기에 대한 사전예방, 부의 배분, 지가안정으로 인한 토지의 원활한 공급, 정부재정수입 증대 등의 효과가 있다.

〈정답 ④

(3) 생활보상 · 사업손실보상 · 정신보상

① **생활보상** … 재산권보상만이 아닌 생활기초의 박탈에 대한 보상을 말한다. 댐의 건설에 따른 다수 주민의 동시이주 등이 이에 해당한다. 이는 헌법 제34조의 인간다운 생활을 할 권리 등을 통해 도출될 수 있으나 현행 법령에 직접적인 보상규정을 둔 예는 없다. 다만, 「공익사업을 위한 토지 등의 취득 및 보상에 관한 법률 시행규칙」에 이주정착금, 주거이전비, 이농비, 소수잔존자보상 등을 규정하고 있다.

    ㉠ **이주대책의 성질** : 이주대책이란 사업의 시행으로 인해 생활터전을 잃게 되는 자에게 종전의 생활상태와 동일한 상태를 보장하는 것으로 판례는 이주대책의 수립 · 실시의무에 대해 당사자의 합의 또는 시행자의 재량에 의해 적용을 배제할 수 없는 강행법규라는 입장이다. 다만 시행자는 특별공급주택의 공급수량이나 대상자의 선정에 있어서는 재량을 갖는다.

판례 사업시행자의 이주대책 수립 · 실시의무를 정하고 있는 구 공익사업법 제78조 제1항은 물론 이주대책의 내용에 관하여 규정하고 있는 같은 조 제4항 본문 역시 당사자의 합의 또는 사업시행자의 재량에 의하여 적용을 배제할 수 없는 강행법규이다(대판(전) 2011. 6. 23. 2007다63089).

    ㉡ **생활대책의 성질** : 생활대책 혹은 생계대책은 종전과 같은 경제수준을 유지하도록 하는 조치를 말하는데 기존의 상인에게 상업용지를 대체제공하는 것 등이 해당한다. 생활대책에 관한 명문의 손실보상 근거규정은 없으나 판례는 헌법 제23조 제3항 따른 정당한 보상에 해당한다고보아 사업시행자의 생활대책대상자 제외 및 선정거부는 처분성이 있다는 입장이다.

② **사업손실보상(간접손실보상)** … 사업손실이란 공공사업의 실시 또는 완성 후의 시설이 기업지 밖에 미치는 손실을 말한다.

    ㉠ **물리적 · 기술적 손실** : 공사중의 소음진동, 교통난, 시설물로 인한 일조감소, 전파장해 등

    ㉡ **경제적 · 사회적 손실** : 댐 건설로 인한 어업활동의 쇠퇴 등

    ㉢ **토지보상법** : 잔여지의 가격하락으로 인한 손실보상, 댐 건설에 따른 어업상의 피해에 대한 보상 등은 인정하나 소음진동, 교통난 등으로 인한 사업손실에 대한 보상은 인정하지 않고 있다.

③ **정신적 보상** … 댐의 건설로 다수 주민이 이주하는 경우 촌락공동체의 파괴로 인한 주관적 가치관이나 정서상 피해에 대한 보상을 말한다. 우리나라에는 이에 대한 어떠한 보상규정도 없는 실정이다.

기출PLUS

기출 2016. 6. 25. 서울특별시

행정상 손실보상에 대한 설명으로 옳지 않은 것은?

① 민간기업을 토지수용의 주체로 정한 법률조항도 헌법 제23조 제3항에서 정한 '공공필요'를 충족하면 헌법에 위반되지 아니한다.

② 수용대상 토지의 보상가격이 당해 토지의 개별공시지가를 기준으로 하여 산정한 것보다 저렴하게 되었다는 사정만으로 그 보상액 산정이 위법한 것은 아니다.

③ 공익사업의 시행으로 지가가 상승하여 발생한 개발이익을 손실보상금액에 포함시키지 않더라도 헌법이 규정한 정당 보상의 원리에 어긋나는 것은 아니다.

④ 토지소유자가 손실보상금의 액수를 다투고자 할 경우에는 사업시행자가 아니라 토지수용위원회를 상대로 보상금의 증액을 구하는 소송을 제기하여야 한다.

(4) 보상의 지급방법

① 금전보상의 원칙 ··· 손실보상의 원칙적인 방법은 금전보상이다. 금전의 지급방법은 선불(예외적으로 후불), 개별불(예외적으로 일괄불), 전액일시불(예외적으로 분할불)을 원칙으로 한다.

② 그 밖의 방법
  ㉠ 현물보상 : 수용할 물건에 대신하여 일정한 시설물이나 다른 토지를 제공하는 보상방법이다.
  ㉡ 매수보상 : 물건에 대한 이용제한에 따라 종래의 이용목적에 따라 물건을 사용하기가 곤란하게 된 경우에 상대방에게 그 물건의 매수청구권을 인정하고 그에 따라 그 물건을 매수함으로써 실질적으로 보상을 행하는 방법이다.
  ㉢ 채권보상 : 사업시행자가 국가, 지방자치단체, 그 밖에 대통령령으로 정하는 「공공기관의 운영에 관한 법률」에 따라 지정·고시된 공공기관 및 공공단체인 경우로서, 다음에 해당되는 경우에는 해당 사업시행자가 발행하는 채권으로 지급할 수 있다〈공익사업을 위한 토지 등의 취득 및 보상에 관한 법률 제63조 제7항〉.
    • 토지소유자나 관계인이 원하는 경우
    • 사업인정을 받은 사업의 경우에는 대통령령으로 정하는 부재부동산 소유자의 토지에 대한 보상금이 대통령령으로 정하는 일정금액을 초과하는 경우로서 그 초과하는 금액에 대하여 보상하는 경우

(5) 손실보상액의 결정절차

보상절차에 관한 일반법이 없으므로 각 단행법에서 그 절차를 개별적으로 규정하고 있다.

① 당사자 협의 ··· 사업인정을 받은 사업시행자는 토지조서 및 물건조서의 작성, 보상계획의 공고·통지 및 열람, 보상액의 산정과 토지소유자 및 관계인과의 협의 절차를 거쳐야 한다〈공익사업을 위한 토지 등에 대한 보상에 관한 법률 제26조 제1항〉.

② 토지수용위원회의 재결 ··· 토지수용위원회는 수용하거나 사용할 토지의 구역 및 사용방법, 손실보상, 수용 또는 사용의 개시일과 기간 및 그 밖에 이 법 및 다른 법률에서 규정한 사항에 대해 재결할 수 있다〈공익사업을 위한 토지 등에 대한 보상에 관한 법률 제50조〉.

③ 자문기관의 심의를 거쳐 행정청이 결정하는 경우 ··· 보상요율의 사정(査定)과 그 조정을 하기 위하여 국방부에 징발보상심의회를 둔다〈징발법 제24조〉.

④ 행정청이 일방적으로 결정하는 경우 ··· 특허를 받을 수 있는 권리가 공유인 경우에는 공유자 모두가 공동으로 특허출원을 하여야 한다〈특허법 제44조〉.

〈정답 ④〉

section 5 손실보상에 대한 구제

(1) 재산권의 수용 자체에 불복이 있는 경우

공권력에 의한 재산권의 수용은 처분에 해당하므로 행정심판을 제기함으로 이의신청을 하거나 행정소송을 제기할 수 있다.

(2) 보상금액의 액수에만 불복이 있는 경우

보상금의 액수에 대해서만 불복이 있는 경우에는 취소소송을 제기할 필요 없이 공법상 당사자소송에 의해 토지소유자와 사업시행자가 대등한 관계에서 증액 또는 감액을 다툰다. 이때의 당사자소송은 형식적 당사자소송을 말한다.

1 손실보상에 대한 다음 설명 중 옳지 않은 것은? (다툼이 있을 경우 판례에 의함)

① 「헌법」 제23조 제3항이 헌법적 근거가 된다.

② 손실보상청구권을 발생시키는 침해는 재산권에 대한 것이면 족하며 재산권의 종류는 불문한다.

③ 피수용재산의 객관적인 재산가치를 완전하게 보상한다는 것은 불가능하므로 보상은 상당한 보상이면 족하다는 것이 대법원의 입장이다.

④ 최근에는 재산권보상뿐만 아니라 생활보상의 개념도 등장하였다.

 TIPS!

③ 헌법재판소와 대법원은 헌법의 정당한 보상은 피침해재산의 객관적인 재산가치를 완전하게 보상하여야 한다는 완전보상을 뜻한다고 하고 있다.

2 「공익사업을 위한 토지 등의 취득 및 보상에 관한 법률」상 손실보상의 원칙에 대한 설명으로 옳지 않은 것은?

① 공익사업에 필요한 토지 등의 취득 또는 사용으로 인하여 토지소유자나 관계인이 입은 손실은 사업시행자가 보상하여야 한다.

② 사업시행자는 동일한 사업지역에 보상시기를 달리하는 동일인 소유의 토지 등이 여러 개 있는 경우 토지소유자나 관계인이 요구할 때에는 한꺼번에 보상금을 지급하도록 하여야 한다.

③ 재결에 의한 수용 또는 사용의 경우 보상액의 산정은 재결 당시의 가격을 기준으로 하고, 해당 공익사업으로 인하여 토지 등의 가격이 변동되었을 때에는 이를 고려하여야 한다.

④ 사업시행자는 동일한 소유자에게 속하는 일단의 토지의 일부를 취득하거나 사용하는 경우 해당 공익사업의 시행으로 인하여 잔여지의 가격이 증가하거나 그 밖의 이익이 발생한 경우에도 그 이익을 그 취득 또는 사용으로 인한 손실과 상계할 수 없다.

TIPS!

보상액의 가격시점 등〈공익사업을 위한 토지 등의 취득 및 보상에 관한 법률 제67조〉

㉠ 보상액의 산정은 협의에 의한 경우에는 협의 성립 당시의 가격을, 재결에 의한 경우에는 수용 또는 사용의 재결 당시의 가격을 기준으로 한다.

㉡ 보상액을 산정할 경우에 해당 공익사업으로 인하여 토지 등의 가격이 변동되었을 때에는 이를 고려하지 아니한다.

Answer 1.③ 2.③

3 다음 중 공법상의 손실보상에 관한 설명으로 옳은 것은?

① 공법상의 손실보상은 위법행위에 대한 보상이다.

② 공법상의 손실보상은 불법행위에 대한 보상이다.

③ 공법상의 손실보상은 공권력의 행사에 대한 보상이다.

④ 공법상의 손실보상은 사법상의 행사에 대한 보상이다.

> **TIPS!**
>
> ① 적법행위에 대한 보상이다.
> ② 불법행위에 대한 손해의 배상과는 구별된다.
> ④ 사법상의 행사에 대한 손해의 보상과는 구별된다.

4 다음 중 행정상 손실보상에 관한 설명으로 옳지 않은 것은?

① 사회적 공평부담의 견지에서 인정되는 제도이다.

② 오늘날에는 재산권 침해뿐만 아니라 생활권 침해도 보상하는 경우가 있다.

③ 행정상 손실보상제도는 재산권 가치보장이 존속보장으로 변한 것이다.

④ 의욕된 침해가 대상이나 의욕되지 않은 침해도 보상대상이 될 수 있다.

> **TIPS!**
>
> ③ 행정상 손실보상제도는 존속보장이 재산권 가치보장으로 변한 것이다.

5 다음 중 손실보상 지급방식으로 옳지 않은 것은?

① 현금보상을 원칙으로 한다.

② 선불을 원칙으로 한다.

③ 일시불을 원칙으로 한다.

④ 일괄불을 원칙으로 한다.

> **TIPS!**
>
> ④ 일괄불이 아닌 개별불을 원칙으로 한다.

6 헌법 제23조 제3항은 '공공필요에 의한 재산권의 수용·사용 또는 제한 및 그에 대한 손실보상은 법률로써 하되 정당한 보상을 지급하여야 한다.'고 규정하고 있다. 이 규정에 포함되지 아니한 것은?

① 재산권 침해의 목적　　　　　　　　　② 침해법정주의
③ 보상의 방법　　　　　　　　　　　　④ 보상의 기준

> **TIPS!**
> ③ 구체적인 보상의 방법에 대하여는 정하지 않고 있다.

7 다음 중 손실보상에 관한 설명으로 가장 옳지 않은 것은?

① 위헌무효설에 의하면 피해자의 구제는 손해배상에 의한다.
② 직접효력설에 의하면 피해자의 구제는 「공익사업을 위한 토지 등의 취득 및 보상에 관한 법률」(토지보상법)상의 보상절차에 의한다.
③ 현행법상 위자료는 손실보상에 포함되고 있지 않다.
④ 「공익사업을 위한 토지 등의 취득 및 보상에 관한 법률」상 이전료 보상이 인정되고 있다.

> **TIPS!**
> ② 직접효력설에 의하면 개인의 손실보상청구권은 헌법규정으로부터 직접 도출되고 보상규정이 없는 법률에 의거하여 사유재산이 침해된 개인은 공익사업을 위한 토지 등의 취득 및 보상에 관한 법률상의 절차가 아닌 직접 헌법을 근거로 보상을 청구할 수 있게 된다.

8 다음 중 손실보상 등에 관한 설명 중 옳지 않은 것은?

① 공익사업에 필요한 토지 등의 취득 또는 사용으로 인하여 토지소유자 또는 관계인이 입은 손실은 사업시행자가 이를 보상하여야 한다.
② 사업시행자는 당해 공익사업을 위한 공사에 착수한 후 토지소유자 및 관계인에 대하여 보상액의 전액을 지급하여야 한다.
③ 손실보상은 현금보상을 원칙으로 한다.
④ 보상액의 산정은 협의에 의한 경우에는 협의성립 당시의 가격을, 재결에 의한 경우에는 수용 또는 사용의 재결 당시의 가격을 기준으로 한다.

> **TIPS!**
> ② 사업시행자는 당해 공익사업을 위한 공사에 착수하기 이전에 토지소유자 및 관계인에 대하여 보상액의 전액을 지급하여야 한다〈공익사업을 위한 토지 등의 취득 및 보상에 관한 법률 제62조〉.

Answer 6.③ 7.② 8.②

9 공용침해에 대해 법규가 손실보상규정을 두고 있지 않은 경우에 관한 설명 중 옳은 것은?

① 입법방침설에 의하면 재산권을 침해당한 자에 대한 보상 여부는 입법자가 자유로이 결정할 문제는 아니다.

② 유추적용설은 독일에서 발전된 수용유사침해이론을 도입하여 손실보상의 문제를 해결하려는 입장이다.

③ 위헌무효설에 의하면 손실보상은 청구할 수 있으나 손해배상은 청구할 수 없다.

④ 직접효력설에 의하면 피해자의 보상구제는 「공익사업을 위한 토지 등의 취득 및 보상에 관한 법률」의 보상절차에 의한다.

> **TIPS!**
>
> ① 입법방침설에 의하면 입법자의 자유로운 결정문제로 본다.
>
> ③ 위헌무효설은 보상규정이 없는 경우 손실보상은 청구할 수 없으나 손해배상은 청구할 수 있다고 본다.
>
> ④ 직접효력설은 개인의 손실보상청구권은 헌법규정으로부터 직접 도출된다는 입장에서 법률에 보상규정이 없는 경우에는 헌법 제23조 제3항에 근거하여 보상을 청구할 수 있다고 한다.
>
> ※ **보상규정이 없는 경우에 관한 학설**: 손실보상에 대한 일반법이 없는 결과 법률이 보상규정을 두지 않은 경우 재산권의 침해를 받은 개인이 보상을 청구할 수 있는지가 문제된다.
>   ㉠ **방침규정설**: 헌법 제23조 제3항은 입법에 대한 방침규정이므로 당해 법률에 보상규정이 없는 경우에는 보상받지 못한다고 한다.
>   ㉡ **직접효력설**: 직접 헌법 제23조 제3항에 의거하여 보상을 청구할 수 있다고 한다.
>   ㉢ **위헌무효설(다수설)**: 보상규정을 두지 아니한 법률은 위헌이므로 무효라는 주장이다. 따라서 당해법률에 기하여 이루어지는 재산권에 대한 침해는 법률상의 근거가 없는 위법한 것이므로 피해자는 국가 등에 대하여 손해배상을 청구할 수 있다고 한다. 그러나 손해배상을 인정하려면 위법·유책이어야 하는데 보상규정이 없는 법률에 기한 공무원의 처분은 위법·무과실이므로 손해배상을 청구할 수 없게 된다. 이를 해결하기 위한 법리가 바로 수용유사침해이론이나 우리나라 판례는 이 법리를 채택하지 않고 있으므로 결국 법률에 보상규정이 없는 경우 피해자는 보상을 받을 수 없다.
>   ㉣ **유추적용설**: 헌법상 재산권보장조항과 평등원칙 등에 근거하여 유추적용을 통해 보상을 청구할 수 있다는 이론이다.

10 다음 중 손해배상과 손실보상에 관한 설명 중 옳지 않은 것은?

① 손해배상은 개인주의적인 사상에 기초를 두고 있는 반면에 손실보상은 단체주의적 사상에 기초를 두고 있다.

② 손실보상은 재산상·비재산상의 손해에 대해서 인정된다.

③ 건축물 등의 이전이 어렵거나 그 이전으로 인하여 건축물 등을 종래의 목적대로 사용할 수 없게 된 경우 당해 물건의 가격으로 보상하여야 한다.

④ 건축물 등에 대하여는 이전비로 보상하여야 한다.

> **TIPS!**
>
> ② 손실보상은 재산상의 손해에 대해서 인정된다.

11 행정상 손실보상에 대한 판례의 입장으로 옳은 것은?

① 정비기반시설과 그 부지의 소유·관리·유지관계를 정한 「도시 및 주거환경정비법」 제65조 제2항의 전단에 따른 정비기반시설의 소유권 귀속은 헌법 제23조 제3항의 수용에 해당한다.

② 법률 제3782호 「하천법」 중 개정법률 부칙 제2조의 규정에 의한 보상청구권의 소멸시효가 만료된 구 「하천구역 편입토지보상에 관한 특별조치법」 제2조에 의한 손실보상청구권은 사법상의 권리이고 그에 관한 쟁송도 민사소송절차에 의하여야 한다.

③ 헌법재판소는 구 「도시계획법」상 개발제한구역의 지정으로 일부 토지소유자에게 사회적 제약의 범위를 넘는 가혹한 부담이 발생하는 경우에 보상규정을 두지 않은 것은 위헌성이 있는 것이고, 보상의 구체적 기준과 방법은 입법자가 입법정책적으로 정할 사항이라고 결정하였다.

④ 헌법재판소는 생업의 근거를 상실하게 된 자에 대하여 일정 규모의 상업용지 또는 상가분양권 등을 공급하는 생활대책이 헌법 제23조 제3항이 규정하는 정당한 보상에 포함된다고 결정하였다.

> **TIPS!**
>
> ① 정비기반시설과 그 부지의 소유·관리·유지관계를 정한 「도시 및 주거환경정비법」 제65조 제2항의 전단에 따른 정비 기반시설의 소유권 귀속은 헌법 제23조 제3항의 수용에 해당하지 않고 이 사건 법률조항이 그에 대한 보상의 의미를 가지는 것도 아니므로 정당한 보상의 원칙은 문제되지 않는다(헌재 2013. 10. 23, 2011헌바355).
>
> ③ 개발제한구역제도 자체는 합헌, 단 예외적인 경우 위헌이라 하여 보상이 아니라, 보상입법의무의 부과를 통해 문제를 해결한다. 「도시계획법」 제21조에 규정된 개발제한구역제도 그 자체는 원칙적으로 합헌적인 규정인데, 다만 개발제한구역의 지정으로 말미암아 일부 토지소유자에게 사회적 제약의 범위를 넘는 가혹한 부담이 발생하는 예외적인 경우에 대하여 보상규정을 두지 않은 것에 위헌성이 있는 것이다. 어떠한 수단에 의하든 비례원칙을 유지할 수 있는 합리적인 권리구제수단이면 족한 것이고, 보상의 구체적 기준과 방법은 헌법재판소가 결정할 성질의 것이 아니라 광범위한 입법형성권을 가진 입법자가 입법정책적으로 정할 사항이므로, 입법자가 보상입법을 마련함으로써 위헌적인 상태를 제거할 때까지 위 조항을 형식적으로 존속케 하기 위하여 헌법불합치결정을 하는 것인바, 입법자는 되도록 빠른 시일 내에 보상입법을 하여 위헌적 상태를 제거할 의무가 있고, 행정청은 보상입법이 마련되기 전에는 새로 개발제한구역을 지정하여서는 아니 되며, 토지소유자는 보상입법을 기다려 그에 따른 권리행사를 할 수 있을 뿐 개발제한구역의 지정이나 그에 따른 토지재산권의 제한 그 자체의 효력을 다투거나 위 조항에 위반하여 행한 자신들의 행위의 정당성을 주장할 수는 없다(헌재 1988. 12. 24, 89헌마214).

12 다음 중 행정상 손실보상의 원인이라 할 수 없는 것은?

① 부담금의 징수

② 토지수용

③ 전쟁물자의 징발

④ 특허권의 수용

> **TIPS!**
>
> ① 국가 또는 공공단체가 자신이 경영하는 공익사업과 특별한 이해관계가 있는 자에게 그 사업에 필요한 비용의 전부 또는 일부를 부담시키기 위하여 과하는 부담금의 징수는 손실보상의 원인이 되지 않는다.

Answer 11.③ 12.①

13 다음 중 행정상 손실보상의 방법 및 절차에 관한 설명으로 옳지 않은 것은?

① 손실보상은 사업시행자에 의한 현물보상을 원칙으로 한다.
② 손실보상은 토지소유자 또는 관계인에게 개인별로 행하여야 한다.
③ 사업시행자는 동일한 사업지역 안에 보상시기를 달리하는 동일인 소유의 토지 등이 수개 있는 경우 토지소유자 또는 관계인의 요구가 있는 때에는 일괄하여 보상금을 지급하도록 하여야 한다.
④ 사업시행자는 동일한 토지소유자에 속하는 일단의 토지의 일부를 취득 또는 사용하는 경우 당해 공익사업의 시행으로 인하여 잔여지의 가격이 증가하거나 그 밖의 이익이 발생한 때에도 그 이익을 그 취득 또는 사용으로 인한 손실과 상계할 수 없다.

 TIPS!

① 손실보상은 사업시행자에 의한 금전보상을 원칙으로 한다〈공익사업을 위한 토지 등의 취득 및 보상에 관한 법률 제63조 제1항〉.

14 토지수용의 효과에 관한 내용 중 옳지 않은 것은?

① 공용수용에 의한 소유권 취득에는 등기를 요한다.
② 피수용자는 수용의 시기까지 토지·물건을 인도하거나 이전해야 할 의무를 진다.
③ 공용수용에 의한 수용자의 권리취득은 승계취득이 아니고 법률에 의한 원시취득이다.
④ 공용수용으로 인한 권리의 득실의 효과는 협의 또는 재결시에 발생하는 것이 아니라 따로 정하여진 수용의 시기에 발생한다.

TIPS!

① 등기를 하지 않아도 수용의 시기에 권리를 취득한다. 다만 취득한 소유권을 타인에게 처분하기 위하여는 등기가 필요하다.

15 다음 중 행정상 손실보상에 관한 설명으로 옳지 않은 것은?

① 공평부담의 원칙에 기초하고 있다.
② 공용침해에 관한 요건은 갖추었으나 보상규정을 결하고 있는 경우를 수용적 침해라 한다.
③ 재산권에 내재하는 사회적 제약의 범위 내의 침해에 대해서는 보상을 요하지 않는다.
④ 토지보상법은 부대손실을 포함한 완전한 보상을 규정하고 있다.

TIPS!

② 수용유사적 침해에 관한 설명이다. 수용적 침해란 비의도적·비정형적인 침해를 의미한다.

Answer 13.① 14.① 15.②

16 손실보상에 관한 판례의 내용 중 옳지 않은 것은?

① 보상액의 산정은 협의에 의한 경우에는 협의 성립 당시의 가격을, 재결에 의한 경우에는 수용 또는 사용의 재결 당시의 가격을 기준으로 한다.

② 토지가 철새 도래지로서 자연 문화적인 학술가치를 지닌 경우 손실보상의 대상이 된다.

③ 공익상의 필요에 의한 어업면허제한 등으로 인한 손실보상청구권은 공법상의 권리가 아니라 사법상의 권리이다.

④ 공익상의 필요에 의한 어업면허제한 등으로 인한 손실보상청구권은 어업면허에 대한 처분을 한 행정관청이 속한 권리주체인 지방자치단체 또는 국가를 상대로 민사소송으로 직접 손실보상금 지급청구를 하여야 한다.

 TIPS!

② 문화적, 학술적 가치는 특별한 사정이 없는 한 그 토지의 부동산으로서의 경제적, 재산적 가치를 높여주는 것이 아니므로 손실보상의 대상이 될 수 없는 것이므로, 토지가 철새 도래지로서 자연 문화적인 학술가치를 지녔다 하더라도 손실보상의 대상이 될 수 없다(대판 1989. 9. 12, 88누11216).

17 「공익사업을 위한 토지 등의 취득 및 보상에 관한 법률」(토지보상법)상의 공용수용에 관한 설명으로 옳은 것은?

① 공용수용의 목적물은 토지소유권이고 광업권이나 어업권 등은 그 대상이 될 수 없음이 원칙이다.

② 재결에 대한 불복절차로는 중앙토지수용위원회에 제기하는 이의신청과 행정소송이 있는 바, 이의신청 없이 바로 행정소송을 제기할 수 없다.

③ 환매금액에 관하여 다툼이 있는 경우에는 이를 토지수용위원회에 청구할 수 있다.

④ 보상금의 증·감액에 관한 행정소송에서 피고에 재결청을 제외시켜 당사자소송으로 확정하였다.

> TIPS!

④ 보상금증감소송의 당사자로 포함되어 있던 재결청을 당사자에서 제외하여 사업시행자와 피보상자만이 당사자가 되도록 하였다.

① 공용수용의 목적물은 토지소유권뿐만 아니라 광업권이나 어업권 등도 그 대상이 된다.

② 과거 토지수용법은 반드시 이의신청을 거친 후 행정소송을 제기하게 하였으나(필요적 전치절차), 현행 공익사업을 위한 토지 등의 취득 및 보상에 관한 법률은 이의신청 없이도 바로 행정소송을 제기할 수 있게 하였다(임의적 전치절차).

③ 토지의 가격이 취득일 당시에 비하여 현저히 변동된 경우 사업시행자와 환매권자는 환매금액에 대하여 서로 협의하되, 협의가 성립되지 아니하면 그 금액의 증감을 법원에 청구할 수 있다〈공익사업을 위한 토지 등의 취득 및 보상에 관한 법률 제91조 제4항〉.

18 다음 중 생활보상과 관련이 가장 적은 것은?

① 이주대책   ② 소수잔존자보상

③ 도로의 결빙   ④ 잔지보상

Answer 16.② 17.④ 18.③

19 공용수용의 보통절차순서가 옳게 연결된 것은?

> ㉠ 토지·물건의 조서작성　　　　　　　㉡ 협의
> ㉢ 사업인정　　　　　　　　　　　　　㉣ 토지수용위원회의 재결·화해

① ㉠㉡㉢㉣　　　　　　　　　　　　　② ㉠㉢㉡㉣
③ ㉢㉠㉡㉣　　　　　　　　　　　　　④ ㉢㉡㉠㉣

> **TIPS!**
>
> 공용수용의 보통절차로는 사업의 준비절차(수용대상인 토지의 측량·조사, 장해물의 제거 등)도 이에 포함시킬 수 있으나, 그 내용적 절차로서 '사업인정 → 토지조서·물건조서의 작성 → 협의 → 재결·화해'의 4단계에 한정하는 것이 보통이다.

20 손실보상의 지급방법에 대한 설명으로 옳은 것은?

① 손실보상의 원칙적인 방법은 금전보상이다. 금전의 지급방법은 후불, 일괄불, 분할불을 원칙으로 한다.

② 현물보상이란 수용할 물건에 대신하여 일정한 시설물이나 다른 토지를 제공하는 보상방법이다.

③ 채권보상이란 물건에 대한 이용제한으로 종래의 이용목적에 따라 물건을 사용하기 곤란해진 경우 상대방에게 그 물건의 매수청구권을 인정하고 물건을 매수함으로써 실질적으로 보상을 행하는 방법이다.

④ 사업인정을 받은 사업의 경우 대통령령으로 정하는 부재부동산 소유자의 토지에 대한 보상금이 대통령령으로 정하는 일정 금액을 초과할 경우 그 금액에 대해서는 채권보상을 할 수 없다.

> **TIPS!**
>
> ① 손실보상의 원칙적인 방법은 금전보상이다. 금전의 지급방법은 선불, 개별불, 전액일시불을 원칙으로 한다.
>
> ③ 매수보상에 대한 설명이다.
>
> ④ 채권보상은 사업시행자가 국가, 지방자치단체, 그 밖의 대통령령으로 정하는 「공공기관의 운영에 관한 법률」에 따라 지정·고시된 공공기관 및 공공단체인 경우에 토지소유자나 관계인이 원하는 경우 또는 사업인정을 받은 사업의 경우 대통령령으로 정하는 부재부동산 소유자의 토지에 대한 보상금이 대통령령으로 정하는 일정 금액을 초과하는 경우로서 그 초과금액에 대해 보상하는 경우에 해당 사업시행자가 발행하는 채권으로 지급할 수 있다〈공익사업을 위한 토지 등의 취득 및 보상에 관한 법률 제63조 제7항〉.

Answer 19.③　20.②

05 손해전보를 위한 그 밖의 제도

section 1 의의

(1) 전통적 손해전보제도의 흠결

① 위법·무과실의 경우 ··· 전통적으로 손해배상은 위법·과실(유책)을 요건으로 하고, 손실보상은 적법·무과실(무책)을 요건으로 한다. 따라서 위법·무과실의 경우에 대한 구제수단은 흠결로 남게 된다.

② 비의도적인 경우 ··· 손해배상과 손실보상 모두 의도적인 행위로 인한 피해를 구제하기 위한 제도이므로 비의도적인 행위로 인한 피해를 구제할 수 있는 방법이 없게 된다.

POINT 손해보전제도의 요건

구분	위법	적법
과실	손해배상제도	존재불능
무과실	수용유사침해이론	손실보상제도

(2) 종류

① 수용유사침해이론 ··· 위법·무과실의 행정작용에 대한 침해구제

② 수용적 침해이론 ··· 비의도적인 행정작용으로 인한 침해구제

③ 기타 ··· 희생보상청구권, 결과제거청구권 등

section 2 수용유사 침해이론

(1) 의의

법률에 의한 처분 등에 의하여 개인의 재산권에 특별한 희생이 가해졌으나 당해 법률에 보상규정이 없는 경우 그 손실을 전보해주기 위한 법리로서 독일에서 정립된 이론이다.

(2) 성립배경

보상규정을 두지 않은 법률에 따라 행정작용을 집행한 경우 보상규정을 두지 않은 당해 법률은 위법하고 따라서 당해 작용을 집행한 공무원의 행위도 위법하나 법률에 따라 업무를 수행한 공무원에게 과실이 있다고는 할 수 없게 된다. 위법·무과실의 행정작용으로 손해배상과 손실보상 어느 법제에 의해서도 보상을 할 수 없는 불합리한 결과를 배제하기 위하여 이 이론이 정립되었다.

(3) 성립요건

① 공권력의 행사 … 작위·부작위가 모두 포함된다.

② 공용침해 … 공공필요에 의하여 국민의 재산권을 침해하여야 한다.

③ 재산권에 대한 침해 … 재산권은 모든 재산적 가치 있는 권리(소유권은 물론, 무체재산권 그 밖의 공·사법상의 일체의 권리가 포함)이다.

④ 특별한 희생 … 재산권자에게 특별한 희생이 있어야 한다.

⑤ 침해의 위법성 … 침해에 대한 보상규정이 없어 위법하여야 한다.

⑥ 공무원의 과실 … 당해 공무원에게 과실이 없어야 한다.

POINT 국가배상과의 구별

구분	국가배상	수용유사침해
청구권 성립요건	공무원의 불법행위	적법한 특별희생
보상의 범위	완전배상 원칙	완전보상 원칙
특별법상 제한	특별법상 제한 다수	없음
청구절차	임의적 전심절차	전심절차 없음
기타	상당 인과관계에 있는 모든 손해에 대한 배상	공익 및 관계자의 이익을 형량한 보상

(4) 독일에서의 성립과정

① 인정범위 … 독일에서는 이 법리가 널리 인정되어 보상규정이 없더라도 모두 손실보상을 받을 수 있게 되었다. 나아가 수용적 침해이론도 인정하여 행정작용의 비정형적이고 예상하지 못한 침해에 대해서도 손실보상을 인정하게 되었다.

기출PLUS

기출 2008. 4. 12. 행정안전부

수용유사침해보상에 관한 설명으로 옳은 것은?

① 적법한 공행정작용의 비전형적이고 비의도적인 부수적 효과로써 발생한 개인의 재산권에 대한 손해를 전보하는 것을 말한다.

② 분리이론보다는 경계이론과 밀접한 관련이 있다.

③ 통상적인 공용침해가 적법·무책인데 비하여, 수용유사침해는 위법·유책이다.

④ 수용유사침해는 우리 대법원의 판례를 통해서 발전된 이론으로 그에 관한 명시적인 법률규정은 없다.

< 정답 ②

② 인정범위의 제한 ··· 부작용이 대두되자 독일연방헌법재판소는 자갈채취판결을 통해 손실보상규정이 없는 경우에는 손실보상을 청구할 수 없고 당해 행위의 취소소송만을 제기할 수 있도록 하였다. 이 판결로 인해 더 이상 이 법리가 인정될 수 없게 되었다는 견해도 지적되었으나 법리 자체는 인정하되 그 적용을 다소 제한하는 것이라는 견해가 지배적이다.

(5) 우리나라에서의 인정 문제

① 문화방송주식사건 ··· 우리나라는 아직 이 법리를 인정하지 않고 있다. 문화방송주식사건에서 서울고등법원은 이 법리를 인정하여 손실보상을 결정하였으나 대법원은 이 법리의 존재를 언급하였을 뿐 채택 여부를 결정하지 않았고 이후의 판례들은 이 법리를 채택하지 않고 있다.

② 구 「도시계획법」 ··· 구 「도시계획법」상 개발제한구역으로 지정되면 대지의 사용이 제한되므로 손실보상규정이 있어야 하나 구 도시계획법에는 보상규정이 없었다. 따라서 이 법리에 의해 손실을 보상할 것인가가 논의되었으나 판례는 단지 위헌판결을 하여 효력을 상실시킴에 그쳤다. 이후 「개발제한구역의 지정 및 관리에 관한 특별조치법」이 제정되어 보상규정을 마련하게 되었다.

section 3 수용적 침해이론

(1) 의의

독일에서 정립된 것으로 적법한 공행정작용의 비정형적이고 비의도적인 부수적 효과로서 발생한 개인의 재산권에 대한 손해를 전보하여 주기 위한 법리를 말한다. 장기간에 걸친 지하철공사로 인한 인근상가의 고객감소 등이 이에 해당한다. 적법한 행정작용이라 하더라도 그 수인한도를 넘으면 특별한 희생이 되므로 손실을 보상하여야 하나 예측이 어려워 보상규정을 두기가 쉽지 않다. 여기에 이 법리의 의의가 있다.

(2) 수용유사침해이론과의 차이

수용유사침해이론과 달리 적법한 행위에 의한 손해의 전보이고 예측할 수 없는 비의도적인 침해에 대한 구제제도이다.

(3) 성립요건

① 적법한 행정작용에 의한 침해이어야 한다.

② 그 침해는 예상하지 못한 비정형적이고 부수적인 것이어야 한다.

③ 재산권에 대한 침해이어야 한다.

④ 특별한 희생이 있어야 한다.

(4) 우리나라에서의 인정 문제

헌법 제23조 제3항을 유추적용하여 이 법리를 인정하려는 견해와 법률에 규정이 없으면 손실보상은 불가능하므로 인정될 수 없다는 견해가 대립하고 있다.

section 4 희생보상청구권

(1) 의의

희생보상이란 생명·건강·명예·자유 등 비재산적 법익의 침해에 대한 보상을 말한다. 적법·무과실의 작용으로 인한 피해의 구제라는 점에서 손실보상과 같으나 비재산적 침해에 대한 구제라는 점에서 차이가 있다. 예컨대, 범인을 향해 발사한 총탄이 범인을 관통하여 옆사람에게 상해를 입힌 경우 등이다.

(2) 성립요건

① 행정상 적법한 공권력 행사에 의한 침해이어야 한다.

② 공공필요에 의한 침해이어야 한다.

③ 생명·건강·명예·자유 등 비재산권에 대한 침해이어야 한다.

④ 특별한 희생이 있어야 한다.

(3) 우리나라에서의 인정 문제

실정법상 일반적으로 희생보상청구권을 인정하고 있지는 않다. 다만 「소방기본법」, 「산림자원의 조성 및 관리에 관한 법률」, 「감염병의 예방 및 관리에 관한 법률」 등에서 개별적으로 인정하는 경우가 있다. 판례도 실정법상 근거가 없는 경우에는 이 권리를 인정하지 않고 있다.

기출PLUS

기출 2006. 9. 24. 중앙선거관리위원회

「감염병의 예방 및 관리에 관한 법률」 제54조의 2에 의할 경우 국가는 동법규정에 의해 예방접종을 받은 자가 그 예방접종으로 인하여 질병에 걸리거나 장애인이 된 경우나 사망한 경우에는 대통령령이 정하는 기준과 절차에 따라서 보상을 하여야 하는데 이러한 보상과 관련이 깊은 것은?

① 생활보상
② 희생보상청구권
③ 간접손실보상
④ 「헌법」상의 결과제거청구권

기출 2006. 6. 11. 경상남도

다음 중 결과제거청구권의 요건에 해당하지 않는 것은?

① 고의·과실의 존재
② 위법한 상태의 계속
③ 법률상 이익의 침해
④ 위법한 상태의 존재

＜정답 ②, ①

section 5 결과제거청구권

(1) 의의

행정작용으로 인한 위법한 권리침해상태가 지속되어 법률상의 이익을 침해받고 있는 자가 그 위법한 상태를 제거하여 침해 이전의 상황을 회복하여 줄 것을 청구하는 권리를 말한다. 위법하게 설치된 시설의 철거, 공무원의 명예훼손적인 발언의 취소 등을 구하는 경우 등이 이에 해당한다.

(2) 인정근거

「헌법」 제10조, 제23조, 제37조 등 기본권 조항에서 찾는 견해도 있고 「민법」 제214조 등 방해배제청구권조항에서 찾는 견해도 있다.

(3) 성립요건

① 행정작용(권력작용, 사실행위 등 모두 포함)으로 인한 침해가 있어야 한다.

② 위법한 상태가 지속되고 있어야 한다.

③ 개인의 법률상의 이익이 침해되고 있어야 한다.

④ 원상회복이 가능하고 법적으로 허용되며 행정청의 수인한계 내의 것인 때에만 인정된다. 원상회복조치에 과다한 비용이 소요되는 경우에는 인정되지 않고 그로 인한 손해배상만이 인정된다.

(4) 구제절차

결과제거청구권을 공권으로 보는 견해와 사권으로 보는 견해가 대립하고 있다. 공권으로 본다면 그 쟁송절차는 공법상의 당사자소송에 의해야 한다. 다만, 우리의 소송실무상으로는 민사소송으로 다루고 있다.

1 다음 중 수용유사침해에 대한 설명으로 옳은 것은?

① 수용유사침해란 타인의 재산권에 대한 위법·무책한 공용침해를 말한다.

② 독일의 자갈채취사건에서 수용유사침해법리를 적용하여 손실보상의 청구가 가능하다고 판결하고 있다.

③ 우리나라 대법원은 문화방송주식사건에서 이 법리를 명시적으로 인정하였다.

④ 전통적인 손해전보제도의 흠결을 보완해주지 못한다.

> **TIPS!**
>
> ① 수용유사침해란 법률에 재산권의 수용·사용·제한 등을 규정하고 있으면서도 보상규정은 두고 있지 않아, 당해 법률은 위헌이 되고 그에 기한 재산권의 침해행위는 위법이 되지만 집행한 공무원에게 고의·과실이 있다고 보기 어려우므로 유책이라 할 수 없는 경우에 적용되는 이론이다.
> ② 독일 연방 헌법재판소는 자갈채취사건에서 수용유사침해법리에 따른 보상청구를 제한하는 판결을 하고 있다.
> ③ 문화방송주식사건에서 고등법원은 수용유사침해이론을 인정하였으나 대법원은 이 이론의 인정을 유보하였다.
> ④ 위법·유책인 경우에 적용되는 손해배상제도와 적법·무책인 경우에 적용되는 손실보상제도 사이의 괴리를 메우는 기능을 한다.

2 다음 중 수용유사침해에 해당하는 것은?

① 공무원의 공석에서의 명예훼손발언

② 제방의 설치 하자로 인한 수해

③ 개발제한구역의 지정

④ 지하철공사로 인한 인근상점의 매출 감소

> **TIPS!**
>
> 수용유사침해란 보상규정을 결한 법률에 근거한 공용침해를 말하는 것으로 구 도시계획법은 개발제한구역의 지정을 규정하면서도 보상규정을 두지 않아 학계에서는 이를 수용유사침해에 해당한다고 설명하였다. 다만, 판례는 위헌 무효로 판결함에 그치고 보상을 인정하지는 않았다.
> ① 결과제거청구권이 발생한다.
> ② 손해배상청구권이 발생한다.
> ④ 수용적 침해이론이 적용된다.

Answer 1.① 2.③

3 다음 중 수용적 침해이론에 관한 설명으로 옳지 않은 것은?

① 예측할 수 없는 피해 등 보상규정을 두기 어려운 경우에 적용된다.
② 적법한 행정작용으로 인한 비정형적 손실이 발생한 경우에 관한 이론이다.
③ 우리나라 대법원도 이를 인정하고 있다.
④ 행정기관이 의도하지 않은 손실이 발생하는 경우에 대상이 된다.

 TIPS!

독일 연방사법재판소에 의하여 정립된 이론으로서 적법한 공행정작용의 비전형적이고 비의도적인 부수적 효과로서 발생한 개인의 재산권에 대한 피해를 전보하려는 것을 그 내용으로 한다. 이러한 손해에 대해 보상규정이 없는 경우 그 침해의 위법성을 불문하고 이를 전보하고자 구성한 법리이다.
③ 우리나라 대법원은 아직 이를 명시적으로 언급한 판결이 없다.

4 다음 중 희생보상청구권의 요건에 해당하지 않는 것은?

① 행정상 공권력 행사
② 적법한 행위
③ 재산권 침해
④ 특별한 희생

TIPS!

③ 희생보상청구권은 생명·건강·명예·자유 등과 같은 비재산적 법익의 침해에 대한 보상을 말하므로 재산권 침해는 그 요건이 될 수 없다.
※ 희생보상청구권의 요건
  ㉠ 행정상 적법한 공권력 행사에 의한 침해이어야 한다.
  ㉡ 공공필요에 의한 침해이어야 한다.
  ㉢ 생명·건강·명예·자유 등 비재산권에 대한 침해이어야 한다.
  ㉣ 특별한 희생이 있어야 한다.

Answer 3.③ 4.③

5 행정상 결과제거청구권의 내용에 관한 설명으로 옳지 않은 것은?

① 당해 행정작용으로 인한 부수적인 불이익의 제거도 행정상 결과제거청구권의 대상이 될 수 있다.

② 행정상 결과제거청구권은 원칙적으로 제3자에게 일정한 행위를 하도록 요구할 수 있는 것은 아니다.

③ 행정상 결과제거청구권은 결과제거로 인하여 원래의 상태나 이와 같은 가치를 갖는 상태의 회복이 사실상 가능하고 법률상 허용되어야 한다.

④ 행정상 결과제거청구권은 위법적인 상태가 그 사이에 적법하게 된 경우에는 더 이상 주장되지 못한다.

> **TIPS!** --

① 행정상 결과제거청구권은 행정작용으로 발생한 직접적인 위법적 결과만을 대상으로 한다. 당해 행정작용으로 인한 부수적인 불이익의 제거는 다른 청구권의 대상이 될 뿐이다.

※ 행정상 결과제거청구권의 성립요건
  ㉠ 행정작용(권력작용, 사실행위 등 모두 포함)으로 인한 침해가 있어야 한다.
  ㉡ 위법한 상태가 지속되고 있어야 한다.
  ㉢ 개인의 법률상의 이익이 침해되고 있어야 한다.
  ㉣ 원상회복이 가능하고 법적으로 허용되며 행정청의 수인한계 내의 것인 때에만 인정된다. 원상회복조치에 과다한 비용이 소요되는 경우에는 이 권리는 인정되지 않고 그로 인한 손해배상만이 인정된다.

Answer 5.①

06 행정쟁송

TIP

행정상 분쟁의 판정기관
㉠ 일반 사법재판소인 경우 : 영·미법계 국가의 사법국가형
㉡ 독립된 행정재판소인 경우 : 독일, 프랑스 등 대륙법계 국가의 행정국가형

section 1 의의

(1) 의의

행정쟁송이란 행정상 법률관계에 있어서의 다툼을 심리·판정하는 절차를 말한다. 행정주체의 위법·부당한 행정작용으로 인하여 권리·이익을 침해받은 자가 직접 그 효력을 다툴 수 있게 하고 일정한 판정기관이 그에 대한 유권적 판단을 하는 제도를 통해 법치주의와 국민의 기본권 보장을 구현함이 목적이다.

① 개념
  ㉠ 광의 : 행정상의 분쟁에 대한 유권적 판정절차를 총칭하는 것으로서 심판기관(행정기관 또는 법원)이나 심판절차(정식절차 또는 약식절차)를 가리지 아니한다.
  ㉡ 협의 : 행정기관(일반 행정청 또는 행정부 소속 특별행정재판소)이 행정상의 분쟁을 판정하는 절차를 의미한다.

② 행정쟁송과 행정소송의 관계 … 행정쟁송이 광·협의 의미를 가지고 있는 데 비하여, 행정소송은 행정상 분쟁의 판정기관이 독립한 재판소의 구조를 가지고 정식소송절차를 거쳐 판정하는 경우를 의미한다.

(2) 우리나라의 행정쟁송제도

① 사법국가형 … 우리나라는 독립된 행정재판소를 두지 않고 행정사건도 일반법원의 관할로 하는 사법제도국가이다〈헌법 제107조 제2항〉.

② 행정쟁송제도의 특수성 … 행정사건에 대하여 행정의 자율적 통제기회의 보장 또는 구제수단으로서의 간이성·신속성 등 제도적 장점을 이유로 행정심판전치주의를 취하고 있었으나, 1994년 7월 14일의 행정소송법 개정에 의하여 행정심판을 임의적 절차로 규정하는 한편, 1995년 12월 6일 행정심판법 개정을 통해 행정심판의 권리구제기능을 강화하고 있다.

section 2 행정쟁송의 종류

(1) 정식쟁송과 약식쟁송(절차에 의한 분류)

① 정식쟁송 … 심판기관이 독립된 지위를 가지며 당사자에게 구두변론의 기회가 보장되는 절차를 말한다. 행정소송이 이에 해당한다.

② 약식쟁송 … 심판기관의 독립성이나 구두변론의 기회가 제한되는 등의 절차를 말한다. 당사자주의가 채택되어 있지 않은 쟁송으로 행정심판이 이에 해당한다.

(2) 시심적 쟁송과 복심적 쟁송(단계에 의한 분류)

① 시심적 쟁송 … 행정법관계의 형성 또는 존부를 결정하는 쟁송을 말한다. 학문상 재결신청과 같은 당사자쟁송이 이에 해당한다.

② 복심적 쟁송 … 이미 행하여진 행정작용의 위법·부당성을 심판하는 절차를 말한다. 항고쟁송(행정심판, 행정소송 등)이 이에 해당한다.

(3) 항고쟁송과 당사자쟁송(성질에 의한 분류)

① 항고쟁송 … 이미 행하여진 행정청의 처분의 위법·부당을 이유로 그 취소·변경을 구하는 쟁송으로서 실정법상 이의신청, 심판청구, 행정심판, 항고소송 등으로 불린다. 취소심판, 무효등확인심판, 의무이행심판, 취소소송, 무효등확인소송, 부작위위법확인소송 등이 이에 해당한다.

② 당사자쟁송 … 행정법상 대등한 두 당사자 사이에서의 법률관계의 형성·존부에 관한 다툼에 대하여 그 심판을 구하는 절차로서 실정법상으로는 재결, 당사자소송 등으로 불린다. 형식적 당사자소송과 실질적 당사자소송 등이 이에 해당한다.

※ 항고쟁송은 모두 복심적 쟁송이고 당사자쟁송은 모두 시심적 쟁송이다.

(4) 주관적 쟁송과 객관적 쟁송(목적에 의한 분류)

① 주관적 쟁송 … 행정청의 처분으로 인하여 개인의 권리·이익이 침해된 경우에 그 구제를 구하는 쟁송을 말한다. 항고쟁송, 당사자쟁송 등이 이에 해당한다.

② 객관적 쟁송 … 개인적인 권익의 보호와는 관계없이 공익의 보호 또는 법규적용의 객관적인 적정을 직접 목적으로 하는 쟁송이다. 즉, 행정작용의 적법·타당성을 확보하기 위해 인정되는 것으로서 개인의 권익 침해를 요건으로 하지 않는다. 이는 법률의 명시적 규정이 있는 경우에만 인정된다. 민중쟁송, 기관쟁송 등이 이에 해당한다.

행정쟁송의 구분

㉠ 분쟁의 전제 여부에 의한 구분
  • 실질적 쟁송 : 분쟁의 존재를 전제로 하여 이를 해결하기 위한 절차 (행정심판, 행정소송)
  • 형식적 쟁송 : 분쟁을 전제로 하지 않고 청문 등을 거침으로써 사전에 분쟁을 예방하는 절차(행정절차)

㉡ 목적에 의한 구분
  • 주관적 쟁송 : 쟁송제기권자의 개인적 권익의 보호를 직접 목적으로 하는 쟁송(항고쟁송, 당사자쟁송)
  • 객관적 쟁송 : 개인적인 권익의 보호와 관계없이 공익의 보호 또는 적용법규의 객관적 적정을 직접 목적으로 하는 쟁송(민중쟁송, 기관쟁송)

(5) 민중쟁송과 기관쟁송(주체에 의한 분류)

① 민중쟁송 … 적정한 행정법규의 적용을 확보하기 위하여 선거인 등 일반 민중에 의하여 제기되는 쟁송을 말한다. 「공직선거법」상의 선거소송이 이에 해당한다.

② 기관쟁송 … 법규 적용의 적정을 확보하기 위하여 국가 또는 공공단체의 기관 상호 간의 관계에 있어 인정되는 쟁송을 말한다. 「지방자치법」상 지방자치단체의 장이 지방의회 의결의 위법을 이유로 대법원에 제소하는 경우 등이 이에 해당한다.

(6) 행정심판과 행정소송(심판기관에 의한 분류)

① 행정심판 … 행정기관이 행정법상의 분쟁에 대하여 심리·판정하는 절차를 말한다.

② 행정소송 … 법원이 행정법상의 분쟁에 대하여 심리·판정하는 절차를 말한다. 「행정소송법」상 행정심판은 원칙적으로 임의절차이나, 예외적으로 공무원관계법률, 「도로교통법」, 조세관계법률은 행정심판전치주의를 취한다.

[행정심판과 행정소송]

구분	행정심판	행정소송
공통점	소송대상의 개괄주의, 불고불리의 원칙, 불이익변경금지의 원칙, 직권 증거조사주의, 단기제소기간, 집행부정지원칙, 사정재결·사정판결	
본질	행정통제적 성격	행정구제적 성격
대상	위법·부당한 처분, 부작위	위법한 처분, 부작위
판정기관	행정심판위원회	법원
절차	약식쟁송	정식쟁송
제소기간	처분이 있음을 안 날로부터 90일, 처분이 있은 날로부터 180일 이내	• 행정심판을 거치는 경우 : 재결서의 정본을 송달받은 날로부터 90일, 재결이 있은 날로부터 1년 이내 • 행정심판을 거치지 않는 경우 : 처분 등이 있음을 안 날로부터 90일, 처분 등이 있은 날로부터 1년 이내
심리	구술·서면심리	구두변론
공개	비공개원칙	공개원칙
내용	적극적 변경 가능	소극적 변경(일부 취소)만 가능
종류	취소심판, 무효등확인심판, 의무이행심판, 당사자심판, 민중심판, 기관심판	취소소송, 무효등확인소송, 부작위 위법확인소송, 당사자소송, 민중소송, 기관소송

section 3 행정쟁송의 분류

　현행법상 행정쟁송은 행정심판과 행정소송으로 나눌 수 있다. 행정심판은 취소심판, 무효등확인심판, 의무이행심판으로 나뉜다. 행정소송은 주관적 소송과 객관적 소송으로 나누고 주관적 소송은 다시 항고소송과 당사자소송, 객관적 소송은 민중소송과 기관소송으로 나뉜다.

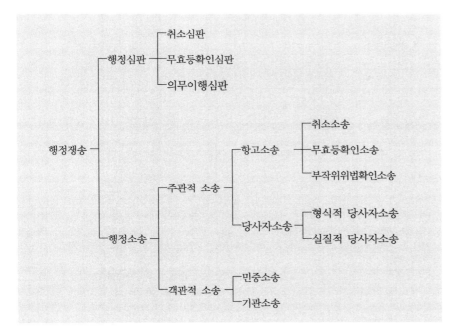

1 다음 중 의무이행심판에 대한 설명으로 옳은 것은?

① 항고쟁송

② 정식쟁송

③ 시심적 쟁송

④ 객관적 쟁송

> **TIPS!**
>
> ① 의무이행심판은 약식쟁송이고 복심적 쟁송이며 주관적 쟁송 중 항고쟁송에 해당한다.
>
> ※ 행정쟁송의 종류
>
> ㉠ 절차에 의한 분류
> - 정식쟁송 : 심판기관이 독립된 지위를 가지며 당사자에게 구두변론의 기회가 보장되는 절차를 말한다. 행정소송이 이에 해당한다.
> - 약식쟁송 : 심판기관의 독립성이나 구두변론의 기회가 제한되는 등의 절차를 말한다. 행정심판이 이에 해당한다.
>
> ㉡ 단계에 의한 분류
> - 시심적 쟁송 : 행정법관계의 형성 또는 존부를 결정하는 쟁송을 말한다. 당사자쟁송이 이에 해당한다.
> - 복심적 쟁송 : 이미 행하여진 행정작용의 위법·부당성을 심판하는 절차를 말한다. 항고쟁송이 이에 해당한다.
>
> ㉢ 성질에 의한 분류
> - 항고쟁송 : 이미 행하여진 행정청의 처분의 위법·부당을 이유로 그 취소·변경을 구하는 쟁송으로서 실정법상 이의신청, 심판청구, 행정심판, 항고소송 등으로 불린다. 취소심판, 무효등확인심판, 의무이행심판, 취소소송, 무효등확인소송, 부작위위법확인소송 등이 이에 해당한다.
> - 당사자쟁송 : 행정법상 대등한 두 당사자 사이에서의 법률관계의 형성·존부에 관한 다툼에 대하여 그 심판을 구하는 절차로서 실정법상으로는 재결, 당사자소송 등으로 불린다. 형식적 당사자소송과 실질적 당사자소송 등이 이에 해당한다.
>
> ㉣ 목적에 의한 분류
> - 주관적 쟁송 : 행정청의 처분으로 인하여 개인의 권리·이익이 침해된 경우에 그 구제를 구하는 쟁송을 말한다. 항고쟁송, 당사자쟁송 등이 이에 해당한다.
> - 객관적 쟁송 : 행정작용의 적법·타당성을 확보하기 위해 인정되는 것으로서 개인의 권익 침해를 요건으로 하지 않는다. 이는 법률의 명시적 규정이 있는 경우에만 인정된다. 민중쟁송, 기관쟁송 등이 이에 해당한다.
>
> ㉤ 주체에 의한 분류
> - 민중쟁송 : 적정한 행정법규의 적용을 확보하기 위하여 선거인 등 일반 민중에 의하여 제기되는 쟁송을 말한다. 공직선거법상의 선거소송이 이에 해당한다.
> - 기관쟁송 : 국가 또는 공공단체의 기관 상호 간의 관계에 있어 인정되는 쟁송을 말한다. 지방자치법상 지방자치단체의 장이 지방의회 의결의 위법을 이유로 대법원에 제소하는 경우 등이 이에 해당한다.
>
> ㉥ 심판기관에 의한 분류
> - 행정심판 : 행정기관이 행정법상의 분쟁에 대하여 심리·판정하는 절차를 말한다.
> - 행정소송 : 법원이 행정법상의 분쟁에 대하여 심리·판정하는 절차를 말한다. 행정소송법상 행정심판은 원칙적으로 임의절차이나 예외적으로 공무원관계법률, 도로교통법, 조세관계법률은 행정심판전치주의를 취한다.

Answer 1.①

2 무효인 관세처분을 다투기 위한 관세과오납금반환청구소송은 어느 것에 해당하는가?

① 시심적 쟁송
② 복심적 쟁송
③ 항고쟁송
④ 약식쟁송

 TIPS!

① 관세과오납금반환청구소송은 처분의 효력 자체를 다투는 것이 아니므로 당사자쟁송에 의한다. 당사자쟁송은 시심적 쟁송에 해당한다.

3 다음 중 행정심판에 관한 설명으로 옳지 않은 것은?

① 행정청의 자기통제 및 사법작용의 보충기능을 수행한다.
② 행정소송에 대한 전심적 절차에 해당한다.
③ 행정심판이 제기되어도 관련처분의 집행은 정지되지 않는다.
④ 재결에 대해 불복이 있는 처분청은 행정소송을 제기할 수 있다.

 TIPS!

④ 청구인은 행정심판의 재결에 대해 취소소송 등을 제기해 이를 다툴 수 있으나 처분청은 이를 제기할 수 없다.

4 다음 중 행정심판과 행정소송의 관계에 관한 설명으로 옳지 않은 것은?

① 행정심판의 판정기관은 행정기관이나 행정소송의 판정기관은 법원이다.
② 현재 임의적 행정심판전치주의가 채택되고 있다.
③ 행정심판은 위법성과 부당성을 모두 심사할 수 있으나, 행정소송은 위법성만을 심사할 수 있다.
④ 행정심판에는 집행부정지의 원칙이 적용되나, 행정소송에서는 집행부정지의 원칙이 적용되지 않는다.

 **TIPS!**

④ 행정심판과 행정소송 모두 집행부정지의 원칙이 적용된다. 이외에 사정재결·사정판결도 양자 모두에 적용된다.

5 행정쟁송의 기능에 관하여 가장 바르게 설명한 것은?

① 법치국가의 실현
② 행정의 자율성 보장
③ 국민의 권익구제와 행정통제
④ 사법의 독립성 보호

TIPS!

③ 행정쟁송은 국민의 권익구제기능과 행정의 자기통제기능을 가진다. 오늘날 권익구제기능이 주된 기능이고, 행정통제기능은 부수적 기능에 해당한다.

Answer 4.④ 5.③

07 행정심판

기출PLUS

section 1 의의

(1) 개념

행정심판이란 헌법 제107조 제3항에 따라 인정되는 행정기관에 의한 행정쟁송절차를 의미하나 행정심판법에는 행정심판의 구체적 형태에 대해 규정하고 있지 않아 견해의 다툼이 있다. 유사한 소송전 절차로 이의신청, 심사청구 등이 존재하나 판례는 헌법 제107조 제3항의 문언에 따라 사법절차의 준용여부를 기준으로 행정심판의 실질을 파악하고 있다.

> **판례** 헌법 제107조 제3항은 "재판의 전심절차로서 행정심판을 할 수 있다. 행정심판의 절차는 법률로 정하되, 사법절차가 준용되어야 한다"고 규정하고 있으므로, 어떤 행정심판을 필요적 전심절차로 규정하면서도 그 절차에 사법절차가 준용되지 않는다면 이는 위 헌법조항, 나아가 재판청구권을 보장하고 있는 헌법 제27조에도 위반되며, 헌법 제107조 제3항은 사법절차가 "준용"될 것만을 요구하고 있으나 판단기관의 독립성과 공정성, 대심적 심리구조, 당사자의 절차적 권리보장 등의 면에서 사법절차의 본질적 요소를 현저히 결여하고 있다면 "준용"의 요청마저 위반된다(헌재 2001. 6. 28. 2000헌바30).

(2) 유사개념과의 구별

① 이의신청과의 구별
  ㉠ 처분청의 상급행정청에 제기하는 행정심판과 달리, 이의신청은 처분청에 재심사를 구하는 행정쟁송이다.
  ㉡ 행정심판은 일반법이 존재하나, 이의신청은 개별법의 규정에 따른다.

② 청원과의 구별
  ㉠ 행정심판은 권리구제를 위한 행정쟁송이고, 청원은 국정에 대한 국민의 의사표시 보장제도이다.
  ㉡ 행정심판은 불가쟁력·불가변력 등의 효력이 발생하지만, 청원은 발생하지 않는다.

③ 직권취소와의 구별
  ㉠ 행정의 자율적 통제수단이라는 공통점이 있다.
  ㉡ 행정심판은 권익을 침해당한 자의 심판제기로 개시되나, 직권취소는 행정청 스스로 발의한다는 차이가 있다.

기출 2016. 4. 9. 인사혁신처

행정심판에 대한 설명으로 옳지 않은 것은?

① 행정청의 위법·부당한 거부처분이나 부작위에 대하여 일정한 처분을 하도록 하는 의무이행심판은 현행법상 인정된다.

② 행정심판위원회는 심판청구의 대상이 되는 처분보다 청구인에게 불리한 재결을 하지 못한다.

③ 행정심판의 재결에 대해서는 재결 자체에 고유한 위법이 있음을 이유로 하는 경우에 한하여 다시 행정심판을 청구할 수 있다.

④ 행정심판위원회는 당사자의 신청에 의한 경우는 물론 직권으로도 임시처분을 결정할 수 있다.

＜정답 ③

④ 진정과의 구별

    ㉠ 진정은 권리 행사가 아닌 단순한 희망을 진술하는 행위라는 점에서 행정심판과의 차이를 가지며, 진정을 받아들여 행정청이 취소·변경을 하더라도 직권에 의한 행위일 뿐이다.

    ㉡ 판례는 그 실질이 행정심판에 해당한다면 행정심판으로 인정해야 한다고 한다.

(3) 행정심판의 존재 의의

    행정심판은 행정기관이 스스로 심리·판정함으로써 심판받아야 할 자가 오히려 심판자의 지위에 서게 되어 공정한 구제절차로 보기 어렵다. 그럼에도 불구하고 다음과 같은 이유에서 그 존재 의의를 찾을 수 있다.

① **자율적 행정통제** … 행정권의 자율적인 자기통제를 통해 행정의 적법·타당성을 확보할 수 있다.

② **행정기능의 보완** … 양적으로 확대되고 질적으로 전문화된 행정상의 다양한 분쟁에 관해 행정권이 사법법원보다 더 합리적인 해결을 도모할 수 있다.

③ **소송의 비용·시간 경감** … 소송에 따르는 비용과 시간을 줄일 수 있다.

④ **법원의 부담 경감** … 행정심판단계에서 일정 정도의 분쟁이 일차적으로 해결됨으로써 법원의 업무 부담을 줄일 수 있다.

section 2 행정심판의 종류

(1) 개설

    행정심판도 행정쟁송이므로 그 성질에 따라 주관적 쟁송과 객관적 쟁송으로 나눌 수 있으나, 현행 「행정심판법」은 이 중 항고심판만을 규정하고 있다. 행정권 내의 심판기관을 기준으로 처분청 자신이 직접 심판하는 이의신청과 처분청의 상급행정청이 행하는 행정심판으로 구분할 수도 있다.

(2) 행정심판법상 행정심판의 종류

① **취소심판**

    ㉠ **의의**: 행정청의 위법 또는 부당한 처분의 취소 또는 변경을 구하는 심판이다. 복심적 쟁송이자 항고쟁송으로서 행정심판의 주류를 이룬다.

    ㉡ **성질**: 취소심판은 위법·부당한 처분을 취소·변경함으로써 당해 법률관계를 소멸·변경시키는 형성적 성질을 가진다(통설).

ⓒ 특징 : 단기제소기간, 서면심리주의, 비공개원칙, 집행부정지의 원칙, 사정재결 등이 적용된다.

ⓐ 재결 : 위원회는 처분의 취소·변경을 명하거나 직접 취소·변경할 수 있다.

② 무효등확인심판

　　ⓐ 의의 : 행정청의 처분의 효력 유무 또는 존재 여부에 대한 확인을 구하는 심판으로 외관이 존재하는 처분의 유·무효 또는 존재 여부에 대한 유권적 확정의 필요에서 인정되는 행정심판이다. 여기에는 유효·무효·실효·존재·부존재확인심판이 있다.

　　ⓑ 성질 : 형식적으로는 형성적 쟁송이나 실질적으로는 확인적 쟁송이다(통설).

　　ⓒ 특징 : 취소심판과는 달리 청구기간의 제한, 사정재결이 적용되지 않는다.

　　ⓓ 재결 : 청구가 이유있는 경우에 위원회는 처분의 유효·무효·실효·존재·부존재확인재결을 한다.

③ 의무이행심판

　　ⓐ 의의 : 행정청의 위법·부당한 거부처분 또는 부작위에 대하여 일정한 처분을 하도록 하는 심판이다. 이는 소극적 행정작용으로 인한 국민의 권익 침해를 구제하기 위한 쟁송수단이다. 「행정소송법」에는 의무이행소송 대신 부작위위법확인소송만을 규정하고 있다.

　　ⓑ 성질 : 의무이행심판은 행정청에 일정한 처분을 할 것을 명하는 재결을 구하는 것이므로 이행적 쟁송의 성질을 가진다.

　　ⓒ 특징 : 거부처분에 대한 의무이행심판은 청구기간의 제한을 받지만 부작위에 대한 의무이행심판은 청구기간의 제한을 받지 않는다. 의무이행심판에는 집행부정지의 원칙이 적용되지 않는다.

　　ⓓ 재결 : 위원회는 청구가 이유 있다고 인정할 때에는 지체 없이 신청에 따른 처분을 하거나 이를 행할 것을 처분청에 명할 수 있다.

[취소심판·무효등확인심판·의무이행심판]

구분	취소심판	무효등확인심판	의무이행심판
공통점	불고불리의 원칙, 직권심리주의, 서면심리주의, 구술심리주의, 비공개의 원칙, 재결청이 처분을 명하거나 직접·처분을 할 수 있음		
성질	형성적	• 형식상 형성적 • 실질상 확인적	이행적
단기제소 기간	적용됨	적용 안됨	• 거부처분은 적용됨 • 부작위는 적용 안됨
집행부정지의 원칙	적용됨	적용됨	적용 안됨
사정재결	적용됨	적용 안됨	적용됨

기출PLUS

기출 2009. 4. 11. 행정안전부

갑은 관할 행정청에 하천점용허가를 신청하였으나, 이에 대하여 관할 행정청은 상당한 기간이 경과하여도 아무런 응답이 없었다. 이 경우 갑의 현행 행정쟁송법상의 권리구제수단에 관한 설명으로 옳은 것은?

① 갑은 의무이행심판을 청구하거나 취소소송을 제기하여 권리구제를 받을 수 있다.
② 갑은 의무이행심판을 제기할 수 있으며, 의무이행심판의 인용재결이 내려질 경우 하천점용허가는 기속행위이므로 관할 행정청은 갑의 신청대로 처분을 하여야 한다.
③ 갑은 의무이행소송을 제기하여야 하며, 이 소송에서 법원은 행정청이 발급하여야 할 실체적 처분의 내용까지 심리할 수 있다는 것이 판례의 입장이다.
④ 갑은 의무이행심판을 청구하거나 부작위위법확인소송을 제기하여 권리구제를 받을 수 있다.

❮정답 ④

기출PLUS

기출 2013. 9. 7. 국회사무처

행정심판위원회에 관한 설명 중 옳지 않은 것은?

① 행정심판위원회는 심판청구사건에 대하여 심리권과 재결권을 가진다.

② 행정심판위원회는 당사자의 신청 또는 직권에 의하여 집행정지결정을 할 수 있다.

③ 행정심판위원회는 처분 또는 부작위가 위법·부당하다고 상당히 의심되는 경우로서 당사자가 받을 우려가 있는 중대한 불이익이나 급박한 위험을 막기 위하여 필요한 경우 직권으로 또는 당사자의 신청에 의하여 임시처분을 결정할 수 있다.

④ 중앙행정심판위원회는 심판청구의 심리·재결시 처분 또는 부작위의 근거가 되는 명령 등이 크게 불합리한 경우 관계 행정기관에 그 개정·폐지 등 적절한 시정조치를 요청할 수 있다.

⑤ 행정심판위원회는 처분의 이행을 명하는 재결에도 불구하고 피청구인이 처분을 하지 않는 경우에는 당사자의 신청 또는 직권으로 기간을 정하여 서면으로 시정을 명하고 그 기간에도 이행하지 않으면 직접 처분을 할 수 있다.

◀정답 ⑤

section 3 행정심판의 대상

심판사항에 대하여 개괄주의를 채택함으로써 행정청의 위법·부당한 처분 또는 부작위에 대하여 일반적으로 행정심판을 제기할 수 있다. 다만, 대통령의 처분·부작위에 대하여는 다른 법률에 특별한 규정이 있는 경우를 제외하고는 행정심판을 제기할 수 없고, 직접 행정소송을 제기하도록 하였다.

(1) 행정청

행정심판은 행정청의 처분 또는 부작위를 대상으로 한다. 여기서 행정청이라 함은 국가 또는 지방자치단체의 행정에 관한 의사를 결정·표시할 수 있는 권한을 가진 행정기관을 의미한다. 이에는 법령에 의하여 권한의 위임이나 위탁을 받은 행정기관 및 공공단체나 사인도 포함된다.

(2) 처분

「행정심판법」은 "행정심판대상으로서의 처분이란 행정청이 행하는 구체적 사실에 관한 법 집행으로서의 공권력의 행사 또는 그 거부와 그 밖에 이에 준하는 행정작용을 말한다."고 규정하고 있다.

① **공권력의 행사** … 공권력의 행사에는 학문상의 행정행위뿐 아니라 권력적 사실행위도 포함된다.

② **거부처분** … 현재의 법률상태를 변동시키지 않으려는 의사의 표현으로서 소극적 공권력 행사를 말한다. 이에는 명시적으로 거부의 의사를 표시하는 거부처분 외에도 법령에 일정한 기간 내에 처분이 없으면 이를 거부한 것으로 본다는 규정이 있는 경우 거부처분으로 의제되는 간주거부가 있다. 거부처분에 대해서는 취소심판을 제기할 수도 있고 의무이행심판을 제기할 수도 있다.

▶POINT 간주거부와 부작위 … 모두 행정청이 아무런 행위도 하지 않고 있다는 점에서 외형상 같으나, 간주거부는 거부처분에 해당하므로 제소기간의 제한을 받으나 부작위는 제소기간의 제한을 받지 않는다.

③ **그 밖에 이에 준하는 행정작용** … 행정심판의 대상을 넓히기 위한 일종의 포괄적인 개념으로서 행정수단이 다양화되고 있는 오늘날 이에 해당하는 행정작용을 규명하고 정리하는 것은 학계의 과제로 남아있다.

(3) 부작위

행정심판법상 부작위란 행정청이 당사자의 신청에 대하여 상당기간 내에 일정한 처분을 해야 할 법률상의 의무가 있음에도 불구하고 이를 하지 않는 것을 말한다.

(1) 행정심판위원회의 설치

① 다음의 행정청 또는 그 소속 행정청(행정기관의 계층구조와 관계없이 그 감독을 받거나 위탁을 받은 모든 행정청을 말하되, 위탁을 받은 행정청은 그 위탁받은 사무에 관하여는 위탁한 행정청의 소속 행정청으로 봄)의 처분 또는 부작위에 대한 행정심판의 청구(이하 심판청구)에 대하여는 다음의 행정청에 두는 행정심판위원회에서 심리·재결한다.

  ㉠ 감사원, 국가정보원장, 그 밖에 대통령령으로 정하는 대통령 소속기관의 장

  ㉡ 국회사무총장·법원행정처장·헌법재판소사무처장 및 중앙선거관리위원회사무총장

  ㉢ 국가인권위원회, 그 밖에 지위·성격의 독립성과 특수성 등이 인정되어 대통령령으로 정하는 행정청

② 다음의 행정청의 처분 또는 부작위에 대한 심판청구에 대하여는 「부패방지 및 국민권익위원회의 설치와 운영에 관한 법률」에 따른 국민권익위원회에 두는 중앙행정심판위원회에서 심리·재결한다.

  ㉠ ①에 따른 행정청 외의 국가행정기관의 장 또는 그 소속 행정청

  ㉡ 특별시장·광역시장·특별자치시장·도지사·특별자치도지사(특별시·광역시·특별자치시·도 또는 특별자치도의 교육감을 포함) 또는 특별시·광역시·도·특별자치시·도의 의회(의장, 위원회의 위원장, 사무처장 등 의회 소속 모든 행정청을 포함)

  ㉢ 「지방자치법」에 따른 지방자치단체조합 등 관계 법률에 따라 국가·지방자치단체·공공법인 등이 공동으로 설립한 행정청. 단, ③의 ㉢에 해당하는 행정청은 제외한다.

③ 다음의 행정청의 처분 또는 부작위에 대한 심판청구에 대하여는 시·도지사 소속으로 두는 행정심판위원회에서 심리·재결한다.

  ㉠ 시·도 소속 행정청

  ㉡ 시·도의 관할구역에 있는 시·군·자치구의 장, 소속 행정청 또는 시·군·자치구의 의회(의장, 위원회의 위원장, 사무국장, 사무과장 등 의회 소속 모든 행정청을 포함)

  ㉢ 시·도의 관할구역에 있는 둘 이상의 지방자치단체(시·군·자치구)·공공법인 등이 공동으로 설립한 행정청

④ ②의 ㉠에도 불구하고 대통령령으로 정하는 국가행정기관 소속 특별지방행정기관의 장의 처분 또는 부작위에 대한 심판청구에 대하여는 해당 행정청의 직근 상급행정기관에 두는 행정심판위원회에서 심리·재결한다.

기출PLUS

기출 2014. 4. 19. 안전행정부

국민권익위원회에 두는 중앙행정심판위원회가 심리·재결하는 행정처분이 아닌 것은?

① 국가정보원장의 행정처분
② 서울특별시 의회의 행정처분
③ 대구광역시 교육감의 행정처분
④ 해양경찰청장의 행정처분

〈정답 ①

(2) 행정심판위원회의 구성

① 행정심판위원회(중앙행정심판위원회는 제외)는 위원장 1인을 포함한 50인 이내의 위원으로 구성한다.

② 행정심판위원회의 위원장은 그 행정심판위원회가 소속된 행정청이 되며, 위원장이 없거나 부득이한 사유로 직무를 수행할 수 없거나 위원장이 필요하다고 인정하는 경우에는 위원이 위원장의 직무를 대행한다.

③ 행정심판위원회의 위원은 해당 행정심판위원회가 소속된 행정청이 다음의 어느 하나에 해당하는 사람 중에서 성별을 고려하여 위촉하거나 그 소속 공무원 중에서 지명한다.
　㉠ 변호사 자격을 취득한 후 5년 이상의 실무 경험이 있는 사람
　㉡ 「고등교육법」규정에 의한 학교에서 조교수 이상으로 재직하거나 재직하였던 사람
　㉢ 행정기관의 4급 이상 공무원 또는 고위공무원단에 속하는 공무원이었던 사람
　㉣ 박사학위를 취득한 후 해당 분야에서 5년 이상 근무한 경험이 있는 사람
　㉤ 그 밖에 행정심판에 관한 지식과 경험이 있는 사람

(3) 중앙행정심판위원회의 구성

① 중앙행정심판위원회는 위원장 1인을 포함한 70인 이내의 위원으로 구성하되, 위원 중 상임위원은 4인 이내로 한다.

② 중앙행정심판위원회의 위원장은 국민권익위원회의 부위원장 중 1명이 되며, 필요한 경우에는 상임위원이 위원장의 직무를 대행한다.

③ 중앙행정심판위원회 상임위원의 임기는 3년으로 하며, 1차에 한하여 연임할 수 있다.

④ 중앙행정심판위원회의 비상임위원은 중앙행정심판위원회 위원장의 제청으로 국무총리가 성별을 고려하여 위촉한다.

⑤ 중앙행정심판위원회의 회의는 위원장, 상임위원과 위원장이 회의마다 지정하는 비상임위원을 포함하여 총 9인으로 구성한다.

(4) 위원의 제척 · 기피 · 회피

① 위원회의 위원은 다음의 어느 하나에 해당하는 경우에는 그 사건의 심리 · 의결에서 제척(除斥)된다. 이 경우 제척결정은 위원회의 위원장(이하 "위원장"이라 한다)이 직권으로 또는 당사자의 신청에 의하여 한다.
　㉠ 위원 또는 그 배우자나 배우자이었던 사람이 사건의 당사자이거나 사건에 관하여 공동 권리자 또는 의무자인 경우
　㉡ 위원이 사건의 당사자와 친족이거나 친족이었던 경우
　㉢ 위원이 사건에 관하여 증언이나 감정(鑑定)을 한 경우

ⓔ 위원이 당사자의 대리인으로서 사건에 관여하거나 관여하였던 경우

ⓜ 위원이 사건의 대상이 된 처분 또는 부작위에 관여한 경우

② 당사자는 위원에게 공정한 심리·의결을 기대하기 어려운 사정이 있으면 위원장에게 기피신청을 할 수 있다.

③ 위원에 대한 제척신청이나 기피신청은 그 사유를 소명(疏明)한 문서로 하여야 한다. 다만, 불가피한 경우에는 신청한 날부터 3일 이내에 신청 사유를 소명할 수 있는 자료를 제출하여야 한다.

④ 제척신청이나 기피신청이 ③을 위반하였을 때에는 위원장은 결정으로 이를 각하한다.

⑤ 위원장은 제척신청이나 기피신청의 대상이 된 위원에게서 그에 대한 의견을 받을 수 있다.

⑥ 위원장은 제척신청이나 기피신청을 받으면 제척 또는 기피 여부에 대한 결정을 하고, 지체 없이 신청인에게 결정서 정본(正本)을 송달하여야 한다.

⑦ 위원회의 회의에 참석하는 위원이 제척사유 또는 기피사유에 해당되는 것을 알게 되었을 때에는 스스로 그 사건의 심리·의결에서 회피할 수 있다. 이 경우 회피하고자 하는 위원은 위원장에게 그 사유를 소명하여야 한다.

⑧ 사건의 심리·의결에 관한 사무에 관여하는 위원 아닌 직원에게도 ①부터 ⑦까지의 규정을 준용한다.

section 5 행정심판의 당사자와 관계인

(1) 당사자

행정심판의 당사자에는 청구인과 피청구인이 있다. 행정심판은 대립되는 이해관계를 가진 청구인과 피청구인의 대심구조를 취하며 서면심리와 구술심리를 통해 결정을 내린다.

① **청구인** … 행정심판의 대상인 행정청의 처분 또는 부작위에 불복하여 그 취소·변경을 위해 행정심판을 제기하는 자를 말한다.

ⓐ **취소심판의 청구인적격** : 자연인, 법인을 불문하며 처분의 상대방과 제3자를 모두 포함하고 법인이 아닌 사단 또는 재단으로서 대표자 또는 관리인이 정해져 있는 경우에는 그 이름으로 행정심판을 청구할 수 있다.

ⓑ **무효등확인심판의 청구인적격** : 처분의 효력 유무 또는 존재 여부에 대한 확인을 구할 법률상의 이익이 있는 자가 가진다.

ⓒ **의무이행심판의 청구인적격** : 행정청의 거부처분이나 부작위에 대하여 일정한 처분을 구할 법률상의 이익이 있는 자가 가진다.

기출 2018. 4. 7. 인사혁신처

행정심판에 대한 설명으로 옳은 것은?
(다툼이 있는 경우 판례에 의함)

① 행정심판의 재결이 확정되면 피청구인인 행정청을 기속하는 효력이 있고 그 처분의 기초가 된 사실관계나 법률적 판단이 확정되므로 이후 당사자 및 법원은 이에 모순되는 주장이나 판단을 할 수 없다.

② 행정심판에서는 항고소송에서와 달리 처분청이 당초 처분의 근거로 삼은 사유와 기본적 사실관계가 동일성이 인정되지 않는 다른 사유를 처분사유로 추가하거나 변경할 수 있다.

③ 행정심판의 대상과 관련되는 권리나 이익을 양수한 특정승계인은 행정심판위원회의 허가를 받아 청구인의 지위를 승계할 수 있다.

④ 종중이나 교회와 같은 비법인 사단은 사단 자체의 명의로 행정심판을 청구할 수 없고 대표자가 청구인이 되어 행정심판을 청구하여야 한다.

< 정답 ③

② **피청구인** … 심판대상인 처분 또는 부작위를 한 행정청이 된다.

    ⊙ 피청구인적격 : 원래 행정청은 국가 또는 지방자치단체 등의 기관에 불과하므로 권리·의무주체인 국가나 지방자치단체 등이 피청구인이 되어야 할 것이나 공격·방어의 용이성 기타 절차진행상의 기술적인 편의를 위해 처분청이나 부작위청을 직접 피청구인으로 한 것이다. 법령에 의하여 처분이나 부작위에 관계되는 행정권한이 다른 행정기관, 공공단체 및 그 기관 또는 사인에 위임·위탁·승계된 때에는 그 권한을 위임·위탁·승계받은 자가 피청구인이 된다.

    ⓒ 피청구인의 경정 : 청구인이 피청구인을 잘못 지정한 때 경정할 수 있다.

POINT 청구인의 지위 승계
    ⊙ 당연승계 : 상속인 또는 법인의 합병
    ⓒ 허가승계 : 청구인의 지위를 승계한 자

(2) 관계인

① **참가인** … 행정심판의 결과에 대해 이해관계에 있는 제3자 또는 행정청은 위원회의 허가를 받아 심판에 참가할 수 있다.

② **대리인** … 행정심판의 청구인과 피청구인은 각각 대리인을 선임하여 당해 심판청구에 관한 행위를 하게 할 수 있다.

section 6 행정심판청구의 제기

(1) 심판청구기간

① **원칙** … 심판청구는 원칙적으로 처분이 있음을 안 날로부터 90일 이내, 처분이 있은 날로부터 180일 이내에 제기하여야 한다. 위의 두 기간 중 어느 하나라도 먼저 경과하면 심판청구를 제기할 수 없게 된다.

② **예외**

    ⊙ 청구인이 천재지변·전쟁·사변 그 밖의 불가항력으로 인해 처분이 있음을 안 날로부터 90일 이내에 행정심판을 청구할 수 없었을 경우에는 그 사유가 소멸한 날로부터 14일(국외에서는 30일) 이내에 심판을 청구할 수 있다.

    ⓒ 처분이 있은 날로부터 180일 이내에 심판청구를 제기하지 못한 정당한 사유가 있는 경우에는 180일이 경과한 뒤에도 행정심판을 제기할 수 있다.

    ⓒ 행정청이 심판청구기간을 고지하지 않은 경우에는 처분이 있은 날로부터 180일 이내, 오고지의 경우 소정의 기간보다 길게 고지된 때에는 그 고지된 기간 내에 행정심판청구를 제기할 수 있다.

(2) 행정심판청구서 제출

① 피청구인인 행정청 또는 위원회에 제출한다.

② 심판청구서를 받은 행정청은 그 심판청구가 이유있다고 인정할 때에는 심판청구의 취지에 따르는 처분을 취소 · 변경하거나 확인을 하고, 처분을 할 수 있다. 이 경우 서면으로 청구인에게 알려야 한다.

(3) 심판청구의 방식

심판의 청구는 서면으로 해야한다. 필요적 기재사항의 흠결이 있는 경우에 행정심판위원회는 그 흠결이 보정할 수 있는 것인 때에는 보정을 명할 수 있고, 그렇지 않은 때에는 각하해야한다. 한편 판례는 그 내용이 실질적으로 행정심판의 청구인 것으로 인정되는 경우에는 형식적 요건이 불비되었더라도 행정심판을 청구한 것으로 인정하고 있다.

> **판례** 비록 제목이 '진정서'로 되어 있고, 재결청의 표시, 심판청구의 취지 및 이유, 처분을 한 행정청의 고지의 유무 및 그 내용 등 행정심판법 제19조 제2항 소정의 사항들을 구분하여 기재하고 있지 아니하여 행정심판청구서로서의 형식을 다 갖추고 있다고 볼 수는 없으나, 피 청구인인 처분청과 청구인의 이름과 주소가 기재되어 있고, 청구인의 기명이 되어 있으며, 문서의 기재 내용에 의하여 심판청구의 대상이 되는 행정처분의 내용과 심판청구의 취지 및 이유, 처분이 있은 것을 안 날을 알 수 있는 경우, 위 문서에 기재되어 있지 않은 재결청, 처분을 한 행정청의 고지의 유무 등의 내용과 날인 등의 불비한 점은 보정이 가능하므로 위 문서를 행정처분에 대한 행정심판으로 보는 것이 옳다(대판 2000. 6. 9. 98두2621).

(4) 심판청구의 변경

청구인이 심판청구를 제기한 후 일정한 사유가 있을 때에는 청구인의 편의와 심판절차의 촉진을 위해 청구의 기초에 변경이 없는 한 의결 전까지 청구의 변경을 할 수 있다.

(5) 행정심판제기의 효과

① 행정심판위원회의 심리 · 의결 … 심판청구가 제기되면 행정심판위원회가 지체없이 심리 · 의결하도록 하여야 한다.

② 집행부정지의 원칙 … 행정심판이 제기되어도 이는 원칙적으로 처분의 효력이나 집행 또는 절차의 진행에 영향을 주지 않는다. 이는 공정력의 결과가 아니라 행정심판의 남용방지와 행정목적의 원활한 수행이라는 입법정책적 고려에 따른 것이다. 다만, 중대한 손해가 생기는 것을 예방할 필요성이 긴급한 경우 당사자의 신청 또는 직권에 의하여 집행을 정지할 수 있다.

section 7 행정심판의 심리

(1) 의의

재결의 기초가 될 사실관계와 법률관계를 명확히 하기 위하여 당사자와 관계인의 증언을 듣고 증거자료를 수집·조사하는 과정이다.

(2) 요건심리와 본안심리

① 요건심리 … 당해 심판청구가 적법한 심판청구요건을 갖추었는지를 형식적으로 심리하는 것으로 요건심리를 갖추지 못한 경우에는 각하된다. 다만, 경미한 경우에는 위원회가 직권으로 보정할 수 있다.

② 본안심리 … 요건심리의 결과 심판청구를 적법한 것으로 받아들인 경우에 당해 심판청구의 내용에 관하여 실질적으로 심사하는 것으로 본안심리의 결과 심판청구가 적법하면 인용하고 그렇지 않으면 기각한다.

(3) 심리의 범위

① 불고불리의 원칙 … 당사자의 소 제기에 의해 절차를 시작하고 당사자가 주장하거나 원용하는 사항·내용에 대해서만 심리하며 주장하지 않은 사항에 대해서는 심리하지 않는다는 원칙을 말한다.

② 불이익변경금지의 원칙 … 재결청은 원처분보다 당사자에게 불리하게 변경하지 못한다.

(4) 심리절차

① 대심주의 … 행정심판은 청구인과 피청구인이라는 당사자 쌍방의 공격·방어 방법을 기초로 하여 심리하는 대심주의를 취하고 있다.

② 직권심리주의 … 당사자주의에 대한 것으로서 심리기관의 직권으로 심리를 진행하고 필요한 자료를 수집하도록 하는 제도이다. 이는 행정쟁송이 가지는 공익성에 따른 것이다.

③ 서면심리주의 … 「행정심판법」 제40조 제1항은 '행정심판의 심리는 구술심리 또는 서면심리로 한다. 다만, 당사자가 구술심리를 신청한 때에는 서면심리만으로 결정할 수 있다고 인정되는 경우 외에는 구술심리를 하여야 한다.'고 규정하고 있다. 이는 서면심리와 구술심리를 모두 인정하되 서면심리주의를 원칙으로 하는 것으로 해석된다(다수설).

④ 비공개주의 … 명문의 규정은 없으나 행정심판법의 구조상 비공개주의를 원칙으로 한 것으로 해석된다.

⑤ **중앙행정심판위원회의 시정조치 요청** … 중앙행정심판위원회는 심판청구를 심리 · 의결함에 있어 처분 또는 부작위의 근거가 되는 명령 · 규칙 등이 상위법령에 위배되거나 현저하게 불합리하다고 인정되는 경우에는 관계행정기관에 명령 · 규칙의 개정 · 폐지 등 적절한 시정조치를 요청할 수 있다. 이 경우 관계행정기관은 정당한 사유가 없는 한 이에 따라야 한다.

(5) 관계청구의 병합과 분리

행정심판위원회는 서로 관련된 수 개의 심판청구를 병합하여 심리할 수 있다. 이는 심리의 신속성 · 경제성 · 능률성을 위한 것이다.

section 8 행정심판의 재결

(1) 의의

심판청구의 심리결과에 따라 판단하는 행위이며 행정청의 종국적 판단인 의사표시를 가리킨다.

(2) 재결기간

재결은 피청구인인 행정청 또는 위원회가 심판청구를 받은 날부터 60일 이내에 하여야 하나, 부득이한 사정이 있는 경우 위원장이 직권으로 30일을 연장할 수 있다.

(3) 재결의 방식

재결은 서면, 즉 재결서로 한다.

(4) 재결의 범위

① **불고불리의 원칙** … 위원회는 심판청구의 대상이 되는 처분 또는 부작위 외의 사항에 대하여는 재결하지 못한다.

② **불이익변경금지의 원칙** … 위원회는 심판청구의 대상이 되는 처분보다 청구인에게 불이익한 재결을 할 수 없다.

(5) 재결의 종류

① **각하재결** … 요건심리 결과 요건에 흠이 있어 본안심리를 거부하는 재결을 말한다. 심판청구기간이 경과한 후에 제기된 심판청구 등이 이에 해당한다.

기출 2018. 6. 23. 제2회 서울특별시

행정심판제도에 대한 설명으로 가장 옳지 않은 것은?

① 행정심판청구는 엄격한 형식을 요하지 않는 서면행위로 해석된다.

② 행정처분이 있은 날이라 함은 그 행정처분의 효력이 발생한 날을 의미한다.

③ 행정심판의 가구제 제도에는 집행정지제도와 임시처분제도가 있다.

④ 행정심판 재결의 기속력은 인용재결뿐만 아니라 각하재결과 기각재결에도 인정되는 효력이다.

기출 2018. 6. 23. 제2회 서울특별시

재결취소소송에 대한 설명으로 가장 옳지 않은 것은?

① 교원징계처분에 대해 취소소송을 제기하는 경우 사립학교교원이나 국공립학교 교원 모두 원처분주의가 적용된다.

② 국공립학교 교원의 경우에는 원처분주의에 따라 원처분만이 소의 대상이 된다.

③ 사립학교 교원에 대한 학교법인의 징계는 항고소송의 대상이 되는 처분이 아니다.

④ 사립학교 교원의 경우에는 소청심사위원회의 결정이 원처분이 된다.

< 정답 ④, ②

② **기각재결** … 본안심리의 결과 심판청구가 이유없다고 하여 청구를 배척하고 원처분을 시인하는 재결을 말한다.

③ **사정재결**

　　㉠ **의의** : 청구인의 심판청구가 이유있는 경우에도 이를 인용하는 것이 현저히 공공복리에 어긋난다고 인정되는 때에 위원회의 의결에 의하여 심판청구를 기각하는 재결을 말한다.

　　㉡ **절차** : 위원회가 사정재결을 하고자 할 때에는 재결의 주문에 당해 처분 또는 부작위가 위법·부당함을 명시하여야 한다.

　　㉢ **구제방법** : 손해배상이나 재해시설의 설치 등의 청구인에 대한 상당한 구제방법을 취하여야 한다.

　　㉣ **적용범위** : 사정재결은 취소심판과 의무이행심판에만 인정되고 무효등확인심판에는 적용되지 않는다.

④ **인용재결**

　　㉠ 취소심판의 경우 행정심판위원회는 직접취소를 명령하거나, 처분청에게 변경을 명한다.

　　㉡ 무효확인등확인심판의 경우 처분의 효력 유무를 확인하는 재결을 한다.

　　㉢ 의무이행심판의 경우 위원회는 신청에 따른 처분을 하거나 처분을 할 것을 행정청(피청구인)에게 명한다.

(6) 재결의 효력

① 재결도 하나의 행정행위이므로 그것이 당연무효인 경우 외에는 다른 행정행위와 마찬가지로 공정력, 기속력, 불가쟁력 등을 가진다. 또한 취소소송의 대상인 '처분 등'에 해당하여 그 자체에 고유한 위법이 있는 경우에는 이를 대상으로 소송을 제기할 수 있다.

② **기속력**

　　㉠ 심판청구를 인용하는 재결은 피청구인과 그 밖의 관계 행정청을 기속한다. 이때 기속력이란 처분청 및 관계 행정청이 재결의 취지에 따르도록 구속하는 것을 말하며 재결의 기속력은 인용재결의 경우에만 인정된다.

　　㉡ **기속력의 내용** : 기속력의 내용으로는 첫째로 처분청은 재결의 취지에 반하는 처분을 다시 해서는 안된다는 반복금지의무가 있다. 다만 새로운 위법사유 등을 보완하여 종전과 같은 처분을 하여도 재결의 취지에 반하는 것은 아니다. 두번째로는 처분의 변경을 명하는 재결에 있어서 피청구인(행정청)은 반드시 처분을 해야하는 처분의 의무가 발생한다.

> **판례** 당해 처분청은 재결의 취지에 반하지 아니하는 한, 즉 당초 처분과 동일한 사정 아래에서 동일한 내용의 처분을 반복하는 것이 아닌 이상, 그 재결에 적시된 위법사유를 시정하여 정당한 부담금을 산출한 다음 새로이 부담금을 부과할 수 있는 것이고, 이러한 새로운 부과처분은 재결의 기속력에 저촉되지 아니한다(대판 1997. 2. 25. 96누14784).

© 기속력의 범위 : 기속력이 미치는 주관적 범위는 피청구인인 행정청, 그리고 그 밖의 모든 관계 행정청이다. 객관적 범위는 재결의 주문과 그 전제가 되는 요건사실의 인정과 효력의 판단에 한정된다.

(7) 재결에 대한 불복

재결에 대한 불복이 있는 경우 행정소송은 원처분주의를 취하고 있으므로 재결의 대상이었던 원래의 처분을 대상으로 소송을 제기하여야 한다. 다만, 재결 자체에 고유한 위법이 있는 경우에만 재결을 대상으로 행정소송을 제기할 수 있다.

section 9 | 행정심판청구의 고지제도

(1) 의의

① **고지제도** … 행정청이 처분을 함에 있어 그 상대방 또는 이해관계인에게 당해 처분에 대한 불복가능성의 여부 및 그를 위한 필요사항 등을 알려주는 제도를 말한다. 이는 국민에 대한 행정구제의 기회를 보다 실질적으로 보장하려는 데 그 의의가 있다.

② **필요성**
　㉠ 행정심판제기의 기회보장
　㉡ 행정의 적정화

(2) 성질

고지는 비권력적 사실행위로서 그 자체로는 아무런 법적 효과도 발생하지 않는다.

(3) 직권에 의한 고지

① **고지의 대상**
　㉠ 처분을 서면으로 하는 경우
　㉡ 예외 : 신청에 의한 처분의 경우, 신청대로 처분을 한 경우, 수익적인 결과의 처분(각종 하명의 직권취소처분)

② **고지의 내용**
　㉠ 행정심판을 제기할 수 있는지의 여부
　㉡ 심판청구절차
　㉢ 청구기간
　㉣ **고지방법** : 제한이 없음(서면 혹은 구술)
　㉤ **고지의 시기** : 원처분시(사후 고지도 가능)

청구에 의한 고지
㉠ 고지를 청구할 수 있는 자 : 이해관계인
㉡ 고지를 청구할 수 있는 대상 : 모든 처분(행정심판의 대상 여부 불문)

행정쟁송의 가구제(임시구제)에 대한 설명으로 옳지 않은 것은? (다툼이 있는 경우 판례에 의함)

① 「행정심판법」과 「행정소송법」은 모두 집행정지의 적극적 요건으로 '회복하기 어려운 손해를 예방하기 위하여 긴급한 필요가 있다고 인정할 때'를 요구하고 있다.

② 집행정지는 본안소송이 법원에 적법하게 계속중인 것을 요건으로 한다.

③ 집행정지결정의 효력은 결정 주문에서 정한 시기까지 존속하며 그 시기의 도래와 동시에 효력이 당연히 소멸한다.

④ 집행정지결정에 대한 즉시항고에는 결정의 집행을 정지하는 효력이 없다.

(4) 오고지와 불고지

① 오고지 … 행정청이 착오로 심판청구기간을 실제보다 길게 고지한 때에는 그 고지된 기간 내에만 심판청구를 제기하면 실제 청구기간이 지났다 하더라도 이를 적법한 것으로 인정한다.

② 불고지 … 심판청구기간을 고지하지 아니한 때에는 심판청구기간은 당해 처분이 있은 날로부터 180일이 된다.

section 10 행정심판의 가구제

(1) 의의

행정심판법은 집행부정지원칙에 따라 적극적 처분에 대한 집행정지와 소극적 처분에 대한 임시처분을 두고 있다.

(2) 집행정지

① 의의 … 행정심판위원회는 처분이나 그 집행 또는 절차의 속행 때문에 중대한 손해가 생기는 것을 예방할 필요성이 긴급하다고 인정할 때에는 직권으로 또는 당사자의 신청에 의하여 처분의 효력 처분의 집행 또는 절차의 속행의 전부 또는 일부의 정지를 결정할 수 있다.

② 요건
  ㉠ 심판청구의 계속
  ㉡ 처분의 존재
  ㉢ 중대한 손해가 생길 가능성
  ㉣ 긴급한 필요성
  ㉤ 공공복리에 중대한 영향을 미칠 우려가 없음
  ㉥ 본안청구가 이유 없음이 명백하지 않을 것

(3) 임시처분

① 의의 … 임시처분이랑 행정청의 처분이나 부작위 때문에 발생할 수 있는 당사자의 불이익이나 급박한 위험을 막기 위해 당사자에게 임시지위를 부여하는 행정심판위원회의 결정이다. 행정소송법에는 없는 행정심판의 특수한 제도로 이해되고 있다.

② 요건
  ㉠ 처분 또는 부작위가 위법·부당하다고 상당히 의심될 것

ⓛ 행정심판청구의 계속

ⓒ 당사자가 받을 우려가 있는 중대한 불이익 또는 당사자에게 생길 급박한 위험의 존재

ⓔ 임시지위를 정하여야할 필요성

ⓜ 공공복리에 중대한 영향을 미칠 우려가 있는 경우에는 허용되지 않는다.

ⓗ 집행정지로 목적을 달성할 수 있는 경우에는 허용되지 않는다.

section 11 행정심판위원회의 직접처분과 간접강제

(1) 개설

행정심판법은 위원회의 처분명령재결과 취소재결 등에 대해 피청구인이 이를 이행하지 않는 경우를 대비하여 제50조와 제50조의2를 통해 직접처분 혹은 간접강제 제도를 마련하고 있다.

(2) 위원회의 직접처분

① 의의 … 행정심판위원회의 처분명령재결에도 불구하고 피청구인(행정청)이 처분을 하지 아니하는 때에는 당사자의 신청에 의하여 기간을 정하여 시정을 명할 수 있고, 이 경우에도 이행하지 않는 경우에는 위원회가 직접처분을 내릴 수 있다. 행정심판의 실효성을 확보하기 위해 마련되었다.

② 요건 … ㉠ 위원회의 처분명령재결에도 불구하고 이를 피청구인이 이행하지 않는 경우 ㉡ 청구인의 신청에 따라 위원회가 일정한 기간을 정하여 시정을 명하였으나 ㉢ 피청구인이 이를 이행하지 않는 경우를 의미한다. ㉣ 그러나 처분의 성질 등이 위원회가 직접 처분을 할 수 없는 경우에 해당하지 않아야 한다.

(3) 위원회의 간접강제

① 의의 … 위원회의 직접강제가 적합하지 않은 경우 피청구인(행정청)에게 일정한 배상을 하도록 명하거나 즉시 배상을 하도록하여 행정심판의 실효성을 확보하고 심판위원회의 재결을 간접적으로 강제하고 있다.

② 요건 … ㉠ 위원회의 처분재결이나 처분명령재결에 대해 피청구인이 처분을 하지 않은 경우 ㉡ 청구인의 신청에 따라 위원회가 상당한 기간을 정하고 피청구인에게 시정을 명하였으나 이를 이행하지 않은 경우에 인정된다.

2021년 소방공무원

1 「행정심판법」상 위원회에 대한 설명으로 옳지 않은 것은?

① 중앙행정심판위원회의 비상임위원은 일정한 요건을 갖춘 사람 중에서 중앙행정심판위원회 위원장의 제청으로 국무총리가 성별을 고려하여 위촉한다.

② 중앙행정심판위원회의 회의는 위원장, 상임위원 및 위원장이 회의마다 지정하는 비상임위원을 포함하여 총 15명으로 구성한다.

③ 「행정심판법」 제10조에 의하면, 위원장은 제척신청이나 기피신청을 받으면 제척 또는 기피 여부에 대한 결정을 한다.

④ 중앙행정심판위원회는 위원장 1명을 포함하여 70명 이내의 위원으로 구성한다.

> **TIPS!**
>
> ② 중앙행정심판위원회의 회의(제6항에 따른 소위원회 회의는 제외한다)는 위원장, 상임위원 및 위원장이 회의마다 지정하는 비상임위원을 포함하여 총 9명으로 구성한다〈「행정심판법」 제8조(중앙행정심판위원회의 구성) 제5항〉.
>
> ① 중앙행정심판위원회의 비상임위원은 제7조 제4항 각 호의 어느 하나에 해당하는 사람 중에서 중앙행정심판위원회 위원장의 제청으로 국무총리가 성별을 고려하여 위촉한다〈동법 제8조(중앙행정심판위원회의 구성) 제4항〉.
>
> ③ 위원장은 제척신청이나 기피신청을 받으면 제척 또는 기피 여부에 대한 결정을 하고, 지체 없이 신청인에게 결정서 정본(正本)을 송달하여야 한다〈동법 제10조(위원의 제척·기피·회피) 제6항〉.
>
> ④ 중앙행정심판위원회는 위원장 1명을 포함하여 70명 이내의 위원으로 구성하되, 위원 중 상임위원은 4명 이내로 한다〈동법 제8조(중앙행정심판위원회의 구성) 제1항〉.

2021년 인사혁신처

2 「행정심판법」상 행정심판위원회가 취소심판의 청구가 이유가 있다고 인정하는 경우에 행할 수 있는 재결에 해당하지 않는 것은?

① 처분을 취소하는 재결

② 처분을 할 것을 명하는 재결

③ 처분을 다른 처분으로 변경하는 재결

④ 처분을 다른 처분으로 변경할 것을 명하는 재결

> **TIPS!**
>
> 「행정심판법」 제43조(재결의 구분) 제3항 … 위원회는 취소심판의 청구가 이유가 있다고 인정하면 처분을 취소 또는 다른 처분으로 변경하거나 처분을 다른 처분으로 변경할 것을 피청구인에게 명한다.

Answer 1.② 2.②

3 「행정심판법」에 관한 설명으로 옳지 않은 것은?

① 중앙행정심판위원회는 위원장 1명을 포함하여 70명 이내의 위원으로 구성한다.

② 행정심판의 대상에는 처분 또는 부작위의 위법성뿐만 아니라 부당성도 포함된다.

③ 부작위에 대한 의무이행심판청구에 있어서는 심판청구 기간의 제한이 없다.

④ 취소심판 및 의무이행심판에 대해서는 사정재결을 할 수 없다.

> **TIPS!**
>
> 행정심판법
>
> ① [O] 제8조(중앙행정심판위원회의 구성) ① 중앙행정심판위원회는 <u>위원장 1명을 포함하여 70명 이내의 위원으로 구성하되,</u> 위원 중 상임위원은 4명 이내로 한다
>
> ② [O] 제1조(목적) 이 법은 행정심판 절차를 통하여 행정청의 <u>위법 또는 부당한 처분이나 부작위</u>로 침해된 국민의 권리 또는 이익을 구제하고, 아울러 행정의 적정한 운영을 꾀함을 목적으로 한다
>
> ③ [O] 제27조(심판청구의 기간) ① 행정심판은 처분이 있음을 알게 된 날부터 90일 이내에 청구하여야 한다.
>
> ③ 행정심판은 처분이 있었던 날부터 180일이 지나면 청구하지 못한다. 다만, 정당한 사유가 있는 경우에는 그러하지 아니하다.
>
> ⑦ 제1항부터 제6항까지의 규정은 <u>무효등확인심판청구와 부작위에 대한 의무이행심판청구에는 적용하지 아니한다.</u>
>
> ④ [X] 제44조(사정재결) ① 위원회는 심판청구가 이유가 있다고 인정하는 경우에도 이를 인용하는 것이 공공복리에 크게 위배된다고 인정하면 그 심판청구를 기각하는 재결을 할 수 있다. 이 경우 위원회는 재결의 주문에서 그 처분 또는 부작위가 위법하거나 부당하다는 것을 구체적으로 밝혀야 한다.
>
> ③ 제1항과 제2항은 <u>무효등확인심판에는 적용하지 아니한다.</u>

4 행정심판에 대한 설명으로 옳은 것은?

① 행정심판위원회는 직접 처분을 하였을 때에는 그 사실을 해당 행정청에 통보하여야 하며, 그 통보를 받은 행정청은 행정심판위원회가 한 처분을 자기가 한 처분으로 보아 관계 법령에 따라 관리·감독 등 필요한 조치를 하여야 한다.

② 임시처분은 집행정지와 보충성 관계가 없고, 행정심판위원회는 집행정지로 목적을 달성할 수 있는 경우에도 임시처분 결정을 할 수 있다.

③ 취소심판의 인용재결에는 취소재결, 취소명령재결, 변경재결, 변경명령재결이 있다.

④ 행정심판법에서는 재결의 집행력을 확보하는 수단으로서 간접강제제도를 두고 있다.

> **TIPS!**
>
> ② 임시처분은 거부처분만을 대상으로 규정하지 않고 처분이라고 규정하고 있으나, 적극적 처분의 경우에는 임시처분의 대상이 되기 어렵다. 이는 「행정심판법」 제31조 제3항은 "임시처분은 제30조 제2항에 따른 집행정지로 목적을 달성할 수 있는 경우에는 허용되지 아니한다."고 규정함으로써 임시처분에 보충성을 요하고 있기 때문이다.
>
> ③ 취소명령재결은 없다.
>
> ④ 행정심판은 권력분립의 문제가 발생하지 아니하므로 간접강제가 아니라 직접강제할 수 있다.

Answer 3.④ 4.①

5 행정심판에 대한 설명으로 옳지 않은 것은?

① 행정심판은 행정의 자기통제절차이므로 심판청구의 대상이 되는 처분보다 청구인에게 불리한 재결을 하는 것도 가능하다.

② 기속력은 인용재결에만 발생하고 각하재결이나 기각재결에는 발생하지 않는다.

③ 처분청은 기각재결을 받은 후에도 정당한 이유가 있으면 원처분을 취소·변경할 수 있다.

④ 무효등확인심판의 경우에는 사정재결이 인정되지 않는다.

> **TIPS!** ···
> ① 「행정심판법」 제47조(재결의 범위) 제2항에서는 '위원회는 심판청구의 대상이 되는 처분보다 청구인에게 불리한 재결을 하지
> 못한다.'고 규정하고 있다.

6 행정심판의 재결의 효력과 관련하여 「행정심판법」이 명문의 규정을 두고 있는 것은?

① 불가변력   ② 확정력

③ 공정력   ④ 기속력

> **TIPS!** ···
> ④ 「행정심판법」 제49조에서 '재결의 기속력 등'에 대해 명문의 규정을 두고 있다.

7 다음 중 「행정심판법」이 규정하고 있지 않은 것은?

① 직권심리제도

② 구술심리

③ 단기제소기간

④ 행정심판전치주의

> **TIPS!** ···
> 행정심판법이 규정한 심리절차의 기본원칙으로는 대심주의, 직권심리주의, 구술·서면심리주의, 비공개주의 등이 있다.
> ④ 현행 행정심판법은 종전의 행정심판전치주의를 폐지하여 임의적 행정심판전치주의를 취하고 있다. 따라서 행정심판을 거치
> 지 않고 바로 행정소송을 제기할 수 있다. 다만, 예외적으로 공무원의 관계에 있어서는 전치주의를 유지하고 있다.

Answer 5.① 6.④ 7.④

8 다음 중 행정심판의 당사자에 관한 설명으로 옳지 않은 것은?

① 법률상 이익이 침해된 자가 원고적격을 가진다.
② 국가 또는 공공단체가 피고가 된다.
③ 청구인이 사망한 때에는 상속인 등 권익을 승계한 자가 청구인의 지위를 승계한다.
④ 청구인은 일정한 자를 대리인으로 선임할 수 있다.

 TIPS!

② 행정심판의 피고는 당해 처분을 한 행정청이 된다.

9 다음 중 행정심판의 제기기간으로 옳은 것은?

① 처분이 있은 날로부터 90일 이내
② 처분이 있은 날로부터 180일 이내
③ 처분이 있은 날로부터 1년 이내
④ 처분이 있음을 안 날로부터 180일 이내

TIPS!

② 행정심판은 처분이 있음을 안 날로부터 90일 이내, 처분이 있은 날로부터 180일 이내에 제기하여야 한다. 위의 두 기간 중 어느 하나라도 먼저 경과하면 심판청구를 제기할 수 없게 된다.

10 다음 중 중앙행정심판위원회에 대한 설명으로 옳지 않은 것은?

① 중앙행정심판위원회는 위원장 1인을 포함한 70인 이내의 위원으로 구성하되, 위원 중 상임위원은 4인 이내로 한다.
② 중앙행정심판위원회의 위원장은 국민권익위원회의 부위원장 중 1명이 되며, 필요한 경우에는 상임위원으로 하여금 그 직무를 대행하게 한다.
③ 국무총리 및 중앙행정기관의 장이 재결청이 되는 심판청구를 심리·의결하기 위하여 대통령 소속하에 중앙행정심판위원회를 둔다.
④ 중앙행정심판위원회의 상임위원은 중앙행정심판위원회 위원장의 제청으로 국무총리를 거쳐 대통령이 임명하고, 그 임기는 3년으로 하며, 1차에 한하여 연임할 수 있다.

TIPS!

③ 국민권익위원회에서 행정심판 관련 사무를 수행하는 내용으로 부패방지 및 국민권익위원회의 설치와 운영에 관한 법률이 제정됨에 따라 국민권익위원회에 중앙행정심판위원회를 둔다.

Answer 8.② 9.② 10.③

11 의무이행심판에 대한 다음 설명 중 옳지 않은 것은?

① 당사자의 신청에 대한 행정청의 위법 또는 부당한 거부 처분이나 부작위에 대하여 일정한 처분을 하도록 하는 행정심판을 말한다.

② 행정청의 적극적인 행위로 인한 침해로부터 권익을 보호하는 기능을 한다.

③ 부작위에 대한 의무이행심판에는 심판청구의 기간상 제한이 따르지 않는다.

④ 의무이행심판에도 사정재결의 적용이 있다.

> **TIPS!**
> ②「행정심판법」제5조 제3호 … 의무이행심판은 당사자의 신청에 대한 행정청의 위법 또는 부당한 거부처분이나 부작위에 대하여 일정한 처분을 하도록 하는 행정심판이다.

12 다음 중 행정심판위원회에 관한 설명으로 옳지 않은 것은?

① 위원회가 심판청구를 받은 후 법령의 개폐 또는 피청구인의 경정결정에 의하여 당해 심판청구에 대한 재결을 행할 권한을 잃게 된 때에는 해당 위원회는 심판청구서·관계서류 및 그 밖의 자료를 새로 재결할 권한을 가지게 된 위원회에 송부하여야 한다.

② 송부를 받은 위원회는 지체없이 그 사실을 심판 청구인, 피청구인 및 참가인에게 통지하여야 한다.

③ 중앙행정심판위원회의 회의는 위원장, 상임위원과 위원장이 매 회의마다 지정하는 비상임위원을 포함하여 총 9인으로 구성한다.

④ 행정심판위원회 및 중앙행정심판위원회는 위원장 1인을 포함한 30인 이내의 위원으로 구성한다.

> **TIPS!**
> ④ 행정심판위원회는 위원장 1인을 포함한 50인 이내의 위원으로 구성하고, 중앙행정심판위원회는 위원장 1인을 포함한 70명 이내의 위원으로 구성한다.

13 다음 중 행정심판위원회에 대한 설명으로 옳지 않은 것은?

① 대통령 소속기관의 장, 국회사무총장·법원행정처장·헌법재판소사무처장 및 중앙선거관리위원회사무총장, 그 밖에 소관 감독행정기관이 없는 행정청의 처분 또는 부작위에 대한 심판청구를 심리·재결하기 위하여 해당 행정청 소속으로 행정심판위원회를 둔다.

② 원칙적으로 해당 행정청의 직근 상급행정기관 소속으로 행정심판위원회를 둔다.

③ 중앙행정심판위원회 위원장은 국민권익위원회의 부위원장 중 1명이 된다.

④ 심판의 독립을 보장하기 위해 위원과 직원에 대한 제척·기피·회피제도는 인정되지 않는다.

> **TIPS!**
> ④ 공정을 도모하기 위하여 위원과 직원에 대한 제척·기피·회피제도를 인정하고 있다.

Answer 11.② 12.④ 13.④

14 다음 중 행정심판의 대상이 될 수 없는 것은?

① 행정청의 부당한 처분
② 대통령의 위법한 처분
③ 국무총리의 부작위
④ 도지사의 취소처분

> **TIPS!**
> ② 행정심판은 행정청의 위법·부당한 처분 또는 부작위를 대상으로 한다. 다만, 대통령의 처분 또는 부작위에 대해서는 행정심판법이 명문으로 행정심판의 대상에서 제외하고 있다〈행정심판법 제3조 제2항〉. 그 외에 검사의 불기소처분, 세관장이나 경찰서장의 통고처분도 특별한 구제수단이 마련되어 있으므로 행정심판의 대상이 될 수 없다. 또한 행정심판의 재결도 행정심판의 대상이 되지 않는다.

15 다음 중 행정심판의 청구기간에 관한 설명으로 옳지 않은 것은?

① 행정법관계의 조속한 안정을 기하기 위한 제도이다.
② 심판청구는 원칙적으로 처분이 있음을 안 날로부터 90일 이내, 처분이 있은 날로부터 180일 이내에 제기하여야 한다.
③ 위의 두 기간 중 어느 하나라도 먼저 경과하면 행정심판을 제기할 수 없다.
④ 착오로 원래보다 장기로 고지한 경우 원래 기간이 종료하면 행정심판을 제기할 수 없다.

> **TIPS!**
> ④ 오고지의 경우에는 고지된 기간 내에 제기하면 된다.

16 「행정심판법」상의 심판청구의 제기에 관한 설명으로 옳은 것은?

① 심판청구서는 처분청을 경유하여 재결청에 제기하여야 한다.
② 처분의 상대방이 아닌 제3자는 청구인이 될 수 없다.
③ 심판청구는 원칙적으로 처분이 있음을 안 날로부터 180일 이내에 제기해야 한다.
④ 심판청구는 서면으로 하여야 한다.

> **TIPS!**
> ① 행정심판은 처분청을 경유하지 아니하여도 이를 제기할 수 있다(임의적 경유절차).
> ② 제3자도 법률상 이익이 있는 경우에는 청구인이 될 수 있다.
> ③ 처분이 있음을 안 날로부터 90일, 있은 날로부터 180일 이내에 제기하여야 한다.

Answer 14.② 15.④ 16.④

17 대법원 판례에 의할 때 행정쟁송의 대상이 되는 '처분'이 아닌 것은?

① 분교를 폐교하는 도의 조례
② 위법건물 단속기관이 수도공급기관에 수도공급을 거부하도록 요청하는 행위
③ 국유재산 무단점유자에 대한 변상금 부과처분
④ 지방노동위원회가 노동쟁의에 대하여 행한 중재회부 결정

⚡ TIPS!

② 위법건물 단속기관이 수도공급기관에 수도공급거부를 요청하는 행위는 특정인의 법률상 지위에 직접적 변동을 가져오는 것은 아니므로 행정처분에 해당하지 않는다(대판 1996. 3. 23, 96누433).

※ 행정쟁송법상 처분
   ⊙ 처분의 범위
     • 처분은 행정행위를 중심으로 하되 권력적 사실행위도 포함한다(다수설).
     • 행정행위인 한 법률행위적 행정행위, 준법률행위적 행정행위가 모두 포함되고 예비결정, 부분허가 등도 각각 독립적인 행정행위이므로 처분에 해당한다.
     • 거부처분도 처분이므로 취소소송의 대상이 된다.
     • 행정행위의 부관 중 부담은 독립한 취소소송의 대상이 된다.
     • 일반·구체적 규율인 일반처분도 처분에 포함된다.
     • 일반·추상적 규율인 행정입법은 취소소송의 대상이 되지 아니하나 행정입법에 의하여 직접 권리가 침해되는 경우에는 처분성이 인정된다(두밀분교폐지조례).
     • 행정심판의 재결은 원처분주의의 원칙상 원칙적으로 취소소송의 대상이 될 수 없으나 재결 자체에 고유한 위법이 있는 경우에는 예외적으로 취소소송의 대상이 될 수 있다.
     • 통치행위, 단순한 법령의 해석, 비권력적 사실행위, 행정지도, 공법상 계약, 행정청의 내부적 행위, 행정기관 상호 간의 행위는 처분이 아니므로 취소소송의 대상이 되지 아니한다.
   ⊙ 처분성을 인정한 판례 : 지방의회의 의장선거, 지방의회 의장에 대한 불신임의결, 소속장관의 변상명령, 대집행의 계고, 도시계획결정, 공시지가결정, 입찰가격제한조치, 국유재산사용료부과처분, 행정재산사용·수익의 허가·취소, 직접 국민의 권리에 영향을 미치는 조례, 국립교육대학 학생에 대한 퇴학처분
   ⊙ 처분성을 부인한 판례 : 공정거래위원회의 고발의결, 검사의 불기소처분, 검찰총장의 재항고기각결정, 교통법규 위반에 대한 벌점부과행위, 경찰서장의 통고처분, 내신성적산정기준에 관한 시행지침, 행정청간 국유재산이관협정, 고충심사결정, 대학교원에 대한 임용권자의 재임용여부결정, 토지대장·가옥대장에의 등재, 자동차운전면허대장에의 등재, 당연퇴직의 통보, 상수원보호구역의 지정통보, 재결결과의 통보, 의료보호진료비 심사결과통지, 도지사의 어업권등록행위, 환지계획

Answer 17.②

18 다음 판례 중 옳지 않은 것은?

① 외국환관리법 제21조, 제23조는 단속법규에 불과하므로 그에 저촉되는 행위의 사법상 효력은 유효하다.

② 광천음료수제조업허가는 그 성질상 제조업자에게 권리를 설정하는 특허에 해당하므로 국가가 그에 대하여 재량권을 갖는 것은 당연하다.

③ 「주세법」상 주류제조업의 면허를 받은 자의 이익은 단순한 사실상의 반사적 이익에 그치는 것이 아니라 「주세법」의 규정에 따라 보호되는 이익이다.

④ 기본행위인 하천 공사에 관한 권리·의무 양도계약이 무효일 때에는 그 보충행위인 허가처분도 별도의 취소조치를 기다릴 필요없이 당연무효이다.

> **TIPS!**
>
> ② 광천음료수제조업허가는 성질상 일반적 금지에 대한 해제에 불과하므로 허가권자는 허가신청이 소정의 요건을 구비한 때에는 이를 반드시 허가하여야 한다(대판 1993. 2. 12, 92누5959).
>
> ① 대판 1983. 3. 22, 83다51
>
> ③ 1989. 12. 22, 89누46
>
> ④ 1980. 5. 27, 79누196

19 다음 중 행정심판의 재결에 관한 설명으로 옳지 않은 것은?

① 심판청구를 받은 날로부터 60일 이내에 하여야 한다.

② 재결에는 각하재결, 기각재결, 사정재결, 인용재결 등이 있다.

③ 재결은 행정심판의 청구에 대하여 행정심판위원회가 행하는 판단을 말한다.

④ 사정재결이 있으면 원고는 손해배상 등을 청구할 수 없다.

> **TIPS!**
>
> ④ 사정재결은 원고의 청구가 이유있음에도 불구하고 공공의 이익을 위해 기각하는 것이므로 원고의 피해에 대해 손해배상 등 적절한 구제제도를 허용하고 있다.

Answer 18.② 19.④

20 다음 중 행정심판의 재결에 관한 설명으로 옳지 않은 것은?

① 본안심리결과 이유없다고 인정되면 기각한다.

② 본안심리결과 원처분이 위법하면 인용하고 부당하면 기각한다.

③ 원칙적으로 행정심판법은 재결청에 대한 재심청구를 인정하지 않는다.

④ 행정심판의 재결은 구속력, 불가쟁력, 불가변력 등을 가진다.

> **TIPS!**
>
> ② 본안심리결과 원처분이 위법하거나 부당하면 인용재결을 한다.

21 다음 중 취소심판에서 사정재결을 하는 이유로 가장 타당한 것은?

① 처분을 한 행정청의 권위를 존중하기 때문이다.

② 처분의 취소로 회복할 수 없는 손해가 예상되기 때문이다.

③ 청구 인용재결의 결과가 현저히 공공복리에 적합하지 않기 때문이다.

④ 청구인에게 손해배상, 재해시설의 설치 등 상당한 구제방법을 명할 수 있기 때문이다.

> **TIPS!**
>
> ③ 사정재결은 심판청구가 이유있다고 인정되는 경우에도 이를 인용하는 것이 현저히 공공복리에 적합하지 아니하다고 인정하는 때에는 위원회의 의결을 거쳐 심판청구를 기각하는 재결을 말한다.

22 다음 중 사정재결에 관한 설명으로 옳지 않은 것은?

① 사정재결은 취소심판과 의무이행심판에 적용되고 무효등확인심판에는 적용되지 않는다.

② 사정재결을 할 때에는 재결의 이유에서 그 처분 또는 부작위가 위법 또는 부당함을 명시하여야 한다.

③ 사정재결을 할 때에는 재결청이 청구인에 대하여 상당한 구제방법을 취해야 한다.

④ 사정재결제도는 법치주의를 훼손할 우려가 있다.

> **TIPS!**
>
> ② 사정재결은 재결의 이유가 아니라 주문에서 위법 또는 부당함을 명시하여야 한다.

Answer 20.② 21.③ 22.②

08 행정소송

기출PLUS

기출 2018. 4. 7. 인사혁신처

행정심판과 행정소송에 대한 설명으로 옳지 않은 것은? (다툼이 있는 경우 판례에 의함)

① 행정심판을 청구하려는 자는 행정심판위원회뿐만 아니라 피청구인인 행정청에도 행정심판청구서를 제출할 수 있으나 행정소송을 제기하려는 자는 법원에 소장을 제출하여야 한다.

② 행정심판에서는 행정청이 상대방에게 심판청구기간을 법정 심판청구기간보다 긴 기간으로 잘못 알린 경우에 그 잘못 알린 기간 내에 심판청구가 있으면 그 심판청구는 법정 심판청구기간 내에 제기된 것으로 보나 행정소송에서는 그렇지 않다.

③ 「행정심판법」은 「행정소송법」과는 달리 집행정지뿐만 아니라 임시처분도 규정하고 있다.

④ 행정심판에서 행정심판위원회는 행정청의 부작위가 위법, 부당하다고 판단되면 직접 처분을 할 수 있으나 행정소송에서 법원은 행정청의 부작위가 위법한 경우에만 직접 처분을 할 수 있다.

❮정답 ④

section 1 의의

(1) 개념

행정소송이란 법원이 행정법상 법률관계에 관한 분쟁에 대하여 당사자의 소의 제기에 의해 이를 심리·판단하는 정식재판절차를 말한다.

(2) 행정소송의 특수성

기본적으로 행정소송은 일반소송과 같으나 몇 가지 특수성이 인정된다. 행정법원의 설치, 임의적 행정심판전치주의, 피고적격, 제소기간의 제한, 직권심리제도, 행정청의 소송참가, 관련청구의 병합, 집행부(不)정지의 원칙, 사정판결, 취소판결의 대세적 효력 등이 이에 해당한다.

(3) 행정심판과의 비교

① 행정심판은 위법·부당한 처분을 모두 심사할 수 있으나, 행정소송은 위법한 처분만을 대상으로 한다.

② 단기의 제소기간을 둔 점은 행정심판과 행정소송 모두 동일하나 기간에 있어서는 차이가 있다.

③ 「행정심판법」은 항고심판만을 규정하고 있으나 「행정소송법」은 항고소송, 당사자소송, 민중소송, 기관소송 등을 규정하고 있다.

(4) 한계

① 「헌법」에 의한 한계 … 「헌법」상 국회의원의 징계·자격심사에 관한 사항, 헌법재판소의 권한에 관한 사항, 군사법원의 권한에 관한 사항 등은 행정소송의 대상에서 제외된다.

② 사법권 본질에 의한 한계

ㄱ 구체적 사건성을 결여한 경우 : 학문·예술 등 가치의 문제, 법률문제가 아닌 사실문제 등은 행정소송의 대상이 되지 않는다.

ㄴ 주관적 소송의 원칙 : 일반적으로 소송은 개인의 권리보호를 목적으로 하므로 공익이나 타인의 이익을 위한 객관적 소송 또는 단체소송은 법률에 규정이 있는 경우에만 예외적으로 인정된다. 독일의 단체소송, 미국의 집단소송, 우리나라의 민중소송과 기관소송 등이 이에 해당한다.

기출PLUS

기출 2019. 4. 6. 소방공무원

「행정소송법」에 관한 설명으로 옳지 않은 것은?

① 행정청의 처분등의 효력 유무 또는 존재 여부를 확인하는 소송은 무효등 확인소송이다.
② 국가 또는 공공단체의 기관이 법률에 위반되는 행위를 한 때에 직접 자기의 법률상 이익과 관계없이 그 시정을 구하기 위하여 제기하는 소송은 기관소송이다.
③ 「행정소송법」은 행정소송사항에 관하여 개괄주의를 채택하였지만, 민중소송은 예외적으로 열기주의를 채택하였다.
④ 당사자소송에 관하여 법령에 제소기간이 정하여져 있는 경우 그 기간은 불변기간으로 한다.

③ 권력분립의 원칙에 의한 한계

㉠ 권력분립의 원칙상 통치행위나 재량행위는 심사의 대상에서 제외된다. 그러나 통치행위가 국민의 기본권을 침해하는 경우, 재량행위가 재량권을 일탈·남용하는 경우에는 사법심사의 대상이 된다.

㉡ 취소소송에 의해 처분을 변경하는 경우 그 일부만을 취소하는 소극적 변경은 가능하나 원처분을 새로운 처분으로 대체하는 적극적 변경은 인정되지 않는다.

㉢ 행정심판과 달리 부당에 그치는 처분은 심사대상이 되지 않는다.

㉣ 부작위위법확인소송만이 인정될 뿐 의무이행소송은 인정되지 않는다.

㉤ 부작위위법확인소송에서 처분청이 법원의 결정에 따르지 않을 경우 이를 직접 강제하지 못하고 간접적으로 손해배상을 명할 수 있을 뿐이다.

(5) 행정소송의 종류(내용에 따른 분류)

① 항고소송

㉠ 법정항고소송

- 취소소송 : 행정청의 위법한 처분 등의 취소·변경을 구하는 소송이다(행정처분의 위법성이 소송대상이 된다).

- 무효등확인소송 : 행정청의 처분 등의 효력유무 또는 존재유무를 확인하는 소송이다. 이에는 유효·무효·실효·존재·부존재확인소송이 있다. (직권심리주의의 가미, 집행부정지의 원칙은 준용되나 임의적 행정심판전치주의, 제소기간의 제한, 사정판결 등은 준용되지 않는다.)

- 부작위위법확인소송 : 행정청의 부작위가 위법함을 확인하는 소송이다. (임의적 행정심판전치주의는 적용되나 제소기간의 제한, 집행부정지의 원칙, 사정판결 등은 적용되지 않는다. 내용상으로 항고소송, 성질상으로 확인소송이다.)

㉡ 무명항고소송(비법정항고소송)의 문제 : 「행정소송법」이 규정하고 있는 항고소송의 형태는 취소소송, 무효등확인소송, 부작위위법확인소송의 3종인 바, 행정소송법상의 항고소송의 종류에 관한 규정을 열거규정으로 보는가 예시규정으로 보는가에 따라 법정소송 이외의 소송형태가 인정될 수 있는지가 결정된다. 구체적으로 의무이행소송, 작위의무확인소송, 예방적 부작위소송 등을 상정해 볼 수 있으나 우리 대법원은 이를 모두 인정하지 않고 있다.

② 당사자소송 … 행정청의 처분 등을 원인으로 하는 법률관계에 관한 소송, 그 밖에 공법상 법률관계에 관한 소송으로서 그 법률관계의 한쪽 당사자를 피고로 하는 소송을 의미한다.

㉠ 형식적 당사자소송 : 행정청의 처분 등을 원인으로 하는 법률관계에 관한 소송으로서 그 법률관계의 한쪽 당사자를 피고로 하는 소송을 말한다. 토지보상법상 토지수용에 따른 보상금액의 증감에 관한 토지소유자와 사업시행자 간의 소송 등이 이에 해당한다.

정답 ②

ⓛ **실질적 당사자소송** : 공법상의 법률관계에 관한 소송으로서 그 법률관계의 한쪽 당사자를 피고로 하는 소송을 말한다. 공법상의 신분 또는 지위의 확인에 관한 소송, 공법상 계약에 관한 소송 등이 이에 해당한다. 임의적 행정심판전치주의, 원고적격, 집행부정지의 원칙, 사정판결 등은 준용되지 않는다.

③ **민중소송**

　ⓞ 국가 또는 공공단체의 기관이 법률에 위반되는 행위를 한 때에 직접 자신의 법률상 이익과 관계없이 행정의 적정한 작용을 위해 일반 국민이 제기하는 소송이며, 법률이 정한 경우에 법률에 정한 자에 한하여 제기할 수 있다.

　ⓛ 일반 선거인이 제기하는 선거소송과 일반 투표인이 제기하는 국민투표무효소송 등이 있다.

④ **기관소송**

　ⓞ 국가 또는 공공단체의 기관 상호 간에 그 권한의 존부 또는 그 행사에 관한 다툼이 있을 때 제기하는 소송이며, 법률이 정한 경우에 법률에 정한 자에 한하여 제기할 수 있다.

　ⓛ 지방자치단체의 장이 지방의회의 재의결사항이 법령에 위배되는 것임을 이유로 의회를 피고로 하여 대법원에 제소하는 것 등이 있다.

section 2 항고소송

(1) 취소소송

① **의의** … 행정청의 위법한 처분 등에 대하여 그 취소·변경을 구할 법률상 이익이 있는 자가 처분 등을 행한 행정청을 피고로 하여 제기하는 소송을 말한다. 취소소송은 항고소송 중 가장 중심이 되는 소송이며 실제 제기되는 소송의 대다수를 차지한다.

② **취소소송의 재판관할**

　ⓞ **원칙** : 취소소송의 제1심 관할법원은 피고의 소재지를 관할하는 행정법원으로 한다. 그러나 중앙행정기관, 중앙행정기관의 부속기관과 합의제행정기관 또는 그 장, 국가의 사무를 위임 또는 위탁받은 공공단체 또는 그 장에 해당하는 피고에 대하여 취소소송을 제기하는 경우에는 대법원소재지를 관할하는 행정법원에 제기할 수 있다. 토지의 수용 기타 부동산 또는 특정의 장소에 관계되는 처분 등에 대한 취소소송은 그 부동산 또는 장소의 소재지를 관할하는 행정법원에 이를 제기할 수 있다.

　ⓛ **관할 법원에의 이송** : 법원은 소송의 전부 또는 일부가 그 관할에 속하지 아니함을 인정할 때에는 결정으로 관할 법원에 이송한다.

　ⓒ **관련청구소송의 이송·병합** : 관련되는 청구를 하나의 소송절차에서 통일적으로 심판함으로써 소송경제를 도모하고, 판결의 모순·저촉을 방지하기 위함이다.

기출PLUS

기출 2018. 6. 23. 제2회 서울특별시

「행정소송법」상 소의 종류의 변경에 대한 설명으로 옳은 것을 〈보기〉에서 모두 고른 것은?

─ 보기 ─
㉠ 소의 종류의 변경은 직권으로도 가능하다.
㉡ 항소심에서도 소의 종류의 변경은 가능하다.
㉢ 당사자소송을 항고소송으로 변경하는 것은 허용되지 않는다.
㉣ 소의 종류의 변경의 요건을 갖춘 경우 면직처분취소소송을 공무원보수지급청구소송으로 변경하는 것은 가능하다.

① ㉠, ㉡   ② ㉠, ㉣
③ ㉡, ㉢   ④ ㉡, ㉣

기출 2018. 5. 19. 제1회 지방직

행정소송과 그 피고에 대한 연결이 옳은 것만을 모두 고르면?

─ 보기 ─
㉠ 대통령의 검사임용처분에 대한 취소소송 – 법무부장관
㉡ 국토교통부장관으로부터 권한을 내부위임받은 국토교통부차관이 처분을 한 경우에 그에 대한 취소소송 – 국토교통부차관
㉢ 헌법재판소장이 소속직원에게 내린 징계처분에 대한 취소소송 – 헌법재판소 사무처장
㉣ 환경부장관의 권한을 위임받은 서울특별시장이 내린 처분에 대한 취소소송 – 서울특별시장

① ㉠, ㉡
② ㉢, ㉣
③ ㉠, ㉢, ㉣
④ ㉠, ㉡, ㉢, ㉣

◀ 정답 ④, ③

다만 행정처분에 대한 무효확인과 취소청구는 서로 양립할 수 없는 청구로서, 주위적·예비적 청구로서만 병합이 가능하고 선택적 청구의 병합이나 단순병합은 허용되지 않는다.

• 관련청구의 범위
 –당해 처분이나 재결과 관련되는 손해배상·부당이득반환·원상회복 등의 청구소송
 –당해 처분이나 재결과 관련되는 취소소송
• 관련청구의 이송: 취소소송과 관련청구소송이 각각 다른 법원에 계속되고 있는 경우에 관련청구소송이 계속된 법원이 상당하다고 인정할 때에는 당사자의 신청 또는 직권에 의하여 이를 취소소송이 계속된 법원으로 이송하는 것을 말한다.
 –요건: 취소소송과 관련청구소송이 각각 다른 법원에 계속 중이고, 이송하는 데 상당성이 인정되어야 하며, 당사자의 신청 또는 직권에 의하여야 한다.
 –이송재판: 이송결정은 이송받은 법원을 기속하며, 이송결정과 이송신청의 각하결정에 대하여는 즉시 항고할 수 있고, 이송결정이 확정된 때에는 당해 관련청구소송은 처음부터 이송을 받은 법원에 계속된 것으로 본다.
• 관련청구소송의 병합: 관련청구소송을 병합하여 하나의 소송절차에서 심리하는 것을 말한다.
 –종류와 형태

객관적 병합	주관적 병합
• 단수당사자(하나의 원고·피고) 사이에 있어서의 복수청구의 병합 • 병합제기, 추가적 병합	• 복수당사자에 의한(수인의 또는 수인에 대한) 복수청구의 병합 • 단순 주관적 병합, 주관적·예비적 병합, 주관적·추가적 병합

 –요건: 병합하기 위해서는 본체인 취소소송이 적법해야 하고, 사실심 변론종결 이전이어야 하며, 취소소송이 계속된 법원에 병합하여야 한다.
㉣ 소의 변경: 소의 계속중에 원고가 소송대상인 청구를 변경하는 것을 말한다. 원고는 청구의 기초에 변경이 없는 한 사실심의 변론종결시까지 소의 변경을 신청할 수 있고 법원은 결정에 의해 이를 허가할 수 있다.

③ 취소소송의 당사자 등
 ㉠ 당사자적격: 소송에 있어 당사자란 원고, 피고, 참가인을 말한다. 당사자가 될 수 있는 당사자능력은 자연인과 법인이 가지나 법인격 없는 사단과 재단도 대표자 또는 관리인이 있으면 단체의 이름으로 당사자가 될 수 있다.
 ㉡ 취소소송의 원고적격: 행정소송법은 "취소소송은 처분의 취소를 구할 법률상 이익이 있는 자가 제기할 수 있다."고 규정하고 있다. 단순한 반사적 이익은 여기서 제외된다(법률상 보호되고 있는 이익구제설, 통설·판례).

판례 여기에서 말하는 법률상 보호되는 이익이라 함은 당해 처분의 근거법규 및 관련법규에 의하여 보호되는 개별적·직접적·구체적 이익이 있는 경우를 말하고, 단순한 공익보호의 결과로 국민 일반이 공통적으로 가지는 일반적·간접적·추상적 이익은 해당하지 않는다(대판 2004. 8. 16. 2003두2175).

판례 당초 병원설치가 불가능한 용도에서 병원설치가 가능한 용도로 건축물 용도를 변경하여 준 처분에 대하여 인근의 기존 병원경영자는, 위 용도변경으로 인하여 받게 될 불이익은 간접적, 사실적, 경제적 불이익에 지나지 아니하므로 취소를 구할 소익이 있다고 할 수 없다(대판 1990. 5. 22. 90누813)

판례 담배사업법령에서 담배 일반소매인의 지정기준으로서 일반소매인의 영업소 간에 일정한 거리제한을 두고 있는 것은 담배유통구조의 확립을 통하여 국민의 건강과 관련되고 국가 등의 주요 세원이 되는 담배산업 전반의 건전한 발전 도모 및 국민경제에의 이바지라는 공익목적을 달성하고자 함과 동시에 일반소매인 강의 과당경쟁으로 인한 불합리한 경영을 방지함으로써 일반소매인의 경영상 이익을 보호하는 데에도 그 목적이 있다고 보이므로, 일반소매인으로 지정되어 영업을 하고 있는 기존업자의 신규 일반소매인에 대한 이익은 법률상 보호되는 이익이라고 해석함이 상당하다(대판 2008. 3. 27. 2007두23811).

판례 구속된 피고인은 형사소송법의 규정에 따라 타인과 접견할 권리를 가지고, 구속된 피고인은 교도소장의 접견허가거부처분으로 인하여 자신의 접견권이 침해되었음을 주장하여 위 거부처분의 취소를 구할 원고적격을 가진다(대판 1992. 5. 8. 91누7552).

판례 국민권익위원회가 甲의 소속기관 장인 乙 시·도선거관리위원회 위원장에게 징계철회 조치요구를 한 사안에서 乙이 국가기관이더라도 원고적격을 갖는다(대판 2013. 7. 25. 2011두1214).

판례 충북대학교 총장이 원고 대한민국이 설치한 충북대학교의 대표자일 뿐 항고소송의 원고가 될 수 있는 당사자능력이 없어 부적법하다(대판 2007. 9. 20. 2005두6935).

ⓒ **취소소송의 피고적격** : 취소소송의 피고는 원칙적으로 그 행정처분 등을 외부적으로 그의 명의로 행한 행정청을 피고로 해야한다. 권한의 위임이 있는 경우에도 행정처분의 명의에 따라 피고적격이 결정된다. 따라서 행정청으로부터 적법한 위임을 받아 행정처분을 내린 공무수탁사인도 취소소송의 피고가 될 수 있다.

판례 조례가 그 자체로서 직접 국민의 구체적인 권리의무 등에 영향을 미치는 경우 그 조례는 항고소송의 대상이 되는 행정처분에 해당하고, 이러한 조례에 대한 항고소송을 제기함에 있어서 피고적격이 있는 행정청은 조례로서의 효력을 발생시키는 공포권이 있는 지방자치단체의 장이다(대판 1996. 9. 20. 95누8003).

판례 개별공시지가결정은 이를 기초로 한 과세처분 등과는 별개의 독립된 처분으로서 서로 독립하여 별개의 법률효과를 목적으로 하는 것이나, 개별공시지가는 이를 토지소유자나 이해관계인에게 개별적으로 고지하도록 되어 있는 것이 아니어서 토지소유자 등이 개별공시지가결정 내용을 알고 있었다고 전제하기도 곤란할 뿐만 아니라 결정된 개별공시지가가 자신에게 유리하게 작용될 것인지 또는 불이익하게 작용될 것인지 여부를 쉽사리 예견할 수 있는 것도 아니며, 토지소유자 등으로 하여금 결정된 개별공시지가를 기초로 하여 장차 과세처분 등이 이루어질 것에 대비하여 항상 토지의 가격을 주시하고 개별공시지가결정이 잘못된 경우 정해진 시정절차를 통하여 이를 시정하도록 요구하는 것은 부당하게 높은 주의의무를 지우는 것이라고 아니할 수 없고, 위법한 개별공시지가결정에 대하여 그 정해진 시정절차를 통하여 시정하도록 요구하지 아니하였다는 이유로 위법한 개별공시지가를 기초로 한 과세처분 등 후행 행정처분에서 개별공시지가결정의 위법을 주장할 수 없도록 하는 것은 수인한도를 넘는 불이익을 강요하는 것으로서 국민의 재산권과 재판받을 권리를 보장한 헌법의 이념에도 부합하는 것이 아니라고 할 것이므로, 개별공시지가결정에 위법이 있는 경우에는 그 자체를 행정소송의 대상이 되는 행정처분으로 보아 그 위법 여부를 다툴 수 있음은 물론 이를 기초로 한 과세처분 등 행정처분의 취소를 구하는 행정소송에서도 선행처분인 개별공시지가결정의 위법을 독립된 위법사유로 주장할 수 있다고 해석함이 타당하다(대판 1994. 1. 25., 93누8542).

기출 2021. 4. 17. 인사혁신처

다음 사례에 관한 설명으로 옳은 것은? (다툼이 있는 경우 판례에 의함)

─ 보기 ─
• 甲은 자신의 토지에 대한 개별공시지가결정을 통지받은 후 90일이 넘어 과세처분을 받았는데, 과세처분이 위법한 개별공시지가결정에 기초하였다는 이유로 과세처분의 취소를 구하고자 한다.
• 甲은 토지대장에 전(田)으로 기재되어 있는 지목을 대(垈)로 변경하고자 지목변경신청을 하였다.
• 乙은 甲의 토지가 사실은 자신 소유라고 주장하면서 토지대장상의 소유자명의변경을 신청하였으나 거부되었다.

① 甲은 과세처분이 있기 전에는 개별공시지가결정에 대해서 취소소송을 제기할 수 없다.
② 甲은 과세처분의 위법성이 인정되지 않더라도 과세처분 취소소송에서 개별공시지가결정의 위법을 독립된 위법사유로 주장할 수 있다.
③ 토지대장에 등재된 사항을 변경하는 행위는 행정사무집행의 편의와 사실증명의 자료로 삼기 위한 것이므로, 甲은 지목변경신청이 거부되더라도 이에 대하여 취소소송으로 다툴 수 없다.
④ 乙에 대한 토지대장상의 소유자명의변경신청 거부는 처분성이 인정된다.

❮정답 ②

기출PLUS

기출 2021. 4. 17. 인사혁신처

甲 회사는 '토석채취허가지 진입도로와 관련 우회도로 개설 등은 인근 주민들과의 충분한 협의를 통해 민원발생에 따른 분쟁이 생기지 않도록 조치 후 사업을 추진할 것'이란 조건으로 토석채취허가를 받았다. 그러나 甲은 위 조건이 법령에 근거가 없다는 이유로 이행하지 아니하였고, 인근 주민이 민원을 제기하자 관할 행정청은 甲에게 공사중지명령을 하였다. 甲은 공사중지명령의 해제를 신청하였으나 거부되자 거부처분 취소소송을 제기하였다. 이에 대한 설명으로 옳지 않은 것은? (다툼이 있는 경우 판례에 의함)

① 일반적으로 기속행위의 경우 법령의 근거 없이 위와 같은 조건을 부가하는 것은 위법하다.

② 공사중지명령의 원인사유가 해소되었다면 甲은 공사중지명령의 해제를 신청할 수 있고, 이에 대한 거부는 처분성이 인정된다.

③ 甲에게는 공사중지명령 해제신청 거부처분에 대한 집행정지를 구할 이익이 인정되지 아니한다.

④ 甲이 앞서 공사중지명령 취소소송에서 패소하여 그 판결이 확정되었더라도, 甲은 그 후 공사중지명령의 해제를 신청한 후 해제신청 거부처분 취소소송에서 다시 그 공사중지명령의 적법성을 다툴 수 있다.

< 정답 ④

ⓔ **소송참가**: 이해관계인의 이익보호 및 충분한 소송자료의 확보를 위해 계속중인 소송에 제3자가 참가하는 것을 말한다. 제3자의 소송참가와 행정청의 소송참가가 있으며 소송참가제도는 항고소송 및 당사자소송에서 인정된다.

구분	제3자의 소송참가	행정청의 소송참가
요건	• 타인의 취소소송의 계속중일 것 • 소송의 결과에 대해 이해관계를 가질 것	• 타인의 취소소송의 계속중일 것 • 다른 행정청일 것 • 법원이 소송에 참가시킬 필요가 있다고 인정할 것

④ **취소소송의 대상**

ⓐ **처분 등**: 취소소송은 처분 등을 대상으로 한다. '처분'이란 행정청이 행하는 구체적 사실에 관한 법 집행으로서의 공권력의 행사 또는 그 거부와 그 밖에 이에 준하는 작용을 말한다.

ⓑ **거부처분의 처분성**: 판례는 거부행위가 취소소송의 대상인 행정처분이 되기 위해서는 그 신청한 행위가 공권력의 행사 또는 이에 준해야하고, 그 거부행위로 신청인의 법률관계에 어떤 변동을 일으키는 것이어야 하며, 그 국민에게 그러한 행정행위에 대한 법규상 또는 조리상의 신청권이 있어야 한다는 입장이다.

ⓒ **고시, 조례의 처분성**: 일반적으로 고시 또는 조례는 일반적인 규율로서 처분성이 부인된다. 그러나 그것이 구체적 집행행위의 개입 없이 그 자체로서 직접 국민에 대하여 구체적 효과를 발생하여 특정한 권리의무를 형성하게 하는 경우에는 처분성이 인정될 수 있다.

판례 조례가 집행행위의 개입 없이도 그 자체로서 직접 국민의 구체적인 권리의무나 법적 이익에 영향을 미치는 등의 법률상 효과를 발생하는 경우 그 조례는 항고소송의 대상이 되는 행정처분에 해당한다(대판 1996. 9. 20. 95누8003).

판례 어떠한 고시가 일반적·추상적 성격을 가질 때에는 법규명령 또는 행정규칙에 해당하지만, 다른 집행행위의 매개 없이 그 자체로서 직접 국민의 구체적인 권리의무나 법률관계를 규율하는 성격을 가질 때에는 행정처분에 해당한다(대판 2006. 9. 22. 2005두2506).

판례 행정청이 관련 법령에 근거하여 행한 공사중지명령의 상대방이 그 명령의 취소를 구한 소송에서 패소함으로써 그 명령이 적법한 것으로 이미 확정되었다면, 이후 이러한 공사중지명령의 상대방은 그 명령의 해제신청을 거부한 처분의 취소를 구하는 소송에서 그 명령의 적법성을 다툴 수 없다. 그와 같은 공사중지명령에 대하여 그 명령의 상대방이 해제를 구하기 위해서는 그 명령의 내용 자체로 또는 그 성질상으로 명령 이후에 그 원인사유가 해소되었음이 인정되어야 한다(대결 2014. 11. 27., 2014두37665).

ⓓ **반복된 행위의 처분성**: 행정대집행법상의 철거대집행 계고처분에 있어서 1차 계고처분을 한 후 다시 2차, 3차 계고서를 발송한 경우, 판례는 그 상대방에게 발생하는 건물철거의무는 제1차 철거명령 및 계고처분으로서 발생하는 것이고 2차, 3차의 계고서는 연기의 통지에 불과하여 처분성이 없다고하여 동일한 내용의 반복된 통지는 최초의 통지만을 처분성 있는 것으로 인정하고 있다.

ⓔ **변경된 처분의 처분성**: 처분청이 일단 처분을 내렸다가 종전의 처분을 변경하는 후속처분을 다시 내린 경우, 판례는 종전의 후속처분이 종전처분을 완전히 대체하는 것이거나 주요부분을 실질적으로 변경하는 내용인 경우에는 특별한 사정이 없는

한 종전처분은 효력을 상실하고 후속처분이 항고소송의 대상이 된다는 입장이다. 반면 후속처분의 내용이 종전처분의 유효를 전제로 내용 중 일부만을 추가·철회·변경하는 것이고 그 부분의 내용과 성실이 나머지 부분과 불가분적인 것이 아닌 경우에는 종전처분이 여전히 처분성을 가진다고 보고 있다.

🔖POINT 처분의 범위

ⓐ 처분은 행정행위를 중심으로 하되 권력적 사실행위도 포함한다(다수설).

ⓑ 행정행위인 한 법률행위적 행정행위, 준법률행위적 행정행위가 모두 포함되고 예비결정, 부분허가 등도 각각이 독립적인 행정행위이므로 처분에 해당한다.

ⓒ 거부처분도 처분이므로 취소소송의 대상이 된다.

ⓓ 행정행위의 부관 중 부담은 독립한 취소소송의 대상이 된다.

ⓔ 일반·구체적 규율인 일반처분도 처분에 포함된다.

ⓕ 일반·추상적 규율인 행정입법은 취소소송의 대상이 되지 아니하나 행정입법에 의하여 직접 권리가 침해되는 경우에는 처분성이 인정된다(두밀분교폐지조례).

ⓖ 행정심판의 재결은 원처분주의의 원칙상 원칙적으로 취소소송의 대상이 될 수 없으나 재결 자체에 고유한 위법이 있는 경우에는 예외적으로 취소소송의 대상이 될 수 있다.

ⓗ 통치행위, 단순한 법령의 해석, 비권력적 사실행위, 행정지도, 공법상 계약, 행정청의 내부적 행위, 행정기관 상호 간의 행위는 처분이 아니므로 취소소송의 대상이 되지 아니한다.

⑤ **취소소송의 제기**

㉠ 임의적 행정심판전치주의

• 의의 :「행정소송법」은 임의적 행정심판전치주의를 채택하여 법령의 규정에 의하여 당해 처분에 대한 행정심판을 제기할 수 있는 경우에도 이를 거치지 않고 바로 행정소송을 제기할 수 있도록 하였다. 여기서 말하는 행정심판이란「행정심판법」상의 행정심판뿐만 아니라 이의신청, 심사청구 기타 행정청에 대한 불복신청 등 모든 행정심판을 의미한다.

• 예외 : 다른 법률에 반드시 행정심판을 거치도록 규정되어 있으면 이를 이행한 후 행정소송을 제기하여야 한다. 현행법상 행정심판을 거치도록 규정한 법률로는 공무원관계법률, 조세관계법률,「도로교통법」등이 있다.

• 적용범위 : 행정심판전치주의는 취소소송과 부작위위법확인소송에만 적용된다. 따라서 무효등확인소송과 당사자소송에는 적용되지 않는다.

㉡ 제소기간 : 법률관계의 조속한 안정을 위해 단기로 규정하고 있다.

• 행정심판의 재결을 거쳐 행정소송을 제기하는 경우 : 행정심판의 재결서의 정본을 송달받은 날로부터 90일, 재결이 있은 날로부터 1년 이내에 제기해야 한다. 90일의 기간은 불변기간이므로 법원이 직권으로 이를 조절할 수 없다. 다만, 1년이 지나더라도 정당한 사유가 있는 때에는 제기할 수 있다.

• 행정심판을 제기하지 않거나 그 재결을 거치지 아니하는 경우 : 취소소송은 처분 등이 있음을 안 날로부터 90일, 처분 등이 있은 날로부터 1년이 경과하면 소를 제기하지 못한다. 90일의 기간은 불변기간이므로 법원이 직권으로 이를 조절할 수 없다. 다만, 1년이 경과하더라도 정당한 사유가 있는 때에는 제기할 수 있다.

기출PLUS

[기출] 2017. 3. 18. 제1회 서울특별시

항고소송의 대상적격에 관한 설명으로 옳은 것은? (단, 다툼이 있는 경우 판례에 의함)

① 국유재산의 대부계약에 따른 대부료 부과는 처분성이 있다.

② 행정재산의 사용료 부과는 처분성이 없다.

③ 농지개량조합의 직원에 대한 징계처분은 처분성이 인정된다.

④ 한국마사회가 기수의 면허를 취소하는 것은 처분성이 인정된다.

[기출] 2019. 4. 6. 소방공무원

다음은「행정소송법」과「행정심판법」의 내용이다. (   )안에 들어갈 내용으로 옳은 것은?

┌ 보기 ─────────────
○ 행정소송에 관하여「행정소송법」에 특별한 규정이 없는 사항에 대하여는「법원조직법」과「민사소송법」및 (가)의 규정을 준용한다.
○ 취소소송은 처분등이 있는 날부터 (나)을 경과하면 이를 제기하지 못한다. 다만, 정당한 사유가 있는때에는 그러하지 아니하다.
○ 행정심판은 처분이 있었던 날부터 (다)이 지나면 청구하지 못한다. 다만, 정당한 사유가 있는 경우에는 그러하지 아니하다.
└──────────────────

	(가)	(나)	(다)
①	형사소송법	1년	90일
②	민사집행법	1년	180일
③	형사소송법	180일	90일
④	민사집행법	180일	180일

❰ 정답 ③, ②

기출PLUS

기출 2021. 4. 17. 인사혁신처

취소소송의 제소기간에 대한 설명으로 옳은 것(○)과 옳지 않은 것(×)을 바르게 연결한 것은? (다툼이 있는 경우 판례에 의함)

─ 보기 ─

㉠ 행정청이 행정심판청구를 할 수 있다고 잘못 알려 행정심판을 청구한 경우에는 재결서 정본을 송달받은 날이 아닌 처분이 있음을 안 날로부터 제소기간이 기산된다.

㉡ 행정심판을 청구하였으나 심판청구기간을 도과하여 각하된 후 제기하는 취소소송은 재결서를 송달받은 날부터 90일 이내에 제기하면 된다.

㉢ '처분이 있음을 안 날은 처분이 있었다는 사실을 현실적으로 안 날을 의미하므로, 처분서를 송달받기 전 정보공개청구를 통하여 처분을 하는 내용의 일체의 서류를 교부받았다면 그 서류를 교부받은 날부터 제소기간이 기산된다.

㉣ 동일한 처분에 대하여 무효확인의 소를 제기하였다가 그 처분의 취소를 구하는 소를 추가적으로 병합한 경우, 주된 청구인 무효확인의 소가 적법한 제소기간 내에 제기되었다면 추가로 병합된 취소청구의 소도 적법하게 제기된 것으로 볼 수 있다.

	ㄱ	ㄴ	ㄷ	ㄹ
①	×	×	○	×
②	○	○	×	○
③	○	×	○	×
④	×	×	×	○

◀정답 ④

※ '처분이 있는 날'이란 당해 처분이 외부에 표시되어 효력을 발생한 날을 말하며, '처분이 있음을 안 날'이란 통지, 공고 기타의 방법에 의하여 당해 처분이 있었다는 것을 현실적으로 안 날을 말한다.

※ 다른 법률에 당해 처분에 대한 행정심판의 재결을 거치지 아니하면 취소소송을 제기할 수 없다고 규정한 경우와 그 밖에 행정심판청구를 할 수 있는 경우 또는 행정청이 행정심판청구를 할 수 있다고 잘못 알린 경우에 행정심판청구가 있은 때의 기간은 재결서의 정본을 송달받은 날부터 기산한다.

판례 이 사건 처분은 상대방이 있는 행정처분으로서 특별한 규정이 없는 한 상대방에게 고지되어야 효력을 발생한다고 할 것이므로, 이 사건 처분이 2012. 8. 27. 원고에게 고지되어 원고가 이러한 사실을 인식함으로서 이사건 처분이 있다는 사실을 현실적으로 알았을 때 행정소송법 제20조 제1항이 정한 제소기간이 진행한다고 보아야 한다.

판례 하자 있는 행정처분을 놓고 이를 무효로 볼 것인지 아니면 단순히 취소할 수 있는 처분으로 볼 것인지는 동일한 사실관계를 토대로 한 법률적 평가의 문제에 불과하고, 행정처분의 무효확인을 구하는 소에는 특단의 사정이 없는 한 그 취소를 구하는 취지도 포함되어 있다고 보아야 하는 점(대결 1987. 4. 28., 86누887, 1994. 12. 23., 94누477 등 참조) 등에 비추어 볼 때, 동일한 행정처분에 대하여 무효확인의 소를 제기하였다가 그 후 그 처분의 취소를 구하는 소를 추가적으로 병합한 경우, 주된 청구인 무효확인의 소가 적법한 제소기간 내에 제기되었다면 추가로 병합된 취소청구의 소도 적법하게 제기된 것으로 봄이 상당하다 할 것이다 (대판 1976. 4. 27., 75누251 참조)(대판 2005. 12. 23., 2005두3554).

ㄷ **취소소송제기의 효과**

- 법원 등에 대한 효과(주관적 효과) : 소가 제기되면 사건은 법원에 계속되어 법원은 이를 심리·판결할 구속을 받고, 당사자는 동일 사건에 대하여 다시 소를 제기하지 못한다.

- 처분에 대한 효과(객관적 효과) : 취소소송의 제기가 처분에 대하여 어떠한 영향을 미치는가에 대하여 「행정소송법」은 집행부정지를 원칙으로 하고 그에 대한 예외를 인정하고 있다.

ㄹ **집행부정지의 원칙** : 「행정소송법」은 집행부정지를 원칙으로 한다. 따라서 소송이 제기되어도 당해 처분은 계속 진행된다. 이는 공정력에서 도출되는 효과라는 견해도 있으나 입법정책적 고려에서 인정되는 원칙이라는 견해가 다수설이다. 다만, 예외적으로 회복하기 어려운 손해가 예상되거나 긴급한 필요가 있다고 인정되는 때에는 법원은 당사자의 신청 또는 직권에 의하여 처분 등의 효력이나 집행을 정지할 수 있다.

⑥ **취소소송의 심리**

㉠ **요건심리와 본안심리**

- 요건심리 : 요건심리의 대상은 제소기간, 전심절차, 관할권, 피고의 지정 등 주로 형식적 요건에 관한 것으로서 이는 법원의 직권조사사항이다. 요건심리 결과 요건을 갖추지 못한 것으로 인정되면 각하된다.

- 본안심리 : 요건심리 결과 적법한 것으로 수리된 소에 대해 구체적 내용을 심리하여 원고의 청구가 이유있는지의 여부를 심사하여 원고의 청구가 이유있을 때에는 인용판결을, 이유없을 때에는 기각판결을 한다.

ⓛ 심리의 범위 : 민사소송, 행정심판과 마찬가지로 불고불리의 원칙이 적용되어 법원은 소송제기가 없으면 재판할 수 없고 또한 당사자의 청구의 범위를 넘어서 심리·판단할 수 없다. 예외적으로 법원이 필요하다고 인정할 때에는 당사자가 주장하지 아니한 사항에 대하여도 판단할 수 있다.

ⓒ 심리의 원칙 : 민사소송의 심리와 마찬가지로 심리에 관한 일반적인 원칙으로서 당사자주의, 처분권주의, 변론주의, 구술심리주의, 공개심리주의 등이 적용된다.
- 당사자주의 : 당사자인 원고·피고에 의해 소송이 제기, 진행된다.
- 처분권주의 : 절차의 개시, 심판의 대상 및 절차의 종결을 당사자의 의사에 일임하는 것을 말한다.
- 변론주의 : 재판의 기초가 되는 소송자료의 수집·제출책임을 당사자에게 지우는 것을 말한다. 행정소송에 있어서도 변론주의가 원칙이나 예외적으로 직권주의가 인정된다.
- 구술심리주의 : 원고와 피고의 구술에 의해 심리를 진행한다.
- 공개심리주의 : 특별한 사유가 없는 한 심리는 공개한다.

ⓡ 행정소송의 특수한 절차
- 직권증거조사주의(직권탐지주의) : 재판의 기초가 되는 소송자료의 수집·제출책임을 법원이 지는 것을 말한다. 행정소송에서는 변론주의를 원칙으로 하되, 예외적으로 직권증거조사주의가 인정된다. 취소소송의 결과는 공공복리와 밀접한 관련이 있기 때문에 법원의 소송에의 관여를 인정한 것이다.
- 행정심판기록제출명령 : 법원은 당사자의 신청이 있는 때에는 결정으로써 재결을 행한 행정청에 대하여 행정심판기록제출을 명할 수 있다.

ⓜ 주장책임과 입증책임
- 주장책임 : 변론주의를 채택하는 소송에 있어서 당사자가 필요한 사실을 주장하여야 하는 책임을 주장책임이라 한다. 주장책임의 분배의 문제는 원칙적으로 입증책임의 분배의 문제와 내용을 같이한다.
- 입증책임 : 입증책임의 분배에 관하여는 「행정소송법」상 명문의 규정이 없으나, 「민사소송법」상의 분배원칙인 법률요건분배설(입증책임분배설)이 다수설·판례이다.

판례 행정처분의 위법을 들어 그 취소를 청구함에 있어서는 직권조사사항을 제외하고 그 취소를 구하는 자가 위법사유에 해당하는 구체적인 사실을 먼저 주장하여야 한다(대판 2000. 3. 23. 98두2768).

⑦ **취소소송의 판결**
ⓐ **각하판결** : 소송요건을 결여하고 있는 경우에 이를 각하하는 판결이다.
ⓑ **기각판결** : 원고의 청구가 이유없다고 하여 배척하는 판결이다. 적법한 경우는 물론 단순히 부당에 그치는 경우에도 기각된다.
ⓒ **청구인용판결** : 원고의 청구가 이유있는 경우에 그 전부 또는 일부를 받아들이는 판결을 말한다. 다만, 인용판결이 있더라도 위법한 처분의 전부 또는 일부만을 취소할 수 있을 뿐 적극적인 변경은 인정되지 않는다(판례).

기출PLUS

기출 2020. 6. 20. 소방공무원

사정판결에 대한 설명으로 옳은 것은? (다툼이 있는 경우 판례에 의함)

① 행정청의 재량에 속하는 처분이라도 재량권의 한계를 넘거나 그 남용이 있는 때에는 법원은 이를 취소할 수 있고, 재량권 일탈·남용에 관하여는 피고인 행정청이 증명책임을 부담한다.

② 법원은 사정판결을 하기 전에 원고가 그로 인하여 입게 될 손해의 정도와 배상방법, 그 밖의 사정을 조사하여야 한다.

③ 사정판결을 하는 경우 법원은 처분의 위법함을 판결의 주문에 표기할 수 없으므로 판결의 내용에서 그 처분등이 위법함을 명시함으로써 원고에 대한 실질적 구제가 이루어지도록 하여야 한다.

④ 원고는 취소소송이 계속된 법원에 당해 행정청에 대한 손해배상 청구 등을 병합하여 제기할 수 없으므로, 손해배상 청구를 담당하는 민사법원의 판결이 먼저 내려진 경우라 할지라도 이 판결의 내용은 취소소송에 영향을 미치지 아니한다.

◀정답 ②

ⓔ 사정판결
- 의의 : 원고의 청구에 이유있다고 인정하는 경우에도 처분 등을 취소하는 것이 현저히 공공복리에 적합하지 아니하다고 인정하는 때에 법원이 원고의 청구를 기각하는 판결을 말한다.
- 근거 : 공공복리의 관점에서 기성사실을 존중하여야 할 필요성이 있는 경우에 인정된다.
- 판결의 주문에 명시 : 사정판결을 하는 경우에는 법원은 판결의 주문에서 그 처분 등이 위법함을 명시하여야 한다.
- 효과 : 사정판결은 중대한 공공복리를 보호하기 위하여 그 위법성에도 불구하고 당해 처분의 효력을 존속시키는 것이므로 원고의 권익구제를 위해 손해배상 등 적절한 구제방법을 보장해야 한다. 원고는 피고인 행정청이 속하는 국가 또는 공공단체를 상대로 손해배상 기타 적당한 구제방법의 청구를 당해 취소소송 등이 계속된 법원에 병합하여 제기할 수 있다.
- 소송비용 : 사정판결은 처분 등이 위법함을 인정하는 것이므로 그 소송비용은 승소한 피고가 부담한다.
- 적용범위 : 사정판결은 취소소송에만 적용되고 무효등확인소송과 의무이행소송, 당사자소송 등에는 적용되지 않는다.

ⓜ **위법판단의 기준시** : 행정처분의 위법 여부의 판단은 처분시의 법령 및 사실을 기준으로 판단하여야 한다. 다만, 부작위위법확인소송의 경우에는 처분이라고 할 만한 작용이 없으므로 판결시를 기준으로 한다(통설·판례).

ⓗ **취소판결의 효력** : 판결의 일반적 효력으로서 기판력과 불가쟁력 외에 취소판결의 고유한 효력으로서 형성력, 기속력, 집행력 등이 있다.

- 기판력(실질적 확정력) : 종국판결이 내려지면 이후 동일사항이 문제되는 경우에 있어 당사자가 그에 반하는 주장을 하여 다툴 수 없게 되는 힘을 말한다(일사부재리효). 기판력은 당사자와 피고인 행정청이 속하는 모든 국가·공공단체에 미치지만 제3자에게는 미치지 않는다. 기판력은 사실심의 변론종결시를 기준으로 하여 발생한다.

판례 공사중지명령의 상대방이 명령의 취소를 구하는 소송에서 행정청에 패소함으로써 그 명령이 적법한 것으로 이미 확정되었다면, 이후 이러한 공사중지명령의 상대방은 그 명령의 해제신청을 거부한 처분의 취소를 구하는 소송에서 그 명령의 적법성을 다툴 수 없다(대판 2014. 11. 27. 2014두37665)

- 형성력 : 일반적으로 확정판결이 판결의 취지에 따라 법률관계의 발생·변경·소멸을 가져오는 효력을 말한다. 즉, 행정처분의 취소판결이 있게 되면 처분청의 별도의 행위를 기다릴 것 없이 처분의 효력이 소급하여 소멸함으로써 처분이 없었던 것과 같은 상태로 된다. 형성력은 당해 소송의 당사자에게만 미치는 것이 아니라 그 밖의 제3자에도 미친다(제3자효).

판례 행정처분을 취소한다는 확정판결이 있으면 그 취소판결의 형성력에 의하여 당해 행정처분의 취소나 취소통지 등의 별도의 절차를 요하지 아니하고 당연히 취소의 효과가 발생한다(대판 1991. 10. 11. 90누5443).

- 기속력(구속력) : 당사자인 행정청과 관계행정청이 판결의 취지에 따라 행동해야 하는 의무를 발생시키는 효과를 말한다. 취소판결이 확정되면 처분청 및 그 밖의 모든 관계행정청은 동일한 사안에 대해 동일한 당사자에 대하여 동일한 내용의 처분을 해서는 안된다.

판례 특히 거부처분에 대한 취소판결이 확정된 경우, 그 처분을 행한 행정청은 판결의 취지에 따라 다시 처분을 하여야 할 의무를 부담하게 되므로, 취소소송에서 소송의 대상이 된 거부처분을 실체법상의 위법사유에 기하여 취소하는 판결이 확정된 경우에는 당해 거부처분을 한 행정청은 원칙적으로 신청을 인용하는 처분을 하여야 하고, 사실심 변론종결 이전의 사유를 내세워 다시 거부처분을 하는 것은 확정판결의 기속력에 저촉되어 허용되지 아니한다(대판 2001. 3. 23. 99두5238).

- 불가쟁력(형식적 확정력) : 판결에 대하여 불복이 있는 경우에는 상고를 통하여 그 효력을 다툴 수 있으나 상고기간의 도과, 상소의 취하, 상소권의 포기 기타 사유가 있을 때는 상고할 수 없다. 이처럼 그 효력을 더 이상 다툴 수 없게 되는 힘을 불가쟁력이라 한다.
- 집행력 : 「행정소송법」상 거부처분에 대한 취소판결 및 부작위위법확인판결이 확정되면 판결의 기속력에 의하여 행정청은 당해 판결의 취지에 따르는 처분을 할 의무를 진다. 그러나 행정청이 이 재처분의무를 이행하지 않는 경우에 법원이 직접 이를 집행할 수 있는가가 문제되는데 권력분립의 원칙상 법원이 직접 판결의 취지에 따르는 처분을 할 수는 없다고 본다. 다만, 행정청에 상당한 기간을 정하여 처분의무를 부과하고 이 기간 내에 이행하지 아니하는 때에는 일정한 손해배상을 할 것을 명할 수 있을 뿐이다. 즉, 행정소송에 있어서는 간접적 강제력만이 인정되는 것이다.

⑧ 제3자의 소송참가 및 재심청구

㉠ 의의 : 처분 등을 취소하는 판결에 의하여 권리 또는 이익을 침해받은 제3자는 자기에게 책임없는 사유로 소송에 참가하지 못함으로써 판결의 결과에 영향을 미칠 공격 또는 방어방법을 제출하지 못한 때 이를 이유로 확정된 종국판결에 대하여 재심을 청구할 수 있다.

㉡ 재심청구의 기간 : 제3자에 의한 재심의 청구는 확정판결이 있음을 안 날로부터 30일 이내, 판결이 확정된 날로부터 1년 이내에 제기하여야 한다. 이 기간은 불변기간이다.

(2) 무효등확인소송

① 의의 ⋯ 행정청의 처분 등의 효력 유무 또는 존재 여부를 확인하는 소송을 말한다. 여기에는 처분이나 재결의 무효확인소송, 유효확인소송, 실효확인소송, 존재확인소송, 부존재확인소송 등 5가지가 있다. 현행 행정소송법은 무효등확인소송을 취소소송과 함께 항고소송의 일종으로 규정하고 취소소송에 관한 대부분의 규정을 이 소송에 준용하도록 하고 있다. 다만 행정심판전치주의, 제소기간, 사정판결에 관한 규정은 준용되지 않는다.

기출PLUS

기출 2016. 6. 25. 서울특별시

행정소송에 대한 설명으로 옳지 않은 것은? (다툼이 있는 경우 판례에 의함)

① 사정판결을 함에 있어서는 그 판결의 주문에서 그 처분 등이 위법함을 명시하여야 한다.
② 법원은 처분 등을 취소하는 것이 현저히 공공복리에 적합하지 아니하다고 인정하는 때에는 원고의 청구가 이유 있다고 인정하는 경우에도 원고의 청구를 기각할 수 있다.
③ 법원이 사정판결을 함에 있어서는 미리 원고가 그로 인하여 입게 될 손해의 정도와 배상방법, 그 밖의 사정을 조사하여야 한다.
④ 사정판결이 있는 경우 원고는 피고인 행정청이 속하는 국가 또는 공공단체를 상대로 손해배상청구를 당해 취소소송 등이 계속된 법원에 병합하여 제기할 수 없다.

〈정답 ④

기출PLUS

기출 2016. 3. 19. 사회복지직

「행정소송법」상 취소소송에 대한 사항으로 무효등 확인소송의 경우에 준용되는 것은?

① 행정심판전치주의의 적용
② 취소소송의 대상
③ 제소기간
④ 사정판결

② 재판관할 … 취소소송에 관한 규정이 준용되어 피고의 소재지를 관할하는 행정법원이 제1심 관할 법원이 된다.

③ 당사자 … 취소소송에 관한 규정이 준용되므로 원고는 법률상의 이익이 있어야 한다.

④ 소의 제기 … 취소소송과는 달리 제소기간상의 제한규정은 적용되지 아니한다. 그러나 무효원인인 하자와 취소원인인 하자의 구별은 상대적인 것이므로 취소소송에서와 같이 집행부정지제도는 인정된다.

⑤ 심리 … 취소소송의 규정이 준용된다. 즉 변론주의 원칙, 예외적 직권증거조사주의, 구술심리주의, 공개심리의 원칙 등이 적용된다.

⑥ 입증책임 … 무효등확인소송에서 주장되는 하자의 중대성과 명백성이 있다는 무효사유에 대한 입증책임은 이를 주장하는 원고에게 있다.

⑦ 판결 … 취소판결의 효력 및 기속력에 관한 규정이 준용된다. 따라서 제3자에 대하여도 효력이 있고 당사자인 행정청과 그 밖의 행정청을 구속하므로 이들 관계 행정청은 동일처분을 반복할 수 없다. 거부처분의 무효가 확인되는 경우에는 처분청은 판결의 취지에 따라 재처분할 의무를 진다. 다만, 무효 또는 부존재인 처분에 있어서는 처분의 효력이 처음부터 발생하지 아니하므로 취소소송에 있어서의 사정판결에 관한 규정이 적용될 여지는 없다.

⑧ 제3자의 소송참가 및 재심청구 … 무효등확인판결은 취소판결과 마찬가지로 제3자에 대하여도 효력이 미치므로 제3자의 권익을 보호하기 위하여 제3자의 소송참가 및 재심청구에 관한 규정이 준용된다.

(3) 부작위위법확인소송

① 의의 … 행정청이 상대방의 신청에 대하여 상당한 기간 내에 일정한 처분을 하여야 할 법률상 의무가 있음에도 불구하고 이를 하지 않는 경우에 이러한 행정청의 부작위가 위법하다는 것을 확인하는 소송이다.

② 인정요건 … ㉠ 당사자의 신청이 존재해야하고 따라서 당사자의 신청권이 필수적으로 요구되며 ㉡ 행정청에게 처분의무가 존재함에도 불구하고 ㉢ 상당한 기간이 경과하도록 ㉣ 처분의 부작위 상태가 지속되고 있어야 한다.

> **판례** 형사본안사건에서 무죄가 선고되어 확정되었다면 형사소송법 제332조 규정에 따라 검사가 압수물을 제출자나 소유자 기타 권리자에게 환부하여야 할 의무가 당연히 발생하는 것이고, 권리자의 환부신청에 대한 검사의 환부결정 등 어떤 처분에 의하여 비로소 환부의무가 발생하는 것은 아니므로 검사가 피압수자의 압수물 환부신청에 대하여 아무런 결정이나 통지도 하지 아니하고 있다고 하더라도 그와 같은 부작위는 부작위위법확인소송의 대상이 되지 아니한다(대판 1995. 3. 10. 94누14018).

③ 제소기간 … 부작위상태가 계속되는 한 원칙적으로 제소기간의 문제가 발생하지 않는다. 다만 전심절차를 거친 경우 행정소송법 제20조에 따른 제소기간의 제한이 적용될 수 있다.

❮정답 ②

④ 협의의 소 이익 … 부작위위법확인소송의 계속 도중 부작위상태가 해소되는 경우에는 더 이상 확인의 이익이 없어 소는 각하된다.

⑤ 법원의 판단범위 … 부작위위법확인소송의 심리범위에 대해 판례는 그 부작위의 위법함을 확인함으로서 부작위라는 소극적 위법상태를 제거하는 것을 목적으로 하는 소송이라하여 본안의 내용에 대한 판단은 심리범위에 해당하지 않는다는 입장이다. 이에 따르면 부작위가 위법함을 확인받은 행정청은 일단 작위의무를 이행하여 그 부작위 상태를 해소하면 적법한 것이게 된다.

section 3 당사자소송

(1) 의의

① 개념 … 행정청의 처분 등을 원인으로 하는 법률관계에 관한 소송, 그 밖에 행정법상의 법률관계에 관한 소송으로서 그 법률관계의 일방 당사자를 피고로 하는 소송이다.

② 항고소송과의 차이점 … 항고소송은 행정청의 공권력 행사(처분)를 직접 소송물로 하고 행정청을 피고로 하는 데 비하여, 당사자소송은 행정청에 의한 공권력의 행사·불행사의 결과로 생긴 법률관계 또는 그 밖의 공법상의 법률관계에 관해 대등한 당사자 사이에 법률상의 분쟁을 해결하기 위한 소송이다.

③ 민사소송과의 차이점 … 당사자소송은 대등한 당사자 사이의 소송이라는 점에서 민사소송과 같으나 당사자소송은 공법상의 법률관계를 소송물로 한다는 점에서 사법상의 법률관계를 소송물로 하는 민사소송과 구별된다.

④ 종류 … 공법상 당사자소송은 그 내용상 형식적 당사자소송과 실질적 당사자소송으로 나눌 수 있다. 「행정소송법」상의 당사자소송은 주로 실질적 당사자소송을 의미한다.

> **POINT** 제소기간 … 당사자소송에 관하여는 특별히 달리 정하고 있는 경우를 제외하고는 원칙적으로 제소기간의 제한이 없다.

(2) 형식적 당사자소송

① 의의 … 행정청의 처분이나 재결에 의하여 형성된 법률관계에 관하여 다툼이 있는 경우 당해 처분 또는 재결의 효력은 다투지 않고 직접 그 처분·재결에 의하여 형성된 법률관계에 대하여 그 일방당사자를 피고로 하여 제기하는 소송을 말한다. 이는 처분·재결에 불복하는 항고소송으로서의 성질을 가지고 있으나 법령의 규정에 의하여 권리주체 간의 당사자소송의 형식에 의하고 있다.

기출PLUS

기출 2010. 11. 7. 국회사무처

부작위위법확인소송에 관한 설명 중 옳지 않은 것은? (다툼이 있는 경우 판례에 의함)

① 국가보훈처장 발행 서적의 독립투쟁에 관한 내용을 시정하여 관보에 그 뜻을 표명해야 할 의무의 확인을 구하는 청구는 항고소송의 대상이 되지 아니한다.

② 압수가 해제된 것으로 간주된 물건에 대한 피압수자의 환부신청에 대하여 검사가 아무런 결정이나 통지를 하지 않았다고 하더라도 그와 같은 부작위는 부작위법확인소송의 대상이 되지 않는다.

③ 행정청에게 일정한 처분을 하여야 할 법률상 의무가 있어야 하는데, 이 때 법률상 의무란 명문 규정에 의해 인정되는 경우만을 뜻한다.

④ 부작위위법확인소송은 처분의 신청을 한 자로서 부작위의 위법의 확인을 구할 법률상 이익이 있는 자만이 제기할 수 있다.

⑤ 부작위위법확인소송을 제기한 뒤에 판결 시까지 행정청이 그 신청에 대하여 적극적 또는 소극적 처분을 하였다면 소의 이익을 상실하게 되어 당해 소는 각하된다.

< 정답 ③

기출 2017. 3. 18. 제1회 서울특별시

당사자소송의 대상이 아닌 것은?
(단, 다툼이 있는 경우 판례에 의함)

① 구 「도시재개발법」상 재개발조합의 조합원 자격 확인
② 구 「석탄산업법」상 석탄가격안정지원금의 지급청구
③ 납세의무자의 부가가치세 환급세액 지급청구
④ 구 「공익사업을 위한 토지 등의 취득 및 보상에 관한 법률」상 환매금액의 증감청구

② **필요성** … 당사자가 불복하여 다투는 것은 처분 또는 재결 그 자체가 아니고 그에 의하여 형성된 법률관계(보상금액의 다과 등)이며, 이는 재산상의 평가에 관한 것이므로 특별히 처분청을 피고로 하는 항고소송의 형식을 취할 실익이 없고, 직접 이해관계자를 소송당사자로 하여 다투도록 하는 것이 분쟁의 해결에 보다 적절하다.

③ **형식적 당사자소송의 인정여부** … 판례는 개별법률에 당사자소송의 근거규정이 있는 경우를 제외하고는 형식적 당사자소송의 제기를 허용하지 않는다.

④ **입법례** … 토지보상법에서 보상금의 증감에 관한 소송은 당사자소송에 의하도록 규정하고 있다. 그 외 특허법, 실용신안법, 상표법 등에 규정이 있다.

⑤ **당사자적격** … 원고적격에 관한 규정은 일반 민사소송에 관한 규정이 준용된다. 피고적격은 항고소송과 달리 행정청을 피고로 하지 않고 국가, 공공단체, 그 밖의 권리주체를 피고로 한다.

⑥ **재판 관할** … 당사자소송의 제1심 관할 법원은 피고의 소재지를 관할하는 행정법원이다.

⑦ **적용규정** … 당사자소송은 민사소송과 유사한 형태의 소송이므로 원칙적으로 민사소송의 규정이 적용되지만 그 소송물이 공법상의 법률관계에 관한 것이라는 점에서 일정한 한도 내에서는 항고소송의 규정이 준용된다.

　㉠ 항고소송의 규정이 적용되는 경우 : 관련청구의 이송·병합, 피고경정, 공동소송, 소의 변경, 직권심사주의 등 주로 소송의 신속한 처리나 실체적 진실의 발견, 재판의 적정을 기하기 위한 규정들은 항고소송의 규정이 적용된다.

　㉡ 항고소송의 규정이 적용되지 않는 경우 : 행정심판전치주의, 제소기간, 원고적격, 피고적격, 집행부정지의 원칙, 사정판결 등은 준용되지 않는다. 또한 국가 상대의 당사자소송의 경우에는 가집행선고를 할 수 없다.

(3) 실질적 당사자소송

① **의의** … 공법상의 법률관계에 관한 소송으로서 그 일방 당사자를 피고로 하는 소송을 말한다.

② **종류**

　㉠ 처분 등을 원인으로 하는 법률관계에 관한 소송 : 처분 등의 직접적 결과로서 성립된 법률관계는 모두 공법상의 관계로 보아 이에 관한 소송은 당사자소송이 된다. 공법상의 부당이득반환청구소송이 해당한다. 공무원의 직무상 불법행위로 인한 국가배상청구소송도 해당한다고 할 수 있으나 실무상 국가배상청구소송은 민사소송으로 취급하고 있다.

　㉡ 공법상의 신분·지위 등 확인소송 : 공무원, 지방의회 의원, 국·공립학교학생 등의 신분이나 지위의 확인을 구하는 소송 등이 이에 속한다.

　㉢ 공법상 금전지급청구소송 : 공무원보수, 연금의 지급청구, 손실보상청구, 공법상 사무관리비용청구소송 등이 있다.

〈정답 ④

ⓔ 공법상 계약에 관한 소송 : 국가·지방자치단체 등 행정주체 상호 간 또는 행정주체와 사인 사이에 체결되는 공법상 계약에 관한 분쟁이 해당한다.

③ 당사자적격 … 형식적 당사자소송에서와 같이 원고적격에는 민사소송에 관한 규정이 적용된다. 피고는 행정청이 아니라 국가, 공공단체 그 밖의 권리주체가 된다.

④ 재판 관할 … 형식적 당사자소송과 같이 제1심 관할 법원은 피고의 소재지를 관할하는 행정법원이다.

⑤ 적용법규 … 형식적 당사자소송과 동일하다. 즉 행정심판전치주의, 제소기간, 원고적격, 피고적격, 집행부정지의 원칙, 사정판결 등은 준용되지 않는다.

🔊 TIP

심리절차 … 심리절차에 소의 병합, 소의 변경, 행정심판기록의 제출명령, 직권탐지주의 가미, 처분권주의, 변론주의, 구술심리주의, 직접심리주의, 쌍방심문주의, 법관의 석명의무, 입증책임분배에 관한 원칙 등이 적용된다.

판례 지방자치단체와 그 소속 경력직 공무원인 지방소방공무원 사이의 관계, 즉 지방소방공무원의 근무관계는 사법상의 근로계약관계가 아닌 공법상의 근무관계에 해당하고, 그 근무관계의 주요한 내용 중 하나인 지방소방공무원의 보수에 관한 법률관계는 공법상의 법률관계라고 보아야 한다. 나아가 지방공무원법 제44조 제4항, 제45조 제1항이 지방공무원의 보수에 관하여 이른바 근무조건 법정주의를 채택하고 있고, 지방공무원 수당 등에 관한 규정 제15조 내지 제17조가 초과근무수당의 지급대상, 시간당 지급액수, 근무시간의 한도, 근무시간의 산정방식에 관하여 구체적이고 직접적인 규정을 두고 있는 등 관계 법령의 내용, 형식 및 체제 등을 종합하여 보면, 지방소방공무원의 초과근무수당 지급청구권은 법령의 규정에 의하여 직접 그 존부나 범위가 정하여지고 법령에 규정된 수당의 지급요건에 해당하는 경우에는 곧바로 발생한다고 할 것이므로, 지방소방공무원이 자신이 소속된 지방자치단체를 상대로 초과근무수당의 지급을 구하는 청구에 관한 소송은 행정소송법 제3조 제2호에 규정된 당사자소송의 절차에 따라야 한다(대결 2013. 3. 28., 2012다102629).

(4) 소송의 종료

① 판결의 기판력과 구속력 … 판결의 기판력은 당사자소송에서는 원칙적으로 소송의 당사자 및 그 승계인에 대하여서만 효력이 발생한다. 따라서 취소소송에 있어서와 같은 판결의 제3자효는 당사자소송에는 인정되지 않는다. 그러나 판결의 기속력 조항은 당사자소송에 준용된다.

② 가집행선고 … 행정소송법 제43조는 "국가를 상대로 하는 당사자소송의 경우에는 가집행선고를 할 수 없다."고 규정하고 있다. 그러나 같은 내용의 규정을 둔 소송촉진 등에 관한 특례법 제6조 제1항의 단서가 위헌으로 결정된 사실을 볼 때(헌재 1989. 1. 25, 88헌가7), 이 조항 역시 위헌의 소지가 농후하다.

[취소소송·무효등확인소송·부작위위법확인소송·당사자소송]

구분	취소소송	무효등확인소송	부작위위법확인소송	당사자소송
공통점	변론주의, 직권심리주의, 구술심리주의, 공개심리주의			
임의적 행정심판 전치주의	적용됨	적용 안됨	적용됨	적용 안됨
제소기간	적용됨	적용 안됨	적용 안됨	적용 안됨
집행부정지의 원칙	적용됨	적용됨		적용 안됨
사정판결	적용됨	적용 안됨	적용 안됨	적용 안됨

section 4 행정소송과 가구제

(1) 의의

행정소송법은 행정소송의 집행부정지원칙에 따라 그 판결의 실효성을 위해 잠정적인 권리구제 수단을 마련해두고 있다. 행정소송법은 적극적 처분에 대하여는 집행정지를 규정하고 있으나 소극적 처분에 대하여는 명시적인 규정을 찾아볼 수 없어 특히 민사소송법상의 가처분 규정이 적용될 수 있는지가 문제된다.

(2) 집행정지

① 의의 … 현행 행정소송법은 취소소송, 무효등확인소송에 제기된 경우에 집행정지를 인정하고 있다. 따라서 부작위위법확인소송과 당사자소송에는 집행정지를 신청할 수 없다.

② 요건
  ㉠ 적법한 본안소송이 계속되어 있다.
  ㉡ 처분 등이 존재한 상태
  ㉢ 회복하기 어려운 손해예방의 필요가 있음
  ㉣ 긴급한 필요의 존재
  ㉤ 공공복리에 중대한 영향을 미칠 우려가 없음
  ㉥ 본안청구가 이유없음이 명백하지 않을 것을 요건으로 함

③ 거부처분에 대한 집행정지의 인정여부 … 판례는 거부처분에 대한 집행정지를 인정한다 하더라도 그 거부처분이 없었던 것과 같은 상태를 만드는 것에 지나지 않는 것이고, 그 이상으로 행정청에 대하여 어떠한 처분을 명하는 등 적극적인 상태를 만들어 낼 수 없다는 이유로 거부처분에 대한 집행정지신청을 권리보호이익이 없다는 입장이다.

(3) 민사소송법상의 가처분 적용 가능성

① 의의 … 가처분이란 쟁의 있는 권리관계에 관하여 임시의 지위를 정함을 목적으로 하는 가구제 제도를 말한다. 행정소송법 제8조는 민사집행법의 규정을 준용하고 있어 행정소송에서도 가처분이 적용되는지 문제된다.

② 항고소송에서 가처분 적용 가능성 … 판례는 항고소송에 대하여 집행정지 규정이 존재하는 이상 민사집행법상의 집행정지 규정이 적용되지 않는다고 하여 부정설의 입장이다.

③ 당사자소송에서 가처분 적용 가능성 … 반면 당사자소송에 대해서는 행정소송법 제44조 제1항에 따라 집행정지에 관한 규정이 준용되지 아니하므로 민사집행법상 가처분에 관한 규정이 준용된다는 긍정설의 입장이다.

2021년 소방공무원

1 「행정소송법」에 대한 설명으로 옳은 것은? (다툼이 있는 경우 판례에 의함)

① 민중소송 및 기관소송은 법률이 정한 자에 한하여 제기할 수 있다.

② 판례는 「행정소송법」상 행정청의 부작위에 대하여 부작위법확인소송과 작위의무이행소송을 인정하고 있다.

③ 「행정소송법」상 항고소송은 취소소송 · 무효등 확인소송 · 부작위법확인소송 · 당사자소송으로 구분한다.

④ 국가 또는 공공단체의 기관이 법률에 위반되는 행위를 한 때에 직접 자기의 법률상 이익과 관계없이 그 시정을 구하기 위하여 제기하는 소송을 기관소송이라 한다.

> **TIPS!**
>
> ① 민중소송 및 기관소송은 법률이 정한 경우에 법률에 정한 자에 한하여 제기할 수 있다〈행정소송법 제45조(소의 제기)〉.
> ② 행정심판법 제4조 제3호가 의무이행심판청구를 인정하고 있고 항고소송의 제1심 관할법원이 행정청의 소재지를 관할하는 고등법원으로 되어 있다고 하더라도, 행정소송법상 행정청의 부작위에 대하여는 부작위법확인소송만 인정되고 작위의무의 이행이나 확인을 구하는 행정소송은 허용될 수 없다(대판 1992. 11. 10. 92누1629).
> ③ 항고소송은 다음과 같이 구분한다〈동법 제4조(항고소송)〉.
>   1. 취소소송 : 행정청의 위법한 처분등을 취소 또는 변경하는 소송
>   2. 무효등 확인소송 : 행정청의 처분등의 효력 유무 또는 존재여부를 확인하는 소송
>   3. 부작위법확인소송 : 행정청의 부작위가 위법하다는 것을 확인하는 소송
> ④ 민중소송에 대한 설명이다〈동법 제3조(행정소송의 종류) 제3호〉. 기관소송은 국가 또는 공공단체의 기관상호 간에 있어서의 권한의 존부 또는 그 행사에 관한 다툼이 있을 때에 이에 대하여 제기하는 소송이다〈동법 제3조(행정소송의 종류) 제4호〉.

Answer 1.①

2 행정상의 법률관계와 소송형태 등에 관한 설명으로 옳지 않은 것은? (다툼이 있는 경우 판례에 의함)

① 「도시 및 주거환경정비법」상의 주택재건축정비사업조합을 상대로 관리처분계획안에 대한 조합 총회결의의 무효확인을 구하는 소는 공법관계이므로 당사자소송을 제기하여야 한다.

② 「국가를 당사자로 하는 계약에 관한 법률」에 따라 국가가 당사자로 되는 입찰방식에 의한 사인과 체결하는 이른바 공공계약은 국가가 사경제의 주체로서 상대방과 대등한 위치에서 체결하는 사법상의 계약이다.

③ 「국유재산법」에 따른 국유재산의 무단점유자에 대한 변상금 부과·징수권은 민사상 부당이득반환청구권과 법적 성질을 달리하므로, 국가는 무단점유자를 상대로 변상금 부과·징수권의 행사와 별개로 국유재산의 소유자로서 민사상 부당이득반환청구의 소를 제기할 수 있다.

④ 2020년 4월 1일부터 시행되는 전부개정 「소방공무원법」 이전의 경우, 지방소방공무원의 보수에 관한 법률관계는 사법상의 법률관계이므로 지방소방공무원이 소속 지방자치단체를 상대로 초과근무수당의 지급을 구하는 소송은 행정소송상 당사자소송이 아닌 민사소송절차에 따라야 했다.

> **TIPS!** ⋯⋯⋯⋯⋯⋯⋯⋯⋯⋯⋯⋯⋯⋯⋯⋯⋯⋯⋯⋯⋯⋯⋯⋯⋯⋯⋯⋯⋯⋯⋯⋯⋯
>
> ④ 지방자치단체와 그 소속 경력직 공무원인 지방소방공무원 사이의 관계, 즉 지방소방공무원의 근무관계는 사법상의 근로계약관계가 아닌 공법상의 근무관계에 해당하고, 그 근무관계의 주요한 내용 중 하나인 지방소방공무원의 보수에 관한 법률관계는 공법상의 법률관계라고 보아야 한다. 나아가 지방공무원법 제44조 제4항, 제45조 제1항이 지방공무원의 보수에 관하여 이른바 근무조건 법정주의를 채택하고 있고, 지방공무원 수당 등에 관한 규정 제15조 내지 제17조가 초과근무수당의 지급대상, 시간당 지급 액수, 근무시간의 한도, 근무시간의 산정 방식에 관하여 구체적이고 직접적인 규정을 두고 있는 등 관계 법령의 내용, 형식 및 체제 등을 종합하여 보면, 지방소방공무원의 초과근무수당 지급청구권은 법령의 규정에 의하여 직접 그 존부나 범위가 정하여지고 법령에 규정된 수당의 지급요건에 해당하는 경우에는 곧바로 발생한다고 할 것이므로, 지방소방공무원이 자신이 소속된 지방자치단체를 상대로 초과근무수당의 지급을 구하는 청구에 관한 소송은 행정소송법 제3조 제2호에 규정된 당사자소송의 절차에 따라야 한다(대법원 2013. 3. 28. 선고 2012다102629 판결).
>
> ① 도시 및 주거환경정비법상 행정주체인 주택재건축정비사업조합을 상대로 관리처분계획안에 대한 조합 총회결의의 효력 등을 다투는 소송은 행정처분에 이르는 절차적 요건의 존부나 효력 유무에 관한 소송으로서 그 소송결과에 따라 행정처분의 위법 여부에 직접 영향을 미치는 공법상 법률관계에 관한 것이므로, 이는 행정소송법상의 당사자소송에 해당한다(대법원 2009. 9. 17. 선고 2007다2428 전원합의체 판결).
>
> ② 국가를 당사자로 하는 계약에 관한 법률에 따라 국가가 당사자가 되는 이른바 공공계약은 사경제 주체로서 상대방과 대등한 위치에서 체결하는 사법상 계약으로서 본질적인 내용은 사인 간의 계약과 다를 바가 없으므로, 그에 관한 법령에 특별한 정함이 있는 경우를 제외하고는 사적 자치와 계약자유의 원칙 등 사법의 원리가 그대로 적용된다(대판 2020. 5. 14. 선고 2018다298409).
>
> ③ 구 국유재산법 제51조 제1항, 제4항, 제5항에 의한 변상금 부과·징수권은 민사상 부당이득반환청구권과 법적 성질을 달리하므로, 국가는 무단점유자를 상대로 변상금 부과·징수권의 행사와 별도로 국유재산의 소유자로서 민사상 부당이득반환청구의 소를 제기할 수 있다(대판 2014. 7. 16. 2011다76402).

Answer 2.④

3 판례상 항고소송의 원고적격이 인정되는 경우만을 모두 고르면?

> ㉠ 중국 국적자인 외국인이 사증발급 거부처분의 취소를 구하는 경우
> ㉡ 소방청장이 처분성이 인정되는 국민권익위원회의 조치요구에 불복하여 조치요구의 취소를 구하는 경우
> ㉢ 지방법무사회가 법무사의 사무원 채용승인 신청을 거부하여 사무원이 될 수 없게 된 자가 지방법무사회를 상대로 거부처분의 취소를 구하는 경우
> ㉣ 개발제한구역 중 일부 취락을 개발제한구역에서 해제하는 내용의 도시관리계획변경결정에 대하여 개발제한구역 해제대상에서 누락된 토지의 소유자가 위 결정의 취소를 구하는 경우

① ㉠, ㉡

② ㉡, ㉢

③ ㉢, ㉣

④ ㉠, ㉢, ㉣

TIPS!

㉠ [×] 사증발급의 법적 성질, 출입국관리법의 입법 목적, 사증발급 신청인의 대한민국과의 실질적 관련성, 상호주의원칙 등을 고려하면, 우리 출입국관리법의 해석상 외국인에게는 사증발급 거부처분의 취소를 구할 법률상 이익이 인정되지 않는다(대법원 2018. 5. 15. 선고 2014두42506 판결).
㉣ [×] 개발제한구역 중 일부 취락을 개발제한구역에서 해제하는 내용의 도시관리계획변경결정에 대하여, 개발제한구역 해제대상에서 누락된 토지의 소유자는 위 결정의 취소를 구할 법률상 이익이 없다(대법원 2008. 7. 10. 선고 2007두10242 판결).

4 甲 회사는 '토석채취허가지 진입도로와 관련 우회도로 개설 등은 인근 주민들과의 충분한 협의를 통해 민원발생에 따른 분쟁이 생기지 않도록 조치 후 사업을 추진할 것'이란 조건으로 토석채취허가를 받았다. 그러나 甲은 위 조건이 법령에 근거가 없다는 이유로 이행하지 아니하였고, 인근 주민이 민원을 제기하자 관할 행정청은 甲에게 공사중지명령을 하였다. 甲은 공사중지명령의 해제를 신청하였으나 거부되자 거부처분 취소소송을 제기하였다. 이에 대한 설명으로 옳지 않은 것은? (다툼이 있는 경우 판례에 의함)

① 일반적으로 기속행위의 경우 법령의 근거 없이 위와 같은 조건을 부가하는 것은 위법하다.
② 공사중지명령의 원인사유가 해소되었다면 甲은 공사중지명령의 해제를 신청할 수 있고, 이에 대한 거부는 처분성이 인정된다.
③ 甲에게는 공사중지명령 해제신청 거부처분에 대한 집행정지를 구할 이익이 인정되지 아니한다.
④ 甲이 앞서 공사중지명령 취소소송에서 패소하여 그 판결이 확정되었더라도, 甲은 그 후 공사중지명령의 해제를 신청한 후 해제신청 거부처분 취소소송에서 다시 그 공사중지명령의 적법성을 다툴 수 있다.

TIPS!

④ 행정청이 관련 법령에 근거하여 행한 공사중지명령의 상대방이 명령의 취소를 구한 소송에서 패소함으로써 그 명령이 적법한 것으로 이미 확정되었다면, 이후 이러한 공사중지명령의 상대방은 그 명령의 해제신청을 거부한 처분의 취소를 구하는 소송에서 그 명령의 적법성을 다툴 수 없다. 그와 같은 공사중지명령에 대하여 그 명령의 상대방이 해제를 구하기 위해서는 명령의 내용 자체로 또는 성질상으로 명령 이후에 원인사유가 해소되었음이 인정되어야 한다(대법원 2014. 11. 27. 선고 2014두37665 판결).

Answer 3.② 4.④

5 취소소송의 제소기간에 대한 설명으로 옳은 것(○)과 옳지 않은 것(×)을 바르게 연결한 것은? (다툼이 있는 경우 판례에 의함)

> ○ 행정청이 행정심판청구를 할 수 있다고 잘못 알려 행정심판을 청구한 경우에는 재결서 정본을 송달받은 날이 아닌 처분이 있음을 안 날로부터 제소기간이 기산된다.
> ○ 행정심판을 청구하였으나 심판청구기간을 도과하여 각하된 후 제기하는 취소소송은 재결서를 송달받은 날부터 90일 이내에 제기하면 된다.
> ○ '처분이 있음을 안 날'은 처분이 있었다는 사실을 현실적으로 안 날을 의미하므로, 처분서를 송달받기 전 정보공개청구를 통하여 처분을 하는 내용의 일체의 서류를 교부받았다면 그 서류를 교부받은 날부터 제소기간이 기산된다.
> ○ 동일한 처분에 대하여 무효확인의 소를 제기하였다가 그 처분의 취소를 구하는 소를 추가적으로 병합한 경우, 주된 청구인 무효확인의 소가 적법한 제소기간 내에 제기되었다면 추가로 병합된 취소청구의 소도 적법하게 제기된 것으로 볼 수 있다.

	○	○	○	○
①	×	×	○	×
②	○	○	×	○
③	○	×	○	×
④	×	×	×	○

> **TIPS!**
>
> ○ [×] 「행정소송법」제20조(제소기간) 제1항 : 취소소송은 처분등이 있음을 안 날부터 90일 이내에 제기하여야 한다. 다만, 제18조 제1항 단서에 규정한 경우와 그 밖에 행정심판청구를 할 수 있는 경우 또는 행정청이 행정심판청구를 할 수 있다고 잘못 알린 경우에 행정심판청구가 있은 때의 기간은 재결서의 정본을 송달받은 날부터 기산한다.
>
> ○ [×] 국민건강보험공단이 2009. 9. 2. 국민건강보험법 제85조의2 제1항에 따라 갑에게 과징금을 부과하는 처분을 하여 2009. 9. 7. 갑의 동료가 이를 수령하였는데, 갑이 그때부터 90일을 넘겨 국무총리행정심판위원회에 행정심판을 청구하여 청구기간 경과를 이유로 각하재결을 받았고, 그 후 재결서를 송달받은 때부터 90일 이내에 원처분에 대하여 취소소송을 제기한 사안에서, 행정심판은 갑이 처분이 있음을 안 날부터 90일을 넘겨 청구한 것으로서 부적법하고, 행정심판의 재결이 있은 후에 비로소 제기된 과징금 부과처분에 대한 취소소송 또한 제소기간이 경과한 후에 제기된 것으로서 부적법하다는 이유로 이를 각하한 원심판결을 정당하다(대법원 2011. 11. 24. 선고 2011두18786 판결).
>
> ○ [×] 행정소송법 제20조 제1항이 정한 제소기간의 기산점인 '처분 등이 있음을 안 날'이란 통지, 공고 기타의 방법에 의하여 당해 처분 등이 있었다는 사실을 현실적으로 안 날을 의미한다. 상대방이 있는 행정처분의 경우에는 특별한 규정이 없는 한 의사표시의 일반적 법리에 따라 행정처분이 상대방에게 고지되어야 효력을 발생하게 되므로, 행정처분이 상대방에게 고지되어 상대방이 이러한 사실을 인식함으로써 행정처분이 있다는 사실을 현실적으로 알았을 때 행정소송법 제20조 제1항이 정한 제소기간이 진행한다고 보아야 한다(대법원 2014. 9. 25. 선고 2014두8254 판결).
>
> ○ [○] 하자 있는 행정처분을 놓고 이를 무효로 볼 것인지 아니면 단순히 취소할 수 있는 처분으로 볼 것인지는 동일한 사실관계를 토대로 한 법률적 평가의 문제에 불과하고, 행정처분의 무효확인을 구하는 소에는 특단의 사정이 없는 한 그 취소를 구하는 취지도 포함되어 있다고 보아야 하는 점 등에 비추어 볼 때, 동일한 행정처분에 대하여 무효확인의 소를 제기하였다가 그 후 그 처분의 취소를 구하는 소를 추가적으로 병합한 경우, 주된 청구인 무효확인의 소가 적법한 제소기간 내에 제기되었다면 추가로 병합된 취소청구의 소도 적법하게 제기된 것으로 봄이 상당하다(대법원 2005. 12. 23. 선고 2005두3554 판결).

Answer 5.④

6 다음 사례에 관한 설명으로 옳은 것은? (다툼이 있는 경우 판례에 의함)

> • 甲은 자신의 토지에 대한 개별공시지가결정을 통지받은 후 90일이 넘어 과세처분을 받았는데, 과세처분이 위법한 개
> 별공시지가결정에 기초하였다는 이유로 과세처분의 취소를 구하고자 한다.
> • 甲은 토지대장에 전(田)으로 기재되어 있는 지목을 대(垈)로 변경하고자 지목변경신청을 하였다.
> • 乙은 甲의 토지가 사실은 자신 소유라고 주장하면서 토지대장상의 소유자명의변경을 신청하였으나 거부되었다.

① 甲은 과세처분이 있기 전에는 개별공시지가결정에 대해서 취소소송을 제기할 수 없다.

② 甲은 과세처분의 위법성이 인정되지 않더라도 과세처분 취소소송에서 개별공시지가결정의 위법을 독립된 위법사유
로 주장할 수 있다.

③ 토지대장에 등재된 사항을 변경하는 행위는 행정사무집행의 편의와 사실증명의 자료로 삼기 위한 것이므로, 甲은
지목변경신청이 거부되더라도 이에 대하여 취소소송으로 다툴 수 없다.

④ 乙에 대한 토지대장상의 소유자명의변경신청 거부는 처분성이 인정된다.

> ▶ **TIPS!**
>
> ① [×] 시장·군수 또는 구청장의 개별토지가격결정은 관계법령에 의한 토지초과이득세, 택지초과소유부담금 또는 개발부담금
> 산정의 기준이 되어 국민의 권리나 의무 또는 법률상 이익에 직접적으로 관계되는 것으로서 행정소송법 제2조 제1항 제1호
> 소정의 행정청이 행하는 구체적 사실에 관한 법집행으로서의 공권력행사이므로 항고소송의 대상이 되는 행정처분에 해당한
> 다(대법원 1994. 2. 8. 선고 93누111 판결).
>
> ③ [×] 구 지적법(2001. 1. 26. 법률 제6389호로 전문 개정되기 전의 것) 제20조, 제38조 제2항의 규정은 토지소유자에게 지
> 목변경신청권과 지목정정신청권을 부여한 것이고, 한편 지목은 토지에 대한 공법상의 규제, 개발부담금의 부과대상, 지방세
> 의 과세대상, 공시지가의 산정, 손실보상가액의 산정 등 토지행정의 기초로서 공법상의 법률관계에 영향을 미치고, 토지소
> 유자는 지목을 토대로 토지의 사용·수익·처분에 일정한 제한을 받게 되는 점 등을 고려하면, 지목은 토지소유권을 제대로
> 행사하기 위한 전제요건으로서 토지소유자의 실체적 권리관계에 밀접하게 관련되어 있으므로 지적공부 소관청의 지목변경신
> 청 반려행위는 국민의 권리관계에 영향을 미치는 것으로서 항고소송의 대상이 되는 행정처분에 해당한다(대법원 2004. 4.
> 22. 선고 2003두9015 전원합의체 판결).
>
> ④ [×] 토지대장에 기재된 일정한 사항을 변경하는 행위는, 그것이 지목의 변경이나 정정 등과 같이 토지소유권 행사의 전제요
> 건으로서 토지소유자의 실체적 권리관계에 영향을 미치는 사항에 관한 것이 아닌 한 행정사무집행의 편의와 사실증명의 자
> 료로 삼기 위한 것일 뿐이어서, 그 소유자 명의가 변경된다고 하여도 이로 인하여 당해 토지에 대한 실체상의 권리관계에
> 변동을 가져올 수 없고 토지 소유권이 지적공부의 기재만에 의하여 증명되는 것도 아니다. 따라서 소관청이 토지대장상의
> 소유자명의변경신청을 거부한 행위는 이를 항고소송의 대상이 되는 행정처분이라고 할 수 없다(대법원 2012. 1. 12. 선고
> 2010두12354 판결).

Answer 6.②

7 다음 사례에 관한 설명으로 옳지 않은 것은? (다툼이 있는 경우 판례에 의함)

> A도(道) B군(郡)에서 식품접객업을 하는 甲은 청소년에게 술을 팔다가 적발되었다. 「식품위생법」은 위법하게 청소년에게 주류를 제공한 영업자에게 "6개월 이내의 기간을 정하여 그 영업의 전부 또는 일부를 정지할 수 있다."라고 규정하고, 「식품위생법 시행규칙」 [별표 23]은 청소년 주류제공(1차 위반)시 행정처분기준을 '영업정지 2개월'로 정하고 있다. B군수는 甲에게 2개월의 영업정지처분을 하였다.

① 甲은 영업정지처분에 불복하여 A도 행정심판위원회에 행정심판을 청구할 수 있다.

② 甲은 행정심판을 청구하지 않고 영업정지처분에 대한 취소소송을 제기할 수 있다.

③ 「식품위생법 시행규칙」의 행정처분기준은 행정규칙의 형식이나, 「식품위생법」의 내용을 보충하면서 「식품위생법」의 규정과 결합하여 위임의 범위 내에서 대외적인 구속력을 가진다.

④ 甲이 취소소송을 제기하는 경우 법원은 재량권의 일탈·남용이 인정되면 영업정지처분을 취소할 수 있다.

TIPS!

③ [×] 식품위생법시행규칙 제53조에서 별표 15로 같은 법 제58조에 따른 행정처분의 기준을 정하였다 하더라도, 이는 형식은 부령으로 되어 있으나 성질은 행정기관 내부의 사무처리준칙을 규정한 것에 불과한 것으로서 보건사회부장관이 관계행정기관 및 직원에 대하여 직무권한행사의 지침을 정하여 주기 위하여 발한 행정명령의 성질을 가지는 것이지 같은 법 제58조 제1항의 규정에 의하여 보장된 재량권을 기속하는 것이라고 할 수 없고, <u>대외적으로 국민이나 법원을 기속하는 힘이 있는 것은 아니다</u>(대법원 1993. 6. 29. 선고 93누5635 판결).

① [O] 다음 각 호의 행정청의 처분 또는 부작위에 대한 심판청구에 대하여는 시·도지사 소속으로 두는 행정심판위원회에서 심리·재결한다〈「행정심판법」 제6조(행정심판위원회의 설치) 제3항〉.

  1. 시·도 소속 행정청

  2. 시·도의 관할구역에 있는 시·군·자치구의 장, 소속 행정청 또는 시·군·자치구의 의회(의장, 위원회의 위원장, 사무국장, 사무과장 등 의회 소속 모든 행정청을 포함한다)

  3. 시·도의 관할구역에 있는 둘 이상의 지방자치단체(시·군·자치구를 말한다)·공공법인 등이 공동으로 설립한 행정청

② [O] 취소소송은 법령의 규정에 의하여 당해 처분에 대한 행정심판을 제기할 수 있는 경우에도 이를 거치지 아니하고 제기할 수 있다. 다만, 다른 법률에 당해 처분에 대한 행정심판의 재결을 거치지 아니하면 취소소송을 제기할 수 없다는 규정이 있는 때에는 그러하지 아니하다〈「행정소송법」 제18조(행정심판과의 관계) 제1항〉.

④ [O] 행정청의 재량에 속하는 처분이라도 재량권의 한계를 넘거나 그 남용이 있는 때에는 법원은 이를 취소할 수 있다〈「행정소송법」 재량처분의 취소(제27조)〉.

Answer 7.③

8 다음 설명 중 옳은 것만을 모두 고른 것은? (다툼이 있는 경우 판례에 의함)

> ⊙ 건축허가는 대물적 허가의 성질을 가진다.
> ⓛ 지방경찰청이 횡단보도를 설치하여 보행자 통행방법등을 규제하는 것은 행정처분이다.
> ⓒ 「행정절차법」은 불가쟁력이 발생한 행정행위에 대한 재심사청구를 규정하고 있다.
> ⓔ 철회권이 유보된 경우의 철회에는 이익형량의 원칙이 적용되지 않는다.

① ⊙, ⓛ

② ⊙, ⓔ

③ ⓛ, ⓒ

④ ⓒ, ⓔ

● TIPS!

⊙ [O] 건축허가는 대물적 성질을 갖는 것으로서 행정청으로서는 그 허가를 함에 있어 건축주가 누구인가 등 인적 요소에 대하여는 형식적 심사만 하고 그 신청서에 기재된 바에 따르게 될 것이지만, 만일 사후에라도 그 허가신청서 등의 건축주 명의가 변조된 것으로 밝혀진 경우 등에는 이해관계인의 신청이나 직권에 의하여 이를 시정할 수 있다고 할 것이다(대판 1993. 6. 29. 92누17822).

ⓛ [O] 보행자는 횡단보도를 통해서만 도로를 횡단하여야 하고 차의 운전자는 횡단보도 앞에서 일시정지하는 등으로 횡단보도를 통행하는 보행자를 보호할 의무가 있음을 규정하는 도로교통법의 취지에 비추어 볼 때 지방경찰청장이 횡단보도를 설치하여 보행자의 통행방법 등을 규제하는 것은 행정청이 특정사항에 대하여 의무의 부담을 명하는 행위이고 이는 국민의 권리의무에 직접 관계가 있는 행위로서 행정처분이라고 보아야 할 것이다(대판 2000. 10. 27. 98두8964).

ⓒ [X] 행정절차법상 재심청구제도는 규정되어 있지 않다.

ⓔ [X] 철회권이 유보되어 있더라도 행정법의 일반원칙인 비례의 원칙에 비추어볼 때 철회의 행위가 당사자에게 침익적이라면 당연히 비례의 원칙 등에 의해 비교형량을 거쳐야 한다.

Answer 8.①

9 판례상 행정처분으로 인정되는 것은?

① 어업권면허에 선행하는 우선순위결정
② 계약직공무원 채용계약해지의 의사표시
③ 행정규칙에 의한 불문경고조치
④ 국가공무원 당연퇴직의 인사발령

💡 **TIPS!**

① [X] 어업권면허에 선행하는 우선순위결정은 행정청이 우선권자로 결정된 자의 신청이 있으면 어업권면허처분을 하겠다는 것을 약속하는 행위로서 강학상 확약에 불과하고 행정처분은 아니므로, 우선순위결정에 공정력이나 불가쟁력과 같은 효력은 인정되지 아니하며, 따라서 우선순위결정이 잘못되었다는 이유로 종전의 어업권면허처분이 취소되면 행정청은 종전의 우선순위결정을 무시하고 다시 우선순위를 결정한 다음 새로운 우선순위결정에 기하여 새로운 어업권면허를 할 수 있다(대판 1995. 1. 20. 94누9629).

② [X] 지방계약직공무원인 이 사건 옴부즈만 채용행위가 공법상 계약에 해당하는 이상 그 채용계약에 따라 담당할 직무의 내용에 고도의 공공성이 있다거나 원고가 그 채용과정에서 최종합격자로 공고되어 채용계약 성립에 관한 강한 기대나 신뢰를 가지게 되었다는 사정만으로 이를 행정청이 우월한 지위에서 행하는 공권력의 행사로서 행정처분에 해당한다고 볼 수는 없다(대판 2014. 4. 24. 2013두6244).

③ [O] 행정규칙에 의한 '불문경고조치'가 비록 법률상의 징계처분은 아니지만 위 처분을 받지 아니하였다면 차후 다른 징계처분이나 경고를 받게 될 경우 징계감경사유로 사용될 수 있었던 표창공적의 사용가능성을 소멸시키는 효과와 1년 동안 인사기록카드에 등재됨으로써 그 동안은 장관표창이나 도지사표창 대상자에서 제외시키는 효과 등이 있다는 이유로 항고소송의 대상이 되는 행정처분에 해당한다고 한 사례(대판 2002. 7. 26. 2001두3532).

④ [X] 국가공무원법 제69조에 의하면 공무원이 제33조 각 호의 1에 해당할 때에는 당연히 퇴직한다고 규정하고 있으므로, 국가공무원법상 당연퇴직은 결격사유가 있을 때 법률상 당연히 퇴직하는 것이지 공무원관계를 소멸시키기 위한 별도의 행정처분을 요하는 것이 아니며, 당연퇴직의 인사발령은 법률상 당연히 발생하는 퇴직사유를 공적으로 확인하여 알려주는 이른바 관념의 통지에 불과하고 공무원의 신분을 상실시키는 새로운 형성적 행위가 아니므로 행정소송의 대상이 되는 독립한 행정처분이라고 할 수 없다(1995. 1. 20. 94누6529).

Answer 9.③

10 행정소송에 관한 설명으로 옳지 않은 것은? (다툼이 있는 경우 판례에 의함)

① 행정처분에 대한 무효확인과 취소청구는 서로 양립할 수 없는 청구로서 주위적·예비적 청구로서만 병합이 가능하고 선택적 청구로서의 병합이나 단순병합은 허용되지 않는다.

② 판례는 항고소송에 있어서 행정청은 피고적격이 인정되며, 국가기관인 시·도 선거관리위원회 위원장과 충북대학교 총장의 당사자 능력을 인정하였다.

③ 지방의회가 의결한 조례가 그 자체로서 직접 주민의 권리·의무에 영향을 미쳐 항고소송의 대상이 되는 경우에도 그 피고는 조례를 공포한 지방자치단체의 장이 된다.

④ 처분은 행정청이 행한 구체적 사실에 관한 법집행 행위이므로 일반적·추상적 행위는 처분이 아니나, 그 효력이 다른 집행 행위의 매개 없이 그 자체로서 직접 국민의 구체적인 권리와 의무나 법률관계를 규율하는 성격을 가지는 처분법규는 처분이 된다.

> **TIPS!**
>
> ① [O] 행정처분에 대한 무효확인과 취소청구는 서로 양립할 수 없는 청구로서 주위적·예비적 청구로서만 병합이 가능하고 선택적 청구로서의 병합이나 단순 병합은 허용되지 아니한다(대판 1999. 8. 20. 97누6889).
>
> ② [X] 충북대학교 총장의 소는, 원고 충북대학교 총장이 원고 대한민국이 설치한 충북대학교의 대표자일 뿐 항고소송의 원고가 될 수 있는 당사자능력이 없어 부적법하다(대판 2007. 9. 20. 2005두6935).
>
> ③ [O] 조례가 집행행위의 개입 없이도 그 자체로서 직접 국민의 구체적인 권리의무나 법적 이익에 영향을 미치는 등의 법률상 효과를 발생하는 경우 그 조례는 항고소송의 대상이 되는 행정처분에 해당하고, 이러한 조례에 대한 무효확인소송을 제기함에 있어서 행정소송법 제38조 제1항, 제13조에 의하여 피고적격이 있는 처분 등을 행한 행정청은, 행정주체인 지방자치단체 또는 지방자치단체의 내부적 의결기관으로서 지방자치단체의 의사를 외부에 표시할 권한이 없는 지방의회가 아니라 지방자치단체의 집행기관으로서 조례로서의 효력을 발생시키는 공포권이 있는 지방자치단체의 장이다(대판 1996. 9. 20. 95누8003).
>
> ④ [O] 어떠한 고시가 일반적·추상적 성격을 가질 때에는 법규명령 또는 행정규칙에 해당할 것이지만, 다른 집행행위의 매개 없이 그 자체로서 직접 국민의 구체적인 권리의무나 법률관계를 규율하는 성격을 가질 때에는 항고소송의 대상이 되는 행정처분에 해당한다(대판 2006. 9. 22. 2005두2506).

Answer 10.②

11 〈보기〉에서 판례가 취소소송의 원고적격을 부정한 것을 모두 고른 것은?

〈보기〉

㉠ 목욕탕영업허가에 대하여 기존 목욕탕업자

㉡ 부교수임용처분에 대하여 같은 학과의 기존교수

㉢ 당초 병원설치가 불가능한 용도에서 병원설치가 가능한 용도로 건축물 용도를 변경하여 준 처분에 대하여 인근의 기존 병원경영자

㉣ 교도소장의 접견허가거부처분에 대하여 그 접견신청의 대상자였던 미결수

① ㉠, ㉢

② ㉠, ㉡, ㉢

③ ㉡, ㉢, ㉣

④ ㉠, ㉡, ㉢, ㉣

TIPS!

㉠ [X] 원고에 대한 공중목욕장업 경영 허가는 경찰금지의 해제로 인한 영업자유의 회복이라고 볼 것이므로 원고가 이 사건 허가처분에 의하여 목욕장업에 의한 이익이 사실상 감소된다하여도 이 불이익은 본건 허가처분의 단순한 사실상의 반사적 결과에 불과하고 이로 말미암아 원고의 권리를 침해하는 것이라고는 할 수 없다(대판 1963. 8. 31. 63누101).

㉡ [X] 서울대학교 인문대학 언어학과 부교수로 신규임용한 피고의 이 사건 처분에 대하여, 원고가 같은 학과 교수로서 교수회의의 구성원이라는 사정만으로는 원고에게 그 취소를 구할 구체적인 법률상의 이익이 있다고 할 수 없다는 이유로 이 사건 소를 각하하였는바, 원심의 이러한 조치는 정당하고, 거기에 논지가 지적하는 바와 같은 법리오해나 심리미진의 위법이 있다고 할 수 없다(대판 1995. 12. 12. 95누11856).

㉢ [X] 의료법상 의료인은 신고만으로 의원이나 치과의원을 개설할 수 있고 건축법 기타 건축관계법령상 의원 상호간의 거리나 개소에 아무런 제한을 두고 있지 아니하므로 치과의원을 경영하는 원고로서는 그 치과의원과 같은 아파트단지내에서 30미터 정도의 거리에 있는 건물에 대하여 당초에 상품매도점포로서의 근린생활시설로 되어 있던 용도를 원고와 경합관계에 있는 치과의원을 개설할 수 있도록 의원으로서의 근린생활시설로 변경한 서울특별시장의 용도변경처분으로 인하여 받게 될 불이익은 간접적이거나 사실적, 경제적인 불이익에 지나지 아니하여 그것만으로는 원고에게 위 용도변경처분의 취소를 구할 소익이 있다고 할 수 없다(대판 1990. 5. 22. 90누813).

㉣ [O] 행정처분의 상대방이 아닌 제3자도 그 행정처분의 취소에 관하여 법률상 구체적 이익이 있으면 행정소송법 제12조에 의하여 그 처분의 취소를 구하는 행정소송을 제기할 수 있는바, 구속된 피고인은 형사소송법 제89조의 규정에 따라 타인과 접견할 권리를 가지며 행형법 제62조, 제18조 제1항의 규정에 의하면 교도소에 미결수용된 자는 소장의 허가를 받아 타인과 접견할 수 있으므로(이와 같은 접견권은 헌법상 기본권의 범주에 속하는 것이다) 구속된 피고인이 사전에 접견신청한 자와의 접견을 원하지 않는다는 의사표시를 하였다는 등의 특별한 사정이 없는 한 구속된 피고인은 교도소장의 접견허가거부처분으로 인하여 자신의 접견권이 침해되었음을 주장하여 위 거부처분의 취소를 구할 원고적격을 가진다(대판 1992. 5. 8. 91누7552).

Answer 11.②

12 행정소송과 행정심판의 관계에 관한 설명으로 옳지 않은 것은? (다툼이 있는 경우 판례에 의함)

① 원처분의 위법을 이유로 행정심판재결에 대한 취소소송을 제기할 수 없다.

② 원고가 전심절차에서 주장하지 아니한 처분의 위법사유를 소송절차에서 새로이 주장한 경우 다시 그 처분에 대하여 별도의 전심절차를 거쳐야 한다.

③ 「행정소송법」 이외의 법률에 당해 처분에 대한 행정심판의 재결을 거치지 아니하면 취소소송을 제기할 수 없다는 규정이 있는 경우에도, 처분의 집행 또는 절차의 속행으로 생길 중대한 손해를 예방하여야 할 긴급한 필요가 있는 때에는 행정심판의 재결을 거치지 아니하고 취소소송을 제기할 수 있다.

④ 「행정소송법」 이외의 법률에 당해 처분에 대한 행정심판의 재결을 거치지 아니하면 취소소송을 제기할 수 없다는 규정이 있는 경우에도, 동종사건에 관하여 이미 행정심판의 기각재결이 있는 때에는 행정심판을 제기함이 없이 취소소송을 제기할 수 있다.

 TIPS!

② 항고소송에 있어서 원고는 전심절차에서 주장하지 아니한 공격방어방법을 소송절차에서 주장할 수 있고 법원은 이를 심리하여 행정처분의 적법 여부를 판단할 수 있는 것이므로, 원고가 전심절차에서 주장하지 아니한 처분의 위법사유를 소송절차에서 새롭게 주장하였다고 하여 다시 그 처분에 대하여 별도의 전심절차를 거쳐야 하는 것은 아니다(대판 1996. 6. 14, 96누754).

13 「행정소송법」에서 규정하고 있는 항고소송은?

① 기관소송　　　　　　　　　　　② 당사자소송
③ 예방적 금지소송　　　　　　　　④ 부작위위법확인소송

TIPS!

행정소송법에서 규정하고 있는 항고소송으로는 취소소송, 무효 등 확인소송, 부작위위법확인소송이 있다.

※ 행정소송법 제4조(항고소송) … 항고소송은 다음과 같이 구분한다.
　⊙ 취소소송 : 행정청의 위법한 처분 등을 취소 또는 변경하는 소송
　ⓛ 무효 등 확인 소송 : 행정청의 처분 등의 효력 유무 또는 존재여부를 확인하는 소송
　ⓒ 부작위위법확인소송 : 행정청의 부작위가 위법하다는 것을 확인하는 소송

Answer　12.② 13.④

14 다음 중 행정처분의 집행정지에 관한 설명으로 옳지 않은 것은?

① 집행정지결정은 제3자에 대해서도 효력을 미친다.
② 당사자의 신청 또는 법원의 직권으로 집행정지결정을 할 수 있다.
③ 통설, 판례에 의하면 거부처분도 집행정지의 대상이 된다.
④ 공공복리에 중대한 영향을 미칠 우려가 있는 때에는 집행정지는 허용되지 않는다.

> **TIPS!**
> ③ 통설·판례는 부작위 및 거부처분의 경우에는 집행정지의 문제가 제기될 수 없다고 한다.

15 현행 「행정소송법」상 인정되는 것이 아닌 것은?

① 임의적 행정심판전치주의
② 행정법원의 설치
③ 행정소송의 3심제
④ 당사자의 재심청구

> **TIPS!**
> 1998년부터 시행된 개정 행정소송법은 필요적 행정심판전치주의를 폐지하였고 지방법원급의 행정법원을 신설하여 제1심 관할 법원으로 하였다. 따라서 행정소송도 3심제가 성립되었다.
> ④ 당사자의 재심청구는 현행법상 인정되지 않는다.

16 항고소송의 제소기간에 대한 설명으로 옳지 않은 것은?

① 취소소송의 제소기간은 불변기간이다.

② 법원은 취소소송의 제소기간을 확장하거나 단축할 수 없으나 주소 또는 거소가 멀리 떨어진 곳에 있는 자를 위하여 부가기간을 정할 수 있다.

③ 행정청이 행정심판청구를 할 수 있다고 잘못 알려 행정심판청구를 한 경우 취소소송의 제소기간은 행정심판재결서 정본을 송달받은 날부터 기산한다.

④ 부작위법확인소송은 행정심판 등 전심절차를 거친 경우에도 제소기간의 제한을 받지 않는다는 것이 판례의 입장이다.

 TIPS!

④ 부작위법확인의 소는 부작위상태가 계속되는 한 그 위법의 확인을 구할 이익이 있다고 보아야 하므로 원칙적으로 제소기간의 제한을 받지 않는다. 그러나 행정소송법 제38조 제2항이 제소기간을 규정한 같은 법 제20조를 부작위법확인소송에 준용하고 있는 점에 비추어 보면, 행정심판 등 전심절차를 거친 경우에는 행정소송법 제20조가 정한 제소기간(처분 등이 있음을 안 날부터 90일) 내에 부작위법확인의 소를 제기하여야 한다(대판 2009. 7. 23, 2008두10560).

17 「행정소송법」상 취소소송에 관한 규정 중 부작위법확인소송에 준용되는 것을 모두 옳게 고른 것은?

ⓖ 행정심판과의 관계   ⓛ 제소기간
ⓒ 집행정지   ⓔ 사정판결
ⓜ 거부처분취소판결의 간접강제

---

① ㉠, ㉒

② ㉠, ㉡, ㉣

③ ㉠, ㉡, ㉢, ㉒

④ ㉠, ㉡, ㉢, ㉣

 TIPS!

② 부작위법확인소송은 법집행을 대상으로 하는 소송이 아니므로 집행정지신청은 준용하지 아니하며, 사정판결도 인정되지 않는다.

18 다음 중 소송실무상 행정소송이 아닌 것은?

① 국가배상청구소송   ② 공법상의 지위에 관한 당사자소송

③ 항고소송   ④ 민중소송

> 💡 **TIPS!**
>
> ① 학설은 국가배상법을 공법으로 보므로 국가배상청구소송을 공법상 당사자소송에 의해야 한다고 하나, 대법원은 국가배상법을 사법으로 보므로 민사소송에 의한다.

19 다음 중 행정소송의 대상이 될 수 없는 것은?

① 비례의 원칙을 결한 징계처분

② 사적 목적에 기한 허가처분

③ 단순히 공익을 그르친 재량처분

④ 관계법규의 공익목적과 다른 공익목적을 추구한 행정처분

> 💡 **TIPS!**
>
> ①②④ 모두 위법성이 인정될 수 있는 처분에 해당한다.
> ③ 단순히 공익을 그르친 재량처분은 부당하기는 하나 적법한 처분이므로 위법성만을 판단할 수 있는 행정소송에서는 이를 심사할 수 없다.

20 다음 중 판례가 인근주민의 원고적격을 인정한 경우가 아닌 것은?

① 연탄공장건축허가취소소송

② 상수원보호구역변경취소소송

③ LPG충전소설치허가취소소송

④ 공설화장장설치허가취소소송

> 💡 **TIPS!**
>
> ② 판례는 이를 반사적 이익으로 본다(대판 1995. 9. 23, 94누14544).

Answer   18.①   19.③   20.②

21 다음 중 판례에 의해 처분성이 인정된 것이 아닌 것은?

① 국회의원에 대한 징계
② 일반처분
③ 토지수용위원회의 수용재결
④ 행정재산의 사용허가

 TIPS!

① 지방의회의원에 대한 징계와 달리 국회의원에 대한 징계는 사법심사의 대상이 되지 않는다.

22 당사자소송에 대한 설명으로 옳지 않은 것은? (다툼이 있는 경우 판례에 의함)

① 대등 당사자 간에 다투어지는 공법상의 법률관계를 소송의 대상으로 한다.
② 개인의 권익구제를 주된 목적으로 하는 주관적 소송이다.
③ 당사자소송에도 제3자의 소송참가가 허용된다.
④ 당사자소송이 부적법하여 각하되는 경우 그에 병합된 관련청구소송 역시 부적법 각하되어야 하는 것은 아니다.

TIPS!

④ 「행정소송법」 제44조, 제10조에 의한 관련청구소송 병합은 본래의 당사자소송이 적법할 것을 요건으로 하는 것이어서 본래의 당사자소송이 부적법하여 각하되면 그에 병합된 관련청구소송도 소송요건을 흠결하여 부적합하므로 각하되어야 한다(대판 2011. 9. 29, 2009두10963).

23 다음 중 판례에 의해 처분성이 인정된 것은?

① 두밀분교폐지조례
② 경찰서장의 통고처분
③ 토지대장에의 등재행위
④ 당연퇴직의 통보

TIPS!

① 일반·추상적 규율인 조례는 처분성이 인정되지 않는 것이 원칙이나 직접 국민의 기본권을 제한하는 경우에는 예외적으로 처분성이 인정된다. 두밀분교폐지조례가 이에 해당한다.

Answer 21.① 22.④ 23.①

24 다음 중 처분성이 인정되지 않는 것은?

① 도시계획결정
② 지방의회의 의장선거
③ 대학교원에 대한 임용권자의 재임용제외결정
④ 공시지가결정

 TIPS!

③ 대법원은 대학교수에 대한 임용권자의 재임용제외결정에 대해 처분성을 부인하였다(대판 1989. 6. 27, 88누9640).

25 대법원 판례에 의할 때 항고소송의 대상이 되지 않는 것은?

① 단수처분
② 폐기물처리업허가 전의 사업계획에 대한 부적정 통보
③ 건축주명의변경신고 수리의 거부
④ 정년퇴직의 통보

TIPS!

④ 정년퇴직의 통보는 퇴직사실의 단순한 통보에 지나지 않는 것으로 이에 의하여 국민의 법상태의 변경이 야기되는 것은 아니므로 이는 항고소송의 대상이 되는 처분이 아니다.

26 취소소송에서 소송요건의 존부를 판단하는 시기는?

① 사실심 변론종결시
② 피고의 주장시
③ 소 제기시
④ 종국 판결시

TIPS!

① 소송요건의 존재의 판정시기는 원칙적으로 사실심의 변론종결시이다. 따라서 제소 당시에는 소송요건이 흠결되어도 사실심의 변론종결시까지 이를 구비하면 적법한 소가 된다.

Answer 24.③ 25.④ 26.①

27 "행정처분취소청구를 기각하는 판결이 확정된 경우에 당해 처분이 위법하지 아니하다는 점이 판결에서 확정된 이상 원고가 다시 이를 무효라 하여 그 무효확인소송을 제기할 수 없다."는 판결의 효력은?

① 불가쟁력
② 기판력
③ 형성력
④ 집행력

> **TIPS!**
>
> ② 소송의 당사자나 법원은 이미 존재하는 확정판결의 내용과 모순·저촉되는 주장이나 판단을 할 수 없다. 이러한 판결의 효력을 기판력이라 한다.
>
> ※ 기판력(실질적 확정력) … 종국판결이 내려지면 이후 동일사항이 문제되는 경우 당사자가 그에 반하는 주장을 하여 다툴 수 없게 되는 힘을 말한다(일사부재리효). 당사자와 피고인 행정청이 속하는 모든 국가·공공단체에 미치지만 제3자에게는 미치지 않는다. 사실심의 변론종결시를 기준으로 하여 발생한다.

28 취소소송의 제기효과에 대한 설명 중 옳지 않은 것은?

① 당사자는 동일사건에 대해서 중복제소를 할 수 없다.
② 소송의 제기로 처분의 집행이 중단된다.
③ 소송이 제기된 사건이 법원에 계속(係屬)되며, 법원은 이를 심판할 의무를 진다.
④ 법원은 직권에 의해서 필요한 경우에 처분의 집행정지결정을 할 수 있다.

> **TIPS!**
>
> ② 행정소송법 제23조 제1항은 집행부정지원칙을 채택하고 있다.
>
> ①③ 소가 제기되면 사건은 법원에 계속되어 법원은 이를 심리·판결할 구속을 받고 당사자는 동일사건에 대하여 다시 소를 제기하지 못한다.
>
> ④ 행정소송법 제23조 제2항 및 제3항의 규정에 의한 집행정지요건을 충족하는 경우 법원은 집행정지결정을 할 수 있다.

Answer 27.② 28.②

29 다음 설명 중 옳은 것은? (판례에 의함)

① 이미 확정된 과세처분에 대해 증액경정한 경우 행정소송의 대상은 원처분이다.

② 행정심판을 거쳐 행정소송이 제기된 경우 소송대상은 재결이다.

③ 과태료처분은 취소소송의 대상인 행정처분이 아니다.

④ 반복된 행위는 그 행위마다 처분이 된다.

> **TIPS!**
> ③ 과태료처분은 행정처분이 아니므로 취소소송의 대상이 아니다.
> ① 과세처분이 있은 후 증액경정처분이 있는 경우 당초 과세처분은 경정처분에 흡수되어 독립적인 존재가치를 상실하므로 원처분이 아닌 증액경정처분이 행정소송의 대상이 된다(대판 2000. 9. 22, 98두18510).
> ② 행정소송은 처분 등을 대상으로 하므로 재결은 그 대상이 아니고, 재결 자체에 고유한 위법이 있음을 이유로 하는 경우에는 소송의 대상이 된다.
> ④ 단 한 차례의 제출요구에 의하여서도 그 상대방은 서류제출의무를 부담하게 되는 것이고 따라서 그 뒤 추가로 하는 2, 3차의 제출요구는 그것이 동일한 내용의 요구를 반복하는 것인 경우에는 다른 특별한 사정이 없는 한 종전의 제출요구를 철회하고 상대방에게 별개의 새로운 제출요구를 하는 것이 아니라 그 제출을 독촉하거나 그 제출기한을 연기해 주는 통지로서의 의미를 가지는 것에 불과하다고 볼 것이므로, 이와 같은 경우에는 독립적인 행정처분이라 할 수 없다(대판 1994. 2. 22, 93누21156).

30 부작위위법확인소송에 대한 다음 설명 중 가장 옳지 않은 것은?

① 소의 변경이 인정된다.

② 위법판단의 기준시점은 취소소송의 경우와 동일하다.

③ 제3자에 의한 재심청구가 가능하다.

④ 사정판결이 부인된다.

> **TIPS!**
> ② 부작위위법확인소송에는 처분이라 할 것이 없으므로 위법판단의 기준시점은 취소소송에서 처분시를 기준으로 하는 것과는 달리 판결시가 된다.

Answer 29.③ 30.②

31 다음 중 부작위법확인소송에 준용되지 않는 규정은?

① 임의적 행정심판전치주의

② 직권심리주의

③ 소송참가

④ 사정판결

> **TIPS!**
> ④ 사정판결은 취소소송에서만 인정되며 무효등확인소송과 부작위법확인소송에서는 인정되지 않는다. 사정재결은 취소심판과 의무이행심판에 인정되나 사정판결은 취소심판에만 인정된다.

32 다음 중 공법상 당사자소송이 아닌 것은?

① 공무원의 연금청구소송

② 토지수용의 보상금액에 관한 소송

③ 국·공립학교학생의 지위에 관한 소송

④ 위법한 징계처분 취소청구소송

> **TIPS!**
> ④ 항고소송 중 취소소송에 해당한다.

33 행정처분에 대한 판례의 태도로 옳지 않은 것은?

① 과세처분이 있은 후 조세부과의 근거가 되었던 법률규정에 대해 위헌결정이 내려진 경우 그 조세채권의 집행을 위한 체납처분은 그 하자가 중대·명백하여 당연무효이다.

② 부당한 공동행위의 자진신고자가 한 감면신청에 대해 공정거래위원회가 감면불인정 통지를 한 것은 항고소송의 대상인 행정처분으로 볼 수 없다.

③ 행정주체가 구체적인 행정계획을 입안·결정할 때 가지는 형성의 자유의 한계에 관한 법리는 주민의 입안 제안 또는 변경신청을 받아들여 도시관리계획결정을 할 때에도 동일하게 적용된다.

④ 한국방송공사 사장에 대한 해임처분의 무효확인 또는 취소소송 계속 중 임기가 만료되어 그 해임처분의 무효확인 또는 취소로 그 지위를 회복할 수는 없더라도 해임처분일부터 임기만료일까지 기간에 대한 보수 지급을 구할 수 있는 경우에는 해임처분의 무효확인 또는 취소를 구할 법률상 이익이 있다.

> **TIPS!**
> ② 부당한 공동행위 자진신고자 등의 시정조치 또는 과징금 감면신청에 대한 감면불인정 통지는 항고소송의 대상이 되는 행정처분에 해당한다고 보아야 한다(대판 2012. 9. 27, 2010두3541).
> ① 대판 2012. 2. 16, 2010두10907
> ③ 대판 2012. 1. 12, 2010두5806
> ④ 대판 2012. 2. 23, 2011두5001

Answer 31.④ 32.④ 33.②

34 행정소송의 심리에 대한 설명으로 옳지 않은 것은? (다툼이 있는 경우 판례에 의함)

① 소송요건의 존부는 사실심 변론종결시를 기준으로 판단한다.

② 「행정소송법」은 법원이 직권으로 관계행정청에 자료제출을 요구할 수 있음을 규정하고 있다.

③ 법원은 소송제기가 없는 사건에 대하여 심리·재판할 수 없다.

④ 법원은 행정소송에서 기록상 자료가 나타나 있다면 당사자가 주장하지 않았더라도 판단할 수 있다.

> **TIPS!**
> ② 법원은 당사자의 신청이 있는 때에는 결정으로써 재결을 행한 행정청에 대하여 행정심판에 관한 기록의 제출을 명할 수 있다〈행정소송법 제25조 제1항〉.

35 행정소송상 판결의 효력에 대한 설명으로 옳지 않은 것은? (다툼이 있는 경우 판례에 의함)

① 취소확정판결이 있으면 당사자는 동일한 소송물을 대상으로 다시 소를 제기할 수 없다.

② 과세처분의 취소소송에서 청구가 기각된 확정판결의 기판력은 그 과세처분의 무효확인을 구하는 소송에는 미치지 아니한다.

③ 과세처분시 납세고지서에 절차 내지 형식의 위법을 이유로 과세처분을 취소하는 판결이 확정된 경우에, 과세처분권자가 그 확정판결에 적시된 위법사유를 보완하여 행한 새로운 과세처분은 확정판결의 기판력에 저촉되지 아니한다.

④ 어떠한 행정처분을 취소하는 판결이 선고되어 확정된 경우에 처분행정청이 그 행정소송의 사실심 변론종결 이전의 사유를 내세워 다시 확정판결에 저촉되는 행정처분을 하는 것은 확정판결의 기판력에 저촉된다.

> **TIPS!**
> ② 취소소송에서 소송물은 처분의 위법성 내지 적법성 일반이지만, 무효확인소송의 소송물은 처분의 무효 여부이므로 무효확인소송에서 기각판결이 확정되었다 하더라도 당해 처분이 무효가 아니라는 점에 기판력이 발생하는 것이므로 취소소송을 제기할 수 있다. 그러나 취소소송에서 기각판결이 확정되면 당해 처분에 하자가 없다는 점에 기판력이 생기므로 후소로 무효확인소송을 제기하면 기판력에 반하게 된다.

Answer 34.② 35.②

36 다음 중 취소소송의 판결의 효력에 관한 설명으로 옳지 않은 것은?

① 취소소송의 확정판결은 당사자인 행정청뿐만 아니라 그 밖의 관계행정청도 기속한다.
② 취소소송의 확정판결은 제3자에 대해서는 효력을 미치지 않는다.
③ 거부처분에 대한 취소판결이 있으면 처분청은 판결의 취지에 따른 재처분을 하여야 할 의무를 진다.
④ 형성력은 인용판결에 한하며 기각판결에는 인정되지 않는다.

 **TIPS!**

② 취소판결은 당사자 외에 제3자에게도 효력을 미치는 대세적 효력이 있다〈행정소송법 제29조〉.

37 행정법상의 거부처분에 관한 다음의 설명 중 옳지 않은 것은? (다툼이 있는 경우에는 판례에 따름)

① 신청에 따른 처분이 이루어지지 아니한 경우, 특별한 사정이 없는 한 신청에 대한 거부처분은 행정절차법상 처분의 사전 통지대상이 된다고 할 수 없다.
② 국민의 신청에 대한 행정청의 거부행위가 항고소송의 대상이 되는 행정처분에 해당하려면 행정청의 행위를 요구할 법규상 또는 조리상의 신청권이 그 국민에게 있어야 한다.
③ 거부처분의 이행을 명하는 재결이 있는 경우 행정청은 지체없이 그 재결의 취지에 따라 다시 이전의 신청에 대한 처분을 하여야 한다.
④ 유효기간 만료 후 제기한 투전기업소갱신허가신청을 거부한 불허가처분에 대하여 그 효력정지를 구하는 신청은 적법하다.

TIPS!

④ 구 사행행위 등 규제법 제7조 제2항의 규정에 의하면 사행행위영업허가의 효력은 유효기간 만료 후에도 재허가신청에 대한 불허가처분을 받을 때까지 당초 허가의 효력이 지속된다고 볼 수 없으므로 허가갱신신청을 거부한 불허처분의 효력을 정지하더라도 이로 인하여 유효기간이 만료된 허가의 효력이 회복되거나 행정청에게 허가를 갱신할 의무가 생기는 것도 아니라 할 것이니 투전기업소갱신허가불허처분의 효력을 정지하더라도 불허처분으로 입게 될 손해를 방지하는 데에 아무런 소용이 없고 따라서 불허처분의 효력정지를 구하는 신청은 이익이 없어 부적법하다(대판 1993. 2. 10, 92두72).

Answer 36.② 37.④

PART

05

최근기출문제분석

2021. 4. 3. 소방공무원 채용

1 행정벌에 대한 설명으로 옳지 않은 것은? (다툼이 있는 경우 판례에 의함)

① 과태료는 행정상의 질서유지를 위한 행정질서벌에 해당할 뿐 형벌이라 할 수 없어 죄형법정주의의 규율대상에 해당하지 않는다.

② 행정형벌은 행정법상 의무위반에 대한 제재로 과하는 처벌로 법인이 법인으로서 행정법상 의무자인 경우 그 의무위반에 대하여 형벌의 성질이 허용하는 한도 내에서 그 법인을 처벌하는 것은 당연하며, 행정범에 관한 한 법인의 범죄능력을 인정함이 일반적이나, 지방자치단체와 같은 공법인의 경우는 범죄능력 및 형벌능력 모두 부정된다.

③ 과태료 재판은 이유를 붙인 결정으로써 하며, 결정은 당사자와 검사에게 고지함으로써 효력이 발생하고, 당사자와 검사는 과태료 재판에 대하여 즉시항고 할 수 있으며 이 경우 항고는 집행정지의 효력이 있다.

④ 행정청이 질서위반행위에 대하여 과태료를 부과하고자하는 때에는 미리 당사자에게 과태료 부과의 원인이 되는 사실, 과태료 금액 및 적용법령 등을 통지하고 10일 이상의 기간을 정하여 의견을 제출할 기회를 주어야한다.

> **Point**
>
> ② 헌법 제117조, 지방자치법 제3조 제1항, 제9조, 제93조, 도로법 제54조, 제83조, 제86조의 각 규정을 종합하여 보면, 국가가 본래 그의 사무의 일부를 지방자치단체의 장에게 위임하여 그 사무를 처리하게 하는 기관위임사무의 경우에는 지방자치단체는 국가기관의 일부로 볼 수 있는 것이지만, <u>지방자치단체가 그 고유의 자치사무를 처리하는 경우에는 지방자치단체는 국가기관의 일부가 아니라 국가기관과는 별도의 독립한 공법인이므로, 지방자치단체 소속 공무원이 지방자치단체 고유의 자치사무를 수행하던 중 도로법 제81조 내지 제85조의 규정에 의한 위반행위를 한 경우에는 지방자치단체는 도로법 제86조의 양벌규정에 따라 처벌대상이 되는 법인에 해당한다</u>(대법원 2005. 11. 10. 선고 2004도2657 판결).
>
> ① 헌재 1998. 5. 28. 96헌바83
>
> ③ 과태료 재판은 이유를 붙인 결정으로써 한다〈「질서위반행위규제법」 제36조(재판) 제1항〉. 결정은 당사자와 검사에게 고지함으로써 효력이 생긴다〈동법 제37조(결정의 고지) 제1항〉. 당사자와 검사는 과태료 재판에 대하여 즉시항고를 할 수 있다. 이 경우 항고는 집행정지의 효력이 있다〈동법 제38조(항고) 제1항〉.
>
> ④ 행정청이 질서위반행위에 대하여 과태료를 부과하고자 하는 때에는 미리 당사자(제11조 제2항에 따른 고용주등을 포함한다)에게 대통령령으로 정하는 사항을 통지하고, 10일 이상의 기간을 정하여 의견을 제출할 기회를 주어야 한다. 이 경우 지정된 기일까지 의견 제출이 없는 경우에는 의견이 없는 것으로 본다〈「질서위반행위규제법」 제16조(사전통지 및 의견 제출 등) 제1항〉.

Answer 1.②

2 행정상 강제집행에 대한 설명으로 옳지 않은 것은? (다툼이 있는 경우 판례에 의함)

① 대집행은 비금전적인 대체적 작위의무를 의무자가 이행하지 않는 경우 행정청이 스스로 의무자가 행하여야 할 행위를 하거나 제3자로 하여금 행하게 하는 것으로, 그 대집행의 대상은 공법상 의무에만 한정하지 않는다.

② 행정청이 대집행에 대한 계고를 함에 있어서 의무자가 스스로 이행하지 아니하는 경우 대집행할 행위의 내용과 범위가 구체적으로 특정되어야 하지만, 그 내용 및 범위는 대집행계고서에 의해서만 특정되어야 하는 것은 아니고 그 처분 전후에 송달된 문서나 기타 사정을 종합하여 이를 특정할 수 있으면 족하다.

③ 비상시 또는 위험이 절박한 경우에 있어 당해 행위의 급속한 실시를 요하여 대집행영장에 의한 통지절차를 취할 여유가 없을 때에는 이 절차를 거치지 아니하고 대집행할 수 있다.

④ 개발제한구역 내의 건축물에 대하여 허가를 받지 않고 한 용도변경행위에 대한 형사처벌과 「건축법」 제83조제1항에 의한 시정명령 위반에 대한 이행강제금 부과는 이중처벌에 해당하지 아니한다.

📢 **Point**

① 대집행이란 공법상 대체적 작위의무(타인이 대신하여 이행할 수 있는 작위의무)의 불이행이 있는 경우에 당해 행정청이 스스로 의무자가 행할 행위를 하거나 제3자로 하여금 이를 행하게 하고 그 비용을 의무자로부터 징수하는 것을 말한다. 대집행의 대상이 되는 의무는 공법상 의무이어야 하므로 대집행의 대상은 공법상 의무에만 한정된다.

② 행정청이 행정대집행법 제3조 제1항에 의한 대집행계고를 함에 있어서는 의무자가 스스로 이행하지 아니하는 경우에 대집행할 행위의 내용 및 범위가 구체적으로 특정되어야 하나, 그 행위의 내용 및 범위는 반드시 대집행계고서에 의하여서만 특정되어야 하는 것이 아니고, 계고처분 전후에 송달된 문서나 기타 사정을 종합하여 행위의 내용이 특정되거나 실제건물의 위치, 구조, 평수 등을 계고서의 표시와 대조·검토하여 대집행의무자가 그 이행의무의 범위를 알 수 있을 정도로 하면 족하다(대판 1996. 10. 11. 96누8086).

③ 행정대집행법 제3조(대집행의 절차) ③ 비상시 또는 위험이 절박한 경우에 있어서 당해 행위의 급속한 실시를 요하여 전2항(대집행의 계고, 대집행영장의 통지)에 규정한 수속을 취할 여유가 없을 때에는 그 수속을 거치지 아니하고 대집행을 할 수 있다.

④ 건축법 제78조에 의한 무허가 건축행위에 대한 형사처벌과 건축법 제83조 제1항에 의한 시정명령 위반에 대한 이행강제금의 부과는 그 처벌 내지 제재대상이 되는 기본적 사실관계로서의 행위를 달리하며, 또한 그 보호법익과 목적에서도 차이가 있으므로 헌법 제13조 제1항이 금지하는 이중처벌에 해당한다고 할 수 없다(헌재 2004. 2. 26. 2001헌바80 등).

Ⓐnswer, 2.①

3 「행정절차법」에 대한 설명으로 옳지 않은 것은?

① 공청회는 다른 법령 등에서 공청회를 개최하도록 규정하고 있는 경우 또는 당해 처분의 영향이 광범위하여 널리 의견을 수렴할 필요가 있다고 행정청이 인정하는 경우에 개최된다.

② 행정응원을 위하여 파견된 직원은 당해 직원의 복무에 관하여 다른 법령 등에 특별한 규정이 없는 한, 응원을 요청한 행정청의 지휘·감독을 받는다.

③ 행정응원에 소요되는 비용은 응원을 요청한 행정청이 부담하며, 그 부담금액 및 부담방법은 응원을 행하는 행정청의 결정에 의한다.

④ 송달이 불가능하여 관보, 공보 등에 공고한 경우에는 다른 법령 등에 특별한 규정이 있는 경우를 제외하고 공고일부터 14일이 경과한 때에 그 효력이 발생한다. 다만, 긴급히 시행하여야 할 특별한 사유가 있어 효력발생 시기를 달리 정해 공고한 경우에는 그에 따른다.

📢 **Point**

③ 행정응원에 드는 비용은 응원을 요청한 행정청이 부담하며, 그 부담금액 및 부담방법은 응원을 요청한 행정청과 응원을 하는 행정청이 협의하여 결정한다〈동법 제8조(행정응원) 제6항〉.

① 행정청이 처분을 할 때 다음 각 호의 어느 하나에 해당하는 경우에는 공청회를 개최한다〈「행정절차법」 제22조(의견청취) 제2항〉.

  1. 다른 법령등에서 공청회를 개최하도록 규정하고 있는 경우

  2. 해당 처분의 영향이 광범위하여 널리 의견을 수렴할 필요가 있다고 행정청이 인정하는 경우

  3. 국민생활에 큰 영향을 미치는 처분으로서 대통령령으로 정하는 처분에 대하여 대통령령으로 정하는 수 이상의 당사자등이 공청회 개최를 요구하는 경우

② 행정응원을 위하여 파견된 직원은 응원을 요청한 행정청의 지휘·감독을 받는다. 다만, 해당 직원의 복무에 관하여 다른 법령등에 특별한 규정이 있는 경우에는 그에 따른다〈동법 제8조(행정응원) 제5항〉.

④ 제14조 제4항의 경우에는 다른 법령등에 특별한 규정이 있는 경우를 제외하고는 공고일부터 14일이 지난 때에 그 효력이 발생한다. 다만, 긴급히 시행하여야 할 특별한 사유가 있어 효력 발생 시기를 달리 정하여 공고한 경우에는 그에 따른다〈동법 제15조(송달의 효력 발생) 제3항〉.

4 행정행위에 대한 설명으로 옳지 않은 것은? (다툼이 있는 경우 판례에 의함)

① 개발제한구역 내의 건축물의 용도변경에 대한 예외적 허가는 그 상대방에게 제한적이므로 기속행위에 속하는 것이다.

② 농지처분의무통지는 단순한 관념의 통지에 불과하다고 볼 수 없고, 상대방인 농지소유자의 의무에 직접 관계되는 독립한 행정처분으로서 항고소송의 대상이 된다.

③ 행정청이 (구)「식품위생법」 규정에 의하여 영업자지위승계신고를 수리하는 처분은 종전의 영업자의 권익을 제한하는 처분에 해당하므로, 행정청은 이를 처리함에 있어 종전의 영업자에 대하여 처분의 사전통지, 의견청취 등 「행정절차법」상의 처분절차를 거쳐야 한다.

④ 부담은 행정청이 행정행위를 하면서 일방적으로 부가할 수도 있지만 부담을 부가하기 이전에 상대방과 협의하여 부담의 내용을 협약의 형식으로 미리 정한 다음 행정행위를 하면서 부가할 수도 있다.

Ⓐnswer, 3.③ 4.①

① 구 도시계획법(2000. 1. 18. 법률 제6243호로 전문 개정되기 전의 것) 제21조와 같은 법 시행령(1998. 5. 19. 대통령령 제15799호로 개정되기 전의 것) 제20조 제1, 2항 및 같은 법 시행규칙(1998. 5. 19. 건설교통부령 제133호로 개정되기 전의 것) 제7조 제1항 제6호 다목 등의 규정을 살펴보면, 도시의 무질서한 확산을 방지하고 도시주변의 자연환경을 보전하여 도시민의 건전한 생활환경을 확보하기 위하여 지정되는 개발제한구역 내에서는 구역 지정의 목적상 건축물의 건축이나 그 용도변경은 원칙적으로 금지되고, 다만 구체적인 경우에 위와 같은 구역 지정의 목적에 위배되지 아니할 경우 예외적으로 허가에 의하여 그러한 행위를 할 수 있게 되어 있음이 위와 같은 관련 규정의 체재와 문언상 분명한 한편, 이러한 <u>건축물의 용도변경에 대한 예외적인 허가는 그 상대방에게 수익적인 것에 틀림이 없으므로, 이는 그 법률적 성질이 재량행위 내지 자유재량행위에 속하는 것이라고 할 것이고,</u> 따라서 그 위법 여부에 대한 심사는 재량권 일탈·남용의 유무를 그 대상으로 한다(대법원 2001. 2. 9. 선고 98두17593 판결).

② 농지처분의무통지는 단순한 관념의 통지에 불과하다고 볼 수는 없고, 상대방인 농지소유자의 의무에 직접 관계되는 독립한 행정처분으로서 항고소송의 대상이 된다(대판 2003. 11. 14. 2001두8742).

③ 행정청이 구 식품위생법 규정에 의하여 <u>영업자지위승계신고를 수리하는 처분은 종전의 영업자의 권익을 제한하는 처분이라 할 것이고</u> 따라서 종전의 영업자는 그 처분에 대하여 직접 그 상대가 되는 자에 해당한다고 봄이 상당하므로, <u>행정청으로서는 위 신고를 수리하는 처분을 함에 있어서 행정절차법 규정 소정의 당사자에 해당하는 종전의 영업자에 대하여 위 규정 소정의 행정절차를 실시하고 처분을 하여야 한다</u>(대판 2003. 2. 14. 2001두7015).

④ 수익적 행정처분에 있어서는 법령에 특별한 근거규정이 없다고 하더라도 그 부관으로서 부담을 붙일 수 있고, 그와 같은 <u>부담은 행정청이 행정처분을 하면서 일방적으로 부가할 수도 있지만 부담을 부가하기 이전에 상대방과 협의하여 부담의 내용을 협약의 형식으로 미리 정한 다음 행정처분을 하면서 이를 부가할 수도 있다</u>(대판 2009. 2. 12. 2005다65500).

5 행정행위의 존속력에 관한 설명으로 옳지 않은 것은? (다툼이 있는 경우 판례에 의함)

① 불가변력은 처분청에 미치는 효력이고, 불가쟁력은 상대방 및 이해관계인에게 미치는 효력이다.

② 불가쟁력이 생긴 경우에도 국가배상청구를 할 수 있다.

③ 불가변력이 있는 행위가 당연히 불가쟁력을 발생시키는 것은 아니다.

④ 불가쟁력은 실체법적 효력만 있고, 절차법적 효력은 전혀 가지고 있지 않다.

🔊 Point

④ 불가쟁력은 절차법적 효력만 있고, 실체법적 효력은 없다.

※ **불가변력과 불가쟁력**

㉠ **불가변력(不可變力)** : 행정청에서 내린 행정행위 가운데 특정 행정행위에서 발생하는 효력으로, 행정청 스스로도 취소나 철회를 할 수 없는 제한을 받는 효력을 말한다. 행정심판의 재결과 같은 준사법적 작용이나 그 성질상 행정청이 취소하거나 철회할 때 일정한 제한이 따르는 수익적 행정행위에서 발생한다. 불가변력의 발생은 행정행위의 불가쟁력이 발생하였는지 여부와는 무관하다.

㉡ **불가쟁력(不可爭力)** : 행정행위의 상대방이나 기타 관계인이 행정행위의 효력을 더 이상 다툴 수 없게 하는 구속력을 말한다. 국가배상청구는 행정행위의 효력을 다투는 것이 아니어서 불가쟁력이 발생하더라도 국가배상청구가 가능하다.

Ⓐnswer, 5.④

6 「행정심판법」상 위원회에 대한 설명으로 옳지 않은 것은?

① 중앙행정심판위원회의 비상임위원은 일정한 요건을 갖춘 사람 중에서 중앙행정심판위원회 위원장의 제청으로 국무총리가 성별을 고려하여 위촉한다.

② 중앙행정심판위원회의 회의는 위원장, 상임위원 및 위원장이 회의마다 지정하는 비상임위원을 포함하여 총 15명으로 구성한다.

③ 「행정심판법」 제10조에 의하면, 위원장은 제척신청이나 기피신청을 받으면 제척 또는 기피 여부에 대한 결정을 한다.

④ 중앙행정심판위원회는 위원장 1명을 포함하여 70명 이내의 위원으로 구성한다.

📢 Point

② 중앙행정심판위원회의 회의(제6항에 따른 소위원회 회의는 제외한다)는 위원장, 상임위원 및 위원장이 회의마다 지정하는 비상임위원을 포함하여 총 9명으로 구성한다〈「행정심판법」 제8조(중앙행정심판위원회의 구성) 제5항〉.

① 중앙행정심판위원회의 비상임위원은 제7조 제4항 각 호의 어느 하나에 해당하는 사람 중에서 중앙행정심판위원회 위원장의 제청으로 국무총리가 성별을 고려하여 위촉한다〈동법 제8조(중앙행정심판위원회의 구성) 제4항〉.

③ 위원장은 제척신청이나 기피신청을 받으면 제척 또는 기피 여부에 대한 결정을 하고, 지체 없이 신청인에게 결정서 정본(正本)을 송달하여야 한다〈동법 제10조(위원의 제척·기피·회피) 제6항〉.

④ 중앙행정심판위원회는 위원장 1명을 포함하여 70명 이내의 위원으로 구성하되, 위원 중 상임위원은 4명 이내로 한다〈동법 제8조(중앙행정심판위원회의 구성) 제1항〉.

7 다음 설명 중 옳지 않은 것은? (다툼이 있는 경우 판례에 의함)

① 건설부장관(현 국토교통부장관)이 행한 국립공원지정처분에 따른 경계측량 및 표지의 설치 등은 처분이 아니다.

② 행정지도가 구술로 이루어지는 경우 상대방이 행정지도의 취지·내용 및 신분을 기재한 서면의 교부를 요구하면 당해 행정지도를 행하는 자는 직무수행에 특별한 지장이 없는 한 이를 교부하여야 한다.

③ 조례가 집행행위의 개입 없이도 그 자체로서 직접 국민의 구체적인 권리·의무나 법적 이익에 영향을 미치는 등의 법률상 효과를 발생하는 경우 그 조례는 항고소송의 대상이 되는 행정처분에 해당한다.

④ 행정계획은 현재의 사회·경제적 모든 상황의 조사를 바탕으로 장래를 예측하여 수립되고 장기간에 걸쳐있으므로, 행정계획의 변경은 인정되지 않는다.

📢 Point

④ 행정계획은 기존의 일정한 행정여건에 대한 분석과 장래의 행정여건의 변화에 대한 예측에 기초하여 수립되므로 행정계획에는 변경가능성이 내재되어 있다고 본다. 기존의 행정여건에 대한 분석이나 장래의 예측이 잘못된 경우에는 행정계획이 변경될 수 있는 것으로 보아야 한다.

① 건설부장관이 행한 국립공원지정처분은 그 결정 및 첨부된 도면의 공고로써 그 경계가 확정되는 것이고, 시장이 행한 경계측량 및 표지의 설치 등은 이미 확정된 경계를 인식, 파악하는 사실상의 행위로 봄이 상당하며, 위와 같은 사실상의 행위를 가리켜 공권력 행사로서의 행정처분의 일부라고 볼 수 없다(대판 1992. 10. 13. 92누2325).

② 행정지도가 말로 이루어지는 경우에 상대방이 제1항의 사항을 적은 서면의 교부를 요구하면 그 행정지도를 하는 자는 직무수행에 특별한 지장이 없으면 이를 교부하여야 한다〈「행정절차법」 제49조(행정지도의 방식) 제2항〉.

③ (두밀분교폐지)조례가 집행행위의 개입 없이도 그 자체로서 직접 국민의 구체적인 권리·의무나 법적 이익에 영향을 미치는 등의 법류상의 효과를 발생하는 경우 그 조례는 항고소송의 대상이 되는 행정처분에 해당한다.

Ⓐnswer, 6.② 7.④

8 다음 설명 중 옳지 않은 것은? (다툼이 있는 경우 판례에 의함)

① 원고가 단지 1회 훈령에 위반하여 요정출입을 하다가 적발된 정도라면, 면직처분보다 가벼운 징계처분으로서도 능히 위 훈령의 목적을 달성할 수 있다고 볼 수 있는 점에서 이 사건 파면처분은 이른바 비례의 원칙에 어긋난 것으로 위법하다고 판시하였다.

② 수입 녹용 중 일정성분이 기준치를 0.5% 초과하였다는 이유로 수입 녹용 전부에 대하여 전량 폐기 또는 반송처리를 지시한 처분은 재량권을 일탈·남용한 경우에 해당한다고 판시하였다.

③ 청소년유해매체물로 결정·고시된 만화인 사실을 모르고 있던 도서대여업자가 그 고시일로부터 8일 후에 청소년에게 그 만화를 대여한 것을 사유로 그 도서대여업자에게 금 700만 원의 과징금이 부과된 경우, 그 과징금부과처분은 재량권을 일탈·남용한 것으로서 위법하다고 판시하였다.

④ 사법시험 제2차 시험에 과락제도를 적용하고 있는 (구)사법시험령 제15조 제2항은 비례의 원칙, 과잉금지의원칙, 평등의 원칙에 위반되지 않는다고 판시하였다.

📢 **Point**

② 지방식품의약품안전청장이 수입 녹용 중 전지 3대를 절단부위로부터 5cm까지의 부분을 절단하여 측정한 회분함량이 기준치를 0.5% 초과하였다는 이유로 수입 녹용 전부에 대하여 전량 폐기 또는 반송처리를 지시한 경우, 녹용 수입업자가 입게 될 불이익이 의약품의 안전성과 유효성을 확보함으로써 국민보건의 향상을 기하고 고가의 한약재인 녹용에 대하여 부적합한 수입품의 무분별한 유통을 방지하려는 공익상 필요보다 크다고는 할 수 없으므로 위 폐기 등 지시처분이 <u>재량권을 일탈·남용한 경우에 해당하지 않는다</u>(대법원 2006. 4. 14. 선고 2004두3854 판결).

① 원심이 원고가 단지 1회 훈령에 위반하여 요정 출입을 하다가 적발된 것만으로는 … 원고의 비행정도라면 이보다 가벼운 징계처분으로서도 능히 위 훈령의 목적을 달할 수 있다고 볼 수 잇는 점, 징계처분 중 면직 처분은 적어도 공무원의 신분을 그대로 보유케 하는 것이 심히 부당하다고 볼 정도의 비행이 있는 경우에 한하는 점 등에 비추어 이 사건 파면처분은 이른바 비례의 원칙에 어긋난 것으로서 … <u>심히 그 재량권의 범위를 넘어서 한 위법한 처분이라고 아니할 수 없다고 판시한 것은 정당하여 아무 잘못이 없다</u>(대판 1967. 5. 2. 67누24).

③ 청소년유해매체물로 결정·고시된 만화인 사실을 모르고 있던 도서대여업자가 그 고시일로부터 8일 후에 청소년에게 그 만화를 대여한 것을 사유로 그 도서대여업자에게 금 700만 원의 과징금이 부과된 경우, <u>그 도서대여업자에게 청소년유해매체물인 만화를 청소년에게 대여하여서는 아니된다는 금지의무의 해태를 탓하기는 가혹하므로 그 과징금부과처분은 재량권을 일탈·남용한 것으로서 위법하다</u>(대판 2001. 7. 27. 99두9490).

④ 사법시험령 제15조 제2항이 사법시험의 제2차시험에서 '매과목 4할 이상'으로 과락 결정의 기준을 정한 것을 두고 과락 점수를 비합리적으로 높게 설정하여 지나치게 엄격한 기준에 해당한다고 볼 정도는 아니므로, 비례의 원칙 내지 과잉금지에 위반하였다고 볼 수 없다(대판 2007. 1. 11. 2004두10432).

Ⓐnswer, 8.②

9 「개인정보 보호법」상 개인정보 단체소송에 대한 설명으로 옳지 않은 것은?

① 단체소송의 원고는 변호사를 소송대리인으로 선임하여야 한다.

② 단체소송에 관하여 「개인정보 보호법」에 특별한 규정이 없는 경우에는 「민사소송법」을 적용한다.

③ 법원은 개인정보처리자가 분쟁조정위원회의 조정을 거부하지 않을 경우에만, 결정으로 단체소송을 허가한다.

④ 단체소송의 절차에 관하여 필요한 사항은 대법원규칙으로 정한다.

⟨Point⟩

③ 법원은 다음 각 호의 요건을 모두 갖춘 경우에 한하여 결정으로 단체소송을 허가한다〈「개인정보보호법」 제55조(소송허가요건 등) 제1항〉.
  1. 개인정보처리자가 분쟁조정위원회의 조정을 거부하거나 조정결과를 수락하지 아니하였을 것
  2. 제54조에 따른 소송허가신청서의 기재사항에 흠결이 없을 것

① 단체소송의 원고는 변호사를 소송대리인으로 선임하여야 한다〈동법 제53조(소송대리인의 선임)〉.

② 단체소송에 관하여 이 법에 특별한 규정이 없는 경우에는 「민사소송법」을 적용한다〈동법 제57조(「민사소송법」의 적용 등) 제1항〉.

④ 단체소송의 절차에 관하여 필요한 사항은 대법원규칙으로 정한다〈동법 제57조(「민사소송법」의 적용 등) 제3항〉.

10 「행정소송법」에 대한 설명으로 옳은 것은? (다툼이 있는 경우 판례에 의함)

① 민중소송 및 기관소송은 법률이 정한 자에 한하여 제기할 수 있다.

② 판례는 「행정소송법」상 행정청의 부작위에 대하여 부작위위법확인소송과 작위의무이행소송을 인정하고 있다.

③ 「행정소송법」상 항고소송은 취소소송·무효등 확인소송·부작위위법확인소송·당사자소송으로 구분한다.

④ 국가 또는 공공단체의 기관이 법률에 위반되는 행위를 한 때에 직접 자기의 법률상 이익과 관계없이 그 시정을 구하기 위하여 제기하는 소송을 기관소송이라 한다.

⟨Point⟩

① 민중소송 및 기관소송은 법률이 정한 경우에 법률에 정한 자에 한하여 제기할 수 있다〈행정소송법 제45조(소의 제기)〉.

② 행정심판법 제4조 제3호가 의무이행심판청구를 인정하고 있고 항고소송의 제1심 관할법원이 행정청의 소재지를 관할하는 고등법원으로 되어 있다고 하더라도, <u>행정소송법상 행정청의 부작위에 대하여는 부작위위법확인소송만 인정되고 작위의무의 이행이나 확인을 구하는 행정소송은 허용될 수 없다</u>(대판 1992. 11. 10. 92누1629).

③ 항고소송은 다음과 같이 구분한다〈동법 제4조(항고소송)〉.
  1. 취소소송 : 행정청의 위법한 처분등을 취소 또는 변경하는 소송
  2. 무효등 확인소송 : 행정청의 처분등의 효력 유무 또는 존재여부를 확인하는 소송
  3. 부작위위법확인소송 : 행정청의 부작위가 위법하다는 것을 확인하는 소송

④ 민중소송에 대한 설명이다〈동법 제3조(행정소송의 종류) 제3호〉. 기관소송은 국가 또는 공공단체의 기관상호 간에 있어서의 권한의 존부 또는 그 행사에 관한 다툼이 있을 때에 이에 대하여 제기하는 소송이다〈동법 제3조(행정소송의 종류) 제4호〉.

ⒶAnswer, 9.③ 10.①

11 「국가배상법」에 대한 설명으로 옳지 않은 것은? (다툼이 있는 경우 판례에 의함)

① 판례는 「자동차손해배상 보장법」은 배상책임의 성립요건에 관하여는 「국가배상법」에 우선하여 적용된다고 판시하였다.

② 헌법재판소는 「국가배상법」 제2조 제1항 단서 이중배상금지규정에 대하여 헌법에 위반되지 아니한다고 판시하였다.

③ 생명·신체의 침해로 인한 국가배상을 받을 권리는 양도는 가능하지만, 압류는 하지 못한다.

④ 판례는 「국가배상법」 제5조의 영조물의 설치·관리상의 하자로 인한 손해가 발생한 경우, 피해자의 위자료 청구권이 배제되지 아니한다고 판시하였다.

📢 Point

③ 생명·신체의 침해로 인한 국가배상을 받을 권리는 양도하거나 압류하지 못한다〈「국가배상법」 제4조(양도 등 금지)〉.

① 자동차손해배상보장법은 국가배상법에 우선하여 적용되는 것이므로 자동차사고로 인하여 자동차손해배상보장법 3조 소정의 손해배상을 지방자치단체에 소구하는 경우에는 배상심의회의 결정을 거치지 않아도 무방하다(대법원 1975. 8. 29. 선고 판결).

② 국가배상법 제2조 제1항 단서 중 군인에 관한 부분은 헌법 제29조 제1항에 의하여 보장되는 국가배상청구권을 제한하는 헌법 제29조 제2항 중 군인에 관한 부분에 직접 근거하고, 실질적으로 그 내용을 같이하는 것이므로 헌법에 위반되지 아니한다[헌재 2018. 5. 31. 2013헌바22, 2015헌바147(병합)].

※ 국가배상법 제2조 제1항 단서 중 군인에 관련되는 부분을, 일반국민이 직무집행 중인 군인과의 공동불법행위로 직무집행 중인 다른 군인에게 공상을 입혀 그 피해자에게 공동의 불법행위로 인한 손해를 배상한 다음 공동불법행위자인 군인의 부담부분에 관하여 국가에 대하여 구상권을 행사하는 것을 허용하지 않는다고 해석한다면, 이는 위 단서 규정의 헌법상 근거규정인 헌법 제29조가 구상권의 행사를 배제하지 아니하는데도 이를 배제하는 것으로 해석하는 것으로서 합리적인 이유 없이 일반국민을 국가에 대하여 지나치게 차별하는 경우에 해당하므로 헌법 제11조, 제29조에 위반되며, 또한 국가에 대한 구상권은 헌법 제23조 제1항에 의하여 보장되는 재산권이고 위와 같은 해석은 그러한 재산권의 제한에 해당하며 재산권의 제한은 헌법 제37조 제2항에 의한 기본권제한의 한계 내에서만 가능한데, 위와 같은 해석은 헌법 제37조 제2항에 의하여 기본권을 제한할 때 요구되는 비례의 원칙에 위배하여 일반국민의 재산권을 과잉제한하는 경우에 해당하여 헌법 제23조 제1항 및 제37조 제2항에도 위반된다(헌재 1994. 12. 29. 93헌바21). → 한정위헌

④ 국가배상법 제5조 제1항의 영조물의 설치. 관리상의 하자로 인한 손해가 발생한 경우 같은 법 제3조 제1항 내지 제5항의 해석상 피해자의 위자료 청구권이 반드시 배제되지 아니한다(대법원 1990. 11. 13. 선고 90다카25604 판결).

Ⓐnswer, 11.③

12 행정상의 법률관계와 소송형태 등에 관한 설명으로 옳지 않은 것은? (다툼이 있는 경우 판례에 의함)

① 「도시 및 주거환경정비법」상의 주택재건축정비사업조합을 상대로 관리처분계획안에 대한 조합 총회결의의 무효확인을 구하는 소는 공법관계이므로 당사자소송을 제기하여야 한다.

② 「국가를 당사자로 하는 계약에 관한 법률」에 따라 국가가 당사자로 되는 입찰방식에 의한 사인과 체결하는 이른바 공공계약은 국가가 사경제의 주체로서 상대방과 대등한 위치에서 체결하는 사법상의 계약이다.

③ 「국유재산법」에 따른 국유재산의 무단점유자에 대한 변상금 부과·징수권은 민사상 부당이득반환청구권과 법적 성질을 달리하므로, 국가는 무단점유자를 상대로 변상금 부과·징수권의 행사와 별개로 국유재산의 소유자로서 민사상 부당이득반환청구의 소를 제기할 수 있다.

④ 2020년 4월 1일부터 시행되는 전부개정 「소방공무원법」 이전의 경우, 지방소방공무원의 보수에 관한 법률관계는 사법상의 법률관계이므로 지방소방공무원이 소속 지방자치단체를 상대로 초과근무수당의 지급을 구하는 소송은 행정소송상 당사자소송이 아닌 민사소송절차에 따라야 했다.

📢 **Point**

④ 지방자치단체와 그 소속 경력직 공무원인 지방소방공무원 사이의 관계, 즉 지방소방공무원의 근무관계는 사법상의 근로계약관계가 아닌 공법상의 근무관계에 해당하고, 그 근무관계의 주요한 내용 중 하나인 지방소방공무원의 보수에 관한 법률관계는 공법상의 법률관계라고 보아야 한다. 나아가 지방공무원법 제44조 제4항, 제45조 제1항이 지방공무원의 보수에 관하여 이른바 근무조건 법정주의를 채택하고 있고, 지방공무원 수당 등에 관한 규정 제15조 내지 제17조가 초과근무수당의 지급 대상, 시간당 지급 액수, 근무시간의 한도, 근무시간의 산정 방식에 관하여 구체적이고 직접적인 규정을 두고 있는 등 관계 법령의 내용, 형식 및 체제 등을 종합하여 보면, 지방소방공무원의 초과근무수당 지급청구권은 법령의 규정에 의하여 직접 그 존부나 범위가 정하여지고 법령에 규정된 수당의 지급요건에 해당하는 경우에는 곧바로 발생한다고 할 것이므로, <u>지방소방공무원이 자신이 소속된 지방자치단체를 상대로 초과근무수당의 지급을 구하는 청구에 관한 소송은 행정소송법 제3조 제2호에 규정된 당사자소송의 절차에 따라야 한다</u>(대법원 2013. 3. 28. 선고 2012다102629 판결).

① 도시 및 주거환경정비법상 행정주체인 주택재건축정비사업조합을 상대로 관리처분계획안에 대한 조합 총회결의의 효력 등을 다투는 소송은 행정처분에 이르는 절차적 요건의 존부나 효력 유무에 관한 소송으로서 그 소송결과에 따라 행정처분의 위법 여부에 직접 영향을 미치는 공법상 법률관계에 관한 것이므로, 이는 행정소송법상의 당사자소송에 해당한다(대법원 2009. 9. 17. 선고 2007다2428 전원합의체 판결).

② <u>국가를 당사자로 하는 계약에 관한 법률에 따라 국가가 당사자가 되는 이른바 공공계약은 사경제 주체로서 상대방과 대등한 위치에서 체결하는 사법상 계약으로서 본질적인 내용은 사인 간의 계약과 다를 바가 없으므로</u>, 그에 관한 법령에 특별한 정함이 있는 경우를 제외하고는 사적 자치와 계약자유의 원칙 등 사법의 원리가 그대로 적용된다(대판 2020. 5. 14. 선고 2018다298409).

③ 구 국유재산법 제51조 제1항, 제4항, 제5항에 의한 변상금 부과·징수권은 민사상 부당이득반환청구권과 법적 성질을 달리하므로, <u>국가는 무단점유자를 상대로 변상금 부과·징수권의 행사와 별도로 국유재산의 소유자로서 민사상 부당이득반환청구의 소를 제기할 수 있다</u>(대판 2014. 7. 16. 2011다76402).

Ⓐnswer, 12.④

13 행정행위의 성립과 효력에 관한 설명으로 옳은 것은?(다툼이 있는 경우 판례에 의함)

① 일반적으로 행정행위가 주체·내용·절차와 형식의 요건을 모두 갖추고 외부에 표시된 경우에 행정행위의 존재가 인정된다.

② 행정청의 의사가 외부에 표시되어 행정청이 자유롭게 취소·철회할 수 없는 구속을 받게 되는 시점에 행정행위가 성립하는 것은 아니며, 행정행위의 성립 여부는 행정청의 의사를 공식적인 방법으로 외부에 표시하였는지 여부를 기준으로 판단해야 한다.

③ 「행정절차법」은 행정행위 상대방에 대한 송달받을 자의 주소 등을 통상적인 방법으로 확인할 수 없는 경우에 한하여, 공고의 방법에 의한 송달이 가능하도록 규정하고 있다.

④ 상대방 있는 행정처분이 상대방에게 고지되지 아니한 경우에도 상대방이 다른 경로를 통해 행정처분의 내용을 알게 된다면 그 행정처분의 효력이 발생한다.

🔊 **Point**

① 행정처분은 정당한 권한있는 자가 그 권한내에서 실현가능한 사항에 관하여 정상적인 의사에 기하여 법정의 일련의 절차와 소정의 형식을 갖추어 행해져야 하고 또 외부에 표시되어야만 유효하게 성립하고 동시에 효력을 발생하지만 상대방에게 고지를 요하는 행정행위는 객관적으로 보아서 상대방이 양지(인식)할 수 있는 상태하에 두는 방법으로 고지함으로써 비로서 그 효력이 발생한다(대법원 1976. 6. 8. 선고 75누63 판결).

② 일반적으로 처분이 주체·내용·절차와 형식의 요건을 모두 갖추고 외부에 표시된 경우에는 처분의 존재가 인정된다. 행정의사가 외부에 표시되어 행정청이 자유롭게 취소·철회할 수 없는 구속을 받게 되는 시점에 처분이 성립하고, 그 성립 여부는 행정청이 행정의사를 공식적인 방법으로 외부에 표시하였는지를 기준으로 판단해야 한다(대법원 2019. 7. 11. 선고 2017두38874 판결).

③ 다음 각 호의 어느 하나에 해당하는 경우에는 송달받을 자가 알기 쉽도록 관보, 공보, 게시판, 일간신문 중 하나 이상에 공고하고 인터넷에도 공고하여야 한다〈「행정절차법」 제14조(송달) 제4항〉.
   1. 송달받을 자의 주소등을 통상적인 방법으로 확인할 수 없는 경우
   2. 송달이 불가능한 경우

④ 상대방 있는 행정처분은 특별한 규정이 없는 한 의사표시에 관한 일반법리에 따라 상대방에게 고지되어야 효력이 발생하고, 상대방 있는 행정처분이 상대방에게 고지되지 아니한 경우에는 상대방이 다른 경로를 통해 행정처분의 내용을 알게 되었다고 하더라도 행정처분의 효력이 발생한다고 볼 수 없다(대법원 2019. 8. 9. 선고 2019두38656 판결).

Answer, 13.①

14 행정대집행에 관한 설명으로 옳지 않은 것은? (다툼이 있는 경우 판례에 의함)

① 대집행의 근거법으로는 대집행에 관한 일반법인 「행정대집행법」과 대집행에 관한 개별법 규정이 있다.

② 대집행의 요건을 충족한 경우에 행정청이 대집행을 할 것인지 여부에 관해서 소수설은 재량행위로 보나, 다수설과 판례는 기속행위로 본다.

③ 대집행의 절차인 '대집행의 계고'의 법적 성질은 준법률행위적 행정행위이므로 계고 그 자체가 독립하여 항고소송의 대상이나, 2차 계고는 새로운 철거의무를 부과하는 것이 아니고 대집행기한의 연기 통지에 불과하므로 행정처분으로 볼 수 없다는 판례가 있다.

④ 계고처분의 후속절차인 대집행에 위법이 있다고 하여 그와 같은 후속절차에 위법성이 있다는 점을 들어 선행절차인 계고처분이 부적법하다는 사유로 삼을 수는 없다.

🔊 (Point)

② 대집행의 요건을 충족한 경우에 행정청이 대집행을 할 것인지 여부에 관해서 소수설은 기속행위로 보나, 다수설과 판례는 재량행위로 본다.

① 대집행의 근거법으로는 대집행에 관한 일반법인 「행정대집행법」이 있다. 다만, 대집행의 요건과 절차 등에 관하여 「행정대집행법」에 대한 특례를 규정하려고 할 경우에는 개별법에 그에 관한 규정을 두도록 한다.

③ 시장이 무허가건물소유자인 원고들에게 일정기간까지 철거할 것을 명함과 아울러 불이행할 때에는 대집행한다는 내용의 철거대집행계고처분을 고지한 후 원고들이 불응하자 다시 2차 계고서를 발송하여 일정기간까지의 자진철거를 촉구하고 불이행하면 대집행을 한다는 뜻을 고지하였다면 원고들의 행정대집행법상의 건물철거의무는 제1차 철거명령 및 계고처분 으로서 발생하였고 제2차의 계고처분은 원고들에게 새로운 철거의무를 부과하는 것이 아니고 다만 대집행기한의 연기통지에 불과하므로 행정처분이 아니다(대법원 1991. 1. 25. 선고 판결).

④ 계고처분의 후속절차인 대집행에 위법이 있다고 하더라도, 그와 같은 후속절차에 위법성이 있다는 점을 들어 선행절차인 계고처분이 부적법하다는 사유로 삼을 수는 없다(대판 1997. 2. 14. 96누15428).

Ⓐnswer, 14.②

15 행정지도에 관한 설명으로 옳지 않은 것은? (다툼이 있는 경우 판례에 의함)

① 행정지도란 행정기관이 그 소관 사무의 범위에서 일정한 행정목적을 실현하기 위하여 특정인에게 일정한 행위를 하거나 하지 아니하도록 지도, 권고, 조언 등을 하는 행정작용을 말한다.

② 행정지도 중 규제적 · 구속적 행정지도의 경우에는 법적 근거가 필요하다는 견해가 있다.

③ 교육인적자원부장관(현 교육부장관)의 (구)공립대학 총장들에 대한 학칙시정요구는 고등교육법령에 따른 것으로, 그 법적 성격은 대학총장의 임의적인 협력을 통하여 사실상의 효과를 발생시키는 행정지도의 일종으로 헌법소원의 대상이 되는 공권력의 행사로 볼 수 없다.

④ 행정지도가 강제성을 띠지 않은 비권력적 작용으로서 행정지도의 한계를 일탈하지 아니하였다면, 그로 인해 상대방에게 어떤 손해가 발생하였다고 해도 행정기관은 그에 대한 손해배상책임이 없다.

📢 **Point**

③ 교육인적자원부장관의 대학총장들에 대한 이 사건 학칙시정요구는 고등교육법 제6조 제2항, 동법시행령 제4조 제3항에 따른 것으로서 그 법적 성격은 대학총장의 임의적인 협력을 통하여 사실상의 효과를 발생시키는 행정지도의 일종이지만, 그에 따르지 않을 경우 일정한 불이익조치를 예정하고 있어 사실상 상대방에게 그에 따를 의무를 부과하는 것과 다를 바 없으므로 단순한 행정지도로서의 한계를 넘어 규제적 · 구속적 성격을 상당히 강하게 갖는 것으로서 헌법소원의 대상이 되는 공권력의 행사라고 볼 수 있다[헌재 2003. 6. 26. 2002헌마337, 2003헌마7 · 8(병합)].

① "행정지도"란 행정기관이 그 소관 사무의 범위에서 일정한 행정목적을 실현하기 위하여 특정인에게 일정한 행위를 하거나 하지 아니하도록 지도, 권고, 조언 등을 하는 행정작용을 말한다.〈「행정절차법」제2조(정의)제3호〉

② 규제적 · 구속적 행정지도의 경우 법적 근거가 필요하다는 견해는 침해유보설의 입장에서 행정지도의 내용에 따라 법률의 근거 여부를 결정해야 한다는 입장이라고 할 수 있다.

④ 행정지도가 강제성을 띠지 않은 비권력적 작용으로서 행정지도의 한계를 일탈하지 아니하였다면, 그로 인하여 상대방에게 어떤 손해가 발생하였다 하더라도 행정기관은 그에 대한 손해배상책임이 없다(대판 2008. 9. 25. 2006다18228).

Answer, 15.③

16 행정조사에 관한 설명으로 옳은 것(○)과 옳지 않은 것(×)을 바르게 표기한 것은? (다툼이 있는 경우 판례에 의함)

> ㉠ 행정조사는 그 실효성 확보를 위해 수시조사를 원칙으로 한다.
> ㉡ 「행정절차법」은 행정조사절차에 관한 명문의 규정을 일부 두고 있다.
> ㉢ (구)「국세기본법」에 따른 금지되는 재조사에 기초한 과세처분은 특별한 사정이 없는 한 위법하다.
> ㉣ 우편물 통관검사절차에서 이루어지는 우편물의 개봉, 시료채취, 성분분석 등의 검사는 행정조사의 성격을 가지는 것으로 압수·수색영장 없이 진행되었다고 해도 특별한 사정이 없는 한 위법하다고 볼 수 없다.

	㉠	㉡	㉢	㉣
①	×	×	○	○
②	×	○	×	○
③	○	×	○	×
④	×	○	○	○

📢 **Point**

㉠ [X] 행정조사는 법령등 또는 행정조사운영계획으로 정하는 바에 따라 <u>정기적으로 실시함을 원칙으로 한다</u>. 다만, 다음 각 호 중 어느 하나에 해당하는 경우에는 수시조사를 할 수 있다〈「행정조사기본법」 제7조(조사의 주기)〉.
  1. 법률에서 수시조사를 규정하고 있는 경우
  2. 법령등의 위반에 대하여 혐의가 있는 경우
  3. 다른 행정기관으로부터 법령등의 위반에 관한 혐의를 통보 또는 이첩받은 경우
  4. 법령등의 위반에 대한 신고를 받거나 민원이 접수된 경우
  5. 그 밖에 행정조사의 필요성이 인정되는 사항으로서 대통령령으로 정하는 경우

㉡ [X] 「행정절차법」은 행정조사절차에 관한 <u>명문의 규정을 두고 있지</u> 않다.

㉢ [O] 국세기본법은 제81조의4 제1항에서 "세무공무원은 적정하고 공평한 과세를 실현하기 위하여 필요한 최소한의 범위에서 세무조사를 하여야 하며, 다른 목적 등을 위하여 조사권을 남용해서는 아니 된다."라고 규정하고 있다. 이 조항은 세무조사의 적법 요건으로 객관적 필요성, 최소성, 권한 남용의 금지 등을 규정하고 있는데, 이는 법치국가원리를 조세절차법의 영역에서도 관철하기 위한 것으로서 그 자체로서 구체적인 법규적 효력을 가진다. 따라서 세무조사가 과세자료의 수집 또는 신고내용의 정확성 검증이라는 <u>본연의 목적이 아니라 부정한 목적을 위하여 행하여진 것이라면 이는 세무조사에 중대한 위법사유가 있는 경우에 해당하고 이러한 세무조사에 의하여 수집된 과세자료를 기초로 한 과세처분 역시 위법하다</u>. 세무조사가 국가의 과세권을 실현하기 위한 행정조사의 일종으로서 과세자료의 수집 또는 신고내용의 정확성 검증 등을 위하여 필요불가결하며, 종국적으로는 조세의 탈루를 막고 납세자의 성실한 신고를 담보하는 중요한 기능을 수행하더라도 만약 남용이나 오용을 막지 못한다면 납세자의 영업활동 및 사생활의 평온이나 재산권을 침해하고 나아가 과세권의 중립성과 공공성 및 윤리성을 의심받는 결과가 발생할 것이기 때문이다(대법원 2016. 12. 15. 선고 2016두47659 판결).

㉣ [O] 관세법 제246조 제1항, 제2항, 제257조, '국제우편물 수입통관 사무처리'(2011. 9. 30. 관세청고시 제2011-40호) 제1-2조 제2항, 제1-3조, 제3-6조, 구 '수출입물품 등의 분석사무 처리에 관한 시행세칙'(2013. 1. 4. 관세청훈령 제1507호로 개정되기 전의 것) 등과 관세법이 관세의 부과·징수와 아울러 수출입물품의 통관을 적정하게 함을 목적으로 한다는 점(관세법 제1조)에 비추어 보면, <u>우편물 통관검사절차에서 이루어지는 우편물의 개봉, 시료채취, 성분분석 등의 검사는 수출입물품에 대한 적정한 통관 등을 목적으로 한 행정조사의 성격을 가지는 것으로서 수사기관의 강제처분이라고 할 수 없으므로, 압수·수색영장 없이 우편물의 개봉, 시료채취, 성분분석 등 검사가 진행되었다 하더라도 특별한 사정이 없는 한 위법하다고 볼 수 없다</u>(대법원 2013. 9. 26. 선고 2013도7718 판결).

Ⓐnswer, 16.①

17 행정행위에 관한 설명으로 옳지 않은 것은? (다툼이 있는 경우 판례에 의함)

① 행정행위의 부관 중 행정행위에 부수하여 그 상대방에게 일정한 의무를 부과하는 행정청의 의사표시인 부담은 그 자체만으로 행정소송의 대상이 될 수 있다.

② 현역입영대상자는 현역병입영통지처분에 따라 현실적으로 입영을 하였다 할지라도, 입영 이후의 법률관계에 영향을 미치고 있는 현역병입영통지처분을 한 관할 지방병무청장을 상대로 위법을 주장하여 그 취소를 구할 수 있다.

③ 재량행위가 법령이나 평등원칙을 위반한 경우뿐만 아니라 합목적성의 판단을 그르친 경우에도 위법한 처분으로서 행정소송의 대상이 된다.

④ 허가의 신청 후 법령의 개정으로 허가기준이 변경된 경우에는 신청할 당시의 법령이 아닌 행정행위 발령 당시의 법령을 기준으로 허가 여부를 판단하는 것이 원칙이다.

🔊 **Point**

③ 편의(공익, 합목적) 재량의 경우에 한 처분에 있어 관계공무원이 공익성, 합목적성의 인정, 판단을 잘못하여 그 재량권의 범위를 넘어선 행정행위를 한 경우가 있다 하더라도 공익성 및 합목적성의 적절여부의 판단기준은 구체적 사안에 따라 각각 동일하다 할 수 없을 뿐만 아니라 구체적인 경우 어느 행정처분을 할 것인가에 관하여 행정청 내부에 일응의 기준을 정해 둔 경우 그 기준에 따른 행정처분을 하였다면 이에 관여한 공무원에게 그 직무상의 과실이 있다고 할 수 없다(대법원 1984. 7. 24. 선고 84다카597 판결).

① 행정행위의 부관은 행정행위의 일반적인 효력이나 효과를 제한하기 위하여 의사표시의 주된 내용에 부가되는 종된 의사표시이지 그 자체로서 직접 법적 효과를 발생하는 독립된 처분이 아니므로 현행 행정쟁송제도 아래서는 부관 그 자체만을 독립된 쟁송의 대상으로 할 수 없는 것이 원칙이나 행정행위의 부관 중에서도 행정행위에 부수하여 그 행정행위의 상대방에게 일정한 의무를 부과하는 행정청의 의사표시인 부담의 경우에는 다른 부관과는 달리 행정행위의 불가분적인 요소가 아니고 그 존속이 본체인 행정행위의 존재를 전제로 하는 것일 뿐이므로 부담 그 자체로서 행정쟁송의 대상이 될 수 있다(대법원 1992. 1. 21. 선고 91누1264 판결).

② 병역법 제2조 제1항 제3호에 의하면 '입영'이란 병역의무자가 징집·소집 또는 지원에 의하여 군부대에 들어가는 것이고, 같은 법 제18조 제1항에 의하면 현역은 입영한 날부터 군부대에서 복무하도록 되어 있으므로 현역병입영통지처분에 따라 현실적으로 입영을 한 경우에는 그 처분의 집행은 종료되지만, 한편, 입영으로 그 처분의 목적이 달성되어 실효되었다는 이유로 다툴 수 없도록 한다면, 병역법상 현역입영대상자로서는 현역병입영통지처분이 위법하다 하더라도 법원에 의하여 그 처분의 집행이 정지되지 아니하는 이상 현실적으로 입영을 할 수밖에 없으므로 현역병입영통지처분에 대하여는 불복을 사실상 원천적으로 봉쇄하는 것이 되고, 또한 현역입영대상자가 입영하여 현역으로 복무하는 과정에서 현역병입영통지처분 외에는 별도의 다른 처분이 없으므로 입영한 이후에는 불복할 아무런 처분마저 없게 되는 결과가 되며, 나아가 입영하여 현역으로 복무하는 자에 대한 병적을 당해 군 참모총장이 관리한다는 것은 입영 및 복무의 근거가 된 현역병입영통지처분이 적법함을 전제로 하는 것으로서 그 처분이 위법한 경우까지를 포함하는 의미는 아니라고 할 것이므로, 현역입영대상자로서는 현실적으로 입영을 하였다고 하더라도, 입영 이후의 법률관계에 영향을 미치고 있는 현역병입영통지처분 등을 한 관할지방병무청장을 상대로 위법을 주장하여 그 취소를 구할 소송상의 이익이 있다(대법원 2003. 12. 26. 선고 2003두1875 판결).

④ 허가 등의 행정처분은 원칙적으로 처분시의 법령과 허가기준에 의하여 처리되어야 하고 허가신청 당시의 기준에 따라야 하는 것은 아니며, 비록 허가신청 후 허가기준이 변경되었다 하더라도 그 허가관청이 허가신청을 수리하고도 정당한 이유 없이 그 처리를 늦추어 그 사이에 허가기준이 변경된 것이 아닌 이상 변경된 허가기준에 따라서 처분을 하여야 한다(대법원 1996. 8. 20. 선고 95누10877 판결).

Answer, 17.③

18 행정행위의 하자에 관한 설명으로 옳지 않은 것은? (다툼이 있는 경우 판례에 의함)

① 행정처분의 대상이 되는 법률관계나 사실관계가 있는 것으로 오인할 만한 객관적인 사정이 있고 사실관계를 정확히 조사하여야만 그 대상이 되는지 여부가 밝혀질 수 있는 경우에는 비록 그 하자가 중대하더라도 명백하지 않아 무효로 볼 수 없다.

② 조례 제정권의 범위를 벗어나 국가사무를 대상으로 한 무효인 조례의 규정에 근거하여 지방자치단체의 장이 행정처분을 한 경우 그 행정처분은 하자가 중대하나, 명백하지는 아니하므로 당연무효에 해당하지 아니한다.

③ 보충역편입처분에 하자가 있다고 할지라도 그것이 중대하고 명백하지 않는 한, 그 하자를 이유로 공익근무요원소집처분의 효력을 다툴 수 없다.

④ 부동산에 관한 취득세를 신고하였으나 부동산매매계약이 해제됨에 따라 소유권 취득의 요건을 갖추지 못한 경우에는 그 하자가 중대하지만 외관상 명백하지 않아 무효는 아니며 취소할 수 있는 데 그친다.

📢 (Point)

④ 취득세 신고행위는 납세의무자와 과세관청 사이에 이루어지는 것으로서 취득세 신고행위의 존재를 신뢰하는 제3자의 보호가 특별히 문제되지 않아 그 신고행위를 당연무효로 보더라도 법적 안정성이 크게 저해되지 않는 반면, 과세요건 등에 관한 중대한 하자가 있고 그 법적 구제수단이 국세에 비하여 상대적으로 미비함에도 위법한 결과를 시정하지 않고 납세의무자에게 그 신고행위로 인한 불이익을 감수시키는 것이 과세행정의 안정과 그 원활한 운영의 요청을 참작하더라도 <u>납세의무자의 권익구제 등의 측면에서 현저하게 부당하다고 볼 만한 특별한 사정이 있는 때에는 예외적으로 이와 같은 하자 있는 신고행위가 당연무효라고 함이 타당하다</u>(대법원 2009. 2. 12. 선고 2008두11716 판결).

① 일반적으로 과세대상이 되는 법률관계나 소득 또는 행위 등의 사실관계가 전혀 없는 사람에게 한 과세처분은 그 하자가 중대하고도 명백하다고 할 것이지만 과세대상이 되지 아니하는 어떤 법률관계나 사실관계에 대하여 이를 과세대상이 되는 것으로 오인할 만한 객관적인 사정이 있는 경우에 그것이 과세대상이 되는지의 여부가 그 사실관계를 정확히 조사하여야 비로소 밝혀질 수 있는 경우라면 그 하자가 중대한 경우라도 외관상 명백하다고 할 수 없어 그와 같이 과세 요건사실을 오인한 위법의 과세처분을 당연무효라고 볼 수 없다(대법원 2002. 9. 4. 선고 2001두7268 판결).

② [다수의견] 조례 제정권의 범위를 벗어나 국가사무를 대상으로 한 무효인 서울특별시행정권한위임조례의 규정에 근거하여 구청장이 건설업영업정지처분을 한 경우, 그 처분은 결과적으로 적법한 위임 없이 권한 없는 자에 의하여 행하여진 것과 마찬가지가 되어 그 하자가 중대하나, 지방자치단체의 사무에 관한 조례와 규칙은 조례가 보다 상위규범이라고 할 수 있고, 또한 헌법 제107조 제2항의 "규칙"에는 지방자치단체의 조례와 규칙이 모두 포함되는 등 이른바 규칙의 개념이 경우에 따라 상이하게 해석되는 점 등에 비추어 보면 위 처분의 위임 과정의 하자가 객관적으로 명백한 것이라고 할 수 없으므로 이로 인한 하자는 결국 당연무효사유는 아니라고 봄이 상당하다(대법원 1995. 7. 11. 선고 94누4615 전원합의체판결).

③ 구 병역법(1999. 12. 28. 법률 제6058호로 개정되기 전의 것) 제2조 제1항 제2호, 제9호, 제5조, 제11조, 제12조, 제14조, 제26조, 제29조, 제55조, 제56조의 각 규정에 의하면, 보충역편입처분 등의 병역처분은 구체적인 병역의무부과를 위한 전제로서 징병검사 결과 신체등위와 학력·연령 등 자질을 감안하여 역종을 부과하는 처분임에 반하여, 공익근무요원소집처분은 보충역편입처분을 받은 공익근무요원소집대상자에게 기초적 군사훈련과 구체적인 복무기관 및 복무분야를 정한 공익근무요원으로서의 복무를 명하는 구체적인 행정처분이므로, 위 두 처분은 후자의 처분이 전자의 처분을 전제로 하는 것이기는 하나 각각 단계적으로 별개의 법률효과를 발생하는 독립된 행정처분이라고 할 것이므로, 따라서 보충역편입처분의 기초가 되는 신체등위 판정에 잘못이 있다는 이유로 이를 다투기 위하여는 신체등위 판정을 기초로 한 보충역편입처분에 대하여 쟁송을 제기하여야 할 것이며, 그 처분을 다투지 아니하여 이미 불가쟁력이 생겨 그 효력을 다툴 수 없게 된 경우에는, 병역처분변경신청에 의하는 경우는 별론으로 하고, 보충역편입처분에 하자가 있다고 할지라도 그것이 당연무효라고 볼만한 특단의 사정이 없는 한 그 위법을 이유로 공익근무요원소집처분의 효력을 다툴 수 없다(대법원 2002. 12. 10. 선고 2001두5422 판결).

Ⓐnswer, 18.④

19 국가배상책임에 관한 설명으로 옳지 않은 것은? (다툼이 있는 경우 판례에 의함)

① 「국가배상법」에서는 공무원 개인의 피해자에 대한 배상책임을 인정하는 명시적인 규정을 두고 있지 않다.

② 공무원증 발급업무를 담당하는 공무원이 대출을 받을 목적으로 다른 공무원의 공무원증을 위조하는 행위는 「국가배상법」 제2조 제1항의 직무집행 관련성이 인정되지 않는다.

③ 군교도소 수용자들이 탈주하여 일반 국민에게 손해를 입혔다면 국가는 그로 인하여 피해자들이 입은 손해를 배상할 책임이 있다.

④ 「국가배상법」 제2조 제1항 단서에 의해 군인 등의 국가배상청구권이 제한되는 경우, 공동불법행위자인 민간인은 피해를 입은 군인 등에게 그 손해 전부에 대하여 배상하여야 하는 것은 아니며 자신의 부담부분에 한하여 손해배상의무를 부담한다.

📢 Point

② 인사업무담당 공무원이 다른 공무원의 공무원증 등을 위조한 행위는 행위 자체의 외관을 객관적으로 관찰하여 공무원의 직무행위로 보여지므로 비록 그것이 실질적으로 직무행위가 아니거나 또는 행위자로서는 주관적으로 공무집행의 의사가 없었다고 하더라도 그 행위는 공무원이 '직무를 집행함에 당하여' 한 것으로 보아야 한다는 것이 판례의 입장이다.

① 「국가배상법」에서는 공무원 개인의 피해자에 대한 배상책임을 인정하는 명시적인 규정을 두고 있지 않다.

※ 「국가배상법」 제2조(배상책임) 제1항 전단 … 국가나 지방자치단체는 공무원 또는 공무를 위탁받은 사인(이하 "공무원"이라 한다)이 직무를 집행하면서 고의 또는 과실로 법령을 위반하여 타인에게 손해를 입히거나, 「자동차손해배상 보장법」에 따라 손해배상의 책임이 있을 때에는 이 법에 따라 그 손해를 배상하여야 한다.

③ 군행형법과 군행형법시행령이 군교도소나 미결수용실(이하 '교도소 등'이라 한다)에 대한 경계 감호를 위하여 관련 공무원에게 각종 직무상의 의무를 부과하고 있는 것은, 일차적으로는 그 수용자들을 격리보호하고 교정교화함으로써 공공 일반의 이익을 도모하고 교도소 등의 내부 질서를 유지하기 위한 것이라 할 것이지만, 부수적으로는 그 수용자들이 탈주한 경우에 그 도주과정에서 일어날 수 있는 2차적 범죄행위로부터 일반 국민의 인명과 재화를 보호하고자 하는 목적도 있다고 할 것이므로, 국가공무원들이 위와 같은 직무상의 의무를 위반한 결과 수용자들이 탈주함으로써 일반 국민에게 손해를 입히는 사건이 발생하였다면, 국가는 그로 인하여 피해자들이 입은 손해를 배상할 책임이 있다(대법원 2003. 2. 14. 선고 2002다62678 판결).

④ 공동불법행위자 등이 부진정연대채무자로서 각자 피해자의 손해 전부를 배상할 의무를 부담하는 공동불법행위의 일반적인 경우와 달리 예외적으로 민간인은 피해 군인 등에 대하여 그 손해 중 국가 등이 민간인에 대한 구상의무를 부담한다면 그 내부적인 관계에서 부담하여야 할 부분을 제외한 나머지 자신의 부담부분에 한하여 손해배상의무를 부담하고, 한편 국가 등에 대하여는 그 귀책부분의 구상을 청구할 수 없다고 해석함이 상당하다 할 것이고, 이러한 해석이 손해의 공평·타당한 부담을 그 지도원리로 하는 손해배상제도의 이상에도 맞는다 할 것이다(대법원 2001. 2. 15. 선고 96다42420 전원합의체 판결).

20 다음 설명 중 옳지 않은 것은? (다툼이 있는 경우 판례에 의함)

① 지방자치단체가 옹벽시설공사를 업체에게 주어 공사를 시행하다가 사고가 일어난 경우, 옹벽이 공사 중이고 아직 완성되지 아니하여 일반 공중의 이용에 제공되지 않았다면 「국가배상법」 제5조 소정의 영조물에 해당한다고 할 수 없다.

② 김포공항을 설치·관리함에 있어 항공법령에 따른 항공기 소음기준 및 소음대책을 준수하려는 노력을 하였더라도, 공항이 항공기 운항이라는 공공의 목적에 이용됨에 있어 그와 관련하여 배출하는 소음 등의 침해가 인근주민들에게 통상의 수인한도를 넘는 피해를 발생하게 하였다면 공항의 설치·관리상에 하자가 있다고 보아야한다.

③ 가변차로에 설치된 두 개의 신호기에서 서로 모순되는 신호가 들어오는 고장으로 인하여 사고가 발생한 경우, 그 고장이 현재의 기술 수준상 부득이한 것으로 예방할 방법이 없는 것이라면 손해발생의 예견가능성이나 회피가능성이 없어 영조물의 하자를 인정할 수 없다.

④ 영조물 설치자의 재정사정이나 영조물의 사용목적에 의한 사정은, 안전성을 요구하는 데 대한 참작사유는 될지언정 안전성을 결정지을 절대적 요건은 아니다.

🔊 **Point**

③ 가변차로에 설치된 신호등의 용도와 오작동시에 발생하는 사고의 위험성과 심각성을 감안할 때, 만일 <u>가변차로에 설치된 두 개의 신호기에서 서로 모순되는 신호가 들어오는 고장을 예방할 방법이 없음에도 그와 같은 신호기를 설치하여 그와 같은 고장을 발생하게 한 것이라면</u>, 그 고장이 자연재해 등 외부요인에 의한 불가항력에 기인한 것이 아닌 한 그 자체로 설치·관리자의 방호조치의무를 다하지 못한 것으로서 신호등이 그 용도에 따라 통상 갖추어야 할 안전성을 갖추지 못한 상태에 있었다고 할 것이고, 따라서 설령 적정전압보다 낮은 저전압이 원인이 되어 위와 같은 오작동이 발생하였고 그 고장은 현재의 기술수준상 부득이한 것이라고 가정하더라도 <u>그와 같은 사정만으로 손해발생의 예견가능성이나 회피가능성이 없어 영조물의 하자를 인정할 수 없는 경우라고 단정할 수 없다</u>(대법원 2001. 7. 27. 선고 2000다56822 판결).

① 지방자치단체가 비탈사면인 언덕에 대하여 현장조사를 한 결과 붕괴의 위험이 있음을 발견하고 이를 붕괴위험지구로 지정하여 관리하여 오다가 붕괴를 예방하기 위하여 언덕에 옹벽을 설치하기로 하고 소외 회사에게 옹벽시설공사를 도급 주어 소외 회사가 공사를 시행하다가 깊이 3m의 구덩이를 파게 되었는데, 피해자가 공사현장 주변을 지나가다가 흙이 무너져 내리면서 위 구덩이에 추락하여 상해를 입게 된 사안에서, <u>위 사고 당시 설치하고 있던 옹벽은 소외 회사가 공사를 도급받아 공사 중에 있었을 뿐만 아니라 아직 완성도 되지 아니하여 일반 공중의 이용에 제공되지 않고 있었던 이상 국가배상법 제5조 제1항 소정의 영조물에 해당한다고 할 수 없다</u>(대판 1998. 10. 23. 98다17381).

② 설령 피고가 김포공항을 설치·관리함에 있어 항공법령에 따른 항공기 소음기준 및 소음대책을 준수하려는 노력을 경주하였다고 하더라도, 김포공항이 항공기 운항이라는 공공의 목적에 이용됨에 있어 <u>그와 관련하여 배출하는 소음 등의 침해가 인근 주민인 선정자들에게 통상의 수인한도를 넘는 피해를 발생하게 하였다면 김포공항의 설치·관리상에 하자가 있다고 보아야 할 것</u> … 김포공항에서 발생하는 소음 등으로 인근 주민들이 입은 피해는 사회통념상 수인한도를 넘는 것으로서 김포공항의 설치·관리에 하자가 있다(대판 2005. 1. 27. 2003다49566).

④ 영조물 설치의 '하자'라 함은 영조물의 축조에 불완전한 점이 있어 이 때문에 영조물 자체가 통상 갖추어야 할 완전성을 갖추지 못한 상태에 있음을 말한다고 할 것인바 그 '하자' 유무는 객관적 견지에서 본 안전성의 문제이고 그 설치자의 재정사정이나 영조물의 사용목적에 의한 사정은 안전성을 요구하는데 대한 정도 문제로서 참작사유에는 해당할지언정 안전성을 결정지을 절대적 요건에는 해당하지 아니한다 할 것이다(대판 1967. 2. 21. 66다1723).

Ⓐ **Answer.** 20.③

당신의 꿈은 뭔가요?
MY BUCKET LIST !

꿈은 목표를 향해 가는 길에 필요한 휴식과 같아요.

여기에 당신의 소중한 위시리스트를 적어보세요. 하나하나 적다보면 어느새 기분도

좋아지고 다시 달리는 힘을 얻게 될 거예요.

□ _____ □ _____
□ _____ □ _____
□ _____ □ _____
□ _____ □ _____
□ _____ □ _____
□ _____ □ _____
□ _____ □ _____
□ _____ □ _____
□ _____ □ _____
□ _____ □ _____
□ _____ □ _____
□ _____ □ _____
□ _____ □ _____
□ _____ □ _____
□ _____ □ _____
□ _____ □ _____
□ _____ □ _____
□ _____ □ _____
□ _____ □ _____
□ _____ □ _____
□ _____ □ _____
□ _____ □ _____
□ _____ □ _____
□ _____ □ _____
□ _____ □ _____
□ _____ □ _____

창의적인 사람이 되기 위해서

정보가 넘치는 요즘, 모두들 창의적인 사람을 찾죠.
정보의 더미에서 평범한 것을 비범하게 만드는 마법의 손이 필요합니다.
어떻게 해야 마법의 손과 같은 '창의성'을 가질 수 있을까요. 여러분께만 알려 드릴게요!

01. 생각나는 모든 것을 적어 보세요.

아이디어는 단번에 솟아나는 것이 아니죠. 원하는 것이나, 새로 알게 된 레시피나, 뭐든 좋아요.
떠오르는 생각을 모두 적어 보세요.

02. '잘하고 싶어!'가 아니라 '잘하고 있다!'라고 생각하세요.

누구나 자신을 다그치곤 합니다. 잘해야 해. 잘하고 싶어.
그럴 때는 고개를 세 번 젓고 나서 외치세요. '나, 잘하고 있다!'

03. 새로운 것을 시도해 보세요.

신선한 아이디어는 새로운 곳에서 떠오르죠. 처음 가는 장소, 다양한 장르에 음악, 나와 다른 분야의 사람.
익숙하지 않은 신선한 것들을 찾아서 탐험해 보세요.

04. 남들에게 보여 주세요.

독특한 아이디어라도 혼자 가지고 있다면 키워 내기 어렵죠.
최대한 많은 사람들과 함께 정보를 나누며 아이디어를 발전시키세요.

05. 잠시만 쉬세요.

생각을 계속 하다보면 한쪽으로 치우치기 쉬워요. 25분 생각했다면 5분은 쉬어 주세요.
휴식도 창의성을 키워 주는 중요한 요소랍니다.